새로운 역사학

역사는 진실인가

박 성 수 저

三 英 社

《새로운 역사학》을 펴내면서

이 책이 처음 국한문으로 출판된 때만 하더라도 한글전용 서적이 그리 많지 않았다. 어언 30년이 흘러가는 사이에 한글세대가 한문을 외면하게 되어 역사학개론도 대세에 굴복하게 되었다.

막상 국한문을 한글로 고치다 보니 손댈 곳이 한두 군데가 아니었고 역사학의 추세 또한 달라져서 고치고 보완할 데가 더 많아졌다. 처음에는 대폭수정을 계획하다가 옛집이 너무 좋아 소폭수정으로 방침을 바꾸고 말았다. 새집 짓는 것보다 헌 집 고치기가 더 어렵다는 말이 있듯이 난항을 거듭하다가 마침내 6개월 만에 완성된 것이 바로 《새로운 역사학》이다.

저자가 이 책을 쓰기 위해 노트와 카드를 모으기 시작한 것이 60년대 초였다. 그로부터 따지면 45년이나 지나 반세기에 가깝다. 그 때 30대 청년이었던 저자가 지금은 70대 노인이 되어버렸으니 정말 인생이란 허무한 것이다. 평소 저자는 강의 첫 시간에 역사란 별것이 아니라 인생이라 생각하라고 가르쳤었다. 그러나 실제로 당하고 보니 인생은 역사 속에 흘러가고 역사는 인생을 짓밟고 지나가는 것이었다. 이 책에서 인용한 책들 가운데 그 저자가 이미 세상을 떠난 분들이 많다. 무엇이 그리 바쁜지 역사 속으로 사라지고 만 것이다. "힘내시오" 라고 하면서 격려해 주시던 스승님들은 물론 선배들과 동학들까지도 정든 웃음을 남기고 저승으로 떠나가 버렸다.

인생은 짧고 역사는 길다는 것인가? 저자의 지난 30년이란 세월 속에는 수많은 애환이 서려 있다. 그 가운데에 가장 잊을 수 없는 《오수불망(吾讐不忘)》(1910년 나라가 망한 뒤 간도에서 쓰인 역사교과서 이름)은 1975년의 재임용 탈락이었다. 저자의 나이 45세 한창 때였는데 갑자기 대학을 떠나라는 것이었다. 이 사건은 분명 저자의 인생이자 동시에 역사의 일부분이다. 잘 알려지지 않은 일부 아니 지금도 여전히 잊혀진 현대사인 것이다. 역사란 기억해 주지 않으면 없었던 사건이 된다.

박 정권이 정권연장을 위해 일으킨 재 쿠데타가 1971년의 유신헌법 선언이었다. 김일성과 7·4공동선언을 하는 등 연극을 벌이다가 학생들의 반대시위가 극에 달하자 1975년 돌연 410명에 달하는 대학교수를 대량 해직시켰다. 한두 명의 교수도 아닌 무려 400명이 넘는 교수를 한꺼번에 해직시킨 역사는 세계 어디에도 없는 일인데 한국 현대사 어디에도 기록되어 있지 않다.

한심한 나라라 하지 않을 수 없다. 19세기에 독일의 대학교수 8명이 해직된 사건은 버젓이 세계사에 기록되어 있는데 무고한 우리나라 대학교수의 대량 해고는 어디에도 보이지 않는 것이다.

교수직을 천직으로 알고 있던 사람이 하루 아침에 연구실에서 쫓겨난다는 것은 청천벽력이란 말로서도 다할 수 없는 일대재난이었다. 저자가 재직하고 있던 서울의 S사립대학에서는 11명의 교수가 한꺼번에 잘려나갔다. 대구의 K국립대학에서는 역사 교수 한 분이 비관 자살하였다고 들었다. 이때 대학교수 대량학살의 하수인을 자청한 문교부 장관(전직 전남대 총장 자칭 둔마)은 대량학살(?) 직후 갑자기 병이 들어 3년간 의식불명상태가 되어 식물인간으로 고생하다가 죽었다. 천벌을 받은 것이다.

그러나 천벌을 면한 사람이 있다. 바로 저자를 비롯한 11명의 교수를 해직시킨 총장 H씨였다. 알고보니 이 사람은 일제 말기에 경성제대 법학과를 다니다가 학병을 자원하여 일본군 소위로 일본 천황폐하에게 충성을 다하다가. 해방을 맞아 제대한 전형적인 친일파이다. 해방 후 민족대학을 자처하는 서울의 K대학에 법과대 교수로 재직하다 1974년 학생들의 맹렬한 반대로 교문에 들어서지 못하는 수모를 당하면서 S대 총장 자리에 앉았다. 경찰의 비호 하에 밀고 들어와 이듬해 11명의 교수를 해직시켰다. 그런 죄과 때문인지 임기를 채우지 못하고 총장자리를 물러났다. 아니 학생들에게 떠밀려 쫓겨난 것이다. 그의 일생은 그것으로 끝나지 않았다. 그 뒤 군사정부의 국무총리 직에 앉더니 최근에는 K대학 재단 이사장이 되었다는 소문인데 역시 학생들의 맹렬한 반대 속에 몰래 취임하였다고 한다. 이렇게 천벌을 받지 않고 평생 더러운 벼슬자리를 전전하는 자가 있다는 것이 또한 역사다.

왜 이 사건을 장황하게 설명하는가 하면 이 사건이 저자로 하여금 이 책을 쓰게 만들었기 때문이다. 이유도 모르고 해직당한 교수들은 세상에서 죄인취급을 받았으며 어디에도 나가 강의할 수 없는 몸이 되고 말았다. 그래서 저자는 분노의 눈물을 삼키며 이 책을 쓰기로 결심한 것이다. 속담에 "눈물에 젖은 주먹밥을 먹어보지 못한 자는 인생을 논하지 말라"고 했다. 저자는 눈물을 흘리면서 원고의 한 칸 두 칸을 매워 갔으니 속담대로라면 역사와 인생을 논할 자격을 갖춘 셈이다.

이때 선배인 변태섭 교수와 후배요 제자인 신형식 교수가 삼영사를 소개해 주어서 이 책이 나오게 되었으니 지금도 두 분께 감사하고 있으며 말하자면 전화위복을 만들어준 것이다. 만일 1975년의 사건이 없었다면 새삼 오늘 이 책을 다시 펴 낼 행운을 얻지 못했을 것이다.

일찍이 중국의 사마천은 폭군 한 무제에게 궁형(宮刑)을 당하여 자살을 각오했다가 불후의 명저 《사기》를 저술하였고, 단재 신채호는 나라가 망하여 망국노 신세로 중국에서 독립운동을 하다가 명저 《조선상고사》를 남겼다. 프랑스의 역사가 마르크 블록은 나치독일군에 학살당하였으나 사후에 《새로운 역사학(뉴 히스토리)》을 남겼다. 저자의 작은 불행을 위와 같은 대가들의 경우에 비길 수는 없지만 이 책이 조금이라도 후학들에게 도움이 되었으면 아니 앞으로도 그랬으면 하는 마음으로 감히 예를 든 것이다.

누구보다도 먼저 그동안 이 책을 애독해 주신 독자 여러분에게 심심한 감사를 드린다. 그 동안 저자를 음과 양으로 도와 준 동학들과 후배, 제자들에게 깊은 사의를 표하는 바이다. 또한 이 책의 출판을 반겨줄 민족사연구원 여러분에게 감사드린다. 그보다도 더 감사하여야 할 분은 이 책을 다시 내게 해 주신 삼영사 사장님 두 분과 이 책이 나오기까지 온갖 힘을 써주신 직원 여러분이다. 끝으로 30년이란 세월을 동고동락하여 준 아내 허은경에게 진심으로 감사한다.

인간은 누구나 역사 속에서 태어나 사랑하고 미워하며 조금은 역사형성에 기여하고 있다.

2005년 10월 29일 생일을 맞이하며
서오능으로 가는 벌 고개 길목 백산재에서

차　　례

제1장 역사와 인간

제 1 절　역사란 무엇인가? ……… 3
Ⅰ. 역사란 말의 뜻 ……… 3
1. 객관적 역사(사건) ……… 3
2. 주관적 역사(탐구) ……… 4
3. 동양적 의미(史) ……… 6
4. 현재분의 과거가 역사이다 ……… 7
Ⅱ. 역사적 사실 ……… 8
1. 인간과 자연 ……… 8
2. 시간과 과거 ……… 11
3. 역사적 연속성 ……… 12
4. 단절의 의미 ……… 13

제 2 절　역사는 왜 알아야 하는가? ……… 17
Ⅰ. 역사학의 기능과 효용 ……… 17
1. 역사 연구의 동기 ……… 17
2. 역사 인식의 여러 형태 ……… 20
3. 역사 연구의 효용 ……… 21
Ⅱ. 역사학의 학문계보 ……… 23
1. 인문과학과 역사학 ……… 23
2. 사회과학과 역사학 ……… 26
3. 연성과학으로서의 역사학 ……… 29
Ⅲ. 역사학의 변화 ……… 31
1. 베른하임에서 카아로 ……… 31
2. 방법과 철학의 양면 ……… 33
3. 역사에 무엇을 묻는가 ……… 36

제 3 절 역사속의 인간 38
Ⅰ. 인간과 인간성 38
1. 역사적 인간 38
2. 배고픈 시대의 인간 39
3. 인간성의 선악 41
Ⅱ. 인간의 이해 42
1. 인간이해의 어려움 42
2. 인간의 가면과 내면 45
3. 인간의 여러 유형 47
Ⅲ. 영웅은 있는가? 48
1. 개인의 몰락 48
2. 영웅 숭배 50
3. 영웅의 외모와 정력 52
4. 영웅의 정신적 자질 54
5. 카리스마적 지도자 56
Ⅳ. 위인은 허상이다 58
1. 시대의 피조물 58
2. 군주는 다 큰 인물인가? 59
3. 사후의 추서 60
4. 왜 여성은 위인이 될 수 없는가? 62
5. 현대에 위인은 없다 64

제 2 장 근대 서유럽 역사학의 발전

제 1 절 고대와 중세의 역사 서술 70
Ⅰ. 근대 이전의 역사 서술 70
1. 역사학의 역사 70
2. 고대의 역사 서술 71
3. 중세의 연대기 서술 74
Ⅱ. 근대 초기의 역사 서술 78
1. 17세기의 역사 서술 78

2. 18세기의 역사 서술 …… 80

제 2 절 근대 역사학의 성립 …… 85
Ⅰ. 랑케 사학의 등장과 배경 …… 85
1. 낭만주의와 역사 연구 …… 85
2. 랑케 사학의 등장 …… 86
3. 영국의 헌정사 연구 …… 89
Ⅱ. 랑케 사학 비판 …… 92

제 3 절 현대 역사학의 변모 …… 94
Ⅰ. 낡은 정치사의 극복 …… 94
Ⅱ. 새로운 사회경제사 …… 96
1. 경제사 연구의 선구 …… 96
2. 새로운 경제사학의 발전 …… 97
3. 영국의 경제사 연구 …… 98
4. 미국의 경제사 연구 …… 100
5. 프랑스의 연보학파 …… 102
Ⅲ. 새로운 사상사 …… 105
1. 사상사의 철학적 기초 …… 105
2. 사상사 연구의 시작 …… 109
Ⅳ. 문학적 역사학의 재등장 …… 111
1. 영국 사학계의 문학적 전통 …… 111
2. 역사 소설과 문학적 역사 …… 113
3. 트레벨리안의 문학적 역사 …… 113

제 4 절 현대 역사학의 보혁 갈등 …… 117
Ⅰ. 역사학의 위기 …… 117
1. 위기의 현실적 상황 …… 117
2. 역사의 단절시대 …… 118
Ⅱ. 영국 역사학계의 보혁 갈등 …… 121
1. 마르크스와 보수파의 대립 …… 121

2. 보수주의 역사학 ······ 122
3. 마르크스주의 역사학 ······ 129

제 5 절 현대사 연구의 여러 문제 ······ 131
Ⅰ. 시대구분 ······ 131
1. 구분의 기준 ······ 131
2. 왕조중심의 시대구분 ······ 133
3. 고대·중세·근대의 3분법 ······ 136
4. 문제점 ······ 138
Ⅱ. 현대사 ······ 142
1. 중세주의와 현대사 ······ 142
2. 문제점 ······ 144
3. 현대사 연구와 현대 역사가들 ······ 146

제 3 장 새로운 역사학의 여러 분야

제 1 절 새로운 역사학과 사회과학 ······ 166
Ⅰ. 학제 교류시대의 역사학 ······ 166
1. 현대 역사학의 두 과제 ······ 166
2. 역사학의 혼합유산 ······ 168
3. 역사학과 사회학의 관계 ······ 172
Ⅱ. 막스 웨버의 사회이론 ······ 174
1. 국가권력 ······ 174
2. 관료제 ······ 175
3. 합리화 ······ 177
4. 자본주의 정신 ······ 178
5. 중국 문화 ······ 180
Ⅲ. 현대 사회학의 여러 개념 ······ 181
1. 맥루한의 기술사관 ······ 181
2. 리스맨의 사회유형 ······ 183
3. 라이샤워와 블래크의 근대화이론 ······ 185

Ⅳ. 이론과 방법의 선택적 도입 ······ 187
1. 도입과 차용의 한계성 ······ 187
2. 독창적 개념과 방법의 개발 ······ 189

제 2 절 새로운 역사학의 연구 현황 ······ 191
Ⅰ. 새로운 사회사 ······ 191
1. 사회사의 성립 ······ 191
2. 사회사의 방법 ······ 194
3. 연구경향 ······ 195
Ⅱ. 새로운 인구사와 새로운 도시사 ······ 198
1. 새로운 인구사 ······ 198
2. 새로운 도시사 ······ 200
Ⅲ. 새로운 교육사 ······ 202
1. 낡은 교육사 ······ 202
2. 교육과 사회구조 ······ 203
3. 교육과 정치 · 경제 ······ 207
4. 대학의 역사 ······ 211
5. 문제점 ······ 213
Ⅳ. 새로운 역사심리학 ······ 214
1. 역사학과 심리학 ······ 214
2. 역사심리학의 맹아 ······ 215
3. 프로이드 심리학 ······ 217
4. 새로운 역사심리학의 성립 ······ 219
5. 문제점 ······ 222
Ⅴ. 새로운 계량사학 ······ 224
1. 계량사학의 성립 ······ 224
2. 숫자혁명 ······ 226
3. 연구 성과 ······ 229
4. 문제점 ······ 234
Ⅵ. 새로운 경제사 ······ 238
1. 역사학과 경제학 ······ 238
2. 경제사의 새로운 방법 ······ 239

3. 연구의 성과 ······ 242
Ⅶ. 새로운 정치사 ······ 246
1. 정치와 역사의 관계 ······ 246
2. 국가사와 민족사 ······ 248
3. 새로운 정치사의 성립 ······ 250
4. 집단 전기학 ······ 257
Ⅷ. 새로운 지성사 ······ 260
1. 낡은 사상사 ······ 260
2. 새로운 지성사의 특징 ······ 261

제 3 절 새로운 역사학의 특징 ······ 264
Ⅰ. 실증주의의 붕괴 ······ 264
1. 랑케 사학과 실증주의 ······ 264
2. 사료와 철학과의 투쟁 ······ 266
Ⅱ. 새로운 역사학의 성립 ······ 270
1. 새로운 역사학의 독립선언 ······ 270
2. 새로운 역사학의 제1세대 ······ 272
3. 새로운 역사학의 특징과 분야 ······ 274
Ⅲ. 역사의 대중화와 우리의 과제 ······ 280

제 4 장 역사 연구의 방법론

제 1 절 역사는 어떻게 연구하는가? ······ 286
Ⅰ. 역사 연구의 방법론 ······ 286
1. 역사학의 기술문제 ······ 286
2. 사료와 주제와 해석 ······ 287
Ⅱ. 역사 논문의 작성요령 ······ 288
1. 연구의 목적 ······ 288
2. 제목의 선정 ······ 289
3. 필요한 준비 ······ 292
4. 사료의 평가 ······ 294

5. 사료의 제시 ······ 295

제2절 사료학 ······ 298

Ⅰ. 사료의 개념 ······ 298

1. 직접관찰=목격 ······ 298
2. 역사적 관찰=사료 ······ 301
3. 사료의 발견 ······ 303
4. 사료의 종류 ······ 306
5. 사료의 보존상태 ······ 313

Ⅱ. 사료의 비판 ······ 316

1. 비판의 개념 ······ 316
2. 문서의 외적 비판 ······ 321
3. 문서의 내적 비판 ······ 323
4. 소설 · 시 · 통계 자료의 비판 ······ 327
5. 사료의 분류 ······ 328

Ⅲ. 보조과학 ······ 330

1. 일반적 보조과학 ······ 330
2. 기술적 보조과학 ······ 331
3. 새로운 보조과학 ······ 333

제3절 역사 서술의 방법 ······ 336

Ⅰ. 역사적 술어 ······ 336

1. 언어의 다의성 ······ 336
2. 언어의 액면가 ······ 339
3. 일상어의 사용 ······ 340
4. 역사의 학술어 ······ 341
5. 당대어와 외래어 ······ 345
6. 중세어의 이중구조 ······ 346

Ⅱ. 역사문장론 ······ 347

1. 정확과 공정 ······ 347
2. 적절성 ······ 349
3. 서술의 형식 ······ 352

제 5 장 역사관의 여러 유형

제 1 절 역사관이란 무엇인가 ············ 358
Ⅰ. 두 개의 역사 철학 ············ 358
1. 철학과 역사 ············ 358
2. 실재적 역사 철학 ············ 359
3. 형식적 역사 철학 ············ 360
Ⅱ. 사변철학의 의미 ············ 361
1. 역사 철학의 위험성 ············ 361
2. 고증과 사변 ············ 362
3. 헤겔과 랑케의 차이 ············ 364
Ⅲ. 역사관의 정립 ············ 366
1. 퇴보·순환·진보 ············ 366
2. 큰 문제와 작은 문제 ············ 367

제 2 절 기독교적 역사관 ············ 371
Ⅰ. 기독교 사관의 본질 ············ 371
1. 역사적 종교 ············ 371
2. 원죄와 구제 ············ 372
3. 기독교 사관의 영향 ············ 374
Ⅱ. 聖 아우구스티누스의 《신국론》 ············ 375
1. 로마는 왜 망했는가? ············ 375
2. 역사의 제6시대 ············ 376
3. 이원론적 역사관 ············ 377
4. 로마는 강도단 ············ 379
5. 역사의 피안 ············ 381

제 3 절 변증법적 역사관 ············ 384
Ⅰ. 헤겔의 발전사관 ············ 384
1. 역사의 원동력은 이성이다 ············ 384

2. 감정은 이성의 하수인이다 …… 386
3. 변증법적 발전 …… 388
4. 세계사의 시대 구조와 전개 …… 389
5. 세계사의 지리적 기초 …… 391
Ⅱ. 마르크스의 유물사관 …… 396
1. 마르크스의 생애와 애증 …… 396
2. 생산력이 역사의 원동력 …… 399
3. 계급투쟁론 …… 402
4. 마르크시즘 비판 …… 405

제4절 순환론적 역사관 …… 409
Ⅰ. 미학적 역사관 …… 409
1. 쇠퇴위기의 역사관 …… 409
2. 예술사관의 등장 …… 410
3. 상징・고전・낭만 …… 411
Ⅱ. 다닐렙스키의 순환사관 …… 413
1. 러시아와 서유럽 …… 413
2. 서유럽 중심사관의 비판 …… 414
3. 10대 문명 …… 415
Ⅲ. 슈펭글러의 순환사관 …… 416
1. 서유럽은 몰락한다 …… 416
2. 생물학적 문명관 …… 418
3. 문화발전의 4계절 …… 420
4. 세계도시의 출현 …… 424
Ⅳ. 토인비의 순환사관 …… 427
1. 역사의 연구 …… 427
2. 문명의 순환운동 …… 429
3. 문명 최종단계의 특징 …… 431
4. 토인비 비판 …… 433

제 6 장 역사의 인식구조

제 1 절 역사학은 특수한 과학이다 ········ 438

Ⅰ. 실증주의의 입장 ········ 438

1. 역사학은 科學인가 ········ 438
2. 실증주의의 입장 ········ 440

Ⅱ. 관념론과 역사 ········ 442

1. 인간의 정신세계 ········ 442
2. 철학자의 문제 ········ 443
3. 역사가의 대답 ········ 445

제 2 절 역사의 객관성과 역사가의 주관 ········ 446

Ⅰ. 역사적 객관성 ········ 446

1. '있는 그대로' 쓰라 ········ 446
2. 정확하고 초연하라 ········ 448

Ⅱ. 역사가의 내면 ········ 451

1. 베이컨의 '4대 우상' ········ 451
2. 뷔코의 '5대 편견' ········ 452
3. 불만과 오류 ········ 453
4. 정치적 소신 ········ 454

Ⅲ. 사료와 역사가의 대화 ········ 456

1. 풍요와 빈곤 ········ 456
2. 주제의 선정 ········ 457

Ⅳ. 주관의 위험성 ········ 458

1. '생의 관심'의 의미 ········ 458
2. 사실을 가장한 소설 ········ 460

제 3 절 역사의 법칙성 ········ 462

Ⅰ. 일반화와 법칙 ········ 462

1. 역사적 설명의 당위성 ········ 462

2. 개별 기술과 법칙정립 ······ 463
3. 일반화의 4단계 ······ 464
Ⅱ. 이상형의 개념 ······ 466
1. 설명의 도구 ······ 466
2. 제한적 법칙 ······ 468
3. 헴펠의 포괄법칙 ······ 469
Ⅲ. 역사 법칙의 악용 ······ 470
1. 법칙의 이데올로기적 요소 ······ 470
2. 검증 불가능성 ······ 473
3. 법칙의 설교적 요소 ······ 474

제 4 절 역사와 인과관계 ······ 477
Ⅰ. 인과관계의 불신 ······ 477
1. 역사는 자유의 영역 ······ 477
2. 역사는 운명의 장난인가 ······ 478
Ⅱ. 원인과 결과의 사이 ······ 481
1. 선후관계와 인과관계 ······ 481
2. 태초 · 기원 · 동기 · 시작과 원인 ······ 482
3. 조건과 원인 ······ 484
4. 원인의 복합성 ······ 485
5. 원인의 상대적 성격 ······ 487
Ⅲ. 역사적 우연과 필연 ······ 490
1. 클레오파트라의 코 ······ 490
2. 필요조건과 충분조건 ······ 492
Ⅳ. 인과론적 합리화 ······ 494
1. 패자는 말이 없다 ······ 494
2. 책임과 원인 ······ 495

제 5 절 역사적 가치판단과 윤리관 ······ 497
Ⅰ. 역사가와 재판관 ······ 497
1. 가치 판단은 불가피하다 ······ 497
2. 윤리도 상대적이다 ······ 499

Ⅱ. 가치판단의 기준 ······ 500
1. 역사 속의 객관적 가치 ······ 500
2. 역사가의 주관적 가치 ······ 502
3. 과거적 가치와 현재적 가치 ······ 503

제 6 절 역사적 예언은 가능한가? ······ 506
Ⅰ. 예언의 두 유형 ······ 506
1. 예언의 적중도 ······ 506
2. 낙관적 예언 ······ 507
3. 진보사관과 낙관적 미래 ······ 508
4. 비관적 예언 ······ 510
Ⅱ. 예측과 예언 ······ 513
1. 단기예측 ······ 513
2. 장기예언 ······ 515

제 7 절 역사적 교훈은 유효한가? ······ 517
Ⅰ. 역사적 실용주의 ······ 517
1. 동양의 감계주의 ······ 517
2. 서양 고대의 교훈주의 ······ 518
3. 근대 서구의 교훈주의 ······ 520
Ⅱ. 역사적 교훈의 본질 ······ 524
1. 훈시와 역사 ······ 524
2. 사례 역사 ······ 525

찾아보기 ······ 527

제 1 장
역사와 인간

제 1 절 역사란 무엇인가?
제 2 절 역사는 왜 알아야 하는가?
제 3 절 역사속의 인간

개 요

우리는 현재 불명예스럽게도 역사학의 후진국이란 소리를 듣고 있다. 서양의 역사학과 동양의 역사학을 비교하여 본다면 절대 동양이 서양보다 못하지 않았다. 가령 거래금(去來今)이란 말이 있다. '거'는 과거, '래'는 미래 그리고 '금'은 현재를 말한다. 거금래라 하여야 할 터인데 왜 금, 즉 현재가 뒤로 밀려났을까. 사실 과거와 미래가 있을 뿐 현재란 없는 것이다. 우주란 말이 있는데 이 말 역시 같은 집 우(宇), 집 주(宙)인데 우는 천지, 주는 시간을 말하는 것이다. 인간은 우주, 즉 시간과 공간이란 집을 떠나 살 수 없는 것이다.

그런데 묘한 것은 현재라는 시간과 공간이다. 현재가 과거와 미래에 의해 완전히 제약되어 있는 것처럼 보이지만 그렇지가 않다. 현재는 인간이 하기 나름인 것이다. 즉, 인간이 어떻게 하느냐에 따라 과거와 미래까지도 달라지고 마는 것이다. 다시 말해서 현재란 과거와 미래에 얽매여 있기도 하지만 그렇다고 개개의 인간이 모두 똑같이 현재를 사는 것이 아니다. 만일 인간이 모두 한결같이 현재를 산다면 역사 공부는 할 필요도 없거니와 역사 공부 자체가 너무나 쉬워진다.

그러나 불행히도 인간의 역사를 돌이켜 보면 어리석은 일이 너무나 많다. 서양은 제1차 세계대전을 치루면서 얼마나 많은 사람이 죽었는지 모른다. 그런데도 20년이 못되어 또 다시 제2차 세계대전을 치러 몇 천만 명의 생명을 앗아갔다. 그리고 나서도 또 다시 냉전이라는 제3차 세계대전을 치렀고 21세기에 들어서서 전 세계를 공포의 도가니에 모는 테러전을 하고 있는 것이다.

인간은 역사라는 연극의 주연배우처럼 보이지만 역사의 피해자인 것이다. 그러면 역사라는 비극은 누가 쓰고 있는 것일까. 만일 연극이나 영화라면 작가와 감독이 누구란 것을 알 수 있다. 그러나 역사는 누가 쓰고 있는지 알 수가 없는 것이다. 만일 신이 쓰고 있다면 이렇게 무자비하게 쓰지 않았을 것이다. 역시 인간이 쓰고 있는 것이다. 그러기에 역사에는 책임문제가 따르기 마련이다. 살아서 형벌을 받지 않았다면 죽어서 죄인 취급을 받기 마련이다.

역사는 인류 역사상 가장 오래 된 학문이다. 우리나라는 이미 단군시대에 《신지비사》 란 역사책이 있었으니 5천년은 되었음직하다. 그러나 오늘의 우리 역사학은 어떤 상태에 있는가. 불과 2천년밖에 되지 않은 서양의 역사에 끌려 다니고 있는 것이다. 이 책에서는 주로 서양의 역사학에 관해서 쓰게 되지만 그것은 필자의 연구 부족 탓이다. 그러나 우리도 하루 속히 역사학의 선진국이 되어야 하지 않나 하는 노파심에서 서양의 역사학을 다루어 보고자 하는 것이다. 산업의 후진성보다 더 무서운 것이 역사의 후진성이라는 사실을 알아야 할 것이다.

제 1 절
역사란 무엇인가?

역사는 모든 과학의 기초이며 인간 정신의 최초의 소산이다.
– Carlyle

Ⅰ. 역사란 말의 뜻

1. 객관적 역사(사건)

영어의 한 낱말에 26가지 뜻의 단어가 있다고 한다. '역사'란 낱말에도 많은 뜻이 함축되어 있어 사용할 때마다 그 뉘앙스가 다르다. 그래서 '역사'란 말에 대한 엄밀한 학술적 개념을 규정짓기가 매우 어려운 것이다. 그것은 "나는 역사가 제일 좋다!"라고 하는 여고생의 귀여운 함성으로부터 "이것이야말로 역사적인 대사건입니다" 운운하는 뉴스 해설자의 상투어, "언젠가는 나의 정책을 역사가 증명하리라 믿습니다"라는 정치가의 자기합리화, 그리고 '민족의 얼'을 절규했던 민족주의 역사가들의 피맺힌 호소에 이르기까지 '역사'는 다양한 어감과 뜻으로 사용되어 왔기 때문이다.

이와 같이 다의·다감한 용어를 개념 짓기란 결코 쉽지 않으며 설혹 개념 짓는 데 성공한다고 하더라도 매우 포괄적인 의미가 될 수밖에 없는 것이다. 그렇더라도 일단 그 개념의 윤곽이나마 알고 그리고 나서 역사가 무엇인가에 대한 사색을 시작하여야 할 것 같다. 암스트롱에게 누가 "재즈(Jazz)가 무업니까?"하고 물었더니 "여보시오, 그걸 모르시면 잡숫지를 마셔요."(Man, it You don't know what it is, don't mess with it.)라고 하더라는 이야기가 있듯이 역사란 말뜻은 자신이 그 속에 있으면서도 잘 모르는 것이다.

흔히 '역사'에는 객관적 의미와 주관적 의미가 있다고 말한다. 객관적 의미의 역사란 헤겔이 사건(res gestae)이라 부른 뜻으로 역사적 '사건 그 자체'를 가리키는 말이고, 주관적 의미의 역사란 역시 헤겔이 사건의 기술

(historia rerum gestarum)이라 부른 말로 역사적 사건이 주관화된 ‘사건의 기록’이란 뜻이다. 다시 말하면 역사적 ‘사건의 과정’, ‘과거에 일어난 모든 일’이란 뜻으로 사용될 때 역사는 객관적 의미로 쓰인 것이다. 한 아나운서가 “지금 마악 역사가 이루어지고 있습니다. 역사적 순간입니다”라고 외쳤을 때 그것을 객관적 의미의 역사라 할 수 있을까. 주관이 끼어 있기 때문이다. 독일어의 일어나다(geschehen)란 동사를 명사화한 Geschichte가 곧 객관적 의미의 역사다. 한말의 민족주의 역사가 백암 박은식(1859~1926)은,

> 옛사람이 말하기를 나라는 멸할 수 있으나 역사는 멸할 수 없다고 하였다. 대개 나라는 形(형체)이고 역사는 神(정신)이다. 지금 한국의 형(형체)은 허물어졌으나 신(정신)만이 독존할 수는 없는 것인가. 신(정신)이 존속하여 멸하지 않으면 형(형체)은 부활할 때가 있을 것이다.

라고 말했다.[1] 이때의 역사도 객관적 의미의 역사라 할 수 없다. 일상대화나 대중 상대의 정치연설에서 사용되는 ‘역사’의 거개를 객관적 의미의 역사로 생각하지만 그렇지 않다. “역사는 영웅적 인물의 수제품(hand work)이 아니다”고 할 때의 역사나 “자! 이제부터 역사의 재고품을 찾아봅시다.”고 할 때의 역사는 모두 객관적인 의미의 ‘역사’가 아니다. 모두 주관적인 의미의 역사가 포함되어 있기 때문이다. 괴테가 헤르더(Herder) 이전의 역사를 “쓰레기통이요 헛간이다”(Geschichte ist ein Kehrichtfass und ein Rumpelkammer.)라고 비난했을 때의 역사는 완전히 주관적인 뜻의 역사이다. 분명 “형편없는 역사서술이었다”는 뜻이었기 때문에 주관적인 의미로 사용된 것이다. 이렇게 볼 때 순수하게 객관적 역사란 없는 것이다.

2. 주관적 역사(탐구)

서유럽에서는 본시 역사가 객관적인 의미보다 주관적인 의미를 강하게 나타냈었다. 그래서 그리스어의 ισθορια나 라틴어의 historia는 탐구나 연구, 그리고 탐구하고 연구한 끝에 얻어진 역사지식, 즉 ‘정보’를 의미하였다. 가령, ‘역사의 아버지’라 불리우는 헤로도투스(Herodotus, 485~425 B.C.)가 그의 《역사》를 저술한 것은 상인이나 선원으로 활약하던 아테네인

---

1) 박은식, 〈朝鮮痛史 諸言〉, 이기백 편, 《近代韓國史論選》(삼성문화문고, 1974), p. 10.

들에게 그들이 알고 싶어 하던 정보를 제공하기 위한 것이었다. 그래서 그는 자기 책을 가리켜 "이 책은 할리카르나수스(Halicarnassus)의 헤로도투스의 '탐구'다"고 말했던 것이다. 그러나 그가 역사라고 말했을 때 그것은 단지 역사적 사실에 관한 단편적 지식이란 뜻이 아니고 사실과 사실간의 연관성, 즉 사실관계와 그 '전후관계'의 탐구란 의미였다. 다시 말하면 페르샤 대군이 왜 그리스로 쳐들어 왔는가 하는 사실을 불과 몇 년 사이에 일어난 사실만 가지고 설명한 것이 아니라, 이질적인 동방문화와 서방문화, 민주사회와 전제사회의 적대관계라는 역사적 배경까지 거슬러 올라가서 탐구한 것이었다.

이와 같이 역사를 탐구한다는 것은 오늘날 너무나 상식적인 일이 되어 조금도 인간에게 새로운 뜻을 던져 주지 못한다. 그러나 고대사회에서는 역사를 기술한다는 것이 인간의 역사인식에 혁명적 변화를 가져다 준 중대한 사건이었다. 왜냐하면 헤로도투스 이전의 역사는 신화의 역사였기 때문이다. 크로체(Benedetto Croce, 1866~1952)가 말했듯이 헤로도투스의 역사를 고비로 묵시와 기적의 역사, 즉 신의 역사가 지상의 인간적 역사로 탈바꿈했던 것이다. 물론 헤로도투스 이후에도 신화적 역사가 민간신앙의 형태로 잔존하였다. 그러므로 헤로도투스의 '역사'는 탈신화 역사의 효시라 할 수 있다.[2] 어느 의미에서 신화적 역사는 20세기에 와서 재생되고 있는 것이 아닌가 하는 인상을 주고 있어 역사의식의 변전에 무상을 느끼게 한다.

이처럼 인간역사를 신화나 미신으로서가 아니라 역사적(탐구적) 방법으로 이해시켜 준 헤로도투스의 역사 정신은 그 뒤 연면히 이어져 마침내는 근대역사학이 탄생하게 된 것이다. 그래서 블록(Marc Bloch, 1886~1944)은,

> 역사란 말은 매우 오래된 2천년 이상이나 된 말이다. 때로는 싫어질 정도로 낡은 말이다. 그러나 만일 이 말의 최초의 뜻 '탐구' 또는 '연구'란 뜻을, 아니 이 영광스러운 그리스적인 이름을 충실히 존중만 한다면 역사의 한계나 외연을 긋는다는 것은 당초부터 무의미한 일이다.

고 말하고 있다.[3]

다시 말해서 '탐구'라고 하는 '역사'의 고전적 의미는 '사실의 발견'과 사

---

2) Benedetto Croce, *Filosofia come scienza dello spirito*, Ⅳ, Theoris e storia della storiografia (Bari, Laterze, 1620), 일역, 《歷史의 理論과 歷史》(岩波文庫), p. 203.

3) Marc Bloch, *Apologie pour l'histoire ou metier d'historien* (1948), 일역, 《歷史를 위한 辨明》, p. 3. 이하 '辨明'.

실의 '인과론적 설명'이라는 이중의 뜻을 가지고 있었다. 그런데 이 같은 인과론적 설명을 하는 데 의례 설화(story-telling)적인 방법을 쓸 때가 많았다. 그래서 '히스토리아'라는 고전 고대어는 중세 로망스어를 거쳐 근대 서유럽 여러 나라의 국어인 history(Eng.), histoire(Fr.), storia(It), historia(Sp.) 등으로 내려오는 동안에 여러 가지 이질적인 뜻이 들러붙고 말았던 것이다.

그 중에 가장 강한 뜻이 '이야기'라는 뜻이었다. 스토리는 히스토리의 이를테면 동족어다.[4] 설화는 역사의 가장 원시적 형태지만 사실 역사는 오랫동안 '설화'라는 형태로 보존되어 내려온 것이다. 즉, 역사는 문학의 한 형태로 자기를 유지하여 온 것이다. 그러나 이바구(이야기)란 경상도 사투리 속에는 거짓말이 있다는 뜻이 포함되어 있다.

또 하나 유의할 것은 역사는 '사건의 기록'이므로 "기록 없이 역사는 없다"고 하는 실증주의적 사고이다. 그래서 흔히 인간이 문자를 발명하여 기록을 남길 수 있게 된 때부터를 역사시대(historic period), 이전을 선사시대(pre-historic period)라 불러 온 것이다. 이것은 역사가들이 기록을 얼마나 중시했는가를 보여 주는 실례이기도 하다. 그러나 오늘날의 역사학은 비단 인간이 남긴 문자기록에만 의존하여 역사를 탐구하고 있지 않다. 이를테면 고고학(archeology)과 인류학(anthropology)이 발전하여 우리는 많은 역사 지식을 문자 아닌 다른 역사적 흔적(유물)을 통해 얻어내고 있는 것이다.[5]

3. 동양적 의미(史)

동양에서는 역사가 무엇을 의미했는가를 살펴보자. 한자로 역사라고 하면 '역대의 서(書, 책)'라는 뜻이었다. 그런데 중국에서는 명말에 이르러서야 '역사'란 용어를 썼고, 이전에는 단지 '사(史)'란 말밖에 쓰지 않았다고 한다. 이때의 '사'도 역사적 사실 그 자체와 역사서(역사서술)라는 이중의 뜻을 가지고 있었다. 그러나 그보다 '사'란 단어는 역사의 기록자, 즉 '사관(史官)'이란 벼슬을 뜻했다. 허신(許愼)의 《說文解字》(史部)에 보면 史는 '일[事]을 기록하는 사람'이라 풀이하고, 사(史)라는 글자 모양을 보면 손 '手'자와 가운데 '中'자의 합성어이다. 中은 바를 '正'을 뜻하므로 史는 곧 '正手', 즉 '바

4) Henri Berr, *History,* Encyclopedia of Social Sciences Vol., p. 357.
5) H. Elmer Barnes, *History, its rise and development*, Encyclopedia Americana, p. 205.

르게 쓴다'라는 뜻이다. 그러나 일설에 '中'은 관부의 '簿書' 또는 '算'(弓財의 명중 수를 계산하는 대나무 개비)을 의미하였으므로 史는 본래 제후의 측근에서 궁사의 명중 수를 기록하는 자라는 뜻이었다.[6] 중국 최대의 역사가 사마천이 흉노에 패한 한 장군을 두둔하다가 한(漢) 무제에게 궁형(宮刑)을 당한 뒤 불후의 명저《사기》130권을 남겼으니 역사는 기록과 무관하지 않다.

궁형이란 남자의 성기를 자르는 형벌이다. 잘못 글을 썼다가는 사마천처럼 궁형을 당한다. 이처럼 '史'는 기록이란 뜻에 가깝다. 역사적 사실은 차라리 '事'라고 표현할 수 있으므로 史는 주관적 기록이며 객관적인 역사인 '事'와 구별되는 것이다.

우리나라 말로 역사적 사건 또는 사실을 '일'이라 하며 그 동사는 '일어나다'로 독일어의 '일어나다'와 같은 뜻이다. 우리나라의 '일', 즉 사건이란 본시 굿[일어로 고토(事)]이란 뜻이었다. 즉, 옛날 마을에서는 굿판이 벌어진 것을 '일 났다' 또는 '큰일 났다'고 표현하였다. 굿판은 최근까지 조용한 시골마을에서 가장 큰 사건이었다. 누가 아프거나 하면 그 집에서 무당을 불러다가 굿판을 벌이는데 그러면 마을 사람들이 다 모여 들어 구경했다. 이런 굿판의 원류는 단군조선 때 마을의 신단수, 즉 당목(堂木)에 제사를 지내는 행사에서 비롯된 것이니 그 유래가 오랬다.

4. 현재분의 과거가 역사이다

역사의 객관적 의미와 주관적 의미를 굳이 구분하여 개념지을 필요는 무엇인가? 우리는 오랫동안 이 두 의미를 구분하지 않고 사용하여 왔다. 그러나 현대 역사학은 과거 그 자체와 역사가의 역사인식 사이에 상당한 거리가 있다는 사실을 깨닫고 객관적 역사에 도달하는 길이 요원하다는 현실을 솔직히 시인하기에 이르렀다. 역사가가 역사서술의 수단으로 사용하는 사료(기록과 유물)는 극히 단편적이며 불완전하다. 또 사료의 인멸로 실제로 일어난 사실이 영구히 사라지고 마는가 하면, 사료가 보여 주는 것이 객관적 역사의 일부에 지나지 않기 때문이다. 어떻게 생각하면 역사는 온통 거짓말이다. 그러나 아니 그래서 역사가는 진실을 파악하기 위해 노력을 아

6) 全海宗,《中國人의 歷史意識과 歷史敍述》, 역사의 이론과 서술 참조.

껴서는 안 된다.

사료가 없으면 과거 그 자체가 불확실한 것이 되고 만다. 물론 과거 그 자체는 기록이 있건 없건 존재했던 것이 분명하다. 마치 밀림 속의 나무 한 그루가 쓰러졌는데 그 쓰러지는 소리를 한 사람도 못 들었다고 하더라도 나무가 쓰러진 것은 분명한 것과 같다. 그러므로 논리적으로 보더라도 역사가가 어느 날 어떤 새 기록을 발견했을 때 갑자기 그 역사적 사실이 발생한 것은 아니다. 역사적 사실은 역사가가 그것을 발견하고 검토하기 이전에 이미 존재하고 있다. 그러므로 역사가는 역사적 사실을 함부로 창작할 수 없고 단지 기왕에 발생한 그것을 재창조할 뿐이다.[7]

이처럼 역사가는 역사적 사실을 만들어내는 것이 아니라 단지 재생하는 것인데, 이때 역사가는 그 자신의 현재적 관심이나 이해, 편견, 신념 등 주관의 개입으로 '있는 그대로'를 재생하지 못한다. 이리하여 객관적 역사와 역사가의 주관을 거쳐 재생된 역사 사이에는 상당한 거리가 있기 마련이다.

프랑스의 현대 역사가 마루(H.I. Marrow)는 역사란 $h=\frac{p}{p'}$ 라고 말하고 있다. 즉, h는 '인간의 과거에 관한 지식'(connaissance du humain)이며, p는 '산 과거'다. 그리고 p'는 "과거의 재현이 전개되는 현재"다. 그러므로 $h=\frac{p}{p'}$ 란 "역사는 현재분의 과거"라는 뜻이다. 이러한 마루의 설명에 따르면 역사에 대한 역사가 개개인의 인식은 같을 수 없다. 그러므로 다시 $h=p+p'$ 란 공식이 성립되는데 p'는 역사가의 재능이므로 역사는 곧 과거 플러스 역사가의 재능이 되는 것이다.[8]

Ⅱ. 역사적 사실

1. 인간과 자연

역사는 과거에 관한 학문이다. 따라서 역사가가 연구의 대상으로 삼는 사실은 과거의 사실이다. 이것을 우리는 앞에서 역사의 객관적 의미라 했다. 그런데 이 사실은 단순한 사실이 아니라 '인간의 사상과 행동에 관한 사

7) Henry Steele Commager, *The Study of History* (New York, 1965), pp. 1~2.
8) H.I. Marrow, 《歷史의 認識》 李玉 書評, 〈西洋史論〉 II, pp. 92~94.

실'(J.H. Robinson)인 것이다.

그러므로 역사학의 대상은 성질상 인간(l'homme)이다. 보다 적절하게 말하면 인간들(les hommes)이다. 풍경·제도·도구·기계·문서의 배후에서 역사가가 찾아내려고 하는 것은 인간들이다. 그래서 좋은 역사가란 전설의 식인귀(食人鬼)라고도 하는 것이다.[9]

인간이 역사로부터 추방된 시대, 이를테면 신화시대가 없었던 것은 아니다. 그러나 그리스·로마의 역사서술에 이르러 역사는 인간중심주의로 바뀌었다. 그리스·로마의 역사가들은 어디까지나 인간의 역사에 대한 이야기, 다시 말해서 인간의 행동과 인간의 생각, 그리고 그 성패에 대한 이야기를 기술하였다. 물론 신의 역할도 인정되고 있다. 그러나 이 신의 역할은 극히 제한되어 있다. 따라서 그들에게는 신보다도 인간의 행동에 대한 연구가 중시되었던 것이다.[10]

자연도 역사를 갖는다. 자연사(natural history)나 지질학은 자연의 역사학이다. 지질학이 역사적 과학인 까닭은 어떻게 지층이 형성·변화하였는가를 연구하는 학문이기 때문이다. 물리학과 같은 분석적 과학에서는 어떤 물리적 현상이 언제 어디서 일어났는가를 연구하지 않는다.[11]

인간의 역사는 자연사의 일부다. 그러므로 인간의 역사에 관련된 자연현상은 마땅히 역사적 사실 속에 포함시켜야 한다. 고대사회일수록 인간은 자연현상에 민감한 반응을 보였다. 그래서 옛날의 연대기를 보면 일식이나 유성, 우박을 전쟁, 영웅, 국왕의 죽음과 똑같이 예우하여 서술하고 있다.

예를 들면 《삼국사기》(권제1 신라본기 제1)에

> 파사니사금(婆娑尼師今) 21년 7월에 우박이 떨어져 나는 새가 죽고 10월에는 경도(京都)에 지진이 있어 민옥(民屋)이 쓰러지고 죽는 자까지 있었다.
>
> 22년 2월에 (새로) 성을 쌓아 월성이라 이름하고 7월에 왕이 월성으로 이거(移居)하였다.
>
> 25년 정월에 뭇별들이 비 오듯 떨어졌으나 땅에 이르지 아니하였다.

---

9) Marc Bloch, 앞의 '辨明', p. 8.

10) Collingwood, *The Idea of History*, 이상현 역, 《歷史學의 理想》(白鹿論叢 1, 1976)와 김봉호 역, 《西洋史學史》(탐구당, 1976)의 두 역서가 있음. 여기서는 편의상 전자를 이용, p. 72.

11) William H. Dray, *Philosophy of History,* Englewood Cliffs N.J. (1964), p. 4. 황문수 역, 《歷史哲學》(문예문고), p. 15.

> 7월에 실직국(悉直國)이 반(叛)하매 병(兵)을 발하여 토평(討平)하고 그 여중(餘衆)을 신라의 남비(南鄙)로 옮기었다.

등과 같은 기사가 보이고,[12] 또 중세 영국의 《앵글로 색슨 연대기》(*Anglo-Saxon Chronicle*)에도

> 1042년 이 해 Harthacnut왕이 죽었다. 그는 술을 마시고 서 있었다. 그런데 갑자기 무서운 발작과 함께 땅에 쓰러졌다. 옆에 있던 사람들이 그를 부축했으나 한 마디 말도 하지 못했다. 왕은 6월 8일에 세상을 떴다. 이리하여 모든 인민이 애드워드의 왕위계승을 합법적인 것으로 받아들였다. 1년 내내 기후가 매우 나빴다. 폭풍이 불어 곡식에 큰 피해를 입혔으며 가축도 폭풍과 질병으로 우리가 기억하는 그 어느 해보다도 많이 죽었다.
>
> 1047년 이 해는 매우 추운 겨울이었다. 그래서 윈체스터 주교 Aelfwine을 비롯한 많은 사람들이 잇따라 죽었다.
>
> 1048년 이 해에 영국에는 큰 지진이 일어났고 Sandwich와 Wight섬이 파괴되어 그 곳 최상의 사람들이 죽었다.

는 기사가 보인다.[13]

여기서 우리는 전근대사회일수록 인간은 자연의 환경변화에 큰 관심을 보였다는 사실을 알 수 있고, 그래서 연대기 작자는 기후가 인간사회에 주는 영향에 지대한 관심을 가졌던 것이다. '一治一亂'(한번 태평성대가 오면 다음에 반드시 난세가 온다는 역사순환론)이라는 동양적 역사관에도 반드시 기상조건과 천재지변의 유무가 큰 구실을 하고 있다. 즉, '치세'에는 우순풍조(雨順風調)하여 농작물이 등풍(登豊)한다. '난세'에는 반대로 재변이 일어나 생활조건이 극한 상태로 들어간다. 이 같은 자연의 조화는 신의 도움으로 해결할 수밖에 없고 그래도 안 되는 것은 군왕이 부덕한 소치로 생각하였다.

베이컨은 인간의 "자연에 대한 승리는 오직 자연에의 복종에 의해서만 쟁취될 수 있다"(Natura non vincitur nisi parendo)고 했지만 이 말은 '인류의 위기'를 진지하게 거론하고 있는 현대 인류사회에 적절한 경구(警句)로 들린다. 인간의 역사는 자연사의 일부이기 때문이다. 지질학자에 따르면

---

12) 이병도 역, 《三國史記》, 第1冊 참조.

13) D.C. Douglas, *English Historical Documents*, Vol. 3, pp. 110~115.

인류역사는 다가올 새 빙하기의 도래로 종말을 고할 것이라고 한다.

2. 시간과 과거

역사학을 '인간의 학'이라고만 해서는 설명이 부족하다. 그것은 '시간에 있어서의 인간의 학'이기 때문이다. 역사학이나 사회과학이나 모두 인간을 다루고 있다. 그러나 역사학은 항상 인간을 시간이라는 4차원에서 인식하고 있는 것이다.[14] 고금래(古今來) 또는 거래금(去來今)이란 말이 있는데 전자는 과거·현재·미래요, 후자는 과거·미래·현재란 말이다. 단재 신채호는 그의 《조선사》에서 역사를 구성하는 3대요소로 시(時)·지(地)·인(人) 3자를 들었는데 이것은 우주(宇宙)란 말에서 나온 것이다. 즉, 우(宇)도 집, 주(宙)도 집이란 뜻인데 우는 천지요, 주는 고금 역사란 뜻이다. 인간은 천지라는 집과 주라는 집에서 살고 있는 것이다. 즉, 시간과 공간이라는 집에서 살아야 하는 것이다.[15]

역사학에서 '시간'이란 다른 자연과학에서처럼 인위적인 토막난 시간이 아니고 동질적이며 단편적인, 이를테면 하나의 척도로서의 시간도 아니다. 역사에 있어서의 시간은 비약할 수도 없고 역행할 수도 없는 생생한 현실적 시간이다. 이 현실적·역사적 시간은 모든 인간을 가차없이 어린이에서 백발의 노인으로 만들어 버리는 무서운 힘을 갖고 있다. 인간은 생전에 아무리 강자로 군림했던 독재자라도 시간 앞에서는 죽음을 면할 수 없다. 필자의 조그만 서재에 커다란 이승만 전대통령의 초상화가 걸려 있었다. 물론 그를 특히 흠모하는 마음에서 걸어 논 것이 아니다. 나는 이 초상화를 볼 때마다 역사적 시간의 냉엄한 위력을 목도하는 것이다. 이런 말이 있다.

> 우리들 뒤에 남는 것은
> 시간의 모래위 발자국
> Leave behind us
> Footprints on the sands of time.[16]

시간의 입김을 쐬고 일단 과거가 되는 날이면 지금까지 생동하던 현재는

14) Arthur Marwick, *The Nature of History* (New York, A Delta Book, 1970), p. 7.
15) 申采浩, 《朝鮮史總論》, 앞의 '論選', p. 64.
16) Longfellow, *Psalm of Life*, recit, from Commager, *op. cit.*, p. 7.

갑자기 정지해서 역사라는 묘비 위에 '영원한 어제'로 화석화된다. 이처럼 참다운 시간이란 토막을 낼 수도 없거니와 한번 지나가면 다시 끌어담을 수도 없는 변화인 것이다.

톨스토이는 1821년에 태어나서 그 탁월한 문필로 세계적인 명성을 얻었으나 1910년 11월 7일 일요일 오전 5시, 89세의 고령으로 세상을 떠날 때 '아내로부터의 도피행'을 꾀하다가 겨우 다음 역에서 객사하고 말았다. 이 톨스토이의 최후는 그 뒤 아무도 재연할 수 없는 일이지만 거의 모든 남성들의 최후가 톨스토이와 비슷하게 죽고 있다면 지나친 말일까?

역사적 시간은 부단히 현재를 과거로 만들며 현재를 과거로부터 변화시킨다. 이리하여 과거는 시간이 지남에 따라 차츰 현재와 다른 실재로 변해간다. 현대 영국소설가 하틀리(L.P. Hartly)는 "과거는 이국이다. 그들은 거기서 우리와 다르게 행동한다"(The past is a foreign country, they do things differently there.)고 말했다. 근대역사학의 대명제의 하나가 "과거는 다르다"(The past is different.)는 것이다. 역사가는 현대와 중세가 얼마나 다르고 또 같은가 하는 뉘앙스에 대한 섬세한 감각의 소유자이다. 이처럼 역사적 시간의 본질은 변화며 거기다 또 일회적이다.

시간은 곧 변화요, 역사학은 바로 이 변화를 연구하는 학문이다. 이 변화를 발견한 사람이 곧 헤로도투스다. 소크라테스는 철학이 '불변적인 것', '영구불변적인 것'을 연구하는 학문이라고 했다. 만일 그렇다면 역사학은 '변화하는 것'에 대한 학문이라 할 수 있다.[17]

3. 역사적 연속성

역사적 시간은 변화가 그 본질이다. 그러나 역사적 변화의 특성은 연속성(continuity)에 있다. 만일 이 연속성이 부정되고 역사를 끊어진 토막실뭉치라고 한다면 역사적 고찰은 전혀 무의미하다. 역사학은 "절대적 전환(absolute transformation), 즉 단절이란 없다"는 가정 위에 성립되어 있다. 그러므로 과거가 과거로서 완결되고 현재와 아무런 관계가 없다면 굳이 우리는 역사를 연구할 필요가 없는 것이다.

역사학에서는 역사가 현재를 규정하는 하나의 능동적인 힘으로 인식된

---

17) Collingwood, *op. cit.*, p. 72.

다. 호이징하가 말했듯이 과거는 단순한 시간적 개념일지 모르지만 역사는 정신적 산물이다. 현재는 없다. 그것은 영원히 정지하는 과거와 미지의 미래 사이의 일점에 불과하다.[18]

이처럼 현재와 과거는 밀착되어 불가분의 관계에 있다. 제2차 세계대전 말기에 연합군이 이탈리아에 상륙하자 무솔리니는 괴로운 듯이 "역사는 우리의 목을 졸랐다"고 외쳤다. 고대 히브리어에는 현재형(예를 들어 I write)이 없고 완료형과 미완료형이 있을 뿐이다. 현재형은 특별히 분사를 써서 I am writing이라 했다. 그러니까 그들은 현재를 인정하지 않고 과거와 미래만 있는 것으로 알았다. 현재는 단지 현재진행, 즉 완료되지 않고 진행되고 있는 과정으로서 존재했다. 다시 말하면 현재는 '살아 있는 과정'(living process)이요, '생성'(becoming)이었다.[19] 역사학은 바로 역사를 '생성'으로 인식한다. 그러므로 "과거는 결코 죽지 않는다. 그것은 과거마저도 아니다"(The past in never dead. It not even past.)(Foulkner)고 말할 수 있다.

"인간의 마음은 미래에 있고 발은 과거를 딛는다"는 말이 있듯이 과거는 현재를 규정하고 제약한다. 영국사는 다른 어느 나라 역사보다도 그 연속성을 자랑하고 있다. 11세기의 《둠즈데이 북》(*Domesday Book*)이 아직도 법정에서 인용되고, 13세기의 마그나 카르타(Magna Charta)도 아직 효력을 잃지 않고 있는 나라가 곧 영국이다. 그만치 영국민은 보수주의적인 것이다. 이것은 영국이 혁명으로 인하여 과거로부터 현재를 단절당하는 일이 적었다는 증거가 되기도 한다. 그러나 역사학은 영국보다 독일에서 더 발전했다. 그 이유는 단절이 심한 독일에서는 잃어버린 역사를 역사학을 통해 되찾으려 했던 것이며, 영국민은 역사를 책 속에서가 아니라 역사 속에 삶으로써 이미 역사를 되찾고 있었던 것이다.[20]

4. 단절의 의미

우리는 흔히 급격한 사회변동기에서 어떤 역사적 단절감을 느낀다. 아시아 사회가 서구로부터의 도전으로 급격히 근대화될 때 똑같은 단절을 의식

---

18) J. Huizinga, 《歷史에의 길》(일역), p. 90.
19) Erich Fromm, *You Shall Be as Gods* (New York, 1967), 김상일 역, 《挑戰받는 絶對者》, pp. 41~42.
20) Galbraith, *Introduction to the Study of History* (London, 1964), p. 8.

했다. 단재 신채호는 일제 강점기 한국인의 사상적 단절을

> 일반사회의 형성과 정신이 모두 격변하여 금일 '아메리카'사람으로 내일 '러시아'사람 됨과 같은 현격(급변)이 있으니 이는 역사상의 연락이 단절함이라. 어디서 과거를 연구할 동기가 생기리오.

라고 말하고 있다.[21] 그러나 아무리 단절이 심하더라도 현재는 과거라는 바위에 묶여 있는 프로메테우스가 아닌가.

현재를 단절시대라 부르고 있다. 현대의 과학·기술혁명은 전 세대와 현 세대의 심리적 거리감을 놀라우리만치 확대시켜 주었다. 전기와 비행기의 시대에 사는 인간은 그들의 조상과 매우 떨어져 있는 것처럼 느낀다. 그래서 현대인은 반역사적, 비역사적이라고 하는 것이다.

그들은 첫째, 오늘의 문제에 대해 역사는 무의미하다고 생각한다. 둘째, 지금까지의 역사관은 이미 오늘의 현실을 설명해 주지 못한다고 생각한다. 셋째, 지금까지의 역사 그 자체가 하나의 종말에 가까워지고 있다고 본다. 넷째, 현재를 보는 시각은 과거 아닌 '미래로부터의 도전'에서 설정되어야 한다고 생각한다.

반역사주의는 여러 가지 형태로 나타나 있으나 그 바닥에는

> 현재는 예전보다도 역사에 의해 제약되는 면이 적다. (그래서) 전환을 바라는 몇몇 두뇌는 '역사로부터의 해방'을 노래하기 시작한 것이다. 그러나 그것은 쇠사슬에 묶인 프로메테우스의 헛된 절규다. 왜냐하면 우리의 역사 전체가 그 자체 해방에의 노력이었다.……그러나 (해방이라는) 구원은 인생과 역사의 강 건너(피안)에 있는 것이다.

고 하는 역사의 무거운 짐으로부터의 해방을 울부짖는 절규가 숨어 있다.[22] '역사로부터의 해방'이란 인류의 항상적 숙원이 아니었던가. 그러나 그것이 언제나 헛된 절규로 끝난 것을 목격했다. 비슷한 한 예를 들어 보기로 하자.

1960년대를 휩쓴 이른바 뉴 레프트(new left)는 '흔들기'와 '성'과 '마약'(환각제)과 그리고 주관주의를 생활양식으로 삼는 젊은이들의 반문화(coun-

---

21) 申采浩, 《朝鮮史總論》 앞의 '論選', p. 70.
22) J. Huizinga, *op. cit.*, p. 180.

terculture) 운동이었다. 그들은 현대문명을 '억압의 세계'요, '제도화된 악'이요, '권력문화'라 규정하고 '악의 전체성'에 대한 '완전혁명'(total revolution), '완전혁신'(total newness)을 절규했다.

"불변(변하지 않는데)에 항의한다", "'금지하라'를 금지하라", "불가능을 요구한다" 등 다채로운 구호를 외친 젊은이들은 기존사회를 기성의 수익자인 '저들'(they)로 보고 제도화된 악에서 물러선(drop out) 자기들을 '우리'(we)로 보고 '저들'과 한 배에 타기를 거부했던 것이다. 이것이 이른바 '우리'의 '위대한 거부'(the great refusal)이었던 것이다.[23] 그들이 거부한 것은 '역사가 만들어 낸 모든 것'이었다. 니이체는 일찍이

> 위대한 행위는 과거의 업적을 모방하는 것이 아니라 오히려 비역사적이고 반역사적 분위기 속에서 나올 수 있는 것이다.

고 말함으로써 현대의 비역사적 입장, 철저하게 반역사적 입장(unhistorisch, widerhistorisch durch, Zustand)을 예고하였다.[24] 이러한 사고는 과학·기술의 급격한 발전으로 인한 현상이며 과거적인 것에 대한 일반의 경시와 역사학에 대한 대중적 냉담을 불러 일으켰다.

대중적 반역사주의보다 더 강력한 영향력을 발휘하고 있는 것이 학문적인 반역사주의다. 일찍이 플라톤은 "역사는 시보다 못하다. 인간은 전통의 권위라는 '영원한 어제'에서 벗어나야 한다. '어제'를 극복하기 위해서는 하나의 북극성이 필요하다. 이 북극성이야말로 과학(technic)이요, 원리"라고 갈파했다.[25] 데카르트, 괴테 그리고 니체에 이어지는 '어제'에 대한 증오는 '역사의 중하'를 망각과 파괴로 초극하려는 현대 행동주의로 나타났던 것이다.

자동차 왕 포드의 "역사는 사기다"(History is bunk.)라는 말은 너무나 자주 인용되는 반역사주의의 표어다. 그러나 "과거에 시간을 소모하는 것은 시간낭비다"(Time spent on the past is time lost.), "15세기 영국의 장미전쟁을 아는 것보다 최근의 월남전쟁을 아는 것이 훨씬 더 중요하다."는 이같은 소박한 현재주의가 과연 올바른 사고라 할 수 있을까?[26]

확실히 과거는 현재의 모든 것을 설명해 주지 못한다. 그러나 그렇다고

23) Gerhart Niemeyer, *Homesickness of the New Left*, '논단' 51, 2 참조.
24) Alfred Stern, *Philosophy of History* (New York, 1960), p. 51.
25) Ernst Cassirer, *The Myth of the State* (1946), 최명관 역, 《國家의 神話》, p. 86.
26) Max Beloff, *On Thinking about the Past*, Encounter, 33~34, p. 43.

해서 과거는 현재를 설명하는 데 전혀 무익하다고 할 수 있을까?27)

현대의 많은 인간적인 문제를 이해하고 해석하기 위하여 그 역사적 원인이나 전례를 분석할 필요가 없다고 보아야 옳을까? 사회과학자들은 인류의 현재를 완전히 과학적으로 인식할 수 있다는 전제하에 시간적으로는 불과 2~30년간의 현상만을 관찰함으로써 현대의 경제나 정치, 사회를 이해하려 든다. 그들에게는 자기네가 살고 있는 시대가 이미 죽은 자의 시대와 너무나도 명백히 구분되어 있다고 생각하여 그 고찰의 범위를 그렇게 짧게 한정시키고 있는 것이다.

그러나 역사적 사실이 시간적으로 가까울수록 현재와 밀접히 관련되고 멀수록 무관하다고 생각할 수 없다. 가령, 달이 태양보다도 가까우니까 지구에 끼치는 영향이 크다고 생각하는 지구물리학자는 없다. 거리만으로 둘 사이의 상호관계를 따질 수 없는 것은 공간에 있어서만이 아니라 시간에 있어서도 마찬가지이다. 아무리 시간적으로 가까운 사건·사상이라도 흔적 없이 사라진 신앙, 유산된 사회제도, 사멸된 기술처럼 현재에 아무런 영향을 끼치지 못하는 것이 허다히 있고, 반대로 아무리 먼 옛날의 사건·신앙이라도 가령 종교개혁이나 프랑스 혁명처럼 현대에 맥맥이 이어지고 있는 것이 있다.28)

루터는 일찍이 "역사를 멸시하는 것은 조잡한 야만주의요, 하나님의 올바른 지식을 좀먹는 무지다"고 갈파한 바 있다.29) 역사적 맥락의 이해는 사회과학의 수평적 분석 못지 않게 중요하다는 것을 잊어서는 안 될 것이다.

그러나 어제(과거)를 오늘(현재)과 내일 그리고 모래로부터 단절시키려는 반역사적 사고에는 역사가 자신에게도 책임이 없지 않았다. 그것은 역사가도 종래 그들의 연구범위를 뚜렷한 이유 없이 '과거'로 한정하고 '현재'와 '미래'를 역사의 범위에서 추방하고 말았기 때문이다. 이른바 '동시대성'을 띤 가까운 과거는 정치학이나 사회학으로 넘겨 주고 역사가는 점잖게 "그건 저널리즘의 영역입니다"라고 물러서고 말았던 것이다. 그러나 지금은 현대사라는 잃어버린 영역에 대한 역사가들의 관심이 점고되어 있다. 역사가는 마땅히 현대사를 되찾아야 할 것이다.

---

27) Marc Bloch, *Apologie*, 앞의 '辨明', p. 18.
28) M. Bloch, *Ibid.*, p. 24.
29) Thompson, *History Today*, Encounter, 24~25, p. 62.

제 2 절
역사는 왜 알아야 하는가?

역사의 여신 클리오(Clio)는 샘 많고 깜찍한 여인이다. 그러므로 그녀는 바람둥이 녀석의 지적 욕구에 놀아나는 값싼 여인이 아니다.

– H.L.A. Fisher

Ⅰ. 역사학의 기능과 효용

1. 역사 연구의 동기

어떤 종류의 학교에 다니더라도 '역사'란 과목을 배우지 않고 졸업할 수는 없다. 그것은 초등학교에서부터 대학에 이르기까지 역사과목 또는 역사지식이 들어 있지 않은 곳이 없기 때문이다. 그러나 인간의 정신적 성숙년도를 무시하고 역사를 국어나 산수처럼 가르칠 수 있는 것일까? 이 문제에 대해서 매우 회의적인 학자가 있다. 현대 영국역사가 패어스(Richard Pares)는 "역사는 25세부터 가르쳐야 한다"고 주장하여 주목을 끌었다.[1] 이러한 패어스의 주장 속에는 많은 의미가 함축되어 있다. 그 중 하나가 "역사는 그만치 어려운 학문이다"는 뜻이다. 일찍이 19세기 프랑스 역사가인 꾸울랑즈(Fustel de Coulange)도 "역사학은 모든 학문 가운데 가장 어려운 학문"이라고 경고한 일이 있다.

사학과나 역사교육과를 지망한 학생들에게 "왜 역사공부를 선택했는가?"고 물어 보면 여러 가지로 대답하는데 그 중 가장 흔한 대답이 "고등학교에서 역사가 재미 있었다", "역사 성적이 좋았다"는 것이다. 역사학에 대한 학생들의 이러한 첫 반응은 19세기 말 프랑스의 소르본느 대학생들도 마찬가지였다. 《역사연구입문》의 공저자로 유명한 랑글로아 · 세뇨보(Langlois · Seignobos)가 고백한 바에 의하면 그 무렵의 학생들 역시 고교 때 받은 역

1) Richard Pares, *The Historian's Business, and Other Essays* (Oxford, 1965), p. 31.

사교사의 강한 인상 때문에 역사공부를 결심했다는 것이며, 일부 야망적인 학생들은 티이리(Augustin Thierry ; 프랑스의 유명한 역사가)와 같은 직업을 찾기로 결심했다고 했다.[2)]

그런데 대학에서 4년 동안 역사를 공부하고 나아가는 졸업생들의 마지막 반응과 역사학에 대한 이러한 학생들의 첫 반응을 비교하면 너무나 대조적이다. 졸업생들은 이구동성으로 "역사학은 매우 어렵다"는 꾸울랑즈의 경고에 동의하면서 역사연구의 무한성에 새삼 경의를 표하는 것이다. 역사처럼 하면 할수록 어려워지는 학문, 아니 연구하면 연구할수록 몰라지는 학문도 드물다. 이토록 어려운 학문을 단지 '재미있다', '쉽다'는 생각만 가지고 들어온다는 것은 매우 경솔한 일이 아닐 수 없다. 교수의 입장에서 본다면 "역사란 매우 복잡하고 난해한 학문입니다"고 공언하면서도 '쉬운 과목'(soft option)이라고 생각하고 몰려드는 수강생들을 앞에 놓고 깊은 한숨을 쉬어야 하는 딱한 실정을 맛본다.[3)] 물론 '재미'와 '쉽다'는 생각에서 사학과에 들어온 학생들도 2년만 지나 보면 어김없이 그렇지 않다는 것을 깨닫는다.

블록이 말했듯이 역사에는 확실히 '부정할 수 없는 매력'이 있다. 역사에는 다른 어느 과목에서도 찾을 수 없는 '고유의 심미적 기쁨'이 있는 것이다. 이 기쁨은 역사학이 추상적 관념의 학문이 아니라 인간적 냄새가 물씬 나는 구체적 사실의 학문이라는 데에서 나오는 강렬한 매력인 것이다.[4)] 볼테르는 "역사는 계단을 올라가는 나막신[木靴] 소리와 계단을 내려오는 비단 실내화 소리로 가득하다"고 했는데 역사가 가진 특이의 맛을 표현한 말이다. 또 한스 코온(Hans Kohn)은 "역사학이 얼마 안가서 역사연구의 한계에 도달할지 몰라도 역사의 매력만은 결코 사라지지 않을 것이다"고 낙관하였다.[5)] 이처럼 쉽게 사람을 홀리는 특수한 역사의 매력 때문에 자칫하면 역사는 정신위생상에 좋고 훌륭한 오락이 된다고까지 곡해된다. 물론 이 위안은 역사학에 필수적인 전제조건이기는 하다.

곧잘 "역사는 구경거리다"라는 말을 한다. 역사가는 마치 연극이나 영화를 구경하듯 역사를 즐길 수가 있다. 등장 배우들(역사적 인물)의 연기를 보고 칭찬도 해 주고 비난도 할 수 있다. 역사는 태초에 신이 썼을지도 모를

---

2) Langlois · Seignobos, *Introduction to the Study of History* (London, 1892), pp. 9~10.

3) Arther Marwick, *The Nature of History* (New York, A Delta Book, 1970), p. 5.

4) Herbert Butterfield, *Man on His Past* (Beacon Press, 1960), p. 30.

5) Hans Kohn (민석홍 역), 《歷史家와 世界革命》, p. 28.

각본에 따라 파란만장의 드라마를 연출한다. 우리는 한 사람의 관객으로서 이 가장 박진감 넘치는 드라마를 '구경'하며 이 '구경의 재미'로 역사를 연구하게 되는 것이다.

그러나 역사학은 단지 그 구체성만으로 매력을 갖고 있는 것이 아니다. 우리는 또한 어떤 역사적 사실에서 우러나오는 의미에도 감동한다. 한국사가 그 자체만으로 한국인에게 어떤 흥분 거리(자료)가 되듯이 독일사는 독일인에게, 인도사는 인도인에게 무한한 감흥을 불러 일으킨다. 할아버지에 대한 아버지의 이야기가 어린 아들의 가슴에 뭉클한 감동을 불러 일으키듯이 역사는 그 자체 무엇인가를 호소하는 힘을 가지고 있다. 그러기 때문에 역사는 얼마든지 듣는 이로 하여금 눈물을 흘리게 할 수 있는 감루의 재료가 된다. 우리는 그 한 예를 히틀러에게 역사를 가르친 선생에게서 찾아볼 수 있다.

히틀러는 《나의 투쟁》(*Mein Kampt*)에서 그가 혁명가(그가 자신을 혁명가라고 믿고 있었다)가 된 동기를 중학교 때 역사 선생님 때문이었다고 술회하였다.[6] 히틀러는 "내가 학교 다닐 때의 선생들은 그 절반이 병신 같은 것들이요, 정신이상자요, 선천적 백치였다"고 비난하고 있다. 그러나 단 한 사람, 그의 역사 선생님에게만은

> 그의 강의를 듣고 있노라면 절로 가슴이 뛰는 것을 억누를 수 없었다. 그럴 때 우리는 감격해서 얼굴을 붉혔으며 어떤 때에는 눈물까지 닦으며 경청했다. 나는 이 반백의 노인을 생각하면 마음속으로부터 커다란 감동을 느낀다. 본질적인 것을 취하고 비본질적인 것을 잊어버린다는 원칙을 이해한 역사 선생님을 만나게 된 행운은 나의 평생을 두고 아마 결정적인 것이 되게 했다. 그는 국가 사회주의적 정열을 교육의 수단으로 사용하여 몇 차례고 되풀이 우리의 국가적 명예감에 호소하였다. 이 선생은 나로 하여금 역사를 가장 좋아하는 학과로 만들었다. 그리고 그에게는 그런 의도가 전혀 없었으나 내가 젊은 혁명가가 된 것은 실로 그 때부터였다.

라고 따뜻한 감사의 말을 보내고 있다.

구경거리로서의 역사나 감동의 역사는 사람을 매혹하는 역사의 마술적 힘이다. 교수는 학생들에게 이 같은 역사의 매력에 끌리지 말고 냉정하고

---

6) 아돌프 히틀러, 《나의 투쟁》 참조.

차갑게 역사를 공부하라고 교시한다. 그러나 학생은 뜨겁건 차갑건 차츰 역사에 미치게 되고 역사가 무엇인가에 대해 고뇌하게 된다. 그리하여 마침내는 역사와의 깊은 사랑에 빠지게 된다. 역사가란 다름 아닌 역사를 미워하면서도 역사를 사랑하는 사람인 것이다.

2. 역사 인식의 여러 형태

인간 이외에 과거를 기억하고 과거를 말하는 동물은 없다. 그러므로 인간을 역사적 동물(historical animal)이요, 동시에 역사 서술 동물(history writing animal)이라고 한다. 인간이 만일 과거를 기억하지 못한다면 들에서 풀을 뜯는 소나 염소와 다름이 없는 것이다.[7]

이러한 사실은 개인뿐만 아니라 사회나 국가 그리고 집단에도 적용된다. 그들도 자신의 과거를 기억하여야 한다. 유명한 영국경제사가 애슐리(Mawrice Ashley)는

> 내가 지난 대전(제1차 세계대전) 때, 근위대에 입대했더니 한 상사가 나와서 제일 먼저 하는 소리가 '당 연대의 역사로 말할 것 같으면 ……', 이라는 것이었다.

고 회고했다.

여기 과거를 망각한 한 사회가 있다고 가정하자. 그 사회는 마치 기억상실증에 걸린 사람이 거리를 배회하듯 방향감각을 잃고 말 것이다. 개인이 기억감각을 갖듯이 사회도 역사가를 가져야 한다. 고대사회는 신관(神官)이나 음영시인을, 중세사회는 사관(동양)이나 수도사(서양)를 각각 가지고 역사를 기술하게 하였다.

시세로(Cicero)는 역사를 상실한 사회를 비유하여 말하기를 "당신이 태어나기 전에 일어난 사실을 모른다면 영원히 어린이로 머물 것이다"고 했고, 칸트는 인간을 "타인의 경험을 배울 줄 아는 동물이다"고 규정했다. 그러므로 역사는 일종의 대리경험(vicarious experience)이며 역사의 지식은 '제2의 생애'(a second life)인 것이다.[8] 또 타인의 경험을 자신의 경험으로 전환시킬

---

7) Jacques Barzun · Henry F. Graff, *The Modern Researcher* (New York, 1957), p. 44.
8) *Ibid.*, p. 53.

수 있는 능력 때문에 인간문화는 누적되어 발전한다. 문화의 본질은 쌓이고 쌓인다는 그 누적성에 있다.

이처럼 역사의 인식은 인간사회에 필수적인 요소라 할 수 있는데, 그러면 그것을 어떻게 인식하는 것이 옳은가? 우리는 시대가 바뀌고 문화가 발전함에 따라 역사인식의 방법도 달라지는 것을 볼 수 있다. 원시부족은 자기 부족의 전설이나 영웅의 행적에 대해서만 안다. 사회가 복잡해짐에 따라 또 권력구조가 발전함에 따라 사회는 보다 체계적인 역사인식의 필요를 느끼게 된다.

특히 근대 민족국가의 성장으로 인한 체계적인 역사인식의 필요는 근대 역사학의 발전기반이 되었다. 이리하여 역사연구의 방법이 과학화되고 폭넓은 역사철학이 발전함으로써 역사인식은 그 어느 때보다도 조직화되고 체계화되었다. 따라서 오늘날 "어떤 민족이든지 과거에 대한 지식 없이 또 과거에 대한 기억을 조직화하는 진지한 시도 없이 결코 문명발전을 기대하기 어려운" 상태에 놓여 있는 것이다.[9]

이리하여 아무리 적은 사건을 이해하고 해석하려 해도 반드시 그 역사적 맥락을 생각하는 이른바 역사적 고찰방법이 필수적인 것이다. 세계, 국가, 사회, 경제의 여러 가지 고차원적인 문제로부터 1960년대의 미니스커트 유행을 1920년대의 말괄량이(flappers)와 관련시켜 생각하는 것까지 모든 문제가 역사적 고찰의 대상이 되는 것이다.[10]

3. 역사 연구의 효용

"역사는 인생의 교사다"라는 격언이 있다. 또 "역사는 인간을 단지 박식하게 할 뿐 아니라 현명하게도 한다"는 말도 있다. 역사는 그 자체가 인간을 감동하게 하는 힘을 갖고 있다. 그러므로 역사는 인간계발의 산 실물교육(마키아벨리)인 것이다. 월시(W.H. Walsh)는 역사는 "한 시대를 다른 한 시대와 비교하고 대조함으로써 자신의 시대의 특징을 자각케 한다"고 말했고, 또 랑글로아·세뇨보까지도 "역사는 사회형태의 다양성을 가르쳐 주고 역사적 변화에 대한 인간의 병적 공포심을 치유해 준다."고 말했다.

9) H. Butterfield, *op. cit.*, p. 30.
10) A. Marwick, *op. cit.*, p. 8.

이토록 누구나 역사의 교육적 효용을 무시할 수 없으나 그것을 너무 의식하면서 역사를 가르치면 '교장훈시'식 역사가 되기 쉽다. 옛날에는 역사가 군주와 일부 정치 엘리트의 통치[經世]술로 여겨 서술되었다. 따라서 아무나 함부로 쓸 수도 없고 배울 수도 없는 특권학문이었다. 17세기 말, 최초의 《세계사론》(1679)을 쓴 보슈에(Bossuet, 1627~1704)는 "역사는 엘리트를 위한 학문이다"고 공언하고 역사학은 "통치자를 위해 보존된 신성학문(sacred science)이며 군주를 위한 학문이지 백성을 위한 학문이 아니다"고까지 단언하였다.[11]

그러나 18세기 이후 민주주의와 자유주의가 창도됨에 따라 왕년의 신성학문은 대중교화의 효과적인 도구로 변하여 그 정치적 기능이 한층 더 강화되는 비운을 맞게 되었다. 즉, 19세기의 열렬한 애국주의(jingoism)가 등장하자 역사는 마치 민족주의의 선전(propaganda)과 같은 것으로 인식되었다. 이어 20세기에 이르자 현대 매스컴이 발전하여 역사는 "빅토리아 여왕의 삼촌이 누구냐?" 하는 따위의 비참한 퀴즈 문제로 전락하고 말았다.

"최선의 것이 부패하면 최악의 것이 된다."(corruptia optimi pessima)는 플라톤의 말[12]처럼 역사학과 같이 유익한 학문이 일단 썩는 날이면 가장 무서운 해독이 되는 것이다. 전술한 영국사가 패어스는 그래서 "좋은 역사(good history)는 돈이나 과학처럼 유익하지 않지만, 나쁜 역사(bad history)는 세계에서 가장 파괴적인 무기보다 더 무서운 해독이 된다."고 하면서 어린 정신에 주입되는 역사교육의 해독을 고발하였던 것이다.[13]

우리는 여기서 어느 학문을 막론하고 학문 그 자체가 갖고 있는 정치적 기능이 있다는 사실을 잊어서는 안 될 것이다. 즉, 학문은 행동화하는 지식인의 분노를 조용한 사색과 명상으로 유도하는 정치적 기능을 갖고 있다. "과학은 과거에 대한 향수와 현재에 대한 무의미한 반항으로부터 인텔리를 구출하고 세계의 변혁을 꿈꾸기 전에 세계에 관하여 생각하기를 권하고 있다."[14]고 했는데 이 점을 잊어서는 안 될 것이다.

정치지도자의 입장에서 볼 때 젊은 지식인을 학문과 예술과 종교에 심취하도록 만드는 것은 매우 유익하다. 카시러(Ernst Cassirer)가 말했듯이 모

11) Jackes Bénigne Bossuet, *Discours sur l'histoire universelle* (Les Meilleure Anteurs Classiques, Paris, 1925).
12) Platon, *Republic* 「정치학」 참조.
13) Richard Pares, *op. cit.*, p. 52.
14) Raymon Aron (안병욱 역), 《知識人의 阿片》 참조.

름지기 과학은 '사상의 통일', 예술은 '직관의 통일' 그리고 종교와 이데올로기는 '감정의 통일'에 기여하고 있는 것이다.[15]

우리가 무심히 읽고 감상하는 소설이나 음악, 미술까지도 "인생이란 그런대로 살만한 가치가 있다" 그러니 "자살하지 말고 굳세게 살아라."고 권고한다. 바로 이것이 모든 예술이 묘사하는 마지막 사상내용이며 위안이라고 헤세(Herman Hesse)는 말하고 있다.[16]

역사학은 어느 다른 학문보다도 그 '순수성'을 지키기가 어려운 학문이다. 만일 역사가가 역사의 순수성을 지키기 위하여 그 사회적 책무를 의식하면 의식할수록 도리어 그의 절개를 잃어가는 딜레마에 빠진다. 그래서 예술가처럼 역사가도 사회적 책무 따위를 의식하지 말고 연구에만 몰두할 때 도리어 그의 사회적 책무를 충실히 이행하는 결과를 가져온다.[17] 모든 지식인은 행동을 포기하고 벗기기(폭로)라는 '제2의 행동'을 선택한 사람들이다. 그러므로 역사가도 인간과 인간을 둘러싸고 있는 환경의 정체를 폭로하는 '투쟁'에 참여하여야 할 것이다. 참여역사학이 반드시 나쁘다고만 말할 수 없다.

Ⅱ. 역사학의 학문계보

1. 인문과학와 역사학

위에서 말한 바와 같이 역사학은 그 자체 2천년이란 오랜 역사를 자랑하는 학문이다. 그럼에도 불구하고 역사학은 아직도 과학이냐 예술이냐 하는 기본적인 문제마저 깨끗이 청산하지 못하고 있다. 만일 역사학이 예술이 아니고 과학이라면 인문·사회 어느 과학에 소속되는가? 이것 또한 간단한 문제가 아니다.

역사학의 소속문제를 알기 위해서는 먼저 간단한 사학사적 고찰이 필요하다. 과학이란 개념은 사실 근대적인 개념이고 그 역사는 얼마 안 된다. 역사학도 19세기 이전에는 다른 여러 학문이 그랬듯이 신화, 문학, 철학, 신

---

15) A. Cassirer, *The Myth of the State* (1946), 최명관 역,《國家의 神話》, p. 43.
16) Herman Hesse (김정진 역),《彷徨하는 現代》, p. 27.
17) A. Marwick, *op. cit.*, p. 10.

학 등 시대에 따라 여러 가지 영역과 섞여서 존속하여 왔다.

가령 그리스 신화에 나오는 역사의 여신 클리오(Clio)를 보면 기억의 신의 장녀로서 학예신(Muses) 가운데 제일 우두머리를 차지하고 있다. 이로 미루어 역사는 인간정신의 최초의 고귀한 소산이요, 인간사상의 첫 형태임을 알 수 있다.[18] 그러나 이토록 일찍부터 나타난 역사의식이 고대, 중세를 거쳐 근대에 이르기까지 이렇다 할 발전을 하지 못하고 야생상태에 방치되어 온 것은 웬일인가? 물론 고대 그리스나 로마의 역사가들을 무시할 수 없고 중세의 연대기를 비롯한 일부 역사서술을 가볍게 보아넘길 수는 없다. 그러나 그때의 역사는 근대적인 안목에서 돌이켜 볼 때 아직 유년기의 학문이었다고 할 수 있다.

역사학이 과학으로서 발돋움하는 데 획기적인 공헌을 한 것은 17세기의 수도사들이었다. 후술하는 바와 같이 마비용(Mabillon)과 불랑드(bolland)는 근대적인 사료비판법을 개발했고 이어 18세기에는 계몽사상가들의 대담한 철학적 역사서술이 시도되었다. 이리하여 19세기 랑케 사학이 나타났던 것이다.

카알라일만 하더라도 "역사학이란 게 아직도 이 모양이니 한심하구나. 우리가 역사에서 얻을 수 있는 해답이란 정말 하잘 것 없이 작은 것이 아닌가"하고 의심하였던 것인데 랑케에 이르러 당당한 인문학으로 확립되었다. 이제 역사학은 문학도 아니요, 철학도 아니요, 선전도 아닌 하나의 과학으로서 독립을 선언하게 된 것이다. 사실 그 당시만 하더라도 인간을 다루는 인문·사회과학으로서 이렇다 할 학문이 없었다. 인문학이라야 그리스·라틴어의 고전연구가 그 주축을 이루고 있을 정도였고, 사회과학이라고 했댔자 아직 젖먹이 영아단계에 있었다. 그런 상황에서 돌연 역사학이 인문학에 군림하기 시작했으니 코페르니쿠스적 회전이라 하지 않을 수 없었다. 그래서 그때의 사회학이나 경제학, 심리학 따위는 아직 인문학의 왕자인 역사학 앞에서 감히 기침마저 할 수 없는 처지에 있었다.

웨버(Max Weber) 당시의 사회학만 하더라도 혹시 역사학자의 비위를 거스르지 않을까 해서 스스로 사회학이라 부르지 못하고 아주 작은 소리로 "역사학의 보조학입니다"라고 아첨하고 있었다.[19] '게마인샤프트'(gemeinschaft)

18) Carlyle's essay "*On History*"(1830), Fritz Stern, *The Varieties of History* (New York, 1956), p. 91.

19) Wright Mills(ed.), *From Max Weber: Essays in Sociology* (New York, 1953), p. 40.

와 '게젤샤프트'(Gesellschaft)로 유명한 사회학자 퇴니스(ferdinand Tönnis)도 처음 이 설을 발표했다가 역사학계로부터 큰 호통을 맞아 난감해 했다고 한다.[20]

이토록 역사학이 학계에서 큰 비중과 위엄을 가질 수 있었던 것은 오로지 역사학을 순수한 과학으로 승격시켜준 랑케의 덕이었고 이같은 독립은 철학이 신학에서 독립한 이후 최대의 사건이었다.[21] 전성기의 랑케 사학을 대변한 베른하임의 《역사학개론》을 보면 역사의 개념을,

> 역사학은 사회적 존재로서의 인간의 개별적 혹은 공동체적 행동에 있어 그가 어떻게 진화했는가에 대한 사실 — 이 사실은 시간과 공간에 의해 이미 결정된 사실이다. — 을 심리적·물리적인 인과관계라는 맥락에서 연구하고 서술하는 과학이다.

라고 아주 요란스럽게 설명해 주고 있다.[22] 물론 이것은 오늘에는 통하지 않는 주장이다. 그러나 랑케 사학에 있어서 가장 핵심적인 명제를 제시하고 있는 것이다. 19세기 영국의 랑케학파 역사가 액튼 경은 역사학의 이론과 방법에 대하여

> 모든 과학은 자기 특유의 방법으로 연구되어야 한다. 그렇지만 모든 과학에 적용될 수 있는 방법이 있다면 그것은 역사적 방법이다. 그러므로 역사는 특수한 학문의 분과일 뿐만 아니라 다른 여러 분과에 있어서의 특수한 학문형태요 방법이다.

라고 자신만만하게 말한다.[23] 이 말은 오늘에도 통하는 말이다.

그러나 20세기 초에 랑케 사학과 실증주의에 대한 철학자들(Croce, Dilthey, Collingwood 등)의 맹공이 있게 되자 역사학의 전통적 권위는 다소 흔들렸다. 때마침 이 시기에 사회과학이 화려한 때때옷을 입고 나타나 역사학은 상대적으로 늙어 보이게 되었다.

어떻든 19세기 후반에는 랑케 사학의 세도가 비단 인문·사회학에만 미친 것이 아니라 자연과학에까지도 그 위용을 떨치었다. 19세기 말에 영국

---

20) *Ibid.*, p. 46.
21) John Higham, *The Schism in American Scholarship*, A.H.R. 72 (1966), pp. 9~10.
22) 베른하임 (조기준 역), 《史學槪論》, p. 66.
23) Henri Berr, *History*, Encyclopedia of Social Science, Vol. 7, p. 358.

의 대학계에서는 인문학과 자연과학간의 큰 싸움이 벌어졌다. 이것을 흔히 '아카데미 전쟁'이라 부르는데 전쟁의 불씨는 인문학 특히 그 어른 격인 역사학이 차지하여온 대학 일반교육의 주도권을 이제부터는 자연과학이 잡아 나가야 하겠다고 주장한 데서 비롯된다.

자연과학은 당시 다윈의 진화론 붐에 힘입어 그 거장 스펜서(Henry Spencer)와 헉슬리(Thomas Huxley)가 선두에 나서서 비실용적인 인문학보다 실용적인 과학교육이 대학교육의 중심이 되어야 한다고 강력히 주장하고 나섰다. 이때 인문학은 "고전학은 단지 영국신사(gentleman)의 봉인(cathe), 즉 증명서로서 필요하다"는 전통적 사고 이외에 변명의 무기를 발견하지 못하였다.[24] 그러므로 역사학은 먼저 자연과학의 공격을 받고 이어 사회과학으로부터의 공격을 받았던 것이다.

2. 사회과학과 역사학

자연과학의 아카데미 전쟁은 결국 과학교육과 인문교육이 대등한 자리를 차지한다는 선에서 타결되었으나 인문학은 이 싸움이 끝난 뒤 "인문학이란 도시 무어냐"하는 자가반성기에 들어갔다. 그러나 이 반성은 아주 일시적인 것이었다. 그래서 반세기 뒤에 역사학을 비롯한 인문학이 겪어야 할 모진 시련을 짐짓 눈치 채지 못하였던 것이다.

오늘날 역사학을 비난하는 주된 골자는 뚜렷한 목적, 특별한 방법론이 없고 위치와 목적에 대한 의식도 없다는 것이다. 학계에서는 역사학이 흐릿하고 진부하다는 인상을 주고 있고 대중에게는 현학적(Pedantic)이고 별로 중요하지 않은 사실을 세밀하게 따지고 드는 학문이라 인식되고 있다.[25] 물론 이러한 인식의 대부분은 잘못이다. 특히 역사학에 대한 대중의 인상은 그들이 가지고 있는 역사지식이 대개 '역사란 싫증나는 날자와 사실들로 이루어진 초·중등학교 수준의 내용이라는 데 기인하는 것이다.[26] 따라서 역사학에다 기분 나쁘게도 무미건조한 학문(dry-as-dust)이란 별명을 붙였다. 경제학에도 '우울한 학문'(the dismal science, 카알라일)이란 별명이 있으니 별로 불쾌하게 여길 것은 아니다.

---

24) J. Higham, *op. cit*, p. 8.
25) A. Marwick, *op. cit.*, p. 5.
26) *Ibid.*, p. 6.

그러나 19세기 후반과 20세기 전반의 학계판도는 크게 달라졌다. 그 가장 현저한 특징은 예전에는 인문학(humanities)의 변두리에 겨우 목숨을 유지하고 있던 사회과학이 완전히 독립하여 인문학과 대등한 자리를 차지하였다는 사실이다. 지금은 인문·사회과학의 이분법이 거의 상식화되고 있다. 50년 전만 하더라도 사회과학이란 이름조차 생소하였다. 그러나 지난 반세기동안에 사회과학은 분명히 인문학에서 분리되어 독립된 학문으로 자리 잡기에 이르렀다. 사회과학이 인문학에서 떨어져 나아가는 과정에 있어서 가장 극적인 예가 미국 사회과학이므로 설명의 편의상 미국의 예를 들어 두 학문의 분열과정을 해설하기로 한다.

1945년 하버드 대학의 한 일반교육위원회 보고에 따르면 학문은 크게 자연과학과 사회과학, 그리고 인문학의 셋으로 분류하고 있다. 동 위원회는 그 근거로써 미국학계의 학문적 전통, 그리고 세 분야에 특유한 사고의 유형 차이를 들고 있다.[27] 그러나 미국에서 과학이 크게 셋으로 나뉘게 된 데에는 오랜 인문학과 사회과학의 갈등의 역사가 있었던 것이다.

인문학 산하에서 사회과학이 처음 독립한 것은 19세기 말이었다. 그러나 이 두 학문이 결정적으로 결별하게 된 것은 1923년 사회과학연구평의회(Social Science Research Council, SSRC)가 창립된 뒤였다. 인문과학 쪽에서는 이미 1919년에 미국인문과학평의회(American Council of Learned Socienties devoted to Humanistic Studies, ACLS)를 조직하고 있었으므로 두 과학의 대립은 별거단계에 이르고 있었다. 이러한 별거상태는 1950년까지 계속되었다.[28]

이렇게 해서 자연·인문의 전통적인 2분법이 제1차 세계대전 후 마침내 자연·사회·인문의 세 분야로 갈라서고 만 것이다. 사회과학을 인문학으로부터 깨끗이 갈라놓은 예는 미국에 있어서의 특이한 현상이기는 하다. 그러나 영국이나 프랑스에서는 그렇게까지 매정하게 갈라서지 않고 도리어 같은 인문학의 울타리 안에서 누가 중심학과냐, 주변학과냐 하는 자리다툼을 하고 있었다.[29] 이혼하기 싫었던 모양이다.

예컨대 19세기 말 '자살론'으로 유명한 뒤르켐 학파는 역사학의 연구분야

27) J. Higham, *op. cit.*, pp. 12~13.
28) *Ibid.*, p. 14.
29) H.V. White, *The Burden of History : History and Theory V.* (No. 2, 1966), pp. 113~122.

가운에 합리적 분석이 가능한 부분은 사회학이 맡고, 나머지 우연의 산물이요, 아주 피상적인 사건만을 역사학이 맡아서 역사를 편년사(編年史)나 설화식으로 기술해야 한다고 주장하였다. 이 같은 역사학 격하운동은 뒤르켐이 사회학을 인문학의 중앙에 앉히고 역사학은 한쪽 구석에 밀어 붙이기 위해 벌린 간교한 음모였던 것이다.

사정이야 어떻게 되었건 인문·사회의 분리문제는 일단 사회과학의 주장대로 되고 말았다. 영국과 프랑스에서는 미국의 영향을 받아 분리주의가 승세에 있다.[30] 이렇게 인문과학과 사회과학이 완전히 갈라서고 나니까 두 학문 사이의 오랜 갈등·반목이 도리어 해소되었다. 예전에는 사회과학이 역사학을 병합하려 했지만 지금은 그것이 무모하다는 사실을 깨닫고 그들의 과욕을 버리게 된 것이다. 밤낮 싸우고 딴방을 쓰느니 차라리 이혼하는 게 나았던 것이다.

역사학 쪽에서도 더 이상 사회과학의 분리에 반대하지 않게 되고 그 독립을 깨끗이 승인하게 되었다. 이리하여 이제는 두 학문 간의 반목시대가 가고 방법론적 '교환'시대가 왔다.[31] 그러나 이 오랜 인문·사회과학간의 아카데미 전쟁으로 역사학은 심대한 속병[內傷]을 앓게 되었다. 즉, 역사학을 인문학으로 믿는 보수주의와 역사학을 사회과학의 한 분야로 믿는 급진주의의 두 진영으로 갈라진 것이다.

이 문제에 대한 자세한 설명은 뒤로 미루겠으나, 여기서 우리는 잠정적인 결론을 먼저 내려놓고 우리의 논의를 진행시켜 나아가기로 하겠다. 먼저 생각할 점은 역사학이 인문학이냐 사회과학이냐 하는 문제가 하나의 형식상의 문제, 다시 말하면 '학문의 칸막이' 문제라는 것이다. 학문적 구획은 편의상의 문제에 지나지 않다. 예를 든다면 지도가 북을 위로 하고 남을 아래로 삼는 것은 단지 제도상의 편의 때문이다. 거꾸로 그릴 수도 있다.

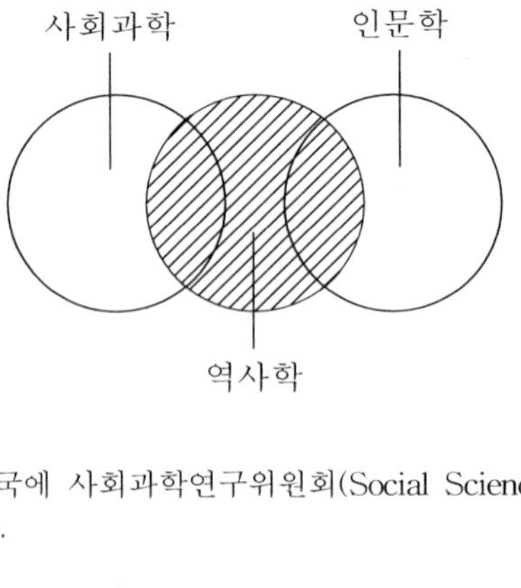

역사학은 그 연구대상의 범위가 그 어느 다른 학문보다도 광범위하고 또 유동적이다. 역사학의 생명은 바로 이

30) J. Higham, *op. cit.*, pp. 6~7. 가장 보수적인 영국에 사회과학연구위원회(Social Science Research Council)가 창설된 것이 1965년이었다.

31) *Ibid.*, p. 14.

광역성과 유동성에 있는지도 모른다. 만일 그렇다면 역사학을 너무 엄격히 구획하려 드는 것은 도리어 역사학을 좁은 감방에 가두거나 결박하는 결과를 가져온다. 비록 연구의 방법은 다르지만 사회과학도 역사학의 연구대상을 다루고 있다. 그러므로 대상을 기준으로 두 학문을 비교한다면 서로의 교차영역을 인정하지 않을 수 없는 것이다. 바꾸어 말해서 역사학은 인문·사회 두 과학의 교차영역에 자리하고 있는 것이다.

3. 연성과학으로서의 역사학

인간이라고 하는 같은 연구대상을 다루면서도 사회과학이 역사학으로부터 분가하여 나간 이유는 방법론적 불만 때문이었다. 즉, 사회과학은 전통적 역사학의 소박한 방법론에 싫증을 느낀 나머지 그들 독자의 방법을 개발하여 독립을 선언했던 것이다.

미국사가 코반(Alfred Cobban)의 말을 빌리면 랑케류의 '소박한 역사학'이란 "역사적 사실은 그 자체가 의심할 여지가 없이 명백하며, 역사적 사실이 역사적 사실을 스스로 선택한다. 그러므로 역사가의 주관에 따라 함부로 사실을 선택하고 유형화하는 일은 역사에 대한 범죄행위라고 믿는 그런 역사학이다."[32] 꽁트가 처음 사회학을 시작할 때 그가 의도한 목적은 이러한 안이한 역사학에 대신하는 새로운 사회학이었다. 그러니까 사회학이란 개별적 사실을 수집하고 그것을 기술함으로써 역사학이 성립될 수 있다고 믿었던 시대에 대한 '복수의 여신'으로 나타난 것이다.[33] 사회과학이 굳이 인문학에서 독립하여야 하겠다는 이유 중 가장 중요한 것이 바로 역사학의 방법론적 전통에 있었던 것이다.

이 같은 역사학의 방법론적 원시성에 덧붙여서 전술한 '과거 그 자체'를 불신하고 과거를 현재와 단절된 것으로 보는 반역사주의 그리고 '역사는 주관이다'는 관념론적 역사철학이 가세하여 전통적 랑케 사학이라는 거함(巨艦)이 격침되었던 것이다.

그러나 여기서도 잠시 결론에 접근하고 논의를 계속하기 위해 그렇게도 역사학을 비난했던 사회과학이 과거 역사학이 부딪쳤던 같은 난제 앞에 서

---

32) Alfred Cobban, *The social Interpretation of the French Revolution* (Comb. Univ. Press, London, 1964), p. 15.

33) *Ibid.*, p. 13.

있다는 이야기부터 먼저 하기로 한다. 사회과학 역시 '인간'이라는 괴물을 연구대상으로 삼는 이상 별 수 없이 학문적 고난을 면할 길이 없는 것이다.

사회과학은 인간사회를 다루는 데 있어 정도의 차는 있으나 자연과학의 방법을 그대로 도입했으면 하는 집념을 갖고 있다. 이것을 신 실증주의라 부른다. 그러나 사회과학이 얼마나 자연과학처럼 과학화될 수 있는가 하는 의문은 여전히 남는 것이다. 조금 특수한 학술어를 사용하고 계량적 방법을 쓴다고 해서 쉽사리 인간사회를 합리적이며 과학적으로 설명할 수 있다고 믿어서는 안 된다. 두말할 것도 없이 사회·인문학은 인간을 생물학적 유기체로서가 아니라 사회적 존재로 고찰한다. 또 인문학은 다양성과 불규칙성을 다루며 사실과 가치, 우발적인 새 사실의 발생도 다루지 않을 수 없다.[34]

여기서 우리는 인문과학의 입장을 고수하는 현대 역사가들의 사상적 배후에 과학만능을 의심하고 적대시하는 강한 반 과학주의와 신 휴머니즘을 부르짖는 함성이 숨어 있다는 사실을 잊어서는 안 되는 것이다.[35]

뒤에 다시 언급하게 되겠지만 역사학이 인간을 다루는 학문인 이상 윤리의 문제를 아주 외면할 수 없는 것이다. 그러기에 베카(Carl Becker)는 "역사의 가치는 참으로 과학적인 데 있는 것이 아니라 윤리적인 데 있다. 따라서 인문학은 하나의 윤리적 과학(moral science)인 것이다"고 말했다.[36]

사회과학이라고 해서 이 같은 인간학 특유의 제약을 완전히 외면할 수 없다. 자연과학을 경성과학(hard science), 사회과학을 스스로 연성과학(soft science)이라 부르고 있는 까닭도 바로 그것이 인간학의 일부분이기 때문이다. 여기서 우리는 플라톤의 '유사지식' 운운한 말을 다시 한번 되새길 필요가 있을 것 같다. 플라톤은 학문에는 바른 '정의(正義)'를 추구하는 지식과 참, 즉 '진리(眞理)'를 추구하는 과학적인 지식이 있는데 전자는 말하자면 유사지식이라는 것이다. 그러나 그에 의하면 둘 다 삶의 지침으로서 유용하다고 덧붙였다.[37] 역사학은 참으로 진(眞)을 추구하면서 동시에 바를 정(正)을 추구하지 않을 수 없는 과학인 것이다. 사회과학 중에서도 가장 선진분야라 자처하는 경제학이 "우리들 경제학자들은 국고금을 축내는 일 이상의 나쁜 짓을 안 했다"고 변명하고 있는 정도이다. 그것은 인간학이라는 제약에서

34) Gordon Leff, *History and Social Theory* (London, 1965), p. 2.
35) J. Higham, *op. cit.*, p. 17.
36) J.P. Boyd, *A Modest Proposal to Meet a Urgent Need*, A.H.P., Vol. 70, No. 2, (1965. 9.), p. 349.
37) Collingwood, *The Idea of History*, 이상현 역, 《歷史學의 理想》, p. 42.

오는 경제학의 당연한 '실수'요 '사죄'인 것이다. 경제학자 하이엑(Hayek)은

> 경제 분석은 사회 현상의 '왜'(why)에 대한 초연한 지적 호기심의 소산이 아니다. 그것은 도리어 깊은 불만으로 가득찬 세계를 개혁하고 재건하려는 강렬한 (실천적) 충동의 소산이다.

라고 고백하고 있다. 역사학도 마찬가지이다. 인간 역사에 대한 불만 그리고 이상향을 향한 희망이 없으면 역사 공부는 할 필요가 없는 것이다. 오늘날 사회과학은 의학에서의 '암'연구를 능가하는 실천적 과제를 떠맡고 있는 것이다.[38]

그러나 현대사회의 막중한 과제들이 현대의 과학기술이 낳은 부산물이란 사실을 모르는 사람은 없을 것이다. 일찍이 발레리(Paul Valéri)는 그의 《압록강》에서 "동양이 화약을 발명해 놓고서도 그것을 불꽃놀이에만 사용한 까닭은 동양의 '초연(超然)'과 '유장(悠長)'의 철학 때문"이라 했다. 광적인 과학, 즉시적인 것에 대한 열정, 시간성에 대한 조급성이 치명적인 서구문명의 약점인데 역사학도 인문과학과 사회과학 약점을 가지고 있는 것이다.

역사학도 과학인 이상, 약점을 갖고 있다는 것이다. 그러나 그 때문에 역사가가 "위축되고 소외되어 갖는 서러움을 의식"할 필요는 없는 것이다.[39] 또, 역사학을 "우리들 세대에 와서 최하위의 학문으로 만들지나 않았는지"[40] 우려할 필요도 없는 것이다.

Ⅲ. 역사학의 변화

1. 베른하임에서 카아로

지금까지 우리나라에 번역・소개된 '역사입문'으로 가장 대표적인 책은 베른하임(E. Bernheim)의 《역사학개론》(*Einleitung in die geschichits-wissenschaft,* 1920, 조기준 역 《사학개론》, 1954)과 E. H. 카아의 《역사란 무

38) K. Popper, *Poverty of Historicism* (London, 1967), p. 56.
39) A. Marwick, *op. cit.*, p. 5.
40) J.P. Boyd, *op. cit.*, p. 348.

엇인가》(E.H. Carr, *What is History*, 1961, 길현모 역, 1966)이다.

전자는 일제시대부터 일본 역을 통해 널리 알려진 책으로 '역사학개론'의 대명사처럼 되어 왔고, 후자는 전후에 나온 많은 '개론' 중 으뜸으로 이름난 책이다. 그러나 한 가지 흠이 있다면 베른하임이나 카아의 책이 모두 역사를 전공하는 사람을 위한 책이었다기 보다 일반 교양대중을 위한 책이었다는 사실이다. 베른하임의 《역사학개론》은 그가 1894년에 지은 《역사학방법교본》(*Lehrbuch der historischen Method*)이라는 큰 전문서를 쉽게 간추린 대중판이었으며, 카아의 《역사란 무엇인가》는 처음부터 영국의 BBC 방송 프로를 위해 쓴 대중용 역사입문서이다. 물론 그렇다고 해서 그것이 이 두 명저의 성가에 조금이라도 흠이 간다는 것은 아니다.

그런데 아직도 우리나라 말로 번역·소개되지 않은 유명한 '역사입문'이 있다. 그 하나는 랑글로아와 세뇨보의 《역사연구 입문》(Ch. V. Langlois et ch. Seignobos, *Introduction aox études historique*, 1892)이요, 다른 하나는 너무나도 유명한 마르크 블록의 遺著《역사를 위한 변명, 역사가의 임무》(*Apologie pour l'histoire aumetier d'historien*, 1948)이다. 이 두 책은 모두 프랑스 史家의 저서라는 점에서 같다. 그러나 하나는 구사학, 다른 하나는 신사학을 대변하는 역사학 입문서이다. 마르크 블록 이외에도 꼭 읽어야 할 신사학 입문서는 르시앙 페브르(Lucien Febvre)의 《역사를 위한 투쟁》(*Combats pour l'Histoire, Paris a Colin*, 1953)이다. 따라서 《역사학개론》을 읽고 현대 역사학의 흐름이나 방향을 알고자 할 때 이상의 여러 책을 읽는 것이 필요한 것이다.

이처럼 《역사학개론》은 '역사란 무엇인가'를 가르쳐 주는 역사입문서다. 첫째 근대 역사학이 지금 어떻게 변화하고 있는가를 가르쳐 주는 지침서'이다. 즉,《역사학개론》은 자기 시대의 역사학을 위한 하나의 안내서요 해설서라는 목적을 갖고 있다. 그래서 르시앙 페브르는 이렇게 말했다.

> 세대가 바뀌면 의레 새 세대의 (역사) 선언서, 새로운 정신의 표명으로서의 일종의 랑글로아·세뇨보의 《역사연구입문》 같은 책이 나와야 한다.[41]

마르크 블록도 선배의 역사입문서에 대해 강한 불만을 나타내고 있다.

---

41) M. Bloch, 앞의 '辨明' 부록, p. 167.

> 역사는 하나의 방법인가? 다시 말해서 역사는 내용도 실체도 없는 사료의 비판적 연구방법에 지나지 않단 말인가? 랑글로아·세뇨보의 《역사연구입문》을 읽고 받는 강한 인상이 바로 이것이다.[42]

베른하임과 랑글로아·세뇨보의 《역사학개론》은 19세기 후반 전성기의 랑케 사학을 '대변'했고, 마르크 블록의 '변명'과 페브르의 '투쟁'은 현대사학의 원류라 할 프랑스 아날르(연보) 학파의 새 역사학을 '대변'한 것이다. 블록이 랑글로아·세뇨보를 비판한 가장 핵심적인 문제점은

> 역사가가 자기 자신에게 문제를 제기하는 것은 매우 유익하다. 그러나 그것에 대답하려 드는 일은 극히 위험하다.

라는 랑글로아·세뇨보의 주장에 대한 회의였다.[43] 랑케 사학의 본질은 문제의 제기나 분석보다도 문제의 소극적인 '묘사'나 '스케치'에 있었다. 그것은 하다마는 것이다. 현대 역사학은 역사가가 문제를 제기하는 데 그칠 것이 아니라, 적극적으로 문제를 해결[44]하라고 요구하고 있다. 사료에 대한 역사가의 입장은 단순한 관객의 그것이 아니라 충고자요, 분석자의 입장이어야 한다는 것이다. 이리하여 역사학은 사료위주에서 역사가위주의 학문으로 전환하게 되었고 이 점이 바로 현대사학의 특징의 하나가 되고 있다. 카아의 《역사란 무엇인가》를 읽어보면 이 점이 너무나 선명하게 드러나 있다. 그러나 카아만 해도 지금에 있어서는 매우 보수적인 입장을 취하고 있는 축에 속한다. 1960년대 이후 학계의 일각에서 불기 시작한 급진적인 혁신운동은 한 발짝 더 나아가 역사학의 혁명적인 개혁운동으로 치닫고 있는 것이다.

2. 방법과 철학의 양면

현대 역사학이 겪고 있는 조그마한 변화가 '역사학개론'의 내용에 거울처럼 반영된다. 역사를 연구하기 위하여 필요한 예비지식은 크게 둘로 나눌 수 있다. 그 하나는 연구방법론이요, 다른 하나는 역사철학이다. 전자는 역사학이 가지고 있는 실증적인 하층구조요, 후자는 그 사변적인 상층구조다. '역

42) 위의 책, p. 181.
43) *Ibid.*, p. xvi.
44) Fisher, *Historian's Fallacies*, p. xii.

사학개론'은 이 두 면을 함께 다루어야 한다.

한문에 보더라도 역사를 서술하는 것을 '작사'(作史)라 했고, 역사의 철학이나 윤리를 다루는 것을 '논사(論史)' 또는 '사론(史論)'이라 했다. 후자는 다시 역사서술의 방법을 다루는 '사법(史法)'과 역사철학을 다루는 '사관(史觀)'으로 나뉘었다.[45]

베른하임과 랑글로아·세뇨보의 《역사학개론》은 연구방법론(Historik) 위주의 개론이었다. 그러나 블록이나 페브르의 그것은 역사철학 특히 인식론적인 역사철학 문제를 집중적으로 다루고 있다. 카아에 이르러서는 역사연구의 방법문제는 극소화되고 반대로 철학문제 특히 인식론의 문제가 거의 전부를 차지하고 있다. 따라서 사료를 다루는 사법(史法, 史料)의 문제보다 역사가의 '해석', 즉 '논사' 쪽이 더 중시되고 있는 것이다. 그것은 랑케 사학의 기본개념인 '객관성', 즉 '사실의 확립' 그 자체를 의심하고 있기 때문이다. 역사연구의 방법과 그로써 얻어진 역사지식의 절대성을 믿어 의심하지 않았던 베른하임과 랑글로아·세뇨보는 사료비판의 엄밀화만 기하면 그로써 과학적 역사학이 성립되는 것으로 오판했다. 그러나 역사학에 대한 그같은 천진난만한 신앙이 비판받고 부정된 이상 방법은 단순한 형식의 문제로 천시되고 실질적인 역사학의 내용으로서의 '해석'문제가 '역사학개론'의 주요논제가 되는 것이다.

말하자면 '방법'이냐 아니면 '해석'이냐 하는 문제는 역사학개론의 양극단이다. 베른하임이나 랑글로아·세뇨보의 역사학개론이 나오기 전에도 도누(P.C.F. Donou), 게르비누스(G.G. Gervinus), 드로이젠(G. Droyzen), 프리맨(Freeman) 등이 쓴 이른바 '구식' 역사학개론이 있었다.[46] 그런데 세뇨보는 이들 '구식' 역사학개론을 평하기를 이들은 수사(修辭)의 문제라든지 역사는 과학이냐, 예술이냐, 역사가의 임무와 그 효용은 무어냐 하는 따위의 지루한 문제들만 논하였다는 것이다.[47] 만일 이 논평이 옳았다면 블록이나 카아의 '개론'은 구식 역사학개론으로의 회귀라고 해도 무방할 것이다.

그렇다면 《역사학개론》의 유행은 '구식'(역사철학 위주)에서 '신식'(방법론

---

45) 黃元九, 《王夫之의 史論》, 사학회지, 延大史學會, pp. 1~3.

46) 랑글로아·세뇨보는 도누의 《역사연구강의》 *Cours d'études historiques*(1844)과 게르비누스의 《역사연구입문》 *Grundsag der Historik* (1937), 드로이젠의 《역사연구입문》 *Grundriss der Historik*, 그리고 프리맨의 《역사연구방법론》 *The Method of Historical study* (1881)의 세 권을 구식 역사학개론의 표본이라고 비판하였다.

47) Langlois·Seignobos, *op. cit.*, pp. 6~7.

위주)으로 변했다가 다시 '구식'으로 되돌아 간 셈이다. 랑글로아·세뇨보는 베른하임이 주로 흥미 없는 형이상학적 문제를 논했다고 비판해 놓고서도 한편 자신의 책《역사학개론》이 역사철학을 다루지 않았다고 해서 독자들이 안심할지 아니면 실망할지[48] 하고 약간은 우려의 빛(?)을 보이고 있다.

그러나 후술하는 바와 같이 우리는 다시 새로운 '방법론'시대에 들어서고 있다. 전통적인 의미의 '방법론'에 더하여 새로운 '사회과학적 방법론'이 도입되어야 할 단계에 있기 때문에, 《역사학개론》도 모름지기 '역사란 무엇이냐'식의 범주를 넘어서야 하는 것이다.

솔직히 말해서 방법론(historik or historic) 없는 역사학이 있을 수 없듯이 철학이 없는 역사학은 무미건조할 뿐이다. 역사가는 오랫동안 무 방법, 무 이론의 상태에서 헤매어 왔다. 그들은 역사철학도 싫어했고 동시에 방법론도 싫어했다. 꾸울랑즈는 "실증주의자가 형이상학을 싫어하는 만치 나도 역사철학을 싫어한다."고 말했다. 그런데 그에 못지않게 방법론도 싫어하는 게 역사가들의 생리였다. 그들은 그까짓 방법론을 모른다고 해서 역사가가 못 되란 법이 없다고 생각하였다. 화학이나 수학에서 그 학문에 필요한 방법을 마스터할 때까지 연구를 기다리란 말이 있는데 역사가는 기다릴 수 없다는 것이다. 역사연구방법이란 결국 실제의 연구를 통해서 충분히 배울 수 있다. 그러므로 따로 연구법을 배울 필요가 없다는 것이었다.[49]

따라서 "역사가가 쓴 '역사학개론'은 자칫하면 형이상학적 역사학의 우상을 믿지 말라는 간곡한 권고가 아니면 단순한 인용방법의 편람으로 변할 우려가 있었다. 많은 역사가들은 방법론적 문제나 논리적 문제를 의혹과 심지어 적개심을 가지고 보기까지 했던 것이다."[50]

사실 철학을 몰라도 역사는 연구할 수 있듯이 연구방법에 대한 지식 없이도 역사연구는 가능하다. 그러기에 역사가는 하나의 수공업자요 '쟁이'(匠)로 통해 왔다. 그에게는 기계를 다루는 과학적 기술보다도 가야금줄을 타는 손끝의 감촉이 더욱 중요했던 것이다.[51] 사실 랑글로아·세뇨보가 고백했듯이 "전문가는《역사학개론》에서 아무 것도 배울 것이 없다. 그러나 본능적이며 기계적이며 비합리적인 연구방법을 쓰고 있는 역사가들은《역사학개론》에서 무

48) Langlois · Seignobos, *Ibid.*, p. 2.
49) *Ibid.*, p. 5.
50) Fisher, *op. cit.*, p. ix
51) M. Bloch, 앞의 '辨明', p. 20.

언가를 배울 것이 틀림없다.[52] 더욱이 현대 역사학의 연구화폭이 과거 그 어느 때보다도 넓어졌으며 갖가지 개념과 그 방법이 도입되고 있다. 이같은 현황에 비추어 《역사학개론》은 앞으로 더욱 더 긴요한 책이 될 것이 확실하다.

그러나 역사가가 쓴 '역사학개론'은 독자의 낮잠을 청하기에 알맞은 '좋은 잠들기 책'(good bed book)이 되기 쉽다. 어떤 미국사가가 혹평했듯이 역사가가 쓴 '역사학개론'은 또 하나의 '순수이성비판', 즉 '순수역사비판'이 되기 쉽다는 것이다.[53] 따라서 본서는 되도록 잠을 쫓는 책이 되기를 염원한다.

3. 역사에 무엇을 묻는가

'역사학개론'을 생각하는 데 있어서 유의해야 할 또 하나의 문제는 '역사학개론'이 역사학을 위한 역사가의 변명 또는 호교론(護敎論)의 형식으로 집필되고 있다는 점이다. 예를 들면 베른하임은 그의 《역사학개론》 서문에서

> 지금 독일에서 유행하는 혁명적 풍조는 역사학을 위해 불리하다. 혁신론자들은 생각하기를 낡은 사물은 아무런 가치도 없다. 그러므로 그것은 조금도 알 필요가 없다. 역사철학에서도 역사사실의 인식가능성에 대한 맹목적인 회의가 득세하고 있다. 사람들은 전문적으로 연구된 정밀한 역사논문을 멸시하고 역사적 소재를 정치적 이념의 수단으로 만들어 버린다. 이와 같은 풍조는 다른 나라에서도 나타나고 있다.

라고 하면서 그가 《역사학개론》을 쓴 동기를 표명해 주고 있다. 그의 《역사학개론》은 현대, 특히 제1차 세계대전 직후의 반역사적 사조에 대한 반론으로서 또 역사가의 변명으로서 씌어진 것이다. 블록이 1941년에 쓴 《역사를 위한 변명》은 역사가로서의 그의 마지막 유서이자 역사에 대한 역사가의 깊은 성찰서이기도 했던 것이다.

블록은 《역사를 위한 변명》 서문에서 이 책의 집필동기를 한 소년의 아빠에 대한 물음에 두고 있다. 즉, "아빠! 역사는 우리에게 무슨 소용이 있어요?"라는 가장 유치하면서도 가장 의미심장한 한 소년의 물음에 대한 답변으로 쓰여지고 있다. 소년은 나치 독일군의 총알을 맞고 죽기 직전에 그 부당하고 억울한 죽음에 대해 물었던 것이다.

---

52) Langlois · Seignobos, *op. cit.*, p. 12.
53) Fisher, *op. cit.*, p. xi.

> 역사는 무엇인가. 이렇게 사람을 죽여도 되는 것인가

하고 소년은 어른에게 물었다. 이에 대한 대답으로서의 책이 바로 1941년의 《역사를 위한 변명》이었다.

블록은 일생에 두 차례나 세계대전에 참전하였으나 조국 프랑스의 승전을 눈앞에 보면서도 나치의 총알에 맞아 목숨을 잃고 말았다. 이러한 블록은 제2차 세계대전 당시

> 1840년 6월 프랑스가 어처구니 없이 독일군에 패배당했을 때 프랑스군 참모본부에 근무했던 노 대위 블록은 옆에서 분명히 '역사는 우리를 속였다고 생각하여야 하지 않을까?'

하는 개탄의 소리를 들었다. 이처럼 역사에 대한 인간의 기대감과 배신감, 역사가 인간에게 안겨 주는 슬픔, 역사의 이 부당한 행진을 설명해 주는데 있어서 역사학이 전혀 무력하다는 데 대한 참회, 이것이 "역사는 인간에게 무슨 소용이 있는가?"라는 개탄의 소리를 내게 했던 것이다. 여기서 우리는 역사학의 학문으로서의 가치의 문제 또는 효용성의 문제에 부딪친다.

왜 우리는 새삼 역사학이 학문으로서 정당한가 아닌가에 대해 대답하여야 한다. 그러나 소년의 이 질문에 대한 대답은 아직도 나오지 않고 있다. 아니 영원히 나오지 못할 것이다.

이 책은 이렇게 어려운 문제에 대한 해답을 시도하는 것이 아니다. 다만 이 책은 역사와 역사학이 어떻게 달라지고 있으며 어떻게 고민하여 왔는가 하는 것을 독자에게 해설할 뿐이다. 사우서언(R.W. Southern)은

> 100년 전에 역사학이 인간사회에 관한 과학으로 등장하게 되자, 고전학과 신학이 서서히 그 기반을 잃어 갔다. 당시 역사학은 오늘날의 자연과학처럼 사람들의 마음에 신비로운 힘을 발휘하고 있었다.

라고 말하고 있다. 그러나 지금 사람들은 역사학은 물론 자연과학까지도 믿지 않고 있다. 어느덧 과학은 정치권력의 노리개로 인식되고 있는 것이다. 그러니 오늘의 역사학에는 어떤 신비감도 담겨져 있지 않다. 오늘의 역사가 위기에 처한 인류를 구제할 힘이 없기 때문이다. 과학이 그러하듯 역사에 대한 기대는 과거 그 어느 때보다도 실망스런 것이다.

제 3 절
역사속의 인간

세계사는 위인의 역사다. 위인이란 결국 사람이 위대하다는 것이다.
– Thomas Carlyle

Ⅰ. 인간과 인간성

1. 역사적 인간

인간은 딱 두 차례 역사 밖으로 쫓겨난 때가 있었다. 그것은 신화시대와 중세였다. 물론 이 말은 하나의 비유로서 적절할 뿐이며 인간은 줄곧 역사 속에 살아왔다. 따라서 인간은 항상 역사적 존재요, 역사의 주연배우인 것이다.

역사학은 바로 인간의 이해에 그 궁극적 목적이 있는 것이다. 인간을 이해하기 위해서는 인간의 세 가지 측면 ① 본능적인 장비를 갖춘 생물학적 존재로서의 인간(생물학적 존재), ② 인간을 형성하고 인간이 그 속에서 살아야 할 사회구조 속의 존재로서의 인간(사회학적 존재), ③ 자기가 왜 태어났으며 왜 살고 있는가에 대한 해답을 부단히 추구하는 존재로서의 인간(윤리적·도덕적 존재) 등이 고찰되어야 하는 것이다.[1)]

그런데 이 인간의 세 측면은 밀접히 관련되어 있어서 서로 분리하여 생각할 수 없다. 역사학이 다루어야 할 인간의 주된 측면은 두 번째 사회구조 속의 인간이다. 개인적 생활의 한계 속에서는 인간에 대한 적절한 정의를 내릴 수 없다. 인간은 이 좁은 테두리 속에서는 자기 자신을 충분히 드러내지 않는다. 개인적 존재로서의 인간 속에는 인간이란 개념이 '소문자'로 적혀 있어 잘 보이지 않으며 정치, 사회, 경제의 넓은 생활영역에서는 그것이 '대문자'로 적혀 나오기 때문에 뚜렷하게 보이는 것이다.[2)]

---

1) Richard Evans, *Dialogue with Erich Fromm,* 일역, 《對話》 (1970), p. 132.
2) Ernst Cassirer, *The Myth of the State* (1946), 최명관 역, 《國家의 神話》, p. 72.

그러나 역사학에서 요구하고 있는 인간개념은 경제학이나 정치학에서 요구하고 있는 개념과 같지 않다. 가령 경제학에서 다루는 인간은 '경제인'이다. 역사학에서는 '경제인'만을 다루지 않는다. 경제인이란 사실 경제학 책에만 있는 추상개념이지 구체적으로 존재하는 인간은 아닌 것이다.[3] 왜냐하면 현실적이고 역사적인 인간은 '정치다', '법률이다', '종교다'하는 문패가 붙은 칸막이 방에 살지 않고, 그는 이들 모든 방을 동시에 쓰고 있기 때문이다.[4]

구체적인 인간은 본능적 제 장비를 갖춘 종교인(homo religionus)이자 경제인(homo economicus)이요, 또 정치인(homo politicus)이기도 하다. 한 구체적 인간을 고찰하는데 있어서 이들 여러 국면을 따로 떼어내어 생각할 수도 있다. 그러나 그것은 인간에 대한 역사적 이해가 아니다.[5]

가령 한 중세 상인이 하루 종일 교회의 명령을 어기고 고리대와 폭리로 돈을 벌고 저녁에는 성모 마리아상 앞에 무릎을 꿇어 기도하였다고 하자. 또 그가 말년에 가서 남루한 옷을 입고 노동한 어린이의 임금을 착취하여 번 돈으로 병원을 지었다고 가정하자. 그는 신의 노여움을 살까 두려워 싸구려 사후보험계약을 맺은데 지나지 않지 않은가. 요즘에도 이런 사람이 너무 많다.

한 사회를 연구할 때도 마찬가지다. 르네상스기의 이탈리아 도시사회를 이해하는데 그 도시의 수출입상품목록만 열거한다고 해서, 즉 그 경제사만 연구한다고 해서 충분한 이해에 도달할 수 없다. 따라서 한 인간이나 사회의 여러 국면의 상호관계를 이해하여야만 하나의 살아 있는 생명의 움직임을 알 수 있는 것이다.[6]

2. 배고픈 시대의 인간

인간은 동물이다. 그러나 단순한 동물은 아니다. 동물이면서 동물에게는 없는 무엇인가가 장착된 동물이다. 심리학자들은 인간은 동물이면서도 자기에 대한 의식을 가진 유일한 동물이라고 말하고 있다. 인간은 동물적 몸에

---

3) Galbraith, *Introduction to the Study of History* (Oxford, 1964), p. 5.
4) H.S. Commager, *The Study of History* (New York, 1965), p. 56.
5) M. Bloch, *Apologie pour l'histoire ou metier d'historien*, (1948), 일역《歷史를 위한 辨明》, p. 125.
6) M. Bloch, *Ibid.*, p. 128.

다 자기의식이 들어있는 상황에서 무서운 고독과 공포를 느끼며 살아가는 자연의 기형아요, 조화(造化)의 장난이라는 것이다.

이러한 인간을 마르크스의 초기작품에 나오는 인간관에 따르면 "인간이란 아침에 짐승을 쫓고, 오후에는 강에서 고기를 잡고, 그리고 저녁에는 열렬한 연애편지를 쓰는 동물이다."라고 했고, 헤시오도스는 아무리 고상한 인격자라도 '우선 집과 아내 그리고 밭갈이 소'가 있지 않으면 그의 인격을 유지하기 어렵다고 했다.[7] 한자의 복복(福)자를 보면 먼저 밭전(田)자가 들어있는데 사람에게는 밭이 있어야 하고 다음에 입구(口)자가 있는 것으로 보아 식구가 있어야 하고 보일 시(示)자가 있는 것으로 보아 제사를 지내야 한다. 남은 한 자 한 일(一)자는 무엇인가. 한 사람의 가장이 있어야 하는 것이다.

루소(J.J. Rousseau, 1712~1778)는 18세기에 그의 《인간불평등기원론》에서 다윈의 진화론과 구약성서와 현대고고학이 인정하는 태고의 인간상을 정확히 묘사하여 주었다. 즉, 그에 의하면 태초에 두발 짐승인 인간은 기후조건이 매우 좋고 천연식물이 풍요하여 행복한 생활을 누렸었다. 그러므로 아리스토텔레스의 제자 디케아르고스가 증언하기를 "지구가 아직 풍요했을 때에는 아무도 고기를 먹지 않았다. 모든 사람이 천연과실과 풀을 뜯어 먹고 살았다."고 했고, 이 무렵의 인간들은 "남자와 여자가 만나면 욕망이 나는 대로 우연히 결합하고 아무 말도 필요하지 않았다. 헤어질 때도 아주 간단하게 기약없이 헤어졌다."고 했다.

그런데 그 뒤 기후가 급격히 악화되어 인간이 초식만으로 살아갈 수 없게 되자 부득이 그들은 수렵생활에 나섰다. 풍요의 시대는 가고 공복의 시대가 온 것이다. 이 공복의 시대는 갈브레이스가 현대를 '풍요의 사회'라고 했음에도 불구하고 아직도 계속되고 있다. 그러므로 인간은 그동안 줄곧 주린 상태로 살아온 것이다. 이리하여 인간은 배를 채우기 위한 전략, 즉 생존의 전략을 기본으로 삼기에 이르렀다. 그는 굉장히 큰 불쾌감(고생)을 치루면서도 약간의 쾌감을 얻는 것으로 만족하는 버릇을 익혔다. 그러나 그는 여전히 배가 고팠다. 따라서 인간의 욕망은 무한히 신장되어 갔다. 아무리 배를 채워도 차지 않는 상태에서 그는 이 지상의 모든 동물을 잡아먹었으며 이어 인간에 대해서도 '이리'로 둔갑하여 서로 살육을 자행하기에 이르렀던 것이다. 바야흐로 인간은 동물에 대한 외공(外攻)의 시대를 마감하고 인간 자신

7) Aristoteles, *Politics*, 이병길 역, 《政治學》 (박영문고), p. 19.

에 대한 내공의 시대로 접어들고 있는 것이다. 이 무자비한 인간의 내공시대는 핵무기를 앞세워 지금도 계속되고 있다. 아니 더 무섭게 격화되고 있는 것이다.

그래서 로마의 격언에 "너의 죽음은 나의 삶이다"(Mors tua, vita mea, Your death is my live)라는 말이 나왔다. 우리나라에도 "너 죽고 나 죽고" "죽기 아니면 살기"란 막 말이 있다. 그러니까 인간은, 즉 다른 사람을 희생하며 자기가 살고자하고 또 그러기 때문에 다른 사람을 항상 경계하며 무서워하면서 떨고 있는 것이다. 옛날과 달리 오늘의 도시 아이들은 낯선 어른을 두려워한다. 인간은 이 지구상에서 가장 무서운 짐승이기 때문이다. 어쩌다 자비스런 인간도 있다. 그러나 그런 인간이 얼마나 되는 것인지 알 수 없다.[8]

3. 인간성의 선악

이처럼 인간은 공복시대에 사는 이리였다. 그러나 인간은 악하기만 한가? 그는 그의 본능적 욕망을 억제할 아무런 제동장치도 갖추고 있지 않단 말인가? 여기서 우리는 인간본성에 관한 윤리적 평가라는 한없는 논쟁에 휘말려 들어간다. 역사가는 이 같은 논쟁에서 일단 초연하여야 할 것이다. 왜냐하면 구체적 역사인물이 그를 기다리고 있기 때문이다.

사실 역사의 본질을 선인과 악인의 충돌로 보는 타키투스적 역사관의 오랜 전통을 일시에 거부하기는 어렵다. 그러나 역사의 선악관이나 멜로드라마식의 역사해석이 지닌 근본적인 결함은 역사적 인물의 내면을 이해하였다기 보다 단지 그 외면적 선·악으로만 판별한 것이다.

더욱이 선과 악은 어느 정도 상대적이다. 듀이가 말했듯이 "인간성이란 나쁘다면 나쁘고 좋다면 좋은 그런 것이다." 그러므로 "개에 악의 낙인을 찍어라, 그리고 매어 달아라"(Give a dog a bad name and hang him)란 말이 선악의 상대성을 잘 풍자해 주고 있다.[9] 이러한 선악의 상대성은 역사적으로 볼 때 더욱 뚜렷하다. 사실 역사적 현실을 추상한 선악이란 전혀 무의미하다. 그러나 현실적인 선악은 매우 애매한 것이다. 크로체의

8) Herman Hesse, *Krieg und Friede*, 김정진 역, 《彷徨하는 現代》, p. 85.
9) John Dewey, 《人間性과 行爲》, p. 20.

> 이론적으로는 선과 악, 우와 열로 나눌 수 있으나 현실의 인간은 이같이 분명히 구별하고 대조할 수 없다. 그것은 제각기 자기 속에 각양각색의 진과 위, 높음과 낮음, 정신과 물질을 포함하고 있기 때문이다. 따라서 현실의 투쟁은 인간의 인간에 대한 투쟁에 지나지 않는다.

라는 말로 그런 뜻에서 주목된다.[10)]

그러나 역사가 그 자체 인간의 인간에 대한 투쟁에 지나지 않는다고 해서 악인을 아무런 가치판단도 배제된 기호 X, Y, Z로 기록할 수 있을까? 세상에는 반드시 악인이 있기 마련이다. 그 악인이 비록 조그만 세속의 금전이나 지위를 위한 성공주의자라 하더라도 우리는 그들의 행동의 선악에 눈감아야 한다는 법은 없는 것이며 또 그렇게 할 수도 없다.[11)]

세상에는 거칠고 사나운 성격의 소유자가 항상 있다. 그러한 사람의 유일한 기준은 성공과 일의 수행, 사업의 완수 뿐이다. 그러한 사람에게 있어 선량하게 된다는 것은 실제로 무능력해진다는 것과 같은 것이다. 그리고 일을 수행하고 완수한다는 그것이 바로 그네들이 생각하는 정당성이라는 것이다. 성공한 사람들에게는 무엇이든지 용서해 준다는 것을 그네들은 경험으로 알고 있으며 그들은 선악 따위의 문제는 바보나 얼간이의 것으로 생각한다.

역사는 바로 이런 잡것들(?)에 의해 형성되고 있다는 사실을 잊어서는 안된다. 이것을 굳이 선이라 할 수도 없지만 악이 아니라고 고집할 수도 없다.

Ⅱ. 인간의 이해

1. 인간이해의 어려움

인간은 항상 지성의 힘만으로 자기행동을 제어할 수 없는 위험에 놓여 있는 불안한 존재다. 이 불안한 인간의 본질을 어떻게 규명하느냐 하는 문제처럼 어려운 일은 없다. 중세 이후 인간은 오랫동안 비이성적 존재로 인식되어 왔다. 그러나 19세기에 이르러 인간은 이성적 존재로 오인되어 역사의 미래는 밝게 전망되었다. 그러나 그것도 잠시, 근대합리주의의 아성이 무너

---

10) Croce, *History of Europe in Nineteenth Century*, p. 40.
11) J. Dewey, *op. cit.*, p. 12.

지고 '제2의 중세'라 일컬어지는 20세기로 다가서자 인간에게는 또 다시 악한의 명패가 붙었다.

이처럼 근대적 인간관의 특징은 인간을 이성적 존재로 보고 그의 자유의지를 중시하는 것이었다. 그러나 20세기의 인간관은 인간을 비이성적 존재로 보고 인간을 환경과 집단의 노예로 보는 데 그 특징이 있다. 중세의 인간은 신의 노예였으나, 현대의 인간은 환경과 본능의 노예인 것이다.[12]

19세기 사상가들은 인간성을 너무 안일하게 보았다. 인간에게 있어 선보다 악의 역할이 더 크다는 사실을 잊고 있었던 것이다. 다시 말하면 19세기 사상가들은 인간의 파괴적 성격과 비합리적 성격을 과소평가하였던 것이다. 그러기에 그들은 장차 어느 땐가는 그 몸서리치는 전쟁과 전제정치가 소멸하리라 예언했던 것이다.

그러나 대다수의 현대 사상가들은 인간사회의 미래에 대해 비관적이다. 유명한 현대 신학자 니이버(Reinhold Niebuhr)는 인간악(惡)의 현실 때문에 인간은 결코 어떤 완전한 사회나 국가를 만들기 어렵다고 비관하고 있다.[13] 아리스토텔레스는

> 인간은 완전한 경우에는 동물 중에서 가장 훌륭하지만, 그러나 법과 정의로부터 이탈하는 경우에는 최악의 것이다. 무장한 부정(不正)은 더욱 위험하며 인간의 덕을 갖추지 못한 인간은 동물 중에서도 가장 무도하고 야만적이며 또한 성욕과 식욕으로 충만 되어 있는 동물인 것이다.

라고 인간이 어느 다른 맹수보다도 극악할 수 있다는 가능성을 지적한 바 있다.[14]

프로이드도 제1차 세계대전이 끝날 때까지는 천진난만한 전형적인 계몽철학의 대변자였다. 즉, 이성은 인간을 자유롭게 하고 그 비합리성을 변화시킬 수 있을 것이라 확신했었다. 그러나 그는 세계대전의 광기와 히틀러의 잔혹성이라는 외상을 체험하고 인간본성을 깊이 의심하기 시작하였다. 이리하여 그는 19세기적 사상가에서 20세기 사상가로 탈바꿈하였던 것이다.[15]

---

12) Whight, *Organization Man*, p. 360.
13) Iggers, A.H.R, 71, 1, p. 16.
14) Aristoteles, 앞의 역서, p. 22.
15) R. Evans, *op. cit.*, p. 87.

현대사회심리학자의 대표적 인물인 프롬은

> 어느 사회에서든지 시이저와 신의 갈등으로 상징되는 오랜 문제가 있다. 그것은 곧 양심의 갈등의 문제다. 어느 사회에 있어서나 그 사회 그(악)의 모습 그대로 살아가려는 시이저적 사고가 있고, 다른 한편에서는 발전과 구제를 지향하는 신의 입장이 있다. 이 두 세력의 대립 갈등의 역사에서 우리는 시이저가 신을 능가해 왔다는 슬픈 사실을 목격하는 것이다.

라고 현실적인 인간의 마음속에 잠복하고 있는 두 가지 요소, 시이저와 예수, 칼멘과 성모 마리아의 공존을 승인한다.[16] 이리하여 그는

> 모든 것이 내 속에 있다. 나는 작은 아이요, 어린이요, 살인자요, 또 성인이다. 나는 나르시시스트요, 파괴적 인간이다 … 나는 내 자신 속에 아이히만을 발견한다.

고 말하는 것이다.[17] 이처럼 인간이 인간의 심층을 이해할 수 있는 것은 그가 가진 공감, 즉 '공감'(we-feeling) 때문이다. 그러나 키에르케고르는 "모든 인간은 예외다"고 했다. 따라서 인간에게는 우리의 '공감'으로서도 이해할 수 없는 미스테리가 있다는 사실을 인정하지 않을 수 없다. 한 인간에게서 이해할 수 없는 미지의 국면이 발견될 때 그는 인간이해의 더 이상의 노력을 포기한다. 한 인간의 진실을 발견하는데 실패한 그는 단지 '선인이다', '악인이다', '범인이다', '천재다' 따위의 단순개념으로 복잡다단한 한 인간적 실재를 판단하려 든다. 그러나 이것은 인간의 분석(이해)이 아니라 단지 '평가'일 뿐이다.

더욱이 대중적 차원에서 볼 때 누구나 한 인간에게서 단일한 이미지를 기대한다. 만일 그렇지 않을 때는 큰 혼란이 온다. 이를테면 대중은 항상 한 정치인에게서 단일한 이미지를 기대한다. 그러므로 있는 그대로의 인간을 바라는 것이 아니다. 왜냐하면 그들은 대통령이면서 좋은 남편이라는 합리적인 단순 이미지를 바란다. '대통령이면서 오입쟁이'란 클린턴 같은 복잡한 인간상을 원치 않는 것이다. 그러나 대중이 기대하는 대통령상은 그들에게 '편리한 환상'이지 그 '실상'은 결코 아닌 것이다.

---

16) R. Evens, *op. cit.*, p. 134.
17) R. Evans, *op. cit.*, p. 78.

역사가도 자칫하면 역사적 인물의 실상보다 그에 대한 환상에 사로잡힐 우려가 많다. 그러나 역사가는 이른바 역사적 위인이란 존재의 실상을 폭로하기 위하여 그 가면을 벗기는 작업을 게을리 해서는 안 되는 것이다.

2. 인간의 가면과 내면

자고로 인간처럼 불가사의한 존재는 없다고 한다. 사실 이 세상에는 "신기한 것도 많다. 그러나 인간처럼 신기한 것은 달리 없다."[18]는 것이다. 그래서 인간이란 인간만이 이해할 수 있는, 다시 말하면 인간이 아닌 신이라면 이해할 수 없는 존재라고까지 조롱한다. 그러면 인간은 왜 그토록 이해하기 힘든 존재인가?

인간은 무엇보다도 자기의 추악한 본능적 측면을 숨기는 데 뛰어난 재능을 갖고 있다. 인간은 누구나 자기 개성을 갖는 데 개성의 어원은 '가면'(persona)이었다. 원시인이 자기 얼굴에 진흙을 바르고 자신의 개성을 남에게 속이려 한 것처럼 지금도 여자들은 화장품회사의 광고가 지시하는 대로 얼굴에 '분'을 바르고 있다. 이것은 모두 가면을 쓰고 싶다, 자기를 숨기고 싶다는 인간의 기본충동에서 나오는 행동인 것이다.

인간은 또 '행동하는 자기'와 '생각하는 자기'의 분열을 의식한다. 다시 말하면 표면에 나타나는 자기(self)와 내면적인 자아(it)가 다르다는 것을 아는 것이다. 이른바 인격의 분열이나 인격의 판매현상이 나타나는 이유도 여기에 있다. 이 인간내면의 심각한 갈등은 흔히 술과 꿈에서 폭발되며, 그 자상한 '내용'은 일기의 주제가 되어 기록되기도 한다.[19] 일기란 "인생의 처음(사춘기 이전)과 마지막(정년퇴직 이후)에만 쓰는 것"[20]이기 때문에 성년기의 내면적 자기는 취중의 함성으로 사라져 버린다.

뛰어난 전기(傳記) 작품은 이 같은 인간심층의 갈등 속으로 깊숙이 파고 들어가지만 빈약한 전기류는 외면적 인간의 묘사로서 끝난다. 예일 대학의 정신병리학자 리프튼(R.J. Lifton)은 현대인을 '변화무쌍한 인간'(protean man)이라 표현하였다. 희랍 신화의 프로테우스(Proteus)신은 멧돼지, 사자 등으로 자유로이 자기 몸을 바꾸었다. 현대인도 프로테우스처럼 그들의 사

18) Galbraith, *op. cit.*, p. 4.
19) Riesman, *Lonely Crowd*, p. 51.
20) E.H. Carr, *The Romantic Exiles* (London, 1933).

상, 신앙까지도 필요하면 마음대로 바꾸어 헌신짝처럼 버렸다가 다시 주워 갖는 변화무쌍한 자기변장을 하며 그러면서도 조금도 내면적 갈등이나 고민을 하지 않는다는 것이다. 그리하여 제2차 세계대전 때 광적인 군국주의자였다가 전후에는 열렬한 공산주의자, 그리고 지금은 대기업의 사장으로 자본주의사회의 안락을 만끽한다는 어느 한 일본인의 변화무쌍한 인간유형이 나오는 것이다. 그는 말한다. "나는 모든 것을 맛보았다. 그러나 그 중 내가 어느 것에 속하는지 잘 모르겠다", 즉 자기가 군국주의자인지 공산주의자인지 자본주의자인지 모르겠다는 것이다.[21]

이처럼 일생에 여러번 자신의 정신적 신조를 바꾸는 인물을 우리는 역사에서 많이 발견한다. 프랑스 혁명 때 자코뱅의 열성당원이던 청년이 나폴레옹 제국의 관리 노릇을 하고, 이어 나폴레옹이 몰락하여 왕정복고 시대의 전대왕조가 들어서자 거기에 봉직하고, 7월 혁명으로 공화정이 서게 되자 재삼 새 정부에 봉사하는 그런 인물이 비일비재하였는데 그런 인물을 두고 괴테는 "그런 놈들은 30세가 되기 전에 십자가에 매달아야 한다."고 매도하였다. 괴테에 의하면 이런 비상한 인물들은 모두 젊어서 광신자요, 환상병에 걸린 놈들이라는 것이며, 이들이 나이가 들어 제정신을 차리게 되면 예외없이 '깡패'가 되고 만다는 것이다.[22]

그러나 이와 정반대의 인간들도 있으니, 즉 헤세는 독일제국이 망했다고 해서 어리석게도 독일황제 동상 밑에서 자결하는 미련한 병사들이 있었는데 그들은 미련하지만 이해할 수 있다고 했다.

> 독일 황제를 위해 싸우다가 (1차) 대전이 (패전으로) 끝나자 어떤 기념비 밑에 쓰러져 자결하는 독일병사가 있었는데 우리는 그를 결코 모범적 인간이라 생각하지 않는다. 그러나 우리는 그런 인간을 사랑하고 그 심정을 이해할 수 있다. 그러기에 우리는 오히려 '현명한 인간'(약삭빠른 인간)을 경멸한다. 현명한 인간이란 어제 애국적 언사를 쓰다가 오늘은 벌써 비위 좋게 혁명적 표어를 내뱉고 있는 것들이다.[23]

인간은 의외로 미련하다. 역사상 그 허다한 싸움터에서 쓰러진 사람들을 생각할 때 과연 그 중 몇 사람이나 정말 하잘 것 없는 이유와 인물들 때문

---

21) K. Keniston, *Youth Radicals : Notes on Committed Youth*, 논단 3~4(1969), p. 20.
22) B. Croce, *op. cit.*, p. 33.
23) Herman Hesse, 《방황하는 현대》, p. 96.

에 하나밖에 없는 자기 목숨을 버렸는지를 알고나 죽었을까? 이런 일화가 있다.

> 진(晋)나라 군대가 한 전투에서 승리한 뒤 누가 그 자리에 승전비를 세우자고 제의했다. 그 때 진나라 장군이 싸움터에 즐비한 시체를 보고 이렇게 말했다. "여기서는 죄진 사람이라고는 하나도 없다. 있다면 죽음으로 충성을 바친 봉신(封臣)들이 있을 뿐이다. 그런데 여기에 승전비를 세우자니 웬 말이냐."

우리는 60년전 특공대로 갔다가 요행히 살아남은 일본군 병사들이 죽은 동료들을 생각하며 눈물 흘리는 광경을 본다. 역사 속의 인간이란 그런 어리석고 가엾은 존재들이 대부분이다.

3. 인간의 여러 유형

인간은 인간이해를 위해 무수한 노력을 해 왔다. 인간유형학은 인간이해의 한 노력이었다.

일찍이 고대 그리스의 히포크라테스는 인간의 외모를 보고 ① 다혈질, ② 우울질, ③ 담즙질, ④ 점액질의 네 유형으로 구분하였다. 그런가 하면 현대 관념론철학자 딜타이는 인간을 인생관과 세계관에 따라 ① 자연주의(Naturalismus), ② 객관적 관념론(objective idealismus), ③ 자유의 관념론(Idealismus der Freiheit)으로 구분하였다.

이 밖에도 브룬슈비츠(Leon Brunschvicz)는 인간을 ① 공작인(homo faber), ② 마술인(homo magicus), ③ 종교인(homo religiosus), ④ 언어인(homo Ioquens), ⑤ 정치인(homo politicus), ⑥ 예술인(homo artifex), ⑦ 지성인(homo sapiens), ⑧ 도덕적 행위자(l'agent moral), ⑨ 정신적 존재(l'etre spirituel)의 9개 유형으로 나누었고, 엔슈(Erich Jaensh)는 융합형과 비융합형의 두 유형으로 크게 나누었다. 즉,

첫째, 융합형(남국인 = 스페인, 이탈리아, 프랑스인 등이 이에 속한다.)

① 바세도형(Basedowid, B형) 인간은 대체로 정서, 감정, 기분 등의 감정적인 면이 생활을 지배한다. 세칭 기분파요, 순간인(Augenblicksmensch)이 이에 속한다.

② 이중 감각형(Synaesthetiker, S형) 인간은 B형처럼 매우 감동적이요, 정

서적이지만 직관에 능한 시인, 예술인이 이에 속한다.

③ B형과 S형의 복합형 : 여기에는 두 형이 있다.

I_1형 : 로맨틱하고 종교적이고 낙천적이다.

I_2형 : 분석적이고 비종교적이고 염세적이다.

둘째, 비융합형(북국인 = 스웨덴, 영국, 북미인 등이 이에 속한다.)

비융합형 인간은 융합형 인간이 순간인인데 반하여 의지인(Willens-menschen)이다. 역사적으로 보면 인류의 유년기에는 대개 융합형이었다가 문명이 발전할수록 비융합형으로 변질되어 간다고 한다.

물론 이 같은 인간유형학이 어느 정도는 인간을 이해하는 데 도움을 준다. 그러나 어디까지나 그것은 복잡다단한 인간실재에 대한 단순화이기 때문에 도리어 구체적인 인간을 이해하는 데 장애가 될 수도 있다는 사실을 잊어서는 안 될 것이다.

역사학에서는 굳이 인간유형을 설정하려 하지 않는다. 그러나 우리는 종종 사회학이나 심리학에서 시도하고 있는 인간유형학에 관심을 갖는다. 즉, 프로이드의 구강애적 인간과 항문애적 인간, 프롬의 수용적 인간과 생산적 인간, 리스맨의 전통·자기·타인지향형 등등이 그것이다. 재미있는 것은 이들 특히 사회학적 인간유형은 역사적 개념이라는 점이다. 가령 리스맨의 전통지향은 중세인, 자기지향은 근대인, 타인지향은 현대인인 것이다. 화이트 역시 근대인과의 역사적 대비에서 현대인을 조직인간이라 규정하고 있다.

오늘날 우리는 근대적인 프로테스탄트 윤리의 몰락을 슬퍼하는 많은 지식인을 발견한다. 근대인은 '태만'에 대한 공포에 민감하지만 현대의 조직인은 과로와 위궤양에 대한 공포에 민감하다. 절약(저축), 근면(노력), 독립자존을 미덕으로 삼은 근대적 프로테스탄트 윤리는 몰락하고 오늘날에는 소비, 여가, 합의를 미덕으로 아는 현대 '조직인'의 윤리가 지배하고 있는 것이다.

Ⅲ. 영웅은 있는가?

1. 개인의 몰락

단재 신채호는 그의 《조선사 총론》에서 "개인으로부터 사회를 만드는가, 사회로부터 개인을 만드는가? 이는 고대로부터 역사학자의 쟁론한 문제다."

고 말하고 있다.[24] 개인과 사회는 서로 불가분의 관계에 있어서 어느 편이 먼저 생겼느냐를 따질 수 없다. 자칫하면 선후도치가 되고 만다. 선후도치란 이를테면 사람이 공포심에 떨게 되면 혈관이 수축되고 숨이 가쁘고 가슴이 뛴다. 이럴 때 혈관의 수축은 공포심의 결과인가 원인인가? 그 선후를 가리는 데 있어서 만일 "육체가 먼저 있고 다음에 정동(情動)이 있다"고 한다면 혈관의 수축이 원인이며 공포심은 그 결과다. 그러나 정동이 먼저라면 그것은 선후를 도치한 것이 된다.[25]

인간은 태어날 때 벌써 엄마와 아빠 사이라는 사회의 한 단위가 된다. 그러므로 처음 아담과 이브가 있었다는 성서의 해석이 옳은 것이다. 아리스토텔레스는

> 국가(공동체)를 갖지 못한 자는 악인이거나 또는 초인이거나 둘 중의 하나다. 그는 마치 '부족도 없고 법도 없으며 화로도 없는 자'와 같다. 호머는 이런 자를 외떨어진 장기 말과도 같다고 하였다. 개인은 전체에 관련된 부분이다.

라고 하였으며,[26] 사람이 모여 사는 취락을 '같은 젖을 빤 것들'이라 비유했다.[27] 그러므로 개인은 '전체를 떠나 살 수 없는 부분'이라는 것이다. 즉, 아리스토텔레스가 말한 공동체는 오늘날 국가로부터 세계공동체로 확대되고 있다. 그래서 제1차 세계대전의 참극을 체험한 헤세는 "나의 생명은 나와 세계와의 관계, 즉 나와 다른 사람과의 관계로 성립된다"고 말하고 있다.[28] 또 아롱(Raymon Aron)은

> 샤르트르를 누군가가 사생아라 했다. 그가 부모 없는 사생아라면 우리는 과연 무엇이란 말인가? 우리는 매춘부의 자식들이 아닌가? 이른바 소비자 사회, 기술자 지배사회라는 인류공동의 침실에서 태어난 위대한 매춘부의 아들이 아닌가?

라고 하여 현대인을 가리켜 "소비자 사회, 기술자 지배사회라는 인류공동의

---

24) 申采浩, 《近代韓國史論選》, p. 81.
25) E. Cassirer, 앞의 역서, p. 28.
26) Aristoteles, 앞의 역서, p. 20.
27) Aristoteles, 앞의 역서, p. 19.
28) Herman Hesse, 《戰爭과 平和》, p. 89.

침실에서 나온 매춘부의 아들"이라 말하고 있다.29)

카아가 지적했듯이 사회가 단순한 고대사회일수록 개인의 힘이 강하게 보이지만 보다 복잡한 현대사회에서는 사회의 힘이 더욱 강하게 나타난다. 막강한 사회와 집단 속에서는 개인은 매몰되어 보이지 않는 것이다. 비단 사회의 하층에서 그러할 뿐 아니라 정치적 지배층에서도 똑같은 현상을 찾아볼 수 있다. 이른바 '익명'과 '대리'와 '대필'의 시대가 현대인이 사는 사회의 특징인 것이다. 그런 뜻에서 "현대는 영웅의 시대가 아니다"라는 말이 적절하다.

역사가 '모험'으로서 도전받았던 시대—19세기—는 가고 오늘날 역사는 서슴없이 하나의 운명으로 받아들여지고 있다. 그것은 현대사회의 중압에 쓰러진 개인의 비명이다. 인간이 '인간의 조건'에 체념하기를 권유하는 현대철학의 추세도 현대사회에 있어서의 '개인의 몰락'의 결과인 것이다. 그리하여 현대인은 파스칼이 말했듯이 "인간이 사랑하고 미워하고 아이를 낳고 병에 걸리고, 때로는 기뻐하지만 또 고민하고 그리고 자기가 종당 죽고 말 것이라는 것을 알면서도 죽음을 두려워하다가 마침내는 죽어버리는 그런 생로병사의 조건"에 승복하고 있는 것이다.

2. 영웅 숭배

인간은 오랫동안 역사의 원동력으로서 사회보다 개인을 더 중시하여 왔다. 무형적인 '사회'의 힘보다 유형적인 '개인'의 힘이 강하게 인식된 것은 당연한 일이었다. 개인을 보고 사회를 못 보는 것은 마치 나무를 보고 수풀을 보지 못한 것과 같다. 개인을 통해 사회를 인식케 하는 방법은 대중의 교화 수단으로서도 편리했다.

그러나 역사의 인격적 영웅적 인식은 개인이 사회에 작용할 수 있는 힘이 강대했던 '시대의 반영'이다. 람프레히트가 말했듯이 역사를 인격적 영웅적으로 인식하려는 것은 고대와 중세에 특징적인 역사인식이었다. 일찍이 인류사회는 신화와 영웅시대를 거쳐 역사의 다음 단계로 넘어 갔다. 고대의 영웅시는 역사적 정신이 발현한 최고의 형태다. 영웅시에는 거의 다 영웅적 인물과 그 추종자들만이 등장하고 그들에게만 부족발전의 모든 책임과 영광

29) Raymon Aron, *After the Barricades*, Encounter, 31, 2 (1968), p. 22.

이 지워져 역사발전 유일의 동력으로 간주되었던 것이다.[30)]

역사의 아버지 헤로도투스를 비롯하여 '전기의 아버지' 플루타크는 역사를 위인의 전기로 묘사했으며, 중국의 《삼국지》 역시 영웅전이다. 이 같은 영웅주의와 영웅숭배는 중세를 거쳐 근대에 이어졌다. 18세기 계몽사상가 헤르더는 천재적 인물에게는 '신의 오른 손'에 의해 하늘로부터 비상한 힘이 주어졌다고 생각했고, 역사의 발전과정에 신이 특별히 간여할 때가 있는데 그 때는 신이 천재적 인물을 통해 일을 성취한다고 생각했다.[31)] 볼테르 역시 영웅의 역사적 역할을

> 전제정치보다 무정부상태가 더 문명에 해로웠다. 수 세기에 걸쳐 유럽은 총체적 무정부상태 속에 살았다. 즉, 봉건시대는 공인된 강도시대요, 끊임없는 내란시대였다. 늑대와 호랑이와 여우가 약하고 겁 많은 짐승들을 잡아먹는 황야를 보라! 저것이 여러 세기에 걸친 유럽의 모습이었다. 그렇지만 역사는 영웅을 갖는다. 뉴턴 같은 과학자, 로크(Locke) 같은 철학자, 라신느(Racine) 같은 극작가만이 아니다. 인류는 솔론, 아우렐리우스(Marcus Aurelius) …… 등등의 영웅으로 축복 받았다.

라고 말하고 있다.[32)]

그러나 근대 영웅주의의 대표적 인물은 카알라일이었다. 19세기 초 산업혁명으로 말미암아 영국 전래의 정치체제가 흔들리어 민중이 그 정신적 지주를 상실하였을 때 그는 영웅숭배의 필요성을 역설하고 중세적 신분정치에 대신하는 새로운 영웅정치(heroarchy)를 제창하였다. 훗날 그가 "내 영웅론은 돈 때문에 쓴 글이었다."고 솔직히 고백하였으나 돈 때문에 쓴 글 치고서는 너무나 큰 영향을 끼쳤다. 1840년 런던에서 베풀어진 그의 강연「영웅에 대하여」(*On Heroes, Hero-worship and the Heroic in History*) 서두에서 카알라일은 너무나 노골적으로 "세계사는 그 바닥에 위인의 역사가 깔려있다. 즉, 그가 무엇을 했는가가 곧 역사다"라고 공언하였던 것이다.[33)]

---

30) K. Lamprecht, *Einführung in das historische Denken*, (1912), 일역, 《歷史的 思考入門》 p. 8.

31) J.G. Herder, *Outline of a Philosophy of History of Man* (trans T. Churchill) Lond, 1803.

32) Richard Herr & Harold P. Parker, *Ideas in History* (Duke Univ. 1965), pp. 45~46.

33) Carlyle, *On Heroes, Hero-worship and the Heroic in History* (London, Oxford

그런데 이 같은 역사적 영웅주의의 진원은 19세기 낭만주의와 그 역사적 환상이었다. 나폴레옹이 알렉산더를, 발작이 나폴레옹을 환상했듯이 19세기인의 영웅주의는 그 역사적 환상에 뿌리박고 있었다.[34]

몸젠 역시 그의 《로마사》에서 시이저를 '운명의 영웅적 대행자'로 보았다. 로마 공화정은 개혁될 수도 없고 구제할 가치도 없는 것이었기 때문에 그 파괴자 시이저는 역사적 필요의 도구였고, 몸젠의 눈에는 시이저가 '완전인간'으로 비쳤던 것이다.[35] 카알라일 못지않게 큰 영향을 끼친 것은 웨버의 카리스마적 지도자의 개념이었다.

그러나 영웅은 차츰 그 탈이 벗겨져가고 있었다. 영웅은 객관적으로 실재하는 것이 아니라 그를 추종하는 대중의 마음 속에 잠재하는 불안과 욕구불만이 교묘히 객관화된 '환상'에 불과하다는 사실이 밝혀졌다. 이같은 영웅의 허상을 폭로하는 데 프로이드의 공이 크다.

프로이드는 인간의 최대 '격정'(passion)이 무엇인가를 발견했다. 그것은 어머니와 어머니적 기능을 가진 인물, 무조건적인 사랑, 무조건적인 비호의 기능을 가진 무엇, 즉 자연, 과거, 토지, 사랑, 지도자에 얽매여 살고 싶어하는 '패션', 이 패션이 영웅을 만들어냈다는 사실을 발견한 것이다.[36]

"위대한 인간은 큰 실수를 저지를지 모른다."(Great men may make great mistakes)고 말한 포퍼 역시 《개방 사회》 서문에서

> 만일 이 책에서 인류의 지적 지도자 가운데 가장 위대한 몇몇에 가혹한 말을 했다면 그것은 그들을 얕잡아 보고 싶어서 그런 것이 아니다. 오히려 위인에게 맹종하는 우리의 습성을 타파하여야 한다는 나의 신념을 다짐한 것이다.

라고 강조하고 있다

3. 영웅의 외모와 정력

인간에게는 개인 차란 것이 있기 마련이다. 특히 힘의 차보다 재능의 차

Univ. Press).

34) W. Mills, *From Max Weber*, p. 28.

35) Mommsen, *History of Rome*, pp. 7~8.

36) R. Evans, *op. cit.*, p. 100.

가 중시된다. 일찍이 나폴레옹 자신이 "사자가 지휘하는 토끼의 군단이 한 마리의 토끼가 지휘하는 사자의 군단보다 우수하다"고 말했다. 군소 시인을 몇 사람이나 모아야 한 사람의 셰익스피어가 나올까? 시시한 과학자 몇 사람과 한 사람의 아인슈타인이 필적될까? 나폴레옹 한 사람이 과연 몇 개 대대병력이 될 수 있을까? 이 같은 개인 차를 단순히 일반(평균)인과 위인이란 범주로 크게 나누어 단순화시켜 버리면 문제는 간단하며 이 단순화가 곧 역사적 영웅론의 출발점이 되기도 하는 것이다.

영웅 또는 위인의 유형은 다양하다. <구약성서>의 카리스마적 지도자인 사사(師士)를 비롯하여 군주, 개혁자, 성현, 학자, 황후, 여걸 그리고 현대의 정치지도자에 이르기까지 그 종류는 가지가지다. 과연 이들 위인의 인맥이 역사적으로 무엇을 의미하는 것일까? 첫째 영웅은 실재했는가, 아니면 우리들 마음속에 자리한 허상인가? 둘째 영웅이 실재했다면 그는 역사발전의 단순한 꼭두각시가 아니었는가가 문제된다. 그러나 이 문제에 대한 해답은 그렇게 간단하지 않다.

플루타크 《영웅전》에 보면 그리스·로마의 영웅적 인물 40여명이 열거되어 있고, 카알라일은 오딘, 마호멧, 단테, 셰익스피어, 넉스, 루소, 크롬웰 등 종교개혁자, 사상가, 문학가, 철학자, 군인 등을 망라하여 예시하였다. 미국의 캐틀(Mackeen Cattel)은 20세기 초 세계인명사전에서 세계최대의 인물 1000명을 골라 그 중 10명, 즉 나폴레옹, 셰익스피어, 마호멧, 볼테르, 베이컨, 아리스토텔레스, 괴테, 시이저, 루터, 플라톤 등을 베스트 텐으로 꼽았다.

도무지 한 인물이 위대하다면 무엇이 얼마나 위대하다는 뜻인가? 물론 힘이 세다, 키가 크다, 절륜의 정력가라는 뜻도 없는 것은 아니다. 고대 이집트의 파라오 라메스 2세는 50명 이상의 딸과 100명의 아들을 낳았으며 죽을 때 후계자 문제로 고생했다고 한다. 근대에도 프랑스 부르봉 왕가의 루이 15세에 대해 그의 후궁이

> 나는 왕의 마음을 잃을까 두려워요, 왕을 즐겁게 해 드리지 못하게 될까 두려워요, 당신도 아시다시피 사내란 그렇고 그런 것을 좋아하거든요, 그런데 불행하게도 내 체온이 매우 차지고 있단 말이에요….

라는 자신의 사생활을 고백해 주고 있다.

자고로 정치적 강자는 일반민중으로부터 허약하다는 인상을 받기를 싫어했고 그렇게 되어서는 강자 행세를 못하는 법이었다.

현대 독재자의 상징적 존재의 하나인 스페인의 프랑코는 "나는 신과 역사 이외의 어느 누구에게도 책임을 지지 않는다."고 호언했는데 그런 큰 소리에 알맞은 외모와 정력이 필요하였다. 그러나 외모란 오늘날 교묘한 사진술과 매스 미디어로 얼마든지 수정할 수 있으며, 정력으로 말하더라도 히틀러처럼 성적 불구자에 가까운 인물이 없지 않았다.

그래서 우리가 위인의 객관적 실재성을 승인하는 오류를 범한다고 할 때 위인의 육체적 조건을 과대평가할 수 없다. 나폴레옹, 히틀러, 프랑코는 모두 작은 키였다. 그러므로 영웅적 자질이란 육체적 힘보다도 평균인 이상의 정신적 능력을 의미했던 것이다.

4. 영웅의 정신적 자질

후크(Sidney Hook)는 그의 《영웅론》에서 사건 창조적 인물(event making man)과 단순한 사건적 인물(eventual man)을 구별하고 있다. 사건적 인물이란 예컨대 네덜란드의 한 소년이 손가락 하나로 제방의 바닷물을 막아냈다고 했을 때 그가 아니더라도 그 자리에 있었으면 누구나 그 일을 해낼 수 있었을 그런 인물이다. 그러나 사건 창조적 인물은 남이 할 수 없는, 그가 아니면 할 수 없는 이른바 영웅적 행동을 실연해 보인다. 그는 조직의 도구도 아니요, 계급의 도구도 아니다. 역사적 영웅은 조직의 지배자로서의 지위를 유지하기 위해서는 첫째, 추종자의 특권을 존속하는 데에는 반드시 그가 불가결하다는 것과 둘째, 그의 몰락이 곧 그들의 몰락을 의미하지만 그들의 몰락은 그의 몰락을 의미하지 않는다는 것을 명백히 하여야 한다. 그래야 그는 도적단 두목 이상의 존재가 될 수 있으며 그들에게 무자비한 태도를 취할 수 있다.[37)]

영웅에는 사상의 영웅이 있고 행동의 영웅이 있다. 소크라테스·예수·공자—공자 자신은 성인을 인정하지 않고 다만 군자만 있을 수 있다고 보았다—석가 등은 현인 내지는 성인, 천재로서 전자에 속하며 알렉산더·징기스칸·나폴레옹·히틀러 등은 후자에 속한다. 이 행동의 영웅중 히틀러 같은 악역을 동양에서는 간웅이라 했다. 역사는 표면상 이들 영웅에 의해 움직이는 듯 보이며 그들의 이름은 '시대의 상표'(예컨대 '비스마르크 시대')로 채

---

37) Sidney Hook, *The Hero in History* (Lond, 1945), 민석홍 역,《歷史와 英雄》(1959).

택된다. 특히 '행동의 영웅'은 자신을 역사의 창조자로 생각하고 또 호언한다. 쉬펭글러가 행동적 인간(fact man)이 사색적 인간을 압도하고 지배하는 시대가 곧 현대라고 말한 것은 정치적 강자로 군림한 사이비 영웅들의 독무대로 바뀐 현대정치사회를 예언한 것으로 주목되고 있다.

그러면 위인 또는 영웅의 정신적 자질은 무엇인가? 카알라일은 "타고난 독창적 통찰력, 남성적 기질, 영웅적 귀족성"을 영웅적 자질 또는 영웅적 천분(gift)이라 했다.[38] '도량의 크기'니 '인색하지 않은 마음'이니 하는 개념은 고대부터 내려오는 인간 성격에 관한 언어들인데 카알라일에게도 강하게 그런 어감을 느낄 수 있다. 그러나 그는

> 영웅은 사물의 내면세계, 즉 진리, 신성, 영원한 것에 사는 자다. 이들 영원한 것은 일시적이고 미소한 것 밑에 늘 숨어 있는 것으로 대부분의 사람에게는 보이지 않는 것이다.

라고 아주 형이상학적으로 규정하였다.[39] 이리하여 카알라일은 영웅성을

> 위대한 기본성격이 위인의 성격이다. 그것은 인간이 위대하다는 것이다.

란 동어반복적인 표현으로 끝맺고 있다.[40]

위인의 정신적 자질로 거론된 것들을 들어 보면 담대, 간교, 냉혹, 강인 그리고 결단력과 통찰력 등등이다. 그러나 위인을 설명하는데 선천적 자질만 가지고서는 부족하다. 왜냐하면 영웅이란 때로 왕의를 입고 나타나지만 때로는 누더기를 걸치고도 나타나며 유사종교의 교주나 대강도단의 두목으로도 나타난다. 그러면 영웅이란 위인에게 있어야 할 가장 본질적인 자질은 무엇인가?

이 점에 관한 카알라일의 견해는 자못 교훈적이다. "세계사를 위인의 역사다."라고 외친 그였지만 정당하게도 영웅이나 위인 또는 지도자 가운데 진

---

38) Thomas Carlyle, *On Heroes, Hero-worship and the Heroic in History* (Lond, 1974).

39) *Ibid.*
The Hero is he who lives in the inward sphere of things in the True, Divine and Eternal, which exists always, unseen to most, under the Temporary, Trivial.

40) *Ibid.*
The grand fundamental character is that of Great Man : that the man be great.

짜가 있고 가짜 또는 엉터리가 있다는 사실을 강조하고 있다. 그에 따르면 영웅이란 '신에 가까운 형태의 인간'이었으며 인간의 선도자요, 모형이요, 창조자였다. 그러나 세상에는 영웅으로 변장한 엉터리 사기사가 많다. 그는 잡배이면서 천재요 위인임을 자처한다. 만일 국민이 이 가짜 위인을 진짜 위인이라 믿고 그에게 무한한 경배와 복종과 열광을 바친다면 그들은 비영웅적인 하잘 것 없는 일개 잡배에게 영구히 예속되고 마는 것이다.

카알라일에 의하면 진짜와 가짜를 구별하는 방법은 그 지도자에게 성실성(sincerity)이 있느냐 없느냐, 다시 말해서 거짓말을 하지 않고 속임수를 쓰지 않는 성실성 여부를 가려내는 데 있다는 것이다. 여기서 우리는 웰즈가 나폴레옹을 경멸하여 한사코 그를 영웅이라 부르기를 거부하면서 그를 "자기기만과 허영과 탐욕과 교활에 가득찬 그리고 시이저와 알렉산더와 샤르마뉴를 원숭이처럼 흉내낸 인간"이라 매도한 것이 연상된다. 프랑스 혁명의 과일을 홀로 맛본 천재 나폴레옹에게는 성실성이 없었던 것이다. 그러나 이 성실성 역시 상대적이다.

문예부흥연구로 이름난 부르크하르트는 영웅의 자질을 "비범한 지력과 윤리력"이라 하면서 "그 행위는 하나의 보편과 관련된다."고 한층 더 승화시키고 있다. 그에 따르면 위인에게는 아량과 관용(magnaritas)이라는 '인간적 위대성'이 있어야 한다고 했다. 이리하여 그는 참다운 위대성을 정의하여 말하기를 '하나의 신비'(mysterium)라고 했다. '신비'란 무엇인가? 여기서 우리는 이 신비의 정체를 파헤치기 위하여 웨버의 유명한 '카리스마적 지도자'의 개념을 살펴보아야 한다.

5. 카리스마적 지도자

웨버는 카리스마의 개념을 슈트라스부르그의 교회사가 조옴(Rudolf Sohm)으로부터 차용했다. 신은(神恩, gift of grace)을 의미하는 카리스마는 비상한 능력의 소유자로 믿어지는 자칭 지도자가 절망에 허덕이는 민중의 추종을 받을 때 생겨나는 지배형태다. 세계종교의 교조 그리고 군사적·정치적 영웅과 같은 예언자들은 카리스마적 지도자의 원형이다. 기적과 계시, 영웅적인 업적과 믿기 어려운 성공은 그들의 카리스마적인 흉장(胸章)이다. 그러나 실패는 그들의 파멸을 의미한다. 웨버는 사회변동의 궁극적 요인이 사회적 제 세력에 있다는 사실을 인정하면서도 사회변동에 끼치는 카리스마적 지도자의 역할을 중시하였다. 이들 지도자의 운동은 광신적인 것이어서 그런 비상한 열광 때문에 계급적·신분적 장벽이 때때로 허물어지며 화친과 왕성한 공동체의식으로 변하기까지 한다. 그래서 카리스마적 영웅이나 예언자는 역사에 있어서의 참다운 혁명세력으로 간주되는 것이다. 나폴레옹, 예수를 비롯하여 경제적 카리스마 지도자로 멕시코, 페루, 스페인의 정복자(conquistadors), 19세기말 미국의 강도귀족(robber barons) 등을 예시하였는데 이들은 모두 비상한 개인의 힘을 믿는 대중심리에 의존하고 있었다.

여기서 카리스마적 상황이 카리스마적 지배의 성립조건이란 것을 알 수 있다. 그런데 카리스마적 상황으로서 대중적 열광과 신앙이란 비정상적 상태가 냉각되면 카리스마적 지배의 제도화가 불가피하게 된다. 이 혁명의 제도화는 결국 전통주의와 관료제도로의 복귀를 의미하게 되므로 여기서 추종자들의 물질적 이해관계가 결정적 요인이 된다.[41]

밀즈(Wright Mills)가 지적했듯이 웨버의 카리스마론은 카알라일적 역사철학의 한 연장이었다. 왜냐하면 카리스마적 지도자의 강조는 결국 기념화된 개인(monumentalized individual)이 역사의 주인이란 사고로 발전하기 때문이다. 웨버는 성공적인 카리스마 지도자가 특히 지방출신이란 데 주목하고 다음과 같은 흥미 있는 말을 하고 있다.[42] 즉, 성공적인 카리스마적 지도자는 흔히 지방인(provincial)이었다고 말하고, 왜 지방인, 즉 시골뜨기가 지도자가 되고 마는가를 묻는다. 그 이유는 그가 시골뜨기이기 때문에 제국의 중앙지대에서 생각하는 사고에서 벗어날 수 있으며, 비관적으로 생각하는 기회를 얻기 때문이라는 것이다.

예컨대 예수는 로마 제국의 먼 지방 팔레스타인에서 살았고, 마르크스는 유럽대륙의 중앙에서 망명하여 런던에서 살았고, 히틀러는 오스트리아의 시골, 프로이드는 오라비아의 프라이브르그, 맥루한은 마니토바의 브란돈(Brandon)이 그 출신지였다.[43]

41) Wright Mills, *op. cit.*, p. 52.
42) *Ibid.*, p. 53.
43) Arnold Rockman, *Mechanism,* Encounter vol. xxxl No. 5 (1968), pp. 29~30.

Ⅳ. 위인은 허상이다

1. 시대의 피조물

위인이 선천적으로 갖고 태어났으리라 가정된 영웅적 자질이란 '신비'라는 애매한 개념이었고 웨버는 이 점에 착안하여 역사적 위인의 내적 자질보다 그를 위인으로 만들어 낸 특정 사회의 비상한 상황 내지는 여건을 중시하였다. 여기서 우리는 위인이 위기 '시대'의 소산임을 알 수 있다.

"영웅이 시대를 만드는가, 시대가 영웅을 만드는가?"하는 문제 역시 그 대답이 간단치 않다. 가령 혁명기에 영웅이 나는 법이며 평화는 영웅의 불모지대다. "병사는 전장에서만 용감하다"고 했듯이 제1차 세계대전 직후의 이탈리아 경제의 파탄이 있었기 때문에 무솔리니가 탄생하였던 것이다. "영웅도 때를 만나야 한다."는 이야기다. 그러나 진정 이 '때'가 영웅을 만드는 것인가 아니면 단지 그를 역사 무대의 전면에 나서게 하는 것뿐인가? 페인(Thomas Paine)은 유명한 《인권론》에서

> 일반 사람들의 눈에는 혁명이 천재나 인재들을 만들어 내는 것 같이 보인다. 그러나 그러한 사건들이 할 수 있는 일이란 다만 그런 사람들을 전면에 끌어내 준다는 역할 뿐이다. 사람의 내면에는 잠재적인 상태로 놓여 있는 여러 감성이 간직되어 있는데 그것을 자극해 주지 않는 한 이들 감성은 그 상태대로 사람과 함께 무덤 속에 파묻히고 마는 것이다.

라고 말하고 있다.[44]

모든 개인은 역사발전의 희생자이자 대행자이다. 영웅을 특히 시대의 피조물로 보는 배후에는 기독교적 역사관이 숨어 있다. 헤겔이 영웅을 세계정신의 구현자로 봄으로써 이러한 사회결정론적 해석을 대변하였다. 그는 실제로 '예나' 근교에서 백마를 탄 나폴레옹을 직접 목격했다. 그때 그는 그 사실을 '마상의 세계정신'을 보았다고 표현하였다. 헤겔에 있어서 영웅이란 시대정신의 표현이었다. "각 시대는 그에 적합한 위인을 갖는다."고 말한 그

44) Thomas Paine, 《人權論》, 政治論集, p. 213.

는 "세계사적 인물은 시대적 요청을 똑바로 볼 수 있는 예민한 인사"이며 "그들의 행동과 말은 그 시대 최상의 것이다.", "위대한 사람이 역사를 만드는 것이 아니라 그들이 위대한 시대의 부름에 따라 나타나는 것이다.", "영웅은 그들의 무자비한 행동에 책임을 지지 않는다. 그들은 단순히 역사적 발전의 한 도구다."라고 말하였다.[45]

헤겔의 논리대로 생각한다면 가령 1933년 봄에 "나는 반유태주의를 역사 지배의 수단으로 사용할 생각이다."고 실토한 히틀러를 우리는 용서해 주어야 할 것이다. 스펜서 역시 '위인은 시대의 산물'이며 '위인은 사회변화의 매개체'라 보았으며, "위대한 인물이 사회를 개조하기 전에 사회가 그를 만든다."고 풀이했다. 쉬펭글러 역시 "각 문화는 각기 그 자신의 알렉산더와 소크라테스를 갖는다."고 말했다.

2. 군주는 다 큰 인물인가?

이 같은 영웅의 사회결정론에 반대하는 논의도 제법 강하다. 우드(F.A. Wood)는 1913년《군주의 영향력》(*The Influence of Monarch*, New York, 1913)이란 매우 흥미 있는 책을 발표하였다. 그는 이 책에서 근대 유럽의 4개국 역대군주 386명을 조사하여 군주권이 강했을 때와 약했을 때 어느 때 더 나라가 홍성했는가를 통계적으로 고찰하였다.[46]

그는 군주권을 강(10), 약(1), 보통(11)으로 나누고, 국력도 강(10), 약(1), 보통(11)으로 나누어 양자간의 상관율을 계산하였다. 그랬더니 "군주권이 강하면 국력도 강하고 군주권이 약하면 국력도 약하다."가 70%의 상관율을 보이고 군주권이 약한데 국력이 강하고 군주권이 강한데 국력이 약한 경우는 불과 10%의 상관율을 보이는데 불과하였다.

이리하여 우드는 군주의 권력이 강대하지 않고서는 나라가 번영할 수 없다는 결론을 얻었다. 그러나 여기에도 문제가 있다. 가령 군주권이 강해서 번영했느냐, 아니면 여러 가지 역사적 조건과 상황이 좋아서 요행히 군주권이 강화되었느냐, 아니면 그 어느 쪽도 아닌 제3의 요인 때문이냐 등등 구구한 해석이 가능한 것이다. 그러나 어떻든 우드의 연구에서 우리가 유의해

45) Hegel (김종호 역),《歷史哲學》(1) (사상문고) 참조.
46) Sidney Hook, 앞의 역서.

야 할 점은 '위인이 역사적 사건이나 시대의 단순한 상표'가 아니라는 것이다. 루소는 "어떤 민족이던 그 정부의 본성이 그 민족을 형성하는 대로 있는 것이지 그와 달리 있을 수 없다."라고 했다. 우리는 여기서 그 자의 정체가 위인이든 잡배이든 간에 한 시대의 정치적 지도자로서 그 나라 대다수 국민에게 끼친 해독은 형용할 수 없이 크다는 사실을 잊어서는 안 된다. 무솔리니와 같은 악독한 사이비 위인이 홀연히 나타나 마구 광적 예언을 내뱉으면서 한 세대를 어지럽혔다고 가정하자. 그러나 우리는 그런 광인의 등장과 집권을 용서한 국민을 나무라지 않는다. 다만 동정할 뿐이다.

'정치'는 사실 하나의 필요악이다. 후크가 말한 것처럼 대부분의 사람들은 정치권력의 장악을 기피하고 정치인에게 일임한다. 정치란 더럽고 인생은 짧다. 정치는 휴식이 없고 모든 시간을 바쳐야 한다. 정치로부터 멀리 떠나 살고 싶다는 마음, 농사나 짓고 살고 싶다는 마음, 이 피로감과 지침이 정치를 일부 정치적 지도자에게 일임하는 원인이 된다. 그러나 이렇게 해서 정치를 위임받은 정치인은 그 귀찮은 일들을 왜 맡아야 하는가? 정권을 잡기 위해 서로 죽이고 죽임을 당하는 광경을 정치인 아닌 사람의 입장에서 보면 신기할 정도로 이상하다. 루소는

> 가정에서 아이들에게 베푸는 아버지의 사랑은 '아이들의 보호'로 보상받지만 국가를 호령하는 기쁨은 정치지도자가 추호도 느끼지 못하는 국민에 대한 사랑으로 보상 받는다.

라고 했는데 감투의 기쁨에 대한 너무나도 통쾌한 풍자이면서도 풍자 이상의 진실을 말해 주고 있다.[47] 과거 이승만 대통령은 남산에 거대한 동상을 세우면서 스스로 국민의 아버지, 즉 국부라 자처했지만 아무도 그가 국부로서 국민에 자비를 베풀었다고 믿지 않았다.

3. 사후의 추서

또 하나 유의할 점은 한 역사적 인물의 위대성 여부는 그 인물의 역사적 성패에 따라 크게 달라질 수 있다는 것이다. 속담에 "이기면 충신, 지면 역적"(패자는 언제나 나쁘다)이라 했듯이 대중은 본시 패자에 너그럽지 않다. 대

---

47) Wright Mills, *op. cit.*, pp. 30~31.

중은 마치 여자처럼 강자의 품안을 그리워한다. 그래서 우리는 군소리 없이 깨끗하게 물러서는 패자를 good loser라 칭찬한다. 그러나 실제로 그는 억울하게 진 선수였다

단재 신채호가 말했듯이 "제왕이다. 역적이다 함은 성패의 별명이며, 정론이다. 사론이라 함은 多寡의 차일 뿐"이다.[48] 로마 격언에 "승리한 대의는 신을 기쁘게 하지만 패배한 대의는 카토를 기쁘게 만든다."(Victris causa diis placuit, sed victa Catoni)는 말이 있다. 승리의 대의라고 큰소리치던 자가 얼마 못가서 패배한 대의로 전락된다. 그래서 역사에서는 신조차 자주 번의를 하는지라 무엇이 대의고 아닌지를 분간할 수 없게 되는 것이다.[49]

승자는 패자를 철저히 매도하여 완전한 패륜아요, 폭군으로 매장해버린다. 군주가 될뻔하던 한 패자가 반역아로 일전하여 천하의 악인으로 낙인찍히기도 한다. "패자는 말이 없다"는 격언은 "패자의 기록은 인멸된다."는 뜻이기도 하다. 역사적 기록은 대부분 패자의 기록이다. 그러기에 역사가는 전승군의 종군기자가 되기 쉽다.

일찍이 실학자 성호(星湖) 이익(李瀷)은

> 사(史)라는 것은 성패가 이미 결정된 뒤에 저작되기 때문에 그 성과 패에 따라서 장점(粧點)하여 참으로 당연하듯 하다. 또한 선에는 많이 과(過)를 휘(諱)하고, 악에는 반드시 장(長)을 버리기 때문에 지우(智愚)의 판별과 선악의 보응(報應)이 가징될 듯이 보이게 된다.

고 했다.[50] 이 말은 역사가들이 이미 성패가 결정된 뒤에 역사를 쓰기 때문에 그가 어떻게 승리를 얻어냈건 승자인 현재의 집권세력의 편에 서서 사실을 평가한다. 이리하여 선한 사람은 아주 착하게 묘사되고 악인은 완벽한 악인으로 묘사된다. 그러나 구체적인 인간은 그렇게 악할 수도 착할 수도 없는 것이다.

이처럼 역사가는 역사적 성패의 결과인 인물의 평가를 선악의 2분법으로 단순화하기 쉽다. 문일평이 "진정한 반역아는 국가나 민족을 위하여 일어난 반역아이다."고 했지만[51] 사실 국가를 위해 농사짓는다는 농부는 없어도 국

---

48) 申采浩,《乙支文德》, 춘추문고 005 (1908), 所收.
49) Hans Kohn,《歷史家와 世界革命》, p. 27.
50) 宋贊植,《星湖의 새로운 史觀》, 《韓國의 歷史認識》(이우성·선만길 편) 下, p. 365.
51) 文一平,〈史上의 奇人〉, 앞의 '論選', p. 202.

가를 위해 정치한다는 정치꾼은 너무나 많은 것이다. 결국 우리의 위인론이 한 역사적 인물에 대한 사후추서로 끝나기 쉽다는 사실을 인식하여야 한다. 호이징하가 말한 것처럼 '위대성이란 역사가가 고인에게 주는 기사서임'에 지나지 않는 것이다. 그러기 때문에 동양인은 징기스칸을 영웅으로 보지만 서양인은 그를 혹시 영웅이라 부를까 조심스럽게 지켜보고 있는 것이다.

한 인물에 대한 평가는 또한 시대가 바뀜에 따라 달라진다. 여기 17세기 영국혁명의 주역 크롬웰의 예를 들어본다. 불가사의의 인물 크롬웰은 1660년의 왕정복고로 급속히 그 명성이 그늘지게 되었으며 그 뒤부터 반은 광신자, 반은 위선자같이 낙인 찍혀 나온다. 1845년 카알라일은 크롬웰의 《서한 연설문집》(*Letters and Speeches*)을 간행하면서 그는 결코 거짓말쟁이가 아니요, 진실한 사람이라고 평가했다. 그 뒤 크롬웰의 평가는 호전되어 퍼스(Charles Firth)의 《올리버 크롬웰》(1900)에 이르러 그 절정에 달했다. 한동안 퍼스의 평가가 '마지막 말'처럼 보였다. 그러나 사람의 마음이란 한시도 머물러 있지 않는다. 20세기에 들어와서는 휘그파 역사해석이 퇴조하게 되어 크롬웰의 명성은 또 다시 폭삭 가라앉고 말았다.[52]

4. 왜 여성은 위인이 될 수 없는가?

웨버의 사회학은 프로이드 이전의 사회학이다. 그러나 카리스마적 상황이라는 사회심리현상에 대한 예리한 통찰을 시도하였다. 한편, 역사적 위인의 사후 추서적 성격을 지적한 호이징하는 여성에게 왜 위인이란 칭호를 붙이지 않는가라고 묻고 있다.[53]

가령 남성지배사회의 여인에겐 '위대한 여인'(great wowan)이란 단어는 없다. 히로인(heroin)이란 말은 있어도 그것은 단지 남자의 야욕의 대상이거나 '희생의 영웅'으로서의 극중 여주인공이란 뜻에 불과하다. '여장부'(virago)란 말도 있으나 그 뜻은 '잔소리 잘하는 여자'란 뜻으로 경멸적인 용어였다. 여자란 역사적으로 남성의 완력 앞에 굴복한 일종의 피정복민이 아니었던가? 따라서 '영웅'이나 '위인'의 호칭은 남성의 독점물일 수밖에 없었다. 여기서 우리는 위인이나 히로이즘 그리고 천재라는 표상 속에 한가닥

52) Galbraith, *op. cit.*, pp. 20~21.
53) J. Huizinga, 《歷史에의 길》 참조.

남성적 망상이 숨어 있다는 사실을 발견하게 된다.

서양에서는 4대 여걸(여자영웅)로 클레오파트라 · 테오도라(Theodora) · 퐁파두르(Pompadour) 그리고 카더린(Catharine) 여제를 든다. 그러나 그녀들은 미인의 대명사면서 혈육을 죽인 악녀의 표본에 지나지 않다. 플루타크는 클레오파트라의 미를

> 그녀의 미가 남보다 월등해서 그녀만 보면 누구나 홀딱 반해버린다는 것이 아니었다. 그러나 그녀와 함께 생활하는 경우 그 여자와의 접촉의 욕망을 억누를 수가 없었다. 그녀와의 대화의 매력 그리고 동작 하나하나에서 풍기는 독특한 성품과 인품의 매력은 남성들에게 저항하기 어려울 정도로 매혹적이었다.

라고 묘사해 주고 있다.

동로마 제국 유스티니아누스 황제의 아내 테오도라는 서커스 배우 출신에다 여러 번 이혼한 바 있는 과거 있는 여인이었다. 그녀가 황후가 된 뒤 남편 유스티니아누스 황제 앞에 큰 재난이 다가왔다. 수도 콘스탄티노플에 미증유의 빈민 폭동이 일어난 것이다. 궁지에 물린 유스티니아누스는 군중의 퇴위 요구에 못 이겨 물러나기로 결심했다. 그러나 이때 테오도라는 실의에 빠져 침실에 들어온 남편에게

> "여보! 당신 정신 차리세요. 왕의(王衣)가 곧 죽으면 입는 수의(壽衣)란 말이 있잖아요! 죽기 아니면 살기예요! 밀어붙이세요."

라고 했다. 이 말에 용기를 얻은 황제는 자신의 퇴위 발표를 가장하여 수만 군중을 원형극장에 모이게 한 뒤 군 병력을 동원하여 모조리 살육하고 말았다. 그로써 무난히 제위를 지켰다는 것이다.

퐁파두르 부인은 프랑스 혁명전 루이 15세의 애비(愛妃)로서 역시 미와 사치로 이름난 여인이었다. 러시아의 카더린 여제는 중국의 측천무후만큼이나 많은 정부(情夫)를 거느리고 천하를 호령한 여걸이다.

여담이지만 측천무후가 병상에 누워 측근 신하에게 이렇게 말했다고 한다. "내 마지막 소원을 들어라." 그러나 들어보니 그 사연인즉 그녀가 가까이 했던 수많은 청년 중에 무후가 가장 좋아했던 남자 하나를 가리키면서 "짐(朕)과 함께 합장하라"는 호령이었다고 한다. 깜짝 놀란 신하는 한 젊은

이의 목숨을 구하기 위해 고심하던 끝에 이렇게 말했다.

> "폐하! 저승에서는 선황(죽은 측천무후의 남편)께서 기다리고 계시온데 젊은 청년을 데리고 가시면 선황께 무어라 말씀하시겠사옵니까?" 분부를 거두어 주시옵소서.

이 소리를 들은 무후는 과연 여걸답게 파안대소했다. "그래, 그대 말이 옳구려!" 하면서 조용히 눈을 감았다는 이야기다. 이렇듯 여성영웅이란 자고로 요부요, 악녀라는 뜻이었다. 아니 악녀가 아닌데도 악녀로 묘사되었던 것이다.

5. 현대에 위인은 없다

우리가 무심히 보고 듣는 역사적 영웅(위인)론 속에는 상상 외의 허실이 들어 있음을 알 수 있다. 대중이 영웅을 만들어 내고 대중이 영웅을 갈구할 때에만 영웅은 나타나는 법이다. 일찍이 단재 신채호는 비통한 한국의 현실을 구제하여 줄 영웅의 출현을

> 영웅이 없거든 마음속으로 "영웅, 영웅"하여야 영웅이 나타나거늘 어찌하여 우리나라는 영웅숭배하는 근성이 이같이 박약한가?
>
> 고금에 비길 바 없는 진정한 영웅은 악착스런 사필 아래서 잡초 속에 묻혀 버렸고, (도리어) 동족을 못살게 굴었던 자를 영웅이라 하니 나는 영웅이란 두 글자를 위하여 한번 통곡함이 가하도다. 과거의 영웅을 그려서 미래의 영웅의 출현을 바라노라.

고 절규하였다.[54] 영웅론의 근거는 영웅숭배란 사회심리에서 우러나왔다. 영웅숭배란 고민하는 사회에 보다 밝은 내일을 가져다 줄 희망을 어리석게도 한 사람의 해방자(解放者, 구세주)의 출현에다 건 가엾은 절규였다.

노이만(S. Neumann)에 의하면 제1차 세계대전 후의 절망적인 상황에서 독일 대중은 모든 역사적 책임을 악마와 영웅에 미루어 버렸다고 한다. 이것은 역사해석의 '악마'론과 '영웅'숭배라 할 수 있다.[55] 악마론이란 역사적 책임을 몇몇 악자의 소행으로 귀속시켜 대중은 그들에게 배신당한 것이므로

---

54) 申采浩,《乙支文德》1908, *op. cit.*, p. 58.
55) S. Neumann, *Permanent Revolution* (1942),《大衆國家와 獨裁》(일역), p. 50.

모든 책임에서 해방된다. 영웅론은 반대로 모든 역사적 영광을 한 사람의 영웅에게 바치자는 주장이었다.

이처럼 영웅숭배의 사회 심리적 근거는 위기의식에 있다. 그러나 현대와 같은 고도의 과학시대에 영웅론이 고개를 드는 이유는 무엇인가? 현대대중이 위대한 정치적 지도자상을 늘 갈구하고 있기 때문이다. 누누이 지적한 바와 같이 '제2의 중세인'으로서의 오늘의 대중은 이른바 실존적 불안을 경험하고 있으며 과도한 자유 속에 자유선택 능력을 잃고 있어 불안과 자신상실에 허덕이고 있는 것이다. 인간은 한 사람에 완전히 예속됨으로써 행복을 느낀다. 결혼은 이를테면 한 여인의 한 남자에 대한 일종의 정치적 굴복을 의미한다. 또 하잘 것 없는 지위(자리 · 감투)를 얻어 그 상전에 중세적 충성 이상의 맹종을 바치는 것이 현대 '조직인'(organization man)에게는 영웅숭배의 충분한 심리적 요소가 있었다. 화이트에 의하면 조직에 '충성을 맹세하는' 종교적 신앙의 소유자요, 전인적으로 조직에 헌신하는 새로운 인간유형이 곧 '조직인'인 것이다. 그들은 조직에의 예종(隸從)을 은총으로 알고 있는 사람들로서 집단윤리라는 독특한 이데올로기의 노예가 된다. 붉은 머리띠를 두르고 항의하는 노동조합원들의 입, 눈 그리고 손을 보라. 그들이 바로 조직인의 표본이다.

집단윤리란 무엇인가. 그것은 서구에서는 전통적인 프로테스탄트의 윤리에 대신하는 새로운 윤리로서, 첫째로 집단에의 귀속을 바람이 인간의 가장 근원적인 희구라 생각하는 철학이 지배한다. 둘째로 집단을 개인에 우월 시켜 이를 모든 창조의 근원으로 보는 사상이 지배한다. 또 셋째로, 자연과학에 대한 절대적 신앙과 그 적용에 의하여 조직과 개인간의 상극을 해결할 수 있다는 망상을 갖는다.[56]

이러한 조직인에게 부단한 '예언적 발언'을 쏟아붓는다. 인간은 '마술인'이자 동시에 '점복인'(homo divinans)이기도 하다. 고대 로마군 수뇌진 속에는 반드시 조점자(鳥占者)가 끼어 있었다. 우리나라 왕실에도 점쟁이가 있어 임금의 자문에 응했다. 그렇듯 지도자에게는 맞건 안 맞건 예언이 필요하다. 현대 독재자에게는 대중을 향한 예언이 필수적이다. 그는 일종의 대중적 점쟁이인 것이다. 예언은 새로운 통치술의 본질적인 요소가 되었다. 그래서 그는 있을 수 없는 일, 심지어는 불가능한 일까지 약속한다. 천년왕국(千年王國)

56) Whight, *op. cit.*, p. 363.

이 거듭 예언되는 것이다.[57] 우리나라로 말하면 청학동을 약속하는 것이다. 청학동은 유토피아였다. 이리하여 대중은 "교황의 오른 신발 끝 십자가에 입을 맞추고 눈물을 흘린다(교황 알현시의 인사법이다)."

이와 같이 오늘의 독재자상은 소위 개발도상국에서 가장 원시적인 형태로 등장한다. 사이비 종교의 교주를 보라. 이상한 복장을 한 것은 선전의상(宣傳衣裳)이다. 후진국에서만 사이비 교주가 등장하는 것이 아니다. 선진국 사회에도 제법 세련된 탈을 쓰고 대중 앞에 나타난다. 그러나 이 같은 모든 허구에 대중은 속고 있다. 비단 우리나라만을 두고 하는 말이 아니다.

그런데 이러한 현대의 위인들은 위대한 예술가가 그렇듯이 그 시대의 상식적 감각과 이해와는 다른, 아니 상반되는 방향으로 나라를 이끌어가는 경우가 있다. 여기서 우리는 다시금 역사서술에 있어서의 대중이론과 엘리트 이론의 갈등, 즉 제도와 기획자, 일반자의 인습과 선구적 예외자의 내적 자유가 서로 상반된다는 현실에 당황한다. 과연 천재는 있는 것인가 아니면 대중이 만들어낸 허구인가 묻지 않을 수 없다.

---

57) E. Cassirer, 앞의 책 p. 363.

제 2 장
근대 서유럽 역사학의 발전

제 1 절　고대와 중세의 역사 서술
제 2 절　근대 역사학의 성립
제 3 절　현대 역사학의 변모
제 4 절　현대 역사학의 보혁 갈등
제 5 절　현대사 연구의 여러 문제

개 요

역사학의 역사로 따진다면 동양의 역사학이 서양보다 압도적으로 앞서 나갔었다고 할 수 있다. 서양에서는 헤로도투스를 역사의 아버지라 하고 동양에서는 사마천을 역사의 아버지라고 하는데 그가 쓴 《사기》를 읽어 보면 사마천이 압도적으로 좋은 작품을 내어 놓았다. 물론 우리나라 입장에서 보면 사마천이 《사기》에서 사실을 왜곡한 부분이 많아 정이 떨어질 정도지만 우리나라의 삼국사기 또한 그렇고 그런 작품이고 보니 마냥 탓할 수만은 없는 형편이다. 어찌 되었건 세상에 알려지기는 사마천이 동양에서 최고의 역사가임에 틀림이 없다.

그런데 근대에 와서 유럽 특히 서유럽이 산업혁명을 완성하여 동양을 압도하게 되었으니 동양의 역사 또한 세계사의 중심부에서 변두리로 밀려나가고 말았다. 지금 새로운 역사학에 해외사라는 분야가 있는데 다름 아닌 전 식민지 국가와 민족의 역사인 것이다. 지금까지 역사는 서양의 역사이지 동양의 역사가 아니었다. 랑케조차도 어디 야만인에게 역사가 있었단 말인가 하는 식으로 역사를 보았으니 얼마나 역사가 서양 중심, 서유럽 위주로 쓰였는지 알만할 일이다. 세계사는 백인들의 독무대였기 때문에 신대륙의 발견 운운하는 잘못을 공공연히 저질러 온 것이다.

역사는 본시 강자를 좋아하고 약자를 싫어한다. 서구열강이 아시아와 아프리카 그리고 남북 아메리카의 넓은 강역을 정복하여 식민지로 만들어버리자 역사의 여신(Clio)은 강자인 서양 특히 서유럽 편에 들어붙어 아양을 떨게 된 것이다. 동유럽은 지금도 유럽에서 제외된다. 터키는 대표적인 아시아국인데 지금 유럽에 끼어 들어가서 찬밥을 먹고 있다.

그건 그렇고 기이한 것은 근대 역사학이 산업혁명을 제일 먼저 일으킨 영국에서 성립되지 않고 후진국인 독일에서 성립되었다는 사실이다. 19세기 초에 일어난 소위 랑케 사학이라는 것이 바로 근대 역사학인데 그것이 서유럽의 근대 사회에 유리한 학문이라 여겨지자 모든 열강이 랑케의 역사학을 예찬하고 받았다. 그러나 랑케의 근대 역사학은 유럽을 세계사의 중심으로 치켜 올려놓았을 뿐 아니라 서유럽의 여러 국가와 정치·경제가 마치 역사발전의 원동력인 것처럼 꾸며서 유럽중심주의 역사의 첨병이 되고 말았다. 랑케의 서유럽 중심주의 역사는 헤겔이나 마르크스의 역사철학과 맞물려 근대사는 완전히 저들의 것이 되어 마치 서유럽이 인류를 구원해 주는 구세주처럼 꾸며놓았던 것이다.

그러나 20세기에 들어서자 상황은 확 달라졌다. 서유럽은 두 차례 세계대전을 치루고 진 편이나 이긴 편 모두가 자멸의 위기를 맞았고 유럽의 문명과 역사는 치명적인 결함을 드러내고야 말았다. 랑케 사학 또한 중대한 오류를 범한 사실이 드러났다. 또 랑케 사학의 치명적 결함은 정치사 중심이란 데 있었다. 20세기는 정치적 과오의 연속이었다. 따라서 정치사는 빛을 잃고 경제와 사회의 역사가 중시되기에 이르렀다. 거기다 랑케사학을 탄생시킨 독일이 두 차례나 세계대전에서 패배하여 세계사의 중심에서 밀려나게 되었다. 이리하여 프랑스를 비롯하여 여러 전승국에서 새로운 역사학이 태동하여 랑케의 실증주의 사학에 대신하게 되었다. 이들 새로운 역사학은 동시에 소련의 마르크스 역사학도 싸잡아 비판하고 나섰으니 현대 역사학은 지금 실증주의와 마르크스 사학 그리고 새로운 역사가의 세 진영으로 갈려 정립되어 있는 것이다.

제 1 절
고대와 중세의 역사 서술

이 세상에 만일 타고난 역사가가 있었다면 그는 바로 레오폴드 랑케 (Leopold Ranke)였다.
— Lord Acton

Ⅰ. 근대 이전의 역사 서술

1. 역사학의 역사

모든 학문이 그렇듯이 역사학도 부단히 자기반성을 거듭하면서 발전해 왔다. 특히 현대 역사학은 랑케 사학의 붕괴와 전제주의 역사학의 대두 등 시대의 변화로 인하여 깊은 상처를 입었고 자기반성을 거듭하고 있다. 이러한 자기비판의 일환으로 역사가들은 사학사에 깊은 관심을 보이기 시작한 것이다.

역사학은 그 자체, 오랜 역사의 소산이며 시대에 따라 변전·발전하여 온 것이다. 그러나 하나의 과학으로서 정립된 것은 1세기 남짓한 짧은 세월에 불과하다. 블록이 말한 것처럼 역사학은 오랫동안 '나이 든 소년'이었고 어떻게 하면 어른이 될 수 있는가를 고민해 왔다. 오늘날 역사가들 사이에 심각한 사학사적 반성이 오가고 있는 것도 이러한 고민의 결과인 것이다.

그러나 사학사, 즉 역사학의 역사(history of historiography)는 문자 그대로 '역사학의 역사'이므로 역사학이 지닌 많은 측면을 종합적으로 검토하여야 한다. 종래의 사학사는 크로체, 콜링우드처럼 역사학의 철학적 측면만 다루는 경향이 없지 않았다. 그것은 종래의 사학사가 주로 철학자 내지는 철학적 역사가에 의해 서술되었기 때문이다. 가령 콜링우드의 《역사학의 이념》(*The Idea of History*)은 탁월한 '사학사'지만 랑케를 제외해 버리는 우를 범하고 있다. 크로체의 《역사의 이론과 역사학》(*Theory and History of*

Historiography) 역시 이 책에서 랑케란 이름을 찾아보기 어려울 정도다.

그러나 다른 한편 역사학의 역사를 방법론적 측면에 치우쳐 서술할 때 버터필드가 지적했듯이 역사가 개개인의 연구업적을 요약해서 소개하는 편람(便覽)(compendium)이 될 우려가 있다. 즉, 사학사가 역사가 개개인에 관한 '백과전서식 논평의 연대순 나열'이라는 가장 원시적 서술이 되어서는 안 된다는 것이다. 이 백과전서에는 반드시 구식 문학사 교과서에서 볼 수 있는 역사가의 약력과 업적소개가 있고 또 그가 무슨 '학파', 무슨 '운동'에 속한다는 분류가 붙는다. 이렇게 되면 사학사가 역사가들의 저술을 요약 소개하는 '책들에 대한 책'(book about books)이 되어 독자로서는 2차적 지식밖에 얻지 못하게 된다. 차라리 원문을 읽는 편이 나은 것이다.[1]

이처럼 사학사 서술은 매우 까다로운 분야다. 다른 사상사 서술보다 훨씬 어렵다. 왜냐하면 모든 역사가는 개성적이기 때문이다. 베른하임은 일찍이 역사학의 발전을 ① 설화적(또는 열거적) 역사, ② 교훈적(또는 실용적) 역사 그리고 ③ 발전적(또는 발생적) 역사의 3단계로 구분하였다.[2] 그러나 이 3단계설은 첫째 역사학 발전의 복잡한 현실을 파악하기에는 너무나 단순화된 분류이며, 둘째 탈 랑케 시대(post-Rankean period)의 관점에서 볼 때 사학사는 새로운 입장에서 재정리되어야 할 계제에 있다.

여기서 우리는 매우 간략한 역사가들의 인맥을 개관하여 그들이 남긴 문제가 무엇인가에 대해 약술할 것이다. 따라서 이 장에서 시도될 모든 서술은 뒤 제5장 '역사관의 여러 유형'에서와 마찬가지로 표본적인 역사가들의 편모를 보임으로써 역사학에 관한 독자의 입문적 지식을 주는데 그칠 것이다.

2. 고대의 역사서술

흔히 서양에서 '역사학'이라고 할 때 클라렌든(Clarendon), 기본(Edward Gibbon, 1737~1794), 머콜리(Macaulay) 등의 역사가들 까지도 역사학 이전의 역사가(pre-historic historian)로 볼 때가 있다. 이럴 때의 '역사학'은 랑케 이후의 근대 역사학이란 뜻이다.[3] 그러나 흔히 역사학이라고 할 때 랑케 이전의 전 근대 역사학까지도 포함한 뜻으로 사용되는 것이다.

---

1) Butterfield, *Man on His Past*, pp. 2~3.
2) Bernheim, 《史學槪論》, p. 10ff. 참조.
3) Max Beloff, *On Thinking about the Past*, Encounter (1969), 33~4, p. 49.

서양의 역사학의 역사는 매우 오래되고 많은 변전을 거듭해 왔다. 역사의 아버지라 불리는 헤로도투스(Herodotus, 484~425 B.C.)가 《역사》를 저술하기 이전에도 이집트, 바빌론, 앗시리아 그리고 헤브라이 등등 오리엔트 세계의 신정사(神政史)가 있었다.[4] 신정사란 신통기(神統紀; theogonia)를 일괄한 것으로 이를테면 메소포타미아의 창세 전설이 그것이다.[5]

메소포타미아의 창세 전설은 "우주는 어떻게 처음 만들어졌는가?"에 대한 신화인데 이것은 시간측정이 불가능한 먼 과거에 일어난 만물의 창생기인 것이다.

> 우주는 처음 신조차 존재하지 않았던 전무상태였다. 거기에서 앞수(Apsu, 물)와 티아마트(Tiamat, 소금)가 생겨났느니라. 그 사이에 뭄무(Mummu)가 탄생하고 그 뒤 신들의 수가 점점 늘어나서 3신(압수, 티아마트 그리고 뭄무)에 대한 반란이 일어났다. 이리하여 마르두크(Marduk)가 최후의 승리자가 되어 적인 티아마트의 몸을 생선처럼 두 동강으로 잘라 그 반쪽으로 하늘을 만들고 다른 반쪽으로 땅을 만들었다. 마르두크는 또 자신의 피로 인간을 만들어냈다.

이처럼 신통기는 인간의 행동보다 신의 행동을 기록하고 있다는 점, 그리고 과거를 향해 어떤 문제를 던져 이 해답을 구했다기보다 단지 저자가 알고 있는 사실을 주장하는 데 불과하기 때문에 이는 역사가 아니라 준 역사(quasi-history), 즉 전설이라고 할 수 있다.

그리스에서도 헤로도투스 이전의, 이를테면 호머, 헤시오도스 같은 이가 신화적 역사를 기술하였다.[6] 이처럼 모든 역사는 신화로부터 시작된다. 신화는 신들의 역사이지만 그 속에는 인간의 사상과 행동이 들어 있다.

그리스의 듀키디데스(Thucydides, 455~400 B.C.)는 신화적 역사관을 비판한 최초의 역사가라 일컬어지며, 헤로도투스조차도 완전히 탈피하지 못한 신화적 역사서술에 자신의 '역사'를 대립시켜 이르기를 '영원한 소유'라 자부하였다.[7] 듀키디데스의 '비판적 역사'를 보고 그를 근대인 중의 근대인이

---

4) Harry Elmer Barnes, *History, its Rise and Development: A Survey of the Progress of Historical Writing from Its Origins to the Present Day*, Encyclopedia Americana, pp. 206~207.

5) Collingwood, *The Idea of History*, 이상현 역, 《歷史學의 理想》, p. 28.

6) *Ibid.*, p. 34.

7) Cassirer, *The Myth of the State* (1946), 최명관 역, 《國家의 神話》, p. 63.

라 극찬한 사람이 있다.[8] 버리(H. Bury)는 "헤로도투스와 듀키디데스의 차이는 100년이다. 소포크레스와 에우리피데스의 차이이다"라고 평하고 있다.[9]

듀키디데스보다 더 높이 평가되고 있는 고대 그리스 사가로 폴리비오스(Polybios, 198~117 B.C.)를 들 수 있다. 폴리비오스는 기원전 168년에 그리스가 로마에 저항한 최후의 싸움, 퓨드나(Pydna) 전투에서 패전하여 그리스의 지사 1,000명과 함께 로마로 끌려갔다. 로마에서 그는 유명한《세계사》를 썼는데 전 40권에 이르는 방대한 저술이었다. 이 책은 '최초의 세계사'를 자부한 것으로 제2 포에니전쟁(220 B.C.)부터 퓨드나 전투(168 B.C.)까지의 53년간에 로마 제국이 융성한 원인을 밝히려 하고 있다. 불과 53년도 못되는 동안에 로마는 전(지중해) 세계를 정복하고 지배했다. 왜 그리스는 망하고 로마는 흥했는가? 이 의문을 풀기 위해 그는 다시 "로마의 세계지배는 단순히 무력만을 의미하는가?"라고 묻는다. 그는 또 로마의 정치제도와 로마인의 정치적 수완이 그 '승리와 지배'를 가져왔고 그것은 또 역사적인 노력만이 아니라 '아름다움과 필요의 구현'이었다고 로마의 정복사업을 합리화해 주고 있다.[10]

이와 같은 폴리비오스를 몸젠은 "그의 역사는 태양과 같다"고 예찬했고, 크로체는 폴리비오스를 고대 역사학의 아리스토텔레스라 격찬했다.[11]

이처럼 서양 고대의 역사학은 폴리비오스에 이르러 그 절정에 달하지만 그 밖에도 많은 로마의 역사가들이 있었다. 즉, 리비우스(Livius, 59 B.C.~17 A.D.), 타키투스(Tacitus, 55~120) 그리고 플루타크(Plutarch, 50~120)는 모두 로마 제국시대의 이름난 역사가들이었다. 410년 아시아의 서고트족 추장 알라릭이 로마의 성문을 침입했을 때 제일 먼저 피해를 입은 집이 성문 바로 옆 첫 집에 살고 있던 무명의 역사가였다고 한다. 그러나 이들이 쓴 역사는 인생 특히 정치적·군사적 출세의 공공연한 준비서였다. 또 그것은 위인의 행적이나 개인, 문벌 또는 사회의 중요한 사건에 대한 지식을 기억하고 또 선전하기 위하여 꾸민 기념비적 사건들을 서술한 것이었다.[12]

---

8) 原隨園,《그리스史硏究》(일역), p. 143.
9) Bury, *Ancient Greek Historians*, p. 76.
10) 조의설, 폴리비오스 참조.
11) B. Croce, *Theory and History*, 일역,《역사의 이론과 역사》(岩波文庫), p. 225.
12) A. Marwick, *The Nature of History* (New York, A Delta Book, 1970), pp. 25~26 참조.

3. 중세의 연대기 서술

중세의 역사 서술은 수도사들의 손으로 넘어갔다. 그러나 역사 서술이 수도사들에게 넘어갔다 하더라도 중세의 역사관을 기독교적 역사관 일색으로 생각해 버릴 수는 없다. 그것은 기독교적 세계관이 중세 역사 서술의 전면을 지배했다고 단정될 때 많은 혼란이 오기 때문이다.

흔히 중세의 역사 서술이라면 성 아우구스티누스의 《신국론》에 의해 정립된 기독교적 역사신학과 4제국설을 연상한다. 기독교적 역사신학은 12세기에 이르러 이른바 성속교권의 투쟁와중의 독일에서 그 절정에 이른다. 그러나 중세의 역사 서술에는 의외로 실증적인 면이 있다는 사실을 기억하여야 한다.[13]

중세의 역사 서술은 첫째 히스토리아(역사), 둘째 크로니카(편년사), 셋째 아날레스(연대기)로 구별되어 히스토리아가 보석이라면 크로니카는 정제된 금속, 아날레스는 광석에 지나지 않았다고 평가되었다. 아날레스는 특히 메로빙 왕조 말부터 카로링 왕조 초의 8세기 프랑크 왕국에서 많이 쓰여졌기 때문에 카로링-아날레스(Caroling Annales)라 불리었다. 이들 아날레스(연대기)는 사실을 해마다 기록하는 가장 소박한 역사 서술이었다.

또 아날레스에는 프랑크 왕국 전체에 관해 왕실에서 작성한 대 아날레스가 있고, 지방적 기사로 끝나는 소 아날레스가 있었는데, 후자는 주로 수도원에서 작성되었다. 소 아날레스에 비해 대 아날레스는 그 시야가 넓고 내용이 풍부하여 왕권이 강화된 후기의 것으로 추정되고 있다.[14]

다음에 드는 기사는 찰스대제가 로마에 가서 대관식을 올리게 된 경위에 관한 대(왕실) 아날레스의 기술이다.

> 800년
>
> 8월 초 국왕은 마인츠로 와서 이탈리아로 향발하는 군대와 함께 라벤나로 갔다. 거기서 베네벤토에 대한 원정준비를 하고 7일간 쉰 뒤 로마로 행진했다. 그가 로마에 오게 되자 그 전날 교황 레오는 로마인들과 함께 로마로부터 12마일 떨어진 노멘툼까지 나와 참으로 경건하게 국왕을 맞이하였다. 그 곳에서 같이 식사를 하고 즉시 국왕보다 앞서

---

13) 兼岩正夫, 《서양중세의 역사가》 (일문).

14) H. Hoffmann, *Untersuchungen zur Karolingischen Annalistik* (1958).

> 로마로 떠났다. 다음날 교황은 로마시의 깃발을 도중 길가의 곳곳에 게양케 하고, 순례자나 시민 다수를 동원하여 도열케 하고, 국왕의 행렬을 환영하도록 했으며 교황 자신은 사도 베드로 성당의 계단에 내려서서 옆에 주교들을 서게 하고 말에서 내려 계단을 올라오는 국왕을 마중하였다. 기도가 있은 뒤 모든 사람이 성가를 제창하는 가운데 국왕은 성 베드로 성당으로 인도되었다. 이것은 12월 24일의 일이다.

이 밖에도 중세 역사 서술의 실제를 엿볼 수 있는 예가 많다. 가령 6세기 그레고리우스 투르(Gregorius of Tour, 538?~593)가 쓴《프랑크사》(*The Ten Books of Frankish History*)를 보면

> 파리의 한 부인이 남편을 배신하고 외간 남자와 정을 통했다는 소문이 파다하게 나돌게 되자, 남편의 일족이 여자의 아버지를 찾아와 '당신 딸이 완전히 결백했다는 것을 증명하라. 그렇지 못하면 딸을 죽여야 한다'고 했다. 딸의 아버지가 '내 딸은 결백하다. 나쁜 놈들 소문을 믿지 말라'고 하자 남자 쪽 일족은 '그렇다면 순교자 성 디오니시우스의 묘소 앞에서 서약하도록 하라'고 요구했다. 마침내 약속된 날 일동이 보는 앞에서 아버지가 딸에게는 죄가 없다고 서약했다. 그러나 남자 쪽 일족은 딸의 아버지가 위증했다고 주장, 칼을 들고 패싸움을 벌였다. 뿐만 아니라 딸도 재판을 받게 되고 목매달아 죽게 되었다.

는 일화가 나온다.15)

또한 디아코누스(Paul the Deacon, 725~800)의《랑고바르드사》(*History of the Lombards*)에 보면

> 한 연회에서 술에 취한 왕은 자기 장인인 구니문드왕의 해골로 만든 술잔을 왕비에게 주도록 명하고 '아버지하고 같이 기분 좋게 술을 마시라'고 권했다는 것이다. 이 굴욕을 맛본 로자문디 왕비는 아버지의 복수를 하기로 결심했다. 왕비는 이 나라에서 가장 힘센 사나이를 포섭하기로 하고 왕을 암살하는 데 하수인이 되어 달라고 요구했으나 사나이는 거절했다. 왕비는 궁리 끝에 어느 날 밤 이 사나이가 밀통하고 있는 시녀 방에 몰래 들어갔다. 사나이는 왕비를 시녀로만 알고 그녀와 동침했다. 왕비는 어둠 속에서 사내에게 내가 누군지 아느냐고 물었다. 사내는 자기 애인의 이름을 댔다. 왕비는 '나다 로자문디

15) 兼岩正夫, 앞의 책 참조.

> 다'고 대답했다. 사내는 놀랐으나 어쩔 수 없었다. 왕비는 '네가 왕에게 죽음을 당하기 싫거든 네가 왕을 암살해야 할 것이다'고 했다. 이리하여 사내는 자기가 살기 위해 왕비가 시키는 대로 잠든 왕의 목에 칼을 댔다.

고 하는 아내에게 죽은 한 이탈리아 왕의 비극이 묘사되어 있다.[16)]

또 빌아두앙(Geoffvoi de Villehadouin, 1150~1218)의 저술《콘스탄티노플의 공략》(*Conquete de Constantinople*)을 보면

> 루이백과 그 밖의 제후들이 베니스로 출발했다. 그리고 그들은 그곳에서 즐거운 연회로 환영받았다. …… 군세는 당당했고 사람들도 훌륭했다. 이렇게 훌륭한 사람들은 없었다. 그리고 베니스인은 말과 사람에게 필요한 모든 물자로 가득한 시장을 가지고 있었다. 그들이 준비한 함대는 기독교도가 그 이상 훌륭하고 아름다운 것을 보지 못 했을 정도였다. 요선도 있었고, 운송선도 있었는데 군세의 적어도 세 배를 실어 나르는 데 충분한 것이었다.
>
> 아아! 여기로 와야 할 사람들이 다른 항구에서 출범한 탓으로 입은 손해와 손실이여! 만일 그들이 약속을 지켰더라면 능히 기독교 세계는 터키인의 나라를 함락시켰을 것이다. 베니스인은 그들의 계획을 지나칠 정도로 실행하고 있었다. 그들은 제후나 백작이 출발하려 했으므로 약속한 대로 선임을 지불하라고 요구하였다.
>
> 그래서 각자의 수송비용은 군회원으로부터 거두었다. 그런데 수송비를 못내는 사람이 많았다. 그래서 제후는 그들로부터 가진 돈만 거두도록 했다……이리하여 제후가 수송비용을 마련했으나 그 금액은 필요한 액수보다 모자랐다. 아니 절반도 못 되는 것이었다.
>
> 제후들은 모여서 '…각자가 가진 모든 것을 하나도 남김없이 내기로 하자'고 제의했다. 그러자 대부분의 사람들이 불평하였다. '우리는 우리의 수송비를 냈다. 만일 그들이 우리를 태워다 준다면 기꺼이 갈 것이다. 그러나 그렇지 않다면 우리는 다른 수송방법을 찾을 것이다.' 그들은 십자군이 흩어져 각자 고국으로 돌아갔으면 하고 그렇게 말했던 것이다.
>
> 이리하여 프랑들 백, 루이 백을 비롯한 제후는 그들이 가진 모든 것을 내어놓기로 했다. 이때 데니스 총독의 궁전에 운반된 많은 금은기구를 여러분은 보았을 것이다. 그러나 그래도 3만 4천 은 마르크가 부

16) 兼岩正夫, 앞의 책 ; Elmer Barnes, Encyclopedia, p. 213.

족했다.

는 제4차 십자군원정 때 선임이 모자라서 베니스 상인의 요구대로 엉뚱하게 비잔틴 제국을 공략하기로 약속한 일화가 나온다.[17]

그러므로 십자군이 본래의 목적인 성지탈환을 포기하고 같은 기독교국인 비잔틴 제국을 공격하게 된 직접적인 동기가 바로 이 선임의 부족액 때문이었다. '콘스탄티노플 공략'은 십자군이 공략 후 약탈품을 어떻게 분배했는가에 대해서도 다음과 같이 기술하고 있다.

> ……모든 전리품을 한 곳에 모으도록 포고했다. 전리품을 받기 위해 세개의 교회가 지정되었다. 그리고 그것을 보관하기 위해 프랑크인과 베니스인으로 구성된 수비대, 즉 발견할 수 있는 가장 공정한 사람들을 배치했다.
>
> 이어 각자 자기가 입수한 전리품을 가지고 모이기 시작했다. 어떤 자는 정직하게 가져왔으나 어떤 사람은 속였다.
>
> 약탈품과 전리품은 수집되었다. ……약조에 따라 베니스인과 프랑크인에게 평등하게 분할되었다.
>
> …상 포르백은 전리품을 숨긴 기사의 목을 메달아 사형했다. 그러나 약탈품의 일부를 숨기고도 들키지 않은 많은 사람이 상층에도 하층에도 있었던 것이다. …… 숨긴 것이 없고 베니스인에게 준 것이 없었다면 아마 돈으로 40만 은 마르크, 말(馬)로 따지면 1만 필은 되었을 것이다.

그 밖에도 프라이징(Otto of Freising, 1114~1158), 마티우(Mathew of Paris, 1200?~1259), 프로아사르(Jean Froissart, 1333?~1400) 등이 탁월한 연대기를 남겼다. 그러나 이들 연대기는 문학 사료를 무비판적으로 받아들였으며 신의 의지가 역사적 인과관계에 개입한 사실을 맹신하고 있었다.

---

17) 兼岩正夫, 위의 책 ; Elmer Barnes, *ibid.*

Ⅱ. 근대 초기의 역사 서술

1. 17세기의 역사 서술

흔히 근대 역사 서술은 르네상스와 더불어 시작되는 것으로 생각되어 왔다. 역사의 화면에서 인간이 추방된 중세가 서서히 물러가고 다시 인간이 역사의 당당한 주인공으로 등장했다는 것이 르네상스기 역사학의 특징이었다.[18]

그러나 그보다도 중요한 점은 콘스탄티누스 기진장(寄進狀)이 새빨간 위조문서였다는 사실을 밝혀낸 발라(Lorenzo Vallas, 1407~57)의 사료비판법이었다. 발라는 그의 유일한 역사서 《아라곤의 페르디난트 1세의 역사》에서 예전에 조금은 의심을 받아오던 콘스탄티누스 기진장의 허위성을 입증하였던 것이다.[19] 비판적 방법이 나타나게 된 사회적 배경에는 지리상의 발견으로 인한 정확한 역사·지리지식의 필요라든지 인쇄술의 발명에 따른 대중매체의 발전, 과학혁명의 시작 등이 깔려있었다.[20]

르네상스기의 대표적인 역사가는 《군주론》(*The Prince*)의 저자 마키아벨리(Nicclǿ Machiavelli, 1469~1527)와 《플로렌스사》(*The History of Florence*)를 쓴 기찌아르디니(Francesco Guicciardini, 1483~1590)다. 정치철학서이자 역사서였던 《군주론》의 저자 마키아벨리는 그의 《플로렌스사》(1513년 탈고 1532년 발간)에서 최초의 귀납적 역사서술을 시도하여 주목을 끌었다. 기찌아르디니는 또 하나의 저서 《이탈리아史》(*History of Italy*, 1540년 사후출판, 미완성)에서 고도의 정치적 동기와 목적을 분석함으로써 고대의 듀키디데스와 폴리비오스의 수준을 되찾았다고 평가되었다.[21]

한편 영국에서는 엄밀한 사료 비판으로 정평이 있는 베이컨(Francis Bacon, 1561~1626)의 《헨리 7세 시대사》(*History of Henry* Ⅶ), 로울리 경(Walter Raleigh, 1522?~1618)의 《세계사》(*Universal History*, 1614), 캄덴

18) 이를테면 Collingwood, *The Idea of History*나 Croce, *Theory and History of Historiography*의 설명이 그 좋은 예다.

19) Elmer Barnes, *op cit.*, p. 215.

20) Arthur Marwick, *op. cit.*, p. 28.

21) Elmer Barnes, *op. cit.*, p. 216.

(William Camden, 1551~1623)의 《엘리자베스 시대사》(*Annals of English and Irish History in the Reign of Elizabeth*, 1615)가 나왔다. 캄덴의 《엘리자베스 시대사》는 방대한 사료를 동원한 당대사, 즉 현대사였다. 또 영국 혁명기에 시종 왕당파의 일원으로 활약한 정치가 하이드 백(Edward Hyde, Earl of Clarendon)의 《대반란사(大叛亂史)》(*History of the Great Rebellion*)는 복잡다단한 혁명기의 사태를 능숙하게 다룬 걸작으로 20세기의 대작, 처칠의 《2차 세계대전사》와 맞먹는 걸작으로 평가되고 있다.

그러나 16·7세기는 전 유럽이 종교개혁과 종교전쟁의 소용돌이에 휘말렸고 이러한 혼란을 배경으로 활발한 '원 사료'의 수집운동이 벌어졌다. 특히 17세기 프랑스의 수도사 마비용(Mabillon, 1632~1707)과 벨기에의 예수회 수도사 블랑(John Bolland, 1596~1665)은 근대적 사료비판의 기초를 닦은 인물로 지목되고 있다.[22] 그러나 17세기의 서구 역사학은 아직 그 동기가 골동품취미(antiquarianism)에서 출발하고 있었다. 이 골동품취미는 15세기 이탈리아의 예술애호가들(dilettanti)이 자택의 실내장식을 위해 골동품을 수집하기 시작한데서부터 비롯되었다. 17세기의 골동품수집의 대가들을 듀깡쥬(ducange)라 불렀는데 마비용은 그 중의 한 사람이었던 것이다.[23] 골동품취미와 역사학은 다르다.

이처럼 르네상스 이후 17세기까지 근대 역사학의 기초가 서서히 잡혀가고 있었으나 아직도 그 서술에 있어 신학적 색채가 가시지 않았다. 그 대표적인 예가 보슈에(Jacques Bénigne Bossuet, 1627~1704)의 《세계사론》(*Discourss sur l'histore universelle*)이었다. '신학시대 최후의 역사'라 일컬어지는 보슈에의 이 책은 반동 종교개혁을 옹호하기 위해 집필된 일종의 호교론이었다. 그래서 퓨에터(Edward Fueter)는 "그것은 역사서가 아니라 단순한 설교서이다"고 혹평하고 있는 것이다.[24]

이러한 서구 역사 서술의 신학적 기조를 완전히 허물어뜨린 사람들이 18세기의 계몽사상가들이었다. 그러나 계몽사상 그 자체가 반 역사적인 사상이었으므로 순수한 역사학의 발전은 19세기의 낭만주의를 기다려야만 했다. 가령 18세기에 나온 루소의 《사회계약론》은 그 자체로 하나의 역사의 부정론이었다고 할 수 있다. 더욱이 계몽사상가들은 역사를 공공연한 정치철학

---

22) 本書 제4장 제1절 참조.
23) Ch. Dawson, *The Dynamics of World History*, 《歷史의 原動力》(下), p. 282.
24) Elmer Barnes, *op. cit.*, p. 220.

적 선전의 도구로 삼았기 때문에 역사의 세속화, 즉 역사의 신학적 색채를 없애는 일이 이루어지기 어려웠던 것이다.[25]

2. 18세기의 역사 서술

17세기 서구의 역사학은 마비용에 의해 사료 비판과 사실 고증에 획기적인 발전을 기록했다. 그러나 일단 사료를 떠나면 역사학이 신학적 형이상학의 노예가 되고 마는 실정이었다. 이 같은 17세기 역사학의 병폐를 18세기의 계몽사상가들이 치유하기 시작하였으니 그들은 먼지 쌓인 고문서 속에서 역사적 사실을 파헤치는 것만으로 만족하지 않았다. 가령 볼테르(F.M.A. Voltaire, 1694~1778)는 자신의 책을 역사 철학이라 자칭하면서 역사적 사실의 자질구레한 세부에 얽매이는 서술을 '책을 좀먹는 해충'이라고 비난하였다.[26]

> 오! 슬프도다. 역사의 세부묘사여!
> 그것은 대작(大作)을 좀먹는 해충이로다.

그러므로 계몽기의 역사 서술의 의의는 역사적 인과관계에 관한 재래의 신학적인 해석이나 미신적 해석을 타파하려 한 데 있었다고 할 수 있다. 이를테면 몽테스퀴에(Montesquieu, 1689~1755)의 《법의 정신》(*De l'esprit des lois*, 1748)과 볼테르의 저술은 모두 17세기 보슈에의 신학적 《세계사론》에 대한 반론이었다. 그들은 역사를 합리주의적으로 해석하기 위하여 역사 발전에 있어서의 지리적 환경과 전통, 즉 유물론적인 요인의 중요성을 강조하였다.[27]

18세기 계몽기의 역사 서술은 또한 종래의 왕조 중심의 역사가 단순한 '전쟁과 임금님의 역사'였던 것을 상공업과 문화의 발전이라는 넓은 화면에서 서술하였다. 일종의 문화사가 등장한 것이다. 그 좋은 예가 볼테르의 《루이 14세의 세기》(*L'age de Louis XIV*, 1784)였다. 퓨에터가 '최초의 근대적 역사 연구'라 격찬한 이 책에서 볼테르는 완전히 연대기적 서술방법을 탈피하여 주

---

25) G.P. Gooch, *History and Historians in the Nineteenth Century*, p. 19.
26) A. Marwick, *op. cit.*, p. 30
27) Ch. Dawson, *op. cit.*, p. 319.

제별 서술체계를 채택하였으며, 유럽 문명을 그 전체적 안목에서 설명함으로써 자칫하면 빠지기 쉬운 쇼비니즘의 위험에서 벗어나려 하였다. 볼테르의 또 하나의 명저《여러 나라 국민의 풍습과 정신론》(*Essai sur les moeur et l'esprit des nations*, 1775)은 엄밀한 의미에 있어서의 최초의 세계사요, 문화사였다. 그는 여기서 유럽인으로서는 처음으로 아랍, 인도, 중국 등 비유럽 문명이 유럽 문명에 끼친 공헌을 자인하였으며, 처음으로 정치사를 사회경제사와 관련시켜 기술하였다.[28]

18세기 계몽주의 역사가의 한 사람인 헤르더(Herder, 1744~1803)의《역사철학》(1784~1791)을 '역사의 코페르니쿠스적 혁명'이라 부르는 사람도 있다. 이것은 마치 칸트가 '철학의 코페르니쿠스'라 불리었듯이 헤르더는 '역사학의 코페르니쿠스'라는 것이다. 왜냐하면 괴테가 헤르더를 예찬했듯이 헤르더 이전의 역사는 '쓰레기 더미'와 '헛간'에 지나지 않았다는 것이고 기껏해야 통치자와 국가의 업적을 서술하는 것으로 만족한 역사였다는 것이다. 헤르더의《역사철학》이 나옴으로써 역사는 사건의 단순한 연속이 아니라 인류의 일대 정신 드라마가 되었다고 평가받게 된 것이다.

해르더가 추구한 것은 무엇인가. 그것은 인간의 '감정'이었다. 그는 행동을 인간의 외면으로 보고 감정을 그 내면으로 보았다. 예컨대 마키아벨리는 인간의 외면을 추구했으나, 헤르더는 인간의 내면을 추구하여 역사의 심장부로 파고들었다는 것이다. 그는 인간의 심장 속에서 역사의 본질을 인식한 것이다. 이리하여 괴테의 말대로 헤르더는 단순히 '역사의 세계'를 발견한 것이 아니라 죽은 역사의 세계를 살아 있는 역사로 만든 사람이었다.

계몽사상은 두 가지 뜻에서 세계사적 역사 서술을 가능하게 했다. 첫째, 횡적으로는 문화생활의 전 영역을 통일적으로 파악하는데 기여하였으며, 둘째 종적으로는 역사과정의 전 시대를 하나의 연속과정으로 파악했던 것이다. 이리하여 계몽사상가들은 인류역사를 원시 야만상태로부터 문명기의 위대한 시대로 발전한 일대 역사드라마로 보았던 것이다.

예를 들면 영국 스코틀랜드 출신의 철학자 퍼그슨(Adam Ferguson, 1703~1785)은《시민사회사론》(*Essays on the History of Civil Society*, 1767)에서 역사는 야만시대로부터 미개시대를 거쳐 문명시대로 발전한다고 보고 역사

28) W. Weischedel, Voltaire, in R. Stadelmann(ed.), *Gross Geschichtsdenker*, Tübingen, 1949.

발전의 원동력으로서 지리적·기후적 요인과 사회내부에서 작용하는 기술적·경제적 요인들을 중시하여 이를 분석하였다. 퍼그슨은 또 국가를 로마와 같은 호전국가군과 카르타고와 같은 상업국가군으로 나누어 뒷날 프랑스의 상 시몽에 큰 영향을 주었다. 아담 스미스가 이 퍼그슨에게 사사한 것은 유명한 이야기다.

18세기 영국의 계몽 사상가 흄(David Hume, 1711~1776)도 역사의 광역적 고찰을 시도하였다. 그의 《영국사》(*History of England from the Invasion of Julius Caesar to the Revolution of 1688*, 1754~62) 전 6권은 볼테르의 역사서술에 비해 훨씬 못하지만 첫 권이 나오자 저자에게 2,000파운드의 돈(인세)를 안겨 주었다. 흄은 실증주의 역사 연구를 '우둔한 근면'이라 빈정대면서 스스로 해석을 위주로 하는 영국사를 시도하였고 정치사 서술에다 임금, 물가 그리고 사회사적 서술을 곁들였다.

흄은 또 그의 《역사연구에 관하여》(*Of the Study of History*)라는 글에서 "역사는 소설보다 재미있고, 유쾌한 오락"이라고 말했다. 왜냐하면 우리는 역사 속에서 그렇게도 번영했던 제국이 일어나고 발전하고 또 쇠퇴하여 마지막 숨을 거두는 꼴을 볼 수 있고, 근면의 미덕이 제국의 위대성의 근원이 되었다는 사실을 발견하였다는 것이다. 또 그와 반대로 역사에서 우리는 나라를 망치는 파멸의 원인인 '악덕'이 무엇인가에 대해서도 좋은 교훈을 얻을 수 있었다는 것이다.[29)]

흄은 또 역사적 사건은 인간의 마음속에 잠들고 있는 본능이나 충동 또는 감정, 의지에 의해 일어나는 것이므로 인간의 이기심이나 관심, 욕구가 중시되어야 한다고 주장하였다. 흄의 《종교의 자연사》(*A Natural History of Religion*, 1750)를 보면 인간의 종교적 관념이 인간 본래의 정열이나 환상 속에서 우러나왔다는 사실을 밝히면서 사회제도의 발전에 대해서도 인과론적이며 심리학적인 설명을 시도하고 있다.

이 시기의 가장 흥미 있는 영국사가는 밀러(John Miller, 1735~1801)였다. 그는 그의 《계급차별의 기원》(*The Origin of the Distinction of Ranks*, 1771)에서 사회와 사회에 있어서의 집단의 권력구조가 변동하는 원인을 마르크스식으로 토지소유관계의 변동에서 찾았다. 그는 또 《영국정부의 역사적 관찰》(*An Historical View of the English Government*, 1787)에서 영국사를 각

29) A. Marwick, *op. cit.*, p. 32.

시대의 지배적인 토지소유관계에 따라 세 시대로 구분하였다. 즉, ① 봉건귀족(feudal aristocracy)의 시대(1066년까지), ② 봉건왕정(feudal monarchy)의 시대(1603년까지), ③ 상업정부(commercial government)의 시대(1603년 이후)로 구분하였던 것이다.[30]

그러나 18세기 최대의 역사가는 누구보다도 《로마제국쇠망사》(*Decline and Fall of the Roman Empire*, 1776~88)의 저자 기본이었다. 《로마제국쇠망사》는 1776년에 첫 권이 나오자 곧 고전으로 취급되었으며, 19세기를 통해 계속 출판되었다. 100년 뒤 독일의 로마사가 몸젠이 기본을 자신의 유일한 '라이벌'이라 생각한 것을 보더라도 기본의 저작이 지닌 위대성을 짐작하고 남음이 있다.

기본의 매력은 무엇인가. 첫째로 머콜리를 제외한 영국 최대의 문장가였다는 데 있었다. 그의 문체의 음악성에 접하면 누구나 매혹되고 만다. 둘째로 기본은 1300년에 걸친 역사적 장관을 배열하고 막대한 사료들을 체계화하는 데 탁월한 구성력을 발휘하였다. 거기다 그는 역사서술의 주제인 로마제국을 자기 자신에게 일치시키는 데 성공하였다. 그래서 누군가는 "기본은 마침내 자기가 로마 제국이라 믿기에 이르렀다"고 했다. 기본은 로마인으로서 느끼고 생각하고, 로마인으로서 로마를 서술했던 것이다. 그리하여 마침내 그는 신을 버리고 로마 제국으로 개종해 버리고 말았던 것이다

그러나 기본은 예민한 허영심 때문에 자신에 대한 사소한 비평도 참지 못하였다. 그래서 그 뒤 단 한 군데도 그의 그릇된 사료 인용을 지적하지 못할 정도로 엄밀한 역사 서술에 성공하였다. 그러나 그가 그렇게도 정밀하게 인증한 사료들은 기본 자신이 수집한 것이 아니었다. 그것은 17세기의 틸르몽(Tillemont)과 마비용 등이 애써 수집해 놓은 사료들이었다. 이들은 앞날의 역사가들을 위해 역사적 사실을 열심히 수집해 놓았던 것인데 공교롭게도 기본과 같은 이교도가 이들의 뜻과는 정반대로 기독교를 비판하고 헐뜯는 데 이용했던 것이니 애써서 사료를 수집했던 사람들은 억울하기 짝이 없는 일이었다.[31]

그러나 기본이 후세에 남긴 악영향은 컸다. 그는 《로마제국쇠망사》 서문에서 전쟁과 정부행정이 역사의 으뜸가는 주제라 공언하고 있는데, 이 말은

30) A. Marwick, *ibid.*, pp. 33~34.
31) Ch. Dawson, *op. cit.*, p. 320.

그 뒤 오래도록 영국과 미국 역사 서술의 계율 같은 것이 되고 말았다.[32]

또 하나 들어야 할 인물은 기행문(1789)을 통해 18세기 산업혁명기의 영국 농촌사회를 너무나도 생생하게 묘사해 준 영(Arthur Young)이었다. 그는 그의 기행문에서,

> 근대사를 읽는 것처럼 괴로운 일은 없다. 정복자니 영웅이니 장군이니 하는 밉살스러운 인간들의 행복만 적혀 있으니 읽기 괴로운 것이다. 근대사는 온통 군사적인 이야기로 꽉 메워져 있으니 농업과 상공업의 진보를 알고 싶어도 또 그것이 시대와 나라에 따라 어떤 영향을 끼쳤으며, 부의 생산과 분배, 고용 등 경제문제에 관해 알고 싶어도 읽을거리가 없다. 볼테르는 그런 점에서 모범을 보였다. 그러나 그 뒤 누가 그를 따랐단 말인가?

라는 인상적인 말을 남기고 있다.[33]

32) A. Marwick, *op. cit.*, p. 34.
33) A. Marwick, *op. cit.*, p. 35.

제 2 절
근대 역사학의 성립

Ⅰ. 랑케 사학의 등장과 배경

1. 낭만주의와 역사 연구

18세기의 역사 서술은 그 밖에도 튜르고(Anne Robert Turgot, 1727~1781), 콩도르세(Marie Jean Antoil-Nicholas Condorcet, 1743~1794), 쉴러(Joharm Christoph Friedrich von Schiller, 1759~1805), 뮐러(Johannes von Müller, 1752~1809) 그리고 헤르더에 의한 대작들이 있다. 그러나 이들 계몽사상가들의 역사 서술은 과거(중세)에 대한 지나친 적대의식을 가지고 있었고, 사료와 사실에 대한 무관심(기본은 예외)이라는 공통된 약점을 드러내고 있었다. 사료를 가볍게 본 것은 17세기에 대한 일종의 반발이었고, 또 실제로 그때 고문서보관소의 문이 닫혀 있어 사실상 고문서를 이용할 수 없는 형편이었다.

역사는 모름지기 그 절정에 있어서는 해석으로 끝나는 것이지 사실의 발견으로 끝나서는 안 될 것이다. 그러나 사실을 완전히 떠난 역사 해석은 단순한 역사의 사변철학이다. 카시러가 지적했듯이 18세기의 계몽사상가들은 보다 나은 장래를 준비하기 위하여 역사를 연구하였다. 그래서 그들의 진정한 관심사는 과거 그 자체에 있는 것이 아니라 인류의 장래에 있었던 것이다. 역사 연구는 그 수단이었지 목적이 아니었다. 그래서 그들은 역사 속에서 행동의 지침, 즉 나침반을 찾고 있었던 것이다.

그러나 과거를 과거 그 자체를 위해 사랑하는 시대가 왔으니 19세기의 낭만주의 사상이었다. 진정한 의미의 역사 연구는 낭만주의를 기다려 비로소 가능하였던 것이다.[1] 다시 말해서 계몽주의 역사가들은 과거, 즉 중세를 경멸하고 혐오하였으나, 낭만주의자들은 과거를 공감으로서 보고 그 속에서 순수하고 가치 있는 인간의 업적을 발견하려 했던 것이다.

---

1) Cassirer, *The Myth of the State*, pp. 227~228.

또 19세기에 이르러 역사적 사고의 범위가 훨씬 넓어졌다. 인간의 전 역사를 미개에서 출발하여 완전히 합리적이고 문명화된 사회에서 끝난다는 하나의 발전과정으로 보기 시작했다. 이처럼 낭만주의 역사사상에 이르러 변화한 것이 많다.

① 계몽사상가들이 무시했던 중세 암흑시대를 공감을 갖고 다룸으로써 역사의 지평선이 넓어졌으며,

② 인간 본성은 일정불변하는 것이 아니라는 자각이 싹트기 시작하였다.[2)]

역사적 변화와 개체를 강조한 19세기의 낭만주의는 또 필연적으로 정확한 사실 고증과 전거(典據)를 강조하였다. 이미 17세기에 마비용과 틸르몽 그리고 볼랑드파 등이 닦아 놓은 사료의 비판적 연구방법이 그 기초가 되어 19세기 초에 이르러 다시 이용되기 시작했던 것이다. 계몽사상가들이 멸시했던 '중세'는 이제 낭만주의자들에 의해 또 다시 평가의 대상이 되어 빛을 발하게 되었다.

그러나 처음에는 고전문서에 대한 비판적 연구가 19세기 초 괴팅겐 대학의 언어학 교수들에 의하여 시도되었으니 이들을 괴팅겐 학파라 부른다.[3)] 이러한 괴팅겐 학파의 사료비판은 니이부르(Barthold Georg Niebuhr, 1776~1831)에 의해 한층 더 발전되었으니, 그는 프러시아 개혁의 일환으로 창립된 베를린 대학에서 '로마사'를 강의했는데 여기서 언어학과 문학비평 방법을 구사하여 리비우스의 사료가치를 철저히 비판하였던 것이다. 이같이 니이부르는 1812년에 《로마사》(2권 뒤에 3권으로 증간)를 발간하여 근대 역사 연구 방법론의 개시를 알렸다.

2. 랑케 사학의 등장

랑케(Leopold von Ranke, 1795~1886)는 니이부르의 방법론을 계승하여 그의 첫 저서 《라틴과 게르만민족의 역사》(*Geshichte der röm, und germ. Völker 1494~1815*)(1824)가 나왔다. 그는 흔히 이용하는 사서[4)] 이외에도 회고록, 일기, 서한, 외교문서 그리고 목격자의 기술 등 새로운 사료를 이용했다.[5)] 랑케는 91세란 너무나도 긴 생애를 통해 63권의 크고 작은 저작을 남

---

2) Collingwood, *The Idea of History*, 142~144.

3) H. Butterfield, *Man on His Past* (Beacon Press, 1960), pp. 39~61.

4) '史書'(histories)에 관해서는 본서 제4장 제2절 사료학 참조.

긴 근대 역사학의 아버지였고 '그것이 본래 있는 그대로'(wie es eigentlich gewesen)란 명언을 남겨 너무나도 유명하다.

그러나 랑케는 "사실의 엄격한 제시는 역사 서술의 최고 법률이다"라고 한 방법론적 측면만으로 이해하여서는 안 될 것이다라고 주장했다. 톰프슨(J.W. Thompson)이 그의 《역사 서술의 역사》(1942)에서 지적했듯이 랑케는 역사가 "단순한 박식이어서는 안 되며 사실의 의미와 연속성을 확인하고 역사 발전이 파악·이해되어야 한다."고 주장했다.[6]

랑케의 역사 사상은 당대의 역사철학자 헤겔(1770~1831)로부터 큰 영향을 받았으며, 이른바 역사주의라는 점에서 입장을 같이 하였다. 즉, 양자 모두 역사를 신의(神意)에 의해 진행되는 과정이며 모든 사건과 상황이 전체에 있어 정당하다고 보았던 것이다. 랑케를 이해하는데 있어서 이 점을 특히 유념하여야 할 것이다. 헤겔은 일반적으로 철학자로 인식되어 역사가의 인맥에서 제외된다. 가령 《19세기의 역사와 역사가》(*History and Historian in the Nineteenth Century*)로 유명한 구치(G.P. Gooch)는 헤겔을 딱 한번 그것도 '그리스와 비잔틴'에 관한 장에서만 인용하고 있다.[7] 그러나 헤겔이 랑케와 마르크스에게 끼친 영향을 생각하면 그를 역사가의 인맥에서 제외하는 것은 부당하다 하지 않을 수 없다.

때마침 이 무렵 서구 각국에서 새로운 사료집이 발간되기 시작하였으니 랑케 사학이 성립되는 배경이었다. 그 대표적인 작품이 독일(프러시아)의 *M.G.H.* (*Monumenta Germania Historia*)다. *M.G.H.*는 나폴레옹에 대한 프러시아 해방전쟁의 정신적 소산으로서 유명한 개혁정치가 쉬타인(Baron von Stein, 1757~1831)에 의해 착수되었다.[8]

프랑스에서도 기조(Guizot)의 주도하에 방대한 사료집이 나왔다. 티이리(Augustin Thierry, 1795~1856)는 《노르만의 영국정복사》(*History of the Norman Conquest of England*, 1825)에서 "단 한 구절, 아니 한 단어를 찾기 위해 수많은 이절지면(folio pages)을 탐독했다"고 고백했다. 프랑스에서는 또 1821년 고문서학교(École des Chartes)가 사료 취급의 훈련을 위하여 창설되었다. 이리하여 새로운 역사 연구방법은 사료의 비판적 기술의 집중

5) A. Marwick, *The Nature of History*, p. 38.
6) J.W. Thompson, *History of Historical Writing*, II(1942), p. 149.
7) G.P. Gooch, *History and Historian*, p. 452.
8) Elmer Barnes, Encyclopedia Americana, *op. cit.*, p. 226.

적용, 완전한 근면(industry), 끈기 있는 조사와 연구를 강조함으로써 현학주의(衒學主義)를 탈피하고 원 사료 제일주의와 철저한 사료 비판을 통해 역사적 변화에 대한 새로운 감각을 불러 일으켰던 것이다.

랑케는 베를린 대학에서 새로운 세미나(seminar) 방식을 고안하여 역사학을 대학교육 수준까지 올려놓는 데 성공하였다. 이 방식은 영국, 미국, 프랑스에도 확대되어 적어도 19세기 후반에는 모든 서구 제국에서 역사학이 독립된 학과가 되도록 만들었다. 이리하여 랑케 사학은 영국의 스탑스(William Stubbs, 1825~1901), 액튼(Lord Acton, 1834~1902), 미국의 아담스(Henry Adams) 등에 영향을 끼쳐 차츰 유럽 전역으로 확대되어 갔다.[9]

19세기 미국 사학계는 랑케 사학을 영국에서 수입하지 않고 직접 독일에서 받아들였다. 그러나 랑케 사학이 미국에 수입되자 미국 특유의 실용주의와 접목되었다. 랑케의 세미나 방식을 처음 미국에 도입한 사람은 존스 홉킨즈 대학의 아담스(Herbert Baxter Adams, 1838~1918)였으며 1870년대의 일이었다.

1884년에 미국사학회(A.H.A.)의 발족 당시 랑케를 동회의 명예회장으로 추대한 것을 보더라도 독일사학의 영향이 어느 다른 나라보다도 컸던 것을 알 수 있다. 그러나 동회 초대 회장인 화이트(Andrew D. White)는 역사의 실용성을 강조하여 현대 미국사학의 기본방향을 예고하기도 했었다.

이같이 19세기 후반에 랑케 사학은 독일국경을 넘어 서구 여러 나라로 전파되어 갔는데 때를 맞추어 각국에서 역사학회 학술지가 속속 간행되기 시작하였다. 1859년 독일의 《역사평론》(*Historische Zeitschrift*)이 창간된 것을 비롯하여, 프랑스의 《역사평론》(*Revue historique, 1876*), 《영국역사평론》(*English Historical Review*, 1886), 《미국역사평론》(*American Historical Review*, 1895) 등이 창간되었다.

그러나 슈미트(Adolf Schmidt)가 1844년에 처음으로 발간한 《역사학평론》(*Zeitschrift für Geschichtswissenschaft*)은 5년 만에 폐간되는 비운을 맛보았다. 그 원인은 1848년 3월 혁명기의 흥분, 즉 "역사를 듣는 것보다 오히려 역사를 행하기를 바란 시대의 흥분"때문이었다고 마이네케는 말하고 있다. 격동기에는 사람들이 역사보다 현재적 문제에 더 많은 관심을 갖기 때문인데 현대가 바로 그런 시대이다.

---

9) A. Marwick, *op. cit.*, p. 40.

그러나 이와는 정반대로 1853년부터 1855년까지의 3년간에는 지이벨(Heinrich von Sybel)의《프랑스 혁명사》, 몸젠(Mommsen)의《로마사》, 호이세르(Häusser)의《독일사》, 드로이젠(John Gusta Dreysen)의 《프로이센 정치사》등등의 역사서가 한꺼번에 쏟아져 나왔다. 이처럼 대중이 역사에 관심을 갖기 시작한 것은 3월 혁명 이후의 정치적 격정에 시달리고 또 속은 사람들이었는데 그들은 현실에 실망한 나머지 '과거에의 도피' 행을 시도하였던 것이다. 이러한 역사서의 다산기(多産期)에 독일역사평론이 창간되었던 것이다.

랑케의 '가장 열렬한 문하생'인 지이벨은 독일의《역사평론》창간 동기를 두 가지로 요약하였다. 즉, 첫째는 "우리들(역사가들)이 바라는 것은 지식 대중에게 우리의 학문의 참다운 기술에 관한 확고한 의식을 자각케 하는 것"이었고, 둘째로 "역사가의 저작이 선택된 소수의 적은 서재 속에 갇혀 있지 말고 자유로운 국민적 분위기 속으로 방출하는 것"이었다. 이리하여 역사학이 철학을 대신하여 '일반적 교양의 효모'가 되기를 바랐던 것이다.

이처럼 지이벨은 역사를 과학이 되게 하는 일 말고 대중의 교양을 위해 큰 역할을 담당하기를 바랐으니 이것은 스승인 랑케의 뜻을 어긴 주장이었다. 이리하여 지이벨은 심지어 역사는 '분노와 정열을 갖고'(cum ira et studio) 연구하여야 한다고 공언하였던 것이다.

3. 영국의 헌정사 연구

19세기 영국의 역사학은 독일이나 프랑스보다 훨씬 후진적이었다. 그것은 후술하는 바와 같이 역사학이 문학의 한 분야로서 또 군인이나 정치가, 법률가를 위한 실용적 학문으로서 인식되었기 때문이다.

그래서 1850년에 옥스퍼드 대학에 처음으로 법률·역사대학이 설립되어 역사학의 학문적 지위가 공인되었을 때 역사학의 학문적 성격문제에 대한 논쟁이 벌어지지 않을 수 없었다. 즉, 이 논쟁에서

> 역사는 과연 대학에서 교육하는 데 적절한 학문인가? 시기상조가 아닌가? 역사는 시험을 치는 데 적절한가? 지금 듀키디데스 같은 표준적 역사가가 있는가? 만일 없다면 누구를 교수로 앉히겠는가?

등등의 의문이 제기되었다.[10] 이처럼 영국의 역사학은 법학 특히 헌법의 역사를 연구하는 한 분과로 공인되고 발전하였던 것이다. 다시 말해서 영국사학이 확고한 학문적 지위를 차지하게 된 것은 헌정사 때문이었다. 구체적으로는 헌정사가 스탑스가 1866년 옥스퍼드 대학 칙임 역사교수직에 취임한 때부터 역사학으로서 공인되기 시작했던 것이다.

그는 영국정부의 후원 하에 12세기의 《공문서집성》(*Rolles Series*)을 간행했고, 이어 1870년에는 지금까지도 영국헌정 사료집으로 이용되고 있는 《헌장집》(*Selected Charters*)을 간행하였다. 또 1874~78년에는 유명한 스탑스의 《영국헌정사》(*Constitutional History of England*)가 나왔다. 바아카(Ernst Barker, 1800~1892)가 지적했듯이 스탑스는 영국헌정사를 빅토리아 자유주의의 안경을 쓰고 보았다. 그러나 그런 약점에도 불구하고 그의 오랜 역사연구로 인하여 영국에 랑케 사학이 정착하게 되었던 것이다.[11]

스탑스의 후임자는 프리맨(Edward Augustus Freeman, 1823~92)이었다. 그는 "역사란 과거의 정치학이요, 정치학은 현대의 역사학이다"라고 하여 유명한데 이것은 당시 옥스퍼드의 역사학을 특징적으로 표현한 말이기도 하다. 그린(John Richard Green)은 1870년 《영국 인민 소사》(*Short History of English People*)를 저술하여 전임자인 프리맨에 도전하였다. 그는 프리맨의 역사를 '북과 나팔의 역사'(drum and trumpet history)라 꼬집었다. 그린은 사회사를 제창하였는데, 크레시(Cressy)의 전투보다 초오서(Chaucer)가 더 중요하고, 요크·랭카스터 가의 사소한 싸움보다 칵스톤(Caxton)이 더 중요하다. 그리고 엘리자베스 여왕의 카디즈(Cadiz) 승전보다 빈민구호법에 더 많은 지면을 할애하여야 한다고 주장하였다. 그러나 그린 역시 휘그파 역사가로서 영국민의 민주적 기본성격을 전제로 하고 있었으니 영국의 헌정사라는 것이 모두 민주주의의 원산지 영국을 예찬하기 위한 역사학이었던 것이다.[12]

가디너(Samuel Rawson Gardiner, 1829~1902)는 프리맨이 '정치학은 현대의 역사학'이라 한 데 반대하여 "현대를 의식하지 않는 역사가일수록 그만큼 현대 사회에의 기여도가 크다"고 주장하고, 또 역사가는 모름지기 과거 지향적이어야지 현재 지향적이어서는 그만큼 현재에 기여할 수 없다고 갈파했다.

다음의 계승자는 메이트랜드(F.W. Maitland, 1850~1906)였다. 그는 벨(H.E

10) A. Marwick, *ibid.*, p. 54.

11) *Ibid.*, p. 55.

12) *Ibid.*, p. 56.

Bell)이 말했듯이 영국 최대의 역사가였으며, 스탑스와 같이 19세기말의 전형적인 헌정사가였다. 그러면서도 그의 유명한 《둠즈데이 북 연구》(*Domesday Book and Beyond*, 1897)는 계속 그 학문적 가치를 잃지 않고 오늘에도 읽히고 있다. 마위크는

> 스탑스를 읽는 사람은 없다. 투우트(Tout)는 조금은 읽힌다. 그러나 메이트랜드의 연구는 계속 독자의 부름을 받고 있다.

고 말하고 있는데[13] 과연 그 까닭은 무엇인가? 메이트랜드는 영국의 중세법을 연구했다. 법률학과 역사학은 영국대학에서 전통적으로 친밀한 관계에 있었다. 그런데 그는 문학적 역사가로 유명한 트레벨리안이 말했듯이 "중세인의 마음을 열기 위한 도구"로서 중세법을 연구했던 것이다. 여기에 그의 강점이 있었다. 그는 또 역사가는 부단히 "역사에 질문을 던져야한다"고 주장함으로써 이례적으로 랑케·세뇨보학파와 결별했다. 그의 시사적인 이 한마디는 후대의 역사 연구에 큰 자극을 던져 주었으며 프랑스의 아날르(연보)학파 이전에 벌써 그는 "기지에서 미지로, 확실한 것으로부터 불확실한 것으로"라는 이른바 역사 연구의 회귀적 방법을 제안하고 또 실천했다. 이리하여 그는 역사의 서술보다 분석을 강조하고 유명한 격언 "역사는 매듭 없는 거미줄", "유일한 일반화는 일반화가 없다는 것이다"를 남겼던 것이다.

19세기 말 20세기 초의 영국헌정사가로 꼽아야 할 사람은 러시아 망명사가 뷔노그라도프(Paul Vinogradoff, 1854~1925)와 맨체스터 학파의 뛰어난 역사가 테이트(James Tait, 1866~1944)다. 또 스텐톤(F.M. Stentopn, 1880~1967)도 빼어 놀 수 없는 영국의 중세 헌정사가의 한 사람이다.

19세기 영국 사학의 주도권은 옥스퍼드가 잡고 있었으나 케임브리지에서도 《영국팽창사》(1883)를 써서 제국주의 역사관의 대변자처럼 인식되고 있는 시일리(John Seeley, 1834~95)가 나왔고, 이윽고 액튼이 케임브리지학파를 형성했다.[14] 액튼을 계승하여 케임브리지 책임교수직에 오른 버리는 1902년 취임강연에서

13) *Ibid.*, p. 111.
14) *Ibid.*, p. 57.

> 만일 역사가 사람의 눈을 가린 오류의 붕대를 푸는 데 더욱 더 큰 힘을 발휘하고 또 여론 형성과 지적·정치적 자유에 큰 힘이 된다면 설사 역사가 문학적 서술이나 철학적 추리에 그 자료를 제공해 주는 한이 있더라도 역사 그 자체는 단지 과학일 뿐이며, 그 이하도 아니요 그 이상도 아니란 것을 늘 기억하도록 하는 것이 최선의 방법이 될 것이다.

고 하면서 "역사는 과학이며 그 이하도 이상도 아니다"라고 선언하였다.[15]

Ⅱ. 랑케 사학 비판

랑케에 대한 비판은 신랄했다. 흔히 그가 국가를 '신의 뜻(神意)'이라 합리화함으로써 역사를 정치외교사 중심의 학문으로 만들어 버린 과오를 지적한다. 그러나 당대의 미국사가 밴크로프트(George Bancroft, 1809~91)를 주관적이라 비판하면서도 랑케 자신은 극도의 보수주의자란 사실을 깨닫지 못했다. 그는 1830년의 혁명이 진압된 뒤 독일연방의회가 통과시킨 탄압적인 언론법을 지지했다. 그리고 1970년의 보불전쟁과 독일 통일을 '혁명에 대한 보수주의 유럽의 승리'라 기뻐하였다. 랑케는 "역사란 단지 학술적인 주제만은 아니다. 인류역사에 대한 지식은 인류공동의 재산이어야 하며 또 무엇보다도 국가를 위해 유익하여야 한다."고 말하였다. 그러나 이 같은 랑케의 사회적 필요성의 강조와 국가주의는 그의 제자들처럼 쇼비니즘에 빠질 정도로 심하게 나타나지 않았었다.

랑케에 대한 비판 중의 하나는 그가 시종일관 폭 좁은 고증사가로 끝남으로써 역사학 자체를 고증학적 학문으로 만들어 버렸다는 것이었다. 그러나 그의 《세계사, 근대사의 제시기》가 비록 사후에 제자들에 의해 간행되었다고는 하나 생전에 세계사 서술에 전혀 무관심했던 것이 아님을 입증하고 있다. 그는 "세계사란 과거의 인류생활을 전체로서 이해하는 것이지 어떤 특수한 관계나 경향에서 이해하는 것이 아니다"고 말하고 있다.[16]

뒤이링(Dühring), 드로이젠, 로렌츠(Lorenz) 그리고 람프레히트(Lamprecht) 등 19세기의 지도적 독일사학자들이 모두 랑케 사학이 지닌 국가중심사관을

---

15) *Ibid.*, p. 58.

16) *Ibid.*, p. 58.

비판했다. 1859년에서 84년까지 베를린 대학 역사교수였던 드로이젠은 특히 랑케의 객관성을 '환관적(宦官的) 객관성'이라 비판하여 유명하다.[17]

랑케에게 배웠으면서도 랑케 사학을 전면적으로 비판하고 나선 학자가 부르크하르트(Jacob Burckhardt, 1818~97)였다. 그는 스위스의 귀족출신으로 1845년 이후 바젤 대학 교수로 있으면서 르네상스 연구로 이름이 났었는데, 또 새로운 문화사를 제창하여 랑케식 정치사에 전면 도전하였다. 이리하여 1872년 그는 베를린 대학에서 랑케의 후계자가 되어 달라는 교수 초빙까지 거절했다.

프랑스의 티이리는 그의 《영국의 노르만 정복사》(1825)에서 이 책의 목적은 "한 유명인의 운명을 보려는 게 아니라 민중의 운명을 보려는 것이며, 개인의 모험이 아니라 사회생활의 모험을 보여 주려는 것이다"라고 했다. 그는 또 "어떻게 관찰하여야 하는가를 모르는 학식 없는 역사가"와 "어떻게 칠해야 하는가를 모르는 창의력 없는 역사가"를 비난하였다.

미슐레(Jules Michelet, 1794~1874) 역시 역사가 정치외교사 중심이어서는 안 되며 인간사회의 전 국면을 다루어야 한다고 강조하였다.

영국에서도 랑케 사학에 대한 비판이 이미 19세기 말부터 고개를 들기 시작했다. 즉, 1884년 스탑스가 은퇴하자

> 조사! 조사! 조사! 그것은 단지 게으르지 않다는 변명에 지나지 않는가? 그게 이루어 놓은 것이 무엇인가? 또 무엇을 이루어 놓겠단 말인가? 전혀 무가치한 일이었다.

라고 랑케의 추종자 스탑스에 대한 비판이 옥스퍼드 대학 구내에 울려퍼졌다. 이것은 독일식 학문의 무비판적 수용에 대한 영국적 공리주의의 반항이기도 했던 것이다.

---

17) *Ibid.*, pp. 43~44.

제 3 절
현대 역사학의 변모

이 초음속과 핵분열시대에 철도시대는 물론 우마차시대에도 걸 맞는 역사가 없구려.

– Arnold Toynbee

I. 낡은 정치사의 극복

랑케 사학에 대한 비판은 첫째 너무 고증적이며, 둘째 정치사 중심이라는 것이었다. 버터필드는 랑케 사학의 맹점으로 첫째 사료의 미시적 연구와 그 비판적 이용 그리고 역사 해석의 비과학적 관리를 들고 있다. 누군가는 근대 역사학의 발전단계를 사료수집의 시대(19세기 전반), 사료비판의 시대(19세기 후반) 그리고 역사 해석의 시대(20세기)로 구분하고 있다.

19세기 사가 버리(H. Bury)는 "사소한 기록의 발간, 사소한 (사료)비판(minute criticism)에 쏟는 정력이 무슨 소용이 있겠는가"고 자문하면서 곧 "그러나 우리의 할 일과 다음 세대가 할 일은 다르다. 우리는 지금 우리가 아는 최선의 방법으로 사료를 수집하고 분류하고 있는데 우리의 이런 일들은 장차 어느 땐가 소용될 것이다"고 말한 바 있다.[1)]

사료의 수집과 비판은 곧 '고증'이다. 고증과 해석은 역사 연구에 없어서는 안될 기본과정이다. 해석 없는 고증은 역사 연구로서 불완전한 것으로 끝나지만 고증 없는 해석은 독단에 지나지 않는다. 역사 해석은 반드시 고증된 사실에 의거하여야 한다. 역사가의 의견이나 기분에 따라서는 안 된다. 이처럼 해석은 고증을 전제함으로써 비로소 그 참 뜻을 찾는다. 그러나 뚜렷한 문제의식도 없이 고증을 위해 고증하는 듯한 연구를 보면 누구나가 답답하게 느낀다.

고증의 목적은 역사적 진실(true fact)을 찾는 데 있다. 즉, 랑케가 말한

---

1) Alfred Cobban, *The Social Interpretation of the French Revolution* (Camb. Univ. Press, London, 1964), pp. 3~7.

"그것이 원래 어떻게 있었는가?" 다시 말해서 '그것이 본시 있던 그대로'를 재현하는 것이 그 목적이다. 우리에게는 '왜'의 역사학(why history)과 '어떻게'의 역사학(how history)이라는 두 개의 역사학이 있다. 흔히 역사학의 육하원칙을 말하는데 주로 why보다 how만을 묻는 역사학이 있는가 하면, 반대로 how보다 why를 추구하는 역사학이 있다. 전자는 사건의 원인보다 사건의 경위나 진행과정을 보고하고 기록하는 것으로 만족한다. 따라서 이 연구는 설명적이라기 보다 묘사적이고 분석적이라기 보다 기술적이다. 호이징하(Huizinga)는 역사를 '무엇 때문에'(wodurch?), '왜'(warum?)의 학문이 아니라 '어떻게'(wie?), '무엇이'(was?)의 학문이라 말한 일이 있다.[2] 분석적 역사와 기술적 역사의 판별은 역사가들이 발표한 연구논문(monograph)들을 읽어보고 비교함으로써 쉽게 알 수 있다.

현대를 해석의 시대라고 하면서도 역사학자들의 실제 연구를 보면 의외로 해석적이기 보다 고증적인 연구를 하고 있다는 사실에 놀란다. 그런데 '왜' 보다 '어떻게'를 묻는 역사가들의 낡은 허물을 벗기란 그리 쉽지 않는 것이다. 미국의 현대 역사가 헥스터(Hexter)는 이런 현상을 가리켜서 '역사학의 빈곤'이라 말하고 있다. 그에 의하면 오늘날 역사가들은 과거 어느 때보다도 경쟁적이고 정력적인 연구를 하고 있으나 애석하게도 그들은 너무나 무의미한 작은 문제에 사로잡혀 있어서 그 지적 영양가가 매우 낮다는 것이다. 연구논문의 양산 그 자체는 산업지향 사회에서의 가치관인 '생산성'에 부응하는 것이지만 그 품질관리가 엉망이라는 데 더 큰 문제점이 있다. 즉, 연구의 양은 그 어느 때보다도 많은데 질적 향상이 없다는 게 현대 역사학의 일대 실책이라는 것이다.[3]

다른 한편으로는 랑케 사학의 둘째 결함인 '정치 · 군사 중심의 역사'에 대한 반성을 통해 역사의 새로운 분야를 찾는 운동이 벌어졌다. 사회경제사 그리고 사상사의 탄생이 그것이며 문학적 역사의 재기 또한 그 일환이었다. 또 정치사중심사는 필연적으로 좁고 피상적인 국가 · 왕조 · 제도사 중심의 역사 연구와 서술을 가져왔으며, 국가와 왕조를 움직이는 인간의 내면과 제도의 배후에 숨은 지배층의 이해(利害)는 절로 도외시되기 마련이다. 이 때문에 집단전기와 역사심리학의 성립이 요구되고 있다.

---

2) Huizinga, *Wege der Kulturgeschichte deutsch*, V.W. Kaegi (1930), s. 86.

3) Hexter, *Some American Observations, in the New History*.

Ⅱ. 새로운 사회경제사

1. 경제사 연구의 선구

랑케 사학의 가장 뚜렷한 특징은 국가(정치)사 중심이라는 점에 있었다. 19세기는 정치혁명의 시대였기 때문에 "역사는 과거의 정치학"이라는 명제가 지배적이었다. 영국의 헌정사 연구 역시 랑케의 국가사에 영향받은 것이다. 그러나 19세기 말 20세기 초부터 서구사회는 경제문제가 초미의 과제로 등장하게 되어 '역사의 경제적 해석'이 중시되기에 이르렀다. 베카(Carl Beker, 1873~1945)가 말했듯 이 역사이론은 그것을 만들어 낸 시대의 필요에 따라 상대적으로 진실인 것이다.

경제사는 이미 19세기부터 나타났다. 마르크스의 《자본론》(*The Capital*)은 역사철학이자 하나의 사회이론이었고 경제사였다. 그러나 흔히 로셔(Wilhelm Roscher, 1817~94)를 전문적인 '경제사의 발명자'라 부르고 있다. 그 밖에도 슈몰라(Gustav Schmoller, 1837~1917)와 니이츠(Karl Wilhelm Nitzsch, 1818~80)도 경제사 서술을 시도한 선구자들이었다. 그러나 랑케의 제자가 아닌 사람으로 국가사 중심의 랑케 사학에 도전한 19세기 독일사가는 람프레히트(Karl Lamprecht, 1838~1917)였다. 그는 경제사 연구에 통계학적 방법을 도입하고 사회학적 역사를 제창하였으며, 이를 역사학의 '새 방향'이라 주장하였다.[4]

영국에서도 로저스(J.E. Thorold Rogers, 1823~1890)가 《영국 농업·물가사》(*A History of Agriculture and Prices in England*, 1866~90) 7권을 발표하고, 토인비(Arnold Toynbee the elder, 1852~1883)는 그의 유명한 《영국산업혁명》(*Industrial Revolution in England*, 1884)을 발표하였다. 그러므로 역사학은 그 시대의 과제가 달라지는데 따라 주제도 달리하기 마련이다.

2. 새로운 경제사학의 발전

20세기에 들어오면서 랑케에 대한 비판의 함성은 더욱 높아져 갔고 이같은 분위기를 배경으로 경제사 연구는 한층 더 박차를 가하게 되었다. 20세

4) A. Marwick, *The Nature of History* (New York, A Delta Book, 1970), p. 64.

기 초에 경제사적 접근의 중요성을 강조한 사람으로 좀바르트(Wertler Sombart, 1863~1941)를 들 수 있다. 그는 1913년에 《전쟁과 자본주의》(*War and Capitalism*)를 발표하여 18세기 유럽의 공업화에 끼친 전쟁의 중요성을 강조하였다.[5]

그러나 현대 경제사학의 선구자는 벨기에 최대의 역사가 피렌느(Henrë Pirenne, 1862~1935)였다고 할 수 있다. 피렌느는 제1차 세계대전 때 독일 점령군에 투옥된 기간을 제외하면 전생애를 강 대학에 봉직하면서 《중세도시》(*Medieval Cilies*, 1926), 《모하메드와 샤르마뉴》(*Mohammed and Charlemagne*, 1937), 《중세사회경제사》(*Economic and Social History of Medieval Europe*, 1936) 그리고 《유럽사》(*A History of Europe*, 1936) 등 이름난 저술들을 남겼으며, 그 밖에 불후의 대저 《벨기에사》(*History of Belgium*, 1899~1932) 전 7권을 저술했다. 그가 정치사보다 사회경제사에 관심을 돌릴 수 있었던 것은 그의 조국 벨기에가 1830년대에 이르러서야 겨우 독립된 나라였다는 사실 때문이었다. 또 벨기에에는 이탈리아 못지않게 오랜 도시사가 있다. 이것이 그로 하여금 도시화를 곧 문화의 척도라 생각하게 했던 것이며 경제사를 중시하게 만들었던 것이다.[6]

피렌느의 공적은 게르만 민족이동의 결과 고전고대의 문화가 파괴되어 암흑의 중세가 온다는 종래의 소위 문화단절설을 부정하고, 게르만 민족이동에도 불구하고 고전문화권이 여전히 존속된다는 문화연속설을 주장한 데 있다 할 것이다. 연속설은 문화단절이 게르만 민족이동보다 그 뒤에 일어난 회교도의 침입으로 일어났다고 하여 특히 피렌느 테제라 불리고 있는데, 이 점 독일의 돕슈(Alfons Dopsch)의 견해와 대립된다.[7]

이 논쟁은 중세사 연구의 좁은 골목을 넓혀 단순한 정치사 중심의 중세사를 사회사적 차원까지 확대하는 데 크게 기여하였다. 1930년대에 나온 옥스퍼드 영국사를 보면 근대사 부분이 정치제도사 중심인데 반하여 중세사 부분은 사회사였다. 이것은 피렌느의 영향으로 당시의 중세사 연구가 근대사 연구를 앞서고 있었다는 좋은 본보기가 되고 있는 것이다.

그러나 그는 끝내 전통적인 역사학의 방법과 입장을 고수하였다. 말년의

---

5) A. Marwick, *ibid.*, p. 73.
6) A. Marwick, *ibid.*, p. 75.
7) Alfons Dopsch, *The Economic and Social Foundations of European Civilization* (London, 1937).

저술 《벨기에사》 마지막 권에서 그는 "나의 유일한 목적은 역사를 이해하고 설명하는 데 있었다."라고 말한다.[8)]

피렌느와 함께 생각하여야 할 인물은 르페브르(Georges Lefebvre, 1874~1959)다. 르페브르는 랑글로아·세뇨보의 엄한 지도를 받아 마침내 계량사학과 심리학적 역사학을 발전시킨 선구적 존재로 군림한 인물이다. 그는 "문서없이 역사 없다"는 스승의 말을 "학식 없이 역사 없다"는 말로 대체하였고, "계산하라"(Il faut compter)란 유명한 격언을 남겼다.

르페브르는 1924년 그의 첫 연구 《프랑스 혁명기의 북부농민》(*Les Paysans du Nord pendent la Rëvolution française*)에서 혁명기의 농민계층을 면밀히 분석하여 사회구조의 구체적 실태를 제시하였다. 또 1932년의 《공포정치기의 농업문제》(*Questions Agraire au temps de la Terreur*)는 사회심리학의 영역까지 파고드는 새로운 경지를 보여 주었다.

이처럼 르페브르는 단순한 프랑스 혁명사가였다기보다 새로운 타입의 사회경제사가였던 것이다. 그는 이미 미래의 역사가에게는 반드시 사회심리학, 문화인류학의 연구성과가 필요할 것이라 예고했던 것이다.[9)]

3. 영국의 경제사 연구

20세기 초에 영국에서도 전술한 토인비의 《산업혁명사》가 나왔고, 그 밖에 헤이몬드 부처(J.L. and Babara Hammond)의 《농촌노동자》(*The Village Labourer*, 1811)와 《도시노동자》(*The Town Labourer*, 1917) 그리고 《숙련노동자》(*The Skilled Labourer*, 1919)의 3부작이 나와 역시 산업혁명이 하층노동자들에 끼친 혹독한 수난을 비판하고 있다.

그러나 누구보다도 중요한 이 시기의 영국 경제사가는 토오니(R.H. Tawney, 1880~1962)다. 그는 영국 옥스퍼드 대학을 나와 런던 스쿨 어브 에코노믹스의 교수로 재직하면서 노동당과 성인교육활동을 통해 몸소 노동운동에 간여한 바 있다. 그는 1912년에 그의 처녀작 《16세기의 농업문제》(*The Agrarian Problem in the Sixteenth Century*, 1912)를 발표, 일약 명성을 떨쳤다. 그는 이 논문에서 파렴치한 젠트리(gentry)층의 대두와 영국의 전통적 농민층인 요

---

8) A. Marwick, *op. cit.*, p. 76.

9) *Ibid.*, p. 77.

오맨리(yeomenry)의 가엾은 몰락을 고발하였다.

토오니는 1926년 또 하나의 문제작《종교와 자본주의의 대두》(*Religion and the Rise of Capitalism*)를 발표하여 경제사를 사상사와 사회사에 결부시키려 시도하였다. 이 논문은 자신이 서문에서 밝힌 것처럼 일찍이 웨버(Max Weber)가 발표하여 선풍을 일으킨《프로테스탄트의 윤리와 자본주의 정신》(*Die Prolestantische Ethik und der Geist des Kapitalismus*, 1904~5)에 많은 암시를 받아 집필한 것이지만 웨버의 테제는 프로테스탄트와 자본주의를 직접 연결시키는 단조한 논리를 구사한 데 반하여, 토오니는 단지 프로테스탄트의 윤리와 자본가 기업의 약간의 유대관계를 암시하는 데 그치고, 예외와 변칙을 충분히 고려한 보다 구체적이고 섬세한 연구였다.[10]

20세기 영국 경제사의 거물로서는 클래팜(J.H. Clapinm, 1873~1946)을 빼놓을 수 없다. 1897년 영국의 경제학자 마아샬(Alfred Marshall)이 액튼에게 보낸 편지 가운데 이런 말이 있다.

> 지난 150년간에 걸친 영국 경제사에 대해 이렇다 할 연구가 없었던 것을 국가적 수치라 생각하며 이것이 오늘의 경제문제를 올바르게 이해하지 못하게 하는 슬픈 장벽이 되고 있는 걸로 생각합니다. 케임브리지와 런던이 이 일을 해낼 유일한 대학으로 생각합니다. 그런데 최근까지 마땅한 인물이 없었습니다. 이제 그런 인물이 나타났다고 나는 믿습니다. 그 사람이 바로 클래팜입니다.

마아샬이 클래팜을 천거한 것이다. 클래팜의 대표작은 1926년에서 38년에 걸쳐 간행된 필생의 대작《근대영국경제사》(*An Economic History Modern Britain*) 전 2권이지만,《모사-모직공업》(*Woolen and Worsted Industries*, 1907),《프랑스·독일의 경제발전, 1815~1914》(*The Economic Development of France and Germany, 1815~1914,* 1921) 등을 발표한 바도 있다.

클래팜이 제기한 문제 가운데 특기할 만한 것은 첫째 경제사 연구에 통계학적 방법의 도입이 절실히 요청된다고 주장한 점이다. 그에 따르면 19세기를 급속한 인구성장의 세기로 보는 것은 하나의 전설처럼 인식되어 모든 역사가가 그걸 무비판적으로 믿어 왔다는 것이다.

클래팜이 제기한 또 하나의 문제는 산업혁명 후 영국 노동자의 생계가 자

10) A. Marwick, *ibid.*, pp. 78, 256, 294~295.

꾸만 어려워져가고 있다는 전설에 대한 반론이다. 헤이몬드 부처의 연구 《도시노동자》(1917)가 이 전설의 진원이 되고 있음을 간파한 클래팜은 임금과 물가의 통계학적 연구성과에 입각하여 경제성장이 도리어 노동자의 생활조건을 개선해 주었다고 주장하였다. 이리하여 클래팜의 이 반론은 유명한 '생활수준논쟁'('standard of living' controversy)을 일으켜 학계에 큰 파문을 던졌다.[11)]

클래팜 이외에도 《영국경제사》(*The Economic History of England*, 1915)(전 3권)의 저자요, 1926년 '경제사학회'(Economic History Society) 창립에 주도 역을 맡았던 립슨(Ephraim Lipson, 1888~1960)이 있고, 그 밖에 언윈(George Unwin, 1870~1925), 애쉴리(W.J. Ashley) 등 대가들이 있다.[12)]

4. 미국의 경제사 연구

'피렌느 테제'만치나 큰 논쟁을 불러일으킨 문제는 '터너 테제'(Turner Thesis)였다. 미국사에 있어서 프런티어(frontier)가 차지하는 중요성을 강조한 터너(Frederick Jackson Turner, 1861~1932)는 1893년에 열린 미국역사학회 연례대회에서 유명한《미국사에 있어서의 변경의 의의》(*The Significance of the Frontier in American History*, 1920)를 발표하여 격렬한 반응을 일으켰다. 터너에 의하면

> 제도의 배후나 헌법형태 또는 그 변경의 배후에는 이들 조직에 생명을 불어넣고 변동하는 제 조건에 적응하도록 하는 강력한 노력이 숨어 있다. 미국제도의 특수성은 확대되는 미국민의 변화에 제도 자체가 적응하지 않을 수 없도록 되어 있다는데 있다. 미국민은 특히 미 대륙을 횡단하고 미개척지를 개척하고 또 모든 지역에서 변경의 원시적인 경제·정치상태를 탈피하여 복잡한 도시생활을 이룩하려는 발전과정을 경험하고 있는 것이다.

---

11) Clapham, *Economic History as a Discipline*, in the Varieties of History ed. by Fritz Stern, pp. 304ff ; Marwick, *ibid.*, pp. 79~81.

12) George Unwin, *The Teaching of Economic History in the University Tutorial Classes,* in the Varieties, *op. cit.*, pp. 305ff.
Ashley는 *Economic Organization of England* (배복석 역,《英國經濟史》와 *Economic History and Theory of England* Vol. II로 우리에게 너무나 잘 알려져 있다.)

는 것이며, 미국민에 있어서 변경(邊境)이란 마치 고대 그리스나 로마인에게 있어서의 지중해처럼 역사 발전의 중요한 계기가 되었다는 것이다. 그는 변경에 대한 미국민의 무한한 개척정신을 통하여 근대 미국사의 이례적 발전상을 설명하는데 성공했다. 그러나 터너의 제자 크레이븐(Avery Craven)이

> 미국은 특수한 지리적 요인과 관련된 경제적·정치적·사회적 제 세력의 상호작용으로 이루어진 소산이었다. 이 같은 이해가 새로운 미국사를 탄생시킨 것이다.

고 말했듯이 터너 사학의 진정한 의의는 미국사가 단순한 유럽사의 연장이라는 유럽 기원설을 대담하게 부정한 데 있으며, 또 하나 정치사 중심의 전통적 미국사를 탈피하여 사회·경제·지리적인 제요인을 강조한 데 있었던 것이다.

터너가 제시한 개념의 다른 하나는 섹션(section)이다. 미국사에 있어서의 지리적 요인을 강조한 당연한 결과로 그는 지방주의(sectionalism)를 강조한다. 프런티어가 소멸하자 미국사회 고유의 지방주의가 전면에 나타나 발전의 요인이 된다는 그의 주장은 다른 경제적 문화적인 제 요인을 무시한다는 비판을 받았다. 어떻든 그의 두 명제는 《미국사에 있어서의 변경의 의의》와 《미국사에 있어서의 섹션의 의의》(*The Signification of Section in American History*, 1932)에 수록, 발표되어 미국 사학계에 새 바람을 불러일으켰다.[13]

비어드(Charles Beard, 1874~1948)는 그의 《미국헌법의 경제적 해석》(*An Economic Interpretation of the Constitution*, 1913)과 《제퍼슨 민주주의의 경제적 기원》(*Economic Origins of Jeffersonian democracy*, 1915)을 발표하여 미국 헌법의 제정자들이 자유주의적 이상주의자였다기보다 인간의 경제본능에 사로잡힌 현실주의자들이었다는 사실을 강조하였다. 이로 인해 그는 박해받는 불운까지 맛보았다.

미국 경제사가로 특기할 인물은 체네(Edward P. Cheyney)다. 그는 1901년에 발표한 《영국산업사회사 서설》(*Introduction to the Industrial and Social History of England*)에서 역사의 6대법칙을 제시했다.

첫째, 연속성의 법칙 : 모든 사건, 조건, 제도, 개성은 그에 직접 선행하는

---

13) A. Marwick, *op. cit.*, pp. 82~83.

사건, 조건, 제도, 개성에서 온다. 개인이나 집단에 의해 돌연히 일어나는 사건, 제도 따위는 역사에 없다.

둘째, 불영속성(impermanence)의 법칙 : 모든 제도는 반드시 소멸한다.

셋째, 상호 관련성(interdependence)의 법칙 : 모든 역사적 사실은 상호 관련적이다.

넷째, 민주주의의 법칙(law of democracy) : 다른 모든 체제가 실패했다는 역사적 사실을 들어 민주주의 체제만이 생존한다는 것이다.

다섯째, 자유 동의(free consent)의 필연성의 법칙 : 인간본성에 배치되는 강제는 필연적으로 투항을 낳는다.

여섯째, 도덕적 진보의 법칙(law of moral progress) : 인민은 항상 그 지배자보다 도덕적이기 때문에 단순한 약탈, 침략, 파괴를 위한 전쟁을 감행하는 정부를 지지하지 않을 것이다.[14)]

슐레진저(Arthur M. Schlesinger, Sr. 1888~1965)는 컬럼비아 대학에서 랑케적 전통사학자인 오스구드(Herburt L. Osgood)에게 배웠으나 로빈슨과 비어드의 영향을 받아 '경제와 정치의 상관관계'를 추구하였다. 이리하여 그는 《식민지 상인과 미국혁명 1763~1776》(*The Colonial Merchants and the American Revolution, 1763~1776*)에서 스승 오스구드의 방법과 비어드의 의식을 결합시켰다. 이 같은 슐레진저는 "위인이란 단지 최대 다수가 그것을 통해 의사를 표현하는 기계에 불과하다"라고 말하였다.[15)]

5. 프랑스의 연보학파

현대 사회경제사학은 '연보'학파('annales' school)에 의해 확립되었다. 그러나 사회경제사학이라 하여 순전히 마르크스 사학에 지나지 않았던 우리나라 백남운의 사회경제사와는 다른 것이었다. 혼동해서는 곤란하다. 연보학파는 프랑스의 유명한 두 사학자 페브르(Lucien Febvre, 1878~1956)와 블록(Marc Bloch, 1886~1944)을 의해 주도된 반마르크스주의 역사학이었다.

그런데 연보학파를 생각하기에 앞서 그들에게 큰 영향을 끼친 반 실증주의 철학자 벨(Henré Berr, 1863~1954)을 언급하지 않을 수 없다. 그는 1900년에 《역사종합평론》(*Revue de Synthése historique*)지를 간행하여 역사가

---

14) A. Marwick, *ibid.*, pp. 85~86.
15) A. Marwick, *ibid.*, pp. 87~88.

들에게 사실 추구보다 문제 제기가 더 중요하다는 사실과 사회과학과의 제휴를 강조하였다. 그는 또 100권에 달하는《인류진화사》(*L'Evolution de l'Humanité*) 총서를 간행하여 인간의 사회적 활동에 대한 종합적 고찰을 시도했다. 이러한 벨에게 배운 페브르는 스승을 격찬하여 말하기를 벨이야말로 '전통적 역사학의 영토에 나타난 트로이의 목마'였다고 했다.[16]

그러나 현대 프랑스사학에 일대혁명을 일으켜 현대 역사학계 전반에 큰 영향을 끼친 이는 바로 페브르와 블록이었다. 페브르는 이미 1911년에 발표한 학위논문《필립 2세와 프랑슈 콩테》(*Philippe II et la franche-Comté*)에서 전통적인 설화적 정치사적 역사 서술을 벗어나 사회사적 접근을 시도하였으며, 통계표의 작성과 사회심리학적 분석을 통한 필립 2세 당시의 한 지방에 대한 종합적 연구를 시도하였다. 즉, 그는 지리적 환경의 연구에서 시작하여 사회·경제적 환경의 분석 그리고 사건의 서술이라는 새로운 방식을 취했던 것이다.[17]

이같이 페브르는 1922년에 발표한 저서《지리와 인류진화》(*La terre et l'évolution humaine*)에서 지리와 역사의 관계에 대한 그의 특유한 논리를 전개하였다. 그에 따르면 인간과 환경간에는 첫째, 필연성이 아니라 개연성이 지배한다. 둘째, 인간에 대한 환경의 영향은 간접적이다. 그 사이에는 사회구조와 이념이 개재된다. 이리하여 그는 프랑스 전래의 지리와 역사의 강한 유대관계에 입각한 새로운 지리사학(geo-history)의 개념을 수립하는 데 성공하였다. 이러한 페브르가 우리에게 너무나 잘 알려진 중세사가 블록을 만난 것은 1920년 스트라스부르그 대학 부임 때였는데, 이때 두 사람은 다같이 '역사에 대한 학제간 연구'의 가치를 확신하였다.[18] 그래서 두 사람은 지리와 심리 그리고 사회학에 깊은 관심을 가진 동료로서 친숙한 사이가 되었다. 그런데 블록은 페브르 보다도 더 뒤르켐(Durkheim)의 사회학에 경도되어 있었다.

이와 같이 친숙해진 페브르와 블록 두 사람의 우정의 결실로《연보》[그 처음 정식명칭은 '사회경제사 연보'(*Annales d'histoire e'conomique et sociale*)였지만 뒤에 '연보 : 경제, 사회, 문명'(*Annales : économies, sociétés, civilli-*

---

16) A. Marwick, *ibid.*, pp. 88

17) Peter Burke, Introduction : the Development of Lucien Febvre, in "A New Kind of History" from the Writings of febvre (ed.) by Peter Burke (London, 1973) p. x.

18) *Ibid.*, p. xi.

sations)으로 개칭되었다.]가 1929년에 창간되었다. 《연보》지의 기본구호는 '보다 넓고 인간적인 역사학'이었다. 페브르가 그 대부분을 쓴 《연보》지 서문에서, 첫째로 역사가들의 '사실숭배'를 "우표나 성냥곽 수집 같은 사건수집"이라 비난하고 새로운 '문제 지향적 역사학'을 제창하였다. 그래서 연보학파는 "문제없이 역사 없다"(No problems no history)는 구호를 부르짖었다.

둘째로 그는 '전문화 정신'을 반대하였다. 이를테면 외교사 연구를 위한 외교사 연구라든지 철학사 연구를 위한 철학사 연구를 반대하였다. 그는 현실 세계에 외교사나 사상사 심지어 사회사까지도 실재하지 않는다고 주장했고, 단지 실재하는 것은 '칸막이 없는 역사', 즉 하나의 전체 역사뿐이라는 것이었다. 이 '전체 역사'를 파악하기 위해 역사가는 모름지기 지리학자가 되고 언어학자가 되고 사회학과 심리학을 마스터해야 한다는 것이다. 또 그에 의하면

> 역사가들은 '과거'의 문서에다 그들이 신성시하는 낡은 방법을 적용하고 있다. 그러나 사람들은 갈수록 '현대'의 사회와 경제를 연구하는 데 골몰하고 있다. 역사가들 사이에는 고대사가니 중세사가니 근대사가니 하는 식의 서로 다른 많은 구획선이 있다. 물론 각자가 자기의 합법적 전공분야에 열중하고 남의 일에 참견하지 않는 것도 중요하지만 스스로 이웃 사람의 일을 따라 하는 것도 바람직한 일이라 믿어진다. 그러나 그렇게 하고 싶어도 종종 담이 너무 높아서 서로의 시야를 가리기 일쑤다. 우리가 우리의 깃발을 높이 들고자 하는 이유는 바로 이 같은 분열을 반대하는 데 있다. 우리는 방법론이나 이론 문제의 논문을 가지고 그렇게 하려는 것이 아니라 실제 연구와 성과로써 대항하려 한다. 여기 모인 학자들은 모두 서로 다른 학문과 전공에 종사하는 사람들이지만 다 같은 정신, 즉 엄밀한 객관성을 믿는 사람들이다. 그리하여 각자가 택하고 또 각자가 전문가인 각자의 주제에 대한 연구성과를 발표할 것이다. 우리의 기획은 순수하고 양심적인 연구에 바탕을 둔 정직한 노력의 미덕을 확신하는 믿음의 실천에 있다.

는 것이었다.[19] 《연보》지는 오늘날 가장 존경받고 잘 알려진 역사학회지이다. 그 이유는 가장 야심적이면서도 동시에 개방적이라는 데 있다. 폭넓은 연구와 높은 연구 수준 그리고 "순수하고 양심적인 연구에 바탕을 둔 정직

---

19) *Ibid.*, p. xii.

한 노력의 미덕"이 곧 《연보》지만이 갖는 특성이라 할 것이다.

《연보》지야말로 보다 흥미 있고 보다 종합적이고 보다 인간적인 역사로 가는 데 지름길이 없다는 사실을 실증한 것이다. 전통적인 정치사나 제도사에 만족할 수 없는 이유는 이 같은 여러 특성을 갖지 못하고 너무 안이하고 단순한 결론에 안주하려는데 있다. 《연보》지는 일반 문외한에게는 일종의 '금단의 잡지'라고 할 정도로 대중적 독자와의 대화를 도외시하고 있다. 그러나 연구의 질적 향상에 끼친 학문적 공적은 지대한 것이다.[20]

루시앙 페브르라면 "예, 프랑스 혁명사 연구한 사람 말이지요?"라고 그를 조지 르페브르(George Lefebvre)와 혼동할 정도로 프랑스에서 덜 알려진 인물이다. 페브르는 《마르틴 루터 연구》(*La terre et l'evolution humaine, Un destin: Martin Luther*, 1928)와 《16세기의 무신앙문제》(*Le probléme de l'incoroyance au 16e siécle*, 1947)로 유명하다. 루터 연구에서 그는 종교개혁을 "상승하는 사회집단, 부르조아의 새로운 정신적 필요를 충족시켜 주려는 시도"라 해석했다. 후자에서는 이의 이른바 역사심리학(historical psychology)을 구사하여 주목을 끌고 있다.[21]

피렌느에게 배운 블록은 1931년에 발표한 《프랑스농촌사의 기본성격》(*charactere de rurale*)과 1940년에 발표한 불후의 연구 《봉건사회》(*Feudal Society*)로 일약 20세기 최대의 중세사가로 추앙되었다.[22]

Ⅲ. 새로운 사상사

1. 사상사의 철학적 기초

랑케 사학의 비판 속에서 나타난 또 하나의 분야는 사상사였다. 현대 사상사의 철학적 기초를 닦은 사람은 역사 인식의 문제를 제기하여 신이상주의의 선구자가 된 이탈리아의 크로체(Benedato Croce, 1866~1952)였다. 그는 누구보다도 관념에 집착했다. 거기에는 아무런 유보도 없는 듯이 보였다. 그는

20) A. Marwick, *op. cit.*, pp. 88~96.
21) Peter Burke, *op. cit.*, p. xiii.
22) M.M. Postan, *Introduction to "Feudal Society"*는 좋은 블록 소개서이다.

과학과 역사학이 근본적으로 다르다고 주장한다. 역사학은 본질에 있어 일종의 지적 직관에 의존하는 학문이다. 따라서 역사 그 자체는 아무런 실체를 갖지 않으며 오로지 역사가의 마음속에만 실체가 있다는 것이다. 역사는 현대사다. 다시 말하면 역사란 실체가 있는 것이 아니라 당시대인의 마음속에 실재한다는 것이다. 너무 극단적이다.

그러나 크로체의 사상은 첫째 마르크스 역사학에 대한 강한 적대심을 불러 일으켰다. 그는 마르크스 역사학을 '역사적 유물론의 왜곡이요 궤변'이라 비난한 바 있다. 둘째로 개별화적 방법만이 역사학의 본질이라 주장하면서 일반화적 방법을 본질로 하는 과학과 엄격히 구분되어야 한다고 주장하였다. 그리하여 셋째로 그는 새로운 사상사를 제기했던 것이다.[23]

크로체의 주저로는《나폴리왕국의 역사》(*History of Kingdom of Naples*, 1925),《이탈리아 역사 1871~1915년》(*History of Italy, 1871~1915*, 1928),《바로크 시대의 이탈리아 역사》(1929) 그리고 유명한《19세기 유럽의 역사》(*History of Europe in the Nineteenth Century*, 1932) 등이 있다. 그러나 이들 연구를 일관하는 특징은 역사의 외적 실재를 부정하고 내적 현실(internal reality)을 파악하려 한 점에 있다고 할 수 있다. 그에 의하면 역사의 외적 현실(external reality)은 자연과학의 대상이다. 역사의 내적 실재란 곧 정신이다. 그의《19세기 유럽의 역사》는 다름 아닌 유럽 특유의 정신, 즉 자유정신의 역사였다. 그의 말을 빌리면 그는《19세기 유럽의 역사》에서 '자유를 갈구하는 유럽 정신의 정열과 행동'을 추구했던 것이다. 그런데 이 같은 자유의 정신은 대중이나 계급에 의해 구현되는 것이 아니라 개인에 의해 구현된다고 주장하였다. 즉, 크로체에 의하면

> 대중과 계급은 추상적 개념이다. 따라서 그 자체로써 생각할 수도 행동할 수도 없는 존재다. 즉, 행동이란 구체적인 개인에 의해서만 실현될 수 있다. 계급과 대중은 피와 살을 가진 인간인 대중 지도자들로부터 의지와 사고를 차용한다. 개인은 대중과 계급에 우월하는 것이다.[24]

사상사의 철학적 기초를 닦은 또 하나의 인물이 콜링우드(R.G. Collingwood, 1889~1943)였다. 그는《로마시대의 영국사》(*Roman Britain*, 1920)를 저술한

---

23) H.S. Hughes, *Consciousness and Society, The Reorientation of European Social Thought*, 1890~1930, pp. 67ff. 221ff.

24) A. Marwick, *op. cit.*, pp. 98~100.

고고학자이자 역사가임에도 불구하고 옥스퍼드의 철학교수로 철학 강의를 담당하였다. 그의 주저 《역사의 이념》(*The Idea of History*, 1944)은 이러한 그의 철학 강의를 그가 죽은 뒤에 출판한 것이다.

그의 사상을 가장 잘 요약한 논문은 1930년 영국역사학회를 위해 집필한 《역사 철학》(*The Philosophy of History*)이었다. 이 책에 의하면 역사는 역사가의 창작물이기 때문에 단순한 '과거'와 동일시해서는 안 된다. 역사란 역사가가 의문을 제기함으로서 비로소 시작된다. 역사란 이 의문에 대한 대답인 것이다. 그런데 역사가는 선택하지 않는다. 왜냐하면 과거의 사실이란 역사가가 순수한 역사적 사고에 의해 갖다 놓기 전에는 선택할 대상 그 자체가 '없기' 때문이다.

역사는 역사가의 마음속에서만 존재하여 온 것이다. 따라서 모든 역사는 역사로서가 아니라 역사의 역사로서 오늘에 전승되어 왔다. 이것은 마치 서가에 꽂힌 책은 역사가 아닌 것과 같다. 이 책은 역사적 지식을 얻고자 하는 현대의 어느 누군가의 손에 잡혀서 읽혀질 때 비로소 역사가 되는 것이기 때문이다. 이리하여 역사가는

> 누구나 자기 마음에 드는 역사 연구를 선택한다. 그리하여 그와 그의 세대에 특유한 관점에서 역사에 접근하는 것이다. 그러므로 한 시대 한 인간은 당연히 어떤 특정한 역사적 사건 속에서 다른 한 시대나 다른 한 인간이 보지 않는 것이다. 역사로부터 이 주관적 요소를 제거한다면 그 역사는 항상 거짓이며 실패작이다. 만일 그것이 성공한다면 역사 그 자체가 소멸하는 것이다.

고 했다. 이처럼 "모든 시대는 새롭게 역사를 써야 한다."는 것이다.[25] 그러나 그렇다고 해서 역사가 자의적이고 변덕스러운 것이 되어서는 안 된다. 콜링우드는

> 만일 시이저에 대한 나의 생각과 몸젠의 생각이 다르다면 틀림없이 둘 중 하나가 틀린다고 생각할 것이다. 그러나 그렇지 않다. 왜냐하면 대상이 다르기 때문이다.
>
> 나의 역사적 사고는 내 자신의 과거에 대한 것이지 몸젠의 과거에 대한 것은 아니다. 몸젠과 나는 많은 것을 같이 나누어 갖는다. 그리고

25) A. Marwick, *ibid.*, pp. 100~101.

> 많은 점에서 같은 과거를 갖는다. 그러나 우리가 다른 나라 사람이며 다른 문화, 다른 세대의 대변자인 이상 우리는 각기 다른 과거를 가졌으며 그의 과거 속에 있는 모든 것이 나의 과거 속에 들어올 수 있으려면 조금은 변화하지 않을 수 없다.
>
> 결국 과거 그 자체는 없는 것이니까 과거 그 자체에 대한 지식이 역사가의 목적이 아니며 또 목적일 수도 없다. 역사가의 목적은 현재에 대한 지식이다. 모든 것이 이 목적으로 돌아와야 하고 모든 것이 이 목적을 돌면서 분해되어야 한다. 그러나 역사가로서 그는 현재의 어느 한 특수한 국면에 관심을 갖는다. 이러한 뜻에서 과거는 현재의 한 국면이며 기능이다. 즉, 역사는 그것이 역사가에게 어떻게 보이느냐에 달려 있는 것이며, 역사가는 그것을 자기 자신의 연구 속에 이지적으로 반영시킨다. 달리 말하면 역사철학을 시도한다.

라고 말한다.[26] 이러한 콜링우드의 사상은 그가 말년에 이미 병들어 있을 때 쓴 '자서전'에 가장 잘 나타나 있다. 즉, 그는 자서전에서 19세기 말까지의 역사는 '가위와 풀'의 역사라 말했고, 역사학의 주된 작업은 전적(典籍, authorities)을 알아내는 데 있었다고 했다. 다시 말하면

> 역사가는 전적의 진술에 발이 묶여 있어서 아무리 그 밧줄이 길고 또 아무리 잔디밭이 화려하다 하더라도 그는 거기서 맴돌 수밖에 없다. 일단 그가 전적이 없는 주제에 흥미를 느껴 끌려나가기만 하면 그 역사가는 무지의 모래밭과 상상의 신기루 이외는 아무 것도 없는 사막에 들어서고 말 것이다.

는 것이다.[27] 이리하여 콜링우드는 "모든 역사는 사상의 역사이다"고 말한다. 이런 의미에서 역사와 '위사학'(pseudo-history)은 구분되어야 하는데 지질학이나 고생물학 그리고 천문학은 위사학이라 말하면서,

> 역사나 위사학(僞史學)이나 모두 서술로 이루어진다. 그러나 역사는 유목적적 행동의 서술이며 위사학에는 목적의 개념이 없다.

고 주장하고 있다. 콜링우드에 의하면

---

26) *Ibid.*, pp. 101~102.
27) *Ibid.*, pp. 102~103.

> 정치사란 정치사상의 역사이지 정치이론의 역사가 아니다. 정치사상이란 곧 정치에 관여한 인간의 마음을 사로잡고 있는 사고다. 전쟁사란 더위와 추위 속의 고된 행군의 역사도 아니요, 전장의 전율과 실의의 역사도 아니요, 상이군인의 오랜 고통의 역사도 아니다. 그것은 작전계획과 대책의 서술이며 전략 전술에 대한 사상의 역사이다. 또 최소한 병사가 전투를 어떻게 생각했는가의 역사인 것이다.

이와 같이 역사학의 대상이 유목적적인 행동이기 때문에 사상의 역사이어야 한다는 것이다. 그러나 이 마지막 구절은 확실히 그렇게도 현명한 한 사상가가 자기의 귀여운 이론을 지나치게 밀고 나아가다가 불의의 자가당착에 빠지고 만 좋은 본보기라 할 것이다. 왜 고된 행군의 역사가 있을 수 없으며 상이군인의 오랜 고통의 역사가 있을 수 없단 말인가? 그야말로 없어서는 안 될 전쟁사의 일부이다.

콜링우드처럼 널리 알려진 철학자는 없다. 그러나 콜링우드의 사상이 현대 역사학에 끼친 영향이 컸다고 해서 그가 현대 역사학의 주류를 선도했다고 생각해서는 안 된다. 그는 어디까지나 역사가이기에 앞서 철학자 아니 인식론자였다는 사실을 잊어서는 안 될 것이다.

그러나 그가 17세기 이후 자연과학이 누렸던 자리를 오늘날 역사학이 대신 차지하게 되리라는 확신을 역사가들에게 심어 줌으로써 제2차 세계대전 후의 사학계에 새로운 방향을 제시했던 것은 숨길 수 없는 사실이다. 그는 역사적 사고가 과학적 사고와 다르다고 주장했을 뿐 아니라 역사적 사고가 과학적 사고보다 훨씬 우위에 있다는 점을 강조했다. 그러나 이 같은 콜링우드의 주장이 전후에 이르러 강력한 반역사적 사고를 유발했다는 사실을 잊어서는 안 될 것이다.[28]

2. 사상사 연구의 시작

20세기 사상사의 개척자로는 역시 독일사학자 마이네케(Friedlich Meinecke, 1862~1954)를 들지 않을 수 없다. 그는 19세기 역사학의 양극이라 할 랑케의 정치사와 부르크하르트의 문화사를 종합하여 새로운 사상사를 탄생시켰다. 프러시아 국립공문서보관소에서 무려 14년이나 걸려 완성한 그의 첫

---

28) *Ibid.*, pp. 103~105.

주저《세계시민과 국민국가》(*Weltbürgertum und Nationalstaat*, 1908)는 괴테로 대표되는 19세기 독일의 세계주의가 비스마르크의 국가주의에 패배하는 과정을 사상사적으로 추적한 획기적 노작이었다.[29]

이처럼 랑케 사학에 대한 비판의 결과 새로운 사상사가 탄생했다. 미국에서는 20세기 초두 이른바 '새로운 사학'(new history)을 제창하여 이목을 끈 로빈슨(James Harvey Robinson, 1863~1936)이 역사의 실용주의적 이해 및 역사학과 사회과학과의 연계 등 미국사학 특유의 개념을 제의했으나 그가 실제로 연구해 논 것이 거의 없어서 이론으로서 그친 감이 짙다.[30] 그러나 그는 비어드, 베카와 같은 주도적인 현대 미국사학자들을 길러내어 큰 영향력을 발휘하였다. 그래서 비어드는 역사를 쓰고, 로빈슨은 역사가가 무엇을 써야 하는가를 생각했고, 베카는 역사가들이 실제로 무엇을 쓰고 있는가에 대한 그의 생각을 썼다고 일컬어지고 있다.

베카는 미국에 있어서의 새로운 사상사를 발전시키는 데 기여했다. 그는 《미국 : 민주주의의 실험》(*The United State : An Experiment in Democracy*)에서 "모든 시대는 각기 특수한 사고양식, 즉 여론풍토를 갖는다"는 명제를 제시하였다.

이처럼 20세기 초의 역사 연구가 동시에 두 개의 극단이라 할 경제와 사상분야로 지향해 나갔다는 사실은 기이하게 여겨진다. 경제와 사상은 인간의 서로 대립되는 기본충동이기 때문이다. 인간은 현실(경제)과 이상(사상)이라는 양단 사이를 늘 방황하고 있다. 그러나 경제사에 관한 관심은 분명히 발전하는 기술문명에 자극된 것이며, 사상사는 제1차 세계대전 후 서구세계를 휩쓴 철학적 회의의 여파로 등장하였다. 즉, 순수한 역사적 사실이 존재한다고 믿었던 낡은 19세기적 신념을 일소하고 "모든 것은 상대적이다", 그것은 "모든 것이 인간의 마음먹기에 달려 있다", "하기 나름이다"는 사고가 대두했기 때문이다.[31]

---

29) Meinecke의 3부작 중 둘째 작품은 1924년에 발표된 *Die Idee der Staatsräson in der neuren Geschichte*요 마지막 것이 2차 대전 후에 발표된 *Die deutsche Katastrophe* (1946) (이광주 역) '독일의 비극'(1946)이다. H.S. Hughes, *Consciousness and Society*, pp. 232ff.

30) J.H. Robinson, *The New History : Essays Illustrating the Modern Historical Outlook* (New York, 1965).

31) A. Marwick, *op. cit.*, p. 84.

Ⅳ. 문학적 역사학의 재등장

1. 영국 사학계의 문학적 전통

랑케 사학의 비판이라는 학계풍토에서 나타난 특기할 만한 운동으로 문학적 역사의 재등장을 들 수 있다. 잘 알려져 있듯이 가장 원초적인, 그러나 가장 중요한 역사가 이야기(설화)식 역사였다. 고대 그리스의 헤로도투스, 듀키디데스, 로마의 리비우스, 타키투스가 모두 탁월한 '이야기꾼'(story-teller)이었다. 또한 근대의 볼테르, 기본, 카알라일(Thomas Carlyle, 1795~1881) 그리고 머콜리(Thomas B. Macaulay, 1800~59), 프레스코트 등 지도적인 역사가들도 모두 이야기에 능수능란한 역사가들이었다.[32] 그런데 이 같은 문학적 역사의 전통을 이어서 현대의 문학적 역사학은 영국에서 먼저 일어났다. 영국 역사학은 본시 문학적 전통을 강하게 물려받고 있었으니 당연한 일이었다.

19세기 영국의 문학적 역사가로서 머콜리를 들 수 있다. 그는 "나는 지금 곧 내 책이 젊은 귀부인들의 책상 위에 놓인 최근 베스트셀러 소설을 대신하게 하지 않고서는 속이 풀리지 않을 것이다."고 말하였다. 과연 머콜리는 《영국사》(1848~59) 전 5권을 내어 미증유의 판매실적을 올리고 말았다. 이 책이 미국에서는 성서 다음 가는 베스트셀러가 되었고, 영국에서도 1875년까지 14만부나 팔려 나갔으니 소원대로 된 것이다.

필자도 이 책을 가지고 있으나 그 때만 하더라도 이 책을 읽지 않으면 안된다고 할 정도의 책이었다. 그에 따르면 '역사적 사실이란 이를테면 역사의 부스러기'에 지나지 않지만 그것 없이는 완전한 역사라 할 수 없다. 완전한 역사란 "시대의 성격과 정신이 세밀하게 그려진 그림 같아야 한다. 그래서 가디너(S.R Gardiner)는 머콜리의 역사를 '역사학의 파괴자'라 하면서 맹비난을 가했다.[33]

그러나 카알라일은 머콜리 보다 훨씬 더 심한 문학적 역사가였다. 《프랑스혁명사》를 비롯한 그의 저술은 문학이자 동시에 예언서이기도 했다. 그는 역사를 위인의 역사와 동일시하였다. 그래서 역사가들은 카알라일 때문에

---

32) Commager, *The Study of History* (New York, 1965), p. 3.
33) A. Marwick, *op. cit.*, pp. 50-51.

역사가 전기로 전락하여 초등학교의 역사교육에 막대한 악영향을 끼쳤다.[34]

역사가 과학이라기보다 문학에 가깝다는 생각은 이미 18세기에 《로마 쇠망사》를 쓴 기본에서 비롯되어 19세기의 머콜리와 카알라일을 거쳐 20세기 초의 트레벨리안에 이르렀다. 웨지우드(C.V. Wedgwood)는 《문학으로서의 역사》(*History as Literature, Times Literary Supplement*, 1956)에서 현대 영국의 문학적 역사가로서 내미어(Namier), 포위크(Porwick), 갈브레이드(Galbraith), 런시맨(Runciman) 등을 열거하고 있다. 웨지우드는 "역사가 과학이냐, 아니면 예술이냐 하는 문제에 대한 가장 적절한 대답은 이 질문을 거듭 되풀이 묻는 데 있다"고 말하면서 문학적 역사의 역할을 긍정적으로 평가하였다.

유명한 영국 철학자 러셀(Bertrand Russell)도 역사의 문학성을 강조하고 역사가는 모름지기 연구실에만 틀어박힐 것이 아니라 널리 일반 독자를 의식하면서 역사를 서술하여야 한다고 말했다. 역사가는 사건의 인과관계를 추적한다. 그러나 역사의 인과법칙이란 지극히 한정된 범위 안에서만 성립 가능한 것이며 역사발전의 거창한 도식을 만들어 낸다는 것도 마치 신화를 만들어 내는 것이나 다름이 없는 일이므로 일어난 사실 그 자체가 갖는 흥미에 안주할 수밖에 없다. 그러기 위해서는 연구의 대상을 국가나 사회보다 개인을 중심으로 삼아야 할 것이며 역사가의 입장도 공평하기보다 차라리 한 쪽으로 편들어 주는 것이 타당하다. 왜냐하면 그로 말미암아 일어나는 편파적 역사 서술의 잘못은 다른 역사가가 반대 입장에서 쓰는 것으로 시정될 수 있을 것이기 때문이라고 말하였다.

참으로 재미있는 이야기다. 제2차 세계대전을 주제로 한 자서전으로 유명한 윈스턴 처칠(Winston L.S. Churchill)도 알고 보면 셰익스피어의 작품을 읽고 영국사 공부를 했다는 것이다. 본인이 솔직히 고백했으니 믿을 수밖에 없다. 그러니 역사 소설이나 TV드라마를 보고 역사 지식을 얻는 요즘의 우리나라 현실을 나무랄 수 없는 것이다.

그러나 그렇다고 해서 역사를 소설처럼 쓸 수는 없는 일이고 보니 난감한 일이다. 사람은 누구나 어릴 때 읽는 동화에서 역사적 감각을 얻고 기른다고 한다. 그래서 "허구(소설)는 진실의 누님이다"라고 한 키플링(Rudyard Kipling)의 말이 설득력 있게 들리는 것이다.[35]

---

34) Elmer Barnes, History, Encyclopedia Americana, p. 225.
35) Commager, *op. cit.*, p. 34.

2. 역사 소설과 문학적 역사

문학적 역사는 적어도 역사 소설과 다르다는 점을 잊어서는 안 될 것이다. 머콜리는 "역사는 이야기의 기술에 달려 있다"고 하면서도 이야기의 기술이란 없는 사실을 만들어 내는 것이 아니라 선택과 배열의 묘를 살려 독자의 감각과 상상을 일으키는 기술이라 말했다.[36] 듣고 보면 그럴 듯한 말이다.

역사 소설은 19세기의 발명품이었다. 역사 소설의 창안자들은 스코틀랜드의 스코트(Walter Scott)와 갈트(John Galt), 미국의 쿠우퍼(Fetumore Cooper), 심스(William Gilmore Simms), 덴마크의 잉게만(B.S. Ingemann), 프랑스의 유고(Victor Hugo), 이탈리아의 만조니(Alessandro Manzoni) 등 19세기의 역사가들이었다. 이들이 오늘날 우리가 알고 있는 역사적 인물과 에피소드의 대다수를 들추어내어 역사의 판에 박아 버린 인물들이다. 역사 소설은 처음 영국에서 시작하여 유럽으로 건너갔다. 독일에서 과학적 역사학이 영국으로 건너간데 대한 영국의 반격 내지 역수출이었다고 할 수 있다.[37]

역사 소설은 크게 두 가지 형태로 나눌 수 있다.

첫째는 시대 소설이다. 복장, 사투리, 억양까지도 그 시대의 것을 재현해 주지만 독자에게 '역사란 결국 싸움과 모험과 사랑의 잡탕'이라는 인상을 주기 쉽다. 그러나 이 중에도 톨스토이의 《전쟁과 평화》, 호손(Hawthorne)의 《주홍글씨》(*The Scarlet Letter*)같은 유익한 작품도 있다는 사실을 기억할 필요가 있다.

둘째는 당대의 시대상을 충실히 묘사하여 그 자체가 역사 문헌이 되는 그런 역사 소설이다. 이것은 작자가 역사 소설이라고 생각하여 쓴 소설이 아님에도 불구하고 그것이 창작된 당시의 사회상을 너무나 생생하게 재현해 줌으로써 그 자체가 하나의 사료가 되는 소설이다. 이를테면 《캔터베리의 이야기》 같은 것이 그것이다.[38]

3. 트레벨리안의 문학적 역사

영국 사학계의 농도 짙은 문학적 풍토 때문에 현대 문학사관의 대변자 트

---

36) Commager, *ibid.*, p. 3.
37) Commager, *ibid.*, p. 34.
38) Commager, *ibid.*, p. 35.

레벨리안(George Macaulay Trevelyan, 1876~1962)이 등장하였다. 트레벨리안은 머콜리의 종손이었는데 1903년 《독립평론》(Independent Review)지에 유명한 《역사의 여신은 문학의 여신이다》(*Clio, a Muse*)를 발표하여 역사학을 과학이 아니라 문학이라 선언하고 말았다. 그에 의하면 역사란 실제생활에 직접 유용하거나 학문에 있어서 원인과 결과의 법칙을 연역해 내는 물리학과 같은 기능을 발휘할 수 없다는 것이다. 역사가 과학적일 수 있는 부문은 단지 사실의 수집과 무슨 일이 일어났는가에 대한 증거의 검토뿐이라는 것이다.[39] 트레벨리안에 의하면

> 프랑스 혁명과 같은 비교적 잘 알려진 사건을 연구하는 데 있어서도 몇 백 몇 천 정도라면 몰라도 2천 5백만에 달하는 사람들의 심리를 모조리 정확하게 조사할 수는 없는 것이다. 왜냐하면 그들의 언행과 동기는 이미 완전히 잊혀진 암흑 속에 묻혀버렸기 때문이다. 그러므로 아무도 프랑스 혁명을 완전무결하게 구술할 수 없다. 얻을 수 있는 모든 주요 자료를 발견 검토한 뒤 최대의 파악력과 이해력과 상상력의 소유자만이 최선의 역사 해석을 내릴 수 있는 것이다.

고 말하면서 카알라일이 그의 탁월한 폭도의 심리분석과 개인의 성격묘사 때문에 프랑스 혁명을 가장 잘 묘사한 역사가였다고 평가했다. 그러므로 아무리 사건을 냉철하게 분석하고 많은 사실적 지식을 가진 과학적 역사가라 하더라도 인간 이해가 결여되어 있다면 그건 아무 소용이 없는 것이다.

트레벨리안이 새삼 문학적 역사학을 재창한 까닭은 랑케 사학의 속박으로부터의 영국 역사학을 해방하는데 있었던 것이다. 그는 랑케 사학의 실증주의와 현학주의를 비판하고

> 우리는 한 사람의 마음을 해부할 수 없다. 설혹 할 수 있다손 치더라도 그것으로 다른 사람들의 마음을 논할 수 없는 것이다. 우리는 한 나라의 2천만인의 마음들을 결코 과학적으로 알 수 없는 것이다. 따라서 역사학의 임무는 과학적 연역에 있지 않고 가장 있음직한 일반화를 추리하는데 있는 것이다.

라고 신비에 쌓인 인간 내면을 통찰하는 것이 중요하다고 주장하였다.

---

39) Marwick, *op. cit.*, pp. 66ff.

역사의 과학적 가치를 부정한 트레벨리안은 랑글로아·세뇨보와 함께 그 사회적 기능, 즉 역사학이 지닌 교육적 효용을 강조하였다. 역사는 시민교육의 기본과목으로서 중시되어야 한다는 것이었다.

역사학이 과학이냐, 문학이냐 하는 문제처럼 시끄러운 논쟁거리는 달리 없었다. 트레벨리안은 티이리나 휴즈가 그랬듯이 "역사는 문학이요, 과학이다. 아니면 문학이나 과학 어느 것도 아니다"라고 말했다. 그에 따르면 역사학에는 세 개의 측면이 있다는 것이다.

첫째 과학적 측면, 즉 사실의 증거를 수집하고 검토하는 측면이 있고,

둘째 상상적 또는 추론적 측면, 즉 사실의 선택·분류·해석 그리고 일반화의 측면이 있다.

셋째 문학적 측면, 즉 과학과 추론의 성과를 해석해 주고 국민을 이끌어 주고 계도하는 측면이 있는 것이다.

이 마지막 측면을 트레벨리안은 특히 강조하고 싶어 했다. 그는 소위 과학주의자가 역사학을 접수한 뒤 지적 대중이 역사를 읽지 않게 되었다고 개탄하고 "참으로 《케임브리지 근대사》는 책장을 장식하기 위해 사지 읽기 위해 산 책이 아니라는 것이다. 《엔사이클로페디아 브리타니카》처럼 참고서적으로 산 것이 아니라 단지 서재에 꽂혀 있는 것으로 만족하는 책으로 산 것"이라고 비꼬았다.

트레벨리안의 주장은 학계에 그다지 좋은 반응을 불러일으키지 않았으나, 일반 아마추어에게는 매우 깊은 공감을 불러 일으켰다. 그 한 예로 당시의 미국 대통령 루즈벨트는 트레벨리안의 아버지 조지 오토 트레벨리안에게 이런 편지를 보냈다.

> 아마 미국사학회라고 기억합니다만 우리나라에도 그런 터무니없는 조직이 있습니다. 그들은 이 조직을 역사 연구의 결함과 천박성을 없애기 위한 훌륭한 저항이라 주장합니다만 사실은 그 반대입니다. 그들은 역사 연구가 사실의 축적이라는 식의 지극히 해로운 생각을 갖고 있습니다. 위대한 역사가란 물론 과학정신을 가져야 합니다. 그러나 그가 완성한 역사에 고도의 문학성이 없다면 결코 위대하다고 말할 수 없을 것입니다.[40]

40) *Ibid.*, pp. 69~70.

일국의 대통령이 역사학회의 동태에 이렇게 큰 관심을 가져 주었다는 사실에 경의를 표하고 싶고 부러운 일이라 생각한다. 한국의 대통령이라면 국내에 역사학회가 몇 개나 있는지 알려고도 하지 않을 것이며 역사 교육의 중요성을 알려고 하지도 않을 것이기 때문이다. 일본교과서의 한국사 왜곡 그리고 중국의 동북공정 소식을 듣고도 한국사를 안 가르치겠다고 고집하는 장관 아니 부총리를 그대로 두는 사람이고 보니 이상 할말이 없는 것이다.

종종 표면상의 주장과 실제연구 사이에 큰 오차가 나타나는 경우가 있다. 트레벨리안과 버리와의 논쟁이 그 좋은 예다. 버리의 문장이 트레벨리안 못지 않게 훌륭했다는 점을 감안한다면 두 사람의 역사 논쟁은 단지 탁상공론에 불과하였다는 느낌을 준다. 한편 트레벨리안도《안 여왕 치세의 영국》이나《가리발디의 로마공화정 옹호론》같은 저술에서 뛰어난 실증연구를 보였다.

누군가가 트레벨리안의《영국사회사》를 '점잖은 역사의 한담'이라 비꼬았듯이 그의 사회사는 사회사 자체의 품위를 떨어뜨리는데 기여한 책이었다. 그의 사회사는 많은 통계자료를 무시했을 뿐 아니라 사회학적 이론을 도외시하고 과거의 생활을 이상화하는 나머지 어떤 심리학적 분석도 시도하지 않았다.

트레벨리안은 어떤 주제, 어떤 역사가에도 요구되는 기본자세가 무엇이냐 하면 "주제에다 역사가의 사랑을 넣는 것"이라 했다. 그러나 증오로 역사를 연구하는 것도 나쁘지만 사랑으로 역사 연구를 하는 것도 썩 좋은 일은 아닐 것이다. 그는 사랑 때문에 역사의 추악성을 무시하고 매양 이상화하는 버릇을 버리지 못했던 것이다.

트레벨리안은 또 진보적인 휘그파에 속하는 전통적인 역사가였다. 그의 이탈리아사연구가 무솔리니 집권에 대한 항의요, 영국 사회사연구는 나치독일에 반대하는 휘그파적인 애국주의 역사연구였던 것이다.

어떻든 트레벨리안의 영향은 컸다. 고등학교 이하는 물론 대학수준의 역사 교육에까지도 그의 영향력이 미쳤기 때문에 영국에서는 신사도와 우아한 문장력이 역사과 선택의 기본요건으로 인식되었다. 그러나 이것은 영국 사학의 후진성을 더해주는 역기능이 되기도 하였다는 사실을 기억하여야 할 것이다.[41]

---

41) *Ibid.*, pp. 274~276.

제 4 절
현대 역사학의 보혁 갈등

정치사와 사회사는 같은 과정의 두 측면이다. 만일 둘을 떼어 생각한다면 사회사는 그 흥미의 절반을 상실하며, 정치사는 그 의미의 거의 전부를 상실한다.

—M. Powicke

Ⅰ. 역사학의 위기

1. 위기의 현실적 상황

지난 수백 년 동안 역사학은 외부로부터도 도전을 받아왔지만 또한 역사학 내부에서도 갈등을 빚어 왔다. 그리고 역사학의 위기는 단지 역사학만의 것이 아니라 인문과학 전반에 걸친 위기라는 '전면적 위기' 속에서 일어난 사태였다.

여기서 말하는 인문과학의 위기는 과학기술과 사회과학으로부터의 도전이란 이중의 도전으로 인해 야기되었다. 그 결과 19세기에 누렸던 인문과학의 왕좌가 무너지고 인문과학에 대한 일반의 인기하락이 눈으로 확인하게 되었다. 특히 사회과학은 현대사회의 제 문제를 해결할 수 있다는 자신감을 가지고 등장하여 현실문제와 무관하다고 자처하여 온 인문과학을 깊은 산속으로 몰아 붙였다.[1)]

더욱이 철학자들은 역사 연구의 실제를 알지도 못하면서 역사 인식의 문제점을 들추어냈다. 그 바람에 위기가 더욱 심각한 것처럼 과장되었다. 그러나 실제로 역사 연구에 종사하는 역사가들의 눈으로 볼 때 인식론의 문제는 그리 큰 문제가 되지 않았다. 왜냐하면 현대의 위기는 역사학의 본질문제에서 불거져 나온 오랜 갈등의 마지막 국면이었고 새삼스런 문제가 아니었다. 또한 그것은 제2차 세계대전의 격동과 그로 인한 급격한 기술적 발전으로

---

1) A. Marwick, *The Nature of History* (New York, A delta Book, 1970), p. 233.

인한 것이기도 하였기 때문에 어쩔 수 없는 사태였던 것이다.

미국에서는 이미 1930년대에 유명한 '신사학파'(뉴 히스토리안)와 상대론자들이 재래의 역사학자들을 맹렬히 비판함으로써 위기의식이 고조되었는데 국가사와 정치사에 대신하는 사회사와 사상사가 더 중요하다는 소리가 높았다. 한편 영국에서도 "역사가란 무엇이냐?" 또 "역사가는 무엇을 해야 하느냐?" 하는 문제가 제기되었으나 이런 문제에 대해 무신경했던 역사가들은 제2차 세계대전 후에야 위기의식을 갖기 시작하였다. 그러나 이처럼 위기의식이 뒤늦게 섬나라 영국을 엄습했기 때문에 그 결과는 다른 어느 나라보다도 크게 느껴졌다.[2]

2. 역사의 단절시대

제2차 세계대전과 전후의 역사학을 특징짓는 두 가지 큰 경향을 지적할 수 있다. 그 하나는 역사주의에 대한 비판을 들 수 있다. 연속성의 이론은 역사가들이 역사적 사실을 설명하는 데 있어서 없어서는 아니 될 필수적인 도구였다. 즉, 역사가들은 "모든 것은 앞에 일어난 모든 다른 것과 관련된다"는 대전제하에 역사를 연구해 왔다. 또 베라클라프가 말했듯이 모든 것의 본질은 그 발전과정에 있어서만이 완전히 이해된다고 믿어 왔다. 그래서 역사가는 한 제도 또는 한 사상을 그 이전에 있었던 제도나 사상과 관련시켜 설명하여 왔다. 그러나 두 차례 세계대전으로 인한 놀라운 변화로 인하여 역사적 단절을 눈으로 확인하게 되어 재래의 연속성의 이론은 잘못된 것 처럼 보이기 시작하였다. 이것이 현대 위기의 첫 징조였다.

이리하여 전후 역사가들은 연속성보다 단절성을 강조하고 역사적 변동이 갖는 파국적 성격을 강조하는 경향을 보여 주었다. 제2차 세계대전 직후에 나온 마이네케의 유명한 《독일의 파국》(*Die Deutasche Katastrophe*, 1946)을 비롯하여 바론(Hans Baron)의 《초기 이탈리아 문예부흥의 위기》(*The Crisis of the Early Italian Renaissance*, 1955), 엘톤(Geoffrey Elton)의 《튜더 왕조의 정부혁명》(*The Tudor Revolution in Government*, 1953), 로퍼(Trevor Roper, 1914~)의 《17세기의 일반적 위기》(*General Crisis of the Seventeenth Century*), 게이(Peter Gay)의 《계몽사상, 한 해석》(*The enlightenment*:

2) *Ibid.*, p. 228.

An Interpretation, 1967) 등은 이러한 경향을 보여 주는 사례였다고 할 수 있다.[3)]

그러나 역사의 연속성을 부정하고 단절성을 강조하는 위와 같은 책이 나왔다고 해서 20세기의 과학기술사회가 모든 과거의 전통사회와 단절되었다고 볼 수 있을까. 아무리 현대가 단절의 시대라 하더라도 역사는 현재에 아무 쓸모도 없는 것이 되었다고 판단할 수 있는 것일까. 20세기의 소위 '대변동'(great mutation)이 아무리 컸다 하더라도 그로 인해 인류의 멀고 가까운 과거에 대한 지식의 필요성이 아주 지워지는 것은 아니다. 그러므로 현대의 위기 역시 지난 어느 역사 시대의 위기와 마찬가지로 역사가의 진단을 필요로 하고 있는 것이다.

둘째로 들 수 있는 전후 역사학의 경향은 1940년 이후 세계의 세력균형이 총체적으로 변동함으로써 세계에 있어서의 '유럽우위'가 무너지고 아시아, 아프리카, 남미에 대한 새로운 관심이 고개를 들기 시작하였다는 사실이다. 이들 전 식민지 지역의 역사 발전은 수세기 동안 유럽사와 별개의 것으로 취급되어 온 것이 사실이다. 랑케의 세계사를 비롯하여 모든 세계사가 예외 없이 이들 지역을 역사 밖에 있는 것으로 인식하여 온 것이다.

그런데 제2차 세계대전 후의 현대 역사학은 유럽사 중심주의적 편견을 버리고 세계사를 하나의 통일적 상관적 과정으로 파악하기 시작하였다. 베라클라프의 《현대사 서설》(*An Introduction to Contemporary History*, 1964)은 그 두드러진 실례라 하겠다. 또 런던 대학의 '아시아 영령 식민지사 교수직'이 전후에 이르러서야 비로소 '동양사 교수직'으로 개명된 것을 보더라도 아시아 아프리카를 보는 안목이 달라진 것을 알 수 있다.[4)]

또 하나 주목할 일은 기술사회의 도래로 전후의 역사가들은 과학사와 기술사란 새로운 분야를 개척하였다는 사실이다. 이것은 매우 환영할 만한 유행이라 하지 않을 수 없다.[5)] 흔히 제1차 세계대전이 19세기적 절대주의에 대한 결정적 타격이었다고 보고 있지만 전후에도 계속 정치사에 대한 미련이 남아서 합리적으로만 정치를 운영하면 전쟁은 피할 수 있다는 미련을 버리지 않았다. 그래서 입으로는 정치사보다 사회사나 사상사의 중요성을 강조하면서도 역사학계는 계속 정치사위주의 역사를 버리지 못하고 있는 것이다.

---

3) *Ibid.*, p. 229.
4) *Ibid.*, p. 228.
5) *Ibid.*, p. 229.

제1차 세계대전 이후에는 내미어(Lewis B. Namier, 1888~1960)나 뒤르켐, 블록, 르페브르가 나타났음에도 불구하고 대다수의 서구 역사가들은 인간 이성에 대한 신념을 버리지 않고 비록 일부 정책결정자의 의도적인 과실로 인해 전쟁과 혁명이 일어났지만 앞으로는 노력만 하면 이러한 불행이 다시 일어나지 않도록 사전에 미리 막을 수 있다고 믿었다. 그러나 제2차 세계대전의 발발과 나치의 포악을 눈으로 목격한 역사가들은 더 이상 인간의 이성을 믿을 수 없게 되었다.

1945년 제2차 세계대전이 끝나자 역사가들은 모든 역사 분야에 있어서 인간 행동의 비합리성, 인간 심리의 복잡성, 역사의 의외성을 중시하게 되었다. 역사가들은 사회과학의 도움은 물론 현대 문학비평의 도움까지 받아들여 문학까지도 비합리적인 인간 정신의 발현으로 보기 시작했다.[6] 모든 역사를 다시 보게 된 것이다.

특히 패전국이며 동서독으로 분단된 독일의 역사학은 다른 어느 나라보다도 심각한 반성기에 접어들었다. 전술한 바와 같이 마이네케가 《독일의 파국》(1946)을 발표하여 자신의 과거를 뉘우치고 독일이 19세기에 걸었던 오도된 길부터가 잘못된 것이었다고 반성하였다. 즉, 독일은 그 때 이미 자신의 귀중한 문화전통을 버리고 국가의 영광화에 열을 올린 것이 파국의 원인이 되었다고 진단하였다.

이리하여 그는 랑케의 대담한 자기 확신을 버리고 부르크하르트의 깊은 비관론에 몸을 맡겼다. 같은 경향은 독일 종교개혁사 연구로 유명한 리터(Gerhard Ritter)에게서도 찾아 볼 수 있다. 즉, 그가 전전에 연구한 《루터, 그의 생애와 저술》(1928~29)을 1959년에 다시 발행하면서 그 서문에서 이렇게 반성문을 추가하였다.

> 제1차 세계대전 직후에 세워진 이 책의 본래 계획은 국민적 영웅으로서 또 독일 문화의 중심인물로서의 루터의 중요성을 강조하는 데 있었으나 지금 생각하면 그것은 좀 지나쳤던 것 같다. 따라서 당시의 표어 '영원한 독일'은 삭제하였다.[7]

---

6) *Ibid.*, pp. 229~230.
7) *Ibid.*, p. 230.

Ⅱ. 영국 역사학계의 보혁갈등

1. 마르크스와 보수파의 대립

1945년 이후에 일어난 역사학의 변화에 대한 잠정적인 결론은 가능할지도 모르나 이 시기에 많은 단기적 운동이 일어났던 사실을 잊어서는 안 된다. 이들 단기운동 가운데 어느 것이 장기운동으로 발전할지 예측하기 어려운 일이었다. 이 시기는 변동이 심한 시기였기 때문에 어느 날 아침에 새로 시작된 것이 이튿날 정통학설이 되기도 하였다. 또 영국에서는 새 학설로 보였으나 프랑스와 미국에서는 낡은 것으로 평가되기도 하였다.

제2차 세계대전 이후의 영국 역사학은 그 주류를 크게 마르크스주의 역사학과 보수주의 역사학의 두 흐름으로 대별할 수 있다. 개개의 역사가에게 정치적 상표를 붙인다는 것은 부당하다. 왜냐하면 역사연구가 발전된 결과 역사가들은 그 어느 때보다도 그들 자신의 정치적 편견을 배제할 능력을 갖게 된 때문이다.

내미어 이후의 보수주의 역사학은 지난날의 '토리'(Tory)파 운동을 계승한 것이었다. 왜냐하면 이 운동의 특징은 이데올로기의 불신, 예언불가능성의 강조, 인간의 운명을 결정하는데 있어서 인간이 할 수 있는 제어능력에 대한 회의, 즉 의심, 그리고 구체적인 계량가능성의 강조 등으로 나타났다. 이 토리주의는 역사연구에서 모든 '목적'을 제거해 버린 것이었다.

한편 마르크스주의는 역사에 의미와 틀을 주는데 역점을 주었다. 이 때문에 누구나 역사연구의 초심자들은 이 함정에 빠져 쉽사리 헤어나지 못한다. 평생을 헤어나지 못하고 저승으로 가는 학자가 적지 않는데 후회할 겨를도 없는 것이다.

현대 마르크시스트 사가의 연구를 보면 얼핏 보기에 그 스타일이 프랑스 아날르 학파와 구분하기 어려울 정도로 치밀하고 미묘하다. 그러나 마르크시스트라 불리기를 좋아하는 영국사가의 일단과 토리 경험주의자들과의 사이에는 그 대립이 뚜렷하다. 보수적인 토리파 역사가들은 심지어 그것이 일어났기 때문에 일어났다고까지 주장한다. 그러나 마르크시스트는 사건의 의미 있는 상호관련성을 찾는데 혈안이 되고 있다. 물론 후자의 입장은 마르크시스트에 한정된 이야기는 아니다.[8]

2. 보수주의 역사학

현대 영국 보수주의 역사학의 거장 내미어는 폴란드 태생의 유대인으로서 일약 20세기 최대의 영국사가로 각광을 받았다. 1929년 내미어의 《조지 3세 즉위시의 정치구조》(*The Structure of Politics at the Accession of George* Ⅲ, 2 vols, 1929)가 출간되자 테일러는 이를 다윈의 《종의 기원》에다 비유했으며, 헤일(John Hale)은 현대를 '내미어 시대'라고까지 극언함으로써 내미어 역사학의 비중을 높이 평가했다.

내미어 방법론의 특징은 개개인에 대한 섬세한 연구를 끝까지 밀고나간다는 데 있었다. 가설 대신에 "대중과 정당과 집단이 무엇을 하고 또 무엇을 생각했는가?"를 면밀히 조사해서 연구의 대상을 인간 생활의 밑바닥까지 파고드는 철저한 조사방법이다. 이리하여 고상한 정치이념이 실제의 정치사에 얼마나 무력한 것이었는가를 폭로하였다.

이리하여 그는 영국의회의 집단 전기적 분석방법을 통해 이른바 내미어 혁명(Namierite Revolution)을 일으켰다. 내미어파로 지목되는 역대 역사가들로서는 주로 18세기를 연구한 패어스(Richard Pares)의 안 여왕대와 초기 하노바 왕조를 연구한 플럼(J.H. Plumb), 16세기의 역사를 연구하여 중세 의회의 완전성숙 신화를 깨뜨린 니일(J.E. Neale), 그리고 19세기를 연구한 개쉬(Norman Gash) 등을 들 수 있다.[9]

그러나 내미어는 역사를 연구한 전통적인 사료를 이용하는데 그쳤고 그 자신 토리파 역사가였다. 그는 개인과 인간의 이기적인 행동 동기만을 보고 정치철학자들의 추상적 이념을 무시했다. 그는 또 의식적이든 아니든 프로이드 심리학에 심취되어 인간 동기에도 고상한 측면이 있다는 사실을 무시하였다.

내미어는 심리학뿐만 아니라 동시에 역사에 계량적 통계방법을 도입했다. 그는 막연히 휘그당과 토리당을 묻지 않고 얼마나 많은 휘그당, '얼마나 많은' 토리당인가 하는 '수'를 물었던 것이다.

버터필드(Herbert Butterfield)는 《휘그파 역사 해석》(*Whig Interpretation of History*, 1931)을 발표한 뒤 현대 영국의 지도적 역사 이론가로 부상하였다.

---

8) A. Marwick, *ibid.*, p. 270.
9) 박성수, '내미어 史學에 대하여', 역사교육 10 (1967) 참조.

그러나 랑케적인 기본입장을 고수하는 대표적 인물로 유명하다. 그는 역사가는 모든 판단에 있어 "자기 자신을 없애라. 즉 비워라"는 랑케의 교의에 따라 "나는 내게 말하는 시대의 소리가 들릴 때까지 읽고 또 읽는다."는 영(G.M. Young, 1882~1959)의 말을 인용했다.

전통적으로 영국 역사학의 정상은 옥스퍼드 대학이라 인식되어 왔으나 제2차 세계대전 후에는 케임브리지 대학으로 옮아갔다. 그것은 클라크(G.K Clark)와 엘톤 그리고 브로간(Penis Brogan), 플럼, 카아(E.H. Carr) 등 현대 영국 사학의 대가들이 케임브리지 출신이었기 때문이다.[10)]

클라크는 1832년의 선거법 개정 이후의 영국사를 연구했으나 이렇다 할 '테제'를 제시하지 못하고 말았다. 그러나 그의 연구로 곡물법 폐지(1842)를 반대한 사회세력이 종래 생각했던 것처럼 대지주나 귀족이 아니라 조그마한 이익에 민감한 차지(借地) 농민들이었다는 사실이 밝혀졌다. 그에 의하면 선거법 개정 후에도 영국의 정치지배층은 여전히 대지주들이었다는 것이며, 곡물법 폐지를 추진한 자도 바로 이들이었다는 것이다.

클라크는 이처럼 수정론자였으나, 고인이 된 선배학자에 돌려야 할 당연한 명예를 존중하는 학자적 겸손을 항상 잊지 않았으며, 자기의 수정론을 1대 혁명이나 되는 듯이 떠들어대는 것을 반대하고 역사 연구란 점진적으로 발전한다는 사실을 확신했다. 그래서 트레벨리안, 클래팜 등의 학설을 수정보다 이를 보완하는 입장에서 연구를 진행하였다.

클라크는 역사학의 본질과 방법에 관해 말한 소수의 영국사가 중의 하나였다. 그의 《역사연구자를 위한 지침서》(*Guide for research Students Working in Historical subjects*, 1960)[11)]와 《비판적 역사가》(*Critical Historian*, 1967)는 영국 사학의 전통적 개념과 방법을 보여 주는 명저라 할 수 있다.

그는 정치사를 강조한다. 그러나 정치적 중요 인물들 상호간의 관계만을 가지고 서술된 역사를 "배경 없는 역사요 의심스러운 역사"라 비판하면서도 배경 없는 역사는 "아무도 그 정확성 여부를 따져 보지도 않는 채 진부한 일반적 상투어만 가지고 설명하는, '배경 있는 역사' 보다 차라리 낫다"는 단서를 붙였다.

클라크는 또 겉핥기식의 일반화(이론화)도 나쁘지만 역사적 현실에 대한 현미경적 연구도 역시 실망스럽다. 그러나 위기에 대담하게 대결해 나아가

10) A. Marwick, *op. cit.*, p. 237.
11) 본서 제4장 제1절, p. 288 참조.

는 데 있어서 후자의 공로가 적지 않다고 긍정적으로 평가하였다. 클라크 자신이 이런 입장에서 간결하고 요령 있는 19세기 영국사 개설서를 썼으니 바로 《빅토리아 영국의 성립》(*The Making of Victorian England,* 1962)과 '확대되는 사회, 영국 1830~1900년'(An Expanding Society : Britain, 1830~1900, 1967)이었다. 두말할 것도 없이 이러한 그의 역사 개관은 착실한 개별 연구를 바탕으로 하여 조심스럽게 집필된 전통적인 개설서이다. 그러기에 클라크는 혈기 없는 일반화의 틀 속에 갇힌 역사적 인물들을 살아있는 인물로 구출해내는 일이 역사가의 임무라 강조하였다. 또 클라크에 의하면

> 역사가는 어떤 세기에는 어떤 특정한 사항이 중요하다고 가정한다. 그래서 17세기는 종교가, 19세기에는 민주주의, 국민주의 그리고 산업 발전과 사회문제가 중요시되어 다른 면은 도외시되고 만다.

는 것이다. 즉, 그는 19세기 초에도 여전히 종교가 정치 개혁의 요인으로 중요한 구실을 하고 있었다는 사실을 강조한다. 그러므로 그는 인간 행동의 동기를 이해하는 데 있어 감정적 동기나 비합리적 감상, 편견, 체험 따위를 꼭 배려하여야 한다고 주장한다. 클라크는 역사 연구에 수학이 차지하는 중요성을 시인하였다. 그러나 역사에는 계산할 수 없는 요소가 있다는 점을 강조하고 만일 계산에 착오가 나타난다면 그 결론은 '오류의 재료'가 될 뿐이라고 경고하였다.[12)]

한편 케임브리지 대학 헌정사 교수 엘톤은 튜더 행정 개혁에 관한 그의 새로운 개혁설인 '엘톤 테제'(Elton thesis)로 널리 알려진 역사가다. 그의 행정 개혁설은 종래의 정설이던 점진적 개혁설을 뒤엎고 1530년대에 가서 갑자기 근대 개혁이 이루어졌다고 주장하는 단절설을 내세웠다. 즉, 종래의 정설에 따르면 튜더 행정 개혁은 1485년에 장미전쟁이 끝나고 튜더 왕조가 성립된 해를 기점으로 그린의 이른바 '신왕정'(new monarchy)을 거쳐 다음 헨리 8세의 '튜더 절대왕정'(Tudor despotism)에 이르러 완성된다는 것이었다. 이 정설은 폴라드(A.F. Pollard)에 의해 수정되어 '신왕정'의 많은 행정 제도가 튜더 왕조 이전의 중세 왕조로부터 서서히 개혁된 결과라 생각하고 있었다. 엘톤은 이와 같은 정설을 모두 뒤엎고 1530년대에 헨리 8세, 특히 그 심복 대신 크롬웰(Thomas Cromwell)이 근대개혁을 단행함으로써 갑자

12) *Ibid.*, pp. 294~297.

기 이루어졌다고 주장하고 나섰던 것이다. 크롬웰 한 인물에다 근대 개혁의 전 사명을 떠맡겨 그를 '영국사상 가장 뛰어난 개혁가'라 부르는 것은 통념상 납득하기 어렵다. 그러나 엘톤의 이 단절설이 나옴으로써 종래의 점진적 개혁설이 전적으로 받아들여지기 어려운 것으로 바뀌고 말았다.[13]

엘톤의 《역사 연구의 실제》(*The Practice of History,* 1967)는 모든 역사 개혁론자들을 공공연하게 비판하면서 역사학의 자율성을 고집하는 강경 보수론이었다. 그는 첫째 직업적 역사가와 재야 사학자들을 엄격히 구분한다. 직업 역사가란 "한 시대를 내면에서 이해하는 역사가"이며 재야 사학자는 "단지 과거에서 신기한 것을 찾아내려는 성향의 역사가"라고 하였다. 그는 심지어 엘톤과 트레벨리안 까지도 재야 사학자로 보았다. 단재 신채호를 재야 사학자로 보는 우리나라 풍조와 같다고 할까.

그는 "확대경을 들고 지식의 변경을 기어 다니는 역사가"와 "좁고 적은 주제를 붙들고 부지런히 일하는 젊은 역사가"들의 미시적 연구를 두둔하는 단호한 호교론자였던 것이다. 그러나 끝내 이 단계를 벗어나지 못하고 있는 노장 사가에 대해서는 고개를 옆으로 흔든다. 엘톤은 "박사학위 논문은 심사위원 이외에는 아무도 읽을 필요가 없다"고 주장하는 철저한 박사 도제론자(徒弟論者)이기도 하였던 것이다.

그는 뛰어난 문장가였지만 단순한 서술보다 '역사분석의 성과로 보강된' 역사 서술형태라는 학문적 성격을 고수하였다. 따라서 그의 문장에는 '내적 논리'가 정연했다. 그러나 엘톤은 내미어 이상의 토리파 역사가였으므로 내미어가 18세기 집권층의 정치 부정을 옹호했듯이 그 역시 튜더 왕조의 전제정치를 두둔했던 것이다. 그래서 역사에 있어서의 패자보다 승자 편을 너무 든다는 비판을 면치 못하고 있는 것이다.[14]

테일러(A.J.P. Taylor)는 학계보다도 일반대중에 널리 알려진 전직 옥스퍼드 대학 교수였다. 그의 전공분야는 본래 19세기 유럽사였지만 오스트리아, 독일, 영국 등 3국의 정치외교사를 섭렵한 이례적인 경력의 학자였다. 이처럼 다양한 연구관심과 타고난 재능 그리고 저널리스트로서의 뛰어난 자질 때문에 학계에서는 그를 좋게 평가해 주지 않았다. 그러나 그가 《제2차 세계대전의 기원》(*The Origins of the Second World War,* 1961)을 발표하자

13) *The Tudor Revolution in Government* (1953). *The Tudor Constitution : Documents and Commentary* (1960)

14) A. Marwick, *op. cit.*, pp. 243~245.

격렬한 논쟁을 불러 일으켜 학계와 일반의 비상한 관심을 모으게 되었다.

테일러 역시 보수주의자였다. 그가 유명한 좌익 사가 홉스보옴(E.J. Hobsbawm)을 비판할 때 "사실은 일어나기 때문에 일어난다."(Things happen because they happen)고까지 극언하였다. 그러나 그는 누구보다도 대중적인 역사가였다. 그래서 그는 역사 연구를 시나 음악의 연구와 다를 바 없다고 말했다. 역사연구도 중요하지만 역사의 보급도 역사가의 의무라는 것이었다. 따라서 청중 없고 독자 없는 역사가는 대학에서 추방하는 것이 타당하다고 주장하였다. 역사를 과학이니 정치학이니 사회학이니 하는 소리들을 하지만 본시 역사는 그런 것이 아니라 매체요, 문학의 한 형태라고 주장하였다.

사료는 없어진 것이 많다. 그래서 역사가는 불완전한 사료로 자신 없는 결론을 내리기 마련이다. 그럴 때 가장 완전한 일반화는 프랑스(Anatole France)의 말과 같이

> "그는 태어났다. 고생했다. 그리고 죽었다"(He was born, He suffered, he died)

는 것이다. "영웅전을 쳐부숴라." "히틀러의 변호사가 되지 말라." 이 같은 1930년대 전통 사가들이 부르짖었던 구호가 곧 테일러의 모토였던 것이다. 테일러는

> 내 책(《제2차 세계대전의 기원》)은 정치적 교훈을 위한 역사가 아니라 진실을 위한 역사다. 그러므로 역사가의 임무는 '이랬어야 한다'를 말하는 것이 아니라 '이랬다' 그리고 그것이 '왜' 일어났는가를 발견하는데 있는 것이다.

라고 말하고, 또 "히틀러는 용의주도한 계획을 짜고 일한 것이 아니라 그때그때 닥치는 대로 사건(우연)을 이용했다. 히틀러는 현대의 아틸라(Attila)다. 그는 파괴 그 자체를 사랑했다. 그러나 히틀러의 그러한 (비합리적인) 정책을 합리적으로 설명할 수 있다"는 것이 테일러의 주장이었다. 테일러는 또 말하기를 역사의 형성에 있어서 "인간의 실수가 인간의 사악보다 더 큰 구실을 했다"는 것이다. 역사란 실수와 인간 사악으로 이루어진 작품이라는 것인데 후자가 전자보다 더 큰 역할을 하였다는 것이니 역사에 무슨 법칙이 있을 수 있겠는가.[15]

---

15) *Ibid.*, pp. 246~252.

확실히 그의 《제2차 세계대전의 기원》[16]은 학계에 큰 파문을 던졌다. 그러나 동시에 비판도 많았다. 그 중 가장 아픈 비판은 그의 연구가 외교문서 연구에 치중한 토리적 성향이 강했다는 것이고 그 때문에 나치 독일의 사회, 문화, 경제적 발전을 도외시했다는 점이었다. 그러나 테일러는 이 점에 대해

> 물론 역사가는 (역사의) '깊은 제 요인'을 규명하여야 한다. 그러나 '세부적 연구'를 피하기 위해 깊은 제 요인을 자주 들먹거린다는 인상을 받을 우려가 없지 않다. 나는 일반화보다 세부(detail)의 묘사를 더 좋아한다. 분명 이것은 심각한 나의 결함이다. 그러나 그것은 적어도 균형을 잡는 데는 도움이 된다.

라고 대답한다. 그는 또 말하기를

> 역사가는 하찮은 사건에 너무 많은 시간을 허비한다. 또 그렇게 하는 것만이 안전하게 일반화에 도달하는 길이라 믿는다. 한 푼 두 푼을 아껴 모으면 큰 돈이 된다. 이것은 분명 구식 사고다. 그러나 나는 구식 역사가요, 잡사학자(hack historian)이다.[17]

로퍼는 1957년 옥스퍼드 근대사 책임교수로 부임하여 테일러보다 연하이면서 그와 맞먹는 저명교수였다. 제2차 세계대전의 기원에 대한 TV 토론에 테일러와 출연하여 일약 그를 유명 교수로 만들었다. 로퍼는 본시 17세기 영국사 전공이었으나 1945년에 연합군의 정보장교로 활약하면서 히틀러의 사망 현장을 추적했다. 당시 히틀러가 죽지 않고 살아 있다는 루머가 파다하게 나돌아 그의 죽음을 확인 보도하는 게 그의 임무였다. 그 결과 《히틀러 최후의 날》(*The Last Days of Hitler,* 1947)이 출간되고, 이어 《히틀러의 탁상담화》(*Hitler's Table Talk*, 1953) 등 나치 독일문서집이 출판되었다.

이처럼 그의 제2의 분야 말고도 《기독교 유럽의 성립》(*The Rise of Christian Europe,* 1965)으로 중세사 연구에 손을 대고 있다. 이 책은 서섹스 대학에서의 강의안이었으며 B.B.C.텔레비전에 방영된 프로이기도 하였다. 로퍼는 불과 26세에 《로드 대주교》(*Archbishop Laud*, 1940)의 전기를 출판

---

16) A.T.P. Taylor, *Origins of the Outbreak of War in* 1939.
17) A. Marwick, *op. cit.*, pp. 253ff.

하여 오늘날 이 분야에 관한 정설적 업적으로 평가받고 있다. 그러나 무어니 무어니 해도 로퍼의 명성은 17세기의 영국 혁명론에서 빛이 났다. 그가 제기한 '젠트리 논쟁'의 요점은 일찍이 토오니가 '상승하는 젠트리'(rising gentry)를 내세운데 대하여 '몰락하는 젠트리'(falling gentry)라는 반론을 제기했던 것이다. 토오니는 영국 혁명의 주도층을 '상승하는 젠트리'로 보았지만 이 논리는 결국 마르크스 이론에 기반을 둔 가설이라 비판하고, 당시 젠트리는 도리어 몰락하고 있었다고 논증한 것이다. 로퍼의 논증에 대해서는 신랄한 반대가 있었고, 학계에도 별로 받아들여지지 않았다. 그러나 영국혁명을 중앙왕실관료와 지방 지주귀족과의 대결로 풀이한 것은 이 분야에 큰 화제를 던졌던 것이다.

로퍼는 또 웨버의 여러 테제가 지닌 미숙성을 지적했으나, 그 자신 사회과학으로부터 민감하게 이론을 차용하였다. 그러나 그는《종교, 종교개혁과 사회변동》의 서문에서 '사회학적 내지는 이론적 해석의 한계'를 인정하여야 한다고 주장하였다

로퍼는 17세기 영국사 연구를 전 유럽적 규모로 확대시켜 17세기 중엽에 '일반 위기'(general crisis)가 일어났었다고 주장하였다. 이 '17세기 일반 위기설'은 무니에(Roland Mousnier)와 홉스보옴에 의해 이미 지적된 것이기는 하지만 로퍼에 이르러 비로소 충분한 논증에 성공하였던 것이다. 로퍼의 체계는《종교, 종교개혁과 사회변동》(*Religion, the Reformation and Social Change*, 1967)에 수록되었으나 특히 그 중에 '16·7세기 유럽의 무당 박해'는 프로이드와 히틀러 시대라 할 현대의 역사가에게 매우 관심 있는 주제였다. 왜냐하면 이것은 20세기의 반 유태인 박해와 일맥상통하는 사건이었기 때문이다.[18]

로퍼는 모든 시대는 신 앞에 평등하다. 모든 시대는 자유롭고 평등하게 태어났다는 랑케식의 역사주의를 공격하면서, 아프리카 야만인의 역사 같은 것은 역시 인류학이나 사회학의 연구 대상으로 넘겨주어야 한다고 주장하였다. 문헌사료가 없으니 역사 연구의 대상이 될 수 없다는 주장이었다.

이처럼 로퍼는 '실증적인 역사 연구'에 대한 존경심을 잃지 않았지만 창조적 연구와 단순한 박식은 다르다는 점을 강조하였다. 그는 전후 영국의 역사 개혁에 있어 중심 인물이면서도 현대의 신사학을 '일시적 유행'이라 하면

18) *Ibid.*, pp. 254ff.

서 공개적으로 경멸한 사람이기도 했다. 앞에서 보았듯이 그는 또 유럽중심사(Europe-centred history)를 두둔하는 보수주의 역사가였다는 일면을 가지고 있었다.[19]

3. 마르크스주의 역사학

대표적인 현대 영국 마르크스 사가로 힐(Christopher Hill)을 들 수 있다.[20] 힐은 옥스퍼드 대학 교수로서 17세기 영국 혁명이 그의 주 전공 분야였다. 1940년대에 발표한 그의 논문은 매우 조잡한 마르크스주의에 입각한 연구들이었으나 《퓨리타니즘과 혁명》(*Puritanism and Revolution*, 1958) 및 《영국혁명의 사상적 기원》(*Intellectual Origins of the English Revolution*, 1965)은 매우 이론적으로 세련된 논문이었다.

힐은 17세기를 '혁명의 세기'로 보고 근대 사회 성립에 있어 결정적인 시기로 보았다. 17세기의 영국 혁명을 지배층 내부의 단순한 항쟁으로 보는 최근의 연구 경향에도 불구하고 "1640년에 구제도에 대한 진정한 대중적 증오가 있었다고 보고 그 깊이와 강도를 분석하고 설명하여야 한다."고 비판하였다.

마르크스 자신은 "인간의 관념이 그 경제적 필요의 창백한 반영에 불과하다고 보는 오류를 범하지 않았다." 즉, "종교와 과학, 정치 그리고 경제의 관계는 무한하며 또 무한히 미묘하다. 종교는 17세기의 인간들이 그것을 통해 생각하는 관용어였다. 따라서 그것은 액면가 그대로 받아들일 필요는 없지만 경제적 필요의 단순한 반영으로 보아서도 안 된다. 17세기의 영국 혁명을 충분히 해석하기 위해서는 이단들의 정치 사회적 의미를 파악하여야 한다."고 말하고 있다.

힐은 또 프랑스 혁명에 루소가 있었고, 러시아 혁명의 이념 메이커 마르크스가 있었으나, 영국 혁명에는 그런 혁명 사상가가 없었다고 주장하고 있다. 그에 의하면 "이념 없이 혁명 없다"라는 생각이나, 경제 결정론적 사고가 모두 오류라는 것이었다. 또 힐은 사람들의 사고를 사로잡았던 역사상의 모든 관념들이 위선이요, 합리화라 생각하는 내미어식 해석을 반대하였다.

---

19) *Ibid.*, p. 258.
20) *Ibid.*, pp. 272~274.

힐은 또한 실타래식의 사상사 이론을 비판하고 사상에는 이념의 '계보'(pedigree of idea)가 없다고 주장하였다. 즉,

> A는 B의 영향을 받았다. B는 C로부터 그 사상을 이어받았다. 고로 행동 Z는 여기서 나온 것이다.

하는 따위의 사상 계보학적 논리가 과연 정확한 사고인지 반성할 필요가 있다는 것이었다. 또,

> 이념은 행동하는 개인에게 매우 중요한 동기가 된다. 그러나 이들 이념이 작용할 기회를 주는 것은 환경이며 이 환경에 대해서도 똑같은 중요성을 인정해야 할 것이다. 혁명은 이념 없이 일어나지 않는다. 그러나 이념은 지식인이 만들어 내는 것이 아니다. 증기는 증기기관을 움직이는 데 필수적이지만 기관차와 철로는 증기로 만들어지는 것이 아니다. 이 책에서 나는 증기(이념)에 대해 논할 것이다.
>
> 역사에서 주요 역할을 담당한 루터, 루소, 마르크스 등의 사상은 한 사회의 지배층이 될 중요 집단의 필요에 부응했기 때문에 채용된(takes on) 것으로 보인다.

고 하였다.

이 밖에도 영국의 마르크스 역사가로 유명한 런던 대학 교수 홉스보옴과 톰프손(E.P. Thompson)을 들 수 있다.[21] 홉스보옴은 17세기 사를 연구하였으나 톰프손은 《노동 계급의식의 성장》(*The Making of the English Working Class*, 1965)을 연구하면서 계급을 구조나 범주가 아니라 역사적 현상, 즉 인간 관계에서 실제로 일어난 것으로 보고 연구하였다. 산업 명기의 노동문제는 가난이나 질병의 문제가 아니라 도리어 노동과 생활의 폭력적이며 기술적인 분단 그 자체에 있다고 말하고 이것을 인간성에 대한 폭력이라고 주장하였다.

---

21) *Ibid.*, pp. 274~276.

제 5 절
현대사 연구의 여러 문제

새 것은 옛 것에 감추어져 있고, 옛 것은 새 것 속에 있나니
– St. Augustus[1)]

Ⅰ. 시대구분

1. 구분의 기준

역사적 사고의 본질은 시간이라는 4차원에 있어서 인간사회의 변화를 추구하는 데 있다. 그러나 역사적 시간은 인위적으로 단절될 수 없는 연속이다. 이러한 시간을 역사가들이 끊어서 토막을 내어 앞과 뒤로 구분한다는 것은 그 자체 하나의 모순이다. 역사는 변화이지만 앞과 뒤가 긴밀히 연결된 직물(a historical texture)이라고 가정할 때 역사가들의 시대구분(periodization)은 역사에 대한 오만한 자해행위라 하지 않을 수 없다.

이토록 모순된 시대구분인데도 역사가들은 어떻게 해서든지 역사의 시작에서 끝까지를 통째로 고찰하지 않고 굳이 여러 단계로 나누어 고찰하고자 한다. 왜 그래야만 하는가. 블록에 의하면

> 인생이란 너무나 짧고 지식은 획득하기 방대하다. 그러므로 아무리 뛰어난 천재라도 인류의 전체적 경험은 불가능하다. 그래서 역사학에는 석기시대라든지 이집트학에 각기 전문가가 있기 마련이다.[2)]

블록의 이 말은 역사가가 시대를 잘라서 자신의 연구영역을 한정하지 않을 수 없는 학문적 필요를 설명해 주고 있다. 즉, 시대구분은 역사가들이 주

---

1) Novum in vetere latet, vetus in novo patet.
2) M. Bloch, *Apologie, pour l'histoire ou metier d'historien* (1948), 일역, 《歷史를 위한 辨明》, p. 150 이하 '辨明'.

제사(theme history)라든지 사례사(case history) 또는 분야사(field history)로 구획하듯이 한 시대(period history)를 획정하여 자신의 연구 시야를 의식적으로 좁히려는 노력의 하나라는 것이다. 이 말은 시대구분의 중요한 일면을 설명해 주고 있다고 생각된다. 왜냐하면 시대구분이라고 할 때 우리는 곧 고대, 중세, 근대의 3분법을 연상하지만 그 밖에도 얼마든지 시대구분방법이 있는 것이다.

가령 '세대'(generation) 구분이 있다. 보통 30년을 단위로 구분되는 이 '세대'는 연령의 공통, 특히 성장기를 같이 한 데서 오는 경험과 태도의 일치를 그 근거로 삼고 있다. 세칭 386세대라 하여 세대교체를 노리는 사람들의 소위 세대가 바로 그것이다. 그러나 1천년이나 그 이상의 긴 시간을 한 시대로 잡는 매우 포괄적인 구분법보다 세대 구분은 훨씬 역사적 사실과 접근해 있어서 정확하다고 볼 수도 있다.

그러나 아무리 세대가 같은 연령층의 사람들이라 하더라도 노동자와 농민의 사회경험은 다르다. 서울과 시골의 차는 세대의 동일성을 무효화한다. 권력층이나 '높으신 양반들'(이 표현은 어느 나라에서나 경멸적인 뜻으로 사용된다)의 경험 내용과 그렇지 못한 선량한 서민층의 사회 경험은 판이하게 다르다. '전쟁 세대'와 '전후 세대'의 구분 역시 사람에 따라 다르다. 조숙한 사람의 경우는 실제 나이보다 성장이 빨라서 '전후 세대'가 '전쟁 세대'와 같은 사고를 갖는 경우가 있는 것이다.[3)]

또 100년을 한 단위로 잡는 '세기'(century) 구분이 있다. 가령 '페리클레스의 세기', '루이 14세의 세기', '13세기의 예술' 그리고 '어리석은 19세기', 미국의 세기 등의 표현이 매우 편리하고 매력적이다. 몇 년 전 우리는 20세기의 세기말을 직접 경험했다. 19세기 말과 같은 말세를 당하지 않아 다행스런 일이었고 21세기의 당도를 축복하였다. 그러나 21세기는 그렇게도 좋은 세기가 되리라고 생각했었는데 또다시 테러와 전쟁들이 우리를 괴롭히고 있다. 이러한 배신은 과거에도 여러 차례 있었다.[4)]

어찌 되었든 연대란 그 시간의 단위가 적고 짧을수록 정확하다고 보는 습성이 있다. 100년보다 30년, 10년보다 1년, 하루보다 1시간까지 명시해 주는 것이 더 정확하다고 믿는 것이다. 그러나 그렇지 않다. 왜냐하면 사실의 성

---

3) *Ibid.*, p. 156.

4) *Ibid.*, p. 152.

질에 따라 그 연대 표시는 되도록 큰 것이 정확할 때가 있고 또 사회구조, 경제, 신앙, 정신태도의 변화와 같은 장기지속적 사실을 너무 치밀하게 연대 측정을 하면 도리어 부정확해지기 때문이다.[5)]

이처럼 시대구분이란 본시 역사 연구의 편의상 만들어진 것이므로 객관적 역사 현실과 일치하기 어려운 것이다. 정확히 따지면 1년이니 1월이니 1일이니 하는 연월일 그 자체가 객관적으로 구분되어 있는 것이 아니고 인간 본위의 구획이다. 더욱이 "묵은 해는 가고 새 해가 왔다"고 할 때 "작년의 불행은 이미 갔으니 새 해의 행운에 기대를 걸어라"는 인간적인 운명관이 숨어 있는 것이다. 낡은 시대가 가고 새 시대의 도래를 알리는 사이비 역사가들의 허언이나 새로운 '10개년 계획'을 발표하는 경제기획자들의 거짓말 속에도 똑같은 말재주(lip service)가 숨어 있는 것이다. 그러므로 우리가 기왕에 만들어 논 시대구분을 받아들인다고 할 때 그 속에 함축된 보이지 않는 인간의 의도를 읽을 줄 알아야 하는 것이다.

2. 왕조중심의 시대구분

시대구분의 역사는 매우 오랬다. 고대 그리스의 헤시오도스(Hesiodos)는 그의 《신통기》(*Theogonia*)에서 신들의 시대에서 인간역사에 이르는 과정을 금, 은, 동, 철의 네 시대로 구분하였는데 먼저 신들의 시대가 있고 이어 인간들의 시대가 온다. 인간은 여신과 결혼하여 아이들을 낳아 역사를 엮어낸다.[6)]

왜 굳이 이 같은 태고적의 일들에 지면을 할애하는지 의문스러울지 모른다. 그러나 고대인의 시대구분이 현대적 안목에서 볼 때 비록 우스꽝스러워도 그것이 그 시대의 사상적 표현이란 점에서 본다면 조금도 우스운 일이 아니다.

역사가는 아니지만 플라톤은 지배자의 정신상태, 이를테면 합리적이냐, 욕구적이냐에 따라 이상국가와 재벌정치로 구분하고, 소수의 자유냐 만인의 자유냐 아니면 만인의 억압이냐에 따라 과두정치(oligarchie), 민주정치(demokratie), 참주정치(tyrannis)로 3등분하였다. 이 역시 일종의 시대구분이자 또 언제든지 일어날 수 있는 역사의 시대를 예언한 것이다.

---

5) *Ibid.*, p. 154.
6) 原隨園, 《그리스史硏究》 (일문), pp. 16~17.

그러나 근대 서구역사학의 시대구분에 직접적인 영향을 준 것은 중세의 기독교사관이었다. 앞에서도 중세의 역사의식을 모조리 기독교사관이나 교부적(敎父的) 역사관으로 해석해 버릴 수는 없다.7) 중세의 역사 서술에는 크게 세 갈래가 있다. 그 하나는 12세기 독일에서 완성된 중세기의 기독교사관의 전형인, 역사신학(geschicht theologie)이며, 둘째는 극히 사실주의적인 카로링 아날레스(연보)가 있다. 우리가 여기서 문제시하려는 것은 셋째 유형인 세계 연대기(world chronicle)이다. 세계 연대기는 앞의 두 역사 서술의 중간형태라 할 중세 특유의 역사관이었다.

역사 신학이란 신부의 임명권을 놓고 교권과 세속영주권 사이의 투쟁과정에서 발생한 특수한 역사 이론이었다. 즉, 12세기의 서임권(봉건 영주의 임명권) 투쟁에 있어 가톨릭교회는 교권의 우위를 주장하면서 독일황제의 세속권력에 대항하는 맹렬한 이론투쟁을 전개했다. 이러한 투쟁의 일환으로 이른바 중세 스콜라 철학이 나타났으며, 때를 같이 하여 역사 신학이 나타났던 것이다.

스콜라 철학이 비역사적인 이론체계였다면, 역사 신학은 교권의 우위와 정당성을 역사적으로 논증해주는 이론체계였다. 역사 신학의 시대구분을 보면, 가령 12세기 이탈리아 태생 시토수도사 피오레 요아킴의 구분에서 보듯 세계사를 아버지의 시대와 아들의 시대, 그리고 정령의 시대로 3분하고 있다. 즉, 아버지의 시대란 속인들이 지배하는 구약시대요, 아들의 시대란 사제가 지배하는 신약시대다. 제3의 시대라 할 정령의 시대는 다름 아닌 수도사들이 지배하는 시대라는 것이었다.

그러나 시대구분의 역사에 있어서 가장 중요한 의미를 갖는 것은 세계 연대기였다. 중세의 세계 연대기에 나타나는 시대구분을 보면 두 가지가 있는데, 첫째는 4세계 제국설이요, 둘째는 7세계 연대설이다.

4세계 제국(帝國)설은 세계사를 바빌로니아 제국, 페르샤 제국, 그리스 제국, 로마 제국의 4대 제국시대로 구분하는 사상으로서 그 기원은 다니엘서 2장과 7장에 나오는 해몽의 이야기에서 유래하였다.

어느 날 느브갓네잘 왕이 꿈을 꾸었다. "머리가 금, 가슴과 팔이 은, 배와 다리가 동, 정강이는 철, 발은 철과 흙으로 된 조각이 나타나더니 그것이 큰 돌에 맞아 산산 조각이 났다. 이 돌은 점점 커서 산이 되어 마침내는 온 세

7) 제2장 제1절 Ⅰ.3. 참조.

상을 덮어 버렸다"는 것이 꿈의 내용이었다. 이 꿈을 예언자 다니엘은 해몽하기를 "박살난 조각의 금, 은, 동, 철은 이 세상의 4왕국이요, 돌은 신의 나라"라는 것이었다. 그래서 4대 제국설이 나온 것이다(다니엘서 2장).

4대 제국설보다 더 중요한 시대구분은 세계 연대기(aetas mundi)의 도식이다. 이 설은 '창세기' 제1장에 세계가 이레 만에 창조되었다고 적힌 것을 근거로 역사 전체를 크게 일곱 시대로 구분하는 것이다. 즉, 신은 첫날에 낮과 밤을 가르고, 이튿날에는 하늘과 땅을 가르고, 사흘 날에 초목을 낳고, 나흘 날에는 일, 월, 성, 신을 만드시고, 닷샛날 물고기와 새를 만드시고, 엿샛날은 마침내 사람을 만드시고, 마지막 이레 날은 쉬었다는 것이다. 시편(90.4)에 보면 하느님의 하루는 인간에 있어 1,000년에 해당한다 하였으니 역사는 모두 6,000년이며 마지막 일곱 번째 1,000년은 세계의 안식일이 된다는 것이다.

중세 영국 최대의 역사가로 꼽히는 비드(Bede)는 세계사를 6기로 나누어 제7기를 역시 안식의 시대로 본다. 한편 12세기 독일의 대표적 연대기 작가 프라이징(Otto Freising)은 4대 세계 제국설에 따라 역사를 신국과 지상국의 역사로 구분하고 있는데 그는 신국의 입장에서 내려다보면 지상에서 명멸하는 세계 제국들은 파도에 밀려나는 모래알과 같은 것이라 했다.

그런데 이 같은 중세의 '4제국'이나 '7제국'의 시대구분법은 기독교의 성서에서 나온 것인데 이것은 중세의 정복민족인 게르만 민족의 자존심을 일깨워주는 역사관이었다. 즉, 침략자와 정복자의 역사관이었던 것이다. 우리나라에도 이 같은 역사관이 있으니 환인이 아들 환웅에게 3천명의 무리, 즉 병사를 주어 태백산 신단수 아래에 신시, 즉 신국을 세우게 했다는 것이 그것이다. 환웅이 웅녀와 혼인하여 단군을 낳았다는 이야기도 우리 민족에게 신인의 후손이라는 우월감을 심어주는 역사관이라 할 것이다.

그런데 서구의 경우 가장 중요한 사실은 이 같은 정복자의 역사관이자 시대구분인 중세의 제국적 시대구분이 그대로 근대로 계승되어 내려왔다는 사실이다. 서구의 근대사를 볼 때 스페인제국, 홀란드제국, 프랑스제국 그리고 대영제국의 '4제국시대'가 먼저 이어졌다. 이것은 곧 중세의 제국적 시대구분법의 시대구분을 계승한 것으로서 이것이 곧 서구의 우월성을 주장하는 근대의 민족사와 국사의 모태가 되었던 것이다. 다시 말해서 중세의 '제국적 환상의 재판'이었던 것이다.

제국적 환상과 지배자 중심의 시대구분을 약간 변형한 것으로 곧 왕조중심의 시대 구분법이 있다. 이 구분에는 고려시대, 조선시대로 크게 구분하는 것에서 비롯하여 치세가 바뀔 때마다 시대를 나누는 소 구분법이 있다. 이 방법은 공화국인 미국에까지 계승되어 임기가 끝날 때마다 시대를 구분하는 대통령 중심의 구분유형(presidential pattern)이 답습되고 있는 것이다.[8] 이처럼 제국, 국왕 또는 정치제도로부터 끌어낸 시대구분법은 권력행사에 대한 역사가의 오랜 선망으로부터도 우러나오고 있다.[9]

우리나라에서도 자유당 시대니 제1공화국 시대니 하는 시대구분이 예사롭게 사용되어 왔으나 모두 이 같은 서구의 시대구분을 맹목적으로 모방한 것이었다.

3. 고대 · 중세 · 근대의 3분법

시대구분의 기본 착상은 종국적으로는 땅 위의 모든 것은 시작과 끝이 있다는 기독교적 아니 종교적 역사관에서 비롯되었다. 천국은 영원하기 때문에 시작과 끝이 없고 시대구분이 필요하지 않다. 그러나 인간의 지상국 역사는 최후의 심판을 받기 위해 종말을 향해 달려가는 과정이므로 시작이 있고 끝이 있는 것이다. 마치 인간에게 생로병사(生老病死)의 四苦, 즉 네 시대가 있듯이 역사에도 죽음을 향한 네 단계가 있다는 것이다.

그런데 하스너(M. Pierre Hassner)가 말했듯이 "끝은 시작보다 알기 쉽다." 이 말은 매우 중요한 뜻을 담고 있다. 시작은 알기 쉽다. 그러나 끝은 알기 어렵다는 것인데 시작은 과거를 의미한다. 끝은 미래를 의미하는 것이다. 그래서 과거는 확실히 알 수 있으나 미래는 알기 어려운 것이다. 사람들은 윗사람을 선생이라고 한다. 먼저 세상에 태어났다는 것인데 이것은 확실하다. 그러나 언제 죽을지는 아무도 모른다. 죽는데 선후배가 없는 것이다. 만일 인간이 죽음, 즉 자기 자신의 끝을 안다면 얼마나 슬픈 일일까. 인생은 누구나 집행유예 상태라 하지만 자기가 죽는 날을 안다면 얼마나 슬플까. 살맛이 없을 것이다. 사형수도 자기가 죽는 날을 모르게 한다고 한다. 어느 날 죽는다는 것을 만일 안다면 인간은 과연 어떻게 행동할까. 상상만 해도 끔찍한 일이다.

그런데 끝과 시작은 서로 연관적이다. '새 것'은 적어도 그 초기에 있어

---

8) H.S. Commager, *The Study of History* (New York, 1965), p. 46.
9) M. Bloch, 앞의 '辨明', p. 154.

'낡은 것'의 품, 즉 자궁 속에 갇혀 있다가 태어난다. 그러므로 한 시대의 시작은 낡은 것과의 사이에 1미리의 '진공'도 남기지 않는 법이다.[10] 18세기 이전까지 서구인은 자기네 역사의 시작을 기원전 4004년이라 믿었다. 바로 이 해에 아담과 이브가 에덴의 동산에서 쫓겨나고 두 사람은 결혼하였다고 믿었기 때문이다.[11]

우리나라 역사에도 태초에 아만과 나반이 아리수(오늘의 송화강)를 사이에 두고 살고 있다가 어느 날 큰 물(홍수)이 나서 모두 죽고 두 분만 살아남아 혼인하였다고 한다. 그 후손이 바로 우리 민족이다. 아담과 이브와 다른 것은 두 분의 결합이 결코 죄악이 아니었다는 사실이다. 이 차이는 엄청나게 다른 인간관과 역사관의 차이를 낳았다. 즉, 죄와 수치의 문화를 낳은 것이다.

각설하고 그러면 서구의 사상가들이 고대·중세·근대의 시대구분을 언제부터 하게 되었는가를 알아보자. 이 3분법의 내력을 보면 나라에 따라 반드시 똑같은 보조를 취하지 않은 것을 알 수 있다. 버터필드에 의하면 근대초 르네상스의 인문학자들은 '게르만 민족이동'을 자기네 역사의 일대 분수령으로 생각했다. 그래서 19세기 중엽까지 영국의 일부 역사가들은 '게르만 민족이동'을 '근대'(modern)의 시작으로 잡았다. 그래서 18세기에 창설된 캠브리지와 옥스퍼드의 근대사 책임교수(regius chair)는 이 시대구분에 따라 '민족이동'부터의 역사를 강의하였다.

이 구분에 따르면 고대사가 끝나면 곧 근대(사실은 현대란 뜻)사가 시작되는 것이다. 그러므로 '중세'가 없는 것이다. 그리스·로마의 고대와 게르만의 근대밖에 없었다. 역사의 3분법이 아니라 2분법이었다. 그런데 19세기 전반에 일부 역사가들은 1789년(프랑스혁명 일어난 해)부터 '전혀 다른 새 시대'(totally new period)가 되었다고 생각하기 시작했다. 그러나 프라그대학교수 휘츠(K.J. Vietz)는 프랑스 혁명보다 이전에 7년 전쟁이 끝난 해(1844년)를 새 시대의 시점이라고 주장했다. 그 이유는 이 전쟁을 계기로 대영제국과 프러시아 왕국이 일어났기 때문이라는 것이다. 휘츠는 또 미국독립의 해 1783년을 세계 역사상 중요한 시기라 말하기도 했다.[12] 서유럽만 중심으로 생각하면 그렇게 보일지 모르겠지만 당치도 않는 자기중심적 시대구분이라 할 것이다. 그럼에도 불구하고 우리 세계사 교과서에서도 이 시대구분에

10) Theodore Draper, *World Politics*: A New Era? Encounter (1968) 31,2, p. 3.

11) H.S. Commager, *op. cit.*, p. 16.

12) Butterfield, *Man on His Past*, p. 46.

굴복하고 있는 것이다.

그래서 유럽 대륙에서는 영국과 조금 사정이 달랐다. 즉, 프랑스의 볼테르는 그의 《제국민의 풍습 및 정신론》(1756)에서 '로마' 제국의 몰락 이후를 근대사라고 한 것으로 보아 그가 '중세'라는 시대구분을 몰랐던 것을 알 수 있는데, 이미 17세기 말 켈라리우스(Cellarius)라는 독일사가가 게르만 민족 이동으로부터 르네상스까지의 1,000년을 중세라 말한 일이 있었다. 이리하여 그의 3분법은 그 뒤 기이조, 미슐레에 의해 계승되어 2분법을 대신하게 되었던 것이다.[13]

이처럼 시대구분은 고대와 근대의 2분법이 중세를 중간에다 끼어 놓은 3분법으로 변화한 것을 알 수 있다. 그러면 '중세'란 본시 무슨 뜻인가? 흔히 르네상스기의 인문주의자들이 중세를 암흑의 시대라 생각하고 빛나는 고전고대와 자기네의 새 시대, 근대를 단절시킨 고약한 시대라 믿었다.

그러나 블록에 의하면 중세란 바로 현대를 의미하는 것이었다. 즉, 중세란 뜻은 중세 말기의 불안한 민심을 매혹한 이단자들의 예언주의에서 나왔다는 것이다. 이들 이단자들에 의하면 그리스도 탄생은 고대에 종지부를 찍었으나 이 지상에 신국을 건설하지 못하였으므로 신국이 건설될 날을 향해 노력하는 현재야말로 중간시대(medium aevum), 즉 '중세'라는 것이다.[14]

4. 문제점

시대구분의 필요는 한 나라의 역사를 서술할 때와 여러 나라의 역사를 종합하여 하나의 세계사적 서술을 시도할 때로 나눌 수 있다. 서로 그 기준이 다를 수밖에 없다. 그러나 한국사를 시대구분 한다고 할 때 단지 한국 한 나라의 역사적 맥락만을 생각하고 중국이나 일본 등 다른 인근 국가의 그것을 전혀 고려하지 않을 수 없는 것이다.

가령 안확(安廓)은 조선문명사 서언에서 다음과 같은 시대구분을 하고 있다.

> 정치사에 대하여 최중요한 것은 시대구별이라. 근세 과학적으로 사회조직·경제·문화 및 지리상의 제 문제에 의하여 그 범을 취하면 조선정치사의 구분은 아래와 같이 별립하노라.

13) M. Bloch, 앞의 '辨明', p. 150.

14) M. Bloch, *ibid.*

① 상고 소 분립 정치시대 : 단군 건국부터 열국, 즉 삼한 말까지의 2,200년간
② 중고 대 분립 정치시대 : 삼국 초부터 남북조까지 범 1,000년간.
③ 근고 귀족 정치시대 : 여조 범 500년간.
④ 근세 군주 독재시대 : 이조 범 5백년간.
서양정치사에 비견하면 봉건시대가 없는지라 조선은 본래 봉건제가 박약하여 천자 제후의 제도가 희미하였다.

이 안확의 시대구분법은 최근까지도 답습되고 있다. 안확의 시대구분은 분명 왕조중심의 전통적인 틀에 기반을 둔 것이나, "서양사에 비견하면 봉건시대가 없고 조선에는 본래 봉건제가 박약하고 희미하였다"는 설명이 있는 것으로 미루어 보아 약간의 비교사적 안목이 엿보인다.

시대구분은 그 어느 나라를 막론하고 오늘날 세계사적 문맥에서 시도되고 있다. 그러나 세계사란 무엇인가? 오늘의 세계사의 중심은 서유럽이 아닌가. 과거의 세계사는 동양에서 중국 중심이었다. 그러기에 세계사란 말 속에 이미 제국주의적 망상이 들어있는 것이다.

일찍이 고대 로마사가 시쿨루스(Piodoro Siculo)가 여러 민족의 역사를 마치 '한 마을의 역사처럼'[15] 서술하려 했는데 그때 이후 많은 역사가들이 가장 공정하고 객관적인 세계사의 틀을 만들어 보려고 노력해 왔다. 그러나 이 같은 노력의 결과로 나타난 오늘의 세계사는 압도적으로 대국중심의 세계사인 것이다. 사회학자 리스맨은 "미국은 소국도 아니요 패배를 맛본 나라도 아니다"고 말함으로써 미국에서 파시즘 대두의 이유가 없다는 것을 강조하고 있는데 대국이기에 파시즘이 일어나지 않는다는 것이 문제가 아니라 대국은 반드시 소국을 압박하고 종속을 강요한다는 제국주의가 문제인 것이다.

요즘에는 대국도 모자라서 미국을 초 대국이라 두려워하고 있는 실정이지만 역사 연구에도 대국주의가 반영되기 마련이다. 이를테면 서양사에는 영, 독, 불 중심이었으나 최근에는 미국과 러시아 중심으로 이행하다가 동서냉전이 끝난 뒤에는 미국중심으로 가닥이 잡혀가고 있다. 따라서 스웨덴, 노르웨이, 덴마크, 스페인 등 소국의 역사는 유럽에서도 거의 부수적인 역사로 취급되고 있다. 동양사에서도 아직 중화사관과 일본의 황국사관이 우리의 그릇된 사대주의 사관을 짓누르고 있다. 근대사에 내려오면 일본이 세계사

15) B. Croce, *Theory and History*, 일역, 《歷史의 理論과 歷史》(岩波文庫) p. 221. 이하 '理論'

에 끼어들지만 식민지로 전락한 소국들의 역사는 어쩌다 우연한 기회에 등장할 뿐이다. 한국사도 세계사의 한 에피소드에 불과하다.

이 같은 대국주의 역사관과 밀접히 관련되는 것이 유럽중심사관이다. 서구인은 이미 그들 자신의 유럽사 서술에서 동유럽의 역사를 무시하고 서유럽사를 중시하는 편견을 가지고 있다. 가령 고대에 서로마가 멸망하여 로마의 수도가 콘스탄티노플(지금의 이스탄불)로 옮겨 갔다. 문화의 중력도 분명 동유럽으로 이동했으나 그럼에도 불구하고 지금의 서양 중세사는 서유럽 중심으로 서술되고 있는 것이다.16)

이 논리는 근대 이후의 세계사 구성에 그대로 적용되고 있다. 당초 19세기의 세계사는 곧 유럽의 역사에 지나지 않았다. 아시아의 역사는 단지 함무라비왕 때와 회교도 침입 때 그리고 십자군원정 때 '동방'(Orient)이란 이름으로 잠깐 언급될 뿐 역사 밖으로 밀려나 있었던 것이다. 지금도 동양사는 중국인의 화약발명 이야기나 마르코폴로의 동방견문록, 인도를 약탈한 영국인 클라이브(Clive) 이야기, 페리 제독의 일본 개국, 중국의 의화단사건(義和團事件, Boxer Rebellion) 정도가 고작이었다. 아프리카에 대해서는 유럽인이 이 가엾은 대륙을 약탈하고 분할하게 된 뒤부터 역사의 지평선에 나타나도록 배려하고 있었다.

18세기에 볼테르는 역사의 유럽 지방주의(Europian parochialism)를 타파하고 '중국으로부터 페루'에 이르는 인류사를 써야 한다고 역설하였다. 그러나 아직도 역사적 난시(亂視) 현상이 끈질기게 남아 내려와 지구의 3분의 2를 차지한 비 유럽이 3분의 1에 지나지 않는 유럽(the European one-thirds)보다 아주 무시당하고 있는 것이다. 특히 중고교 교과서의 역사는 압도적으로 유럽사 중심으로 꾸며져 있다. 그들은 아직도 아시아와 아프리카가 유럽의 단순한 부속물에 불과하다는 인습적 관념에서 탈피하지 못하고 있는 것이 분명하다.17)

이 같은 대국주의와 유럽 제일주의의 역사관은 시대구분에 직접 영향을 주고 있다. 따라서 고대, 중세, 근대의 3분법은 서유럽에만 타당하는 시대구분이다. 본시 아시아, 아프리카, 아메리카의 역사와는 무관한 구분이었다. 사실 서유럽사적 논리가 가까운 동유럽은 물론 멀고 먼 아시아와 아메리카에

16) H.S. Commager, *op. cit.*, p. 16.
17) *Ibid.*, p. 18.

적합할리 만무한 것이다. 각기 그 지역의 특수성을 고려하지 않은 시대구분은 처음부터 객관성을 잃고 있는 것이다.

마이네케가 말했듯이 도덕은 중국인이 완성하고, 예술은 서양인이 완성했다. 오늘날 현대사를 유럽에 의한 비유럽 세계의 단순한 서구화 과정으로 윤색하는 역사 서술에 서구사학계에서 자성의 소리가 높게 들려오고 있다. 가령 보수색이 짙은 영국사학계의 예를 들어보더라도 제2차 세계대전 후 낡은 서구지향(western orientation)적 서술에서 탈피하여 비서구 문명을 '안으로부터'(from the inside) 인식하고 그 자체의 관계에서 보려는 경향이 뚜렷이 나타나고 있다. 이것은 동양을 단순한 서구식민지화의 대상이요 서구의 충격에 대해 피동적으로 수용자(passive recipients)가 된 그런 존재로 서술해 온 종래의 서술태도에 비하면 큰 혁신이라 하지 않을 수 없을 것이다.[18]

영국이 처음 인도의 개항을 강요할 때 동인도회사가 이른바 '순항'(cruising on)이라는 연해안 약탈을 자행하였다. 그러나 인도를 먼저 군사적으로 위협한 다음 30년이 지난 뒤에야 가까스로 영국의 두 사신이 뉴델리의 무갈 황제 앞에 나타났다. 그것도 뇌물을 바치기를 2년이나 지난 뒤 겨우 인도 황제를 만나는데 성공하였다. 그러나 두 사신은 뉴델리의 붉은 궁성 안에 있는 넓은 알현 대기실에서 벽에 걸린 글,

> 이 세상에 극락이 있다면 바로 여기가 극락이다.

라고 하는 보기 싫은 글귀와 샘에서는 향수가 넘치고, 관목은 우유와 풀로 무성한 별천지와도 같은 아름다운 정원을 보고 기다려야만 했다.[19]

이 일화는 침략자 영국인의 무력(無力)과 저자세를 보여 주어 우리에게 많은 감명을 주고 있다. 왜냐하면 17세기 말 영국이 인도를 개항시키려 할 때의 상황은 미국이 일본을 개항하고 또 똑같은 수법으로 일본이 한국의 개항을 강요할 때와 훨씬 달랐기 때문이다. 군사 시위를 하고 30년이나 지나서야 영국이 인도의 개국에 성공했다는 것은 제국주의 침략의 요순시대였다고 할 수 있다. 일제가 한국의 개항을 강요하는데 불과 1년밖에 안 걸렸으니 얼마나 쉬웠는가.

---

18) A. Marwick, *The Nature of History* (New York, A Delta Book, 1970), p. 266.
19) John Strachery, *The End of Empire* (1959), pp. 8, 14.

Ⅱ. 현대사

1. 중세주의와 현대사

자고로 역사가에게는 각 시대의 특징을 명암으로 묘사하는 버릇이 있었다. 어느 역사가의 서술에도 반드시 역사의 각 시대를 혹은 밝게 혹은 어둡게 그려 역사의 명암을 나타내려 하고 있는 것이다. 가령 볼테르는 아시아 문화를 밝게, 중세를 음침하게 묘사했고 르네상스를 한층 밝게 그렸다가 이어 종교전쟁으로 어두워졌다가 다시 근대 서구문명의 여명기를 맞아 다시 밝게 그렸다.[20] 그러나 어느 한 시대를 어둡게 칠하고 이어 그것을 새 시대의 광명과 대조시키려는 속셈은 무엇인가? 거기에는 전 시대에 대한 역사가의 강한 모멸감이 숨어 있는 것이다. 서양 중세는 그 가장 대표적인 사례라 할 수 있다.

그러나 근대는 중세를 부정하고 고대의 재생을 표방하였으나 중세는 다시 현대에 재생되고 있다. 흔히 서양 중세는 두 번 부정되고 두 번 긍정되었다고 말한다. 즉, 문예부흥(16세기)과 계몽사상(18세기)이 중세를 두 번 부정하였으나, 17세기의 반동 종교개혁과 19세기의 낭만주의가 중세를 다시 두 번 긍정하였다는 것이다. 18세기의 계몽사상가들에게 중세는 마치 '봉인된 책', 즉 금서(禁書)와도 같았다. 영국의 흄은 영국의 형성기에 해당하는 앵글로색슨 시대를 '솔개가 까마귀와 싸우던 시대'(a battle of kites and crows)라고 매도하였고, 프랑스의 볼테르 역시 중세의 초기를 '이리와 곰들의 시대'라고 하면서 연구할 가치가 없는 시대라 모멸하였다.[21]

그러나 17세기 반동종교기의 수도사들[주로 볼랑드 파(Bollandist)와 마우르스 파(Maurist)의 수도사들]은 문예부흥으로 부정된 중세를 재생시켰으며 중세사 연구에 전환점을 찍었다. 벨기에의 예수회원 볼랑드(J. Bolland)를 중심한 《성자전(聖者傳)》(*Acta Sanctorum*)의 편찬과, 프랑스 '성 마우르스회'의 수도회 역사 및 성자전기의 편찬, 원전 간행 등이 중세사 연구의 기초가 되었다. 특히 마우르스 파의 마비용(Jean Mabillon, 1632~1707)은 《고문서론》

20) Meinecke, *Entstehung*, 《歷史主義의 成立》, p. 100.
21) Gooch, *History and Historians in the Nineteenth Century*, pp. 10~11.

(1681)을 저술하여 고문서학을 발전시키는 데 큰 공적을 세웠다. 그를 '제2의 비드'라고 추앙하는 것도 그 때문이다.

그러나 18세기의 계몽주의가 중세를 재차 부정하였고 19세기의 낭만주의가 다시 중세를 재평가하였다. 이처럼 낭만주의가 중세문화를 재평가함으로써 중세사 연구는 다시 본격화되었다. 즉, 독일 낭만주의 문학자들은 중세 문학과 고딕 미술을 예찬하였고 이에 자극받아 랑케 사학이 출발하였으니 근대 역사학은 낭만주의의 사생아였던 것이다. 다시 말해서 근대 역사학은 중세사 연구로 시작된 것이다.

계몽 사상가들에 의해 암흑과 야만의 시대로 낙인찍힌 어두운 중세는 낭만파 역사가들의 햇빛정책으로 되살아났다. 중세는 모든 근대문화의 모태로서 또 오늘의 유럽이 그 속에 뿌리박은 문명으로 이해되기 시작했던 것이다. 그러나 낭만주의 역사가들은 '민족'이라는 신화의 이름으로 중세를 재평가했고 이러한 재평가를 강화하는 데 끼친 미술 사가들의 공헌이 또한 컸었다. 즉, 그들은 근대인에게 중세의 건축이나 예술의 여러 가지 표현을 통하여 중세문화의 창조력을 이해하도록 가르쳐주었던 것이다.

20세기는 '제2의 중세'라 일컬어지고 있다. 현대의 중세주의는 19세기 근대주의에 대한 하나의 반동이었다. 19세기 말 인간 이성의 폐위가 선언된 뒤 근대주의에 대한 환멸이 사상계를 휩쓸기 시작하였고 인간 본능과 감성의 왕정복고를 선언하였다. 인간은 약하다. 인간이 스스로 인간의 주인이 되기 위해서는 인간 위에 '주', 즉 신이라는 존재를 설정하지 않을 수 없다. 이것은 인간성의 본질에 관련되는 파라독스, 즉 모순이었다.

인간은 스스로 자신을 통제하지 못하기 때문에 인간은 자신을 통제 당하는 피 통제자의 자리로 낮추어야 한다는 이 모순을 어떻게 설명할 수 있단 말인가? 그러나 중세의 성직자들은 이 모순의 본질을 잘 알고 있었다. 즉, 그들은 교회를 다스리고 선남선녀를 지도했지만 그들 자신도 별수 없이 신에게 통제되는 등장인물에 지나지 않는다는 것을 알고 있었던 것이다. 바꾸어 말하면 개인은 전체 속에서 비로소 자기의 위치를 깨닫는 것이며 각자가 자신의 역할을 다함으로써 또 부분으로서의 자신의 한계 안에 머물므로써 비로소 개인으로서의 자각을 얻을 수 있다는 진리가 곧 가엾은 인간의 정체였다. 프로이드 심리학을 보라. 우리는 거기에 강한 중세주의가 들어있다는 것을 알 수 있다.

이같이 중세의 가치를 다시 긍정하게 된 20세기에 탁월한 중세사 연구가 나온 것은 지극히 당연한 일이었다. 호이징하(Huizinga)의 《중세의 가을》(*Il tramonto del Mediaevo*), 핏셔(A.L. Fisher)의 《중세의 제국》(*The Medieval Empire*, 1890)과 《유럽의 역사》(*A History of Europe*, 3 vols, 1935), 블록의 《봉건사회》(*Société féodale*), 도슨(Ch. Dawson)의 《유럽의 형성》(*The Making of Europe*, 1932), 런시맨(S. Runciman)의 《십자군의 역사》(*A History of the Crusades*, 1954), 하스킨스(C.H. Haskins, 1870~1937)의 《중세문화의 연구》(*Studies in Medieval Culture*, 1929) 등을 보라. 그리고 중세사 연구전문지인 《스페컬람》(*Speculum*)의 발족을 보라. 우리는《영국사평론》(*English Historical Review*)지에 게재되는 논문의 50% 이상이 중세사 연구라는 데 실망한 근대사 연구가들의 개탄의 소리를 듣는다.

이리하여 현대의 중세주의와 중세사가(medievalist)들은 르네상스를 중세의 부정으로서가 아니라 "중세를 통해 축적된 창조적 에너지의 일시적 폭발"로 인식하며 근대사는 이같이 저장된 중세적 "에너지의 소모 과정이요, 중세 정신으로부터의 이반(離反)이며 탈각(脫却)이다"라고 보고 있는 것이다. 참으로 근대는 과학과 휴머니즘, 자유주의와 개인주의, 그리고 마르크시즘이 신(神)의 대용품으로 등장하는 역사의 종말인 것이다. 지르송에 의하면 문예부흥이란 중세 플러스 인간이 아니라 중세 마이너스 신이라는 것이다. 이 비극의 본질은 근대인이 신을 상실한 데 있지 않고 신을 상실함으로써 마침내 인간 자신을 상실하는 데 있다는 것이다.

2. 문제점

현대 역사학의 위기를 극복하기 위한 노력의 일단은 활발한 현대사[22] 분야의 개척으로도 나타나고 있다. 역사학은 전통적으로 과거적 역사를 연구대상으로 삼아 왔고 현재적 역사를 연구한다는 것은 하나의 파괴라 생각해 왔다. 따라서 현대사에 대한 학계의 사시적(斜視的) 경향이나 시사적 문제에 대한 냉담은 연구의 대상인 사건이 단지 현대적이라는 이유만으로 거부되고 있다는 인상을 짙게 해 주었다.

그러나 히틀러와 '유사(類似) 히틀러'(pseudo-Hitler)의 대두로 20세기에

22) 현대사를 modern history라고도 한다. 왜냐하면 modern은 라틴어의 부사(modo)에서 나온 말로 '바로 지금, 순식간에'란 뜻이기 때문이다. 역사를 고대(ancient)와 근대(modern)로 2분했던 것도 바로 이 때문이었다.

일어난 사건이 극히 중요하다는 것이 인식되고 현대사의 이해는 곧 우리의 생존을 위한 필수조건이라는 자각이 높아졌다. 더욱이 1928년 경제공황이나 제2차 세계대전의 냉혹한 당도(當到) 앞에 인간이 전혀 무력했다는 사실을 자각하자 우리는 우리가 과연 지금 어디로 가고 있는가에 대한 분명한 지식을 가져야 한다는 필요를 느끼게 되었다.

이리하여 현대사는 어디서 잘못되었는가? 책임자가 누구인가에 대한 관심이 높아갔다. 이 같은 관심의 증대를 입증해 준 것이 테일러(A.J.P. Taylor)의 《제2차 세계대전의 기원》(*The Origin of The Second World War*, 1962)에 대한 일반 독자들의 비상한 관심이었다. 이와 유사한 작품으로 부루스 커밍스의《한국 전쟁의 기원》이 있는데 6.25의 북침설을 주장함으로써 한국의 젊은 독자들을 격분시켰고 북한의 위정자를 즐겁게 해주었다.

그러나 이러한 현대에 대한 지적 관심과 필요에 부응하는데 있어서 역사가는 너무나 빈약한 이론과 방법을 가지고 있었다. 역사가의 치명적 결함의 하나는 "'다음에 올 것이 무엇이냐'에 대한 무지"(ignorance of 'what come next')이다. 안타깝게도 역사가는 "시간만이 대답해 줄 것이다"(Time alone will tell)라고 체념하고 있는 바로 그 시간을 알아내는데 필요한 결과예지(結果豫知, foresight)의 능력을 갖지 못하고 사건이 벌어진 뒤에야 겨우 지혜를 얻는다는 사후판단(事後判斷, hindsight)의 능력만 갖고 있었던 것이다.

이 같은 자신의 결함을 보충하기 위하여 일부 역사가는 어떤 이론이나 가설을 세워 이에 의존하여 미래를 점치려는 노력을 보이고 있다. 제3차 세계대전이 일어날 것인가, 또 제3차 세계대전에서도 핵무기가 사용될 것인가 하는 인류의 장래문제에 대한 의문이 현대사 연구의 궁극적 목표이지만 이러한 수요에 역사가는 부응하지 못하고 있는 가운데 제3차 세계대전은 냉전이라는 형태로 이미 끝나고 말았다.

제2차 세계대전이 끝난 뒤 44년만인 1989년 동서냉전이 끝났는데 이 냉전이야 말로 제3차 세계대전이었다는 사실을 뒤늦게야 깨달았기 때문이다. 끝난다는 것을 안 것은 끝난 뒤의 일이었다. 역사가의 무능은 이 사실 하나로 드러나고 말았다. 그러면 지금의 소위 탈 냉전시대는 무엇인가. 아무도 이것이 또 하나의 세계대전을 준비하는 시대란 사실을 알지 못하고 있지 않은가?

이런 무능한 역사가가 남이 만든 기성의 처방이나 구제책을 자기 '이론'으로 삼는 것은 어느 선동가의 "선전을 위한 교의"(propagandist doctrine)를 가지고 예언하고자 하는 지극히 위험한 일이며 역사적 진실의 가면을 쓴 순진한 역사가가 사이비 꼴이 되는 것이다. 따라서 아무리 고도의 종합과 현대의 '장기 경향'을 제시하라는 요청이 있다고 하더라도 역사가는 이에 현혹되어 사실을 과잉 단순화하는 우를 범해서는 안 되는 것이다. 여기서 우리는 우리의 역사 연구가 갖는 한계성을 알게 된다. 페브르와 블록의 제자 브로델(Fernand Braudel)은 그의 '연보'지에서 다음과 같이 말했다.

> 사회과학자들은 가격의 변동, 인구의 동향, 이자율, 임금률의 변화 등 계량적 규칙성을 제시하고 있으나 우리들 역사가는 시대적 변화의 감각(le sens du temps)을 제시한다.[23]

3. 현대사 연구와 현대 역사가들

백암 박은식은 "다만 내가 세상에 태어난 이후에 목격한 근사(近史)는 힘써 노력해 볼만한 일이다."라고 하면서 현대사 또는 당대사를 '근사'라 말하고 있다.[24] 박은식의 《한국통사》나 《독립운동지혈사》는 모두 그가 말한 '근사', 즉 현대사에 속하는 것이다. "과거의 모든 위대한 역사는 현대사였다"고 하듯이 현대사 연구는 역사가 자신이 직접 관찰할 수 있다는 큰 이점이 있다.

헤로도투스나 듀키디데스가 모두 자기가 살고 있던 시대, 즉 '현대'사('modern' history)를 서술했으며,[25] 마키아벨리의 《플로렌스 사》, 기찌아르디니의 《이탈리아 사》, 클라렌든의 《대반란 사》, 볼테르의 《루이 14세의 시대》, 처칠의 《2차대전의 역사》가 모두 필자 자신이 살고 있던 현대를 다룬 역사들이다.

그런데 이러한 현대사가 바로 역사 서술의 원형이기도 했던 것이다. 다시 말하면 모든 역사 서술은 처음, 자기가 살고 있던 시대에 관해서만 썼으므로 '한 사람의 생애의 연수'를 넘지 못하거나 '생존자의 기억 범위'를 벗어나지 못했던 것이다. 역사는 이러한 단기의 역사에서 시작하여 그 범위를 차츰 넓혀가기 시작했고 그러기 위해 역사가들은 문서기록을 필요로 했다. 문서

---

23) W. Laqueur · George L. Mose (ed.), *The New History*, p. 29.
24) 李基白 編, 《近代韓國史論選》, p. 5.
25) Bury, *The Ancient Greek Historian*, p. 37.

기록이 이용된 뒤부터 이른바 '가위와 풀의 역사'가 시작된 것이다.

대중에게는 역사적 호기심이란 게 있다. 대중이 역사의 어느 시대와 어느 분야에 보다 많은 관심을 가지며 흥미를 느끼고 있는가 하는 문제는 곧 역사적 호기심의 문제이다. 한 마디로 말해서 대중의 기본적 호기심은 역사의 중간시대보다도 가장 먼 고대가 아니면 가장 가까운 현대에 쏠리고 있는 것이다. 고대에 대한 대중의 원시적 취미는, 이미 소멸했다고 믿어왔던 문명인들이 신기하게도 최근의 고고학적 발견에 대한 비상한 관심으로 나타났다. 현대에 대한 흥미는 가장 가까운 과거가 현재와 가장 밀접한 관련을 갖는다는 미신(?)에 기반을 두고 있는 것이다.[26]

한편 역사가들은 현대사 연구에서 사료의 풍요를 만끽하는 혜택을 누렸다. 그래서 이 풍요를 맛본 역사가는 다시는 사료가 각박한 '빈곤의 시대'로 내려가기를 거부하거나 반대로 도피하기도 한다. 왜냐하면 현대와 아현대(亞現代, sub-contemporary)의 사료 홍수는 그들로 하여금 자신의 결론에 확신을 잃게 하는 슬픔을 맛보게 하기 때문이다.[27]

현대사는 언제부터 시작되는가 하는 시기(始期)의 문제는 베라클라프가 말했듯이 "현대사는 1945년에 시작된다 아니 1939년에 시작되었다. 그보다 더 소급해서 1917년이나 1898년이다"하는 식으로 말할 수 없다는 것이다. 배라클라프 자신은 현대사의 시작을 1890년을 전후해서 시작되었다고 보고 그것은 "지금 세계에서 일어나고 있는 여러 가지 문제들이 처음으로 가시적 형태로 나타난 때"라고 변명하고 있다.[28] 요컨대 현대사의 시기(始期), 즉 시작을 어디로 잡느냐 하는 문제는 근대와는 다른, 현대의 본질이 무엇인가 하는 견해에 따라 달라지는 것이라 할 수 있다. 현대를 근대사회나 사상의 연장이 아니라고 보는 사회과학자들의 단절설을 그대로 받아들일 수 없다고 하더라도 현대의 시기구분과 그 연구는 꼭 필요한 것이다.

여기서 유의할 것은 우리나라에서 근현대사란 말을 자주 듣고 있는데 근대사와 현대사를 합칭한 특수한 용어이다. 한국사에서 근현대사는 1945년의 8.15를 경계로 한 시기구분이다. 우리로서는 일제강점기가 끝나고 대한민국의 새 시대가 오는 것인데 8.15 이전을 근대, 이후를 현대라 한 것이다. 남

26) W. Laqueur · George L. Mose (ed.), *The New History*, p. 35.

27) Woodwards, *Some Consideration*, p. 304.

28) Geoffrey Barraclough, *An Introduction to Contemporary History* (Perican Books, 1967), p. 20.

들은 19세기 말 20세기 초를 모두 현대사로 보고 있는데 왜 우리만 근현대사라고 부르고 있는지 기묘하다. 한마디로 말해서 이 구분법은 우리 것이 아니고 일본 것을 베껴 온 것이다. 재고해야 할 시대구분이다. 근대사를 1876년의 개항 이후로 보고 1945년을 현대사의 시작으로 보는 시대구분은 조선왕조 시대를 근세란 기묘한 이름으로 부른데서 비롯된 잘못된 관례이다.

아무튼 한국사 문제는 다음으로 미루고 서양의 소위 현대사 연구에는 가장 원시적인 차원에서 제약되고 있다는 문제점이 있다. 어느 나라를 막론하고 역사 연구의 자유가 고전적인 의미에서 보장된 곳은 이미 없다. 자유주의 국가에서는 역사가 스스로의 내적 요인에 의한 자율적 역사 연구가 소멸하고 없다고 개탄한다. 비 자유주의 체제하의 역사 연구는 그 나라의 국정 이데올로기로부터 자유로울 수 없다. 현대사 연구는 그 어느 분야보다도 현실 정치와 민감하게 연관되어 있기 때문에 연구의 자유가 제약되기 마련이다. 이러한 점에서 볼 때 현대사 연구의 자유는 실현하기 어려운 하나의 꿈이다.

다음에 열거할 각국 현대사 연구의 현황은 이러한 고민을 반영하는 것으로 우리의 현대사 연구에도 뜻있는 시사를 던져 주고 있는 것이다. 다음의 글은 프랑스·네덜란드(서구 자유주의 제국) 그리고 스페인(서구의 고아), 체코슬로바키아·헝가리(동구 공산권), 인도(아시아) 그리고 구소련의 현대사 연구 현황을 소개하는 것이다.

(가) 프랑스

10년 전만 하더라도 프랑스에서는 현대사, 특히 제1차 세계대전 후의 현대사가 대중 사가들에게 일임되고 전문역사가들로 부터는 '무시된 역사 부문'(neglected branch of history)이었다. 그 주된 이유는 '역사학의 주제는 먼 과거'(distant past)라는 역사가 자신의 전통적 관념, 모든 정부문서는 사건 50년 후에 가서야 공개된다는 제약, 즉 프랑스 정부의 방침 때문이었다.

그러나 1970년대 초부터 현대사 연구의 붐이 일기 시작하였다. 이러한 붐을 타고 최근 갑자기 뚜렷한 지식이나 문제의식도 없이 젊은 역사가들이 현대사에서 그들의 박사학위논문 주제를 찾는 예가 많아졌다. 현대사에 대한 프랑스 국민의 관심이 늘어난 이유 가운데 가장 중요한 이유는 두 차례의 세계대전으로 야기된 현대사의 극적 변화와 역사 발전의 가속화 현상이었다고 할 수 있다. 이것이 역사의 양극단이라 할 고고학 분야와 최근세사 분야에 대한 흥미를 동시에 되살아나게 했던 것이다. 대중의 역사적 관심은 앞서도 말했듯이 가장 먼 옛일과 가장 가까운 역사에 집중되는 법이다. 현대사에 대한 관심이 증대된 둘째 이유는 프랑스 정부가 최근 단행한 교육개혁으로 학교의 교과과정에 현대사가 신설된 것을 들 수 있다.[29]

이같이 역사가에 의한 현대사 연구가 활발해지자 사회과학자들의 연구경향에도 영향을 끼쳐 두 학문의 연구대상이 서로 접근하는 추세를 보이기 시작하였다. 즉, 1945년에 창립된 '프랑스 국립정치과학회'(Foundation Nationale des Science Politiques)는 당초 '현재의 연구'만을 기본목적으로 설정하고 '가장 가까운 과거'(the immediate past)마저도 연구대상에서 제외하고 있었다. 그러나 현재의 설명은 그 앞에 일어난 사건을 모르고서는 불가능한 법이다. 이리하여 정치학 연구는 차츰 그 연구대상을 과거로 소급시키는 경향을 보이고 역사학은 반대로 현재를 향해 점점 접근하는 경향을 보였다.

한 점을 향한 이 같은 두 운동이 현대사 연구의 비약적인 전진을 약속하는 것으로 보였다. 그러나 프랑스 사학에는 종래 두 가지 큰 흠이 지적되어왔다. 그 하나는 프랑스 역사학이 프랑스 국경 밖에서 일어난 모든 일을 의식적으로 무시하여왔다는 결함이다. 외국에 대한 이 위대한(?) 침묵의 책임은 프랑스 역사가들이 일반적으로 외국에서 일어난 일에 무관심했다는 사실을 반영하는 것이다. 또 하나 지적되어야 할 프랑스 역사학의 결함은 개인연구보다 집단 연구에 너무 치우치는 습성을 갖고 있었다는 점이다. 이 습성은 프랑스 사학의 뿌리 깊은 저류이며 사회과학에서 유달리 강한 영향을 받아서 걸린 감기(가령 연보학파와 같은)의 결과이기도 하다. 프랑스 역사가들이 개인의 전기 연구를 외면함으로써 20세기 프랑스 정치인의 대다수가 그들의 전기를 기술해 줄 역사가를 목마르게 기다리고 있게 된 것이다.[30]

(나) 영국과 미국

이 점은 영국사학계의 동향과 매우 대조적이다. 즉, 당초부터 역사학의 혁신운동을 백안시하여 온 전후의 영국 사학계에서는

> 사회학적 역사학은 이미 과거의 것(passe)이 되었다. 유행의식은 사회과학적 접근으로부터 또 다시 문학적 접근으로 되돌아가고 있다.

말하자면 이 같은 역사학의 변덕은 영국에서 주기적인 현상이었다는 것이

---

29) René Rémond, *France : Works in Progress*, in The New History, pp. 34ff.
30) *Ibid.*, p. 47.

다. 역사학은 자연과학과 다르다. 그렇다고 특수한 개념이나 범주, 용어를 쓸 수도 없다. 그렇다면 우리가 일상생활의 사건들을 설명하는 방식 그대로 역사를 설명할 수밖에 없는 것이다. 결국 역사학은 문학적 설명방식에 의존할 수밖에 없다.[31]

미국에서도 1960년 초 하버드대학에 역사·문학(history and-literature) 교수직이 새로 설치되었으며 인디아나 주립대학에는 학제연구의 학술지(interdisciplinary journal)인 《빅토리아 시대 연구》(*Victorian Studies*)가 발간되어 역사학과 문학이 서로 밀착해 가는 경향을 보여 주고 있다.

이리하여 영국과 미국에서는 근대사와 현대사 연구에 있어서 의외로 전기 연구가 큰 비중을 차지하고 있다. 가령 컬럼버스(Christopher Columbus), 루터(Martin Luther), 워싱턴(George Washington), 스탈린(Joseph Stalin), 처칠(Winston Churchill), 히틀러(Adolf Hitler) 등의 전기류를 보더라도 인물사가 차지하는 비중이 얼마나 큰가를 쉽사리 알 수 있다. 히틀러 전기 중 가장 주목을 끌고 있는 것은 불로크(Allan Bullock)의 《히틀러, 독재 정치의 연구》(*Hitler: A Study in Tyranny*)이다.[32]

(다) 네덜란드[33]

네덜란드에서는 오랫동안 현대사연구가 부진했다. 거기에는 여러 가지 요인이 있겠지만 20세기 초까지 지속된 민족주의적 열기가 유럽 일대에서 물러가 버린 것이 가장 큰 원인이었다고 생각된다. 현대 역사학은 그렇게도 왕성했던 민족주의적 성격(nationalistic character)의 대부분을 상실함으로써 19세기에 나왔던 왕년의 가장 인상적인 작품들이 다시는 나오지 못하도록 만들어 버렸다. 다행히 자국의 역사가 역사 연구의 중심부를 차지하고 있는 것은 역사 연구의 문헌자료를 쉽게 이용할 수 있기 때문이라고 하니 두 차례 세계대전에서 독일의 침략을 받은 나라로서는 너무나 분위기가 달라진 것을 알 수 있다. 이제 유럽연합이 성립된 이상 앞으로 더욱 그런 경향이 강화될 것이다.

네덜란드는 옛날과 같이 오늘날에도 소국이다. 그래서 지구의 표면을 바꾼 현대사의 대사건(great event)과 격변(upheavals)을 단지 구경하는 목격자로서의 역할을 맡고 있을 뿐이다. 네덜란드도 다른 나라처럼 현대사

31) A. Marwick, p. 266.
32) *Ibid.*, 269.
33) Holland, *in The New History*, p. 142ff.

의 제 변화를 겪었다. 그러나 이러한 변화에 있어 주도적인 역할을 담당하지 못하였다. 세계 정치는 과거 17세기(네덜란드의 '황금시대')에 있어서처럼 헤이그(네덜란드의 수도)의 영향을 조금도 받지 않고 있었다면 1907년 만국평화회의 정도였다.

그래서 현대사의 본질적 국면을 발견하기 위해 그리고 가장 맛있는 음식이 장만된 부엌을 들여다보기 위해 역사가들이 네덜란드의 도서관을 찾지 않는다. 거기에는 가엾은 소국민의 역사가 발견될 뿐이다. 극적 사건의 주역을 맡은 나라들이 이들 사건을 연구하는 역사가를 배출하는 법이다. 역사는 결코 상아탑에서 쓰여질 수 없다. 그러므로 특정한 시대에 대한 관심과 흥분은 그 시대를 연구할 수 있는 가능성에 달린 것이며 이 가능성은 그 나라가 어느 정도 그 시대에 작용하여 중요한 자리를 차지했는가, 못 했는가에 달린 것이다.

네덜란드 역사학의 중심 부분은 스페인에 대한 위대한 저항의 시대, 16세기 그리고 신생공화국의 영광과 발전의 시기, 17세기였다. 공화국의 쇠퇴기, 18세기는 오랫동안 외면되어 왔었고 역사가들이 매력을 느끼지 못하는 세기였다. 현 왕정이 성립된 19세기도 클리오(역사의 여신)의 하인들(역사가) 간에 인기가 없는 것이다.

(라) 에스파니아[34]

1936~9년의 스페인 내란이 끝나고 프랑코의 독재정권이 들어서자 모든 자유주의 역사가들과 좌익사가들은 추방 내지는 망명하고 이른바 국정사가들만이 보수적이며 전통적인 역사 서술을 해오다가 겨우 지난 수년 사이에 좌익사가로 불리는 소수의 젊은 역사가들이 나타났다.

내란과 그 직후의 격정은 역사가를 눈멀게 하여 정치적 탄압보다 더 무서운 영향을 사필에 끼쳤다. 이리하여 스페인 국정사가들의 당파심은 유례없이 격화되었다. 그래서 헤레로(Galindo Herero)와 같은 역사가는 "이 책은 귀먹고 건망증에 걸린 사람을 위해서 썼다"라고 말할 정도였다.

이처럼 1966년 검열제도가 폐지되기까지 내란의 승자의 이해에 들어맞고 그들이 포고한 이데올로기에 알맞는 국정역사가 아니면 허용되지 않았다. 그러나 검열제를 과대평가해서는 안 된다. 일반출판·언론과는 달리 학술지

---

34) Joaquin Romero-Maura, *Spain: The civil War and After*, in The New History, pp. 150ff.

에 대한 검열은 심하지 않았다. 내란시대와 그 밖의 다른 금기된 사건을 다루지 않는 한 삭제는 아주 적었다. 그러나 검열관의 가위보다 더 해로웠던 것이 사료의 엄격한 통제였다.

(마) 헝가리[35]

비교적 역사가 짧은 소국은 국가와 그 체제에서 자유롭고 정당 정치나 권력집단의 압력에서 초연한 역사학을 발전시키기가 어렵다. 이런 나라에서 역사학이 발전하면 권력집단의 손 안에 든 단순한 도구가 되어 그들의 이익을 반영시켜 주는 데 지나지 않는다.

당파적 역사가의 대표적 인물인 헝가리의 호만(Balint Homan)은 1931년에

> 역사가는 시대도착의 수법으로 역사를 비웃고 그들의 시대의 목적, 이상, 그리고 원리를 먼 옛 시대에다 옮겨 심어야한다. 물론 옛 시대에는 그런 이념이 조금도 없었지만.

이라고 말했다. 레바이(Josef Revai, 1899~1959)란 공산주의 이론가는

> 우리의 역사 연구는 사건에 대한 관찰자(observer)이기를 원치 않는다. 우리의 역사 연구는 현대의 투쟁에 있어서 참전자(participants)의 그 것이어야 한다. 전투자만이 전투자를 아는 것이다.

라고 말했다.

허기야 우리의 역사적 관찰은 단순한 돌이나 생물을 관찰하는 것과는 좀 다른 참여적 관찰이긴 하다. 그러나 레바이는 노골적으로 "역사 서술의 목적은 현재의 정치에 봉사하는데 있다"고 공언하고 있다. 역사가는 우선 진리에 충실해야 한다. 사실을 왜곡하거나 과거를 조작하여 자기 이론의 틀에다 뜯어 맞추어서는 안 될 것이다. 한편 20세기 초의 헝가리 자유주의 역사가 마르크잘리(Henri Marczali)는

> 헝가리의 비극은 터키 지배하의 300년간 헝가리인이라는 의식이 인류 형제라는 감정을 초월하여야 한다는 데 있었다. 헝가리인은 끝까지 헝가리인으로 남기 위해 전념하여야 했기 때문이다. 그는 그것이 좋은

---

35) Zoltan Harvath, *Hungary: Recovering from the Past*, in The New History, pp. 221ff.

> 것이건 나쁜 것이건 가릴 것 없이 '모든 외국적인 것'에서 위험을 느꼈던 것이다.

라고 말하고 있다. 이리하여 헝가리 사학에서의 유일한 판단기준은 도덕, 박애 따위가 아니라 민족(Magyar)이었다. 그래서 "마갸르라면 반드시 좋아야 한다."라는 논리가 나온 것이다.

이러한 논리 때문에 스체크퓌(Gyuld Szekfü)는 18세기 초의 반 합스부르그 봉기의 지도자요, 국민적 영웅으로 추대되고 있는 라코치 2세(Ferenc Rakoczi Ⅱ)란 인물을 모독했다고 해서 헝가리 문화계에서 매장당하고 말았다. 스체크퓌는 단지 라코치 2세가 파리 망명시 매춘굴과 도박장을 개설하여 먹고 살았다는 역사적 사실을 기록한 데 지나지 않았다. 그러나 그것은 국민적 영웅에 대한 모독이었던 것이다.

다른 또 한 가지 예는 카롤리(Sandor Karolyi)라는 앞서 말한 라코치 2세의 사령관은 매국노란 낙인이 찍혀 있다. 왜냐하면 1711년 봉기가 패배로 끝나리란 사실을 알고 패전 직전의 아군을 두고 적군에 항복했기 때문이다. 이 강화로 헝가리의 독립이 유지되고 귀족의 특권이 인정되었음에도 불구하고 그는 계속 매국노여야 하는 것이다.

이처럼 스체크퓌는 200년 전의 사건의 진실을 말했다가 헝가리 역사학계에서 사실상 추방당하고 말았으며, 그린발드(Bela Grünwald)란 역사가는 조세프 2세(Josef Ⅱ) 치세의 귀족에 대해 잘못 평했다가 궁지에 몰려 그만 자살하고 말았다.

(바) 체코슬로바키아[36]

체코슬로바키아는 인구 불과 1500만명의 소국으로서 독립경험이 없는 슬로바크(Slovoks)와 체코(Chechs)족이 합쳐져서 이룩된 혼성국가이다. 그래서 그 근대사의 골자는 근대국가 성립을 역사적으로 합리화하여 국민적 자존심을 높여 주는 데 있었다. 그러나 독립(1918)과 그 직후의 감격시대, 독일점령하와 독일화의 위협기라는 복잡한 현대사를 경험했다. 1944~48년 체코에 공산정권이 수립되자 이른바 '역사에 대한 혁명적 폭력'이 가해졌다.

무릇 "모든 혁명은 역사에 의해 정당화되어야 하며 혁명이 승리한 뒤에는 더욱 그래야 한다."는 것이었다. 즉, 혁명은 새로운 관점과 역사관을 요구하

36) Kerel Bartosěk, *Czechoslovakia*: *The State of Historiography*, in The New History, pp. 137ff.

므로 역사의 새로운 국면이 강조되어야 하며 혁명은 또 자신의 역사 개념을 사회 의식화시켜야 한다. 또 이러한 목적을 달성하기 위해 할 수 있는 모든 수단을 동원하여야 한다. 따라서 역사는 종종 일방적인 혁명적 행동과 조치에 대한 변명이 되고 말았다.

이리하여 전후 체코에는 수많은 연구소가 창설되고 학술잡지가 간행되었으나 역사 서술은 정치와 이데올로기에 묶이거나 정치와 이데올로기에 '참여'함으로서 존속되었다. 최근 새로운 창조적 지식의 원천으로서의 역사가 재평가되고 역사가 '교육의 수단'이나 '대중을 설득하기 위한 수단이 되어서는 안 된다는 고전적인 역사의 이념이 되살아나 발표 금지사항이 대폭 축소되었다. 그러나 얼마 전까지만 하여도 공산주의의 도식적 역사 해석이 엄존하여 국정사관과 비 국정사관 간에만 일어날 수 있는 갈등이 상존하고 있는 형편이다. 이리하여 바르토세크(Karel Bartošěk)는 현대 체코 사학의 문제점을 다음과 같이 요약한 바 있다.

첫째로 체코라는 국가·국민의 관념에서 그리고 그 틀 안에서만 현상을 보고 평가하려는 좁은 안목에서 탈피하여야 한다. 독일 민족주의를 체코 민족주의로 응수해서는 안 되듯이 체코 민족주의는 슬로바키아 민족주의의 응수를 받아서도 안 된다.

둘째로 숙명론적인 사회경제적 결정론을 극복해야 한다. 우연의 역할과 역사 발전에 있어서의 다른 선택 가능성을 인정하여야 한다. 체코 역사학은 그람스키(Gramsci)의 인본주의적 마르크스주의에 영향을 받아, 이를테면 "인민은 역사 무대의 관중이자 동시에 연기자이다."라는 관념을 빈번히 토의하고 있다. 체코 사학계 일각에서는 또 역사 서술의 심리학적 처리가 시도되고 있다. 그 일례가 체코 민족성 연구의 재기인데 당국은 이를 비 마르크스주의적이라 낙인찍어 탄합한 바 있었다. 요컨대 역사가는 역사를 참다운 '인간의 역사'로 여기어야지 '일반적 제 범주의 역사'가 되어서는 안 되는 것이다.

셋째로 역사의 전체성의 문제를 들 수 있다. 마르크스 사관에서 오는 필연적 결과로서 정치·사회·경제사 편중의 역사 연구가 지배적이었다. 그러나 최근 문화, 여론을 연구하기 시작하였다. 즉, 거리의 사람들이 무엇을 생각하는가? 매일 일어나는 사건, 그리고 제도에 대한 시민의 태도 따위를 연구하기 시작한 것이다. 전체사, 즉 토틀 히스토리의 문제에 곁들여 생각할 문제는 역사 서술의 이론적 수준을 높여야 한다는 점이다. 체코에서는 프랑스인이 말하는 소위 사건사가 널리 보급되고 있다. 이 연대기 형식의 사실

기술은 종종 예술적인 외양을 걸치고 나타난다. 이것은 역사의 도식화를 두려워하는 나머지 궁여지책으로 나타난 것이기는 하지만 위대한 역사는 위대한 일반화를 시도하지 않고서는 안 나온다. 그리고 위대한 이념도 작은 테제에서 나오기 어렵다는 점을 잊어서는 안 될 것이다. 역사의 큰 주제를 다룬 역사 연구가 없고 소규모의 특수 연구논문만 주목을 끌고 있다는 상태가 현대 체코 사학의 슬픈 현실이다.

(사) 인 도[37]

역사학이란 믿을만한 증거에 의거한 과거의 해석적 재현이라 할 수 있다. 이러한 역사학이 인도에 들어온 것은 18세기 후반 서구의 학자들 특히 영국의 학자들에 의한 것이다. 종래의 힌두인들은 역사를 무시했는데 그 이유는 분명치 않다. 대부분의 인도·회교의 연대기 작가들은 연대기, 지지(地誌), 인물 등에 대한 강한 의식을 가지고 있었으나 과거를 단순한 순간적 시간들로 보거나 토막 난 순간들로 보았다.

따라서 역사를 변화와 과정 그리고 생성의 이야기로 보지 않았던 것이다(P. Hardy). 그러므로 그들에게 역사가의 본질은 연구가가 아니고 단순한 기록자에 지나지 않았다. 그에게 역사란 "성공적인 생이나 도덕적 인생을 영위하기 위한 교훈을 얻는데 필요한 범례집"이었던 것이다(Abdulc Rashid).

인도사에 대한 서구적이고 체계적인 연구는 1784년 벵골 아시아 학회[Asiatic Socitey of Bengal(William Jones경이 회장)]가 창설됨으로써 시작되었다. 이리하여 인도학(Indiology)이 성립되어 여러 가지 고전이 간행, 번역되고 발굴·조사가 이루어져 인도어 문학, 철학, 종교제도에 관한 선각자적 연구들이 나오기 시작하였다. 이것을 모방한 것이 일제의 조선학이라는 것이다. 일제 식민사관의 모태가 바로 1930년대의 조선학이었다.

(a) 계몽주의(rationalism) 시기

18세기 후반부터 19세기 전반까지의 100년 동안에 인도 특히 힌두 사회에 도시 중산층의 지식인들(urban middle class intelligentsia)이 대두했다. 그들은 18세기 인도의 사회문화적 정체(停滯)와 정치적 혼란이 영국의 침략을 자초한 것으로 판단하고 인도사회의 개혁을 부르짖은 개화파들이었다. 그러나 그들은 인도 고유의 문화 속에 서구적인 외래가치와 양립할 수 있는 요소를 찾아내려고 노력하기도 했다.

---

37) Sibnarayan Ray, *India: after Independence*, in The New History, pp. 120ff.

로이(Rammohun Roy, 1774~1833)와 데슈무크(Gopalra deshmukh, 1823~92) 그리고 퓨울(Jyotirao Fule, 82~90) 등 계몽주의적 개혁가들은 인도의 고질적인 카스트제와 불가촉민, 여성의 학대 등을 공격하고, 이러한 힌두교의 구악이 브라만 지배층의 의도적인 착취음모에서 나온 것이라 비판하였다.

(b) 민족주의 시대

19세기 후반 이후 인도의 행정적 통일, 철도, 통신시설, 전통적 농촌사회로부터의 소외에 대한 중산층의 죄의식, 영국인에 대한 증대되는 실망, 외국인 지배의 불평등 원리, 인도인민과 그 문화에 대한 외국인의 오만과 우월감을 증오하는 힌두 교양층 등을 사회배경으로 하여 민족주의시대가 도래하였다.

서구문화에 대한 인도인의 반항은 19세기 후반에 더욱 더 격렬해졌다. 민족주의적 감정을 토로한 저술가는 처음 전문적 역사가가 아니었다. 그러나 역사가의 역할은 조국 역사의 창조자로서 훨씬 적극적이고 고무적인 것이었다. 역사에 대한 그들의 접근방법은 매우 선택적이며 이데올로기적이었다. 그러나 그럼에도 불구하고 인도 지식층의 역사 의식을 일깨우는데 크게 기여하였다. 특히 사회·문화사, 즉 종교, 신앙, 민족, 사회, 제도에 대한 그들의 강조는 문화과학으로서의 역사학을 수립하는데 기여하였다.

이러는 동안에 인도인 학자에 의한 체계적이며 비격정적인 역사 연구가 시작되었다. 최초의 뛰어난 인도사가 미트라(Rajeudralal Mitra, 1822~91)는 고전학(古錢學, numismatics), 금석학(金石學, epigraphy), 언어학 그리고 사회문화사에 독창적인 업적을 남겼다. 그는 또한 벵골 아시아 학회 최초의 인도인 회장이기도 했으며 미트라 못지않게 유능한 동시대의 역사가 반다카(R.G. Bhandarkar, 1837~1925)와 함께 인도에 있어서의 서구식 역사학의 전통을 발전시킨 인물이었다. 비록 민족주의의 강력한 이데올로기에 젖어 있었다고는 하더라도 인도의 근대적 역사학은 1947년 독립될 때까지 확고한 자리를 차지하고 있었던 것이다.

독립 전의 인도사학은 대부분 고대사와 중세사에 편중되어 있었다. 물론 이 시대에 관한 풍성한 연구들이 나왔으나 최근 근대 인도사에 대한 학문적 관심이 현저히 증대되었다. 그 첫째 이유는 인도 역사기록 위원회(Indian Historical Record Commission), 인도 국립 고문서 보관소(National Archive of India) 그리고 주현기록조사위원회(州縣記錄調査委員會, States and Regional Records Survey Committees) 등에 의해 촉진된 사료·문서의 정리작업이 진척되고, 둘째로 서부 인도 여러 대학에 근대 인도사 강좌와 연구계획이 확장되었기 때문이다. 그러나 셋째로 현대사에 대한 교양대중의 관심이 증대된 것이 가장 자극적인 요인이었다. 인도가 독립을 성취하기까지의 사건, 인물, 과정을 밝혀주는 학술 내지 대중서적이 잇따라 출판되었다.

인도 근대사의 첫 의문은 "인도 독립운동이 언제 시작되었는가."하는 것이었다. 1952년 인도의 교육부는 인도 해방운동사 편찬위원회를 창설하여 인도 고대사 연구의 대가 마즘다(R.C Majumdar)를 위원장으로 임명하였으나 1955년에 사임하고 말았다. 사임이유는 학자적 양심을 정부의 정치적 계획에 일치시킬 수 없다는 것이었다.

20세기 초부터 인도 국민주의자들은 1857년의 대반란, 즉 세포이의 반란이 인도 독립을 위한 최초의 국민전쟁이라 가정하여 왔다. 정부는 이러한 가정에 입각하여 1957년에 인도 독립 백년제(百年祭)를 개최하기로 결정하였다. 그러나 마즘다는 "대반란은 최초도 아니요 국민전쟁도 아니요 또 독립전쟁도 아니었다."라고 확신하였다. 마즘다의 유명한 저서《세포이 대반란》(*Sepoy Mutiny*, 1957)은 "반란에 참가한 '다수의 지방영주'(local chiefs)와 지도자 그리고 그 추종자들은 결코 조국해방의 애국정신(patriotic spirit)이나 국민주의 신념에 의해 고무되지 않았었다. 참으로 그와 같은 새로운 관념은 그 당시 이 나라에 아직 알려져 있지 않았다"라고 주장하였다.

마즘다가 인도의 민족주의 신화를 학문적으로 부정한 것은 두 가지 점에서 중요하다. 첫째 역사학에 대한 역사가의 충성심을 적시에 매우 고무적인 방법으로 확인하고 음흉한 정치 압력에 결코 굴하지 않았다. 둘째로 인도 근대사에 관한 정설적 견해의 재검토가 필요하다는 사실을 인식시켰다. 물론 모든 역사가가 마즘다의 주장을 지지하고 있는 것은 아니다. 예를 들면 찬두리(G.B. Chandhuri)는 "1857년의 반란은 멀기는 해도 난의 말기에 인도 해방운동으로 아주 접근하고 있었다"고 반박하였다. 센(S.N. Sen)은 인도정부의 연구비를 받아 출판한 저서《1857년》(*Eighteen Fifty Seven*, 1957)에서 "극소수의 지역에서만 반란이 국민적 차원으로 승화되었다"고 일부 마즘다의 주장을 수정하였다.

그러나 차토파디아야(H.P. Chattopadhyaya)는 독자적으로 마즘다와 비슷한 결론에 도달했다. 그는 "1857년의 대반란은 지역적 기반 위에 선 대운동이었으나 독립운동(freedom movement)의 성격을 결여하고 있었다"라고 주장한 것이다.(*The Sepoy Mutiny*, 1857 Calcutta, 1957).

1957년의 대반란 논쟁은 오픈게임(개막극)에 지나지 않았다. 1962~3년에 마즘다는 전 3권 2,000페이지에 달하는《인도독립운동사》(*History of the Freedom Movement in India*)를 발표하였다. 이 책은 1757년 '클라이브의 승리'로부터 1947년에 이르는 독립운동 기간을 세 시기로 구분하였는데, 그 제1권은 19세기 영국 통치자들에 대한 인도의 반항을 다루었다. 19세기의 독립운동은 첫째 단속적이며 비효과적인 무장봉기(끝내 이것은 화적화 되고 말았다.)와 둘째 서구의 새로운 관념과 힘을 이지적으로 받아들여 사회·종교 개혁 그리고 입헌적 요구를 수용하는 문화운동으로 나뉜다.

《인도독립운동사》의 제2권은 1905~1920년간인데 이 시기를 민족주의 시대로 규정했다. 이 시기에는 인도 정치지도자들의 혁명적 투쟁성이 앙양되고 힌두와 모슬렘의 항쟁이 격화되었다. 제3권은 간디의 지도력, 투쟁, 전술, 정치 추종자와 경쟁자, 독립 후 분단의 배경과 요인 등을 다루었다.

마즘다의 연구는 그 규모나 방법에 있어서 매우 인상적인 업적이었다. 그러나 벵골의 힌두교도로서의 편견과 선입견을 완전히 버리지 못한 점, 그리고 20세기 혁명적 민족주의자의 중요성을 과장함으로써 온건파와 자유주의자들을 조직적으로 저평가한 점 등의 결함이 지적되고 있다.

그러나 마즘다의 연구는 근대 인도의 많은 문제점을 지적하여 주었다. 영국의 식민통치의 역할(영향), 인도 지도자의 성격, 성분, 이데올로기, 활동, 지역차의 문제, 인도 근대화에 영향력을 끼친 조직 집단과 개인 그리고 인도의 분단문제 등이 그것이다.

신생독립국에서는 의례 전 제국통치(ex-imperial rule)의 의의에 관한 문제가 제기되지 않을 수 없었다. 우리나라로 말하면 일제 식민통치 이전의 조선시대가 어떤 상태에 있었는가 하는 문제이다. 근대화의 맹화문제를 가지고 그동안 논쟁이 많았는데 요즘 일부 경제학자들이 일제 식민통치의 근대화론을 들고 나와 물의를 빚고 있다. 양심세력에서는 이들 경제학자들을 제2의 이완용이라 탄핵하고 있다.

인도에서도 똑같은 논의가 전개되고 있는데 영국이 파키스탄에 편중한 데 대한 인도인의 분노가 겹쳐서 사태는 더욱 복잡하다. 영국의 제국주의자들은 서구 식민주의가 억압적이며 착취적이었다고 주장하는 인도 민족주의자들을 모두 공산주의 이데올로기의 영향으로 몰아붙이고 있다. 영국 식민통치 문제에 대해서만은 힌두 민족주의와 좌익 지식인간에 모종의 합의가 있다고 하면서 빈정대는 것이 그들의 상투적인 언동이다.

영국 제국주의 역사가들은 인도의 민족주의자들이 좌우익을 막론하고 영국 식민통치 시기 이전의 인도가 경제적으로 풍요하였다는 사실을 과장하여 17·8세기의 인도는 '세계의 공장'이었다고 주장하고 있다는 것이며 영국의 식민통치가 이러한 인도 경제를 억압하고 퇴행 당하게 만들었다고 주장한다고 반박하고 있는 것이다.

자아(Shiva Chandra Jha)의 《인도 자본주의 발전에 관한 연구》(*Studies in the Development of Capitalism in India*, 1963)는 인도 자본주의가 이미 전 영국 통치시대에 생산자 층에서 생장한 토착 시민계급의 지도하에 '진정한 혁명적 방법으로' 이루어졌으나, 영국은 이 자본주의의 싹을 짓밟고 인도를 '우회적인 길'로 몰고 감으로써 인도 자본가는 생산자가 되지 못하고 단순한 중개인으로 전락하였다고 주장하면서 인도의 자생적 근대화가 저해되었다고 설명하였다.

자아에 의하면 후 독립시대(post-independence period)에 이르러도 인도의 계획경제가 여전히 세계의 자본주의권에서 취약부분으로 남게 된 것은 식민지시대의 내재적 모순 때문이었다고 주장한다. 그러나 자아는 모리스 돕과 스위지의 강한 영향을 받아 저술하고 있다는 흠과 문헌자료가 불충분하다는 비판을 받고 있다.

이리하여 영국의 인도통치에 대한 역사적 평가는 우리나라에서처럼 대립되는 두 진영으로 나뉘어 의견을 달리하고 있다. 하나는 영국의 식민통치에 대한 부정적인 평가이며 다른 하나는 긍정적인 평가이다. 전자를 식민통치론, 후자를 근대화론이라 한다. 참고로 식민통치 근대화론을 약술하면 영국 통치의 결과, 근대화와 독립운동의 주체세력인 중산층이 대두하였는데 식민지하에서 대두한 중산층은 서구 모형과 달라 생산층에서 나오지 못 했고 그들은 영국 지배자와 타협하여 상업적 공급인의 역할을 했을 뿐 인도의 산업발전에 기여하지 못하였다는 것이다.

인도 중산층의 특성의 다른 하나는 '지식인 중심'의 구성을 하고 있었다는 것이다. 문인교육 중심의 인도 고유의 전통과 영국의 제국주의적 식민정책 때문에 정부관리, 법관, 의사, 교사, 언론인 등으로 이루어진 새로운 도시 지식인은 종교적 사회적 개혁, 문학적 탐구, 교육적 노력, 심지어 정치 조직·활동 쪽으로 정력을 소모하도록 만들어졌다. 이리하여 19세기가 인도의 문예부흥시대로 불릴 정도로 뚜렷한 문화발전을 보였다는 것이다.

이 같은 인도 중산층의 지식인 우위는 강한 이데올로기 지향성을 보였다.

19세기의 사상은 자유주의 개혁파에 의해 주도되었으나 20세기 초에 이르러서는 호전적 재건파(revivalist)와 혁명적 국민주의자(revolutional nationalist)가 우세해졌다. 물론 이 과격파도 1920~30년대에 간디가 나타나 그를 추종함으로써 크게 온건화되었다.

1920~30년대에는 또 토착자본가 주도하의 산업발전이 시작되고 사회·공산주의 사상이 전파되었다. 따라서 인도 현대사에서는 이데올로기 연구가 매우 중요시되며 개인의 전기(傳記) 연구 또한 중시되고 있는 것이다.

(아) 구 소련[38]

러시아 혁명은 1917년에 일어나 소비에트연방을 탄생시켰는데 《소비에트연방사》는 1937년에 혁명 후 20년 뒤에 가서야 저술 작업반에 의해 완성되었다. 왜 이렇게 늦었는가. 거기에는 소련 역사가들에 대한 거듭되는 숙청의 역사가 끼어 있었던 것이다. 1917년 러시아 혁명으로 신정권이 들어서자 모스크바 대학에서는 교수단이 신정권을 승인하지 않는다고 선언했다. 이리하여 비극은 시작되었다. 혁명세력에 의한 반동역사가들에 대한 체포 추방이 시작된 것이다.

이러한 혁명의 와중에서 M.N 포크롭스키가 등장하였다. 그는 철저한 공산주의 역사가로서 혁명을 지지하였다. 포크롭스키는 1868년 생으로 모스크바 대학을 이수하고 1905년에 혁명에 가담하였으니 그는 소수의 혁명 전 마르크스주의 역사가 중의 한 사람이었다. 혁명 후에는 교육인민위원 대리, 즉 교육부 차관이 되었고 1932년 4월 죽기까지 소련의 역사 연구와 교육을 주도하였다.

재임중 그는 제국대학의 역사 문헌 학부를 폐지하고 반동 부르조아 역사가를 추방하는 일 그리고 마르크스주의 학자의 양성기관으로 적색교수학원을 설치하는 일 등 모든 혁명사업을 주도하였다. 그가 주도한 사건 중 가장 유명한 사건은 '프라토노프 사건'이었다

적색교수학원은 공산주의를 위한 장래의 투사를 양성하기 위하여 설치된 대학원급의 대학교로서 이 학원에서는 강의도 없고 시험도 없고 단지 세미나만으로 수업이 진행되었다. 그리고 마르크스주의 역사협회가 조직되어 기관지로서 《마르크스주의 역사가》를 발행하였다. 창립대회에서 포크롭스키는 "마르크스주의 역사가는 너무 적어서 부르조아 역사학이라는 넓은 바다

---

38) Dohi Tsuneyuki, *Russian Historians at the Crossroads,* 岐路に立歴史家たら(山川出版社, 2000)

위에 뜬 외딴 섬과 같다"고 개탄했다. 여기에 실린 논문의 대다수는 혁명적 과거, 즉 혁명운동사 연구논문이었다.

그러나 1922년에 라니온역사연구소가 설립되기 까지 러시아 역사학은 아직도 부르조아 역사학과 공산주의 역사학의 공존시대였다. 라니온역사연구소의 정회원은 불과 12명으로서 소장으로 중세사의 대가 모스코바 대학의 페트롭스키가 선출되었다. 이 12명 가운데 영국 중세사 연구로 이름 난 코스민스키도 끼어있다. 그러나 이 연구소는 1928년에 이르러 큰 비판을 받게 되었는데 마르크스 레닌 주의의 순수성을 잃고 있다는 것이었다.

이리하여 1928년부터 1934년까지 역사학계에 문화혁명이 일어났다. 이 혁명으로 1230명이 체포되고 520명이 해고당하는 등 지식인의 수난이 계속되었다. 발단은 구 왕조의 중요 문서가 중앙고문서관으로 이관하지 않고 과학아카데미도서관에 은닉되어 있었다는 것이었다. 이 때문에 관장 프라토노프가 체포되었다. 구 왕조의 비밀문서는 불온문서로 모두 중앙고문서관으로 압수되기로 되어 있었다. 이것을 어겼다는 것이니 어처구니없는 죄명으로 프라토노프는 시베리아 유형 5년을 선고 받았다.

한편 혁명 초기의 학계를 지배한 포크롭스키는 손수 러시아사를 집필하였다. 즉, 1920년 12월에 출판된 《러시아 소사》는 친구인 레닌의 서명을 받고 학교교과서로 널리 채택되었다. 이 책은 또 세계 각국어로 번역되었다. 이렇게 해서 포크롭스키의 명성과 지위는 확고부동한 것처럼 보였다. 그러나 1920년대 말에 이르러서는 그의 유물사관은 비판받기 시작하였다. 이 비판은 정치적인 배경하에서 진행되었다. 즉, 1931년에 스탈린은 트로츠키를 지지하는 역사가들을 숙청하여야 한다고 생각하였다. 그래서 트로츠키와 가까웠던 포크롭스키가 그 표적이 되었던 것이다.

그러나 다행히 포크롭스키는 숙청되지 않고 1932년에 64세를 일기로 서거하였다. 그가 죽자 그는 사회 각계로부터 칭찬을 받았고 그의 저술집도 낼 계획이 서있었다. 그러나 1934년부터 포크롭스키 비판이 본격화되었다. 비판의 요점은 그의 역사교과서는 너무 사회학적이며 도식적이라 역사 교육에 유해하다는 것이었다. 그가 폐지했던 역사문헌학부가 재건되었다. 이리하여 그의 이름은 소련의 역사학계에서 사라지고 말았다.

비록 포크롭스키는 저승으로 가서 없었으나 죄 없는 그의 젊은 추종자들은 테러를 당해 쓰러졌다. 1937년이 그 절정이었는데 유망한 역사가들이 아무 이유도 없이 스탈린의 테러단에 의해 목숨을 잃었다. 그 뒤에도 끝없이 역사학에 대한 정치적 탄압으로 많은 사람들이 희생되었다. 이렇게 처참한 일은 어디에도 없었는데 당초 포크롭스키 주도하에 편찬된《소련연방사》는 이러한 분위기 속에서 출판되었던 것이다.

소련 역사학은 이리하여 어떤 이단도 용서하지 않는다는 얼어붙은 상태에서 수많은 역사가가 유배지로 떠났는데 이러한 수난은 스탈린이 죽기까지 계속되었다. 특히 스탈린은 제자로 하여금 그 스승을 비판하여 시베리아로 보내게 하는 식의 비열한 방법으로 숙청을 감행하였다. 코스민스키는 왜 살아남았느냐 하면 그가 러시아사를 택하지 않고 영국사를 택하였기 때문이다.

항상 타국사보다 자국사를 연구할 때 사화(史禍)를 당하기 쉽고 보니 역사 연구의 자유는 진시왕 때만의 일이 아니라 민주주의 사회를 구가하는 21세기의 밝은 대낮에도 있는 일이다. 이 점 역사하는 사람은 항상 아침에 목을 쓰다듬어 보아야 할 것이다. 특히 좌우익을 막론하고 현대의 독재국가에서는 역사가의 목숨이 그 어느 때보다도 위험하다는 사실을 알아야 할 것이다.

어찌 되었든, 현대 마르크스주의 역사학에 이 같은 이면사가 있다는 사실을 모르고 마르크스 사학이 자유주의 국가로 널리 수출되었으니 지금 생각하면 아찔한 생각이 든다. 필자는 1974년 군사정권하에서 자행된 410명 교수 대량해고에 영광스럽게도(?) 목이 잘려 역사학이 무서운 학문이란 것을 알았다. 역사 속에 무서운 것이 들어있는 것이 아니라 바로 역사학 속에 무서운 독이 들어있다는 사실을 새삼 체험한 것이다.

아무튼 마르크스주의 사학은 우리나라에 사회경제사라는 이름으로 1930년대에 수입되었다. 물론 일본을 거쳐 우리나라에 재수입된 것인데 그 결과 백남훈을 필두한 일련의 사회주의 역가사가를 배출하여 그 꼬리가 오늘날까지 길게 늘어지고 있다.

제 3 장
새로운 역사학의 여러 분야

제 1 절　새로운 역사학과 사회과학
제 2 절　새로운 역사학의 연구 현황
제 3 절　새로운 역사학의 특징

개 요

새로운 역사학은 19세기의 랑케 사학을 대신하여 등장한 이름 그대로 20세기의 새로운 역사학이라 할 수 있다. 19세기가 낡은 실증주의 역사학의 시대였다면 20세기는 새로운 역사학이 태동한 세기였다. 19세기에는 각국의 국가사, 즉 국사가 유행하였으나 20세기에 이르러서는 국경의 높은 벽을 넘은 세계사가 유행하는 시대가 되었다. 또 다른 한편으로는 국가 안의 지방과 향토 도시 그리고 개인의 역사가 유행하기 시작했다. 역사가 더 이상 국가의 독점물이 아니고 더 이상 서유럽 중심의 역사가 아닌 세계사의 시대가 된 것이다.

새로운 역사학의 주제는 정치사를 벗어나 경제 · 사회 · 문화 그리고 심리 · 지성 등의 다양한 분야로 확장되어 갔다. 가령 사회사는 과거 사회경제사라 하면서도 경제사의 일부분에 지나지 않았다. 그러나 지금은 어엿한 독립분야로 자리 잡아 인구사, 노동사, 도시사, 농촌사 등으로 세분화되고 있다. 경제사도 1950년대 이후 생산보다 소비에 관심이 쏠려 사회사와 문화사와의 경계선이 불명확하게 되었고 경영사 · 광고사 · 환경사까지도 그 영역이 되어 가고 있다. 정치사도 상층학파와 하층학파로 갈라져서 중앙정부의 국정(國政) 수준의 정치사보다 지방자치단체의 풀뿌리 정치에 관심을 옮아가고 있는 것이다. 이리하여 새로운 정치사는 국가보다 권력을 주제로 삼고 애국주의와 민족주의 그리고 사회주의와 같은 이데올로기와 계급투쟁의 허상을 폭로하기에 이르렀다. 문화사도 미술 · 문학 · 음악 등의 영역으로 세분화되어 새로운 분야사가 성립되어가고 있다.

그러나 새로운 역사학이란 과연 무엇인가. 그리고 그것이 얼마나 갈 것인가에 대해 기성 사학계의 의문과 반발 또한 강하다. 일각에서는 새로운 역사학의 시대는 이미 갔다고까지 진단하고 있는 실정이다. 그러나 한번 일어난 혁명은 기성질서를 허물고 변화를 일으키기 마련이다.

첫째 낡은 역사, 즉 랑케의 역사학이 제도사, 정치사, 전쟁사 등의 좁은 영역에 국한되고 있었으나 새로운 역사학은 인간활동의 모든 분야, 이를테면 어린이, 죽음, 광기, 기후, 냄새, 오염, 버릇, 신체, 여성, 독서, 언어와 침묵 등 여러 가지 분야에 이르기까지 그 연구영역을 넓혔다. 심지어는 신체의 역사, 피부 아래의 역사에 이르기까지 연구영역을 확대하였다. 그러면서도 역사의 전체성과 장기지속 현상을 간과하지 않았다.

둘째 낡은 역사학은 본질적으로 사건의 역사요 설화식 서술형식을 벗어나지 못했다.

그리고 셋째 낡은 역사는 위로부터의 역사였다. 즉, 정치가나 장군 그리고 성직자 같은 윗 사람들 중심의 역사였다. 민초들은 역사에서 소외되어 자기역사를 갖지 못하였다. 그러나 새로운 역사학에 있어서는 하잘 것 없는 민초들의 개인사가 연구의 주제가 되고 있다. 새로운 역사에서는 지금까지 역사에서 제외된 사람들을 역사의 모기장 속으로 끌어들여 새로운 역사의 주인공으로 맞아들였던 것이다.

새로운 역사학은 제2차 세계대전 이전에 프랑스의 연보학파에 의해 시작되더니 전후에는 각국의 역사학계로 번져 나아가 1980년대에 이르러서는 새로운 역사학의 3세대가 활동하기 시작하였다. 이리하여 세계의 역사학계는 과거 냉전시대의 좌우익 역사학이 살아있는 상태에서 낡은 신증주의 역사학과 이를 부정하는 새로운 역사학이 대립하는 판도가 형성되어 있는 것이다.

제 1 절
새로운 역사학과 사회과학

위대한 발견은 과학의 변두리 분야에서 이루어진다.

— *Lucien Febvre*[1)]

I. 학제 교류시대의 역사학

1. 현대 역사학의 두 과제

현대 역사학은 19세기의 실증주의 비판 그리고 랑케 사학의 위기의 결과 시작되었다고 할 수 있다. 그 결과 역사학을 자연과학으로 믿었던 콩트류의 소박한 실증주의 사상은 사라졌고 크로체나 콜링우드가 지적한 역사인식의 상대성(주관성)을 인정하면서도 역사적 객관성만은 정면으로 부정하지 않는 이른바 신실증주의(neo-positivism)가 살아남았다.

그 가장 대표적인 예가 페브르와 블록이 주도한 연보학파의 입장이었다. 이 두 사람이 주도하는 가운데 등장한 연보학파의 선풍이 프랑스에서 일어났다는 것은 결코 우연한 일이 아니었다. 19세기를 풍미한 랑케 사학이 독일에서 일어난 것을 생각하면 20세기 역사학을 주도하는 연보학파의 역사학은 당연히 프랑스에서 일어나야만 했다. 다시 말해서 역사에 있어서의 독불전쟁이 20세기에 다시 일어난 것이며 결국 그것이 프랑스의 승리로 끝난 것이다. 일명 아날르 학파라고도 불리는 프랑스의 연보학파는 제2차 세계대전 후 구미각국의 사회학적 역사학(sociological history)으로 발전하여 역사학의 새 국면을 개척하고 있는 것이다.

그러나 현대 역사학은 랑케 사학에서 물려받은 '소박한 실사구시'적인 미

---

1) Great discoveries take place at the frontiers of science.
Lucien Febvre, *A New Kind of History*, p. 1.

시사학(micro-history)으로부터 벗어나서 대담한 종합과 이론전개를 시도하는 소위 거시사학(macro-history)으로 거듭나게 되었으며 다른 한편 협량한 정치사 중심의 역사 연구를 탈피하여 사회사 운동이 전개되고 있는 것이다.

휴즈(Hughes)가 말한 것처럼 "오늘날 역사 연구는 20세기의 처음 30년간에 물리학이 체험한 바와 똑같은 급격한 변화와 진보의 시대로 돌입하고 있다."고 할 수 있다. 약간 과장하면 역사학은 일대 혁명기에 처한 것이며 역사학에 있어서의 정통 사학이란 이제는 실재하지 않는 하나의 명사모순이 되고 말았다.

현대 역사학의 활로는 두 개의 새로운 전제를 받아들이는데 있다고 믿어졌다. 그 첫째는 역사학과 사회과학과의 제휴를 실현하는 일이다. 일찍이 20세기 초에 로빈슨(J.H. Robinson)이

> 역사학이 발전하려면 역사학을 고립된 학문으로 만들지 말아야 한다. 모든 과학은 언제나 다른 과학과 상호 의존관계에 있다. 모든 과학은 다른 과학으로부터 자신의 생명을 끌어들이고 있고 의식적이든 무의식적이든 발전의 기회를 얻어내고 있다.

고 한 것처럼 역사학도 이제는 다른 학문의 방법과 연구 성과를 과감하게 수용하여야 하는 계제에 이른 것이다.[2]

둘째로는 역사학의 여러 연구 분야, 즉 연구의 지평선을 넓히는 일이 중요하다. 오늘날 서구의 대학은 격변하는 사회적 수요와 과학기술의 발전에 부응하여 인공두뇌학, OR, 시스템 공학 등 신흥 과학이 속출하는 가운데 새로운 도약을 모색하고 있다. 역사학은 이러한 대학 내부의 동향에 적응하면서 모든 과학의 기초 과학으로서 거듭나야 하는 것이다.

즉, 역사학은 고대, 중세, 근대 특히 현대에 관한 시대사적 접근, 동양・서양・아프리카・라틴 아메리카 등 여러 지역에 대한 지역사적 접근, 그리고 정치・경제・사회・사상・인구・도시・심리・의상・식품 등의 다방면에 걸친 '분야사'적 접근을 외면해서는 안 될 것이다. 이처럼 역사학은 고도의 전문화를 지향하는 과학의 양적 확대에 대응하여 변신이 불가피한 것이다. 무릇 어떤 과학이라도 그 연구방법으로 오로지 분석적 접근에만 의지하지는 않는 법이다. 싫든 좋든 분석적 접근에 역사적 접근을 병행하지 않을 수 없

2) J.H. Robinson, *The New Allies of History*, in "*The New History*."

는 것이다. 그러므로 어느 과학에 종사하는 학자라도 분석적 접근 이외에 역사적 접근을 게을리 해서는 아니 될 것이며 일반사가들이 제기하고 있는 넓은 안목의 역사 연구를 외면해서는 안 될 것이다.

현대는 바야흐로 학과 독립시대를 지나 학제 교류시대로 접어들었는데 역사학이 그 가교가 되어야 하는 것이다. 이러한 관점에서 종래 자칫하면 폐쇄적이기 쉬웠던 역사학의 문호를 개방하고 안으로는 보다 넓은 사회적 구조와의 관련에서 각 분야를 내려다 볼 수 있는 안목이 요청되고 있는 것이다. 학문의 현대적 추세를 고려하여 우리는 사회, 경제, 정치, 심리, 지리 등의 전통적 사회과학과의 연대를 모색하여야 할 것이다.

2. 역사학의 혼합유산

전통적으로 역사학은 정치사 중심이었다. 그것이 정치권력에 대한 역사가 전래의 흠모와 그 좌절에서 오는 것인지 아니면 역사학의 귀족주의적 본성에서 오는 것인지 모르지만 아마도 양측 모두가 작용한 것이리라. 일찍이 볼테르가 역대사가들의 제국적·왕조적 고정관념을 비난한 바가 있다.

> 1400년 이래 이 갈리아(프랑스) 땅에는 왕과 대신과 장군밖에 없었던 것처럼 보인다.

역사학의 연구대상은 일부 정치인의 역사에 국한되지 않고 널리 사회와 개인에게 개방되어야 한다. 어디 정치인만 인간인가. 정치인이란 극히 일부 그것도 일반인과는 다른 권력지향적 인간들인 것이다. 그런 인간들만 역사의 무대 위에 등장시켜 그들만 역사를 움직여 간 것처럼 인식하게 한 것은 분명 전통사학의 잘못이었다.

역사학은 또 사회보다 개인에 대해 많은 것을 연구하여 왔다. 그 원인을 따져보면 사회운동을 연구하기란 여간 '힘든 일'이 아니었고 그 대신 개인에 대해서는 연구하기가 쉬웠기 때문이다. 거기다 역사학의 본원적 귀족주의로 인하여 왕이나 영주 그리고 민중이나 군의 지도자들을 무조건 '역사를 만드는 사람들'이라 믿었던 것이다.

그러나 그렇다고 해서 사회사에 대한 관심이 아주 없었던 것은 아니다. 가령 헤로도투스의 《역사》를 읽어 나가노라면 이런 부분이 나온다.

> 고대 리디아(Lydia)의 왕 아티스(Atys)는 어느 해 심한 기근이 들자 다음과 같은 기발한 기근대책을 세웠다. 국민에게 주사위놀이(네 면의 주사위 네 개를 던져 네 개 모두 같은 면이 나오면 제일 좋다.), 공놀이 등 노름을 고안하고 권장하였다. 그러자 국민들은 노름에 미쳐서 밤을 새고 밥은 이틀에 한 끼 정도밖에 안 먹게 되었다. 아티스왕은 이 같은 노름 정책을 18년간이나 계속했으나 여전히 기근이 가시지 않아 할 수 없이 추첨으로 전 국민을 둘로 나누어 절반은 그대로 살되 다른 절반은 국외이민을 하도록 명령했다. 왕 자신은 남고 왕자가 이민을 거느리고 고국을 떠났다.

이 같은 아티스왕의 이야기는 개인사가 아니라 기발한 일종의 '기근과 노름 정책', 즉 사회사요 사회 정책사였다고 할 수 있다. 전통사회에 있어서의 기근과 흉년 문제는 참으로 골치 아픈 재해 문제였다. 18년이나 흉년이 계속되었다는 것은 대흉 중의 대흉이었다. 그 대책으로 노름을 권장하고 그것도 안 되니까 이민정책을 썼다는 것은 서양에서나 중국에서 그리고 우리나라에서도 있었던 일이다.

정치사라는 좁은 시야를 버리라는 소리는 18세기의 계몽사상가들에 이르러 더욱 높아졌다. 가령 콩도르세(Condorcet)는 프랑스 혁명기에 역사 교육의 개혁을 부르짖었는데 '완전히 새로운 역사', 즉 사회적 평등의 문제에 특별한 관심을 보이는 새 역사를 가르쳐야 한다고 역설했다. 그는 "지금껏 정치사, 철학사, 과학사가 한결같이 소수인의 역사였다."라고 개탄하면서 사회사를 제창하였던 것이다.[3] 볼테르도 노골적으로 임금을 중심으로 한 정치사를 비판하였다.

> 여기서 우리에게 문제되는 것은 인간의 운명이지 왕좌의 혁명이 아니지 않는가. 모든 역사가가 인간 존재(homo sum)에 관해 이야기하지 않으면 안 되는 데도 불구하고 그들은 대개 전쟁만을 서술하는 데 열중하고 있다.[4]

그러나 이 같은 18세기 계몽주의자들의 주장은 19세기에 이르면 또 다시 랑케 사학의 영향하에 정치사 중심의 역사로 바뀌고 말았던 것이다.

정치사 서술의 결함은 너무나 많다. 그 중 가장 큰 결함은 방법상의 결함

---

3) Richard Herr (ed.), *Ideas of History* (Durham, 1965), pp. 40~41.

4) Meinecke, *Entstehung, des Historismus*, 일역, 《歷史主義의 成立》 pp. 100~101.

이다. 정치의 영역에서는 개인의 의지와 우연이 지배하는 경우가 가장 많다. 따라서 정치사 서술은 본질적으로 설화적이거나 교훈적이 아닐 수 없는 것이다. 헤로도투스의 《역사》에 나오는 일화 가운데 데이오케스(Deioces)왕에 관한 이야기가 있다. 내용인즉 메디아(Media)란 지방은 고대 오리엔트의 앗시리아 제국의 지배를 받아오다가 모처럼 독립한 나라였다. 그런데 데이오케스란 영리하고 권력에 굶주린 군주의 어처구니없는 욕심으로 인하여 백성들은 또 다시 전제군주의 폭정하에서 고생하게 되었다는 이야기다.

> 앗시리아 제국으로부터 독립한 메디아는 처음에는 무질서하여 도둑이 들끓었다. 평소 정직하기로 이름난 데이오케스는 동네 사람들이 천거해서 재판관이 되었다. 그는 본시 국가의 주권을 탐내고 있었으므로 아주 공정하게 재판하였다. 이리하여 그의 명성이 사방에 퍼져 다른 동네에서도 그가 와서 재판해 주기를 간청하게 되었고 거의 모든 사람이 그의 재판을 받게 되었다. 이렇게 되자 그는 하루 종일 자기 일도 못보고 재판만 하게 되었다. 그래서 더 이상 재판을 못하겠다고 버티기 시작했던 것이다.
>
> 도적은 다시 횡행하고 무정부상태가 되고 말았다. 당황한 메디아인들은 회의를 열어 '우리도 나라를 세워 왕을 모시기로 하자'고 결의하고 만장일치로 데이오케스를 왕으로 선출했다. 그러나 데이오케스의 첫 요구는 왕에게 알맞는 궁전을 짓고 경호원을 붙여 달라는 것이었다. 궁전이 완공되고 경호원이 삼엄하게 그를 호위하게 되자, 그는 또 큰 도시를 지으라고 호령했다. 이 도시는 일곱 겹의 성곽에 둘러싸인 원형도시로서 안으로 들어갈수록 성벽이 높아지고 색깔도 백, 흑, 진홍, 청, 적색 그리고 마지막에는 은, 금색을 칠하여 가장 깊숙한 곳엔 왕궁과 보물창고가 자리하고 있었다.
>
> 도시가 완공되자 데이오케스는 모든 국민은 성곽 밖에 살게 하고 새로이 법률을 제정하여 아무도 왕을 접견하지 못하게 하고 만일 왕 앞에서 웃거나 욕하는 자가 있으면 그를 감옥에 가두었다. 왜 이런 격식을 만들었는가 하면 어릴 때 왕과 같이 자란 사람으로 가문이나 인품이 그에 못지않은 사람들이 늘 왕을 보게 된다면 그를 시기하고 증오할 수도 있고 자칫하면 그에게 모반할 염려가 있다. 그러나 그를 못보게 하면 그가 보통 사람과 다른 차원의 사람처럼 상상하게 될 것이다. 이렇게 해서 왕권을 확립해 논 그는 엄격한 재판을 집행하고 도처에 첩보원을 보내 나라를 감시하였다. 그래서 그는 무려 53년간이나 왕위를 누렸다.

데이오케스의 이야기를 듣고 있노라면 민주주의란 무엇인가를 의심하게 된다. 즉, 국민은 대통령 후보의 공약을 믿고 그를 뽑게 되는데 당선된 뒤 그는 공약을 지키지 않을 뿐만 아니라 전임자 이상으로 부정을 저지르고 국민을 속인다. 거의 모든 대통령이 데이오케스와 같은 사기꾼이라 하여도 과언이 아니다.

이와 같이 헤로도투스의 《역사》에는 분명히 교훈이 담겨 있다. 정치사 이외에도 사회사가 담겨져 있다. 개인과 집단현상도 그 속에 들어있다. 돌이켜 보건대 과거 역사가는 늘 여러 가지 분야와 목적을 위해 각기 다른 설명기법을 사용해 온 것을 알 수 있다. 역사가가 결코 한 가지 방법이나 한 가지 분야에 얽매이지 않았다는 이 역사학의 혼합유산(mixed inheritance)은 왜 역사학이 한 학문으로서 계속 번영해 왔는가를 설명해 주는 이유의 하나였다.[5] 그러므로 오늘의 역사가 타학문의 여러 가지 개념에 관심을 보인다고 해서 결코 놀라운 일은 아닌 것이다.

그러나 누누이 지적한 바와 같이 인문과학의 연구방법이 종래 자칫하면 사변적 극단으로 치닫거나 반대로 규범적 판단으로 흐르기 쉽다는 점에서 사회과학자들의 불만을 사왔다. 그러므로 고증과 일반화의 양극을 오가는 바이브레이션의 폭을 좁히는 일은 무엇보다도 긴요한 과제라 하지 않을 수 없다.[6]

우드워드(Woodward)는 역사가에는 대역사가와 소역사가가 있다고 하면서 대역사가는 역사의 '대종합'을 시도하는데 소역사가는 사료에 밀착해서 좀스러운 고증에만 열중한다고 했다. 그러면서 역사가의 이 같은 두 계층 사이에 양극단을 절충하는 중간 계층의 역사가 있어 주었으면 하고 바랐다. 이 중간계층의 역사가를 발전시키기 위해 역사학에 사회학적 개념의 도입이 바람직하다고 주장하였던 것이다.

사회학의 개념이라고 하더라도 한두 가지가 아니며 각기 그 성격을 달리하고 있다. 따라서 당장 역사학에 도입될 수 있는 개념이 있고 그렇지 못한 것이 있다. 다음에 소개하고자 하는 개념들은 모두 기왕에 널리 알려져 있고 또 많은 역사가들에 의해 차용되고 있는 것들이다.

먼저 사회과학 전반에 깊은 영향을 끼치고 있는 웨버의 몇 가지 개념을

---

5) W.O. Aydelotte, *Quantitative History*, p. vi.

6) John Higham, *The Schism in American Scholarship*, A.H.R. 72, No.1.

특히 마르크스와 대비하여 소개하고, 이어 현대의 대표적인 사회학자 몇 사람의 개념을 소개하기로 한다. 마지막으로 역사가의 개념구성 약간을 골라 그 골자를 소개할 것이다. 그러나 그에 앞서 역사학과 사회학의 관계에 대하여 언급하여야 할 것 같다.

3. 역사학과 사회학의 관계

역사학과 사회학은 두 학문의 역사로 보거나 연구대상으로 보거나 아주 밀접한 관계에 있었다. 꽁트를 사회학의 아버지라고 하지만 그는 역사 연구의 발전에도 중요한 기여를 한 인물이다. 마르크스도 역사가이자 동시에 사회학자였다. 역사학과 사회학은 또 사회적 인간을 연구한다는 점, 즉 주제에 있어서도 같은 것이다. 다른 점이 있다면 그 방법이다. 이 방법의 문제야말로 역사학과 사회학의 기본적인 차이점이라 할 것이다.[7]

그러면 사회학과 역사학은 왜 갈라졌으며 그 방법을 달리하게 되었을까? 그 사연을 보면 갈라진 이유를 알 수 있다. 19세기 후반에 랑케 사학이 역사학을 과학(전문)화하게 되자 아직 확고한 기반을 잡지 못했던 사회학은 자연 역사학에서 소외되기 시작하였다. 이리하여 《자살론》으로 유명한 뒤르켐(Emile Durkheim, 1858~1917)이 사회학의 독자적 연구방법을 개발하기 시작하였다. 그는 인간행동의 불합리성의 문제에 주목하고 집단의식 또는 집단심리의 문제를 붙들고 씨름하게 되었다. 이 개념은 뒷날 프랑스의 연보학파의 페브르와 블록에 큰 영향을 끼쳤던 것이다.[8]

그러나 역사학에 가장 중요한 영향을 끼친 사람은 20세기 최대의 사회학자 웨버였다. 나이 불과 30세에 프라이부르크 대학 경제학 교수로 취임한 그는 8개 국어에 능통한 놀라운 두뇌의 소유자였다. 그래서 그가 섭렵한 분야는 법률, 경제는 물론 성서연구, 종교적 교리해석, 고대 로마의 지리연구, 중세 상업, 근대 증권교환, 도시제도의 비교연구, 동독의 농업, 서구 음악의 중세적 기원, 서독 직물공업 등등 광범위한 분야였다.

웨버라면 '이상형'(Ideal Typus), '자본주의 정신과 프로테스탄트의 윤리'가 먼저 머리에 떠오르지만 그 밖에도 그가 만들어 낸 개념이 많다. '관료

---

7) A. Marwick, *The Nature of History* (New York, A Delta Book, 1970), p. 156.
8) 제2장 제3절의 Ⅱ.5. 참조.

제'(bureaucracy), '신분집단'(status group), 가부장제를 비롯하여 카리스마(charisma)적 지배의 개념도 그가 창안한 것이다. 웨버 역시 뒤르켐 처럼 인간행동의 비합리적 성격에 깊은 관심을 보였다. 웨버의 부인은 남편의 박식에 대해 이렇게 말한다.

> 그 분은 자기 지식을 표현하는 방식에 대해 전혀 무관심하셨습니다. 그 분의 마음의 보고에서 너무나 많은 지식이 쏟아져 나오기 때문에 미처 그것들을 뚜렷한 문장구조로 만들기 힘들 때가 있었어요. 게다가 그 분은 그것을 빨리 그리고 짧게 나타내려 하셨습니다. 왜냐하면 자꾸 새로운 문제들이 머리에 몰려오기 때문입니다. 그래서 많은 것이 긴 문장 속에 압축되고 맙니다. 그리고 거기서 빠진 것은 각주로 밀려나야 합니다. 어떻든 이 때문에 독자들은 골탕을 먹기 마련이지요.[9]

무릇 사회학에는 두 가지 측면이 있다. 즉, 첫째 사회학은 뒤르켐과 웨버의 전통에 따라 인간행동의 중요한 영역에 관한 광범위한 일반법칙을 세우려 한다. 이 측면은 역사학에 대한 당초의 의존성에 유래하는 것이며 역사학은 사회학자가 만들어낸 이 같은 종합과 법칙에서 많은 것을 배워 왔다.

그러나 사회학의 두 번째 측면은 특히 제1차 세계대전 후에 발전한 것인데 인간행동의 매우 좁은 영역에 관해서 세밀하게 연구하는 방법이다. 이 측면은 역사학과 거리가 먼 것으로 예를 들어서 '표본조사'나 설문과 같은 것이 그것이다. 이로써 사회학은 주관적인 영향을 최소한으로 줄일 수 있는 이득을 얻는다.

사회조사의 최초의 예는 린드(Linds) 교수에 의한 〈미들 타운 연구〉였다. 그 뒤 교육 제도라든지 인간 집단과 같은 보다 적은 영역을 연구하게 되었다. 바로 이러한 종류의 사회학, 즉 사회조사가 역사학과 사회학의 모든 연계를 끊어 놓은 것이다. 이리하여 사회학이 역사학에 의존하던 시대는 가고 독립시대가 왔다. 그러나 둘의 조직적인 관련성은 약화되어 가고 있지만 역사학은 다른 모든 사회과학 분야에서와 마찬가지로 사회학과도 밀접한 교류를 시도하였고 또 할 수 있었다.[10]

---

9) Reinhard Bendix, *Max Weber: An Intellectual Portrait*, recit. from Wright Mills (ed)., *From Max Weber* (1948), Introduction.

10) A. Marwick, *op. cit.*, p. 160.

Ⅱ. 막스 웨버의 사회이론

1. 국가권력

더러는 웨버를 '부르조아 마르크스'라 오해하는 이도 있다. 그러나 둘은 닮은 것보다 닮지 않은 데가 훨씬 더 많다. 웨버는 마르크스의 역사적 방법을 능숙하게 응용하고 그것을 하나의 발견적 원리로서 받아들인 사람이지만 마르크시즘의 본질을 소박한 단일인과론으로 보고 이를 배격한 인물이기도 하다.[11]

웨버는 1864년, 비스마르크의 '현실 정치'(Realpolitik)시대에 (법률가에 라이히스탁 의원을 지낸) 한 프러시아 정치인의 아들로 태어났다. 그는 4세 때 뇌막염을 앓고 13세 때 이미 역사 논문 〈독일사에 관하여〉를 써서 신동이란 소리를 들으며 자랐다. 이러한 웨버는 선생에 대한 존경심은 없었으나 학우들에게는 시험 때 잘 가르쳐 주어 호감 사는 친구였다고도 한다.

1894년 나이 불과 30에 프라이부르그 대학 정교수로 취임한 그였지만 너무 공부하시면 몸에 해로우시니 좀 쉬시라는 부인 마리안네의 권고에 "만일 내가 밤 한 시까지 일하지 않으면 교수가 못 돼!"라고 대답했다는 일화가 있다. 또 교수가 된 뒤 4년 반 동안이나 신경질환에 걸려 베니스, 코르시카, 스위스, 로마 그리고 미국 등지를 요양차 여행했으며 이때 광범한 독서를 할 기회를 얻었다. 그의 백과사전적인 학문이 성립될 수 있었던 것도 이런 장기 휴가를 허여한 독일대학의 특권적 보호 때문이었다.

그러나 웨버는 이룰 수 없었던 첫사랑을 증오했던 만큼이나 '절망의 조국' 독일을 증오했다. 이 증오심은 경멸의 대상 카이잘 아래 안주하는 자신에 대한 죄의식으로 발전하여 요양을 핑계로 한 국외 이주까지 결심하였었다.

웨버의 사회학적 제 개념은 이 같은 그의 생활감정을 배경으로 성립되었다는 점을 잊어서는 안 된다. 예컨대 그는 정치의 본질을 아무런 가식 없이 정치적 지배수단을 쟁취하기 위한 투쟁이라 보았다. 그러므로 그는 유럽 근대사를 봉건시대에 지방영주들이 분할 장악했던 재정적·군사적 지배수단을

---

11) H.H Gerth and C.W. Mills (ed.), *From Max Weber: Essays in Sociology* (New York, 1953), pp. 49~50.

악착같이 독점하려 한 '통치자들의 착잡한 행렬'로 밖에 보지 않았다. 또 웨버가 국가의 본질을 '주어진 영역에서의 합법적 폭력의 사용 독점권'이라 풀이한 것도 이 때문이었다.

웨버에 의하면 국가는 그 지리적 조건에 따라 크게 연안국가와 내륙국가로 구분된다고 하였으며, 전자에서는 도시 민주제가 발전하고 고대 그리스나 로마와 같이 밖으로 해양제국으로의 발전기회를 잡는다. 한편 내륙 국가는 대하국가와 평원국가로 구분되는데, 전자는 고대 이집트, 메소포타미아 그리고 중국과 같은 가부장적 전제국가를 발전시키고, 후자는 러시아나 미국처럼 도식화하고 관료제를 좋아하게 된다는 것이다.[12]

그런데 이 같은 웨버의 유형적 파악은 웨버 특유의 이른바 이해사회학에서 우러나오는 방법이었다. 즉, 인간을 대상으로 하는 윤리 내지는 문화 과학에서는 자연과학에서와 같은 사회적 사실의 단순한 인과설명이 아니라 인간행동의 '이해가능성'을 추구하여야 한다는 것이다. 이 같은 방법에 따라 그의 이른바 '이상형'이 설정되었던 것인데 이것은 마르크스주의와의 분명한 결별을 의미하였다.[13]

2. 관료제

그는 마르크시스트가 아니었다. 그의 기본입장은 자유주의에 있었고 당대의 지배적 사상, 보수주의와 마르크스주의 사상에 저항하였다. 흔히 웨버의 이상형(Ideal Typus)을 초역사적 개념, 즉 시공을 초월한 개념 장치라 보지만 가령 가부장제나 봉건제의 개념처럼 그것은 초시간적이자 동시에 역사적인 개념이었던 것이다.

웨버는 향수적 자유주의자였다.[14] 왜냐하면 그는 자본주의를 근대사회의 부정 또는 타락으로 보았기 때문이다. 그는 자본주의 사회의 관료제와 합리성을 동일시하고 그 합리화와 기계주의, 비인간화 그리고 억압적인 일률화를 동일시하였다. 웨버는 근대 사회가 지향하는 합리성(rationality)이 개인의 자유와 근본적으로 상극적이라는 점에 중대한 역사적 모순이 있다는 것을 발견하였다. 그래서 근대 사회의 메카니즘과 뷰로크래시(관료제)가 만들

---

12) *Ibid.*, pp. 46~48.
13) *Ibid.*, pp. 55~57.
14) *Ibid.*, p. 50.

어낸 인간 유형으로서의 근대인을 개탄했던 것이다. 즉, 협소한 전문가로 운명지어진 근대인의 안정에 대한 열망은 그의 소망과 어울리며 관리적 신분의 보답으로 이 소망은 충족되고 있다는 것이다. 바로 이 같은 인간 유형이야말로 웨버가 개탄한 기계적 소인이었다. 영웅주의와 인간적 자율성과 창조성을 모조리 상실한 이들 소인(小人)들을 웨버는 비탄해 마지않았던 것이다.

이처럼 웨버는 자본주의를 관료주의의 일종으로 보았다. 그러나 마르크스는 또 자본주의를 지극히 불합리한 생산의 무정부상태라 규정하였다. 웨버는

> 자본주의의 전 구조는 다이나믹하다. 그 익명주의는 근대인을 전문가, 즉 직업적 인간이 되지 않을 수 없게 만들며 미리 예정된 경로 안에서 특정한 생애를 마치도록 만들어져 있다. 인간은 이리하여 관료주의 기구의 자동과정 속에 흡수되게 되는 것이다.

라고 말했다.

사회주의에 대해서도 웨버는 그것은 생산수단의 합리화요 국가의 관료주의 경영에 지나지 않다고 본다. 참으로 사회주의적 국가는 하나의 전체가 되는 것을 의미했다. 관료주의를 자유로운 개인에 대한 쇠고랑이라 증오한 웨버는 사회주의가 도리어 심한 중세적인 농노제도로 변할 것이라 예감했다. 그러기에 그는 "사회주의 체제에서 지금 노동자 독재가 진행되고 있는 것이 아니라 관료 독재가 진행되고 있다"고 고발하였던 것이다.

그러나 웨버를 마르크스의 전면 거부라고 논단할 수도 없다. 왜냐하면 웨버의 일부 연구는 마르크스의 경제적 유물론을 정치적·군사적 유물론으로 대체하려 하였으며 정치구조에 대한 웨버적 접근은 경제구조에 대한 마르크스적 접근을 방불케 하고 있기 때문이다. 이를테면 마르크스는 생산수단의 소유를 정치적·사회적 요인과 관련 지웠지만 웨버는 무기와 행정수단의 소유와 관련시키고 있다. 그러므로 웨버는 마르크스가 말한 생산수단으로부터 분리된 임금 노동자란 개념을 '폭력의 수단(그러므로 무기)으로부터 분리된 군인', '연구의 수단으로부터 분리된 과학자', '행정의 수단으로부터 분리된 관료'와 동렬에다 놓았다.

또 웨버에 있어서의 '합리적 관료주의'(rational bureaucracy)의 개념은 마치 마르크스에 있어서의 '계급투쟁'의 개념과 같이 중요하다. 웨버에 의하면 봉건체제가 무너지고 근대 국가가 성립했다는 사실은 단순히 근대 관료국가의 봉급제적 관리제(salaried officialdom)가 중세 봉건제를 대신한 것에 지

나지 않았다. 왜냐하면 근대 국가는 무기의 사유가 원칙인 중세 봉건제를 뒤집고 무기와 행정수단을 국유화했기 때문이다.

이와 똑같은 논리로 사회주의를 생각할 때 자본주의는 단지 무기와 행정수단을 국유화한 데 지나지 않지만 사회주의는 생산수단의 개인소유를 허용한 자본주의를 부정하고 생산수단마저도 국유화함으로써 경제생활을 국가의 관료제하에 예속시키고 말았다는 것이다. 따라서 국가는 전체주의화하고 사회주의는 더욱 더 개인을 예속화시킨 제도가 되었다는 것이다.[15]

그런데 마르크스가 자본주의를 미워하면서도 자본주의가 봉건적 잔재와 농촌생활의 백치(idiocy)화를 일소하는 데 기여한 업적을 시인했듯이 웨버도 관료주의를 증오하면서도 그것이 매우 능률적이고 정확한 경영체제라는 점을 인정했던 것이다. 이 점이 바로 밀(J.S. Mill)이 현학자 정치(pedantocracy)를 고발한 태도와 매우 대조적이었다 할 것이다.

3. 합리화

웨버의 역사 구조 속에 함축된 철학적 개념 가운데 중요한 것은 지도자와 이념(ideas)의 이율배반적 균형인 카리스마적 운동, 그리고 영속적인 제도와 변전하는 물질적 이해간에 나타나는 또 하나의 이율배반적 균형인 합리적 제도화라는 개념이다.[16]

웨버는 인간의 표면상의 주장(verbal assertion)과 실제 의도(actual intention)의 불일치, 즉 합리화(rationalization)와 사회의 허구적 상부구조(fictitious superstructures)를 동시에 꿰뚫어 보는 눈을 가졌던 것이다. 예컨대 제국주의나 관료주의적 호언, 엉터리 정치 슬로건 따위를 날카롭게 폭로했다. 그는 또 이 논리가 제도와 질서의 배면에 깔린 물질적 이해에까지 확대되어 있다는 사실을 폭로하였다. 즉, 마르크스가 상부구조와 하부구조란 대응개념을 내세운데 반하여, 웨버는 상부구조란 경제·정치 질서의 물질적 이해(하부구조)를 캄플라주하는 단순한 이데올로기적 현상에 불과하다고 말했다. 즉, 그것은 합리화요, 허구적 상부구조였다는 것이다.

이처럼 웨버는 이데올로기의 허구적 성격을 폭로했는데 이 논리를 프롤레

15) *Ibid.*, p. 49.
16) *Ibid.*, p. 55.

타리아적 이해로까지 확대 적용시켰다. 즉, 사회주의자들이 내세우는 이른바 프롤레타리아적 이해란 프롤레타리아의 실제적 이해가 아니라 단순히 '혁명의 위병들'의 이해를 '문인정치인'(literati politicians)들이 합리화시켜 준 데 지나지 않았다는 것이다.[17]

합리화의 개념은 그의 혁명이론에도 적용되어 있다. 웨버에 있어서의 혁명이란 사회, 경제 관계의 변혁이 아니라 인간과 인간 의식구조의 변혁 또는 인간 유형과 인간성의 변혁으로 이해된다. 혁명이란 가치관의 전도요, 낡은 가치관에 대한 새로운 가치관의 승리를 의미하는 것에 지나지 않았다.

이 같은 낡은 가치관에 대한 새로운 가치관의 승리로서의 혁명은 두 가지 기본조건이 충족됨으로써 달성된다. 즉, 그 첫째는 이념이다. 인간에게 현실은 항상 악이요 무의미하다. 그러나 미지의 미래는 항상 선하고 행복하리라는 기대다. 이러한 인간 구제의 기대를 충족시켜 주는 것이 카리스마적 지도자의 예언이다. 예언자는 일상적인 생활에 매몰되어 있는 민중의 전통적 가치관에 대하여 전혀 다른 새로운 가치와 이념을 제시하고 그로써 대중을 낡은 사회관계에 적대시키고 새로운 세계를 지향하는 행동을 촉발시킨다. 이 같은 혁명과정에 있어서 지식인층은 새로운 이념을 형성하고 그 신빙성을 더하고 박진력을 더하는 데 기여한다.

둘째로 혁명적 이념은 대중 또는 민중 이해상황(利害狀況)과 부합되어야 한다. 이념이 대중의 이해와 부합될 때 역사의 현실적 형성력이 되지만 대중의 이해와 달라 대중이 동조하기를 거부할 때 그것은 '교의(教義)'화한다. 그러므로 이념은 대중의 이해 상황이라는 금줄[琴線]에 닿을 때에만 소리가 난다는 것이다.

4. 자본주의 정신

웨버는 그의 유명한 《자본주의 정신과 프로테스탄트의 윤리》(*Geist des Kapitalismus und Protestantishe Ethik*, 1899)로 마르크스의 유물사관을 뒤집었다. 마르크스는 프로테스탄티즘을 자본주의의 이데올로기로 보았다. 다시 말해서 마르크스는 프로테스탄티즘을 자본주의라는 경제현상의 종교적·이데올로기적 부수현상으로 규정했지만, 웨버는 자본주의 정신으로 본 것이다

17) *Ibid.*, pp. 48~49.

좀바르트(Werner Sombart, 1863~1941) 역시 마르크스의 공식을 뒤집었다. 그들은 문자에 앞서 정신이 있다고 믿었기 때문에 프로테스탄티즘을 하나의 창조적 정신으로 보고 이를 자본주의의 정신으로 가정했던 것이다. 이 정신을 웨버는 종교 개혁에서 발견하였다. 즉, 자본주의 정신은 루터보다도 칼빈이 창도한 새로운 '프로테스탄트 윤리'의 직접적 소산이었다고 본 것이다.

그러나 이 점에 대한 좀바르트의 견해는 웨버와 좀 달랐다. 그는 근대 자본주의의 창시자를 16세기에 리스본과 세빌에서 합스부르그와 암스테르담으로 망명해 온 스페인계 유태인이었다고 주장하였다. 그래서 그는 자본주의 정신을 유태교 율법인 탈무드(Talmud)의 유태교 윤리에서 찾았던 것이다.[18]

마르크스도 '부르조아의 원형'을 '유태인의 행상'으로 보았으나 그들의 윤리까지 소급시키지는 않았다. 단지 마르크스의 눈에는 유태인이 자본주의 기업의 상징으로 보였을 뿐이며 '양키'까지도 유태인으로 확대 해석되었던 것이다.[19]

좀바르트의 실증적 테제를 옹호하는 사람은 없어도 웨버의 테제는 아직도 유력하다. 미국에서는 실로 사회학의 정통이론이 되고 있는 것이다. 웨버에 의하면 칼빈이 직접 자본주의나 자본주의적 방법을 가르쳤다는 것도 아니고, 근대 이전에 자본주의가 없었다는 것도 아니다. 전 근대적 자본가로서 유태 자본가 또는 투기적 천민 자본가(pariah capitalists)가 있었는데 이들은 단지 돈을 사랑하고 돈벌이를 즐기기 위해 돈을 번 사람들이었다는 것이다.

그러나 근대 자본주의의 창시자들은 단지 돈을 사랑하기 때문에 돈을 번 인물들이 아니라 헌신적인 사람들이었다는 것이다. 그들이 돈을 번 것은 순전히 우연이었다. 즉, 그들의 활동의 본의 아닌 부산물이 돈이었다는 것이다. 그들은 '세속적 금욕주의'라는 윤리적 규율에 고무되어 있었고 세속적 직업 자체를 소명(Beruf, 직업)이라 생각했던 것인데 그들은 모든 사치와 사회적 야망을 삼가하면서 부를 저축하였다.

그러므로 이러한 프로테스탄트의 윤리적 규율로 말미암아 유태 자본주의와는 다른 새로운 합리적·관료주의적 자본주의 내지는 시민노동의 합리적 조직을 탄생시켰던 것이고, 유럽을 세계사에서 특이한 존재로 군림하게 만

18) Trevor-Roper, *Religion, the Reformation*, pp. 1~5.
19) Feuer, *Karl Marx*, Encounter, XXXI, 6(1968), p. 25.

들었던 것이다. 이리하여 근대 산업 자본주의를 형성한 정신은 프로테스탄트의 윤리에 의해 만들어졌다는 것이다. 그러므로 웨버에 있어 유태 자본주의는 전 근대적 상업 자본주의였지 근대적 산업 자본주의가 아니었다.[20]

5. 중국 문화

웨버는 중국 철학의 특색을 다음과 같이 보았다. 즉, 중국 철학은 첫째, 사변적·체계적 성격을 결여하고 있다. 둘째, 합리적·공식주의적 성격을 결여하고 있다. 이 점이 특히 서양의 법률 사상과 대조적이다. 셋째로 중국 철학은 '논리'(logic)를 전문적으로 추구하지 않았다. 그래서 스콜라 철학을 탄생시키지 못했다. 이리하여 논리의 개념은 끝내 중국 철학으로부터 소외되고 가부장적 관료주의의 신분적 이해관계라는 실제적 문제에만 관련지어져 내려왔다.

웨버는 이 같은 중국 문화의 특징이 한자 사용에서 비롯된다고 보았다. 첫째 한자는 그 회화적 성격을 보존하고, 알파벳 형태로 합리화되지 못했기 때문에 문학적 소산은 귀로 듣는 것보다도 특히 눈으로 보는 시각적으로 전달되었다. 이같이 한자가 시각적 성격을 벗어나지 못함으로써 문자는 계속 구어와 멀어졌다는 것이다.

둘째 한자는 또 그 구조의 합리성 때문에 시와 체계적 사고를 표현하는데 기여하지 못했다. 한자 문화에서의 시적 표현은 구어(서양)가 아니라 필서로 이루어진다. 글씨(한자)의 예술적 가치 그리고 그 귀족적 성격으로 인해 구어가 끝내 일반 서민의 것으로 멸시 당하게 만들었다. 이 점은 헬레니즘 문화와 대조를 이루는데 헬레니즘 문화에 있어서는 회화(구어)와 대화체가 모든 경험과 사고의 형태였던 것이다. 중국 문화는 실로 그 구어의 결여에서 특징지어진다.[21]

웨버는 중국 문인(literati)층의 특수성에도 언급하고 있다. 즉, 지식의 독점과 과거제의 확립으로 중국의 전통적 교양층은 학자들의 자율적 신분집단이 못 되고 관리와 관리 지망자층이라는 성격을 띠게 만들었다. 과거제도는 가부장적 군주가 지방토호(地方土豪)의 관료지배를 방지하기 위해 마련한

---

20) *Ibid.*, pp. 5~6.

21) W. Mills, *From Max Weber: Essays in Sociology* (New York, 1953), pp. 430~431, 433.

장치였다.

중국의 교육제도는 과거제도와 밀접히 관련되어 관리양성 교육이 그 본질이었다. 과거합격 후에도 부단한 감시 채점을 받으므로 여기서 문인정신이 우러나왔던 것이다. 명대(14세기)에 마을마다 25집에 한 학교씩 설치하도록 규정했으나 아무런 지원이 없어 사문화된 바도 있었다. 결국 중국 교육의 특색은

> 첫째 회화적이고 서술적인 한자를 2년에 2,000자를 익히는 데 소비하고, 둘째 수학 교육이 결여되었다. 이것은 상업의 미발달과 관련된다. 셋째 순수한 세속(비종교적) 교육이지만 의식주의적 성격과 전통적 윤리적 성격을 띠고 있었다. 자연과학, 지리, 문법에 대한 교육이 없거나 경시되었다.[22]

웨버는 또 음악 교육의 사회적 기능에 대해서도 독특한 해석을 시도하고 있다. 즉, 중국에 있어서의 무용 교육의 목적은 인간의 독소적 감정의 제거에 있다고 설명된다. 만일 한 어린이가 교육기간 중에 잘못 오도되고 있다면 그에게 곧 춤과 음악을 즐기도록 하여야 한다. 왜냐하면 음악은 인간을 개선하며 예(禮)와 악(樂)은 자제(自制)의 기초를 이루기 때문이다. 바른 악(樂)은 정신을 구속한다는 것이었다.[23]

Ⅲ. 현대 사회학의 여러 개념

1. 맥루한의 기술사관

현대의 위대한 문명비평가요, 매스컴 연구가인 맥루한(Herbert Marshall Mcluhan, 1911~1980)은 전자 미디어 시대의 도래를 알리고 그로 인한 사회문제를 예리하게 파헤쳤다. 그의 연구는 전후의 사상계에 큰 충격을 안겨주었다.

마르크스가 경제결정론을 제기했다면 맥루한은 기술결정론을 제기하였다. 즉, 기술혁신이 역사 발전에 결정적으로 작용한다는 것이다.[24]

---

22) *Ibid.*, pp. 423, 424, 429, 434.

23) *Ibid.*, p. 429.

맥루한의 분석은 에머슨(Ralph Waldo Emerson)의 발상인 "이 지상의 모든 도구와 엔진은 인간의 손발과 감각의 연장일 뿐이다"라는 명제에 따르는 것이다. 즉, 맥루한은 삽은 손의 연장이며 전화는 귀의 연장이며 텔레비전은 눈과 귀를 먼 곳으로까지 늘리어 주는 도구라는 발상에서 출발하였다.[25] 맥루한은 특히 정보기술의 발달을 근대 사회 형성의 원동력으로 생각했다. 그가 제기한 역사 발전의 4단계란 다음과 같은 것이다.

① 순 구두(oral), 전 문자(pre-literate), 부족주의(tribalism) 시대.
② 필사(script) 시대, 호머 이후 2000년간.
③ 활자(print) 시대, 1500～1900년까지의 500년간.
④ 전자 미디어(electronic media) 시대 1900년 이후 현재까지.

그런데 '근대'를 연 활자물의 대량생산은 그 자체 '민족주의'의 성장에 불가불의 전제조건이었으며 '프로테스탄트' 신앙, 즉 개인 신앙을 가능하게 했다. 중세 가톨릭의 그레고리오 성가와 같은 음악의 반복적 구조를 지양하게 한 것도 바로 이 활자물의 대량 생산 때문이었다.

맥루한은 "기계화의 모든 형태는 '가동형'(movable type)으로부터 나타난다."고 말한다. 왜냐하면 '型'은 모든 기계의 원형이기 때문이다. 이리하여 그는 근대인을 활자시대인(print-age-man)이라 표현하고 있다.

그런데 맥루한은 현대의 전자 미디어가 인간 사회에 가능성과 위험성을 동시에 가져다주었다는 사실을 지적한다. 즉, 전자 미디어는 인간의 인간 존재에 대한 거리를 늘려 주었으나 동시에 개인에 대한 사회의 착취와 통제를 위한 거리도 늘려 놓았다는 것이다.

바로 이 점이 맥루한 사상의 핵심인데 미디어의 해독을 최소한으로 줄이는 길은 미디어의 이해밖에 없다는 것이다. 그런데 이 같은 맥루한의 개념을 역사 연구에 도입하여 서구 중세 사회의 발전단계를 구상한 사람이 있다. 즉, 화이트 2세(Lynn White Jr.)는 《중세의 기술과 사회변화》(*Medieval Technology and Social Change*, 1962)에서 중세의 3대 발명을 ① 鐙子(stirrup=말안장에 달린 발 디딤)의 발명, ② 말 편자(mailed horseshoe)의 발명,

---

24) Richard Kostalanetz, *High Priest of the Electronic Jungle*, Dialogue, 1, 1. pp. 61～62.

25) *Ibid.*, p. 64.

③ 마구(harness=말이 마차를 끄는 데 쓰는 마구)의 발명으로 보고 이에 대응하는 중세 사회의 3단계 변화를 구상하였던 것이다.

그런데 맥루한이 이용한 자료는 그 75%가 새 것이었다고 한다. 이것은 새 자료가 10%를 넘으면 어느 책이나 성공할 수 없다는 출판계의 통념을 깨뜨렸다. 그러나 도박의 시대에는 모험이 필요하다는 게 그의 소신이었고 그것이 또 적중했다.26)

재미있는 것은 맥루한이 이러한 자신의 창조적 역량의 원천을 다음과 같이 과시했다는 사실이다.27)

> ① 흔히 볼 수 있는 현상에서 남이 보지 못한 것을 찾아내라. 즉, 남의 눈에 보이지 않는 것을 보이게 만들어라(Make the invisible visible). 나는 하나의 원칙으로서 남들이 무시한 것을 늘 찾았다.
> ② 또 인습적인 테두리를 넘어서서 남들이 미쳤다고 생각하는 미지의 영역(the unknown region)으로 들어가야 한다.
> ③ 완결된 개념(final definitions)을 제시하는 것보다 탐색하고 탐구하는 것 다시 말해서 발견하는 것이 더 소중하다.

그러나 맥루한의 '미디어의 이해'는 2분의 1이 훌륭한 통찰, 4분의 1은 암시적 가설, 나머지 4분의 1은 넌센스란 평을 한 사람도 있다.

2. 리스맨의 사회유형

리스맨(David Riesman)은 《고독한 군중》(*Lonely Crowd*)으로 일약 유명세를 내게 된 현대 미국의 사회학자이다. 그는 전근대 사회로부터 근대 그리고 현대 사회로 이르는 발전과정을 다음과 같이 설정하고 있다.

첫째 리스맨은 S자형 곡선(S-shaped curve)이란 개념을 제시하고 모든 사회는 인구증가의 3단계를 밟는다고 한다.28)

> ① S자의 저변횡선(the bottom horizontal line of the S)은 '고도증

26) McLuhan, *Understanding Media: The Extension of Man* (McGraw-Hill Paperbacks, New York, 1964), p. 4.

27) R. Kostalanety, *op. cit.*, pp. 63~64.

28) David Riesman, *Lonely Crowd* (New York, 1966), pp. 22~23.

가의 잠재기'(high growth potential)로서 출생률이나 사망률이 모두 높아 청년층의 인구비율이 높은 전근대 사회에 해당한다.

② S자의 수직종선(the vertical bar of the S; 17-19세기)은 '과도기적 증가기'로서 인구의 폭발적 증가현상이 일어난다.

③ 그러나 S자의 정상횡선(top horizontal line of the S; 20세기)은 인구증가의 정지기로서 출생률과 사망률이 모두 낮아져서 중년과 노년층의 인구 비율이 높아진다.

둘째 리스맨은 이러한 인구증가의 3단계를 전제로 하고 이들 3단계에 대응하는 인간의 성격유형 또는 사회유형으로서 각각 ① 전통 지향형, ② 자기지향형, ③ 타인지향형을 들었다.[29]

① 전통지향형 인간 또는 사회

중남미, 인도, 중국, 이집트의 일부 사회에 아직도 남아 있는 전통지향형 인간 또는 사회는 카니발리즘, 유산, 전쟁, 인간제물, 만혼 등의 방법으로 인구를 조절한다.

사회 질서의 유형은 비교적 변화가 적고 개인의(사회적) 협조성(conformity)은 여러 가지 연령과 성 집단, 종족, 카스트, 직업 등의 세력관계에 의해 규정되는 경향이 있다. 이 세력관계(power relation)는 여러 세기 동안 지속되고 그 수정은 보기 드물다. 만일 이들 개인이 절멸(killed off)당하지 않으려면 그는 근대 사회의 실직자나 잉여인이 되지만 전통 사회에서는 잉여인간이 아니다(다시 말해서, 그가 잉여인이었다면 그는 절멸 당한다.)

② 자기지향형 인간 또는 사회

자기지향형의 사회는 증대되는 인구 압력 소동, 급속한 자본축적, 부단한 식민지 확대, 제국주의적 팽창이 그 특징이다.

③ 타인지향형 인간 또는 사회

이 사회의 인간에게 공통된 점은 동시대인, 즉 타인이 개인의 행동방향을 결정한다는 것이다. 다시 말해서 현대에는 '유행'이 이전의 도덕·관습에 대신하는 행동 준칙이 되고 있는 것이다. 현대인을 '시장인'(marketer; 에리히 프롬), '고정인'(fixer; 라이트 밀즈) 등으로 특징짓는

29) 가령 근대적 자기지향형 어린이라면 부모에게 항거하거나 굴복한다. 현대적인 타인지향형 어린이는 부모를 조종하거나 조종당한다.

또 근대사회의 모범적인 시민은 '근면하고 견실한 시민'(자기지향형)이다. 그러나 현대의 모범적인 시민은 돈 잘 쓰는 시민, 교제가 좋은 시민(타인지향형)이다. Riesman, *ibid.*, p. 196.

이도 있다.

현대사회를 설명하기 위하여 리스맨이 든 '현대인의 특징' 두 가지만 들어 보기로 하자.

> 첫째 꿈과 환상(fantasie)을 잃어가고 있다. 옛날에는 노동의 압박과 긴장으로부터 도피로서 여가에 대신하는 꿈이 있었다. 그러나 오늘날 라디오·영화·TV는 꿈 대신에 '홈드라마'류의 일상적 생활현실을 일률적으로 제공한다. 그래서 환상으로의 도피구가 봉쇄된다. 꿈을 대신한 여가(leisure), 가령 테니스, 등산, 낚시, 골프 등은 얼마나 현대인의 긴장을 풀어 주고 있는가? '타인과 함께 즐기는, 타인에게 보이기 위해 즐기는' 여가는 타인의 기대에 어긋나지 않으려는 노력에서 오는 (새로운) 긴장을 안겨준다. 때문에 진정한 레저가 될 수 없고 긴장해소에 도움을 주지 못한다.
>
> 둘째 소비(즉, 엔조이) 또는 소비체험의 불안성을 느끼며 산다. 노동은 마음의 안정과 만족감을 주지만 소비체험은 잘못 사지 않았나 하는 불안을 수반한다. 예컨대 남녀 성생활에서 '경험'은 하되 정서적으로 깊은 수준까지 끌려 들어가서 애정의 포로가 되지 않으려 한다. '뜨거운 사랑'(wet love)이 되지 않으려고 노력하는 것이다. 그러면서 현대청년은 이러다가 누구와도 진정 사랑할 수 없는 몸이 되지 않을까 고민한다. 현자(賢者)가 젊은이를 불러 "끌려 들어가지 말라"고 훈계했을 때 과거에 그것은 "임신하지 말라" 또는 "임신시키지 말라", "법을 어기지 말라", "신문에 나서는 안 된다"는 뜻이었으나, 지금은 임신하고 낙태해도 자기조작과 통제를 통한 심리적 처리, 즉 '그까짓 것!'하는 기분만 가지면 그 만이라는 것이다.

3. 라이샤워와 블래크의 근대화이론

라이샤워(Reischawer)는 중국과 일본의 근대화를 비교하면서 중국이 근대화에 실패하고 일본이 성공한 이유를 사회 구조나 가치관의 차이에서 설명하려 들었다.

첫째, 중국은 그 대외관인 중화사상으로 말미암아 외래문명의 섭취에 적절하지 못한 정신풍토를 조정하였고 일본은 쇄국정책하에서도 이른바 '난학(蘭學)'의 연구가 성행하여 문화의 개방성을 가지고 있었다.

둘째, 외래문화에 대한 집약적 대제국(大帝國), 중국의 반응방식은 중앙

정부가 스스로 솔선해서 하거나 아니면 정부를 타도한 국민의 대중운동으로 이루어질 수밖에 없었다. 그러나 일본은 250이 넘는 번국(藩國)이 민감하게 외래문화에 반응했다.

셋째, 사회계급에 있어서도 중국사회에서는 지위(status)지향적이었으며 윤리가 지배적이었는데 반하여, 일본에서는 정부(관리)외적 목적을 달성하려는 목적지향적 윤리가 있어 인간유형상의 차이를 보여 주었다.

넷째, 일본의 봉건제도가 개인이나 집단의 자발적 창의력을 억제하는 중앙 정부의 저해작용을 약화시켰다.

한편 하버드에 있는 블래크(L.E. Black)는 그의《근대화의 동태학》(*The Dynamics of Modernization*)에서 세계 각국의 근대화 과정을 다섯 가지 기준을 들어 설명하였다. 즉

> ① 전통적 지도자로부터 근대화 추진자로의 권력이양이 조기에 이루어졌는가, 아닌가?
> ② 근대화의 정치적 도전이 내부적인가, 외부로부터인가?
> ③ 국토와 인구의 중단(中斷) 또는 국민의 재편성이 있었는가, 없었는가?
> ④ 자치식민지 지배의 경험이 있었는가, 없었는가?
> ⑤ 근대화의 내적 제도를 가졌는가, 전혀 갖지 못했는가?

등을 들고 이 같은 기준에 따라 근대화 과정을 다음과 같은 7개 유형으로 구분하고 있다.[30]

> 제1유형 : 영국과 프랑스 두 나라의 근대화가 이에 속한다. 두 나라 모두 조기적 근대화를 경험했으나 그 진행이 느리다. 또 격심한 시민혁명을 겪지만 물질적 변화는 점진적이었다. 영국에서는 1649~1832년간에 전통적 지도자로부터 근대화 추진자로 권력이 이행되나 프랑스에서는 1789~1848년간에야 같은 과정이 진행되어 영국보다 좀 늦다. 그러나 근대화의 내면화가 영국보다 깊다.
>
> 제2유형 : 미국, 캐나다, 오스트레일리아, 뉴질랜드 등 '영불의 파생사회'가 이에 속한다.
>
> 제3유형 : 프랑스 혁명의 직접 또는 간접적 영향하에 근대화가 진행

30) L.E. Black, *Dynamics of Modernization* (New York), 이극찬 역《近代化의 動態學》.

된 여러 나라, 즉 벨기에, 네덜란드, 스위스, 독일, 이탈리아, 스웨덴, 노르웨이 등이다. 이들 나라에서는 군부가 근대화를 추진한다.

제4유형 : 신세계의 '파생국가'인 라틴 아메리카의 22개 독립국이 이에 속한다.

제5유형 : 외부의 직접적 간섭이 없었으나 이전부터 근대화가 진행된 나라. 러시아, 일본, 중국, 이란, 터키, 아프가니스탄, 타이, 이디오피아(이하 제6·7유형 등은 생략).

Ⅳ. 이론과 방법의 선택적 도입

1. 도입과 차용의 한계성

역사학이 일단 고증사학의 테두리를 벗어난다고 할 때 어떤 공인된 '역사해석의 법규 내지는 설명의 도구가 필요하다. 그런데 역사학에는 종래 엄밀한 사료 비판(고증)의 법규를 가졌으나 역사학 나름의 독자적 개념이나 이론을 발전시키지 못하였다. 바로 이러한 이유 때문에 역사학은 사회과학으로부터 그 이론과 방법을 차용할 필요가 있는 것이다. 그러나 일단 역사가가 사회과학의 방법이나 이론을 차용해 온다고 할 때 당장 적지 않는 문제점이 발생한다.

첫째 방법의 도입에서 발생하는 문제점이다. 방법의 도입에 있어서는 이론의 도입문제보다 훨씬 쉽고 긍정적이다. 방법과 기술의 차용은 부득이하다. 이것은 역사학이나 사회과학이나 양쪽 다 마찬가지일 것이다. 역사학은 발견을 위한 기술로서 사회과학에서 널리 이용되고 있는 통계학적 분류나 대량 사료의 조작 등의 여러 방법을 차용하지 않을 수 없다. 그렇지 않고서는 사회사 연구가 구태의연한 시사적 가설과 일회적 예증 이상의 것이 될 수 없을 것이다.

역사학이 사회사 연구 분야에서 차용하여야 할 방법으로서는 그 밖에도 많다. 사회 인류학자들이 애용하는 참여적 관찰이라든가, 심층 면접, 또는 심지어 정신분석적 방법 등 개인이나 소집단 상황에 대한 관찰과 분석의 여러 기술들이 그것이다. 이런 방법들을 사회사학에 도입하게 되면 전통적인 방법으로서는 도저히 분석할 수 없는 영역이 개발된다는 이점을 갖고 있

다.[31)]

그러나 모형이나 개념 이론의 차용문제에 대해서는 방법의 차용과 다른 차원에서 생각하여야 한다. 가령, 사회학에는 계급, 신분, 권력 따위의 낯익은 개념에서부터 '역할 이론'(role theory)[32)]이니, '준거 집단'(reference group)[33)]이니 하는 낯선 개념에 이르기까지 역사가에게 유용한 개념이 많다.

그러나 가령 경제사학에서 현대 경제를 설명해 주는 경제이론(모형)을 그대로 근대 초나 중세의 경제를 설명하는 데 이용하는 소급적 투영방식도 있기는 있는데 이 방법은 사회사학에서 그대로 답습할 수는 없는 것이다.

사회사 연구와 경제사 연구는 성질상 다른 점이 많기 때문에 사회사 연구에서 차용해 올 수 있는 모형의 종류가 한정되어 있다. 무릇 사회과학에는 비역사적 사회과학과 역사적 사회과학이 있다. 따라서 그 개념에도 비역사적 개념과, 역사적 개념이 있다. 가령 우리는 구조·기능적 제 유형의 도입을 고려해 볼 수 있다. 그런데 여기에도 문제가 있다. 모형 그 자체로서 결함이 있는 것은 별문제로 하고서도 사회학이나 사회인류학의 이론구성이 비(非)역사적이라는 것이다. 그들은 주로 각 사회의 차이보다 공통점을 추구하고 있다.

그러나 역사학은 반대로 공통점보다 특수성을 추구한다. 예컨대 사회학이나 사회인류학에서는 "모든 인간사회는 식량의 자급생산을 항상 필요로 하는가?"하는 문제를 제기하여 그 모형을 추구하지만 만일 역사학에서 문제를 제기한다면, "사회의 대다수인 농민이 식량생산을 하는 경우 [전근대]와 소수의 농업 생산자나 비(非)농경적 방법으로 이를 생산하는 경우 [현대]는 어떻게 다른가? 어떻게? 왜?"하는 식으로 묻는다. 따라서 사회학이나 사회인류학의 모형이나 개념이 사회사학에 꼭 유용하다고 할 수 없다. 유용하다고

31) E.J. Hobsbawm, *From Social History to the History of Society*, in Daedalus (Winter, 1971), Historical Studies Today(1971), p. 26.

32) 역할이론이란 모든 사회가 그 목적을 달성하기 위하여 각 성원에게 바라는 표준적 역할, 이를테면 연령, 성, 계급, 직업 따위에 따라 맡겨진 역할을 말한다. Walter P. Metzger, *Generalizations about National Character in Gottschalk* (ed.,), *Generalization in the Writing of History*, p. 90.

33) 급속한 사회변동기는 준거집단에 있어서의 변화로 특정 지어질 때가 많다. 예컨대 제1차 세계대전 중 영국에서는 많은 노동자들이 처음으로 중산층과 상류층만이 누려오던 오락을 즐길 수 있게 되었다. 그 뒤 노동자들은 새로운 준거에 따라 그들의 만족도를 평가하게 되었으며 그것이 또 사회변동의 잠재적 요인이 되었던 것이다. A. Marwick, *op. cit.*, p. 164.

하더라도 당장 그것이 역사학에 그대로 응용될 수 있는 것이 아니다.

또 아무리 그것이 역사적 개념이라 하더라도 사회과학에서는 이미 낡고 조잡한 개념이나 모형이 되고 있는데 이것을 사회사가들이 차용하고 있는 경우가 있다. 가령 로스토의 근대화 단계설 같은 것이 대표적인 사례이다. 이같은 한물 간 모형을 가지고서는 역사 서술에 아무런 도움이 되지 않는다는 사실을 잊어서는 안 될 것이다.[34]

2. 독창적 개념과 방법의 개발

역사가는 오랫동안 별로 중요하지도 않은 사건에 대한 정직하고 직업적인 연구에 몰두해 왔다고 비웃음을 받았다. 영국의 현대사가 포위크(Maurice Powicke)는 이것을 "사소한 사실을 쫓는 현학적(衒學的) 사냥"(a pedantic chase)이라 풍자했고 블록은 '무한소에 대한 취미'라 자평했다.[35]

그러나 돌이켜 보면 이러한 조소를 반드시 옳았다고 볼 수는 없다. 왜냐하면 아무리 보잘 것 없는 미시적 연구(micro-study)라 하더라도 방대한 통계자료를 이용한 사회과학의 거시적 연구(macro-study)보다 훨씬 중요한 경우가 있기 때문이다. 더욱이 사회학자들은 분에 넘치는 대규모의 모형을 설정하고 너무나 복잡다단한 사료들을 일률적으로 처리하는 경향이 많다. 그래서 그들은 하나하나가 문제를 안고 있는 사료들을 서투른 솜씨로 마구 다루다가 큰 오류를 범하기도 한다. 역사가들이 지난 50년 동안 그렇게도 의심해 마지 않았던 많은 사료들을 함부로 이용하고 있는 것이다.

영국에서는 안드레스키(Stanslav Andreski)의 연구 《군사조직과 사회》(*Military Organization and Society*, 1954), 그리고 구츠맨(William Guttsman)의 《영국의 정치 엘리트》(*British Political Elite*, 1963)가 사회학자가 저지른 실수의 대표적 사례로 꼽고 있다.[36]

그러므로 아무리 과학이 착오의 역사라 하더라도 사회과학자들의 성급한 유형화에 한계가 있다는 사실에 대한 역사가들의 경고에 조금은 더 귀를 기울여야 하는 것이다. 작년에 나온 사회이론이 금년에 벌써 구식 이론이 되

34) E.J. Hobsbawm, *op. cit.*, p. 28.

35) Alfred Cobban, *The Social Interpretation of the French Revolution* (Camb. Univ. Press, 1964), pp. 3~7.

36) A. Marwick, *op. cit.*, p. 167.

는 사회학의 연구풍토로 볼 때 그것을 무조건 발전적 현상으로 보기 어려운 것이다. 그래서 사회학자 머튼(Robert K. Merton)은

> 사회과학자들은 모름지기 가설이나 이론에 집착하기에 앞서 그 이론을 뒷받침해 주고 있는 자료에 보다 많은 신경을 써야 할 것이다.

라고 경고하고 있다.[37] 헥스터(Hexter)의 말처럼 누구에게나 사료를 부드럽게 무시하는 습성이 있다. 그러므로 우리는 "발밑을 조심하라"는 가장 초보적 경고에 귀를 기울여야 한다.

유형이란 본시 내용이 아니라 형식이다. 형식이나 유형과 그 내용, 즉 사실 간에는 늘 불일치와 갈등이 있기 마련이다. 이 같은 모순 때문에 우리가 세운 유형이나 모형 속에는 웨버가 말한 '합리화'가 혼입되기 마련이다. 일찍이 퇴니스(Ferdinand Tönnis)가 유명한 게마인샤프트(공동사회)와 게젤샤프트(이익사회)의 개념을 발표했을 때 학계에서는 상당한 경멸의 눈총을 보냈었다. 왜냐하면 사회학은 '사회주의를 맛나게 하는 조미료'란 오해를 받았기 때문이다. 그러던 사회학이 지금은 반 마르크시즘의 전위역이 되어 활약하고 있는 것이다.

이 같은 사회학이나 경제학 자체의 이데올로기적 성격에 대한 인식 없이 사회과학의 여러 개념들을 그대로 받아들여서는 안 될 것이다. 그러나 그렇다고 해서 역사학이 사회과학자들의 욕구를 충족시켜 주기 위하여 그들이 필요로 하는 자료를 제공해 주는 종속적 역할에 만족할 수는 없을 것이다.[38] 그러므로 우리는 역사 연구의 특수성에 알 맞는 역사학 자체의 독창적 개념과 방법을 개발해 나가야 할 것이다.

---

37) R.K. Merton, *Social Theory and Social Structure*, p. 100.

38) Poter Laslett, *International Encyclopedia of Social Sciences*, vol. 6, p. 434.

제 2 절
새로운 역사학의 연구 현황

사회학은 역사학이 버린 난해한 일부이지만 역사학은 사회학이 버린 머리 부분이다.

– D.G. MacRae

Ⅰ. 새로운 사회사

1. 사회사의 성립

사회사(social history)의 개념은 종래 매우 애매하게 규정되어 왔다. 어디서 어디까지를 사회사라고 하느냐 하는 문제부터 쉬운 일이 아니기 때문이다. 그래서 가령 미국의 여러 대학에서는 최근까지도 사회사라고 하면 '정치사를 제외한 모든 분야'라느니 '다른 모든 분야가 자기네 경계선을 그어 논 뒤에 남은 분야'라느니 하는 식의 모호한 구획을 하고 있는 실정이다.[1)]

한말의 한 '만국사' 서문에 보면 역사란 "국속(國俗), 인정과 의식, 생업과 종교, 학문과 발명"을 포괄한다고 설명하고 있고, 현채(玄采)의 《동국사략(東國史略)》(일인 하야시(林泰輔)의 '조선사(朝鮮史)와 조선근세사(朝鮮近世史)'를 편역한 것)에서는 역사란 "농업, 언전(堰田), 제언(堤堰), 방적, 잠상, 상업 등 서민의 생활과 음식, 가옥, 부인……등 풍속과 노비에 이르기까지 인민 대중의 생활사를 기술한 것이다"고 되어 있다.[2)] 정치사 위주의 조선시대 전통사학이 지배하던 당시로서는 만국사나 동국사략이 최근의 사회사 구실을 하고 있었던 것이다.

최근의 소위 사회사도 뚜렷한 자기 영역을 갖지 못한 분야사로서 영국의 역사가 트레벨리안이 쓴 사회사가 그랬던 것처럼 매우 애매한 역사라는 인

1) R. Berthof, A.H.R. 65, 3, p. 497.
2) 金泰永, '開化思想家 및 愛國啓蒙思想家들의 史觀', 《韓國의 歷史認識》(이우성 · 강만길 편, 창작과 비평사, 1976) 소수, p. 418.

상을 주어왔다(G.M. Trevelyan, *English Social History*). 그러나 대체로 종래의 사회사는 세 가지 뜻으로 인식되어 왔다.

첫째, '빈민 또는 하층계급의 역사', 더 특수하게는 빈민운동, 즉 '사회운동'의 역사라는 뜻으로 해석되어 온 것이다. 이런 뜻의 사회사는 노동과 사회주의 사상 및 조직의 역사가 된다. 즉, 사회사는 사회주의 운동 내지는 사회적 항의의 역사로 인식되었던 것이다.

둘째, 예의와 관습, 일상생활 등등 잡다한 인간 활동의 역사를 포괄하는 사회사 개념이다. 영어에는 독일어의 문화사 또는 풍속사에 알맞는 말이 없었다. 그래서 전술한 영국 사회사의 저자 트레벨리안은 사회사를 '정치를 제외한 역사'라 규정했었다.

셋째, 사회사의 가장 일반적인 형태는 사회 경제사, 즉 경제사와 콤비를 이룬 사회사 개념이다. 제2차 세계대전 이전에는 영국을 제외한 모든 나라에서 사회사와 경제사는 하나로 합칭되는 것이 관례였다. 이를테면 독일의 *Vierteljahrschrift für Sozial und Wirtschafts-geschichte*, 프랑스의 *Revue d'Histoire E.&S.* 또는 *Annales d'Histoire E.&S.* 등이 그 예다. 그러나 이 경우 사회사보다 경제사의 비중이 압도적으로 높았기 때문에 사회사는 경제사의 작은 부인이었다.[3]

그런데 1939년 이전만 하더라도 피렌느(Henri Pirenne), 로스토프체프(Mikhail Rostovtzeff), 톰프슨(J.W. Thompson), 돕슈(Alfons Dopsch) 등의 몇몇이 '사회 경제사'(단행본)를 출판하였을 뿐이며 연구논문은 더욱 적었다.[4] 그러면 사회사와 경제사가 합칭된 까닭은 무엇인가? 그것은 고전적인 정치사 중심의 랑케식의 역사 연구에서 탈피하여 역사를 체계적이며 종합적으로 연구하려고 하는 욕망 때문이었다. 이들 사회 경제사가의 중요 관심거리는 사회보다 경제 발전사 쪽이었는데 그것은 경제가 사회 구조와 그 변화를 해명하는 데 관건이 된다고 믿었기 때문이다. 여기에는 경제가 사회보다 더 하부

---

3) E.J. Hobsbawm, *From Social History to the History of Society. Daedalus* (1971), Historical Studies Today, p. 21.

4) Henri Pirenne, *Histoire du Moyen Age*, trans. in English, *Economic and Social History of Medieval Europe* (1936) ; Mikhail Rostovtzeff, *Economic and Social History of the Roman Empire* (1935), Alfons Dopsch, *Wirtschaftliche und soziale grundlagen der Europäischen kulturentwickelung aus der Zeit von Caesar bis auf Karl den Grossen* (1923~4), trans. in Englsih, *The Economic and Social Foundations of European Civilization* (1937).

구조적이라는 마르크스적 사고가 작용했었을 것이며, 거기다 사회과학중에 경제학이 다른 학문보다 출발 우위를 차지하고 있었다는 이유도 가세하였다.[5)]

덧붙여서 우리나라에 있어서의 사회 경제사 연구는 유명한 사회주의자 백남운(1894-1979)에 의해 시작되었는데 《조선사회경제사》(1933)와 《조선봉건사회경제사》(1937)는 모두 유물사관에 입각하여 쓴 사회 경제사로서 이 두 책으로 인하여 체포되었으며 해방 후에는 북한으로 월북하여 김일성 밑에서 교육상 등 요직을 거쳐 1979년까지 살다가 사망하였다. 그 밖에도 일제치하에 사회 경제사를 연구한 사회주의 학자가 많았으나 해방 후 남로당에 가입하여 체포되거나 월북하여 김일성에게 죽임을 당하였다.

영국의 유명한 좌경 사학자 홉스보옴(Hobsbawm)에 의하면 사회 경제사라는 복합명사를 버리고 순수 사회사(pure social history)를 처음으로 선언한 것은 연보학파(annals school)였다는 것이다. 그러나 연보학파 역시 처음에는 그 공식명칭을 경제 사회 문명 연보학(Annales: économies, societés, civilization)이라 하였으므로 그때까지만 하여도 사회사의 연구주제가 무엇인가에 대한 진지한 토의가 없었던 셈이다.

그러나 연보학파는 분명 랑케 사학에 반기를 들었고 동시에 마르크스의 유물사관과도 결별하고 있었으니 그 명칭에도 불구하고 사회사의 실질은 갖추었다고 할 수 있다. 1958년에 미국에서 《사회와 역사의 비교연구》(*The Comparative Studies in Society and History*)가 나왔는데 이것은 미국판 연보학파의 출발이었다고 할 수 있다. 그러므로 오늘날 사회사라고 불리우는 학문의 시발을 미국으로 보는 견해는 후술하는 바와 같이 성급한 견해라 할 것이다.

그러나 새 사회사의 등장배경에는 1950년과 60년대에 일어난 학계의 변화가 작용하고 있었다. 첫째, 새로운 경제사학(new economic history)의 발전으로 인하여 종래 정통 일반 사학에서 소외되어 온 경제사학이 완전 독립하기에 이른 것이다. 그 부산물로서 사회사는 타의 반, 자의 반의 독립을 선언한 격이 되었다.

둘째, 사회과학 자체에 일반적 역사화 현상이 일어나고 있었다. 사회과학이 왜 역사화 되었느냐 하면 그 중요 배경에는 식민지 내지는 반식민지 제

5) E.J. Hobsbawm, *op. cit.*, p. 22.

국에서 벌어진 정치적·경제적 해방투쟁 및 혁명운동이 깔려 있었다. 이 같은 전후의 후진국의 문제에 대한 유럽 선진국의 관심이 높아지자 사회과학자들이 재빨리 개발도상국의 문제를 들고 나와 연구하기 시작했던 것이다. 개도국, 즉 개발도상국의 근대화 문제는 본질상 역사적 변화의 문제이며 종래 사회과학은 이 문제를 역사의 주변문제로만 따돌려 왔다. 그러다가 이 문제가 중심문제로 추가되자 사회과학 자체가 역사화 되지 않을 수 없었던 것이다. 이로써 역사학은 사회과학 쪽으로부터 의외의 진주만 기습을 당한 꼴이 되었던 것인데 반대로 생각하면 사회과학이 역사화 되면서 도리어 역사학의 침입을 당한 꼴이 되었던 것이다.[6]

이리하여 역사학에서는 별로 큰 관심의 대상이 아니었던 개도국의 '근대화'니 '경제성장'이니 하는 그때까지만 해도 조잡하게 사용되었던 개념들이 경제학이나 사회학의 큰 연구주제가 되었다. '역사의 침략'을 가장 강하게 받은 학문은 사회학보다 경제학 쪽이었다. 경제학에서는 이른바 성장 경제학(growth economics)이란 새 분야가 나타나 하나의 중대한 가설을 제기하였다. 즉, 경제적 발전은 경제외적 요인에 의해 결정된다는 이론이었는데 이 이론의 증명에 성공하였던 것이다. 소위 성장 경제학에서는 A에서 N까지의 일정량의 성분을 섞어서 요리(cook)하면 반드시 그 후진국 경제는 자립성장의 도약단계에 이르게 된다는 요리책 같은 가정을 세워 이를 증명해 보였던 것이다.[7] 우리나라에도 이 근대화 이론이 도입되어 1960년대 박정희 정권의 산업화 정책을 정당화하는데 이용되었다.

2. 사회사의 방법

재래의 사회사(social history) 개념은 매우 애매한 것이었다. 그래서 최근의 사회사가들은 social history란 낡은 명칭을 버리고 history of society니 societal history니 하는 새로운 명칭을 사용하고 있다.[8] 그러면 새로운 이름으로 단장한 사회사란 어떤 것인가? 먼저 그 방법론을 알아보기로 한다.

사회사란 첫째 사회학이 아니라 역사학이다. 역사학이기 때문에 현실적 역사 시간 속에서 벌어지는 사실을 연구대상으로 하며 그 지속과 변화의 구

6) *Ibid.*, p. 23.
7) *Ibid.*, p. 24.
8) E.J. Hobsbawm, *ibid.*, p. 28.

조 그리고 그 변동의 일반적 가능성과 유형에 관심을 갖는다. 만일 그렇지 않다면 그것은 역사학이 아니다.

그러나 종래의 역사학과는 달리 비단 실제로 일어난 현실적 역사(actual history)뿐만 아니라 소위 '추측적' 역사까지 다룸으로써 현재와 미래의 여러 가능성을 저울질하는데 기여한다. 가령 제정 중국(淸 帝國)에 있어서의 자본주의의 발전 가능성 여부의 문제는 그것이 실제로 일어난 사실을 설명하는데 도움이 될 때 비로소 사회사와 관련된다. 이리하여 사회사는 사회구조와 그 변동에 관한 일반적 설명 모델을 제시하되 항상 실제로 일어난 특정 현상군(現狀群)과의 관계를 존중하는 것이다.[9]

둘째로 새로운 사회사는 특정 생활 집단의 역사이며 사회학적 관계에서 규정지을 수 있는 사회의 역사이다. 원숭이 사회와 구별되는 인류 사회의 역사는 부르조아 사회나 유목민 사회와 같은 특정한 유형의 사회요, 그 관계의 역사인 것이다. 그러므로 이러한 사회는 ① 역사적 발전단계와 시대에 따라 사회의 규모와 복잡성이 다르며, ② 우리가 사회라 부르는 것은 단순히 인간 상호간의 관계에 국한되는 것이다.[10]

셋째로 새로운 사회사는 어떤 연구 모델을 세워야 하므로 문제의 중요도에 따라 연구 우선권 내지는 분석 우선권을 인정하지 않을 수 없다.[11]

3. 연구경향

그러면 새로운 사회사는 그동안 어떤 성과를 냈는가. 그 실적을 살펴보기로 하자.

① 계급과 사회집단 연구
② 심성(mentalities) 또는 집단의식 또는 인류학적 의미의 '문화'사 연구
③ 사회운동사와 사회항의사의 연구
④ 사회의 형태변화(예컨대 근대화 또는 공업화) 연구
⑤ 인구사와 혈족 관계의 연구
⑥ 도시사 연구

9) *Ibid.*, p. 29.
10) *Ibid.*, p. 30.
11) *Ibid.*, p. 31.

등등 여섯 가지 연구 분야로 구분할 수 있다.

첫째 계급, 사회집단 연구가 압도적인 우위를 차지하였으며 최근에 있어서의 사회사 연구는 넓은 의미의 계급 연구라 할 정도다.[12] 이 분야에 관한 중요한 연구로 들 수 있는 것은 스톤(Lawrence Stone, 1919)의 엘리자베스 귀족 연구, 라듀리(E. Le Radurie)의 랑그도(Languedoc) 농민 연구, 톰프슨(Edward P. Thompson)의 영국 노동자계급의 성립연구, 도마르(Adeline Domard)의 파리 부르조아 연구 등이 있다.[13]

그 동안의 사회사 연구를 개관할 때 방법(계량적 방법과 공동연구), 사료(대량 사료), 개념 문제 등에 허다한 난점이 발견되었다. 그러나 무엇보다도 중요한 문제점은 사회를 하나의 전체로 파악하여야 한다는 것이며, 이 때문에 한 사회 집단을 고립시켜 생각할 수 없다는 점이다. 사회란 수직 내지는 수평적인 '관계의 시스템'이요, 사회 기능과 착취, 지배 그리고 예속의 관계이다. 따라서 한 계급의 연구에는 반드시 다른 계급들에 관한 연구가 수반되어야 한다. 예들 들어 노예 소유자 계급의 연구에는 노예계급의 연구를 수반하여야 하며 또 비 노예사회 계급에 대한 연구도 수반되어야 한다. 따라서 계급 연구란 부분적인 사회 국면의 연구만 가지고는 안 되는 것이다.[14]

둘째, '심성'사(history of "mentalities") 연구의 문제가 있다. 사회사의 전통적 관심은 보통사람들, 즉 서민(common people)에게 있다. 그러나 서민에 관한 문서사료가 결여되어 있다. 이 분야는 인류학자들이 말하는 이른바 '빈곤의 문화'였기 때문에 그들의 신념이나 이념(ideas) 연구보다도 행동에 있어서의 이념, 특히 사회적 긴장과 위기의 상황에 있어서의 이념연구가 시도되어야 했다.

그러기 위해서는 사실적 연구만으로는 안 되기 때문에 톰프슨의 《산업혁명 이전 영국의 도덕경제》(*Moral Economy of Preindustrial England*)나 홉스보옴의 《사회적 산적행위》(*Social Banditry*)에서와 같이 모형 설정이 필요하다. 무릇 한 사회에 있어서의 일반대중의 신념과 행동의 체계는 그것이 기존 사회의 지속을 추구해 주건 또는 전환을 추구해 주건 그 사회 전체의 이미지를 나타내 주는 것이라 하지 아니 할 수 없다. 또 그것이 사회의 현실적 상황을 반영하는 한, 사회사 연구의 핵심에 우리를 유도해 주는 것이다.

---

12) *Ibid.*, p. 33.
13) *Ibid.*, p. 35.
14) *Ibid.*, p. 37.

이 같은 연구의 성공적인 예는 전통사회 연구나 전환 사회의 연구에서 찾아 볼 수 있으나 그 연구의 범위가 한정되어 있다는 것이 결함이었다. 그러나 항상적 변화와 개인의 경험 또는 개념적 파악을 초월하는 복잡성을 특징으로 하는 근대 사회에 있어서는 원망 체계와 신념 체계(belief system)를 세우기가 매우 어려운 것이다.[15]

셋째, 사회사연구의 중요한 주제로 반란과 혁명과 같은 사회 갈등의 역사가 있다. 역사가들이 혁명 연구에 매력을 느낀 이유는 자명하다. 혁명은 사회구조의 결정적 국면을 극화시키며 파열 점을 제공한다. 혁명은 또 잠재해 있던 여러 요인이 노출되고 폭발한 것이며 또 현상을 극대화시킨 것이므로 보통 때는 표현되지 않은 관념 체계가 혁명기에 폭발적으로 노출된다. 거기다 정상시의 경우보다 팸플릿, 서신, 논문, 연설, 경찰보고, 재판기록 등 혁명기에 관한 사료가 풍부하다. 프랑스 혁명과 러시아 혁명이 그 대표적인 예다.

혁명사 연구에 있어서도 노출된 위기 현상을 전환기 사회라는 보다 넓은 사회사적 맥락에서 이해하여야 한다. 비교 혁명사 연구의 경우 특히 "혁명은 어떻게 촉진되었으며 어떻게 제지되었는가"를 규명하려 할 때 그런 장기적 안목과 이해를 결여하기 쉽다. 연구의 초점을 전체 사회의 전환에 두지 않고 항쟁의 짧은 순간에다 둘 때 그 가치는 크게 감소된다. 특히 혁명 연구에 있어서 조심해야 할 일은 혁명 당시에는 없었던 후대의 시대착오적 이념을 추가 분식하기 쉽다는 것이다.[16]

넷째, '혁명'과 유사한 주제지만 보다 넓은 사회 구조와 동태학에 연관되는 단기적 사회 전환의 연구가 있다. 이를테면 '산업화'니 '근대화'니 하는 좀 조잡한 개념이 이 분야와 관계된다. 이 문제는 전 식민지 사회라는 좋은 표본이 있어서 특히 연구하는데 있어서 유리하다. 왜냐하면 근대화의 외적 요인(outside force)과 이에 대한 대응으로서의 내적 변화를 대조·분석할 수 있고 정치학이나 경제학의 연구 성과도 엿볼 수 있기 때문이다. 그런데 식민지 사회의 근대화과정을 연구하는 데 있어 특히 유의해야 할 점은 "식민지 사회가 비식민지 사회의 모작(模作, replica), 즉 모조품이다"는 단순한 가정 하에 식민지 사회의 내재적 요인을 무시하거나 왜곡해서는 안 된다는 것이다.[17] 또 '민족주의'와 민족형성이라는 낡은 개념이 산업화 시대의 사회

---

15) *Ibid.*, p. 38.
16) *Ibid.*, p. 39.
17) *Ibid.*, p. 40.

구조에 결정적인 영향을 끼치고 있다. '민족'(nation)이란 지난 200년 동안의 역사적 발명품이다. 이 개념이 사회사 연구에서 차지하는 위치는 아직도 큰 것이다.[18]

Ⅱ. 새로운 인구사와 새로운 도시사

1. 새로운 인구사

인구사는 사회사 연구의 한 분야로 발전하였다. 말더스(Malthus) 이전의 18세기 사상가들은 서유럽 인구가 오랫동안 감소되어 온 것으로 믿었으나 말더스가 '인구론'을 발표함으로써 인구는 꾸준히 증가하고 있었을 뿐만 아니라 자원보다 더 빨리 증가하는 경향이 있다는 사실이 입증되었다. 이리하여 인구는 계속 감소한다는 종래의 잘못된 통념이 무너졌던 것이다. 그러나 말더스는 이러한 자신의 견해에 따라 농업의 개선과 빈민 구호를 위한 어떤 정책도 결국 인류사회의 자멸책이라 주장하였다. 이와 같이 인구사와 사회경제 정책과의 결합은 말더스 이래의 전통이 되었다. 현대의 인구학자들은 지난 수 세기에 걸쳐 서유럽에서 보여주었던 출생률에 대한 연구가 곧 폭발적 인구증가로 고민하는 현대 국가의 인구정책에 기여하리라 믿고 있다.[19]

지난 20년간의 인구사 연구는 역사학과 다른 사회과학과의 가장 알찬 교류를 실현해주었다. 인구사학의 역사는 17세기까지 소급시킬 수 있다.[20] 그러나 1940년 이후 인구사학자들이 개발한 혁신적 연구방법으로 인구사는 새로운 분야로 각광을 받기에 이르렀다. 새 방법이란 무엇인가. 현재에 대한 인구분석을 과거에 대한 인구분석에다 결합시키는 방법을 말한다. 이 방법이 개발되기 이전의 일반적 인구이론에 의하면

---

18) *Ibid.*, p. 41.

19) David, S. Landes and Charles Tilly (ed.), *History as Social Science*, Englewood Cliffs, N.J., 1971, p. 56.

20) 1662년에 발표된 John Graunt, *Natural and Political Observations Made Upon the Bills of Mortility*를 인구사 연구의 효시라 말하는데 이 책은 16세기까지 거슬러 올라가서 영국의 인구자료를 처리하고 있다. *Ibid.*, p. 57.

> 인구는 자유방임 상태의 고도 출산율로 상쇄되는 고도 사망률이란 조건 하에서만 현상을 유지하거나 완만히 증가한다. 산업혁명기의 출산률은 높았고, 또 한동안 통제되지 않았으며 평균 수명이 상승하였다. 그 결과 서유럽의 인구는 미증유의 고도성장을 보였다. 그러나 19세기와 20세기 초에 이르자 프랑스와 미국을 시작으로 하여 출생률이 떨어지기 시작했다. 그 원인은 개개인에 의한 의도적인 산아제한 때문이었고, 이 같은 산아율의 하락으로 인구증가가 완화되었던 것이다.[21]

이러한 인구변동이론의 실제적 의미는 산업화 없는 공공위생의 개선은 급격한 인구증가를 초래하지만 산업화가 이루어지면 저절로 인구가 안정된다는 낙관론이다. 인구사가들은 처음 이 변동이론을 자명한 것으로 믿고 언제 어떻게 변화가 일어났는가를 찾아내는 것으로 만족하였다.

그러나 전혀 예상하지 못한 일이 벌어졌다. 그것은 1940년 이후 서유럽의 인구가 광범하게 그리고 급격히 증가한 사실, 비유럽국가에서의 완강한 인구 과잉의 문제, 인구사 연구의 누적된 새 발견 등의 사태에 부닥쳤다. 이로 인하여 학자들은 인구사 연구의 전반적 재검토가 필요하다는 사실을 깨닫기 시작하였다.

그런데 문제는 재검토를 하는 데 있어 극복해야 할 사료상의 난관이 있었다. 그것은 대다수의 서유럽 여러 나라의 인구통계가 19세기 초에 시작되었으므로 그 이전의 인구 변동상황은 전혀 알 길이 없는 것이다. 이러한 난관에 대한 기술적 돌파구를 만든 사람이 프랑스의 앙리(Louis Henry) 팀이었다. 그들은 '가족복원'법으로 알려진 새 방법을 개발하여 족보, 교구 등록부 등 모든 사료를 동원하여 먼저 개개의 가족인구를 복원하고 이것을 다시 이른바 '집합법'으로 종합하여 전체 지역사회의 인구를 밝혀내는데 성공하였다. 이 방법은 오늘날 프랑스와 영국뿐만 아니라 미국과 전 유럽에서 애용되고 있다.[22]

이와 같이 새 방법에 의한 인구사 연구로 나타난 중요한 성과의 하나가 래슬레트(Peter Laslett)와 리글리(E.A. Wrigley)의 지휘 하에 이루어진 캠브리지 대학의 인구와 '사회구조사' 연구였다. 이 연구 팀이 밝혀낸 바에 따르면 산업혁명의 세기, 18세기와 그 이전인 17세기의 영국사회는 핵가족과

---

21) Roger Revelle, "*Introduction*" *to the Issue* "*Historical Population Studies*," Daedalus (Spring, 1968), p. 353.

22) A. Marwick, *The Nature of History*, (New York, A Delta Book, 1970), p. 263.

하인으로 이루어진 전형적인 '소가족제도'였으며 이로 인하여 다른 어느 나라보다 인구이동이 활발했다는 것이다.

이같이 산업혁명 이전의 영국 인구가 정지되지 않고 마치 물리학의 브라운 운동(Brownian movement)처럼 이동하고 있었다면 이것이 영국의 경제적·기술적 발전의 조숙성을 설명하는데 도움이 된다고 믿게된 것이다. 왜냐하면 이동인구는 보다 유효한 노동시장과 보다 급속한 기술 전파를 의미하기 때문이다.[23]

새 방법은 또 전통적인 인구변화론의 수정에 기여하였다. 가령 인구행동의 가변성과 합리성에 관하여 종래는 말더스의 인구론에 따라 해석하였다. 즉, 산업화 이전 시대의 인구는 일찍이 결혼해서 부단히 아이를 낳는 상태, 즉 비교적 안정된 고도 출산율과 불안정한 고도 사망률로 특징지어져 있었다고 해석되었었다. 그러나 이제 산업화 이전 사회에 있어서도 유럽과 미국에서는 늦게 결혼하고 필요 이상의 아이를 낳지 않았다는 사실이 밝혀진 것이다. 예컨대 식민시대를 전후한 미국 매사츄세츠의 여성의 평균 결혼 연령은 17세기에 20.8세였는데 18세기에는 22.4세로 상승하고 있었다. 또 시대와 장소에 따라 결혼연령, 평균 예상 수명, 혼전 성교 등이 다르다는 사실도 밝혀졌다. 예컨대 18세기 프랑스의 인구변화의 유형은 같은 시기의 다른 유럽 국가의 그것과 현저히 다른데 그것은 18세기 말부터 출생률이 떨어지고 있었기 때문이다. 이 이례적인 현상은 프랑스에서 이미 이때부터 산아제한이 일반화되어 있었기 때문에 일어난 것이며 그로 인하여 17·8세기에 유럽에서 가장 인구가 조밀하고 군사력이 강력했던 프랑스가 산업화 시대에 이르러는 인구 폭발현상을 겪지 않았을 뿐만 아니라 다시는 루이 14세와 나폴레옹 시대에 누렸던 국제적 우위를 되찾지 못하게 되었던 것이다.[24]

2. 새로운 도시사

도시사(urban history) 연구 역시 1950~60년대에 등장한 새로운 연구 분야였다. 도시사 연구를 자극한 외적 요인은 '도시문제'에 대한 현대의 비상한 관심에 있었다. 그러나 내적으로는 인구사 연구의 한 분파로 나타난 분

---

23) D.S. Landes and C. Tilly, *op. cit.*, p. 58.
24) *Ibid.*, p. 59.

야이기도 하다. 도시사 개척의 한 사람인 영국의 브리그스(Asa Briggs)는

> 도시사는 역사가가 발견할 수 있는 가장 의미 있는 단위(도시) 속에서 일어난 사회 구조와 그 변화를 보다 세밀히 연구할 필요를 충족시켜 주는 것이며 그렇게 함으로써 경제사와 사회사의 전통적인 분야사가 보인 불모성을 극복할 수 있는 것이다.

고 기염을 토하였다.

도시사는 향토사(local history) 연구의 일환으로서 미시적 역사 연구의 표본이 되고 있다. 되도록 넓게 보려는 현대 역사학의 일면과 되도록 깊게 분석하려는 다른 일면이 도시사 연구에서 구현되고 있다고 할 수 있다. 이를테면 도시는 여러 이질사회를 비교 연구하는 데 편리한 주제가 되며 지방사 연구에 기반을 둔 새로운 차원의 국가사 서술에도 도움을 주고 있는 것이다.

프랑스에서는 국립인구연구소(Institute National d'Etudes Demographiques)가 중심이 되어 도시사 연구가 활발히 진행되고 있다. 그러나 그 기원은 역사·지리에 대한 아날르(연보)학파 이후의 오랜 관심에 있는 것이다.

미국의 도시사 연구는 시카고 도시사회학파(Chicago school of urban sociology)의 영향 하에 발전하였다. 핸들린(Oscar Handin) 편저의 《역사가와 도시》(*The Historian and the City*, 1963)는 주요 도시사 연구논문을 수록해 주고 있다.[25] 미국에서는 도시 연구가 Ph.D 규모의 연구 논문을 작성 제출하는데 알맞아 젊은 사학도들에 특히 인기가 높았다.[26]

우리나라에서도 도시사와 향토사가 왕성하게 연구되고 있으나 그 실상에 대해서는 여기서 언급하기 벅차다. 중앙 중심의 역사 연구에서 지방사 중심의 역사 연구가 이루어지는 셈인데 역사는 본시 지방사 중심으로 이루어졌던 것을 국가권력이 중앙집권화 됨으로서 중앙중심으로 바뀌고 말았던 것이다. 이런 점을 감안하면 지방사 연구, 향토사 연구는 좀더 자유롭게 진행되었으면 한다. 서울사·도사·군지 등의 역사를 수집하여 들여다보고 있는데 지방사는 없고 중앙사를 그대로 옮겨다 놓은 것을 알 수 있다. 지방사 서술의 발전을 위해서 좀더 분발해 주었으면 하는 바람이다.

---

25) *Ibid.*, p. 60.

26) E.J. Hobsbawm, *op. cit.*, p. 34.

Ⅲ. 새로운 교육사

1. 낡은 교육사

종래 교육사는 페스탈로치 같은 교육가의 '전기'나 교육'사상사' 혹은 역사 서술 최악의 표본이라 할 수 있는 '교사(校史), 즉 학교사'(history of school)였다. 전문역사가의 입장에서 본다면 이런 구식교육사에 아무런 가치도 인정할 수 없다고 해도 과언이 아닐 것이다.[27]

그러면 왜 이처럼 교육사가 역사학의 학문적 수준에서 크게 처져 왔으며, 왜 역사가들에게 외면당해 왔는가? 그 이유는 간단하다고 생각된다. 인문대학으로부터 사범대학이 분리되어 나가고, 교육학이 전문화되어 역사학에 문외한인 교육학자들이 교육사를 다루어 왔기 때문이다. 그들은 교육사를 숭고한 교육이념이나 교육정신의 구현과정으로 꾸며서 사범대학 학생들의 사명감을 진작하는데 이용하여 왔다. 그들은 또 자신의 교육이론을 뒷받침하고 논적(論敵)에 대항하기 위한 무기로도 애용하였다. 심지어는 교육사를 현대 교육제도의 전신(前身)을 찾는 가장 빠른 안내서로 만들기도 하였다.[28]

이 같은 구식 교육사를 탈피하려는 움직임이 일어난 것은 1960년대 초의 일이었으며 그 뒤 적지 않은 연구들이 쏟아져 나와 가히 '신교육사'의 시대가 도래한 것 같은 감을 주었다. 신교육사 연구가 다루고 있는 주제들은 다양하지만 이들에게 공통된 문제 의식과 방법이 있었다.

즉, 첫째로 구식 교육사는 너무 협소한 시야와 그 내향적 시각 때문에 교육과 다른 사회 분야와의 관련성이 무시되었다.[29] 따라서 새 교육사에서는 교육을 '사회와의 관계' 속에서 넓게 보아야 한다는 것이었다.[30]

둘째로 신교육사는 최근의 학계 추세에 따라 계량적 방법을 도입하고 사회과학의 여러 개념도 도입하여 보다 풍부한 이론이 형성되어야 한다는 것

---

27) John E. Talbott, *The History of Education*, Daedalus, Journal of the American Academy of Arts and Science (1971), Historical Studies Today, p. 133.

28) *Ibid.*, p. 134.

29) *Ibid.*, p. 146.

30) Bernard Bailyn, *Education in the Forming of American Society*, Needs and Opportunities for Research (1960), p. 14.

이었다.[31]

전통적인 교육사 연구를 지양하고 새로운 형태의 교육사학을 일으키려는 신교육사 운동은 1960년대의 이른바 '교육위기'를 배경으로 전문역사가들 사이에 일기 시작하였다. 소련의 인공위성 발사로 일어난 미국의 소위 스푸트닉 쇼크로 인한 미국 과학교육의 위기감, 그리고 1960년대 '대학 반란'으로 야기된 학생소요 등의 위기가 교육이 사회와 밀접한 상관관계, 상호 작용관계에 있다는 사실을 새삼 깨닫게 하였고, 그런 시각에서 교육을 다시 볼 때 비로소 교육의 본질적인 문제가 무엇인가를 해명할 수 있다는 자각이 일어났던 것이다.[32] 때늦은 교육계의 각성이었다.

이러한 사회적 충격과 맞물려 사학계 안에도 변화가 일어나 새 교육사 연구를 자극하였다. 누누이 지적한 바와 같이 전후의 역사학은 사회과학으로부터의 강렬한 영향을 받아 정치·경제·사회·문화의 각 분야를 갈라놓았던 종래의 '내적 경계(境界)'가 허물어지기 시작하였다. 정치·경제·사회·교육·문화는 본시 한 사회의 다른 측면에 불과하다. 그러므로 각 분야를 인위적으로 갈라 고찰하는 습성은 버릴수록 유익하다 할 것이다. 이리하여 교육적 여러 현상을 다른 사회적 현상과의 불가분의 관계에서 파악하고 교육의 사회적 맥락을 추구하게 되면 그 시점은 항상 (교육의) 안으로부터 밖을 향해 보는 외향적 시각이어야 한다는 방법론이 제기되었다. 그렇게 함으로써 교육과 사회와의 관련을 중시하면서도 한편 교육 자체의 내재적 문제가 무엇인지 그 본질을 파악할 수 있다는 것이다.[33]

또 '교육과 사회와의 관련성'이라는 문제의식 자체가 사회학적 개념과 방법의 한 도입 방식이란 점을 잊어서는 안 된다. 그러기에 이 관련성의 명제가 교육사 연구의 내실을 혁명적으로 바꿔 놓을 수 있다는 것이다.

2. 교육과 사회구조

교육과 사회구조, 특히 사회 계급과의 관계는 단순한 대응관계로 처리될

31) I.E.G. West, *Resource Allocation and Growth in Early Nineteenth Century British Education*, in Applied Historical Studies ed. by Michael Drake, pp. 53~92.

32) J.E. Talbott, *op. cit.*, pp. 134, 146.

33) *Ibid.*, p. 143.

수 없는 매우 복잡하고 동태적인 관계다. 그런데도 불구하고 전통적인 관념에 따르면 중세면 중세, 근대면 근대에 특정한 교육형태가 있어서 그 시대의 지배계급, 이를테면 봉건 귀족이나 시민계급의 계급적 필요 또는 요구에 따라 그 형태가 결정되었다는 간단한 풀이가 나왔었다.

이 논리대로 한다면 중세 유럽의 교육제도는 반드시 귀족주의적이어야 하며, 근대 교육의 계급적 기반은 중산층이어야 한다. 그러나 이 같은 도식적이고 정적인 기술이 얼마나 역사적 현실을 설명하는 데 도움이 되는지 의문스럽고, 교육형태에 대한 계급적 상표가 도리어 교육과 사회구조 사이의 복잡 미묘한 관계를 파악하는 데 장애가 되어 온 것을 알 수 있다.[34]

가령 한 시대의 교육제도가 그 시대의 지배층의 필요에 따라 창안되고 제정되었다고 하자. 그렇더라도 그런 '계급적 필요'의 존부가 우선 의문시 되며 만일 그런 '필요'의 존재가 확실하다 하더라도 제정 당시에 일치했던 제도와 필요가 그 뒤에도 계속 일치했는지가 또한 의문스러운 것이다. 후술하는 바와 같이 교육제도는 좀처럼 변화하지 않는 시대착오적 성격과 경직성을 가지고 있기 때문에 사회적 변화의 속도와 교육제도가 맞지 않아도 그대로 존속되는 것이다.[35]

이를테면 근대 서유럽의 교육구조는 우리가 생각하는 바와 달리 극히 최근까지도 계급 차별을 강화하고 사회이동을 억제하는 기능을 수행하여 왔다. 그래서 계급이 다르면 학교도 다르고 교육내용도 다르게 만들어져 있었으며, 특히 고등교육은 상층사회를 위해 유보되고 있었다. 그리하여 근대 교육제도는 기존의 사회계급의 유지를 위해 봉사해온 셈이다.[36]

이처럼 교육제도의 변화와 그것이 그 속의 일부분인 사회의 변화와의 관계는 확실히 교육사가가 직면한 가장 중요하고도 가장 이해하기 어려운 문제가 되었다. 이 관련성에 적용될 수 있는 설명 모형은 매우 유용하지만 지나친 단순화로 그 효용성이 감퇴할 우려가 없지 않은 것이다.[37]

그러면 근대 교육구조는 왜 이처럼 오랫동안 귀족주의적이며 보수적인 형태를 고수하여 왔는가? 서구 사회의 줄기찬 근대화에도 불구하고 그토록 교육유형이 수구적이었던 까닭은 무엇인가? 근대화 과정을 설명하는 데 이용

---

34) J.E. Talbott, *ibid.*, p. 135.
35) *Ibid.*, p. 143.
36) *Ibid.*, pp. 135~136.
37) *Ibid.*, p. 143.

되는 모델의 하나로 중산층 이론이 있다. 몰락하는 귀족과 상승하는 중산층이 계단을 오르내리는 신발소리가 요란하다는 것이 근대화 사회이론의 '장르'였다. 계단을 내려오는 봉건귀족의 신발은 비단이라 소리가 없으나 올라가는 중산층의 나무개 소리는 요란하다. 이 이론에다 앞서 말한 계급이론을 더하면 근대 초에는 모름지기 중세적인 엘리트주의 교육유형이 무너지면서 그 대신 시민계급을 위한 근대 민주교육이 대두된다는 설명 모델이 나오게 된다.

그러나 근대화의 현실은 그렇지 않았다. 시민혁명과 산업혁명은 봉건제를 타도하고 새로운 근대 사회를 형성해 갔다. 이것도 물론 현실이 아니라 가정이지만. 그러나 교육제도 그리고 그와 밀접히 관련되는 가치관은 끈질기게 귀족주의적인 유형을 그대로 유지하였다. 한참 귀족이 쇠퇴하고 중산층이 상승했어야 할 16·7세기에 전통 엘리트인 귀족이 고등 교육, 대학을 거의 독점하다시피 하고 있었다면 이것은 무엇을 뜻하는 것인가? 이러한 의문을 제기한 첫 논문이 헥스터(J.H. Hexter)의 〈문예부흥기의 영국 귀족교육〉(1950)이었다.[38]

헥스터는 16세기의 영국 대학에는 "실제로 누가(어떤 계급의 자제가) 다니고 있었는가?"란 의문을 제기하였다. 그는 16세기 옥스·브리지(Oxbridge 즉 옥스퍼드와 케임브리지 대학)의 학적부(register)를 직접 조사함으로써 교육사 연구의 새 방법을 제시하였다. 16세기는 알다시피 '토오니(Tawney)의 세기'다. 그만큼 토오니의 영향이 컸다.

이 말썽 많은 16세기의 사회사를 설명하는 데 종래 두 가지 공인가설이 있었다. 즉, 그 하나는 상승하는 중산층이 기진맥진한 귀족계급을 대신하여 권력을 장악하기 시작했다는 가설이다. 또 하나의 가설은 절대왕권이 봉건영주 층을 연약한 왕실귀족으로 만들거나 숫제 관직에서도 소외된 지방의 불평 영락 지주로 만들었다는 가설이다.[39]

그러나 이 전통적인 사회이론으로서는 도저히 설명하기 어려운 현상이 드러났다. 16세기에 심각한 경제위기와 신분위기를 맞은 봉건귀족들은 과연 새 시대의 도전에 속수무책이었을까. 과연 앉아서 당하고만 있었을까. 이 점이 바로 헥스터의 의문점이었다. 그러면 16세기 귀족들은 이 위기에 어떻게

38) J.H. Hexter, *The Education of the Aristocracy in the Renaissance*, Reappraisals in History (New York, 1961), pp. 45~70.

39) J.H. Hexter, *ibid.*, p. 68.

대응하였으며 어떻게 지위를 고수해 나갔을까? 이 문제의 관건은 대학이나 문법학교(grammar school)는 본시 평민이 성직자가 되기 위해 다니던 교육기관이었는데, 16세기 후반에는 귀족, 그것도 아주 높은 작위귀족(爵位貴族)의 자제들이 대학과 문법학교에 쇄도하고 있었다는 새로운 사실로서 밝혀졌다.

이 새 사실은 과연 무엇을 의미하는가? 14·5세기의 귀족 자제들은 기사교육을 받는 것이 보통이었다. 특별히 성직자가 되고 싶다면 몰라도 그렇지 않으면 대학에 가지 않았다.[40] 그런데 왜 16세기에는 귀족들이 자제들을 대학에 보냈단 말인가. 확실히 이변이라 하지 않을 수 없는데, 헥스터가 조사한 바에 의하면 대학에서 수학한 귀족 자제들은 졸업 후 성직자보다 대사·법관·직원·행정관리 등 관계진출이 많았다는 것이다. 특히 영국에서는 지방 치안관(治安官)이 되어 나가는 귀족이 많았다는 것이다.[41] 이로 미루어 보면 근대적인 교육제도가 제안되기도 전에 대학은 이미 귀족출신 자제들의 관직 획득을 위한 수단으로 변화하고 있었다는 사실을 알 수 있다. 이리하여 농부의 아들은 밭을 갈고, 장이의 아들은 아버지의 업을 잇지만 귀족의 아들은 국가의 통치와 명령에 관한 학문을 익혀야 한다는 주장이 나오고 심지어는 귀족 교육의 의무화까지 거론되기에 이르렀던 것이다.[42]

헥스터는 이 같은 반동 현상을 지적한 뒤 다음과 같은 문제를 제기한다. 첫째, 성직자의 독점물이던 학문에 손을 뻗침으로써 새 시대의 도전에 슬기롭게 응전한 16세기 봉건 귀족계급이 어째서 기진맥진하고 있었단 말인가? 둘째, 그렇게도 열렬히 교육을 추구한 귀족이 중산층의 압력을 받아 비몽사몽의 혼수상태를 헤맨 귀족들과 동일인일 수 있단 말인가? 반대로 그들의 교육 추구야말로 르네상스기 귀족의 왕성한 사회 적응력을 증명하는 것이 아닌가. 또 그들은 교육이란 새 채널을 통해 성공적으로 잃어버린 권력을 되찾으려 한 것이 아닌가?[43]

이상과 같은 헥스터의 적극적인 의문은 첫째로 엘리트의 보충에 있어서 근대화과정은 과연 변화냐, 아니면 연속이냐 하는 문제를 제기하였다. 바꿔

---

40) 기사교육의 목적은 기사도(knighthood)의 수련에 있었기 때문에 승마, 쏘기, 던지기, 달리기, 뛰기 등의 기사훈련 위주였고, 음악, 춤, 그림, 쓰기 등의 예절교육은 아주 유치한 것이었다. 7세부터 14년간 계속되는 이 기사교육은 14·5세기까지 행해졌다. Hexter, *ibid.*, p. 48.

41) *Ibid.*, pp. 50, 54.

42) *Ibid.*, pp. 53, 68.

43) *Ibid.*, p. 69.

말하면 중세 봉건귀족의 후예가 그대로 근대사회의 엘리트로 연속된 것이 아니냐. 만일 사실이 그렇다면 중산층이라는 새 계급이 귀족을 대신하여 엘리트로 군림하였다. 즉, 변화하였다고 볼 수 없지 않는가 하는 문제가 제기되는 것이다. 주지하듯 중세의 귀족주의가 해체되면서 근대적인 실력주의 사회가 성립된다. 그렇게 되면 고등 교육은 근대 엘리트의 지위를 차지하는데 필수적인 관문이 되는 것이다. 여기서 새 엘리트가 주로 어떤 계층 - 귀족 아니면 제3계급 - 에 의해서 보충되었느냐 하는 문제가 제기된다.

실력사회란 "누구나 불평등해질 수 있는 평등한 기회를 갖는다."는 원리가 통용되는 사회이다. 그렇다면 봉건제 사회의 몰락으로 인하여 봉건귀족이 몰락하는 것이 아니라 농민계급이 동시에 몰락하고 봉건귀족들은 자제들을 대학에 보내서 관리가 되어 다시 지배층이 되는 것인데 이것이 곧 근대화의 실상이라는 것이 밝혀진 것이다.[44]

둘째로 이와 같이 사회구조와 교육구조가 일치하지 않았다면 사회계층의 분화가 교육구조에 일방적으로 영향을 끼친 것이 아니라 역으로 교육구조가 사회계층 분화에 작용한 측면도 있었을 것이 틀림없다. 상부구조와 하부구조의 이론이 통하지 않는 것이다.

3. 교육과 정치 · 경제

대중 교육의 성립 과정은 근대교육사의 가장 중요한 주제였다. 누가 교육을 받아야 하는가? 하는 이념적인 문제, 그리고 부자와 강자의 아들이 늘 빈자와 약자의 아들보다 많은 시간을 학교에서 보낸다. 즉, 많은 교육을 받는다는 현실적 문제는 교육에 대한 국가의 간섭이 필요하고, 그리고 교육과 정치의 문제를 제기하는 것이다.

후술하는 바와 같이 교육사는 진보적인 휘그파 역사관의 마지막 피난처였다. 그래서 대중교육의 성립과 발전과정은 언제나 자유주의 정치철학의 구현과정으로 이해되고 민주화과정의 일면으로 설명되어 왔다. 그러나 최근의 교육사 연구 성과를 보면 이 같은 진부한 휘그파 역사 해석은 부정되고 있다. 즉, 영국의 공립학교(public school)나 미국의 보통학교(common school)는 초기 산업사회의 도시 노동자 계급의 사회통제가 결정적 설치동기였다는

---

44) J.E. Talbott, *op. cit.*, p. 143.

것이다.[45] 개혁자의 동기가 그러했을 뿐 아니라 학교의 교육실태 또한 그러했다. 허트(J.S. Hurt)에 의하면 19세기 30년대에 우후죽순처럼 설치된 일요학교, 보석자 학교 등의 각종 학교는 놀랍게도 공업 노동자들의 빈민폭동을 예방하기 위한 정책의 일환이었다는 것이다. 그래서 허트는 우리가 알지 못했던 교육과 경찰의 관계를 폭로하고 있다.

> 1830년대의 영국 유산층은 혁명의 절박에 떨고 있었다. 효과적인 경찰력이 없는 당시로서는 유사시에 학교 교사를 경찰관으로 대용했다. 그래서 학교는 노동 대중의 체념을 가르치고 또 강요하기도 하는 교육과 경찰의 이중적 역할을 맡았던 것이다.[46]

종래의 교육개혁자의 동기분석이나 교과서 분석 방법보다 교육의 실제를, 이를테면 아래로부터 연구하려는 노력의 일단으로 톰프슨의 《영국 노동자계급의 형성》(1962)을 비롯한 많은 연구가 나와 있다.[47] 특히 톰프슨의 연구는 영국 노동자계급의 하층문화와 교육의 관계를 추구함으로써 단순한 그들의 정치 의식구조를 연구하는 데에서 한 발짝 더 나아가고 있다. 초기 산업화 단계에서 처자식을 거느리고 공장으로 몰려가던 미숙련 문맹노동자들이 과연 교육에 어떤 태도를 보여 주었는가 하는 극히 미묘한 사항에 대해서도 통계자료, 학교 출석부, 공장 감독자의 보고 등 간접자료를 이용하여 연구되고 있다.[48]

대중 교육의 확대와 문자해독 층의 증대가 몰고 올지도 모를 어떤 정치적 불안에 대한 우려, 이것이 매양 전통적 지배층으로 하여금 대중 교육에 대

---

45) Merle Curti, *The Social Ideas of American Educators* (New York, 1935). Michael Kalz, *The Irony of Early School Reform: Educational Innovation in Mid-Nineteenth Century Massachusetts* (Camb. Mass., 1968).

46) J.S. Hurt, *Professor West on Early Nineteenth Century Education*, in Applied Historical Studies, *op. cit.*, p. 100.

47) E.P. Thompson, *The Making of the English Working Class* (New York, 1963), Georges Duveau, *La pensée ouvière sur l'education pendant la Seconde République et le Second Empire* (Paris, 1948); R.K. Webb, *The British Working-Class Reader, 1790~1848* (London, 1955); R.D. Etick, *The English Common Reader* (Chicago, 1957). J.F.C. Harrison, *Learning and living* 1790~1960: *A Study in the History of the English Adult Education Movement* (London, 1961).

48) J.E. Talbott, *op. cit.*, p. 139; J.S. Hurt, *op. cit.*, pp. 99~105.

해 보수적 입장을 취하게 했다는 것이다. 그러나 청교도국가에서는 누구나 성경은 읽을 수 있어야 한다는 종교적 요구가 대중교육론의 입장을 강화시켜 주었다. 그러나 그보다 더 강한 호소력은 문자해독의 대중화가 오히려 근로대중의 운명개선에 대한 경멸과 체념을 가르쳐 주기 때문에 지배층에 유익하다는 실리적인 이유에서 나왔다. 이 점에서 종교와 교육의 정치적 기능은 서로 일치되고 있는 것이다.

그러나 일단 대중이 한번 문맹상태를 벗어나 읽기와 쓰기 그리고 셈하기의 소위 3R을 익히게 되면 정부가 아무리 대중이 읽고 싶어 하는 것을 읽지 못하게 통제한다 하더라도 감당하기 어렵다. 단 한 가지 방법이 있는데 그것은 독재정치라는 것이다. 뭇솔리니와 히틀러 그리고 스탈린 그리고 일본제국주의자들이 독재라는 극약처방으로 대중의 눈과 귀를 막다가 몰락했으나 전후에 또다시 소형 독재자들이 등장하여 태평성대를 누리고 있다. 그러나 20세기의 여러 사건들을 되돌아볼 때 국민교육은 분명 대중의 정치형태에 큰 영향을 주고 있다. 교육과 정치의 상관관계에 있어서의 이 같은 측면은 앞으로의 교육사 연구에 밝은 전망을 보여줄 것으로 기대된다.[49]

예를 들면 혁명과 교육의 관계가 그것이다. 최근의 혁명사 연구는 어디에서나 출현할 수 있는 '혁명적 인물' 그리고 '소외된 지식인'을 배양하는 사회조건이 무엇인가에 초점을 맞추고 있다. 고등실업자의 과잉공급은 쉴스(Edward Shills)가 말한 것처럼 개발도상국가의 공통된 고민거리가 되고 있다.[50] 남의 일이 아니라 바로 우리나라의 처지를 말하고 있는 것이다. 1970~80년 대의 실업지식인들은 우리나라 특유의 민중사관을 만들어냈고 지금 그 후유증에 시달리고 있기 때문이다.

그러나 현대 후진국의 이 같은 현상은 이미 17세기의 영국, 18세기의 프랑스에서 일어났던 일의 반복이며, 결국 그 때 실직자들은 퓨리타니즘(영국)과 계몽주의(프랑스)라는 혁명이데올로기를 만들어냈던 것이다. 고등지식인의 과잉공급으로 일자리를 잃은 개인은 좌절감에 빠져 자신의 재능을 무용화시킨 사회와 국가를 원망하며 반란을 도모한다. 기성 권력층에 극도로 위

49) J.E. Talbott, *ibid.*, p. 140.

50) Edward Shills, *Intellectuals in the Political Development of the New States*, World-Politics, 12 (April. 1660), pp. 329~368 ; Harry J. Benda, *Non-Western Intelligentsia as Political Elites* (Political Change in Underdeveloping Countries), pp. 235~237.

험스러운 상태를 만들어내는 것 중에 가장 중요한 것은 개인의 고민을 체제 반대로까지 승화시키는 지식인의 이데올로기인 것이다.[51)]

이같이 교육이 지닌 사회·정치적 기능은 다양했다. 교육의 다양한 사회적 기능이 솔직하게, 그러나 폭로적으로 제기될 때 비로소 교육사의 본질적 문제가 드러나는 것이었다. 교육과 정치의 관련성 못지 않게 교육과 경제의 관련 문제도 중요한 영역으로 다루어졌다. 아담 스미스 이후의 모든 경제학자들이 흥미를 가졌던 이 문제는 최근 특히 교육이 경제성장에 어떤 영향을 미치느냐 하는 문제를 중심으로 논의되기 시작하였다. 이른바 교육경제학(economics of education)이라는 이름으로 불리는 이 문제는 맥클랜드(David McClelland)가 지적했듯이 교육투자의 증가가 경제성장의 급상승에 선행하는가? 아니면 부의 급증이 선행하고 교육투자 증대는 그 뒤에 따라 일어나는 것인가? 만일 그도 아니라면 양자가 동시에 일어나는가? 하는 골치 아픈 그러나 극히 실용적인 문제를 제기하고 있다.[52)]

오랫동안 영국이 재빨리 산업혁명을 일으키고 세계제일의 공업국으로 성장한 문제를 놓고 영국민의 문자 해독률이 비교적 높았기 때문에 가능하였다고 설명하여 왔다. 그러나 최근의 연구는 산업화의 초기 단계에서는 아주 낮은 지적 기능을 요구하기 때문에 학교 교육과 산업 발전과는 그리 직접적인 관계가 없다고 보고 있다. 18세기 영국국민의 문자 해독률은 다른 대륙 국가보다 결코 높지 않았다는 것이다.[53)] 도아(Ronald P. Dore)는 일본 도쿠가와 막부(德川幕府) 말기의 경우를 들어 초기 산업화 단계의 공업발전에 학교교육이 끼친 영향을 학교에서 실제로 무엇을 배웠는가 하는 것보다 배우는 데 따르는 훈련이 더 중요하다고 결론지었다.[54)]

단순한 문자해독보다 더 중요하고 직접적인 영향은 과학교육에서 받는다. 그래서 19세기 후반에 독일에서 제2차 산업혁명이 일어나 이 시기에 독일경

---

51) J.E. Talbott, *op. cit.*, p. 140.

52) David C. McClelland, *Does Education Accelerate Economic Growth?* Economic Development and Cultural Change, 14, no. 3(April, 1966), p. 259.

53) R.S. Scofield, *The Measurement of Literacy in pre-Industrial England*, in Jack Goody ed., *Literacy in Traditional Societies* (Camb. 1969) ; Lawrence Stone, *Literacy and Education in England*, 1640~1900, Past and Present, no. 42 (Feb. 1969) pp. 69~139 ; Carlo M. Cipolla, *Literacy and Development in the West* (Baltimore, 1969) recit. from Talbott, *ibid.*, p. 149.

54) Ronald P. Dore, *Education in Tokugawa Japan* (Berkeley, 1965), p. 292. recit., from Talbott, *ibid.*, p. 149.

제가 폭발적으로 성장할 수 있었던 이유는 독일 과학교육의 우세 때문으로 해석되고 있다.[55]

4. 대학의 역사

새로운 교육사 연구의 선풍은 1960년대의 대학가를 휩쓴 '스튜던트 파워'를 배경으로 일기 시작하였다. 따라서 대학사 연구의 재검토가 필연 그 중심 과제로 부상되지 않을 수 없었다.

대학이 사회에 대한 봉사자를 양성해야지 왜 시끄럽게 구는 비판자를 양성하게 되었는가? 현대 대학의 사회문제를 역사적으로 반성하고 증명하는 일이 대학사 연구의 목적이다. 대학과 사회의 관계를 추구하는 입장에서 볼 때 종래의 대학사 연구는 제도사 연구에 편중되어 왔다고 보지 않을 수 없다. 대학의 형식적 구조연구에 집착한 예전의 대학사 연구는 19세기 학계를 풍미했던 영국의 헌정사 연구에서 그 모델을 찾았다. 알다시피 형식적 제도와 그 제도의 실제 운영과정, 교육제도와 권력과의 관계, 그리고 그 사회적 상관관계는 서로 다른 문제였다. 그래서 현대사학이 제도보다 교육의 실태를 중시하게 되었던 것이다.[56]

로드블라트(Sheldon Rothblatt)의 연구인《학감혁명, 빅토리아 영국의 케임브리지 대학과 사회》(1919)는 대학과 사회적 요구의 관계를 밝힌 새로운 제도사 연구로 주목되었다.[57] 로드블라트에 따르면 영국의 대학사 해석에는 종래 두 개의 전통이론이 크게 작용하고 있었다. 그 하나는 휘그파 해석이다. 대학사는 정치사의 연장으로 서술되어야 한다고 보는 이 해석에 따르면 옥스・브리지 두 대학은 19세기 초까지 영국교회의 충실한 종이었다. 그래서 산업주의의 도전에 부딪쳤을 때 그에 대응할 능력이 없었고 또 대응할 의사도 없었다. 그 결과 마침내 두 대학은 자생적으로 근대화 하지 못하고 외부(즉 왕명)로부터의 행정력에 의해 근대화 당하는 꼴이 되었다는 것이다.

---

55) David Landes, *The Unbound Prometheus*: Technological Change and Industrial Development in Western Europe from 1750 to the Present (Camb., 1969), pp. 343~348.

56) J.E. Talbott, *ibid.*, p. 144.

57) Sheldon Rothblatt, *The Revolution of the Dons*: Cambridge and Society in Victorian England (New York, 1968).

또 하나의 해석은 계급투쟁설이다. 대학의 사회적 기능은 어디까지나 그 시대의 지배계급에 봉사하는 데 있다고 전제하고 두 대학의 근대화는 결국 임자를 바꾼데 지나지 않다고 보았다. 이와 같이 두 해석은 19세기 대학개혁을 "발전적이다(휘그), 시민계급이 대학의 지배권을 장악하는 과정에 불과하다."(마르크스)로 갈라졌던 것이다.

그러나 로드블라트에 따르면 두 해석이 모두 사회의 요구와 대학의 대응이 서로 적합하다고 보았던 것이다. 그러나 대학의 제도개혁이 과연 그 시대의 사회적 변화의 결과였으며 항상 사회적 요구와 대학의 대응이 일치하였을까? 이 점이 바로 로드블라트의 문제점이었다. 그는 19세기 케임브리지의 대학 개혁을 연구함으로써 다음과 같은 결론에 도달하였다.

> 그것이 비록 밖의 압력으로 촉진된 개혁이기는 하였으나, 그 개혁내용은 주로 대학 내부의 필요에서 우러나온 학감제의 재편성에 지나지 않았다. 따라서 이 개혁이 산업사회의 '가상적' 필요나 신흥 중산층의 요구를 충족시키기보다는 도리어 그와 배치되는 것이었다.[58]

대학사 연구가 제기한 또 하나의 문제는 근대 교육발전의 직선적 설명에 대한 의문이었다. 대학은 서구사회 최고의 협동조직이었다. 그렇게도 연약하고 그러면서도 지구력이 강한 한 제도로서의 대학은 사회적 변동에 따라 조금씩 그 목적을 수정해 왔다. 그러면서도 대학은 창립 당시의 본래의 목적을 성공적으로 유지한 것이다. 이러한 대학은 그 자체 사료의 보고로서 이른바 장기 지속(longue durée)의 문제를 연구하는데 아주 적절한 대상이 되고 있는 것이다.

이 점에 착안한 미국 프린스턴 대학의 역사연구소(Shelby Cullon Davis)팀은 근대 서구대학의 등록학생수 증감에 나타난 제유형을 규명하기 시작했다. 컴퓨터를 동원한 이 연구로 16~19세기에 걸친 영국·독일·스페인 3국의 대학이 성하고 쇠하는 과정을 비교 검토하였다. 그 결과에 따르면 16세기와 17세기 초까지는 등록 학생수가 꾸준히 증가하는 추세를 보였는데, 17세기 중엽부터 급속한 감소 추세로 전환하기 시작하여 18세기를 통해 정체기가 계속되었다. 그러다가 19세기에 영국과 독일에서 다시 증가세가 보이기 시작한다. 이처럼 근대 초기의 서구 대학은 직선적 증가를 거듭한 것이

---

58) J.E. Talbott, *ibid.*, p. 144.

아니라 심한 증가와 감소의 기복을 보여 주었던 것이다.

이러한 증감곡선의 원인이 무엇인지는 분명치 않다. 1650~1800년간의 서구 대학에 입학한 학생수가 줄어들었다면 그 원인이 무엇이며, 그 사회·문화·경제·정치적 결과는 무엇인가? 이 곡선이 서구 근대화의 속도와 성격과 어떻게 관련되는 것인가?[59] 그것은 바로 이 시기에 산업혁명이 일어났다는 사실을 감안할 때 매우 중요한 문제를 제기할 수도 있는 것이다.

프린스턴 대학의 위의 연구소는 이 같은 문제를 풀기 위한 한 방편으로서 첫째, 대학 교육과 사회 이동의 관계 그리고 정치·행정 엘리트의 보충과의 관계를 추구하였다. 그리고 둘째, 문화전달자로서의 대학의 역할을 해명하려 노력하였다. 셋째, 교육을 사상 및 사회화 과정으로 보고 대학 교수진의 구성·성분·사상·활동이 시대에 따라 어떻게 변했는가를 규명하였다. 이리하여 종국적으로는 어떻게 또 왜 대학이 사회 비판자가 되었으며, 또 봉사자가 되었는가 하는 답을 구하려 하였다.[60]

5. 문제점

이처럼 교육사 연구의 새 유형은 몇 가지 문제를 제기하여 역사학의 한 분야로 발돋음 하려하고 있는 것이다. 탈보트(Talbott)도 시인했듯이 '교육과 사회와의 관련성'이라는 막연한 말만 가지고서는 교육사 연구의 새 방향을 제시하기 어렵다.[61] 그러나 "교육(학교)은 사회적 필요에 부응하여야 한다."는 재래의 당위적 통념 또는 여망이 1960년대의 '대학 혁명'으로 무산되었을 때 새 교육사 연구가 나타났다는 사실을 생각하면 '관련성'의 명제는 확실히 그 핵심을 찌른 것이라 하지 않을 수 없다.

이리하여 신교육사는 교육제도의 구조가 계급구조의 단순한 반영이 아니라는 반론을 제기하고 교육 변화의 속도가 사회적 변화의 속도와 일치하지 않는다는 사실을 지적하였다. 또 서구의 교육이 항상 확대되고 직선적 진보를 거듭해 왔다는 가정도 부정하였다.

그러나 이 같은 풍요한 반론에도 불구하고 아직 적지 않은 기초적인 문제가 해결되지 않고 있다. 그 대표적인 예가 웨스트(E.G. West)의 계량연구다.

59) *Ibid.*, p. 145.
60) *Ibid.*, pp. 145~146.
61) *Ibid.*, p. 143.

허어트의 비판에서도 나타났듯이 부정확한 사료평가는 자칫하면 모든 계수를 무가치한 것으로 만들어 버릴 위험을 안고 있다.[62] 헥스터의 빈약한 숫자와 통계처리 방법의 오류도 문제였다. 또 계량적 연구의 일반적 한계성에 대해서는 새삼 여기서 다시 논할 필요가 없을 것이다. 이 밖에도 교육사 특유의 문제점들이 열거될 수 있을 것이다. 그러나 아직 착수 단계를 벗어나지 못한 새로운 교육사의 연구라는 사실을 감안한다면 교육사는 다른 어느 분야 이를테면 정치사·사회사·경제사·사상사보다도 연약한 처지에 있음을 시인하지 않을 수 없는 것이다.

Ⅳ. 새로운 역사심리학

1. 역사학과 심리학

심리학(psychology)은 현대 사회과학에 적지 않은 영향을 주었다. 심리학은 교육학과 사회과학의 모든 분야에 새로운 개념과 방법을 동시에 공급해 주었다. 그런데 종래 역사가는 심리학에 관한 아마추어적인 지식만으로 자신의 역사연구를 대충 손질할 뿐 현대 심리학의 연구 성과를 받아들이지 못하였다.

그러나 오늘날 역사가들은 "현대 심리학의 성과를 무시한 역사 연구는 허구다"라고 할 정도로 심리학으로부터 큰 압력을 받고 있는 것이다. 특히 傳記 연구에 종사하는 역사가들은 좋든 싫든 프로이드와 프로이드 이후의 심리학(post Freudean psychology)이 제기한 개념과 방법을 공부하지 않을 수 없는 처지에 놓였다. 현대 역사 연구의 가장 위대한 부분이 역사의 전기적(傳記的) 접근에서 나온 것을 보면 심리학의 압력을 더 이상 무시할 수 없는 것이다. 그러나 전기 연구의 대다수가 아직도 '생애와 그 시대'(life and time)식의 전통적 방법에서 벗어나지 못하고 그 초점을 역사적 인물, 즉 개인보다 그 정치적·사회적 업적이라든지 사회집단과의 관계에 맞추고 있기 때문에 개인 심리의 정밀한 분석이 불필요한 것으로 인식되고 있다. 그러나

62) E.G. West의 上揭論文과 J.S. Hurt의 批判, 그리고 West의 反論 *The Interpretation of Early Nineteenth-Century Education Statistics*, *op. cit.*, pp. 107~118 참조.

심리학의 문제는 비단 개인의 전기 연구에만 필요한 것이 아니다.

불로크(Allan Bullock)가 그의 《히틀러, 한 폭정의 연구》(*Hitler: A Study in Tyranny*)에서 보인 뛰어난 개성 연구는 현대 심층심리학(depth psychology)의 도입가능성을 암시한 새로운 역사 연구였다. 또 나치 지도자와 같은 현대사의 악역들(nastier big men)이 거의 모두 성적 결함의 소유자였다는 흥미진진한 사실이 밝혀질 때마다 심리학에 대한 역사가들의 관심이 높아지지 않을 수 없었던 것이다.[63]

그러나 역사학이 심리학을 필요로 하는 이유는 현대 역사 연구의 돌파구로의 기대에 있었다 할 것이다. 1957년 랭거(William Langer)가 그의 미국사학회 회장 취임강연에서 "역사가의 다음 과제는 심리분석의 성과를 역사학에 도입하는 일이다"고 선언한 이후 심리학과 역사학의 학제교류라는 새로운 가교가 마련되었다. 그리하여 1960년대의 미국사학회 연례 대회에는 해마다 심리학과 역사학을 다루는 젊은 역사가들의 연구논문들이 발표되었고 발표장에 운집한 많은 청중을 이제는 단순히 호기심의 결과라 평할 수 없게 되었다.[64] 현대의 심리사학 또는 역사심리학(psycho-history or psychological history)은 1960년대의 이러한 학계풍토를 배경으로 탄생하였다.

2. 역사심리학의 맹아

인간심리에 관한 역사가들의 관심과 예리한 분석은 오랜 옛날부터 시도되어 왔다. 흔히 헤로도투스를 역사학의 아버지라고 하지만 듀키디데스는 역사심리학의 아버지라 하여 손색이 없었다. 그는 히포크라테스의 영향을 크게 받았다. 히포크라테스는 알다시피 의학의 아버지다. 그러나 동시에 그는 심리학의 아버지이기도 했다. 듀키디데스는 히포크라테스의 영향을 받아 놀랍게도 전쟁신경질(war-neurosis) 그리고 병적심리(morbid psychology)에 대해 기술하고 있는 것이다.[65]

---

63) A. Marwick, *op. cit.*, p. 141. 역사심리학의 최근 동향에 관해서는 B.B. Wolman (ed.), *The Psychoanalytic Interpretation of History*, 1971, Hans W. Gatzke, *Hitler and Psycho-history*, A.H.R. 78,2(1973), p. 394 참조.

64) Frank E. Manuel, *The Use and Abuse of Psychology in History*, Daedalus, (Winter, 1974), Historical Studies Today, p. 205.

플루타크(Plutarchos, A.D. 50~120)도 또한 정치적 지배자에 대한 피지배자의 심리에 관해 매우 흥미 있는 견해를 피력하고 있다. 즉, 플루타크에 의하면 백성이 지배자를 숭배하는 것은 그가 강하기 때문이 아니라 정의롭다고 생각하기 때문이다. 정의가 없다고 판단되면 경멸한다는 것이었다.

> 백성이 신(지배자)에 대해 품는 마음은 부러움(선망)과 무서움(공포)과 섬김(존경)의 셋이다. 백성이 신(지배자)을 부러워함은 신이 주는 행복이 영원불멸하기 때문이며 두려워함은 지배자로서 강하기 때문이며 백성이 지배자를 섬김은 그의 정의 때문이다. (그러므로) 권력이나 행운이나 높은 자리를 얻고 생활하는 사람들을 신과 같이 만드는 것은 그들이 갖고 있는 정의심이며 동물처럼 만드는 것은 부정한 마음이다.[66]

18세기의 계몽사상가들은 인간의 심리현상에 깊은 관심을 보였다. 가령 뷔코(Giambattista Vico)는 그의 '신학문'(Scienza Nuova)에서 느끼고 의지하는 것이 인간의 세 가지 본성이라 주장하고 그 표현 양식은 역사시대에 따라 변화한다고 보았다. 즉, 인간역사의 가장 원시적인 단계에서는 손짓, 몸짓으로 서로 의사를 전달하지만 다음 단계에 이르면 시를 읊어 전달하고 마지막 이성의 시대에는 산문으로 이성의 소리를 내어 전달하였다는 것이다. 뷔코는 이 같은 역사 해석의 근거를 유년기에서 성년기로 발전하는 개인의 정신적 성장과정에서 발견하였다.[67]

헤르더(Herder)도 각 민족은 그 생활 장소의 생리적·기후적 제약에서 오는 민족(Volk) 특유의 의식 감각을 갖게 된다고 말하고 이 같은 감각은 다른 민족이 모방할 수 없는 민족고유의 것이라 주장하였다. 그는 또 민족의 천성은 일찍부터 그 민족의 신화나 종교·음악·시문학에 구현되는데 문화가 발달함에 따라 아무리 이성적 요소가 나타나더라도 이 천성만은 변하지 않고 지속적으로 나타나는 민족심리(Volk psyche)라 주장하였다. 헤르더의 주장은 보편적 인간성을 도외시하고 시대와 장소에 따라 다른 민족 특유의 특수성을 강조하는 독일적 역사주의 사상에 지대한 영향을 끼쳤다.[68]

헤겔도 심리학적 역사 인식에 기여하고 있다. 그것은 그가 세계사의 정신사

---

65) Collingwood, *The Idea of History*, 이상현 역, 《歷史學의 理想》, p. 53.
66) Ernst Cassirer, *The Myth of the State* (1946), 최명관 역, 《國家의 神話》, p. 28.
67) F.E. Manuel, *op. cit.*, p. 189.
68) *Ibid.*, p. 190.

적 파악을 시도했기 때문이 아니라 노예와 노예소유주 간에 발생하는 모순과 갈등에 대한 내면적 분석 그리고 키에르케고르에 계승되어 현대 의식구조의 핵심적 개념으로 부상한 이른바 '소외'(Entfremdung)의 개념을 제시하였기 때문이다.[69]

쇼펜하우어도 세계는 이성의 소산이 아니라 도리어 인간의 맹목적 의지의 소산이며 그 본질과 원리에 있어서 비이성적이라고 주장하여 주목을 끌었다. 그에 의하면 지능은 인간의 맹목적 의지의 결과요 그 도구에 지나지 않았다는 것이며 의지의 힘은 곧 성적 본능이라는 것이었다. 따라서 세계사의 주재자는 이성이 아니라 성적 본능이라 주장하였던 것이다.[70]

3. 프로이드 심리학

독일학계에서 심리학을 독립된 학문으로 공인하게 된 것은 19세기 말이었다. 즉, 1880년대를 중심으로 새로운 정신병리학(psychiatry)파가 등장하여 그들의 이른바 잠재의식(the unconscious)의 개념이 공인되었기 때문이다.[71] 그러나 심리학이 프로이드(Sigmund Freud, 1856~1936)의 등장을 기다려서 비약적인 발전을 이루게 되는 것은 이미 알려진 사실이다.

흔히 우리는 프로이드 심리학을 너무나 안이하게 평가하는 타성에 젖어 있다. 프로이드는 선사시대로부터 오늘에 이르기까지 인간이 언제나 똑같은 두 개의 근본적 욕망에 사로잡혀 왔다고 주장한다. 즉, 인간은 누구나 아버지를 죽이려는 살부콤플렉스(father-complex) 그리고 어머니와 결혼하려는 욕망에 사로잡혀 있다는 것이다.[72] 그러나 이런 단편적인 지식만으로는 프로이드를 오해하기 쉽다.

프로이드는 역사적·사회적 문맥에서만 인간을 이해할 수 있다고 믿었다. 두 말할 나위도 없이 그는 인간을 '섹스'적 측면에서 이해하려 했다. 원시시대의 인간은 그의 본능적 장비인 성적 본능을 충족함으로써 만족하고 있었으나, 문명이 진보함에 따라 성적 본능의 일부를 억압할 필요를 느끼게 되

69) *Ibid.*, p. 190.
70) Schopenhauer, *Über die Metaphysik der Geschlechtsliebe*, Die Welt als Wille und Vorstellung, Ergänzungen zum vielten Buch, Kap. 44.
71) F.E. Manuel, *op. cit.*, pp. 190~191.
72) E. Cassirer, 앞의 역서, p. 42.

었다. 이 '성의 억압'으로 본능적인 힘들이 승화되어 문화발전에 이바지하게 되었다는 것이다. 문화는 본능의 억제의 결과이다. 그러나 그 대가로 인간은 성적 억제로부터 오는 신경질환을 얻기에 이르렀다. 문명을 얻는 대신 신경질이란 질병을 갖게 되었다는 이 모순을 프로이드는 인류의 근본적 비극의 근원이라 생각하였다.[73)]

프로이드의 계승자의 한 사람인 사회심리학자 프롬(Erich Fromm)에 따르면 '소외'도 인간의 이 같은 신경증에서 우러나오는 것이다. 인간은 누구나 무력감을 갖는다. 자신의 '인간적인 힘'인 사랑, 지혜, 사고, 이성, 바른 행동 등에 자신을 잃고 있는 인간은 어떤 우상, 즉 자기 이외의 힘에 이동시킨다. 그러면 그는 자기의 인간적인 힘과 접촉하기 위하여 완전히 이 우상에 복종하지 않으면 안 되게 된다는 것이다.

가령 '나는 약하다', '확신을 못 갖는다'고 할 때 나는 확신을 가진 강한 인간을 찾아 그에게로 도피하려는 것이다. 반대로 '나는 강하다'고 믿는 자기도취자(narcissist)라면 가령 히틀러처럼 나를 비판하는 자는 선생이나 윗사람을 막론하고 모조리 바보라고 생각할 것이다. 인간이란 이처럼 누구나 비현실적인 공상의 세계에서 사는 신경질 환자인 것이다.[74)]

이 인간의 소외현상은 종교에서 자주 일어난다. 구약성서에 보면 예언자들은 "당신들이 나무를 얻으면 그 절반을 빵을 굽는데 쓰고, 나머지 절반은 당신들이 숭배하는 우상을 만드는 데 쓰라"고 한다. 또 예언자는 말하기를 "그리하여 이들 우상은 귀가 있어도 듣지 아니하고 눈이 있어도 보지 않는다."는 것이다. 이 우상이야 말로 인간 소외의 결과인 것이다.

현대인은 점점 소외되어 가고 있다고 한다. 현대인의 독재자 우상이 발전하고 자아의식과 자기의 창조력에 대한 자신을 상실하게 되면 국가숭배를 비롯하여 영화 스타, TV 탤런트, 성공한 실업가, 그리고 축구선수를 숭배하는 등 소외 군상이 늘어만 간다. 그들은 자기들의 인간적인 힘을 이양(移讓)한 상징, 즉 우상을 숭배함으로써 자기들의 창조력에 대한 불만족을 매워주고 있는 것이다.[75)]

프로이드는 또 제1차 세계대전의 엄청난 파괴와 인간 생명에 대한 잔혹성을 목격하고 인간의 무서운 파괴 충동(慾動, drive)을 깨닫게 되고 인간에게

---

73) R. Evans, *Dialogue with Erich Fromm* (1970), p. 92.

74) *Ibid.*, p. 54.

75) *Ibid.*, p. 120.

는 생에 봉사하는 것과 똑같은 정도로 죽음에 봉사하는 욕동이 있다고 확신하기에 이르렀다. 프롬은 히틀러와 같이 파괴와 죽음에 거의 완전히 방향지워진 인간의 극단적 형태로서 죽음을 사랑하는 애사적(愛死的) 유형의 인간(necrophilic mode)을 생각해 냈다.

프롬의 다섯 가지 인간의 성격 유형도 그 속에는 역사적 감정이 숨어 있다. 그는 인간을 크게 생산적 인간과 비생산적 인간으로 나눈다. 물론 생산적 인간이 참다운 인간이고 비생산적 인간은 잘못된 성격 유형이다. 가령 책을 보고 그 공식대로 육아하는 어머니가 수용적 내지 비생산적 인간이라면, 스스로 관찰하고 확신을 갖고 육아하는 어머니는 생산적 인간 유형에 속하는 것이다. 이 잘못된 성격유형 속에는 수용적, 저축적, 시장거래적, 착취적, 애사적 지향성의 다섯 가지 소유형이 포함되어 있다. 프롬의 이 다섯 가지 인간 유형의 개념이 리스맨의 세 가지 사회 유형(전통·자기·타인 지향형)의 개념에 영향을 주고 있는 것이다.[76]

4. 새로운 역사심리학의 성립

프로이드 심리학을 알지 못한 채 역사학에 심리학적 방법과 이론을 도입한 사람이 딜타이(Wilhelm Dilthey, 1833~1911)와 페브르(Lucien Febvre)였다.

딜타이는 역사를 문학이나 종교 또는 철학의 천재들의 저술에 나타나는 심리학적 세계관의 연속으로 보고 이러한 영웅적 인물들은 그 시대의 지배적인 감정이나 태도, 신념 등을 담은 그릇이 아닌가 하고 생각하였다. 딜타이는 역사적으로 다양하게 나타나는 인간의 심리적 경험을 연구함으로써 궁극적으로는 자유의 증언과 교조주의로부터의 해방·구제를 발견하려 했다. 어느 정치혁명을 막론하고 혁명사태가 끝나면 급격히 혁명은 구체성을 상실하고 추상적 이념으로 변질되어 버린다는 점을 지적한 그의 탁견은 현대 정치이론에 깊은 영향을 주고 있는 것이다. 그러나 그의 해석은 위인정신에서 우러나오는 단순한 격정의 드라마가 곧 역사라는 엘리트주의적 결함을 지니고 있다.[77]

이처럼 딜타이가 철학적이고 관념론적인 극단으로 치달은 데 반하여, 페브르는 프랑스 실증주의의 전통을 충실히 계승하여 과학적 정밀방법을 바탕

76) 제3장 제1절 Ⅲ.2. 참조.

77) F.E. Manuel, *op. cit.*, p. 192.

으로 한 역사심리사학(histoire psychologique)을 확립하는 데 기여했다. 그는 특정한 시대나 시기의 인간 집단 속에서 생각할 수 있는 정신풍토(mentelité)와 의식(sensibilité)의 역사를 추구했다. 페브르는 《한 운명, 마르틴 루터》(*Un destin: Martin Luther*, 1928)와 《16세기 무신앙의 문제, 라블레의 종교》(*Le problème de l'incroyance au XVIe siècle: La religion de Rabelais*, 1942)에서 역시 한 천재적 인간의 심리분석을 통해 개인과 대중, 개인의 창의와 사회적 필요의 관련성을 추구했다. 그러나 그가 분석한 한 시대의 의식구조는 사상이나 신앙으로써 명백히 표명된 내용, 표현의 형식 등 의식적인 것에 국한되고 잠재의식의 심층에까지는 파내려가지 못했다.[78]

그러나 그가 남긴 가장 시사적인 공헌은 호이징하의 《중세의 가을》(*The Waning of Middle Age*)을 비판하는 가운데 한 시대의 정신풍토를 사랑이나 공포, 잔인, 폭력 따위의 개념만으로 표현해 낼 수 없다고 한 말이었다. 또 기아에 허덕이고 태양과 함께 자고 일어나고 추위와 더위에 시달리던 시대의 중세인들에게 20세기의 안락한 생활인에게만 맞는 심리모형들을 어떻게 적용할 수 있단 말인가? 페브르는 현대인에게 고대 이집트인의 무대의상을 입혀 논 듯한 파라오의 전기들을 조소했다.[79]

페브르의 문하생인 망드루(Robert Mandrou)는 최근 《17세기 프랑스의 재판관과 무당, 그 심리사적 분석》(*Magistrats et sorciers en France au XVIIe siècle: Une analyse de psychologie historique,* 1968)을 발표하고 무당들의 재판과정에 나타난 당대 지배층의 의식구조를 파헤쳐 주고 있다. 그러나 그 역시 심층심리분석에 이르지 못한 아쉬움을 남겨 주고 있다.[80]

프로이드 이전의 역사심리학의 하나로 우리는 또 영국의 내미어(Lewis B. Namier)를 들지 않을 수 없다. 지난 3세기 동안 역사가들은 모름지기 인간이 글로써 표현한 사상뿐만 아니라 그들의 숨은 속셈까지도 찾아내려 노력해 왔다. 역사적 인물들의 겉으로 나타난 행동의 기록뿐만 아니라 내면의 숨은 목적과 무의식적 감정까지도 추적하려 했던 것이다. 바로 이 같은 노력을 공식화한 사람이 현대 영국의 대표적인 보수주의 사가 내미어였다. 내미어는 정치가들이 내어 거는 표면상의 소위 정치 이념(political idea)과 그들의

---

78) *Ibid.*, p. 193

79) *Ibid.*, p. 194.

80) *Ibid.*, p. 195.

잠재적 감정(underlying emotion)을 음악(music ; 감정)에 대한 가사(libreto; 이념)에다 비유하고 있다. 가사 없는 음악은 있어도 음악이 없는 가사란 아무 것도 아니다. 이념에서 감정이란 알맹이가 빠지고 나면 '교의'(doctrine) 아니면 단순한 '문구'(cliché)로 퇴색하고 만다. 혁명의 열기가 가라앉은 뒤의 혁명적 구호는 곧 생기를 잃어 죽은 문구로 변하는 까닭도 그 때문이라는 것이다.[81)]

그러나 내미어의 《찰스 타운센드(Charles Townshend) 연구》(1964)에는 프로이드 심리학의 범주가 도입된 흔적이 엿보인다. 타운센드는 18세기의 조지 3세 때의 영국 재상으로서 미국 식민지에 대한 탄압책을 쓴 장본인이었다. 내미어에 따르면 타운센드가 쓴 탄압책의 심층에는 그가 소년시절에 겪은 무서운 아버지, 즉 엄부(嚴父)로부터의 억압과 반발이 숨어 있었다는 것이다.[82)]

프로이드는 그 자신이 데카르트(Descartes)의 유명한 '꿈'의 해석을 시도하는 한편 레오나르도 다 빈치(Leonardo da Vinci)라든지 도스토예프스키(Dostoevsky)와 같은 창조적 역사 인물에 대한 단편적인 심리분석을 시도한 바 있다.[83)] 그는 또 전술한 바와 같은 인류문명사 전체에 대한 거시적 심리분석을 시도하여 인류역사에 잠복해 있는 인간의 근본적 충동, '성과 죽음'(eros and death)의 영원한 갈등을 제시하였다. 이리하여 프로이드는 전쟁과 혁명을 인간의 공격본성의 발로라 보았으며 문명사회에 있어서 과도한 성적 억제에 대한 집단적 사회분출이라 풀이했다.[84)]

그러나 프로이드 심리학의 여러 개념을 이용한 본격적 연구는 제2차 세계대전후 미국의 정신병리학자 에릭슨(Erik Erickson)에 의해 이루어졌다. 1958년에 발표된 에릭슨의 《청년 루터 연구》(*Young Man Luther: A Study*, New York, Norton, 1958)와 《간디의 진실》(*Gandhi's Truth*, New York, Norton, 1969)은 현대 역사심리학의 성립에 획기적인 업적을 남겼다.

에릭슨의 루터 연구는 그의 정신병리학적 방법을 역사적 거인 루터의 내면에다 도입한 주목할만한 업적으로서 성장기 루터의 심리적 갈등을 통한

---

81) Namire, *Human Nature*, Varieties in History, p. 384.

82) A. Marwick, *op. cit.*, p. 268.

83) Sigmund Freud, *Brief an Maxim Leroy über einen Troum des Cartesius* (in Gesammelte Schriften, XII, Vienna, 1934, pp. 403~405); *Eine Kindheitscrinnerung des Leonardo da Vinci* (Leipzig, 1910) : *Dostojewski und die Vatertötung* (1928).

84) F.E. Manuel, *op. cit.*, p. 188.

인간 루터의 이해에 초점을 맞춘 이색적인 연구였다. 그는 젊은 루터가 아버지와 싸웠다는 점을 중시하고 두드러진 항문애적 성격(anality)과 평생 동안 버리지 못한 과도한 죄의식이란 루터의 정신병리가 종교개혁에 있어서 그가 연출한 영웅적 행동의 기본충동이었다는 것이다.[85]

인간심리의 기본충동의 하나가 공격본능이며 그 역사적 발현이 전쟁이다. 두 차례의 세계대전을 뼈저리게 체험한 현대인에게 전쟁은 하나의 큰 연구과제가 아닐 수 없다. 그러나 재래의 전쟁사 연구는 전쟁의 정치외교사적 측면과 전략적 평가 내지는 사회경제적 조건의 탐구에 집중되어 왔다. 이러한 전쟁사 연구의 벽을 깬 사람이 로렌츠(Konrad Lorenz)였다. 로렌츠와 그 문하생들은 인간 동물의 간악성을 강조하고 그것이 전쟁이나 대규모의 폭력사태를 일으키는 조건들을 밝혀냈다. 그들은 제1차 세계대전 전 수년간에 유럽 각국에서 벌어진 급속한 도시화 과정을 분석하고 이 시기의 대중잡지와 뮤직 홀, 음악, 대중 항의나 시위의 양식과 언어 등을 연구함으로써 그것이 '전쟁에의 의지'(will to war)와 어떻게 연관되는가를 밝혀냈다. 그들은 또 선전포고에 이르기까지의 정책 수립자들의 최종 결정과정을 분석하여 그 메카니즘을 연구하였으며 사회심리학의 도움을 빌어 대중 히스테리가 어떻게 주전론적(主戰論的) 애국주의와 관련되는가를 밝혀냈다.[86]

5. 문제점

현대 심리학은 종래의 역사학이 역사의 '외형적 문제'(appearance problem)에 집착했던 결함을 시정하는데 크게 기여하였을 뿐 아니라, 역사 연구의 장래에 새로운 방법(자료)과 분야를 제공해 주었다는 점에 있어서 큰 의의를 발견할 수 있다.[87]

첫째 역사심리학의 발전으로 종래 역사학이 전혀 도외시하여 온 새로운 자료가 역사 연구의 수단으로 추가되었다. 즉, 정신병에 관한 방대한 임상병력서(the clinical histories)를 새로운 타이프의 사료로 이용하게 된 것이다. 뿐만 아니라 사료가치의 전통적 위계질서를 붕괴시키고 말았다. 왜냐하면 모든 사실이 인간 감정과 사고의 표현이라고 한다면 국가의 공문서나 위대

85) A. Marwick, *op. cit.*, p. 143.
86) *Ibid.*, p. 144.
87) F.E. Manuel, *op. cit.*, p. 204.

한 철학적 명언 그리고 과학적 법칙이 지니고 있던 사료로서의 권위가 인간 경험에 관한 보다 내면적인 기록 앞에 자리를 양보하지 않을 수 없기 때문이다. 이리하여 이제는 더 이상 인간행동을 평범한 공리주의적 동기만으로 설명할 수 없게 된 것이다.88)

둘째 역사심리학은 유행과 의장, 성관계와 부부관계의 습관(sex and marital customs), 처벌(punishments), 표현형식 그 밖의 많은 새 분야를 역사 연구의 영역으로 만들어 주었다. 종래 이들 분야는 이른바 잡사학(la petite histoir)이라 하여 냉대 받아 왔었다. 일찍이 헤겔이 '영양사'(nutritive history)를 경멸하였지만 오늘날 경제사를 '노동자들의 역사'요, '소비유형의 역사'라고 하면서 경멸하는 사람이 있는가? '손과 위장'(hands and stomach)이 인간 역사의 한 몫을 차지하겠다는 요구를 거절할 수 없듯이 우리는 '치마와 저고리의 역사'란 잡사학의 입회원서를 쾌히 허가하여야 할 시점에 와 있는 것이다.89)

그러나 역사심리학을 받아들이는 데 있어 유의하여야 할 문제점이 있다. 첫째 프로이드의 개념에서 나타났듯이 심리학적 개념이 비역사적 성격을 띠기 쉽다는 것이다. 가령 에릭슨은 간디와 루터의 연구를 통해 역사적 천재의 공통된 속성으로서 다음과 같은 요소를 열거하였다. 즉, 재앙이 다가 오리라는데 대한 숨은 예감, 공공연한 반항을 불가능하게 만드는 아버지로 부터의 굴레(억압), 무거운 운명을 지도록 선택된 인간이라는 강한 자아의식, 그러면서도 약하고 겁쟁이이고 하찮은 인간이라는 열등감 등 섬세한 심리적 갈등이 그것이다. 그러나 이 같은 천재심리의 일반화는 인간 심리의 역사적 특수성과 변화에 대한 감각을 상실하게 할 위험을 안고 있으며 이러한 변화와 다양성에 대한 역사적 비교의 포기를 초래할 위험도 안고 있는 것이다.90)

둘째 역사심리학이 자칫하면 개인 심리분석에 치우친 나머지 그 사회적 구조와 맥락을 등한히 할 위험이 있다. 이런 의미에서 역사가는 개인심리학(individual psychology)보다 집단 또는 사회심리학(group or social psychology)에 많은 관심을 보여야 하리라 믿는 것이다.91)

---

88) *Ibid.*, p. 197.
89) *Ibid.*, pp. 209~210.
90) *Ibid.*, pp. 200~201.
91) A. Marwick, *op. cit.*, p. 142.

Ⅴ. 새로운 계량사학

1. 계량사학의 성립

현대 역사가들이 숫자, 통계, 계량에 관심을 갖기 시작한 것은 1930년대부터였다. 왜 그렇게 늦었는가 하면 그 때서야 오랫동안 불가능하다고 믿어왔던 소재를 계량화(quantify)하는 데 성공한 사회과학자들의 재주에 역사학자들이 크게 자극받았기 때문이다. 또 사회과학자들이 온갖 '설명 모형'을 이용하기 시작한 데에도 자극받았다. 이리하여 제2차 세계대전 후 유럽 특히 미국에서는 전자계산기의 상용화로 말미암아 통계적 방법에 대한 역사가들의 관심이 더욱 높아졌고 마침내 계량사학(quantitative history)이라는 새로운 스타일의 역사학이 탄생하기에 이른 것이다.

계량사학이란 마치 계량 경제학이라고 할 때처럼 역사학에 계량적 방법을 도입한 경우의 역사학을 가리키는 말이다. 그러므로 계량사학에는 특정한 분야가 있는 것이 아니며 역사 연구의 모든 분야, 이를테면 정치사 · 경제사 · 사상사 · 인구사 · 심리사 · 도시사 등의 모든 분야에 계량사학이 성립될 수 있는 것이다. 로니(K. Rowney)와 그래함 2세(J.Q. Graham Jr.)에 의하면

> 계량사학이란 무엇인가 하는 물음에 대답하기란 쉽지 않다. 왜냐하면 계량화(quantification)란 하나의 운동으로서 합의된 경계가 있는 것도 아니고 뚜렷한 형태가 있는 것도 아니기 때문이다. 계량화는 하나의 운동으로서 불만의 독립선언서나 성명서를 발표한 일도 없이 확대되고 있다. 더욱이 계량사가가 '젊은 세대'의 역사가로 이루어진 것도 아니요, 어떤 특수한 시대나 분야에만 공동의 관심을 가진 것도 아니다. 분석적 방법과 계량적 사료에 대한 그들의 공동관심이 그렇게도 이질적인 한 집단을 결합하는 유일한 유대가 된 것이다. 계량사학의 가장 공통된 의미는 여러 가지 유형의 현상 빈도를 계산하고 이로써 얻어진 양을 비교하는 방법이라는 점에 있다. 계량사학이 갖고 있을지도 모를 추가적 의미가 무엇이든 간에 아마 이 점이 역사가의 성미에 알 맞는 측면일 것이다. 다시 말하면 '대량사료(mass source)에 대한 계량분석'이 곧 계량사학이며 종래의 역사 연구는 반대로 '희소사료에 대한 정성분석(qualitative analysis)'이었다고 할 수 있다.

는 것이다.[92] 이처럼 계량사학은 역사학에 사회과학의 이론과 방법을 도입하는 운동의 일환으로 성립되었다. 1948년 미국의 한 교수는

> 미국사학은 지난 50년 동안의 사회과학의 급속한 발전에 놀라울 정도로 영향을 받지 않았으며 현대 산업사회의 제 문제를 연구하는데 아무런 도움도 주지 못하고 있다. 사회과학자들이 다루고 있는 경제 성장과 침체의 원인, 경쟁·독점·통제의 문제, 대도시의 사회문제, 고용의 새 유형, 기회수준의 변화, 그릇된 사회목적 설정, 가족관계의 변화 등 이른바 집단적 문제(group problem)의 급격한 대두에 미국사학뿐 아니라 유럽사학도 모두 외면하고 있다. 왜 이러한 사태가 일어났는가? 왜 수천 명의 학자가 참여하는 중요한 학문이 이토록 자기 문명의 물질적·정신적 문제를 외면하여야 하는가?

라고 말하면서 "종래의 미국사는 대통령 중심적 서술이었다"고 선언했다. 이 선언은 이어 역사학이 미국사회의 현실문제에 보다 깊은 관심을 가져야 하며 그러기 위해서는 사회과학과의 제휴가 꼭 필요하다고 역설하였던 것이다.[93]

이 논문은 계량사학의 성립에 큰 의의를 갖는 것이었다. 왜냐하면 이 말이 사회과학자의 요구가 아니라 역사가 자신의 요구를 드러냈기 때문이며 이 선언이 있은 뒤 계량사학이 본격적으로 발전하였던 것이다.

그러나 계량사학이 유행처럼 전후의 구미 사학계에 번져 가자 학자들간에 맹렬한 논쟁이 불붙기 시작하였다. 어떤 역사가는 계량사학을 '악마와의 간음'(whoring after false gods)이니[94] '매춘부를 모신 제단에 예배'하는 꼴이니 하는 심한 욕설을 퍼부었다.[95] 그러나 이러한 논쟁의 불꽃은 차츰 가라앉고 계량사학은 전후 역사학계의 한 혁명으로 공인되기에 이르렀다.

---

92) K. Rowney and J.Q. Graham Jr. (ed.), *Quantiative History*, Selective Readings in the Quantitative Analysis of Historical Data (The Dorsey Press, Homewood, Illinois, 1969), p. vii.

93) Thomas C. Cochran, *The "Presidential Synthesis" in American History*, Amer. Hist. Rev. Vol. LIII No.4, (1948) pp. 748~751 and *The Social Sciences and the Problem of Historical Synthesis*, The Social Sciences in Historical Study, Social Science Research Council (New York, 1954), pp. 157~171. recited from The Varieties of History, Fritz Stern (ed.), pp. 348~349.

94) W.O. Aydelotte, *Quantification in History*, A.H.R. 71 (1966), p. 803.

95) Carl Bridenbaugh, *The Great Mutation*, American Historical Review, LXVIII (Jan 1963), p. 326.

2. 숫자혁명

계량사학의 등장은 이를테면 역사학에 있어서의 숫자혁명(numeral revolution)이었다. 이 혁명의 기원을 따져 보면 전자계산기의 출현 이전으로 거슬러 올라간다. 즉, 1930년대 영국의 내미어 학파라든지 같은 시기의 프랑스 연보학파가 벌써 계량적 역사 연구에 착수하고 있었던 것이다.96)

웬만한 계량문제는 간단한 더하기, 빼기, 곱하기, 나누기 따위의 기초적인 산술로 연구할 수 있다. 그러나 연구자가 얻고자 하는 답과 사료의 실제상태와는 거리가 먼 경우가 많다. 그러므로 역사가들은 가령 경제사 분야에서 투입산출분석(投入産出分析, input-output analysis)이니 초기하분석(超幾何分析, hyper-geometric distribution)이니 하는 까다로운 계산방법을 쓰지 않을 수 없는 것이다.

그러나 모든 문제가 그런 것은 아니다. 가령 어느 시대의 여론조사를 한다고 가정하자. 옛날에는 그 시대의 특정인 몇 사람의 주장을 근거로 그때의 "대중은 그렇게 생각했다", "대다수가 그것을 좋아했다", "왕은 광범한 지지를 받았다"고 기술했지만 지금의 계량사가들은 그런 막연한 기술을 불신한다. 그들은 확실한 숫자의 제시를 요구하고 있는 것이다.

과연 "얼마나 많은 사람들이 그렇게 생각했나?", "그렇게 생각한 사람이 과연 전체의 몇 퍼센트나 되었느냐?", "어느 계층이 또 어느 지방의 사람들이 그렇게 생각했나?"를 정확히 숫자로 제시하지 않는 한 믿을 수 없다는 것이다. 옛날에는 약간 근거가 빈약하더라도 믿어 주었다. 그러나 지금은 확실한 수치의 제시 없이는 믿지 않는 시대가 된 것이다. 불신시대가 되어 그렇게 되었는가.

그러면 왜 이 같은 의심들을 품게 되었는가? 이것을 알기 위해서는 처음 내미어가 계량적 방법을 쓰기 시작한 동기를 생각하지 않을 수 없다. 즉, 내미어는 본시 보수적인 토리파 역사가였다. 그러므로 그의 역사 연구는 19세기의 영국 여론을 지배한 휘그파 역사관에 대한 깊은 회의에서 시작되고 있

96) 내미어 학파에 의한 역사 연구는 아직도 계속되고 있다. 예를 들어 스톤(Lawrence Stone)의 《귀족의 위기 1558~1641년》(*The Crisis of the Aristocracy* 1558~1641, 1965)나 펠링(Henry Pelling)의《1885~1910년간의 영국선거의 사회지리학》(*Social Geography of British Elections* 1885~1910)이 그것이다. 그러나 이들 연구는 계량적 방법을 보조수단으로 한 연구들로서 이미 고전이 되고 있다.

었다. 그는 영국사의 자유주의적 해석이 하나의 정치적 이데올로기로부터 온 편견이며 역사의 왜곡이라 믿었던 것이다. 그래서 그는 진보적 휘그파 역사관의 허구를 폭로하기 위하여 누구나 부정할 수 없는 숫자적 근거를 제시하려 한 것이다. 이리하여 오늘날 역사가가 아무런 숫자의 제시도 없이 "그것이 지배적인 여론이었다."고 주장한다면 그것은 자기 입장과 주장의 합리화에 지나지 않는 정치가들의 발언과 거의 다름없는 주장으로 간주되었던 것이다.97)

이같이 계량적 방법은 모든 역사적 판단에 숨어 있는 주관적·이데올로기적 요소를 일소하는데 도움을 주고 있다. "추단(guess)하지 마라. 계산(count)하라. 계산할 수 없을 때만 추단하라"는 클라크(G.K. Clark)의 주장이 곧 계량사학의 구호인 것이다.

계량적 방법은 첫째 사실 발견(finding)의 수단이 된다. 가령 팔머(R.R. Palmer)라는 미국사가는 그의 《대서양 혁명》(*Atlantic Revolution*)에서 프랑스 혁명 때의 망명 귀족(émigrés)과 미국혁명 때의 망명 귀족을 계산하고 비교했다. 프랑스 혁명이 일어났을 때 해외로 도주한 망명 귀족의 수는 엄청나게 많았다. 그러나 미국 독립전쟁 때 얼마나 많은 귀족들이 도망갔을까? 미국 독립전쟁 때는 소수의 귀족을 빼고는 모두 일치 단결해서 영국군과 싸웠다는 것이 미국을 사랑하라는 국민주의적 이데올로기의 요구였고 또 실제 그렇게 믿어 왔다. 그러나 팔머의 연구는 이 같은 '허구'를 무너뜨렸다. 그에 의하면 그렇게 많았다는 프랑스혁명 때보다 미국혁명 때의 망명 귀족이 그 (전체 인구에 대한) 비율에 있어서 더 컸다는 것이다.

팔머의 계산 정도라면 나누기만 하면 간단히 알아낼 수 있고, 연필과 종이만 있으면 된다. 그러나 전자계산기가 등장함으로써 사정은 달라졌다. 전자계산기는 이전에 몇 세대에 걸쳐 계산해야 할 자료들을 불과 몇 시간 만에 거뜬히 처리해 버린다. 스멜서(Marshall Smelser)와 대비슨(William Davisson)은 전자계산기의 이점을

> 첫째 전자계산기는 불과 몇 분 만에 방대한 양의 자료를 처리한다. 둘째 자료를 계산기에 넣어 처리하려면 역사가는 정확한 질문사항을 만들어야 하기 때문에 문제제기를 정밀하게 만들어 준다.

97) A. Marwick, *op. cit.*, p. 153.

라고 말하고 있다.[98]

계량적 방법은 비단 사실 발견의 도구일 뿐 아니라 새로운 가설이나 유형을 세우는 수단으로도 이용된다. 스톤에 의하면

> 통계학적 연구는 개인행동의 혼돈 속에서 세계적인 유형을 찾아내고 무엇이 전형적인 표본인가를 과학적으로 발견하는 유일한 수단이다. 이러한 연구 방법을 쓰지 않는다면 현저한 그리고 문헌적으로 명백한 몇 가지 사례만 가지고 사회적 현상을 조잡하고 애매하게 일반화하게 될 것이다.

라는 것이다.[99]

그 밖에도 계량적 방법은 기존 가설을 검토하고 수정하는 데 이용될 뿐 아니라 어떤 문제를 연구할 것인가에 대해서 지시를 받을 수 있다.[100] 즉, 계량적 방법의 이점은 첫째 어떤 문제가 연구대상으로서 가치 있는 것인가를 지시해 준다. 또 기왕에 연구된 문제를 재검토하거나 반대로 더 명확히 증명하는 데 도움을 준다.

둘째로 계량적 분석은 기존 가설을 실험하는 체계적 수단이 된다. 계량적 분석은 본래의 가설의 어느 부분에 결함이 있는가를 지적해 주고 정성 분석적 방법이 따를 수 없는 권위와 정밀도를 갖고 가설에서부터의 이탈을 기록해 준다.

셋째로 새로운 가설을 구성하는데 강력한 자극을 준다. 즉, 변칙적 현상이 일어나 연구자가 본래의 가설에 맞지 않는 사례를 발견하면 그것이 왜 예외적인가를 추구하고 자료의 재배열로 새로운 가설을 생각한다.

예전에는 가설이나 개념을 정립한다고 할 때 역사가의 직관적인 인상을 근거로 삼았는데 지금은 확실한 계산에 의하여 개념을 정립하고 있다. 이처럼 오늘날 사회과학자들은 웨버가 한 것과 같은 '대륙적인 구식개념'(old-style continental concept)의 정립방식을 버리고 '미국식의 새로운 계량화'(new style american quantification)를 시도하고 있는 것이다.[101]

---

98) *Historian and The Computer*: A Simple Introduction to Complex Computation in Essay Institute Historical Studies, CIV, 2(1968), pp. 111ff.

99) Lawrence Stone, *The Crisis of the Aristocracy, 1558~1641* (1965), pp. 3~4.

100) W.O. Aydelotte, *Quantification in History*, R.W. Winks, Addison-Wesley Series in History(ed.)

101) R.M. Hartwell & Robert Higgs, *Good Old Economic History*, A.H.R. 79,2

3. 연구 성과

아무리 계량사학이 비약적인 발전을 보이고 있다고 하더라도 계량사학자들이 바라는 대로 당장 역사학이 과학으로 둔갑하는 것은 아니다. 아직도 그것은 '원시과학의 번데기 단계'(the chrysalid stage)에 있다고 할 것이며 그들이 다루고 있는 문제 역시 '촌스러운 문제들'(homespun issues)에 지나지 않는 것이다.[102]

이처럼 계량사학에는 아직도 많은 이론적·방법론적인 문제점이 남아 있다. 그러나 무엇보다도 유의하여야 할 점은 계량사학자들이 인간 사회를 자연현상처럼 무엇이든지 계량화할 수 있다는 사고에 있다. 숫자를 의도적으로 속이는 후진국의 실상은 논외로 하고서라도 현대인이 갖는 '수치에 대한 매혹'에 대해 우리는 다시 한번 반성해 볼 필요가 있는 것이다. 숫자만 대면 꼼짝 못하는 버릇이 바로 그것이다.

1870년대 이후 영국과 미국에서는 공업생산량의 증대로 인한 '탱크 1백만대 생산' 등으로 상징되는 부와 생산에 대한 통계가 판을 치게 되고 '다수의 위대성'을 신봉하는 사상이 지배하기 시작했다. 재산이나 인원이 단순히 '많다'는 사실만 가지고 성장과 증대를 촉진하는 힘이 된다는 것은 일종의 미신이라 할 수 있다.

인간에게는 덮어놓고 수의 증가로 기뻐하는 버릇이 있다. 이리하여 '과학의 언어'라 할 '수'는 모든 대상을 '수량화'하는 현대 과학의 경향 속에서 신비로운 '성상(聖像)'의 힘을 발휘하고 있는 것이다. 수는 부처요 예수요 마리아인 것이다. '수'는 포괄적이며 압축된 '이미지'의 효과를 갖고 있는 것이다. 그러나 그것은 아무 실체도 없는 숫자에 지나지 않는다.

또한 계량사학에는 아직도 해결하여야 할 기술적인 문제가 많다. 그 중 가장 큰 문제가 사료의 문제다. 왜냐하면 계량적 방법을 쓰기 위해서는 우선 대량사료(mass source or mass materials)가 있어야 한다. 시대를 소급할수록 사료는 희귀해지기 마련이다. 다행히 영국 중세사에는 <촌락기록부>(Hundred Rolls)나 <사망자명부>(Inquisitions post Mortem)같은 대량사료가 있다. 그러나 그렇지 못한 경우 죽은 고인의 무덤을 파서 일일이 인

(1971, April) p. 467.

102) Louis Minsk, *The Autonomy of Historical Understanding*, History and Theory (1966), p. 29.

터뷰를 시도할 수도 없는 노릇이다. 이 같은 사료상의 난점은 계량사가들 스스로가 자인하고 있는 터다. 즉, '유용한 사료의 양'이 표준적인 통계처리에 필요한 최소한도에 미달할 경우가 너무 많은 것이다.[103)]

사료가 풍부하다고 하더라도 사료에 일관성이 없고 신빙성도 희박한 경우가 있다. 또 그 방대한 자료를 정확히 기록하기란 해보지 않은 사람이면 그 어려움을 모른다. 누구에게나 오류 성향이 있고 잘못 관찰하는 습성도 있다. 뿐만 아니라 분류학상의 난제가 있다. 일정한 사료군을 분류하는 데에는 허다한 방법이 있다. 또 가장 유용한 범주를 선정하는 데에는 경험과 기술이 요청된다. 정확하고 분명한 카테고리를 설정하기도 힘든 일이지만 사회사에 관한 현행 용어가 매우 애매하고 많은 관용어를 그대로 이용하기 어렵다는 난제도 있다. 그 대표적인 예가 프랑스 혁명기의 귀족과 부르조아계급의 투쟁설이다.[104)]

프랑스 혁명기의 '귀족'이니 '부르조아'니 하는 인습적인 범주를 그대로 사용하다가는 아무리 정확하게 계산해낸다 하더라도 무의미하다. 즉, 계량적 방법이라 해서 모조리 정확한 것은 아니다. 원가설(原假說, original assumption)이 부정확하다든지 분류가 처음부터 무가치하다고 할 때 계산도 부정확하고 무가치한 것이 되고 만다.

더욱이 역사학의 소위 사료는 매우 제한되어 있어 현대적인 제 문제를 연구하는 사람에 비해 유용하고 효과적인 집단 또는 인구의 표본을 얻기 힘들다. 최근의 영국 의회구성을 연구하는 경우와 유스티니아누스 대제 때의 군대구성을 연구하는 경우를 비교해 보라.[105)] 사료의 제약이 너무나 달라 비교할 수 없는 것이 된다.

프랑스 혁명 당시의 과격파 자코뱅을 연구한 브린튼(Crane Brinton)의 경우도 자코뱅 클럽의 회원명부가 불완전하다. 즉, 어떤 회원은 그 직업이 전혀 기입되어 있지 않았고 또 다른 회원은 아주 애매하게 기입되어 있었다는 점을 스스로 자인하고 있다.[106)] 1970년에 발표된 브린튼의 자코뱅 클럽 연구는 계량연구의 선구적 논문의 하나인데 자코뱅은 완전한 프랑스 사회의 종

---

103) R.W. Fogel, *The New Economic History, its Findings and Methods*, in Quantitative History, p. 331.

104) W.O. Aydelotte, *op. cit.*, p. 9.

105) W.O. Aydelotte, *ibid.*, p. 10.

106) Clarence Crane Brinton, *The Jacobins: An Essay in the New History* (New York, 1930), pp. 70~72, recit. from Aydelotte, *op. cit.*, p. 6.

단면이었다. "1794년의 자코뱅은 계급이 아니었으며 그들의 적수인 귀족도 계급이 아니었다. 공포정치는 계급투쟁의 일면이 아니라 도리어 내란이나 종교전쟁의 일면을 가지고 있었다"는 결론을 얻었다.

공포 정치의 희생자에 대한 계량적 분석을 시도한 그리어(Donald Greer)도 "공포 정치로 희생된 피살자의 총계를 내기가 불가능하다"고 실토하고 있다.[107] 그리어는 공포정치의 희생자 중 70%가 하층계급이었고 상층은 불과 30%에 불과하였다는 사실을 밝혀내고 공포정치는 계급간의 전쟁(inter-class war)이 아니라 계급내의 전쟁(intra-class war)이라 주장하였다.

분류의 방법은 곧 가설의 문제와 직결되기 때문에 연구자의 가설 설정 여하에 따라 분류도 달라지고 따라서 결론도 달라질 수 있는 것이다. 벤슨(Lee Benson)은 비어드(Charles Beard)의 미국헌정사 연구를 논평하는 가운데 "우리는 사회집단을 분류하는 데 있어서 단지 경제적 이해관계뿐만 아니라 그들의 가치관이나 신념, 심볼, 소속감의 차이 등에 이르기까지 분류의 기준으로 삼기에 이르렀다."고 말했다.[108]

그러나 사료가 풍부할 때도 그렇지만 사료가 빈곤할 때가 더 어렵다. 전술한 바와 같이 시대가 오랠수록 사료가 엉성하기 마련이다. 사료의 부족에는 상상과 유추를 적용할 수밖에 없다. 상상과 유추에도 한계가 있으니 이 문제는 결국 해결할 수 없는 문제이다. 계량사학은 이 점에 이르러 심각한 딜레마에 빠진다. 그러나 그들은 사료의 부족을 메울 수 있는 길이 있다고 주장한다. 즉, 증거가 데려다 주는 곳을 넘어서 이 방법을 사용하는 길밖에 없다는 것이다. "만일 계산할 수 없다면 그 지식은 불완전하다"가 아니라 "계산할 수 없다면 어떻게든지 계산하라"(If you cannot measure, measure anyhow)[109]는 것이다.

사료가 풍부하면 보통 단순통계방법으로도 충분하다. 그러나 사료가 빈약할수록 보다 복잡한 통계방법을 구사해야 한다. 즉, 사료의 제약을 넘어서기 위해서는 자료의 유용화에 적합한 방법을 찾아내고 고안하는 연구자의 능력이 필요하다.[110] 이 같은 능력을 얻기 위하여 계량사가는 폭넓은 훈련을 받

---

107) Donald Greer, *The Incidence of the Terror during the French Revolution; A Statistical Interpretation* (Camb., Mass., 1935), pp. 97~98, and Aydelotte, *ibid.*, p. 6.

108) W.O. Aydelotte, *ibid.*, p. 11.

109) W.O. Aydelotte, *ibid.*, p. 12.

110) Douglas C. North, *Economic History*, in International Encyclopedia of Social

아야 한다. 古典에서 심리학, 수학, 통계학에 이르는 이른바 학제 교류적 소양과 작업에 익숙해야 한다는 것이다.[111]

계량화의 반대론자들은 방법이나 자료에 있어서의 역사학의 자원이 이미 고정되어 의심할 여지가 없다고 주장한다. 이 견해에 따르면 젊은 도제 역사가의 과제는 노련한 선배 역사가가 이미 닦아놓은 길을 따라 가는 수밖에 없다. 이러한 습성은 분명 역사 연구의 발전을 저해한다. 왜냐하면 역사가의 임무는 그가 중요하다고 생각하고 흥미 있다고 보는 과거의 인류에 관한 무엇을 발견하는데 있으며 정보 자료가 있는 한 무엇이든지 발견해야 하기 때문이다.[112] 따라서 계량주의 역사가들에 의하면 모든 주제가 계량화되기 어렵다고 생각하는 것은 잘못이라는 것이다. 계량적 연구에 적합한 사료는 허다하다. 예컨대 인구 통계자료라든지 과세기록과 같은 대기록창고가 아직 이용되어 있지 않고 또 의회의 투표기록, 저명인사의 집단전기 등도 그대로 방치되어 있다. 그 밖에도 선거구민의 경제적·인구론적 성격 규명을 위한 자료가 많다.[113] 즉, 계량사가는 지난 수십 년 동안 현대 관료기구나 입법기관, 경제기업 또 최근에는 선거관리 기구가 남긴 방대한 통계자료를 이용할 수 있다.[114]

더욱이 종래 계량할 수 없다고 판단되어 온 것은 방법을 바꾸면 계량화가 가능하다는 사실을 강조한다. 예컨대 "한니발은 얼마나 위대한가?"를 측정할 수 있다고 한다. 즉, 어떤 성질(quality)이나 상황(circumstance)의 정도에 관한 논쟁은 결코 합리적인 정확성이나 확실성에 도달할 수 없다.[115] 그러나 설혹 위대성을 측정할 수 없다손 치더라도 그에 대한 여론은 계산해 낼 수 있다는 것이다.

종래 계산해 낼 수 없다고 보던 문제를 계산해낸 대표적 예는 남북전쟁 당시 남부의 노예제도가 왜 무너졌는가 하는 문제에 대한 콘라드(Alfred H. Conrad)와 메이어(John R. Meyer)의 연구였다.[116] 즉, 그들은 남부에서의 노

Sciences, Vol. 6. p. 468.

111) A.G. Bouge, *op. cit.*, p. 119.

112) W.O. Aydelotte, *op. cit.*, pp. vi ~ vii.

113) *Ibid.*, p. 13.

114) *Ibid.*, p. viii.

115) David Hume, *Dialogues Concerning Natural Religion* (London, 1779), Pt. XII. recit. from *ibid.*, p. 13.

116) Alfred H. Conrad and John R. Meyer, *The Economics of Slavery and Other*

예제의 수익성과 노예 노동시장의 효율성을 분석한 결과 종래의 정설, 즉 노예제도의 비능률성, 노예 노동력의 유지 불가능성 때문에 노예제가 무너졌다는 설을 부정하고 노예제는 당시 남부의 전 지역에서 수익성이 높았으며 일부지역에서의 노예 양식업이 성행한 것을 보더라도 노예노동에 대한 부단한 수요와 수익이 보장되어 있었다는 사실을 알 수 있다는 것이다.[117]

한편 매코미크(McCormick)의 연구는 또 선거민의 경제적 지위(부자냐 빈자냐)에 따른 정치적 선택의 차를 규명하는 데 성공하였다.[118]

이리하여 에이들로트에 의하면 역사적 정보의 복잡성과 제한성은 비단 계량화적 방법에만 장애가 되고 있는 것이 아니다. 따라서 정보의 제약은 연구방법의 문제와 전혀 별개의 문제라는 것이다. 계량적 일반화에 대한 여러 가지 장애는 비계량적 일반화에도 똑같이 장애가 된다. 통계학적 방법으로서도 안 되는 것은 통계학적 방법 없이도 안 된다. 따라서 자료에 내재된 원천적 결함은 방법으로 극복할 수 없다는 것이다. 그러나 그렇다고 해서 사료가 의심스럽다든지 사실이 불완전할 때 주관적·인상주의적 연구가 이 자료의 결함을 극복할 수 없는 것이다.

계량사학자들의 주장에 따르면 사료의 제약을 커버하는데 있어 경제이론이 이용될 때가 있다고 한다. 그 가장 좋은 예가 다비드(Paul David)의 수학기 연구다.[119]

계량사학의 함정 가운데 이론의 도입처럼 위험한 문제는 없다. 최근 많은 역사가들이 사회과학의 제 개념에 호의를 보이게 되었다. 그들은 사회과학의 여러 곳에서 개념을 찾아내고 있다. 20년 전만 하더라도 웨버니 뒤르켐이니 프로이드, 슘페터 그리고 케인즈와 같은 학자의 이름이 역사가의 인명사전에 없었는데 지금은 이들이 역사가라면 꼭 읽어야 할 '주식(主食)'과 같은 독서목록이 되어가고 있다. 이리하여 사소한 특수 연구 논문보다 그 쪽

Studies in Economic History (Chicago, 1964), pp. 66, 82.

117) *Ibid.*, p. 14.

118) R.P. McCormick, *Suffrage Classes and Party Alignments: A Study in Voter Behavior*, Mississippi Valley Historical Review, XLVI (Dec., 1959), pp. 298~403. recit. from Aydelotte, *op. cit.*, p. 14.

119) Paul David, *The Mechanization of Reaping in the Ante-Bellum Midwest, Industrialization in Two System*: Essays in Honor of Alexander Gerschenkron, Henry Rosovsky(ed.)(New York, 1966) pp. 28~29 recit. from Aydelotte, *op. cit.*, p. 331.

이 더 중요한 읽을거리라 인식되고 사회과학으로부터의 개념차용이 당연한 정도인양 생각하기에 이르렀다.

그러나 사회과학에서 제기되고 있는 개념이나 가설이 항상 유동적이란 사실을 잊어서는 안 된다. 즉, 역사가들이 이들 사회과학에서 정립된 기존개념을 성급하고 무분별하게 또 약간은 체계 없이 차입하여 올 때 그 결과는 상당히 난처하게 된다. 왜냐하면 역사가들이 애정을 고백한 사회과학의 '최신' 개념들은 사실에 있어 이미 낡은 것이거나 사회과학자 자신도 그 순수성을 의심하고 있는 것, 또는 지금은 학계에서 완전히 귀양가버린 것이라는 경우가 적지 않기 때문이다.

사실 역사가들은 자신의 필요에서 사회학적 개념의 어느 것을 선택적으로 끌어내기보다 사회과학의 전체 내용에 대한 충분한 이해도 없이 습관적으로 또 단편적으로 이 개념 저 개념을 차용하다가 수중의 사료에 맞추어 보고, 거기서 얻을 수 있는 쓸모 있는 것은 취하고 자기의 연구 목적에 부적합한 것은 버리는 그런 일들을 하고 있다.[120]

어떻든 이 같은 사회과학지향 역사가들의 이집트인적 선택과 약탈로 말미암아 지난 몇 십년 사이에 역사학에 미증유의 개념적 풍요를 가져다주었다. 50년 전만 하더라도 역사가들의 개념이나 용어는 소박하고 빈약하기 짝이 없었으나 오늘날 역사가들이 구사하는 개념이나 언어는 어느 때보다도 다양하고 세련된 것으로서 역사가로 하여금 좁은 전문화의 영역에서 광범한 '학제교류'의 분야로 그 시야를 넓혀주는 데 크게 기여하고 있다.[121]

4. 문제점

계량사학은 정치사나 경제사 이외에도 인구사나 사회사 분야에 도입되었다. 지역적으로는 미국사나 유럽사 뿐 아니라 아시아, 아프리카, 남미 등 이른바 이국적 지역(exotic area)에까지 미쳤고 시대적으로는 고대 로마나 중세 이탈리아에 이르는 전 근대사에 관해서도 계량연구가 시도되었다.[122]

우리나라에서는 이미 김용섭 교수의 노작 《양안의 연구》가 나와 있는데 김 교수는 여기서 조선시대 농업경제에 관한 대담한 통계연구를 시도하고

120) J.H. Hexter, *op. cit.*, p. 13.

121) *Ibid.*, p. 14.

122) D.S. Landes and C. Tilly, *op. cit.*, pp. 48 ff.

있다.[123] 또한 와그너(Edward W. Wagner)와 송준호 두 교수에 의한 조선 봉건 elite 집단에 관한 통계연구가 시도되어 화제를 모았다. 그 밖에도 최근에는 조선시대 양반에 관한 통계연구가 활발히 진행되고 있다. 이처럼 계량연구가 각 분야, 각 시대, 각 지역으로 번져가고 있지만 계량사학을 둘러싼 방법논쟁은 끊이지 않고 있다.

첫째 계량적 방법을 전면 거부할 수도 없지만 반대로 그것을 역사연구의 혁명과 새 방법이라 고집하고 모든 전통적 연구방법에 대체되어야 한다는 주장도 나와 있다. 물론 받아들일 수 없는 견해이다. 반대론자 헥스터나 휴즈(Hughes)도 그러하지만 대변자의 한 사람인 에이들로트도 이 점에 관해 전술한 벤슨과 같은 극단론을 조심스럽게 반대하고 있다. 에이들로트는 계량적 방법은 "모든 병, 모든 문제의 해결을 보장해 주는 특허약", 즉 만병통치약이라 믿지 않으며 "제한된 역사 문제에만 적용될 수 있는 보조적 도구"에 불과하다고 주장한다. 따라서 그것이 '주요 역사문제에 대한 궁극적이고 최종적인 해답'이라 보지 않는다. 이런 점에서 그는 "계량적 방법의 가치가 단지 계산의 정확성이나 방법의 복잡성에 있지 않고 연구대상인 문제의 의미와 지혜에 달려있다"고 자인한다.[124]

헥스터가 누누히 지적하고 있듯이 방법만 좋다고 해서, 다시 말하면 컴퓨터를 사용했다고 해서 덮어놓고 그 역사 연구가 좋은 연구가 되는 것이 아니다. 전혀 문제가 되지 않거나 문제성이 적은 주제에다 과학적인 방법을 적용했다고 한다면 정력의 소비만 있을 뿐이다.[125] 따라서 에이들로트의 말대로 모든 역사가를 계량사가와 비계량사가로 양분하는 것은 마치 역사가를 컴퓨터를 가진 역사가와 갖지 못한 역사가로 나누는 것과 마찬가지이다.[126] 이런 뜻에서 방법, 즉 전자계산기의 배후에는 반드시 그것을 조작하는 인간의 두뇌가 있다는 사실을 알아야 할 것이다. 같은 자료라 하더라도 계산기에다 그것을 어떻게 입력하느냐에 따라 나오는 숫자나 결론이 다른 법이다.

이렇게 본다면 사회과학의 공식적 방법보다 그 실제의 연구 성과나 지적 의미, 그리고 전망이 더 중요하다. 다시 말하면 낡은 문제에 대한 새로운 방

---

123) 김용섭, 朝鮮後期農業史硏究(農村經濟, 社會變動)(農家變動 · 農學思潮)近代朝鮮農業史硏究 (一潮閣, 1970, 71, 75) 참조.

124) W.O. Aydelotte, *Quantification in History*, 3. p. 345.

125) J.H. Hexter, *op. cit.*, p. 18.

126) W.O. Aydelotte, *op. cit.*, p. 36.

법의 적용 능력보다 새로운 문제를 제기할 수 있는 능력이 더 중요한 문제라 하겠다.[127] 노련한 전통사가와 노련한 계량사가의 차는 종이 한 장의 차며 정상인과 정신박약자간의 차만치 크지는 않는 것이다.[128]

따라서 우리는 사회과학의 보다 엄밀한 방법을 받아들이면서도 역사학 본래의 문학적 전통에서 도출되는 부정확한 설명적 묘사(explanation sketches)를 결코 버릴 수 없는 것이다. 만일 전통적인 문학적 방법을 비과학적이라 하여 버린다면 역사 연구가 가지고 있던 신축성(flexibility)을 상실하고 역사학을 더욱 더 좁은 골목으로 몰아갈 것이다.[129]

그러나 반면 한정적이긴 하지만 역사 연구의 어떤 분야에서는 계량화가 아주 유용하며 장기적인 안목으로 볼 때 새로운 지평을 열어 줄 것이며 중요한 이론적 방향을 제시하여 줄 것이다.[130]

둘째로 분석은 종합과 일반화를 전제로 하는 것이기 때문에 분석(방법)과 종합(이론)을 분리시켜 생각할 수 없다. 역사학에 있어서의 모델이나 일반화를 단순한 발견적 장치나 설명적 편의로 보든, 실재적 법칙으로 보든 역사가는 단순한 사실 진술(factual statement)에 만족하지 않고 일반화적 진술(general statement)을 시도하여야 할 것이다.

역사학에 어떤 형식적 방법(formal method)이 없고 독자적 이론도 없는 이상 새로운 방법의 도입은 불가피하다. 따라서 다른 분야로부터의 방법과 이론을 차용하는 지혜가 필요하다. 그러나 무분별한 도입보다 도입 가능한 개념을 신중히 검토한 뒤 도입하여야 할 것이다.[131] 즉, 사회과학 특히 행동과학에서 추구하고 있는 인간행동의 일반원리는 본질상 초역사적 일반화(trans-historical generalization)이므로 어떤 역사적 특수사건을 밝히기 위한 역사적 일반화와는 구별되어야 할 것이다.[132]

또 거대한 형이상학적 도식화(metaphysical schematization)를 받아들일 수 없다고 치더라도 웨버의 이상형과 같은 중간 수준의 일반화(middle level generalization) 또는 중간형 이론을 도입한다고 할 때 가령 리스맨(David

127) Hofstadter, *Anti-intellectualism in American Life*, p. 364.
128) W.O. Aydelotte, *op. cit.*, p. 37.
129) H.S. Hughes, *The Historian*, p. 31.
130) W.O. Aydelotte, *op. cit.*, p. 35.
131) H.S. Hughes, *The Historian*, p. 33.
132) Hofstadter, *op. cit.*, p. 366.

Riesman)의 유명한 전통지향, 자기지향, 타인지향형의 개념 그리고 아도르노(Theodore Adorno)의 관료형 인간(authoritarian personality) 따위의 개념을 받아들이는 것을 숙고해 보아야 할 것이다. 이들 개념은 모두 프로이드 심리학으로부터 도입된 대담한 사회심리학적 개념이요, 동시에 봉건제, 자본주의, 사회주의와 같은 마르크스적 3단계설이나 공동사회와 이익사회와 같은 퇴니스(Tönnies)의 발전 모델에도 관심을 두어야 할 것이다. 환언하면 전통사회(traditional society)는 곧 전통지향형(tradition-directed)이며 시민사회(bourgeois society)는 자기지향형(inner-directed) 인간에게 적합한 개념이다. 또 산업사회(industrial society)는 타인지향형 인간(other-directed)과 상통하는 것이니 이들 개념은 이미 역사적 개념인 것이다. 그래서 우리는 이들 개념을 이미 차용하고 있는 실정이다.[133]

또 일반화를 경향(trend)이라 부르든 또는 가설(hypothesis) 또는 유형(classification or pattern)이라 부르든 그것을 숫자로 증명할 수 있는가 하는 문제가 있다. 통계학적 도표가 이론이나 가설에 대한 궁극적 증명이 될 수도 없으며 또 수학 그 자체가 일반화일 수 없으므로 결국 숫자의 해석이라는 주관적 절차를 거친 진술(statement)적 표현방법을 배제할 수 없다.

셋째로 계량사학의 성립에 큰 영향을 준 이른바 행동주의에 대한 비판 문제이다. 이스턴(David Eastern)은 1969년에 이미 '탈 행동주의혁명'(post-behavioral revolution)을 제창하여 행동과학을 신랄하게 비판하였다.[134] 즉, 그에 의하면 ① 본질(substance)이 기술(technique)을 우선해야 한다. 만일 하나(본질)가 부득이 다른 하나(기술)를 위해 희생되어야 한다면 무관련적 정확보다 현실적으로 사회문제와 관련적인 것이 더 우위에 서야 한다고 보았다.

② 행동과학은 경험적 보수주의의 이데올로기를 은폐한다. 연구를 사실의 서술과 분석에만 배타적으로 제한하는 것은 사실을 보다 넓은 문맥에서 이해하지 못하도록 막는 것이다. 그 결과 경험적 정치과학은 연구대상인 사실적 조건 바로 그 자체의 현상유지를 지지하도록 만든다. 이것은 무의식중에 사회적 보수주의를 제공하게 되는 것이다.

③ 행동주의적 연구는 현실과의 접촉을 끊어 버린다. 행동주의적 연구의 핵심은 추상과 분석인데 이것은 야성적인 정치현실을 은폐하는데 도움을 준

133) H.S. Hughes, *The Historian*, p. 40ff.
134) David Eastern, *The New Revolution in Political Science*, American Political Science Review, Vol. LXIII No.4. (1969), p. 1062.

다. 탈 행동주의의 과업은 행동주의적 언어가 필연적으로 창조하는 침묵의 장벽을 부수고 정치과학을 위기에 처한 인류의 참다운 요구에 부응하도록 하는 데 있다.

이 밖에도 이스턴 교수는 가치와 실천의 문제를 들어 행동과학을 비판한다. 이처럼 계량적 방법을 받아들이는 데 있어서도 많은 문제점이 있다. 이론적인 문제도 그렇지만 연구의 실제문제가 더 중요하다. 에이들로트가 노련한 계량사가와 비계량사가의 차를 종이 한 장의 차라 자인했을 때 역사학에는 역사학 특유의 문제와 방법, 한계와 가능성을 갖는다는 호프스테터(Hofstadter)의 반론과 과연 얼마나 다르단 말인가. 그 차이는 참으로 종이 한 장의 차이라 할 것이다. 그러나 메이트랜드(F.W. Maitland)가 일찍이 갈파했듯이 역사학에 정통은 없는 것이다. 따라서 이단도 없는 것이다. 결국 문제는 계량사학을 받아들이되 다만 어떻게 받아들이느냐에 달려 있는 것이다.

Ⅵ. 새로운 경제사

1. 역사학과 경제학

역사학과 경제학의 관계는 문학과 역사학만치나 가까웠고 지금도 또 가깝다. 오늘날 대부분의 역사가들이 경제학에 대한 기본지식을 필수적이라 믿고 있는 까닭도 그 때문이다.

경제학이 도덕철학으로부터 떨어져 나온 것은 겨우 100여년 전의 일이었다. 아담 스미스의 《국부론》(*The Wealth of Nation*, 1776)만 하더라도 경제학보다 경제사에 더 가까운 성질의 것이었다. 19세기에 이르러 영국 경제학은 급격히 이론화되었으나 후진국인 독일의 경제학은 역사적 연구에 치중하는 경제학, 즉 경제사였다. 더욱이 인간의 행위를 다루면서 은근히 인간행동의 지침이 되려는 충동을 감추지 않았었다. 또 경제학이 다루는 대상이 아주 천하고 속된 사실들의 이야기였기 때문에 경제학자라면 인문과학자들 눈으로 볼 때 마치 '장사치들'처럼 보인 때가 있었다.[135]

그러나 그러던 경제학에도 햇빛이 들기 시작하였으니 경제문제가 현대 사

---

135) A. Marwick, *op. cit.*, p. 146.

회 최대의 문제로 각광을 받게 되어 경제학은 사회과학의 꽃으로 등장하였다. 최근에는 거대한 국가예산의 편성을 비롯한 큼직한 국정문제들을 처리하는 데 있어서 없어서는 아니 될 정책과학의 대종으로 떠올랐다.

더욱이 경제학은 국제사회에서도 큰 몫을 차지하여 바야흐로 세계는 경제전쟁 상태로 변하고 이 전쟁에 지면 미국이란 초제국은 멸망하는 것으로 운명지어지게 되었다. 그러나 미국은 현재 우수한 경제학자들을 고용하여 세계경제를 지배하고 있다. 이러한 상황이므로 경제사를 무시하고 현대사를 논할 수 없다.

경제학은 오늘날 숫자에 의존하는 매우 까다로운 수리 또는 계량 경제학으로 변모하였다. 그러기 때문에 경제학은 왕년의 경제학과 달라 역사가로서는 좀처럼 접근하기 어려운 학문, 가깝고도 먼 학문이 되고 말았다.

경제사학 역시 경제학의 이 같은 변신에 영향을 받아 최근 급격히 계량화되어 가고 있어 자연히 역사학보다 경제학을 전공하는 사람들이 경제사를 연구하게 되었다. 영국 경제사가 코트(W.H.B. Court)가 말했듯이 "경제사를 충분히 알기 위해서는 경제학의 지식이 꼭 필요한 역사분야"가 된 것이다. 그러므로 경제사가 역사학의 많은 분과 가운데 가장 중요한 영역임에도 불구하고 역사학보다 오히려 경제학의 시녀 역을 맡는 이상현상을 보여 주고 있는 것이다. 그래서 경제학의 방법과 개념을 역사학에 도입하는데 전념하는 경제사 논문을 보면 일반사가의 눈에 매우 생소한 느낌을 주고 있다.[136)]

그러나 학문적으로 볼 때 경제사란 역사의 일면 또는 한 분야를 의도적으로 깊이 연구한 것에 지나지 않으므로 그 연구 성과는 마땅히 역사학에 등록되어 활용되어야 할 것이다. 그 가장 비근한 예는 통계숫자의 활용이다. 예컨대 1929년의 대공황, 뉴딜 정책, 1945년 이후의 세계무역구조 등을 설명하는 데에 반드시 통계의 도움을 받아야 이해가 된다.[137)]

2. 경제사의 새로운 방법

그러면 경제사 연구는 최근 어떻게 변화하고 있는 것일까? 종래의 경제사는 한 마디로 말해서 경제조직과 경제성장과의 관계의 연구, 즉 경제의 제

136) *Ibid.*, p. 147.
137) *Ibid.*, p. 148.

도적 구조연구에 치중하여 왔다. 이러한 사실을 단적으로 보여 주는 예로 영국경제사가 클래팜(John Clapham)의 다음과 같은 말이 생각난다.

> 경제학이란 일반제도사의 한 분과이며 사회제도의 경제적 측면에 대한 역사적 연구이다. 그러므로 경제이론은 경제사에서 아주 적은 역할밖에 하지 못하는 반면 경제사와 사회사의 관계는 매우 밀접하다 할 수 있다.[138]

한마디로 말해서 그는 경제사를 '역사가의 연구방법을 쓰는 역사 연구의 한 분과'라 생각했던 것이다. 그러나 경제사는 그 뒤 사회과학의 방법과 이론을 도입하는 점진적인 개혁을 통해 변해 왔다.[139] 특히 1948년에 발표된 클래팜의 《19세기 영국경제》는 케인즈 경제이론을 도입한 최초의 경제사 연구로 주목을 받았다.[140] 이리하여 경제사 연구는 제2차 세계대전 후에 이르러 새로운 국면을 보이기 시작한 것이다.

전후의 경제사연구는 비단 경제학에서 이루어 놓은 연구 결과를 빌려 쓰는 데서 한 발짝 더 나아가 그 개념과 이론을 직접 경제사 연구에 활용하려는 움직임을 보여 주고 있다. 예를 들어 요즘 너무나 우리의 귀에 익은 경제성장 이론이나 국민 총생산 또는 총소득에 관한 이론들을 이용하여 18세기나 19세기의 경제를 새로운 각도에서 분석하려 하고 있는 것이다. 이 방법의 창시자인 프랑스의 마크젭스키(Jean Marcjewski)는 새로운 경제사를 정의하기를

> 국민소득계산(national accounting)에서 우러나온 계량적이고 연관적인 수치를 바탕으로 하는 개념모형을 이용한다는 점에서 새로운 경제사는 전통사학과 다르다.

---

138) Encyclopedia of Social Sciences (1931), pp. 327, 329.

139) *Economic History*, International Social Sciences 6, p. 468. 즉, 클래팜 자신이 계량연구를 했을 뿐 아니라 Eli Heckscher가 경제사에 경제이론을 도입하자는 주장(Eli Heckscher, *A plea for Theory in Economic History*, 1929, pp. 421~430)을 했고 물가사(price history) 국제위원회의 활동으로 많은 물가사 연구에 관여하였다. 예컨대 W.H. Beveridge, *Price and Wages in England from Twelfth to the Nineteenth Century* (1939) ; Earl J. Hamilton, *American Treasure and the Price Revolution in Spain*, 1501~1650, Harvard Economic Studies, Vol.43, (New York, 1965) : A.H. Cole, *Wholesale Commodity Prices in the United States*, 1700~1861, 2 Vols, (Cambridge, Mass., 1938) 등이 그것이다.

140) W.W. Rostow, *British Economy of the Nineteenth Century* (Oxford, 1948).

라고 하였다. 다시 말하면 신경제사는 경제통계 숫자의 변화를 '확인'하는데 그치지 않고 그것을 '분석'(설명)하고자 하는데 그 특징이 있다는 것이다.[141)]

그러나 이러한 숫자적 개념은, 있는 그대로의 경제현실을 나타내는 것이 아니다. 마크젭스키가 말했듯이 경제현실을 붙여 만든 날계란이고 날계란은 오믈렛과는 다른 것이다. 그러나 현실세계의 무한한 복잡성을 설명하기 위해서는 새로운 방법의 시도가 꼭 필요하다. 여기서 우리는 계량경제사가 새로운 경제사의 중요한 부분을 차지하고 있다는 사실을 발견하게 된다.

새로운 경제사(new economic history), 수리경제사(econometric history or cleometric)로 불리는 계량경제사의 특성은 첫째 경제이론에 일치 또는 적합 하는 명백한 설명모형에 의존하여 경제현상을 가능한 한 수학적 술어로 표현한다. 둘째 이들 모형은 계량적 자료로써 증명한다. 셋째 종래 계산할 수 없다고 판단되던 현상을 계산해 낸다. 넷째 원인과 결과를 확정하고 그 관계를 대응 사실적 조건을 써서 밝혀낸다는 점에 있다.[142)] 간단히 말하면 헌트(E.H. Hunt)가 말했듯이 새로운 경제사학이란 통계학적 방법을 사용하고 보다 정밀한 개념과 범주를 이끌어내며 전자계산기를 사용한다는 점에 그 특성이 있는 것이다.

계량사학에서 가장 선진분야인 경제사학에서는 가령 산업혁명기의 '생활수준 논쟁'(standard-of-living controversy)에서 사용된 아주 초보적인 간접계량화(indirect quantification) 방법에 머물지 않고 회귀분석(regression analysis)이니 투입산출분석(input-output analysis)이니 또는 초기하분포(hypergeometric distribution)니 하는 아주 전문적인 방법을 사용하기 시작했다. 통계를 내고 새로운 분야를 개척하고 색다른 결론을 내는 것은 바람직한 일이지만 이렇게 본격적으로 통계학적 연구방법을 쓰기 시작하면 여러가지 난처한 문제들이 일어난다.

첫째 역사학 공부를 하고 거기다 아주 이질적인 수학이니 통계학이니 하는 학문을 공부해야 하는 번거로운 문제가 일어난다. 이런 이중의 곤욕을 도저히 치룰 수 없다는 것이 역사가들의 공통된 불평들이다. 둘째 아무리 통계학적 방법이 좋다고 하더라도 역사학에는 역사학 나름의 특유한 어려움이 있는데 덮어놓고 숫자로만 역사를 설명하려 들면 뜻하지 않은 과오를 범

141) '*Quantitative History*' in Journal of Contemporary History III, 2(1968), pp. 179 ~191.

142) D.S. Landes and C. Tilly, *op. cit.*, p. 52.

하게 된다. 그러니 적당한 선에서 계산하는 작업을 멈추어야지 지나치면 곤란하다는 것이다.143)

3. 연구의 성과

그동안 계량경제사가 어떤 구체적 연구방법을 이용했는가를 알아 보기로 한다.

초기 계량사학의 연구방법은 매우 단순한 자료 분류법에 의존했었는데 국민소득의 계산기술이 발전하자 처음 경제학이 그 기술을 도입하고 있어 경제사도 도입하기 시작하였다. 그러나 경제사 연구의 가장 큰 난점은 사료의 부족이다. 많은 관계 사료가 분실되어 아주 없거나 있다하더라도 너무 많거나 복잡해서 통계학적 방법의 도움 없이는 이용가치가 없는 것들이다.144)

계량사학에서 가장 흔히 사용하는 방법으로 전술한 회귀분석(regression analysis)이 있다. 이 방법으로 남북전쟁 전의 철도 투자나 도시화 그리고 19세기 후반의 곡물 가격과 운임과의 관계 같은 것들이 분석되었다. 또 휘트니(William Whitney)가 공업발전에 끼친 각종 관세의 영향 연구에 사용한 투입산출(또는 산업관련)분석과 남북전쟁 말기의 개점한 주립은행의 총계 계산에 사용된 초기하분포가 있다. 이처럼 보다 고도의 통계학적 방법이 이용됨으로써 어느 정도의 사료부족이란 난관을 뚫을 수 있었다.145)

그러나 경제발전에 발명이나 제도나 그 밖의 공정이 끼친 순효과(net effect)를 따질 때는 "만일 그것이 없었더라면 이랬을 텐데"하는 반사실적 조건(counter-factual condition)을 가정하여 그것을 실제 일어난 조건과 비교하여, 그 차를 구하는 가정적 연역 모델(hypothetico-deductive model)을 사용한다. 레들리치(Fritz Redlich)가 계량사학을 반역사적이라고 비판한 것도 바로 이 방법 때문인데 종래의 역사 서술에서도 가령 "관세가 공업의 성장을 촉진했다", "노예제가 남부의 발전을 저해했다", "홈스테드 법(Homestead Act)은 토지의 분배를 더욱 평등하게 했다", "철도는 지역간 교역을 확대시켰다" 하는 등의 명제를 토의할 때 실제로 반 사실적 주장을 위

143) A. Marwick, *op. cit.*, p. 150.
144) R.W. Fogel, *op. cit.*, p. 330.
145) *Ibid.*, p. 331.

장하는 일이 많았다. 계량사학은 단지 그러한 재래의 가정과 연역적 설명을 명확한 형태로 바꾸고, 경제사학의 전 구조를 과학적인 여러 방법의 기반 위에 올려놓는 데 그 목적이 있었던 것이다.[146]

최근의 미국의 신경제사를 훑어보면 다음과 같은 연구성과를 거두고 있는 것을 알 수 있다.

미국의 신경제사학은 다음 두 가지 분야에서 그 주된 연구 성과를 올려주었다. 첫째, 남북전쟁 당시의 남부노예제에 관한 연구다. 1957년에 발표된 메이어와 콘라드의 논문 〈경제이론 및 통계학적 수와 경제사〉, 이듬해에 나온 〈남북전쟁 이전 남부의 노예경제〉(1958)는 역사가들이 오랫동안 입씨름해온 문제, 즉 "노예제는 수지가 맞았는가?"에 대한 명확한 계량적 대답이었다. 이 노예제의 수지 문제는 그 문제 설정 자체가 얼핏 보아 소박한 것 같지만 이 문제의 해결은 정치적으로 남북전쟁이 과연 필요한 전쟁이었나, 아니었나에 대한 남부동정파와 북부동정파간의 오랜 논쟁에 매듭을 지어 주는 것이었다.[147] 남부의 노예경제에 대한 종래의 정설은 남북전쟁 전에 남부 농장의 노예노동이 그 생산력 저하와 노예 가격의 등귀로 필연 무너져야 했다는 것이었다. 콘라드와 메이어의 연구는 노예사육과 그 유지비를 노예의 시장가격과 비교하여 노예사역은 수지가 맞는 사업이었다는 결론을 얻어냈던 것이다. 즉, 농장에서 노예를 사역해서는 수지가 맞지 않았으나, 노예를 양식, 즉 사육하는 것은 수지가 맞았다는 것이다. 그것은 전혀 새 사실의 발견이 아니었으나 전통적인 정성사료(定性史料, qualitative data)를 사용하던 재래의 역사가들의 논쟁에 결정적인 결론을 내어 준 것이다.[148] 이거맨(Stanley L. Eagerman)의 《미국경제에 끼친 노예제의 영향, 그 재해석》[149]과 우드맨(H.D. Woodman)의 《노예제의 수익성》[150] 같은 연구도 이 문제

146) *Ibid.*, pp. 332~335, Landes and Tilly, *op. cit.*, p. 54.

147) D.S. Landes and C. Tilly, *op. cit.*, p. 53.

148) J.R. Meyer and A.H. Conrad, *Economic Theory, Statistical Inference and Economic History*, Journal of Economic History, XVII (December, 1957) and *The Economics of Slavery in the Ante-Bellum South*, Journal of Political Economy, LXVI (April, 1958).

149) Stanley L. Eagerman, *The Effects of Slavery on American Economic Growth, The Reinterpretation*, in R.W. Fogel and S.L. Eagerman (eds.) *The Reinterpretation of American Economic History* (New York, 1967).

150) Haold D. Woodman, *The Profitability of Slavery, A Historical Perennial*, Journal of Southern History, XXIX (August, 1963).

에 대한 계량적 연구였다.

둘째 연구 분야는 기술의 발전과 생산력의 발전과의 사이에 어떤 관계가 있는가 하는 문제에 관한 것이었다. 이 문제는 토인비와 망뚜(Paul Mantoux)의 산업혁명사 연구 이후의 오랜 숙제였다. 종래 "기술혁신은 경제발전의 필수조건이다"라고 믿어왔고, 제니 방적기, 역직기, 증기기관과 철도의 발명이 산업혁명을 일으킨 것이라 믿어 의심치 않았다.[151]

신경제사학의 성과는 먼저 특정한 한 발명이 생산력발전에 정확히 얼마나 영향을 끼쳤는가를 측정, 평가하여 전술한 인습적 기존관념을 부정하는 일이었다. 파커(William Parker)의 소맥 생산성 분석[152]에 의하면 1840~1911년간에 소맥의 노동생산성이 3배 이상 증가했는데 그 중 60%가 기계화 때문이며 나머지 40%(17%=생산지의 이전, 16%=기계화와 생산지 이전과의 상호작용, 7%=기타)는 농업생산의 기계화와 무관한 요인에 기인한 것이었다.

또 노드(Douglas North)의 해양 운수(1600~1850년간) 연구[153]에 의하면 250년 동안에 서구의 해양 운수 비용은 평균 50%나 감소했는데 그 요인으로서 기계화가 차지하는 비는 예상보다 적었고 도리어 해적이 소멸했다든지 시장규모가 증대했다든지 하는 요인이 크게 작용한 것으로 해석되었다.

이처럼 기계의 도입, 즉 기술의 발전이 생산력 발전의 유일한 조건은 아니었다는 사실이 밝혀졌는데 제빈(Robert Zevin)은 19세기 미국 면직공업 발전사의 연구[154]에서 기계화가 면직물 생산발전에 기여한 도가 불과 17%에 지나지 않았다고 단정하였다. 그에 따르면 미국 면직공업은 1816~1833년간에 비약적인 발전을 보였는데 이 시기에 생산량이 연간 84만 야드에서 2억 3천백만 야드로 급증, 무려 280배나 늘어났고 1년 평균 17.1%의 생산증대를 보였다는 것인데 그 원인의 3분의 1은 도시 인구와 서구 총인구의 증가로 인한 수요 증대 때문이었고, 나머지 3분의 2는 공급곡선의 하강경향 때문이었다고 풀이했다. 지빈 교수는 기계의 개량이 면직물 생산 확장에 끼

151) R.W. Fogel, *ibid.*, pp. 325~326.

152) William N. Parker and Judith L.V. Klein, *Productivity Growth in Crop Production*, Vol. 30 of Studies in Income and Wealth, National Bureau of Economic Research (New York, Columbia Univ. Press, 1966), pp. 523 ~580.

153) Douglas C. North, *Determinants of Productivity in Ocean Shipping*, The Reinterpretation, Fogel and Eagerman.

154) R.B. Zevin, *The Growth of Cotton Textile Production after 1815*, The Reinterpretation, Fogel and Eagerman.

친 요인을 17%에 불과하다고 보고 도리어 원면가격의 하락(28%)과 숙련공의 증가(22%)가 더 중요한 요인이었다고 분석했다.

경제사학은 또 기술 혁신의 보급과정을 분석했다. 무연·유연탄 용광로 보급과정에 관한 테민(Peter Temin)의 연구[155]와 수확기에 관한 다비드의 연구[156]가 그 좋은 사례이다. 다비드에 의하면 수확기는 1830년대에 발명되었는데 처음 20년간 그 보급이 부진하다가 1950년대 중간기에 가서야 처음으로 일반에 받아들여졌다. 다비드의 계량 연구는 소맥 가격의 상승이 그 원인이란 정설을 부정했다.

계량 연구는 또한 특정 발명의 사회 이익을 재평가했다. 가령 포겔(R.W. Fogel)은 철도가 미국경제의 발전에 끼친 사회이익이 얼마나 되는가를 계산했는데 예상과는 전혀 다른 결론에 도달하였다.[157]

한편 이 같은 신경제사 연구에 크게 기여한 기관은 1960년 이후 퍼듀(Purdue) 대학 후원 하에 열린 '경제사 연구에 있어서의 계량적 제방향에 관한 세미나'(약칭 '퍼듀 세미나')였다. '퍼듀 세미나'가 발족된 이후 하버드, 워싱턴, 예일, 시카고를 위시한 각 대학의 경제사 연구소에 수리경제사의 연구와 훈련이 활발해졌다.[158] 또 경제사 연구 이외의 분야에도 계량적 방법을 도입하기 위하여 수리사회과학회(Mathematical Social Science Board)가 '역사학에 있어서의 수리적 통계학적 방법에 관한 위원회'(Committee on Mathematical & Statistical Methods in History)를 설치하였다. 동 위원회는 소위 일반사(general history)가 경제사보다 통계나 수리적 처리에 부적합한 것을 자인하였으나 이 방법이 역사 연구에 도움이 되는 이상 다른 분야에서도 계량사가가 나올 것이라 내다보았다.[159]

155) Peter Temin, *A New Look at Hunter's Hypothesis about the AnteBellum Iron Industry*, American Economic Review, LIV (May, 1964) pp. 344~351.
156) Paul David, *The Mechanization of Reaping in the AnteBellum Midwest*, Industrialization in Two Systems: Essays in Honor of Alexander Gerschenkron, Henry Rosovsky (ed.) (New York, 1966), pp. 3~39.
157) R.W. Fogel, *Railroads and American Economic Growth* (Baltimore, 1964).
158) R.W. Fogel, *op. cit.*, p. 321.
159) D.S. Landes and C. Tilly, *op. cit.*, p. 55.

Ⅶ. 새로운 정치사

1. 정치와 역사의 관계

역사는 본시 통치자를 위한 학문으로 출발했고 또 오랫동안 귀족적 학문으로서의 전통을 지켜 왔다. 그러므로 정치사가 역사학의 전통적인 주제가 아닐 수 없었다. 인간은 정치적 동물이다. 따라서 모든 인간은 아리스토텔레스가 말했듯이 지배자 아니면 피지배자인 것이다. 아리스토텔레스는 그의 정치학에서

> 지력(知力)의 힘, 즉 지력을 사용하여 앞을 내다보는 자는 선천적으로 주인 또는 지배자로 예정된 자이며 몸(육체)으로 지배자의 예견(豫見)을 집행하는 자는 선천적으로 피지배자로 타고난 노예이다.

라고 말하고 있다. 이 채을 읽는 독자는 아마도 전자가 될 것이다. 그러나 로마시대의 격언에 "누가 지배자를 지배하느냐?"(Quis custodiet ipsos custodes?)란 말이 있다. 지배자를 지배하는 자가 있었으니 소위 얼굴 없는 실세(實勢)라는 것들이다. 실세가 아닌데 실세인척 하는 자를 허세(虛勢)라고 한다.

이처럼 지배와 피지배의 이 간단한 대위법(對位法)을 설명하는 것도 쉽지 않는 것이다. 더욱이 정치사 서술에는 역사가 자신의 정치적 신념이 삽입되기 마련이어서 객관성을 지키기란 쉽지 않다. 가령 플루타크는 솔론(Solon, 638?~559? B.C.)의 입을 빌어 민주주의에 대한 자신의 정치 신념을 토로하였다. 즉, 그는 솔론이 "독재는 아름다운 곳이지만 한번 그 곳에 올라서면 내려올 길이 없다"는 말을 인용하고 있으며 솔론이 독재정치를 고집했을 때 많은 사람이 그를 비웃었지만, 그때 솔론이 이렇게 말하였다.

> 나도 권력을 쥐고 부를 누려 단 하루라도 아테네를 독재하고 그리고는 산채로 박피당하고 폐가망신하고 싶었다. 그러나 내겐 그런 배짱도 없고 머리도 없다.160)

---

160) Plutarch, 2, p. 23.

이 같은 사실(史實) 인용의 배후에는 분명 "백성의 소리는 신의 소리다"(Vox populi, vox Dei)라는 로마 격언이 도사리고 있다 할 것이다. 바비도는 이렇게 말했다.

> 너희들은 자기가 옳다는 것, 아니 자기에게 이익이 되는 것은 창을 들고 남에게 강요할 권리가 있고, 나는 왜 내가 옳다고 생각하는 것을 내 자신만 행할 권리를 가슴에 간직할 권리조차 없단 말이냐?

라고.

우리는 고대 정치사 서술에 있어서 사회, 종교, 문화의 모든 영역에서 정치적 안목을 잃어서는 안 될 것이다. 정치적 안목을 가지고 있을 때 비로소 그 참다운 이해가 가능하기 때문이다. 가령 고대 로마의 역사가 리비우스(T. Livius)는 다음과 같은 로마 건국일화를 인용하면서 종교의 정치적 이해를 돕고 있다.

즉, 로마 건국 당시의 입법자로 알려진 누마(Numa)왕은 로마에 처음으로 종교의식을 도입한 인물인데 그 동기가 정치적이다. 누마는 선왕이 벌려 놓은 이웃 나라와의 전쟁을 종식시키고 동맹과 조약으로 평화를 되찾았다. 그러나 그로 인하여 외적의 침략이라는 공포가 사라지고 군사훈련이 없어지자 민중은 나태해지기 시작했다. 누마왕은 이때 민중에게 신의 두려움을 알게 하는 것이 중요하다고 생각했다. 신을 두려워하게 만드는 것은 무식하고 미개한 백성을 다스리는데 가장 효과적인 방법이라 생각한 것이다. 그러나 민중은 어떤 기적을 보지 않고서는 신을 믿으려 하지 않았다. 그래서 누마 왕은 에게리아(Egeria) 여신을 모시는 야간 집회를 열어 기적을 연출하였다.[161]

플루타크가 인용한 이 일화는 분명 종교의 정치적 이해에 큰 영향을 끼쳤다. 페인(Thomas Paine)은 그의 인권론에서

> 일부 사람들은 '기만'으로, 다른 사람들은 '힘'으로, 그리고 나머지는 '술책'으로 백성을 조종한다. 그러기 위해서는 천재적 인간들을 고용하여 무식을 억누르고 구경거리와 이벤트로써 어리석은 대중, 즉 우중(愚衆)의 마음을 현혹시켜야 한다.

---

161) Livius, 1, p. 19, recit. from Moses Hadas, *A History of Rome*, pp. 9~10.

라고 말하고 있는데, 이는 기본적으로 누마 왕이 써먹은 우중통치의 방법을 설명한 것이다.162)

이처럼 구경거리와 이벤트 이외에도 모든 사회 현상은 정치와 직접 관련된다. 볼테르가 말했듯이 "이 세상의 모든 것을 만들어낸 것은 다름 아닌 권력"인 것이다.163) 한 나라의 정치형태는 그 나라 국민의 성격 형성에 막대한 영향을 끼치고 있다. 루소는 이 점에 관해 매우 중대한 발언을 하고 있다. 즉, 그는

> 모든 것이 근본적으로 정치와 관련이 있다는 것, 그리고 어떤 민족이든 그 정부의 본성이 그 민족을 형성하는 데 달려 있다는 것. 절대 그와 달리 있을 수 없다는 것을 알았다.

라고 말하고 있다.164) 그 나라 그 민족이 그 나라 그 정부의 본성에 따라 형성되었다는 말을 귀담아 들어야 할 것이다.

우리는 흔히 사회, 경제, 사상에 대한 현대의 지나친 학문적 관심으로 말미암아 정치가 작용하는 놀라운 힘을 가볍게 보는 경향이 있다. 그러나 가령 기후가 인간 사회에 미치는 영향을 정치의 영향과 비교할 때 엄청난 차이가 있는 것을 알 수 있다. 그래서 볼테르는

> 기후의 힘보다 정치의 힘이 백배나 더 강하고, 종교와 정치가 합치면 그보다 더한 힘을 갖는다.

고 말했던 것이다.

2. 국가사와 민족사

이 같은 정치의 중요성을 19세기 랑케 사학이 재확인했다고 해서 조금도

---

162) Thomas Paine, 人權論《政治論集》, 길현모 역, 思想文庫, p. 202.

163) Meinecke, *Entstehung*, 《歷史主義의 成立》(일역), pp. 101~110, 볼테르가 권력과 利益에 관해 말하는 가운데 "國家의 利益은 諸王의 獨裁의 理由다." "일단 利益이 문제가 되면 諸侯는 모욕도 慈善도 잊어버린다." "利益 앞에는 어느 것도 양보한다." "諸侯 밑에서는 종교란 거의 그들의 利益 이외의 아무 것도 아니다." 라는 매우 시사적인 말을 하고 있다.

164) Rousseau, *Confession* B.K. ix. recit. from E. Cassirer, *Myth*, 《神話》, p. 229.

이상한 일이 아니다. 랑케 사학의 선구자들인 괴팅켄 학파의 역사가들은 이미 "정치 없는 역사는 문학이다"는 액튼의 말을 선창하였다. 《영국 팽창사》의 저자 시일리(John Seeley)도 정치 없는 역사는 문학이다라고 말했다.

> 정치는 역사학에 의해 개화되지 않는 한 천박하다. 그러나 역사는 실제정치와 관련을 잃을 때 단순한 문학으로 퇴색한다.[165]

"역사는 과거의 정치학이다"라는 프리맨의 말에 잘 요약된 정치와 역사의 전통적인 밀착관계는 극히 최근까지도 영국과 미국의 여러 대학에서 정치학과를 역사학과에 소속시키도록 만들고 있다.[166]

정치사는 또 국가사 또는 민족사(national history)와 밀접한 관계를 맺고 있다. 대다수의 국가는 다민족국가이다. 중국이 그 좋은 예인데 중국에서는 국가사가 곧 민족사가 아니다. 그러나 우리나라와 같은 단일 민족국가에서는 민족사가 곧 국가사이다. 다시 말해서 정치사의 발전은 근대 민족주의와 민족국가의 성장 발전에 크게 기여하였으며 서로의 관계는 종이의 앞면과 뒷면의 관계였다. 특히 서구에서는 19세기가 정치사와 국사의 황금시대였고 같은 이유에서 후진국에서는 20세기가 그 황금시대였다.

서구에서 19세기 국사 서술의 대표적 명저로는 머콜리(Macaulay)의 《영국사》(*History of England*), 미슐레(Jules Michelet)의 《프랑스사》(*History of France*), 뮬러(Johann Müller)의 《스위스 연방국사》(*History of Swiss Confederation*), 뮨히(Peter Münch)의 《노르웨이 국민사》(*History of Norwegian People*), 아담스(Henry Adams)의 《미국사》(*History of the United States During the Administration of Jefferson and Madison*) 등을 들 수 있다.

19세기의 국사 서술이 빠져 든 가장 위험스러운 편견은 광신적 애국주의이었고 국제주의적 자존심을 강조하는 나머지 역사적 사실의 과장과 삭제가 서슴없이 자행되었다. 이러한 자국 역사의 강조는 오늘날 정도의 차는 있을망정 거의 모든 나라에서 공공연히 성행하고 있는 것이다. 국사는 오늘날 유치원에서 시작되어 모든 학교교실 그리고 TV 프로에 이르기까지 민족적 또는 국민적 자존심을 갖도록 하는 데 이용되어 가장 손쉬운 대중교화의 수

165) Acton, *Study of History Essays*, p. 25.
166) A. Marwick, *op. cit.*, p. 166.

단이 되고 있다.[167]

3. 새로운 정치사의 성립

정치사에 대한 비판은 오래전부터 있어 왔다. 현대 역사학이 정치사 중심의 역사에 공격의 화살을 쏘기 시작한 것은 프랑스의 연보학파에 속하는 사람들이었다. 그들은 낡은 정치사를 고물이요, 폐물이라 맹렬히 비판하였다. 그러나 그 유래를 찾아보면 정치사에 대한 비판은 18세기의 계몽사상가들까지 소급된다.

가령 왕과 왕실의 역사가 아니라 인간들의 역사를 쓰겠다고 선언한 볼테르는 지난 1,400년 동안 프랑스에는 왕과 대신과 장군들만 있었다고 비난하였다.[168] 19세기에 들어와서도 가령 미슐레 같은 사람은 정치사가 아닌 포괄적 역사를 요구하였다.

> 만일 나의 역사 서술에 정치사만 들어가고 종교, 법률, 지리, 문학, 예술 등 다른 여러 가지 역사가 들어가지 않았다면 내 연구는 아주 달라졌을 것이다. 그러나 나는 역사의 큰 포괄적 움직임을 보고 싶었다. 그래야 이들 모든 역사들이 모여서 하나의 전체를 이룰 것이기 때문이다.[169]

그러나 랑케식의 정치·군사 중심사(politico-military history)에 보다 큰 타격을 준 것은 마르크스의 유물사관과 부르크하르트(Jacob Burckhardt, 1818~1897) 및 호이징하(Huizinga)의 문화사였다. 마르크스주의가 정치사의 몰락에 기여한 이유는 마르크스의 '경제학비판' 서설에 나오는 '상부구조'설 때문이었다.[170] 물론 마르크스의 저의는 그런 것이 아니었지만 얼핏 보기에 그는 정치사상이란 하부구조(생산관계)가 변함에 따라 저절로 바뀌는 부속물로 취급하였다.

그러나 역사에 있어서의 정치사의 몰락은 20세기에 들어와서 일어났다.

---

167) Commager, *The Study of History*, pp. 19~20.

168) F.M.A. Voltaire, *Essai sur les Moeurs et l'esprit des nations* (1756), recit. from M. Bloch, *Apologie,* p. 90.

169) *Ibid.*, p. 78.

170) 第5장 第3절 Ⅱ.2. 참조.

이 몰락은 먼저 프랑스에서 시작되었다. 즉, 1930년대에 등장한 연보학파는 정치사와 설화식의 역사 그리고 연대기적 또는 일회적(événementielle)인 역사를 낡은 사학의 트리오라 비난하면서 새로운 사회·경제·문화의 종합사가 확립되어야 한다고 주장하였다. 이어 제2차 세계대전 이후에는 사회과학적 방법과 이론으로 무장된 새로운 역사학이 나타나 정치사는 다시 한번 맹공을 받아 땅에 쓰러졌다. 이리하여 왕년에 역사학의 중추역할을 담당했던 정치사는 역사의 주변 분야로 밀려난 듯한 인상을 받게 되었다.171)

그러나 이처럼 최악의 상황에서 정치사는 자신을 멸망시킨 바로 그 사회과학으로부터 방법과 이론을 도입함으로써 회생의 길을 모색하였다. 전화위복이란 말이 있듯이 정치사의 회생에 기여한 자는 바로 숙적인 사회과학 특히 그 중에서도 사회학과 인류학이었다.

정치사가 사회과학으로부터 도입한 개념의 하나는 '권력'(power)이란 개념이었다. 종래의 정치사 연구에 있어서의 중심개념은 '국가'(state) 또는 국민 또는 '민족'의 개념이었다. 국가와 민족이란 개념으로서는 정치사의 표면에 파도치는 잔물결을 볼 수 있는데 불과하지만, 권력이란 개념은 정치사의 핵심과 심층까지 파들어 갈 수 있는 개념이었다. 일찍이 블록은

> '정치적'(political)이란 말에 대해서는 할 말이 많다. 왜 이 말이 항상 표면적이란 말과 동의어로 받아들여지고 있는가? 정치 형태의 변환과 피지배자의 운명에만 관심을 갖는 역사가 꼭 역사의 내면을 이해시켜 준다고 말해서 안 된다는 법이 있는가?

라고 반문한 일이 있다.172)

이러한 반성에서 시작된 새로운 정치사학은 많은 명제에서 중대한 발견을 얻어내고 있다. 다음에 그 대표적인 사례 몇 가지를 들어 새로운 정치사학의 현황을 살펴보기로 한다.

(가) 중세 정치사의 연구

중세사 분야에 있어서의 새로운 정치사의 특징은 구조(structure)와 사회분석(social analysis) 그리고 기호학(semeiology)과 권력연구(the study of

---

171) Jacques Le Goff, *Is Politics Still the Backbone of History?* Daedalus, (Winter, 1971) Historical Studies Today, p. 4.

172) M. Bloch, *Mélanges d'histoire sociale* (1944) recit., Goff, *ibid.*, p. 5.

power)이다.[173)]

이러한 새로운 방법을 가지고 밝혀낸 중세 봉건국가의 새로운 정치상은 왕권의 문제였다. 중세 왕권의 정치적·종교적 상징주의(political and religious symbolism)에 관한 슈람(P.E. Schramm)의 연구를 비롯한 중세의 전기(前期) 왕권의 새로운 측면이 조명되기 시작하였다.[174)] 종래의 일반적 정설에 따르면 제도로서의 왕권체제와 봉건제도는 반대개념이었으므로 중세 말에 봉건제도가 해체됨으로써 왕권이 강화되는 것으로 인식되었다. 이 견해에 따르면 샤르마뉴(Charlemagne, 742?~814)의 분봉정책(分封政策)은 그가 본래 의도했던 왕권 강화와는 정반대로 왕권의 쇠퇴를 자초하고 말았다는 것이었다. 그러나 실제는 그 정반대였다. 이러한 착오는 종래의 정치사 연구가 국가라는 공허한 개념에 사로잡혀 정치권력에 대한 연구를 소홀히 했기 때문이었다. 즉, 국가라는 시대착오적인 개념을 버리고 정치를 새로운 '권력'적 맥락에서 분석해 볼 때 중세왕권은 특히 카로링 왕조 때 붕괴된 것이 아니라 도리어 권력 기반을 튼튼히 다진 것이 되며 봉건군주는 자기의 권력을 봉건제를 통해 확고히 만든 것이었다.[175)]

중세 봉건왕권이 갖는 새로운 기능에 관해서는 중세 최대의 군주 프레데릭 2세(Frederic Ⅱ)를 연구한 칸타노비치(E.H. Kantanowicz)가 중세 군왕숭배의 실제를 밝혀내고 정치신학(political theology)이 갖는 중요성을 강조하였다. 그로써 중세의 군주권이 단순한 허수아비가 아니었다는 사실이 밝혀진 것이다.[176)]

중세 왕권의 문제는 또 왕권의 마술적 기원을 분석함으로써 더욱 심화되었다. 블록은 이 문제와 관련하여 어떻게 중세의 민중은 왕의 기적을 믿었는가? 하는 문제를 묻고 왕권의 존립 기반으로서의 '정치적 정신형태'(political mental attitudes)의 문제를 추구한 바 있다. 여기서 우리는 마치

---

173) J.Le Goff, *op. cit.*, p. 12.

174) F.E. Schramm, *Herrschaftzeichen und Staatssymbolik*, Schriften der Monumenta Germaniae Historia, XIII, 3 Vols. (Stuttgart: Hiersemann, 1954~1956).

175) J.Le Goff, *op. cit.*, p. 7. 이 문제에 관한 J.M. Wallace-Hadrill, *The Long Haired Kings* (London: Methueu, 1962) 등의 문헌소개는 Goff, *ibid.*, p. 16 참조.

176) E.H. Kantanowicz, *Kaiser Friedrich der Zweite* (Berlin: Bondi, 1927): *Ergänzungsband* (Berlin: Bondi, 1931): Laudes Regiae, *A Study in Liturgical Acclamations and Medieval Ruler Worship* (Berkeley, 1946): *The King's Two Bodies: A Stüdy in Medieval Political Theology* (Princeton, 1957).

근대인에게만 적용되고 있는 여론 투표 방법(opinion poll method)을 중세인에게도 적용가능하다는 결론을 얻고 있는 것이다.[177]

왕권문제 다음으로 신정치사가들이 밝혀내고 있는 분야는 중세 문화의 정치적 국면에 관한 문제다. 서구 중세에 있어서도 교육은 하나의 권력이었고 권력의 수단이었다. 따라서 성직자와 세속인 사이에 가로 놓여 있던 지식인과 비지식인의 높은 담은 권력의 소유와 비소유, 권력에의 참여와 비참여의 경계선을 긋는 장벽이었던 것이다. 이러한 의미에서 중세의 왕권(regnum)과 성권(sacerdotium) 그리고 그와 대등한 교권(studium)이 있었다는 사실이 밝혀졌다. 교권의 특권(대학)을 누린 모든 사람에게 권력참여에의 길이 허여되었다는 사실을 통해 우리는 중세권력 엘리트의 성격과 역할에 대한 집단전기 연구를 필요로 하고 있다. 어째서 중세 정치지배의 신분원리로서 '기도하는 자'(승려, oratores), '전쟁하는 자'(기사, bellatores) 그리고 '노동하는 자'(농노, laboratores)의 3분 도식(tripartite schema)이 꼭 필요했는가? 최근의 정치사 연구 성과에 따르면 이 3분 도식은 왕권의 이데올로기적 기초의 하나였고 3자를 분할한 뒤 왕권이 3자의 조정자로서 군림한다는 트릭이 있었다는 사실이 밝혀졌다.[178]

이 밖에도 신정치사학은 중세 예술의 정치적 분석을 시도하고 있다. 즉, 그들은 중세 예술의 형식, 내용 그리고 발전에 미치는 봉건 주종관계의 영향이라는 시각에서 예컨대 고딕 양식은 다원적 봉건 주종관계 및 스콜라 철학과 상관적이라는 사실을 밝혀내고 있다.[179]

(나) 근대 정치사의 연구

근대사 분야에 관한 새로운 정치사 연구는 비교적 풍부한 사료의 혜택을 입어 계량적 방법에 의한 정치 엘리트 집단에 관한 연구와 대중의 투표행태 연구로 나타났다. 즉, 영국에서는 30년 전 내미어가 《조지 3세 즉위 시의 정치구조》를[180] 발표했을 때 젊은 역사가들은 내미어가 파헤친 사료의 밑바닥을 준설하기 시작했다. 즉, 그들은 의원들의 신분, 경제적 지위, 전기, 투표

---

177) J.Le Goff, *op. cit.*, p. 8.

178) *Ibid.*, p. 10.

179) *Ibid.*, p. 11. John Evans, *A Study in Patronage* (London, 1948) ; E. Panofsky, *Gothic Architecture and Scholasticism* (New York, 1957).

180) L.B. Namier, *The Structure of Politics at the Accession of George* Ⅲ ; 박성수, '네이미어史學에 대하여', 역사교육 10(1967) 참조.

기록 등을 도표로 작성하여 엘리트 집단의 연구를 확장시켜 갔던 것이다.[181]

한편 미국에서는 1930년대와 40년대에 걸쳐 정치학에 있어서의 이른바 행동주의 혁명으로 정치사 분야에 계량적 방법을 도입하는 문제가 논의되기 시작하였다. 특히 브린튼의 자코뱅 연구는 이미 1930년에 프랑스 혁명기의 극좌 단체 자코뱅 당원을 계량적으로 분석하여 주목을 끌었다. 그는 자코뱅 당원이 프랑스 사회의 완전한 종단면이었음을 증명하였다. 즉, 1794년의 자코뱅 당원들은 계급이 아니었고 그들이 적으로 삼은 귀족도 계급이 아니었다는 것이다. 따라서 그들의 공포정치도 그 자체 계급투쟁이 아니고 단순한 내란 혹은 종교전쟁이었다는 것이다.[182] 이어 1935년에 그리어는 그의 논문 〈프랑스 혁명기의 공포정치의 영향〉에서 공포정치의 희생자에 관한 계량적 분석을 시도하여, 그 중 70%가 하층 사회계급이고 30% 미만이 상층이었음을 밝혀냈다.[183] 이리하여 프랑스 혁명기의 계급분열은 수평적이 아니라 수직적이며 공포정치는 계급간 투쟁이 아니라 계급내(intra-class) 투쟁이었다는 결론에 도달했다. 다시 말하면 브린튼, 그리어 등의 계량 연구는 프랑스 혁명에 관한 종래의 계급이론을 뒤집어버렸던 것이다.[184]

이리하여 전후에 이르러서는 정치학자들의 은어대로 오늘날 미국의 정치사가는 압도적 대다수의 수구파와 소수의 열성적 개화파 그리고 늘어나는 그 지지자들로 나누어져 있다[185]는 상태가 되었다. 이들 개화파와 그 지지자는 대부분 행동주의 정치학에 강한 영향을 받았으므로 그들을 행동주의사가(behavioral historian)라 부르고 있는 것이다.

정치사 분야에서 계량적 연구에 가장 적합한 영역은 각종 선거자료를 통계분석하고 그 투표 형태를 밝히는 선거 연구이다. 이 연구는 전후 전자계산기의 보급에 자극받아 더욱 활발해지기 시작하였다.[186] 즉, 1957년 현대 계량사학의 대표적 인물인 벤슨은 유명한 《미국정치사의 연구문제》[187]를 발

181) H. Stuart Hughes, *The Historian and the Social Scientist*, *op. cit.*, p. 39 ; Aydelotte, *Quantification in History*, *op. cit.*, p. 6.

182) C. Brinton, *The Jacobins in the New History*, pp. 70~72.

183) *The Incidence of the Terro during the French Revolution* : A Statistical Interpretation (Camb. Mass., 1964).

184) C. Brinton, *The Anatomy of Revolution*, 차기벽 역, 《革命의 解剖》(思想文庫) p. 163ff ; W.O. Aydelotte, *op. cit.*, p. 6.

185) Alan G. Bogue, *United States*: the 'new' political history, in Quantative History.

186) D.S. Landes and C. Tilly, *op. cit.*, pp. 66~67.

187) Lee Benson, *Research Problems in American Political Historiography*, in

표하여 선거의 계량연구에 관한 구체적 방법을 제시하고 행동주의적 정치사 연구에 획기적 영향을 끼쳤다. 이어 헤이스(Samuel Hays)도 1960년에 《인간행동으로서의 역사》, 《미국정치사의 새로운 가능성》 등 논문을 발표하였다.[188] 그는 논문에서 '정치의 사회분석'을 제창하고 그 수단으로서 계량적 자료를 중시, 사회과학으로부터 방법과 이론을 도입할 것을 역설하였다. 그에 의하면 재래의 정치사는 개개의 정치인에 관한 전기 서술에만 골몰해 왔고 정치 단체나 집단의 운동을 거의 신문이나 의회의 토의, 개인의 수기를 통해서만 연구하여 왔다는 것이다.[189]

그 뒤 1950년대 말에서 60년대 초에 걸쳐 쏟아져 나온 초기의 신정치사 연구들은 주로 19세기 초의 잭슨(Jackson) 민주주의를 파헤치는 것들이었는데 그들은 계급의식이나 이데올로기가 투표행위, 즉 정당선택에 무관하다는 사실을 밝혀냈다. 그러나 이들 초기의 소위 전산정치사 연구는 방법이 단순하여 계측기법(scaling techniques)이나 재석수 분석(roll-call analysis)에 그치는 형편이었다.[190]

벤슨과 매코미크의 역사연구 이외에도 구트맨 척도(Guttman Scale)를 이용한 실비(Joel Silbey)의 1840년대와 1850년대 초 의회의 지방적·정당적 유대에 관한 연구, 중상관기법(重相關技法, multiple correlation technique)을 이용한 파슨스(Stanley Parsons)의 연구, 남북전쟁 전 앨러바마(Alabama)에 있어서의 사회경제적 특성과 투표성향과의 관계를 정교하게 최소자승분석(最小自乘分析, last-squares analysis)을 한 알렉산더(Thomas B. Alexander)의 연구 등이 있다.

결국 이들 연구의 공통된 목적은 19세기 미국 투표인의 정당 선택결정이 그들의 계급의식에 의해서가 아니라 문화인류학적 동기에 의해 이루어졌다는 사실을 증명하는 데 있었다. 그러나 이들 초기의 연구들은 통계학적 방

Mirra Komarovsky (ed.). Common Frontiers of the Social Sciences (Glencoe, 1957).

188) Samuel P. Rays, *History as Human Behavior*, Iowa Journal of History (July, 1960); *New Possibilities for American Political History*: The Social Analysis of Political Life (1964). (美國史學會 年例大會에서의 發表).

189) Alan G. Bogue, *op. cit.*, p. 121.

190) 예컨대 Richard P. McComick, *Suffrage Classes and Party Alignments: A Study in Voter Behavior*, Mississippi Valley Historical Review, (Dec. 1959), etc.: Lee Benson, *The Concept of Jacksonian Democracy: New York as a Test Case* (Prinston, 1961)가 그 대표적 논문이다.

법에 미숙했을 뿐만 아니라 그들이 차용한 가설들이 매우 초보적인 것이었다는 흠을 갖고 있었다.

이스턴이 비판한 바와 같이 소수의 역사가만이 예언적 가치를 가진 발견을 추구하거나 의식적으로 자신의 연구에다 이론 체계를 세우려 노력했다. 대다수의 역사가들은 아직도 문제 지향적 또는 주제 지향적이었다. 즉, 사회과학적 기술이나 이론을 빌어 종래의 역사연구를 논박하거나 부연하는 데 그쳤다는 것이다.[191]

벤슨은 이 같은 점에서 유일한 예외라 할 수 있다. 그는 독자적인 이론을 증명하여 역사가가 도리어 사회과학 쪽에 크게 기여할 수 있다고 믿었다. 그는 초기 미국개척자들의 행동을 해석하는 데 다음과 같은 기본 가설을 세울 수 있다고 주장하였다.[192]

첫째, 인간의 행동은 수단보다 그들이 추구하는 목적에 의해 결정된다. 특히 헌법을 좋아하는 사람은 상업사회를 좋아하며 농업사회를 좋아하면 헌법을 반대한다.

둘째, 사람의 목적 선정은 생계의 양식과 수단, 사회 환경, 사회적 역할, 소속집단 및 그 적대 집단과 확실히 관련된다.

셋째, 일정한 역사적 상황에서는 어떤 목적을 선택한 사람이 그를 반대하는 사람보다 승리에 필요한 교육과 수단을 갖는 법이다. 예컨대 1780년대의 미국에서 하밀튼(Hamilton)과 같은 상업 지향적 인간은 클린튼(Clinton)과 같은 농업 지향인을 이기는 데 필요한 자질과 수단을 가졌었다.

벤슨은 이리하여 옛날 버클(Thomas Buckle)이 내어걸었던 구 실증주의의 두 기본 가설, 즉

> 첫째 과거의 인간 행동은 과학적으로 연구할 수 있다. 둘째 역사가의 주된 업무는 인간 행동의 일반 법칙을 발견하고 발전시키는 데 있다.

라는 가설이 다시 받아들여지게 되리라고 극언했다.[193]

벤슨과 헤이스와 아울러 신정치사학의 대표적 인물인 에이들로트는 19세

---

191) Allan Bogue, *op. cit.*, p. 113.

192) Lee Benson, *Turner and Beard*: American Historical Writing Reconsidered, (Glencoe, 1960), p. 228.

193) Lee Benson, *Quantification, Scientific History and Scholarly Innovation*, A.H.A. Newsletter (June, 1966), p. 12.

기 영국 의회사에 대한 중량감 있는 연구를 거듭하였다. 즉, 곡물법 의회의 800여 의원의 개인별 자료를 수집하여 그 계급적·직업적 배경을 상관분석하는 등 여러 가지 연구를 시도하였다.[194]

4. 집단 전기학

역사학의 위기의 소산으로 집단전기란 새로운 역사 연구가 나타났다. 사회과학에서 복수가계분석(multiple career-line analysis)이라 불리고 고대사가가 프로소포그라피(Prosopography)라 불렀던 집단전기(集團傳記, collective biography)는 지난 50년 동안에 정치사와 사회사 연구에 유용한 방법으로 이용되어 발전하였다. 집단전기란 공통된 배경특성을 가진 행동 집단을 그들의 경력에 대한 집단적 연구를 통해 조사하는 방법을 말한다. 즉, 출생과 사망, 결혼과 가족, 사회적 출자와 경제적 지위, 주거지와 교육정도, 경제적 부의 크기와 그 원천, 직업과 관직, 종교 등을 한 사람이 아니라 다수인으로 구성된 집단에 대해 조사하는 방법이다. 그리하여 집단전기는 역사학에 있어서의 가장 기본적인 두 문제를 해명하는데 활용되었다. 즉, 집단전기는

> 첫째 정치행동의 동기와 정치적 수식어 밑에 숨어 있는 것으로 믿어지는 보다 깊은 욕망을 발견하고 정치집단화의 사회경제적 관련성을 분석하며 그리고 정치기구의 실제 작용을 폭로한다.
>
> 둘째로 사회구조와 사회 이동, 즉 ① 신분 집단(status groups) 관직, 직업 집단, 경제 계급의 변동과, ② 가족의 사회경제적 기원이나 일정한 정치 신분과 직업상 지위로의 보충, 그 지위의 중요성 그리고 지위 획득이 가문의 장래에 끼치는 영향 등을 연구하여 사회이동 상황을 조사한다. ③ 사상·종교 운동과 사회적·지리적·직업적 요인과의 관련성을 밝힌다.

는 것이다.[195] 요컨대 집단전기는 정치행동의 합리적 해석을 그 목적으로 삼고 있다. 사회 구조와 이동의 실상을 정확히 파악하고 이데올로기와 문화의

---

194) W.O. Aydelotte, *A Data Archive for Modern British Political History: Problems of Method in Particular Case: The Parliament of 1841*, in Aydelotte, *Quantification in History*, pp. 101~154.

195) Lawrence Stone, *Prosopography*, Daedalus (Winter, 1971), Historical Studies Today, p. 46.

변동을 현실적으로 이해하려는 것이다.

집단전기학이 대두하게 된 원인은 무엇인가? 첫째, 종래의 정치사 연구가 단순한 정치이론과 헌정 문서의 주석적 연구에 그치거나 관료 기구의 해설로 끝난 데 있었다. 제도나 구호나 법령은 그것을 만들어낸 정치가나 관리의 깊은 내면의 소산이다. 그러므로 그런 내면을 분석하지 않고 표면적인 제도나 구호만 연구해서는 피상적 연구가 될 뿐이라는 것이다.[196]

둘째, 정치가들의 성실성에 대한 신뢰의 상실과 헌법의 중요성에 대한 신앙의 소멸이 집단전기학에 크게 작용하였다. 그것은 제1차 세계대전으로 인하여 수백 수천만이 죽고 유럽 문명의 쇠망이 우려되었을 때 정치가들은 서로 증오에 찬 애국적 수사(修辭)와 강경 언사(言辭)로 서로 헐뜯고 권력과 지위를 사기했다고 헐뜯었다. 이리하여 역사가들은 그들의 사상가 집단의 배후를 파헤치고 고대 빈민의 옛 격언, "모든 정치가는 부랑자다"(All politicians are crooks)라는 말 그대로 상류사회집단의 정체가 무엇인가를 들춰내기 시작하였던 것이다.[197]

먼저 미국의 비어드는 그의 《미국헌법의 경제적 해석》(1913)에서 미국독립 당시의 헌법 제정자들의 배후에 숨은 "직접적 충동은 경제적 이해였다"고 선언했다.[198] 영국의 내미어는 식민지에 대한 각 의원들의 경제적 이해관계와 그에게 끼친 혈족관계의 영향을 집단전기학적 방법으로 파헤침으로써 혁명전 미국식민지에 대한 영국의회의 태도를 해석하였다. 그의 《조지 3세 즉위시의 정치구조》(1929)는 집단전기학 발전에 지대한 공헌을 남겼다.[199]

집단전기학자는 크게 엘리트주의 학파(elitist school)와 대중주의 학파(mass school)로 구분된다. 엘리트 주의자들은 정치의 본질을 "대중 운동보다 소수지배 엘리트간의 상호작용"으로 보며 권력과 부와 안전을 위한 이기

---

196) *Ibid.*, p. 52. 유명한 19세기 憲政史家 C.W. Stubbs를 비롯한 T.F. Tout, F.W. Maitland 등의 制度史 연구의 한계가 드러난 것이다.

197) *Ibid.*, p. 54.

198) Charles Beard, *An Economic Interpretation of the Constitution of the United States* (New York: Macmillan, 1913), pp. 17~18.

199) Namier, *Structure of Politics at the Accession of George III*, (London, 1929). 이 외에도 Sir Ronald Syme, *Roman Revolution* (Oxford, 1939). 그리고 R.K. Merton, *Science Technology and Puritanism in the Seventeenth Century England* (Osiris, LV, 1938)이 集團傳記學의 공인에 획기적 공헌을 했다. 특히 내미어의 방법에 따른 전후의 "18세기 영국 정치사" 연구들은 내미어 주식회사(Namier Inc.)라 불릴 정도로 그 문제설정과 방법(case study와 statistical methods)에 있어 흡사하다. L. Stone, *op. cit.*, p. 51.

심을 정치의 근본동기로 본다. 그런 가정 아래 주로 국회의원이나 정부각료의 족보, 교육, 사업, 이해 등을 분석한다.[200] 대중학파는 정치가, 위인이나 엘리트의 결정에 의해서보다 대중여론의 동향에 의해 결정된다고 보고 인간의 욕구는 권력과 부에 의해서만 유용하게 개념 지워질 수 없다고 보는 것이다. 그리고 그들은 정치사보다 사회사에 더 많은 관심을 보였고 보다 넓은 문제를 제기하여 통계학적 방법과 웨버의 이상형적 이해에 호감을 보여왔다.[201]

그러나 집단전기학에도 사료와 해석에 많은 난제가 남아 있다. 예를 들어 집단전기 연구는 관련 사료의 양과 질에 의해 엄격히 제약되고 있다. 대부분의 경우 사료의 부족으로 임의 추출 조사(random sampling)를 하게 되는데 단편적 자료에 의거한 연구는 전체의 경향을 과장하기 쉽다. 특히 한 사회집단의 신분적·교육적 상향 사회이동(upward mobility)을 왜곡하는 경향이 짙은 것이다. 또 사회 신분이 낮은 집단일수록 그 사료가 빈약한 법이므로 집단전기학은 자연 그 연구 대상을 관리, 장성, 고급성직자, 지식인, 법관, 의사, 실업가 등 고위 신분범주(high status categories)의 성원에 국한하게 된다.[202]

셋째로, 인간생활의 어떤 면에 대한 사료는 많은데 다른 면에 대해서는 아주 없는 경우가 많다. 가장 잘 보존되어 내려오는 사료는 재산관계의 기록이다. 그러나 재산관계 이외에도 중요한 생활 국면이 많다. 역사가들이 인간을 경제인(homo economicus)으로 다루기 쉬운 편향은 바로 이러한 사료상의 편중과도 관련이 있는 것이다.[203]

집단전기학에 있어서 가장 위험스러운 일은 분류 방법에서 일어나는 오류이다. 가령 어떤 사람을 어떤 신분범주에다 넣으며, 또 어떤 계급범주나 직업범주 또는 권력범주에다 넣느냐 하는 문제는 매우 어려운 문제이며 그 구분의 기준을 어떻게 세우느냐에 따라서 연구 결과가 크게 달라지기도 하는 것이다.[204]

이상과 같은 사료의 인증과 분류에 오류가 없었다고 하더라도 해석에 큰 과오를 범하는 경우가 있다. 예를 들어 그리어의 자코뱅 연구[205]에서 공포정

200) L. Stone, *ibid.*, p. 47.
201) *Ibid.*, p. 48.
202) *Ibid.*, p. 58.
203) *Ibid.*, p. 59.
204) *Ibid.*, p. 60.

치의 희생자를 조사한 결과 귀족보다 도리어 부르조아나 농민층이 많았다는 결론을 얻었으나 귀족이 전체 인구에서 차지하는 비율이 적으니까 귀족 희생자가 적었다고 해석할 수 있다. 말하자면 귀족은 공포정치 하에서 부르조아나 농민보다 몇 배나 더 죽음을 당했다고도 볼 수 있는 것이다.[206] 전체와 부분의 관계를 무시함으로써 일어나는 오류의 실례로서는 트레버 로퍼(Trevor Roper)의 《젠트리 연구》[207]를 들 수 있다. 로파는 1640년대 말과 50년대 초에 권력을 쟁취한 사람들이 영국 혁명 전에 영국을 지배했던 부유한 토지 귀족이 아니라 중앙이나 지방에서 전혀 영향력이 없었던 가난한 단순 젠트리(poor gentry or mere gentry)였다고 주장했다. 그리하여 그는 영국 혁명을 일으킨 계층을 하향 이동적 단순 젠트리(down wardly mobile mere gentry)라 단정했던 것이다. 그러나 실제에 있어서 북서부의 단순 젠트리의 대다수가 찰스 왕을 위해 싸운 근왕적 민중이었으며 크롬웰을 지지한 독립파 젠트리는 비전형적 소수자에 불과하였으며 다분히 종교적 확신에서 그들과 같은 계급의 다수자와 대립된 사람들이었던 것이다.[208]

Ⅷ. 새로운 지성사

1. 낡은 사상사

정치사 중심의 역사학이 벽에 부딪치자 이미 말한 바와 같이 문화사와 사상사에 대한 연구가 활발해지기 시작하였다. 인간의 사상과 관념이 역사에 작용하는 힘을 과소평가하게 된 데에는 두 가지 이유가 있었다. 그 하나는 랑케 사학이 남긴 정치외교사 중심의 역사서술이고, 다른 하나는 마르크스주의 역사관이었다. 후자는 헤겔의 관념론적 역사관을 뒤집고 관념과 이념을 물질적 제 기초의 단순한 반영으로 규정하고 말았다. 이리하여 관념적

---

205) D. Greer, *The Incidence of the Terro During the French Revolution*: A Statistical Interpretation, 3rd (ed.) (Camb. Mass., 1964).

206) L. Stone, *op. cit.*, p. 61.

207) H.R. Trevor-Roper, *The Gentry, 1540~1604* (Economic History Review Supplement, 1953).

208) L. Stone, *op. cit.*, p. 62.

실재가 현상적 세계의 근저에 누워있다는 헤겔식의 시대정신(Zeistgeist)관을 허공에 뜬 구름으로 만들었다.

그러므로 사상사 연구의 시작은 랑케 사학 및 마르크스주의 역사관의 비판과 때를 같이하고 있다. 19세기 말에 일기 시작한 이 같은 비판의 선구자는 앞에서 누누이 말한 바와 같이 크로체(Benedetto Croce)와 딜타이였고, 그가 현대 사상사 연구의 기초를 닦았던 것이다. 딜타이의 이른바 '사회의 철학적 연구'라는 새로운 교의(敎義)는 마이네케(Meinecke)로 전승되어 사상사의 현대적 전통이 새로 확립되기에 이르렀다.[209]

마이네케는 그의 3부작 중의 첫 저서인 《세계시민과 국민국가》(*Weltbürgertum und Nationalstaat*, 1908)에서 정치사를 '정신적 제 세력의 역사'로 규정하는 데 성공하였다. 그는 독일 민족주의의 발전에 끼친 시인, 문장가 그리고 철학자들의 사상적 영향을 추적하고 이들의 사상이 독일 통일을 달성한 정치가들의 정신에 어떻게 반영되었는가를 밝혔다.[210] 마이네케의 '세계시민'에 영향을 받은 트웰치(Eernst Troeltsch)와 웨버의 연구도 사회·경제사에 끼치는 종교적 요인의 역작용을 밝힌 논문들이었다.[211]

한편 미국에서는 20세기 초 '뉴 히스토리'로 잘 알려진 로빈슨(J.H. Robinson)이 처음으로 지성사(intellectual history) 강의를 개설하여 그에게 사사한 비어드, 베카, 반스(Elmer Barns) 등에게 큰 영향을 주었다.[212]

2. 새로운 지성사의 특징

이처럼 사상사 연구는 이미 19세기 말에서 비롯되어 철학사, 문학사, 법률학사, 경제학사, 사학사와 같은 각 분야를 연구한다든지 또 대학사를 연구한다든지 하는 여러 가지 형태로 그 모습을 드러냈다. 또 사상사 연구는 주로

---

209) H.S. Hughes, *Consciousness and Society*, p. 200. 박성수 역, 《의식과 사회》, 삼영사 참조.

210) *Ibid.*, p. 234. Meinecke의 3부작과 그 밖의 둘은 *Die Idee der Staaträson in der neueren Geschichte* (1924) 그리고, *Die deutsche Katastorophe* (1946), (이광주 역, 《獨逸의 悲劇》(正音文庫)이다.

211) Felix Gilbert, *Intellectual History: its Aims and Methods*, Daedalus (Winter, 1971) *Historical Studies Today*, p. 82.

212) J.H. Robinson, *Some Reflections on Intellectual History*, in the New History (New York, 1912), pp. 101~131. Thorndike와 민족주의 연구로 유명한 Carlton Hayes도 여기에 추가되어야 할 것이다.

단일한 국가의 사상사를 다루기도 했지만 가령 18세기 계몽사상을 다루듯 유럽 전체의 사상경향을 다루기도 했고 '사상과 행동과의 관계의 문제'를 다루기도 했다.213)

그러나 지성사란 그 용어 자체가 미국 역사학계에 특유한 것으로《옥스퍼드 영어사전》(*Oxford English Dictionary*)에도 나오지 않는 단어이다. 또 유명한《케임브리지 근대사》(*Cambridge Modern History*)에도 '지성사'라는 이름의 장이 없으며, 단지 '지적 제 경향'(intellectual tendencies)이란 용어가 나올 뿐이다.214) 하물며 프랑스나 독일, 이탈리아에서 지성사란 용어가 쓰일 리 만무했다. 특히 독일에서는 정신사(Geistesgeschichte) 또는 사상사(Ideengeschichte)란 말이 사용되고 있다.215)

그러면 미국 사학계에 특유한 지성사란 어떤 특징을 가지고 있는가? 브린튼은 지성사의 특징을

> 철학자들, 지식인들, 사상가들의 사상사와 문명의 과업을 수행하는 수백만의 사람들의 현실적 생활양식과의 여러 가지 관계를 찾아내려는 역사학이다.

라고 개념 지었다.216) 그는 또 지성사가 단순한 철학사가 아님을 강조하고 어느 철학자에 대해서나 충분히 그 사상 전체를 다루려 하기보다 다만 어떤 철학자의 저작 가운데서 지식계급의 사상 경향에 영향을 끼친 부분만을 다루려 한다고 말하고 있다. 사머벨(D.C. Samervell)의 구별을 따른다면 지성사는 사상의 역사가 아니라 의견의 역사인 것이다.217)

지성사의 특징은 이처럼 사상의 형식과 내용 그 자체보다도 이념과 利害의 관계, 행동에 끼친 사상의 영향, 지적 제 태도와 사회적 측면과의 관련 등을 다루는 데 있는 것이다.218)

그러므로 지성사는 반드시 거물급 사상가의 철학이나 학문에 집착하지 않

---

213) F. Gilbert, *op. cit.*, pp. 81~82.

214) *Ibid.*, p. 80.

215) *Ibid.*, p. 81.

216) C. Brinton, *The Shaping of Modern Thought*, 최명관 역,《現代思想의 形成》(上)(乙酉文庫) p. 18.

217) *Ibid.*, p. 16.

218) F. Gilbert, *op. cit.*, p. 89.

고 도리어 사회적 영향력이 강한 대가 아닌 소가(小家)들의 잡저(雜著)에 더 많은 관심을 표명하고 있는 것이다.

이러한 지성사적 관심에서 사상사를 엮은 사람은 밀러(Perry Miller)였다. 그는《뉴 잉글랜드 정신사》(*New England Mind*, 1941)란 무명 저서에서 트렐치가《기독교교회의 사회교육》에서 시도한 바와 똑같이 종교적 신앙과 태도가 사회생활과 행동에 끼치는 영향이 무엇인가를 분석했다.[219]

고스맨(Lionel Gossman)은 최근 그의《계몽사상의 중세적 이데올로기》(*Medieval Ideologies of the Enlightenment*, 1968)에서 계몽 사상가들의 사상교류의 현장인 '아카데미와 살롱'(academies and salons)이 그들의 연구 형식과 내용을 결정하는데 얼마나 큰 영향을 끼치고 있는가를 분석하였다.

고스맨은 학문과 사상생활의 발전에 있어서 학자 상호간의 지적 교류가 결정적 중요성을 갖고 있다는 사실을 보여 준 것이다.[220]

샤보드(Federico Chabod)는 개인의 사상이 집단적 사고에 끼치는 영향을 분석해 주고 있다. 즉, 그는 그의《이태리 정치사 1870~1896년》(*Storia della politica estera Haliana dal 1870 al 1896*, 1951)에서 통일기의 이탈리아 각 사회계층이 각기 판이한 정치적 관심을 가지고 있었음을 밝혀 주고 사회여론 형성에서 이탈리아 정치 지도자들이 차지한 지위를 평가하였다.[221]

이처럼 최근의 지성사 연구는 사상의 내적 상호관련 구조(interconnected structure of thought), 학문 발전의 내적 추진요인(internal self-propelling factors), 지적 소산의 성격결정에 끼치는 지식교류의 중요성 그리고 특출한 개인을 넘어서서 모든 사회계층으로까지 그 분석대상을 넓히려는 충동 등을 특징으로 하고 있었다. 이 같은 지성사 연구의 추세로 인하여 지성사는 다른 역사 연구의 분야 특히 사회사와의 긴밀한 연계가 요청되고 있는 것이다.[222]

---

219) *Ibid.*, p. 82.
220) *Ibid.*, p. 83.
221) *Ibid.*, p. 84.
222) *Ibid.*, p. 92~94.

제 3 절
새로운 역사학의 특징

Ⅰ. 실증주의의 붕괴

1. 랑케 사학과 실증주의

새로운 역사학은 랑케의 실증주의 역사학을 비판하는 것으로 시작되었다. 이미 설명한 바와 같이 오늘의 역사학은, 크게 낡은 실증주의 역사학과 새로운 역사학으로 둘로 나눌 수 있다. 전자는 19세기 초 독일의 랑케에 의해 성립되었으나 늙은 역사학이란 이름으로 불리우고 있고, 후자는 20세기 그것도 70,80년대에 이르러서야 성립된 새로운 역사학이다.

랑케의 역사학을 지금은 낡은 구사학(舊史學)이라 하는데 그 특징을 간단히 요약하기란 쉽지 않다. 굳이 설명하라면 랑케의 역사학이란 역사의 객관적 진실이 무엇인가를 밝힐 수 있다고 믿는 역사학이라 할 수 있다. 한마디로 말해서 역사적 진실을 밝힐 수 있다고 믿는 청순한 역사학을 랑케 사학 또는 실증주의 역사학이라 할 수 있는 것이다. 랑케의 다음 말은 실증사학의 금언이었다.

> 지난날의 역사학은 과거를 비판하고 장래에 유익하도록 선도해주는 따위의 과분한 기능을 역사에 기대해 왔다. 그러나 나는 그런 허황한 기능을 믿지 않을 것이며 시도하지도 않을 것이다. 나는 "단지 그것이 원래 어떻게 있었는가."를 보여주려고 할 뿐이다.

이 말은 구래의 역사 철학과 역사 신학에 대한 비판이면서도 역사학의 과학성을 강조한 명언이다. 나는 "단지 그것이 원래 어떻게 있었는가를 보여주고자 할 뿐이다." 겸손하고 어렵지 않은 이야기 같은데 사실 그것은 오만하고 어려운 말이었다. 그래서 랑케는 "이것이 얼마나 어려운 일인가를 잘 알고 있으나 다음 세 가지만 지키면 실현가능하다"고 믿는다고 하였다.

> 첫째 사료를 비판적으로 연구하고, 둘째 역사를 편견이 없는 눈[史眼]으로 보고, 셋째 역사를 객관적으로만 서술한다면 역사의 진실은 반드시 밝혀진다.

그러나 아무리 사료를 비판적으로 연구하더라도, 첫째 그 사료 속에 이미 필자의 편견이 들어 있는 것이다. 둘째 역사가가 편견 없는 눈을 갖기란 거의 불가능한 것이다. 셋째 객관적으로 서술한다는 것도 쉽지 않다. 그러므로 역사적 진실이란 그렇게 쉽게 포착되는 것이 아니다. 역사가가 아무리 정직하고 당파성이 없다 하더라도 역사의 진실을 밝히기가 쉽지 않다는 사실을 이미 랑케 자신이 입증하고 말았다.

그는 당시 철저한 보수주의자였다. 특히 그는 1830년의 7월 혁명 후 민주헌법을 요구하는 독일 민중을 저버리고 프러시아 군주주의 편을 들었다. 결국 랑케의 역사학은 보수적인 프로이센을 등에 업고 나타난 역사학, 즉 심하게 말해서 프로이센의 국정 역사학이었던 셈이다.

랑케 사학을 영국에 도입한 사람은 19세기 영국의 역사학자 로드 액튼이었는데 그는 랑케 사학의 특징을 첫째 역사가의 정확성, 초연성이라 했다.

> 우리가 얻은 정보, 즉 사료가 풍부하여야 하고 그보다 더 중요한 것은 정확성이다. 정확성보다 더 중요한 것은 초연성이다. 속세의 혼란과 소란을 초월할 것, 즉 조용한 대기 중에서만 얻을 수 있는 그런 초연성이 필요한 것이다.

도대체 속세를 떠난 조용한 대기 속에서 역사가가 살 수 있을까. 붕어도 너무 맑은 물에서는 살 수 없다고 하는데 역사가도 사람인 이상 속세를 떠날 수 없는 것이 아닌가. 액튼은 또 랑케의 저서 《유럽근대사》를 랑케 자신까지도 말살한 무색중립의 명저라 격찬하였다. 그리고 하는 소리가 "역사는 목적이 없는 연구, 즉 무목적적으로 연구하여야 하고 수학처럼 순수하게 연구되어야 한다."고 하면서 특히 역사에 있어서의 장애물은 정치적 이념과 종교적 신앙이라 했다.

> 이념과 신앙은 정치와 종교에 있어서는 진리이지만 역사에 있어서는

폭력이다.

그래서 그는 만일 성실한 역사가라면 그의 신앙과 이념을 초월하여 로마의 장군 시이저를 설명할 것이고 종교개혁을 일으킨 루터를 똑같이 평가할 것이라고.

모두 옳은 말이다. 그 이상 역사가에게 바랄 것이 없다. 그러나 이 같은 역사가의 계율을 엄수하다가는 액튼과 같은 신세가 되고 말 것이다. 액튼은 생전에 단 한편의 논문도 써내지 못하고 수많은 카드만 남기고 떠났다. 카드는 논문을 쓰기 위해 사료를 정리하는 과정에서 꼭 거쳐야 될 중간단계이다. 사료, 카드 그리고 논문의 3단계를 거치는데 카드는 미완성의 논문이라 할 수 있다.

요즘의 대학 같으면 액튼 같은 교수는 연구업적이 없다하여 무능교수로 몰아 대학에서 추방당하고 말았을 것이다. 그러나 19세기의 대학에서는 교수를 함부로 파면하지 않았다. 액튼은 매우 훌륭한 역사가였다. 그는 늘 동료 교수들에게 '자유의 역사'를 쓴다고 약속했다가 결국은 쓰지 못하고 세상을 떠난 것이다. 그러면 왜 액튼은 단 한편의 논문도 쓰지 못했을까. 그 이유는 그가 너무 열심히 사료를 수집, 정리하여 아는 것이 너무 많았기 때문이다. 사료가 없어도 걱정이지만 정보의 원천인 사료가 너무 많아도 걱정인 것이다. 액튼은 자신이 정리하지도 못하면서 늘 사료의 부족을 느꼈다고 한다. 그러니 논문을 쓸 수 없었던 것이다.

2. 사료와 철학과의 투쟁

역사가는 먼저 사료를 수집하여야 한다. 그 다음에 수집된 사료를 비판하여야 한다. 그리고 마지막에 비판된 사료를 해석하여 서술한다. 이 과정에서 가장 중요한 것은 무엇인가. 물론 모두가 중요하다. 그러나 19세기 전반기의 역사가들은 사료 수집에 전념하였고 19세기 후반기의 역사가들은 수집된 사료를 비판하는데 전념하였다. 그러나 20세기의 역사가들은 사료를 해석하고 기술하는데 전념하였다고 할 수 있다.

사료의 수집은 사실의 발견에 있어서 가장 중요한 작업이다. 역사가에게 사료가 없다면 총 없는 병사와 다름이 없다. 역사 연구의 평가는 새로운 사실의 발견에 의해 결정된다. 그래서 역사가는 영원한 사실의 추구자이다. 그러나 동시에 역사가는 부단히 역사의 재해석에 전념한다. 가령 이순신 하면 이순신이 누구인지 하는 인상이 떠오르는데 그것이 하루아침에 이루어진 이미지가 아니라 많은 역사가들의 연구와 재해석의 결과인 것이다.

실증주의에 있어서의 사료의 중요성은 거의 절대적이다. 역사가에게 있어 연구의 태반은 사료의 수집과 비판에 소모된다. 이것을 역사가의 사료와의 투쟁이라 할 수 있다. 이 투쟁에 있어서는 무한한 인내심이 요구되며 근면성 또한 요구된다. 아무리 참을성이 있는 사람이라도 단조롭고 지루한 나날을 어두운 연구실에서 사료와 씨름하기란 쉬운 일이 아니다. 어느 때는 이것은 인생의 낭비가 아닌가 싶을 때도 있다.

더욱이 사료는 절대적인 존재여서 가감을 절대 허락하지 않는다. 이것이 문학가와 다른 점이다. 사료의 부족한 점을 경솔하게 복원하는 것은 절대 금물이다. 또한 함부로 가설을 세워 사료의 부족한 점을 메우는 일도 용서하지 않는다. 사료에는 많은 구멍이 나 있는데 이 공백에 대해서는 솔직히 모른다고 해야지 아는 척 해서는 안 된다.

역사가는 사료를 존중하여야 한다. 사료를 떠나서 사실과 너무 멀리 떨어져가는 추론(推論)은 금물이다. 그것은 추측과 같은 것으로 비과학적이다. 역사가는 사실에서 떨어져 나가 논리적이고 인위적인 작업에 몰두해서는 안 된다. 만일 추론한다손 치더라도 사실에 밀착시켜야 한다.

따라서 실증주의 역사학에서 가장 터부시한 것은 일반화이다. 일반화는 역사학에서 엄격히 제한되고 있다. 추론과 일반화를 너무 쉽게 하는 학문은 철학이다. 분석과 종합은 어느 학문에서나 필수적이지만 역사학에 있어서만은 신중하여야 한다. 먼저 개개의 문제를 개개의 논문(monograph)으로 발표하고 그것들을 모아서 비로소 종합단계에 이른다.

이처럼 역사학자들은 종합보다 분석을, 개념보다 사실을, 일반화보다 특수화를 중시하는 습성을 당연시하고 있다. 이 때문에 역사학자들은 사실보다 일반화를 중시하는 철학자들을 특히 싫어하였다. 역사가들 가운데 철학적 시도를 하는 학자를 철학적 역사가라 하여 이단시하였다. 역사가이면서 철학자연하는 사람을 보고 그들을 역사의 모기장 밖으로 추방하였다. 그 대표적인 학자가 토인비였다. 일반 역사가들은 토인비의 《역사의 연구》를 읽고 아연실색하였다. 이건 형이상학적 역사학(metahistory)이 아닌가. 많은 사실들을 수집하고 분석하였으나 토인비는 역사의 거시적인 조감을 통해 역사의 종점까지 시사하려들지 않았는가. 이래서는 안 된다. 너무 건방지다는 것이었다.

그러나 토인비는 반박하기를 "이 초음속과 핵분열 시대에 역사가들은 기차가 있는 것을 모르고 우마차가 있는 것조차 모르고 있다"고 야유하였다. 토인비의 거시적인 안목에서 볼 때 실증주의 사학자들은 현미경만 들여다보고 있는 사람같이 보였던 것이다. 토인비는 실증주의 사학자들이 사실의 편집자(compiler of facts)요 역사의 기술자(technician of history)의 후예들로 보였던 것이다. 한 토인비 옹호론자는 이렇게 말한다.

> 토인비를 욕하는 사람들은 아무런 신념도 없이 연구실에 틀어박혀 있던 역사 기술자들의 후예이다. 역사가들은 과거를 소중한 물건들이 아무렇게나 쌓여있는 창고라 생각하고 자기들은 그 안에 있는 것처럼 착각하고 있다.

그렇다, 실증주의 사학자들은 자신을 역사적 사실들을 모아서 '사실의 창고'속에 집어넣는 노동자라 생각했다. 되도록 많은 물건을 창고에 넣고 그들이 정리해 놓으면 일면식도 없는 다른 사람들이 와서 사갈 터이니까 그것으로 족하다는 것이다.

영국에서 먼저 실증주의 역사학에 대한 불만이 나온 것은 아니다. 가장 늦었다고도 할 수 있다. 사료 속에 파묻혀 지낸 내미어(Namier)가 역사가로서는 가장 일찍이 불만을 털어냈으나 시인 엘리오트(T.S. Eliot)의 시론에서 혹독한 비난이 나왔다.

> 역사의식이란 과거의 과거성(pastness of past)을 인식하는데 그치지 않고 과거의 현재성(presence of past)을 인식하는 것이다.

과거의 과거성과 과거의 현재성 어느 것이 더 중요한가. 답은 두 가지로 나온다. 하나는 과거는 그 과거성을 밝히는 것으로 족하다는 답이고, 다른 하나는 과거의 과거성만이 아니라 그 현재성을 밝힐 때 비로소 역사 연구의 가치가 있다는 답이다. 앞의 것이 실증주의 사학자의 답이요, 후자가 새로운 역사학자의 답이다.

어떤 학문도 현재와 전혀 무관한 학문은 없을 것이다. 역사학은 과거를 다루는 학문이기 때문에 현재와는 무관하다고 생각하겠지만 그렇지 않다. 역사학자들의 작업에 의문을 던진 사람 가운데 유명한 작가 톨스토이가 있었다. 그는 당시의 구사학자들을 야유하기를 "아무도 묻지 않는 물음에 혼자 대답하는 귀머거리"가 바로 역사가라고 하였다. 그러면 역사가에게 요청되는 것은 무엇인가.

그것은 전진하는 역사가 끊임없이 제기하는 현재와 미래에 대해 과거가 어떻게 관련되는가 하는 의문에 대답하는 것이다. 만일 이런 의문에 역사가가 대답하지 않는다면 대중은 다른 사람에게 가서 질문할 것이다.

아무도 묻지 않았는데 혼자 자문자답하는 사람이라면 정신이상자가 아닌가. 톨스토이는 역사가를 정신이상자라고 욕한 것이다. 그러나 역사가들은 톨스토이가 말한 대로 현재와 미래에 대한 과거의 대답에 응답하지 않고 현재와 미래에 관련이 있건 말건 과거 그 자체의 이야기에만 몰두하여 온 것이다.

역사가는 왜 사실에만 집착할까. 그 첫째 이유는 실증주의적 전통에서 벗어나지 못했기 때문이다. 사실에만 집착할 때 독창적인 사고가 장애를 받는다. 사실을 얼마나 많이 아는가. 얼마나 많이 기억하고 있는가 하는 문제는 기억력의 문제이다. 학교에서 일등한 사람이 사회에 나아가 일등하지 못하는 이유는 독창적인 사고가 없기 때문이다. TV에서 고등학교 학생을 상대로 한 '골든벨'이란 프로가 있다. 이거야 말로 기억력의 테스트지 사고력의 테스트가 아니다. 많이 안다는 것과 깊이 안다는 것은 다르다.

소유와 존재로 잘 알려진 에리히 프롬(Elich Fromm)은 사실에 관한 지식을 강조하는 것은 독창적인 사고를 가로막는 요인이 된다고 강조하였다.

> 보다 많은 사실을 알면 알수록 진실에 도달한다고 생각하는 가엾은 미신이 지배하고 있다. 많이 알면 알수록 거기에 정력이 소모되어 다른 것을 생각할 여유가 없다. 확실히 사실이 없는 사고는 공허하다. 그러나 사실에 관한 정보만으로는 정보가 없는 거나 마찬가지이다. 그것은 오히려 사고(생각)에 장애가 된다.

옛날에는 역사를 달달 외는 과목으로 알았다. 역사는 날짜와 사건으로 가득 찼기 때문이다. 역사 시간에는 연도와 이름, 사건과 책명 등을 외우는 것으로 시간을 보내는 것이 일과의 전부였다. 이런 역사를 미국에서는 '날짜와 사실의 역사'(date and fact history)라 했다. 일명 직선적 역사(strait history)라고도 했는데 이는 "재미없는 역사"란 말과 동의어였다. 역사는 생각하는 학문이 아니라 기억하는 학문으로 이해하였기 때문이다.

그럼으로 역사를 생각한다는 것은 엄두도 못 냈었다. 많이 아는 것(much-knowing)과 깊이 아는 것(deep-knowing)은 다르다. 많이 알기 위해서는 암기가 제일이다. 그러나 깊이 알기 위해서는 암기력만으로 안 되는 것이다. 역사를 생각하여야 한다.

Ⅱ. 새로운 역사학의 성립

1. 새로운 역사학의 독립선언

1950년은 바로 우리나라에 6·25남침이 일어났던 해이다. 《미국사학잡지(American Historical Review)》에 당시로서는 이색적인 논문이 한 편 실렸으니 데스틀러의 <현대 역사 이론에 대한 약간의 새 의견>이란 논문이다.

> 대다수의 역사가들은 아직도 랑케의 기본개념이라 할 '객관성의 이상'에 집착하고 있다. 그러나 세계는 지금 그칠 줄 모르는 위기에 처해 있고 그로 인한 불안이 증대하고 있다. 역사학은 이 불안에 무엇인가 기여하여야 할 것이다. 그러나 대다수의 역사가들은 여전히 현재적인 문제에 관심이 없고 과거사 연구에 몰두하고 있다.

데스틀러에 따르면 미국의 역사가들은 세상이 변하고 위기에 처해 있다고 하는데 전혀 현재적인 관심이 없이 과거사 연구에 골몰하고 있다는 것이다. 《미국사학잡지》라면 적어도 역사 학계에 있어서는 기존의 방법과 이론을 존중하는, 보수적인 학술잡지인데 이런 도발적인 논문이 실렸다는 것은 이미 상당한 정도로 역사학의 혁명이 진행되고 있었다는 사실을 전제로 한 발표라 할 수 있다.

3년 뒤인 1953년 미국에서는 역사학과 사회과학과의 연계문제를 가지고 학술토론회가 열렸다. 여기서 오스카 핸들린이 미국의 일반 역사가들을 다음과 같이 비판하였다. 첫째 그들은 역사 연구에 반드시 역사가의 주관이 개입된다는 사실을 인정한다. 그럼으로 완전한 객관적 진실에 도달하기 어렵다는 것을 시인하다. 그러나 둘째로 역사에 법칙성은 없다고 부정한다.

여기서 역사가들은 철학자들의 역사 인식론에서 거론된 문제에 대하여 솔직히 긍정한 것을 알 수 있다. 즉, 역사가의 주관 때문에 객관적인 진실에 도달하기 어렵다는 점에 대해서는 고개를 끄덕인 것이다. 그러나 역사적 사실의 계기(繼起)에 법칙성이 있다는 사회과학자들의 주장에 대해서는 수긍하지 않았던 것이다.

역사가들의 사실에 대한 애착은 이처럼 철저하였다. 역사에는 주관적인 역사가 있지만 객관적 사실의 틀 또한 실재한다는 것이다. 객관적 사실이 없다면 주관적인 역사가 있을 수 없는 것이 아닌가. 역사는 이미 일어난 사실인데 이것을 부정할 수 없는 것이 아닌가. 역사는 무엇인가 의미를 갖고 있는 것이므로 사실의 제시만으로 부족하다. 의미를 해석해 주어야 한다. 그러나 그 해석은 사변적인 것이라 역사적 사실이 우선되어야 한다.

데스틀러의 글이 실린 뒤 16년이 지난 1966년에 또 다시 비판적인 글이 《미국사학잡지》에 실렸으니 계량사학으로 유명한 에이들로트(W.O. Aydelotte)의 논문이었다. 그는 매우 선언적인 문구를 썼는데 역사학에 단 하나의 방법이 있던 시대- 물론 그런 시대는 없었으나 만일 있었다면- 그런 시대는 이미 갔다고 했다. 그리고

> 역사는 역사가가 무엇을 어떻게 써주느냐에 따라 그 내용이 달라지는 것이다. 새로운 방법과 가치가 도입되어 일대 격동기에 있는 역사학으로서는 오로지 역사가의 손에 따라 역사의 내용이 달라지고 있는 것이다.

고 선언하였다.

16년 전의 데스틀러가 한 말에 비하면 그 사이에 역사 연구에 일종의 혁명이 진행되었던 것을 알 수 있다. 같은 해 영국에서도 한 교수가 영국 사학계의 현황에 대한 불만을 털어놓았다. 이 논문은 영국 사학자들이 아직도 19세기의 실증주의와 발전사관(진보사관)을 그대로 고수하고 있다는 내용이었다.

> 지금 우리는 역사가 발전한다는 19세기적인 진보사관에 대신하는 새로운 역사관이 요청되고 있다. 그러나 영국의 역사가들은 역사를 진보로만 체계화하려는 묵은 역사관을 버리지 못하고 있다. 모든 역사는

> 현대사이다라는 철학자들의 주장에 동의하면서도 여전히 그들은 객관적인 역사가 그 자체로서 존재한다고 믿고 모든 시대가 제 나름의 고유한 특성을 갖고 있다는 이론을 믿고 있는 것이다.

이 말은 1966년의《미국사학잡지》에 실린 그의 논문에서 한 말로서 지금 같으면 놀라운 말이 아니지만 당시만 하여도 도발적인 한 마디였다. 당시 역사학에는 단 하나의 유일한 역사학, 즉 랑케의 역사학이 있었을 뿐이기 때문이다.

20세기는 인류역사상 최대의 재앙을 낳은 세기였다. 두 차례 세계대전이 바로 그 범인이다. 이 재앙은 앞을 보지 않고 내달린 19세기의 열차가 과속으로 탈선하여 뒤집혀진 일대 교통사고이었다. 서구 열강은 저들의 역사가 무한히 진보의 궤도를 달려가는 줄로 착각하였다. 진보의 원리는 19세기 서양문명에 생기를 넣어주었다(J.B. Bury). 그러나 20세기에 들어서면서 진보의 개념은 잔설이 봄빛에 녹아 없어지듯 깨끗이 사라지고 말았다. 그 대신 역사는 문명의 몰락이라는 자연적 과정이 포함되어 있다는 사실을 강조하는 몰락설이 등장하였다. 쉬펭글러, 토인비, 버터필드는 20세기를 역사상 가장 엄한 하늘의 심판이 내린 시대라 했다. 그러나 그것은 죄 없는 6백만 유태인에게 내렸으니 20세기의 비극은 인간악 하나로 설명할 수 없는 것이다.

2. 새로운 역사학의 제1세대

최근 30년 사이에 역사학 주제가 바뀌고 연구영역이 크게 확대되었다. 종래의 실증주의 역사학에서는 압도적으로 정치사 중심이었다. 따라서 정치권력의 추이와 체제의 변천을 다루는 국가사(national history)가 주된 내용이었다. 그러나 1970년대를 전후하여 등장한 새로운 역사학(new history)은 그 주제와 영역을 확대하여 국경을 넘고 세계사로 뻗었으며 좁은 정치사 밖으로 뻗어 사회사와 문화사로 변모하였다. 이들 문화사와 사회사는 전통적인 역사와는 다른 방법과 이론으로 무장하였기 때문에 새로운 사회사(new social history) 내지 새로운 문화사(new cultural history)라 부르게 되었다.

새로운 사회사는 이제 경제사와 분리 독립하여 독자의 주제를 갖게 되었으니 그 분야가 넓다. 가령 역사인구학, 노동사, 도시사, 농촌사 등이 그것이다. 사회사와 붙어있던 경제사도 생산보다 소비의 역사에 관심이 기울어져 사회사와 문화사와 구별하기 어려운 학문이 되고 말았다. 광고사도 새로운 경제사의 한 분야가 되었는데 이 분야는 경제사와 정보전달사의 두 영역에 걸쳐 있어 학제간 연구로 변하고 있는 것이다. 반면 경제사는 또 생태사와 환경사라는 새로운 분야에 의해 침식당하고 있으니 일찍이 보지 못했던 사태이다.

정치사의 경우도 편안하지 않다. 종래의 낡은 정치사에서는 중앙정부의 국정수준의 정치에만 관심이 집중되어 지방의 풀뿌리 정치에 대해서는 무관심하였다. 그러나 이제는 지방자치단체의 시대가 되어 중앙의 정치보다 지방의 풀뿌리 정치에 보다 많은 관심을 갖게 되었으니 정치사는 크게 상층학파와 하층학파로 갈리었다. 이처럼 새로운 역사학은 밖으로 전통적인 학과(學科)의 장벽을 넘어서 남의 영역을 침범해 들어가는가 하면 안으로도 여러 갈래로 세분화되어 분열양상을 보이고 있는 것이다.

역사학의 이 같은 변화, 즉 낡은 역사학에서 새로운 역사학으로의 이행(移行)에는 그 나름의 배경과 사연이 있었다.

첫째로 현대 역사학의 변화는 20세기 말의 세계적인 사회변화와 밀접히 관련되어있었다. 한마디로 말해서 오랜 산업화 시대가 가고 탈산업화 내지는 정보화 시대가 도래하여 전통적인 역사학으로서는 도저히 새로운 역사의 수요에 부응할 수 없다 하여 등을 돌렸던 것이다. 이리하여 더 이상 구태의 연한 정치사를 가지고서는 지탱하기 어렵다고 생각하여 새로운 역사학이란 이름을 걸고 변신을 결심하였던 것이다.

둘째로 역사학을 비롯한 인문과학 전반에 걸쳐 일어난 인기하락이 역사학의 변화를 부추겼다. 역사학이 학문으로서의 위상이 급격히 떨어지면서 학계와 일반 독서계에서 동시에 밀려나게 되었다. 그러다가 1950년대 이후부터는 그것이 심각한 위기로 변하여 역사학계가 더 이상 버틸 수 없다고 판단하게 된 것이다. 이렇게 해서 일련의 젊은 역사가들이 새로운 역사학이라는 기치를 높이 들고 궐기하였으니 새로운 역사학은 역사학의 생존을 위한 자기 개혁이었던 것이다.

이러한 개혁으로 인하여 학교교육이나 사회언론이 역사학에 비상한 관심을 보이기 시작하였고 프랑스 역사학계에서는 한때 이것을 역사학의 폭발(explosion of history)이라 하면서 기뻐하였다. 이처럼 새로운 역사학은 프랑스에서 가장 먼저 시작되었기 때문에 일명 새로운 역사학을 프랑스 사학이라고도 한다. 낡은 역사학이 독일의 역사학이었다면 새로운 역사학은 프랑스 역사학이었던 것이다. 낡은 역사학에 있어서는 독일이 선진국이었으나 새로운 역사학에 있어서는 프랑스가 단연 선진국으로 부상하였다.

프랑스의 새로운 역사학은 1970년대에 일어나 80년대까지 전성기를 맞이하게 되었으나 혁명의 불씨는 그보다 훨씬 전인 1930년대 그러니까 아직 제2차 세계대전이 일어나기 이전에 프랑스에서 일어났던 것이다. 이름을 연보학파 또는 아날르 학파라 부른 새로운 역사학이 고고의 소리를 올렸던 것이다. 아날르 학파가 새로운 역사학의 모태였던 셈인데 이 학파의 대표적인 역사학자로 두 사람을 들 수 있다. 그 하나가 르시앙 페브르(Lucien Febre)요 다른 한 사람이 마르크 블록(Marc Bloch)이었다. 이 두 사람이 1929년에 잡지 '아날르'를 발간함으로서 이름을 아날르 학파라 불렀고 그 제자들이 스승의 유지를 받들었던 것이다. 이 두 사람을 아날르 학파의 대부 또는 새로운 역사학의 제1세대라 하며 그 직계 제자인 브로델 같은 사람을 제2세대라 한다. 지금은 브로델조차 원로가 되고 젊은 제3세대가 활동하고 있다.

3. 새로운 역사학의 특징과 분야

새로운 역사학은 말하자면 현대 역사학의 첨단 분야라 할 수 있다. 그러면 새로운 역사학이란 도대체 무엇인가. 이 물음에 대해 피터 바아크(Peter Burke)는 그의 《역사서술의 새로운 전망》(*New Perspectives on Historical Writing*, Polity Press 1991)에서 다음과 같이 설명하고 있다.

최근 30년 사이에 역사가의 세계는 눈부실 정도의 속도로 확대되었다. 19세기에는 국가사(national history)가 지배적이었으나 이제는 세계사와 지방사가 서로 경쟁상태에 있다. 지방사는 과거 순전히 아마추어 사학자에게 일임되고 있었다.

이러한 변화는 이미 오래전부터 예고되고 있었다. 니체는 이미 오래 전에 역사의 과학성을 의심하는 글을 썼었다. 그러다가 최근에 이르러서는 인간은 과연 역사를 갖는가 하는 의문까지 제기하게 되었다. 역사란 현재라는 장막을 통과하는 순간부터 과거가 되어 있는 그대로의 모습을 상실하고 마는 것이다. 한번 지나간 과거는 절대 돌아오지 않는다. 그러므로 인간은 역사를 가질 수 없는 것이다.

역사가는 잃어버린 과거를 되찾아 주는 마술사인데 과연 그가 제대로 과거를 재생시켜 주었던가. 아니 즉, 첫째 역사적 지식의 객관성, 둘째 역사 연구의 가치자유, 셋째 역사 발전의 연속성 등에 대해 계속 의문이 제기되어 이제는 지칠대로 지쳤다. 그래서 역사와 신화, 역사와 시, 역사와 이데올로기 사이의 경계선이 모호한 것이 밝혀져 한층 더 역사가의 작품에 의문이 더하게 되었던 것이다.

역사가들의 과학적 가설과 이론은 사실의 관찰에서 얻어지는 결과가 아니라 가설을 발명하기 위해 역사가가 만들어낸 것이라는 사실에 오늘날 모든 역사 철학자들이 합의하고 있다. 쉬펭글러는 수학을 포함해서 모든 과학은 특정한 문화의 상징을 나타내는 것이라고 주장하였다. 카알 포퍼는 모든 역사는 신화라고 갈파하였다. 레비 스트로스도 역사는 그것이 그 속에서 쓰인 문화와 시대를 위해서만 명증성을 갖는다고 고발했다.

그러나 이러한 맹공에도 불구하고 역사의 현실인 실제적 과거를 재구성하고 번역하여야 한다는 역사가의 집념에는 변함이 없는 것이다. 역사가는 여전히 잃어버린 과거를 재생하고 재구성할 책무를 지고 있는 것이다. 이것이 바로 새로운 역사학이 성립된 배경이요 동기라 할 수 있다.

필자가 1975년 불의의 재임용 탈락으로 2년에 걸쳐 이 책의 원고를 완성한 뒤, 고된 현실에서 도피하기도 할 겸, 동유럽의 루마니아의 수도, 부카레스트(부끄레쉬티)에서 열린 제15회 역사과학국제학술회의(XVe Congrès International des Sciences Historiques Bucarest, 10-17 aout 1980)에 참가하였다. 역사학자라면 한번은 꼭 가보아야 한다는 세계역사학자대회였기에 만사를 제쳐 놓고 가보기로 했다. 다행히 이 국제회의는 프랑스사학자들이 주도하고 있었다. 그러나 아직 동서냉전이 한창인 때라 입국수속이 번거로웠고 공산주의 국가가 이렇게도 가난한가 하는 것도 그 때 처음 눈으로 확인하고 놀랐다. 그러나 막스 웨버의 손자라는 젊은이도 만나보고 북한의 김석형씨 얼굴도 보았으니 보람은 있었다.

지금도 그때 받은 대회 발표보고서 3권이 서가에 꽂혀 있는데 그 대주제가 다름 아닌 새로운 역사학이었다. 특히 기억에 남는 것은 여성사(History of women)와 구술사(Oral history)였다. 그리고 소위 해외사(Overseas history)라는 것이 있었다. 해외사라 하지만 알고 보니 서유럽에서 볼 때의 해외의 역사였다. 쉽게 말해서 이전에 유럽의 식민지였던 아시아, 아프리카의 역사를 해외사라 한 것이었다. 얼마나 세계사가 서유럽중심의 역사이었는지를 알 수 있다. 랑케나 헤겔이 아시아에 역사가 없다고 극언한 이후 줄곧 자기네 역사만 역사로 알고 아시아, 아프리카의 역사는 역사가 아니다고 인식하여 온 것이다. 저들의 해외사란 본시 제국주의와 식민지의 역사에서 시작하여 전후의 제3국의 역사로 이름을 바꾼 것이었는데 이 해외 역사가 바로 일본이 주장하는 식민지 근대화론의 근거인 것이다. 일본의 해외 침략사를 서구열강의 해외 침략사에 빗대어 우리도 잘못한 것이 없다고 우기고 있는 것이다.

1980년 루마니아에서 열린 세계역사학자대회에서 어떤 일본인 학자가 일본교과서 문제를 놓고 연구발표를 하는 것을 보고 이거 큰일 났다는 생각이 들었었다. 우리는 아무도 일본역사교과서의 한국사 왜곡을 가지고 국제학술회의에 나와 고발하는 사람이 없었는데 일본인들은 벌써 그 때 이 문제를 들고 나와 서유럽학자들의 동의를 요구하고 있었던 것이다.

사실 우리 역사학계는 오래 동안 역사 교육 문제를 무시하여 왔다. 아니 무시하는 것이 참다운 역사학자라고 잘못 알고 있었다. 그런데 일본인들은 벌써 1980년의 '세계역사학대회'에 역사 교육 문제를 들고 나와 연구발표를 하고 있었으니 우리는 역시 후진국 신세를 면하지 못하고 있었다고 할 수 있다. 그 밖에도 역사가들의 언어문제, 인구사, 질병사, 생태계의 역사 등 새로운 역사학에 속하는 주제가 많았다.

어쨌건 간에 그로부터 30년이란 세월이 흘렀다. 그러나 우리나라에서는 새로운 역사학보다 민중사학이라는 마르크스 계통의 역사학이 발전하여 역사 연구와 역사 교육 분야에 좌경화 바람을 일게 하고 있다. 좌경화가 다 나쁜 것도 아니다. 오늘의 역사학계에 마르크스 역사학이 엄연히 살아있는 것이 현실이기 때문이다. 그리고 새로운 역사학 속에 마르크스 역사학이 숨어있기도 하니 모두 이해할 만한 일이다. 그러나 그렇다고 해서 용감하게 낡은 실증사학과 마르크스 사학을 비판하고 나설 새로운 역사학이 불필요하다는 것은 아닐 것이다. 아니 절실히 요구된다.

첫째, 전통적인 실증사학은 본질적으로 정치사였다. 다시 말하면 ① 역사 연구의 과학적 모델, ② 정치사 중심, ③ 유럽열강 중심의 외교사, ④ 국가의 공문서를 위주로 한 역사연구라는 특성을 가지고 있었다. 거기다 ⑤ 인간의 의식적 행동에 국한된 역사 연구라는 특징을 가지고 있었다. 그러나 그것만으로는 역사의 주연배우인 인간을 이해하기 어렵다. 인간행동은 어떤 구조 속에서 행해지고 있기 때문에 그 구조의 틀을 이해하여야 한다. 이 구조가 역사를 만드는 것인데 그것이 바로 인간의 내면 안에 감추어져 있는 것이다.

낡은 실증주의 역사학은 방법론적으로 오류를 범하고 있었다. 단지 사건 서술에만 열중하고 그것이 사회구조와 어떻게 관련되는가 하는 문제를 도외시하였다. 거기다 협소한 사건지향적 정치사에서 벗어나지 못하였다. 역사의 중심에 반드시 국가가 있었던 것이 아니다. 그러므로 국가중심의 사고와 중앙정부 중심의 사고에서 벗어나서 보다 넓은 사회·경제·문화의 영역과의 관련 속에서 역사를 이해하여야 한다는 것이다. 말하자면 협궤도를 벗어나 광궤도적인 사회문화사를 서술하여야 하다는 것이 새로운 역사학의 요구이었다.

이처럼 새로운 역사학에 있어서는 인간활동의 모든 부분이 연구의 대상이 된다. 모든 것이 역사를 갖는다는 전제 하에 그 대상의 귀천을 가리지 않는 것이 특색이다. 심지어는 이발사나 화장실의 역사도 불사한다는 것이 새로운 역사학이다. 어른 말고 아이들의 역사, 죽음의 역사, 광기 히스테리의 역사, 기후의 역사, 냄새의 역사, 오염과 청결의 역사, 신체의 역사, 여성의 역사, 독서의 역사, 말하기와 침묵의 역사 등도 연구의 대상이 되고 있는 것이다.

둘째, 낡은 실증사학은 본질적으로 사건사(事件史), 즉 사건·사고의 뉴스를 모아놓은 것과 같은 것이었다. 그럴 것 같으면 차라리 옛날 신문을 읽는 편이 낫다. 새로운 역사학은 사건의 역사를 바다 위의 파도 정도로 경시한다. 사건 사고사는 단기지속적인 변동으로서 바다의 파도와 같은 것이라 보고 바다 속 깊이 흐르는 역사의 조류를 가장 중요시한다. 왜냐하면 그것은 장기지속적인 변동이기 때문이다. 같은 이유로 새로운 역사학에서는 구조사(構造史)와 전체사를 중요시한다.

셋째로 낡은 실증주의 역사학은 모든 역사를 위로부터 아래로 본다. 새로운 역사학에서는 아래로부터의 역사(history from below), 즉 보통 사람들의 생각과 행동 그리고 그것과 사회변동의 연동을 중시한다. 민중문화에 대해서도 관심을 기울인다. 낡은 역사의 경우는 정치가나 장군 때로는 성직자 같은 윗 사람들을 중심으로 하여 역사를 엮는다. 인간의 나머지 부분, 가장 중요한 부분인 민중, 병사, 평신도 그리고 의사에 대한 환자, 교수에 대한 학생 등 역사의 드라마에 있어 조금밖에 역할을 다하지 못한 사람들의 역사가 무시되었던 것이다.

그러나 새로운 역사의 한 분야인 「아래로부터의 정치사」의 경우에 있어서는 권력으로부터 소외당한 모든 사람들, 즉 민초들의 역사가 단연 전면에 나타난다. 교회사의 경우도 성직자가 아닌 평신도의 역사가 교회사가 된다. 의료사의 경우도 전문의와 대립되는 민간의료가의 역사가 역사의 주제가 된다. 의사보다 환자의 역사가 더 중요시된다. 군사사의 경우도 장교보다 병사들의 역사가 더 중시되는 것이다. 대학사의 경우도 교수보다 학생 위주의 역사가 된다는 것이 새로운 역사학의 특징이다.

그러나 여기서 주의할 것은 아무리 민중이라 하더라도 그 속에 극빈자도 있고 중산층도 있다. 그리고 문맹자가 있는가 하면 지식인도 있다. 이런 것을 모두 합해서 민중이라 하는데 그 중 어느 것을 진정한 의미의 민중이라 할 것인가. 민중의 경제적 구분과 문화적 구분이 상치되고 있는 것이다. 남미와 이탈리아 그리고 한국에서는 민중의 역사를 정복당한 사람들의 역사라 한다. 이렇게 될 때 서구사회의 종속계급과 식민지사회의 백성들과 서로 개념이 같아진다. 그러나 만일 그렇다면 마르크스 역사학의 민중 또는 프롤레타리아의 개념과는 달라지는 것이다.

넷째로 낡은 역사학에서는 문서사료를 중시한다. 그러나 역사를 아래로부터 보려고 하는 새로운 역사학은 사료에 있어서도 공식기록은 공적인 시각, 즉 관변측의 시각을 대변하는 것이므로 이를 경시하고 그보다도 이단자라든지 반역자들의 기록을 중시한다. 필자는 동학농민운동 때의 상황을 자세히 보고한 공문서 《수록(隨錄)》을 갖고 있다. 동학도들이 남긴 기록과 달리 당시의 관변측의 시각을 대변하고 있어 흥미진진한 기록으로 알고 있다. 매우 귀한 자료이기는 하지만 새로운 역사학에서는 경시될지 모른다.

또한 문서사료는 기술(記述)사료라는 한계성 때문에 시각적인 사료나 구술사료를 이용하여 역사의 새로운 측면을 찾아내야 한다. 무역통계, 인구통계, 투표행동 통계 등 계량사료도 중요시된다.

다섯째로 낡은 역사학에서는 "부르타스는 왜 시이저를 찔러 죽였는가?"하는 물음을 던지지만 새로운 역사학에서는 "무엇이 부르타스로 하여금 시이저를 찔러 죽이게 하였는가?" 라는 질문을 던진다. 이렇게 질문을 던질 때 시이저 암살사건을 둘러 싼 정치적 구조가 들어가게 되는 것이다. 새로운 역사학에서는 개인적 행동과 관련된 집단적 운동 그리고 주변의 동향까지도 관심을 갖는다.

여섯째로 낡은 실증사학에서는 역사는 객관적인 실체가 있는 것으로 전제하고 연구하였다. 그러므로 역사가는 역사를 있는 그대로 연구하면 된다는 것이었다. 그러나 새로운 역사학에서는 그런 객관성은 있지도 않는다는 전제하에 연구한다. 어떤 역사가도 피부색과 국가, 계급, 성별에 따라 역사해석에 엄청난 편견, 즉 주관이 개입된다는 사실을 시인하게 되어 역사적 현실과 역사가의 역사인식 사이에는 건너기 어려운 요단강이 있다는 사실을 깨닫게 되었다. 이 점에 대해서는 본서의 제6장 「역사의 인식구조」에서 상세히 설명하겠으므로 여기서는 생략한다.

피터 바아크에 의하면 새로운 역사학의 여러 분야로서

1) 아래로부터의 역사(history from below)
2) 여성의 역사(history of women)
3) 해외의 역사(overseas history)
4) 마이크로 히스토리(micro history)
5) 오랄 히스토리(oral history)
6) 독서의 역사(history of books and readers)
7) 이미지의 역사(history of image)
8) 정치사상사(history of political thought)
9) 신체의 역사(history of body)

등을 예로 들고 있다. 그러나 단지 예일 뿐 그밖에 얼마든지 역사분야가 있을 수 있다.

그러면서 마지막으로 피터 바아크는 사건사와 설화식 역사학이 다시 부활할 기미를 보이고 있다고 했다. 이것으로 보아 새로운 역사학의 유행에도 벌써 가을이 온 것이 아닌가 하는 의심을 갖게 한다. 다시 말해서 새로운 역사학의 등장에도 불구하고 낡은 역사서술이 계속 연명하고 있다는 현실을 시인한 것이다. 1980년대를 고비로 새로운 역사학이 벌써 늙었다는 소리인지 너무 빠른 조로현상이 일어나고 있는 것이다. 1960년대와 70년대에 그렇게도 시끄러웠던 「뉴 히스토리」가 30년 만에 고개를 숙였다는 것이니 역시 실증사학으로 알려진 낡은 역사학이 강하다는 사실을 보여주고 있는 것이다. 한 마리 제비가 날아왔다고 해서 여름이 온 것이 아니란 말이 있듯이 새로운 역사학의 제비가 벌써 여러 마리 날아와서 여름이 완연한데 벌써 가을바람이 불고 있으니 새로운 역사학이 이렇게 단명으로 끝난단 말인가. 그러나 강남 갔던 제비가 내년에 다시 날아와 새로운 역사학을 구가할 것이다.

끝으로 다시 강조하고 싶은 것은 새로운 역사학은 프랑스에서 고개를 들어 독일에서 일어난 낡은 실증주의 역사학을 대신하려 하고 있다. 그런데 여기서 생각해야 할 점은 새로운 역사학이 1960년대의 문화혁명의 영향을 받았다는 사실이다. 1960년대의 문화혁명은 일명 "건방진 놈들의 개인주의 혁명"이라고도 하는 극단의 혁명이었다. 혹시 이러한 배경 때문에 새로운 역사학의 수명이 단축되는 것이 아닌가 염려되는 것이다. 그러나 낡은 실증주의 역사학에 의해 정립된 기존의 역사가 모두 역사의 일면만을 밝힌 데 지나지 않았다는 사실이 밝혀진 이상 그늘에 가려 보이지 않았던 역사를 밝히기 위해 가야 할 길은 새로운 역사학밖에 없는 것이다.

또한 현대 역사학계를 3분하고 있는 세력으로 마르크스 역사학이 있다. 마르크스 사학의 온상이었던 소련이 붕괴한 뒤에도 마르크스 사학의 기세는 여전히 강하다. 실증사학과 새로운 역사학에 버금가는 역사학으로서 마르크스 사학은 혹은 새로운 역사학의 의상을 입고 나타나기도 할 것이다. 낡은 구사학과도 실증주의라는 공통의 기반을 갖고 있는 한 마르크스 사학은 구사학과도 동침해 나갈 것이다.

이러한 현실을 생각할 때 현대역사학의 판도는 낡은 실증주의와 새로운 역사학의 양자대립이 아니라 마르크스 사학이라는 제3의 역사학이 엄연히 실재하여 3자 정립(鼎立)의 형세를 이루고 있다 할 것이다. 3자 정립의 형세는 당분간 계속되어 나갈 것이지만 언젠가는 하나가 될 것이다. 그러나 그 과정과 시기 그리고 그 형태에 대해서는 아무도 예측할 수 없다고 해야 할 것이다.

Ⅲ. 역사의 대중화와 우리의 과제

우리나라에도 역사의 대중화가 현저하게 진행되고 있다. TV 드라마에 나오는 역사물을 보더라도 '용의 눈물'을 비롯하여 최근의 '불멸의 이순신'에 이르기까지 큰 인기를 끌고 있다. 처음에는 내심 반가웠으나 차츰 슬픈 마음이 들기 시작하였다. 왜냐. 역사가 팔리는 것은 좋은 일인데 분명히 진실을 외면하고 있다는 생각이 들었기 때문이다. 오락이라 생각하면 되지 않겠나라고 하겠지만 역사를 학문으로 믿고 진실을 탐구하는 사람들로서는 수긍할 수 없는 일이다.

서점에 나가보면 각종 역사물이 쏟아져 나와 전문서적을 멀찌감치 제치고 팔리고 있으니 이것 또한 눈살을 찌푸리게 한다. 내용을 들여다 보면 역사인지 소설인지 아니면 장난인지 모르는 그런 것들이 태반이라 역사가 이렇게 타락하면 어찌 될까 걱정되는 것이다. 안방에서나 집밖에서나, 나가나 들어가나 역사는 오락물이 되어 진지한 역사 연구와는 거리가 먼 것이 되어가고 있는 것이다. 옛날 일제강점기에 영창서점에서 나오는 심청전 같은 것을 시골 장날에 아낙네들이 사서 읽곤 하던 시절과 비교하면 역사의 대중화는 크게 발전한 것이다.

순수한 역사를 하는 사람을 아카데미 역사가라고 하는데 문자 그대로 대학의 강단사학자를 두고 하는 말이다. 한국사가 대입시험을 비롯하여 각종 시험에서 제외되는 바람에 대학 안에서도 전문학과로서의 자리가 흔들리고 있다. 다행히 일본역사 교과서의 한국사 왜곡 그리고 중국의 동북공정 같은 사건이 일어나 겨우 왕년의 자리를 유지하고 있는 실정이다. 거기다 재야 사학자들의 공격이 만만치 않아 고대사를 전공하는 학자들의 입지가 곤혹스럽다. 근현대사는 어떤가 하면 이것 또한 민중사학이라는 냉전시대의 유물(?)이 기성을 부리고 있다.

이처럼 역사학의 과거 요순시대는 가고 오늘의 한국 아카데미 사학은 엄숙한 현실이 다가오고 있는 것이다. 특히 역사의 대중화는 정치적 탄압에 의한 역사 왜곡 이상으로 무서운 해독을 끼치기 시작하고 있다. 이런 추세로 가다가는 순수한 역사 과학은 대중적 지반을 상실하고 대학에서도 확고한 자리를 잃을까 걱정되는 것이다. 아직까지는 대학이 무용지물이 아니어서 순수과학으로서의 역사학은 당분간 자리를 유지하리라 믿어지지만 늦기 전에 우리 나름의 새로운 역사학을 정립시켜나가야 할 것 같다. 영국의 문학적 역사학이 대학과 대중을 사로잡았듯이 우리에게도 무엇인가 한국적 전통을 살려 실증사학이란 구태에서 벗어나야 할 것 같다.

프랑스에서는 새로운 역사학의 성공으로 한 때 '역사의 폭발'이라 할 정도의 선풍적 인기를 누렸다고 하며 심지어 잃어버린 중·고등학교 교실까지 탈환하였다는 소식이고 보니 마냥 부러워하고만 있을 일이 아니다. 그러나 그렇다고 우리나라에 프랑스제 역사학을 수입한다고 해서 되는 것이 아닐 것이다. 영국제 아니 미국제 역사학을 들여온다 해도 마찬가지다. 우리 역사학의 전통을 살려야 한다. 그것만이 문학·소설·드라마·영화·연극·오페라로 달아나 버린 역사를 다시 불러들여 잃어버린 영역을 빼앗아 외면하는 민중의 고개를 돌릴 수 있을 것이다.

소설이나 드라마로 오염된 역사는 당장 먹기에는 달콤하지만 그 속에 발암물질이 함유되어 있다는 사실을 알아야 한다. 대중은 그것을 그대로 받아먹는데 그 속의 독극물이 서서히 몸속에 퍼지면 마침내는 자기도 모르는 사이에 중독되어 죽게 되는 것이다. 최상의 것이 부패하면 최악의 독이 된다고 한다. 역사가 바로 그런 상황에 있다. 기왕에도 건전했다고 할 수 없지만 지금은 거의 위급한 상황이다.

필자는 20년 전에 소수의 전문가만이 읽는 역사 논문을 문제 삼아 역사의 대중화를 부르짖었었으나 지금은 후회하고 있다. 설마 이렇게까지 엉망이 될 줄은 몰랐던 것이다. 다시 말하거니와 아무도 읽어주지 않은 역사 논문도 대중에게 접근해가야 하겠지만 연구실 밖에서 수만 수십만이 읽는 역사 소설과 드라마 그리고 영화를 그대로 두고 있을 수 없게 되었다. 여기서 우리는 건전하면서도 책임 있는 이름 그대로의 새로운 역사가 일어나기를 바라마지 않는 것이다.

제 4 장
역사 연구의 방법론

제 1 절 역사는 어떻게 연구하는가?
제 2 절 사료학
제 3 절 역사 서술의 방법

개 요

어쩌면 우리가 알고 있는 역사, 우리가 책에서 읽고 있는 역사가 모두 거짓인지 모른다. 아니 모두 진실이라면 역사를 연구할 필요가 없는 것이다. 역사는 S와 F라고 한다. S는 과학, 즉 Science요 F는 허구, 즉 Fiction이란 뜻이다. 이는 역사가 완전한 과학으로 이루어져 있는 것이 아니라 절반은 허구라는 것으로, 허구와 과학의 혼합이 역사라는 것이다. 다시 말해서 연구방법은 과학적이어야 하고 서술은 문학적이어야 한다는 말이 된다.

먼저 허구에 대해 말하겠다. 역사가에게도 탁월한 상상력이 필요하다. 상상력은 문장으로 표현된다. 역사의 문장은 허구이기는 하지만 과학적 연구방법에 의거해서 여과된 문장이다. 아마추어 역사가들(이들을 일명 재야사학자라 부르기도 한다)의 역사들을 읽어보면 무엇보다도 문장에 문제가 있다는 것을 알 수 있다. 이름난 해외 역사가들의 역사를 읽어보면 그 문장력에 탄복한다. 역사가는 그 문체에 자신을 가져야 한다. 자연과학과 달라서 역사가는 문장이 경제적이고 정확하고 간명하고 또 재미도 있어야 한다. 흔히 국어학자의 문장이 악문이라고 한다. 문장과 문법이 다른 것을 알 수 있다.

다음은 역사의 과학적 측면, 즉 S에 대해 살펴보자. 문장도 중요하지만 소설과 달라서 역사가는 확실한 근거, 즉 사료를 가지고 서술하여야 한다. 사료의 정확성을 확보하기 위해 엄밀한 사료비판이 요구된다. 최근 우리나라에서는 사서의 위작 여부를 가지고 논란이 거세다. 최근에 발견된 특정 사서를 가지고 위서다 아니다 하면서 단군 이래 최대의 논쟁이 벌어지고 있는 것이다. 또 요즘에는 지방자치제도가 실시되면서 향토사 연구가 활발하다. 시·군 단위는 물론 면단위까지 내려가는 풀뿌리 역사가 성행하고 있다. 그러나 그 수많은 논문(준(準) 논문이라 하고 싶다) 가운데 쓸만한 작품이 적으니 안타까운 것이다. 연구방법, 사료의 비판 그리고 역사 서술의 난잡성이 귀한 정력과 물자를 허비하고 있는 것이다.

그러므로 초심자는 역사 논문의 작성방법부터 공부하여야 한다. 요즘에는 국제화 시대가 되어 논문의 국제적 규격 같은 것이 있어 남들이 보기에도 좋은 글이 되어야 한다. 그러지 않고 마음대로 쓰다가는 아무도 읽어주지 않는 작품이 되고 만다. 역사를 사랑하는 것은 좋으나 시골에 가보면 역사를 아무나 쓸 수 있는 것으로 착각하고 있는 사람이 많다. 가장 조심하여야 할 부분은 일인이든 한국인이든 선학들이 연구한 것을 먼저 읽고 존중할 것은 존중하고 비판할 것은 비판하는 정성이 필요하다. 덮어놓고 무시하거나 공격해서는 안 될 것이다. 또 문장에 감정이 노출되어서도 안 된다. 아무리 자기의 주장이 옳다고 해도 홍분해서는 안 되는 것이다.

가장 중요한 것은 주제가 확실하여야 한다는 것이다. 연구를 위촉받았을 때도 마찬가지로 문제가 무엇인지 문제가 있는지 없는지를 살펴보아야 한다. 역사는 문제의식 여하에 따라 작품이 달라지는 것이다. 같은 주제이지만 역사가에 따라 그 결과물은 다르다. 같은 대상을 놓고 그림을 그리는데 화가에 따라 작품이 다르게 나오는 것과 같다. 한번 주제가 결정되면 주제와 관련되는 모든 1차 자료, 2차 자료를 수집・정리하고 이는 논문작성의 근거가 되어야 한다. 도중에 부실한 점, 보완하여야 할 점이 발견되면 서슴없이 버릴 것은 버리고 고칠 것은 고쳐야 한다. 역사를 서술하다 보면 당초에 문제가 있다고 생각했던 것이 없는 것으로 확인되는 경우가 있다. 즉, 문제의 부재가 밝혀진 것이다. 그럴 때도 즉각 연구를 중단하여 새로운 주제를 찾아나서야 한다. 아깝다고 해서 억지로 논문을 쓰다보면 그만큼 시간을 낭비하는 것이 되기 때문이다.

좋은 역사와 나쁜 역사란 말이 있다. 이 말은 아무리 뛰어난 역사를 쓴다 해도 겨우 좋은 역사(good history)가 될 뿐이란 말이다. 또 이 말 속에는 적어도 역사가는 나쁜 역사(bad history)만은 쓰지 말라는 경고가 들어있는 것이다. 좋은 역사는 돈이나 과학처럼 유익하지는 않지만 나쁜 역사는 세계에서 가장 파괴적인 무기보다 더 유해하다는 말이 있다. 역사는 과학과 허구의 혼합물이란 사실을 잊지 말아야 할 것이다.

제 1 절
역사는 어떻게 연구하는가?

역사의 연구방법은 필요에 따른 대응이다. 그러므로 시대가 바뀜에 따라 그 방법도 달라진다.

- F.S. Fussner[1)]

Ⅰ. 역사 연구의 방법론

1. 역사학의 기술문제

역사에 흥미를 갖고 있는 모든 사람이 역사를 연구하는 것은 아니다. 대부분의 역사 애호가들은 타인이 연구한 결과를 읽고 즐기는 것으로 만족한다. 그러나 여기에 만족할 수 없어서 어떤 역사 문제에 대해 직접 연구에 착수할 경우도 있다. 이럴 때 그가 역사 연구의 방법에 전혀 소양이 없는 아마추어라면 기껏 좋은 테마와 사료를 발견하고서도 그것을 학문적으로 요리할 능력을 갖지 못하여 무위로 끝내버리는 애처로운 경우가 많다. 그러므로 역사가는 누구나 먼저 역사 연구의 기술자이어야 한다. 그렇지 않으면 그는 유사 또는 가짜 역사가가 되고 만다.

이처럼 역사 연구의 방법은 직업 역사가와 아마 역사가를 구분하는 척도라 할 수 있다. 역사학에는 철학적 측면이 있는 반면 기술적인 측면이 있다. 역사학이란 철학이라는 모자를 쓴 예술(또는 기술)이라는 말이 있다. 기술에만 의존하는 역사가의 이른바 '바보스러운 프로의식'도 곤란하지만, 기술적인 측면을 결여한 역사 연구는 단순한 사변일 뿐이다. 그래서 톰슨(Samuel Thomson)은 "진리란 더 이상 젖이 안 나오는 암소 같은 것이올시다. 그래서 사람들은 숫소의 젖을 짜내려고 하고 있습니다."라고 했다. 아무리 사변해야

1) F.S. Fussner, *The Historical Revolution, English Historical Writing and Thought, 1580~1630* (London, 1962), p. 13.

숫소의 젖에서 젖은 나지 않는다. 그래서 역사가는 실제로 일어난 사실의 젖줄을 찾아 '진실'을 짜내려 하고 있는 것이다.[2)]

그러면 역사 연구의 방법이란 어떤 것인가? 우리는 이 '방법'을 알기 위해 방법론 책을 읽어야 한다. 그러나 여기서 주의하여야 할 것은 과거에 훌륭한 업적을 남긴 많은 역사가들이 그런 방법론 책이 있다는 사실조차 몰랐다는 것이며 초심자가, 연구에 착수하기도 전에 연구를 어떻게 하는가 하는 방법문제만 걱정하고 있다가는 시간만 허비하는 결과가 된다는 것이다. 따라서 "역사 연구란 굉장히 어렵구나, 여러 가지 복잡한 기술을 터득하지 않으면 도저히 안 되는 학문이구나."하는 두려움을 안겨 주어서는 안 될 것이다.

사실 역사 연구는 어려운 것이 아니다. 물론 특수한 분야에는 특수한 기술이 필요하고 어떤 역사 문제를 다루는 학생에게도 꼭 적용되는 일반적 규칙이 있다. 그런데 여기서 유의할 것은 기술문제란 특정한 연구를 하게 되었을 때 가서 해결해도 늦지 않으며 누구나가 지켜야 할 일반규칙도 그렇게 대단한 것은 아니다. 그것은 상식적인 규칙에 지나지 않기 때문이다.[3)]

그러니까 역사 연구를 두려워할 아무 것도 없고, 다만 알아 두어야 할 몇 가지 사항이 있을 뿐이다. 그러나 아무리 조심스럽고 이지적인 사람이라도 때로 상식이 가르쳐 주는 규칙을 잊어버릴 때가 있다. 이 때문에 중대한 과오를 범하게 되며 모든 그의 노력이 수포로 돌아갈 수도 있다. 바로 이 점에 연구방법론을 알아 두어야 할 까닭이 있는 것이다.[4)]

2. 사료와 주제와 해석

역사가는 먼저 사료(史料)를 수집하고 다음에 그것을 분류하고 그리고 마지막에 해석한다. 그러나 이 사료의 수집(collection), 분류(classification), 해석(interpretation)의 3단계는 형식상의 차례에 지나지 않다. 그것은 실제 역사 연구에 있어서는 이 세 가지 작업이 동시에 진행되기 때문이다.[5)]

이와는 달리 역사가는 누구나 사료를 수집하기 전에 '연구의 목적'을 확인

---

2) James Boswell, *The Life of Samuel Johnson* (1791) ed, by G.B. Hill, rec. ed., vol. 1 (Oxford, 1934), p. 444.

3) G. Kitson Clark, *Guide for Research Students Working on Historical Subjects* (camb. Univ. Press, 1958), p. 6

4) *Ibid.*, p. 7.

5) H.S. Commager, *The Study of History* (New York, 1965), p. 5.

하고 주제(subject-matter)를 선택하기 마련이다. 뒤에 상술하게 되겠지만 오늘날 사료의 개념은 베른하임이나 랑글로아·세뇨보 시대의 그것과 크게 달라지고 있다. 그러기 때문에 주제의 선택은 매우 중요하다. 주제 선택에 그 역사가의 강한 개성을 엿보게 된다. 어떤 의미에서 주제 선택은 그 역사 연구의 전 생명을 결정한다고 말해도 과언이 아니다.

그러나 아무리 주제 선택이 비상하다 해도 사료의 수집과 분류가 충분하지 못하면, 그 연구는 아주 빈약하고 무가치한 것이 되며 수준 이하의 연구란 평가를 면치 못한다. 그것은, 사료는 역사 연구의 기초요 뼈대며, 해석은 살이기 때문이다. 따라서 정확하고 탁월한 역사 해석은 완벽한 사료수집과 뛰어난 분류 위에서만 가능하다. 아무리 많은 사료를 수집하고 또 면밀한 분석을 가했어도 반드시 좋은 해석이 나온다고 보장할 수는 없으며, 또 전혀 남의 사료에만 의존하는 역사가로서는 새로운 해석을 시도하는 데 성공하기 어려운 것이다. 아니 없다고 해도 과언이 아니다. 이처럼 새 사료의 발견과 새 해석의 시도는 밀접한 관계가 있는 것이다. 즉, "사료를 얼마나 많이 읽었는가?", "얼마나 새 사료를 인용하고 있는가?" 하는 문제는 그 역사 연구의 가치를 결정하는 데 중요한 기준이 되는 것이다.

Ⅱ. 역사 논문의 작성요령

그러면 여기서 사료학이라는 까다롭고 지루한 문제로 직행하기에 앞서 역사 연구방법에 관한 간략한 설명을 들어보기로 한다. 여기서는 편의상 영국 캠브리지 대학의 클라크(G.K. Clark) 교수의 유명한 《역사연구지침》에 따라 학생들이 리포트나 논문을 쓸 때 꼭 밟아야 할 절차를 설명하기로 한다. 그러나 이 '지침'은 대학원생을 위한 연구지침이란 점을 감안해서 읽어 주기 바란다.

1. 연구의 목적

연구자는 먼저 연구의 목적을 확인하여야 한다.[6] 연구의 목적이란 "내가 이 문제를 왜 연구하는가?"를 다짐하는 일이다. 이 다짐은 연구가 끝날 때

6) G.K. Clark, *op. cit.*, pp. 8~10.

까지 시종 계속되어야 한다. 여행자는 누구나 출발에 앞서 여정을 세운다. 여정 없이 떠나는 여행자나 '목적'없이 사료를 뒤적거리는 연구자나 똑같은 신세다. 이처럼 뚜렷한 목적의식 없는 연구는 처음부터 무가치한 정력의 낭비가 되기 쉽다. 그러면 연구의 목적이란 과연 무엇인가.

첫째, 연구주제에 대한 종래의 학문적 성과에 자기연구가 다소나마 보탬이 되리라는 기대감이 있어야 한다. 선학들의 연구를 그대로 소개하는 데 그치고 전혀 새로운 성과가 기대되지 않는다면 그런 연구는 아예 안하느니만 못하다. 새로운 연구성과를 이루기 위해서는 무엇보다도 주제의 선택이 연구자 스스로의 것이어야 한다. 만일 연구자가 어느 주제에 대해서도 흥미를 느끼지 못하고 남에게 "어떤 문제가 좋겠는가?"를 묻고 다닌다면 그건 역사연구의 자격이 없는 거나 다름없다. 그러므로 주제만은 연구자 자신의 것이어야 한다. 물론 그렇다고 해서 교수나 선배의 조언을 구하면 안 된다는 것은 물론 아니다.

둘째, 항상 연구자는 학자가 되기 위한 수련과정이라 생각하고 연구에 임하여야 한다. 그러기 위해서는 자신의 연구가 단 한번으로 완성되는 것이 아니라 장차 보다 깊은 연구의 준비과정이라 생각하고 보다 큰 문제를 이해하고 다른 사람의 연구를 평가하고, 또 장차 때가 오면 후배나 제자들에게 그것을 가르칠 기초를 닦는다는 각오로 연구하여야 한다.

뚜렷한 연구목표를 설정하고 달성하기 위해서는 시야가 너무 좁아서는 안 된다. 연구를 하다 보면 주제와 직접 관련된 사항이 아니면 되도록 보지 않으려 하고 자꾸만 문제를 좁히려는 경향이 나타난다. 너무 옹졸한 연구계획은 자멸을 초래할 뿐이다. 왜냐하면 연구자의 관심이 너무 눈앞의 작은 문제에만 미시적으로 쏠려 있으면 그 사실관은 왜곡되기 쉬우며 자기가 다루고 있는 문제의 상대적 중요성에 대한 감각이 없어지기 때문이다.

케임브리지 대학의 학위논문 심사규정에는 논문제출자가 "논문주제와 그 주제가 속해 있는 지식의 일반분야에 대한 지식"을 갖고 있는지 없는지의 여부를 구두 또는 기타 방법으로 시험하도록 되어 있다. 이것은 비단 케임브리지에 특유한 규정이 아니다.

2. 제목의 선정

연구의 목적이 설정되면 그 다음에 연구자는 연구의 주제(제목)를 선정하

여야 한다. 주제의 선정은 곧 연구자가 역사에 대해 묻는 질문이요, 문제의 제기다.[7]

역사 연구에 착수할 때 주제의 선정에 실패하면 아무리 유능한 학생이라도 좋은 논문을 기대하기 어렵다. 그러면 어떤 문제가 연구 테마로 적절한가? 먼저 주제선정에 있어 조심하여야 할 몇 가지 점, 즉 이런 문제를 선택해서는 곤란하다는 금기를 들겠다.[8]

첫째, 너무 야심적인 주제를 골라도 안 되고 반대로 너무 작은 테마를 선택해도 곤란하다. 분명히 분에 넘치는 '주제'인데도 초심자들은 그것을 모르고 덤벼드는 경우가 많은 것이다.

둘째, 역대 사가들이 너무 많이 다룬 진부한 주제는 피하는 편이 좋다. 그러나 그렇다고 해서 자기에게만 흥미 있는 사적 관심의 대상을 논문 테마로 선정한다는 것도 적절하지 못하다.[9]

셋째, 아무리 좋은 테마라도 연구자료, 즉 사료가 부족하다든지 아주 없다(즉, 입수할 수 없다)면 연구주제로서 적절하지 못하다. 이를테면 국가정보원의 역사가 재미있겠다고 생각했다고 하자. 그러나 자료가 비밀에 붙여 있지 않은가? 포기하여야 한다.

넷째, 자기의 어학실력이 미치지 않는 주제는 피하여야 한다. 독일어를 못하는 사람이 딜타이(Dilthey)를 연구한다는 것은 넌센스다. 이처럼 연구의 주제는 마치 친구나 아내를 고르듯이 신중히 선택하여야 한다. 왜냐하면 일단 고른 주제는 오랫동안 함께 살아가야 할 일생의 반려자이기 때문이다.

주제가 '사건'이건 '사상'이건 또는 '인물'이건 그것을 선택한 역사가와 주제와의 사이에는 어떤 애증관계가 성립되기 마련이다. 히틀러를 연구 테마로 삼은 사람은 히틀러와 그를 닮은 현대 독재자를 미워하여 파헤치려 할 것이다. 그러나 대다수의 경우 주제에 대한 증오보다도 동정, 공감, 숭배하는 마음으로 선택한다.[10]

그러나 문제를 선정한 뒤 연구를 계속하다가 당초에 예정했던 '문제가 없다'(문제의 부재)든지 당초에 세웠던 '가정이 착오였다'(가정의 착오)든지 하는

---

7) *Ibid.*, pp. 10~21.
8) H.S. Commager, *op. cit.*, p. 38.
9) 그러나 대학수준의 논문에서는 되도록 진부한 테마, 이를테면 프랑스 혁명사, 산업혁명사, 청교도 혁명사 등이 연구주제로 적절하다. 그것은 고도의 문제의식과 방법에 접근하는데 유익하기 때문이다.
10) H.S. Commager, *op. cit.*, p. 39.

과오를 발견할 때가 있다. 또 문제는 있는데 증거(사료)가 없거나 또는 불충분하다고 할 때도 있는 것이다. 이럴 때는 기왕에 정한 제목을 미련 없이 버리고 새 출발을 하여야 한다. 다시 말하면 새로운 목적과 문제를 찾아 나서야 한다. 즉, 옛 애인을 잊지 못해 주저하다가 시간만 낭비하는 예가 많다. 이럴 때는 매정하게 돌아서는 '드라이 러브'의 용기가 필요하다. 왜냐하면 기왕에 세운 자기의 가설에다 억지로 사실을 뜯어 맞추려 들다가 큰 실수를 범하게 되기 때문이다.

시행착오란 누구에게나 있기 마련이다. 그리고 착오는 최소한으로 줄이도록 노력하여야 한다. 그러기 위해서 처음에는 제목을 넓게 잡아 두었다가 연구가 진행됨에 따라 차츰 줄여가서 문제의 초점을 제 자리에 맞추도록 하여야 할 것이다.

어떤 경우에는 연구를 시작하기 전에 문제뿐만 아니라 문제해석의 이론까지도 미리 마음속에 결정하고 있을 때가 있다. 그럴 때에는 반드시 연구 도중에 수정하거나, 폐기해 버려야 할 때가 있다는 것을 염두에 두어야 한다. 역사연구란 반드시 그 '결론'이 훌륭하다고 해서 좋은 연구가 되는 것은 아니다. 왜냐하면 어떤 연구이건 그 논문이 다루고자 하는 문제점이 있다. 이 문제점이 결국 결론과 연결되는데 결론과 관련되는 문제점은 증거가 연구자에게 지시한 것이어야지 연구자가 증거에다 강요하는 것이어서는 안 되는 것이다.

연구주제의 본질을 발견하기 위하여 연구자는 증거를 찾아 헤매고 그것을 분류·정리해서 문제의 초점에 맞추어야 한다. 이 기나긴 작업과정을 우리는 '예비적 조사기'라 부른다. 자료가 아직 정리되지 않고 문제점이 뚜렷하게 부각되지 않은 단계의 예비작업은 매우 지루하다. 그러나 반드시 필수불가결의 과정이며 이 과정을 얼마나 충실하게 지났느냐에 따라서 그 연구의 성과가 크게 달라진다. 그러나 그렇다고 해서 뚜렷한 문제점도 찾지 못한 채 예비작업에만 시간을 소모해서도 안 된다. 좋은 술은 제조과정 여하에 달려 있다는 말이 있다. 역사연구도 그와 마찬가지다.

"뒤쫓는 재미에 길을 잃는다."는 말이 있다. 연구자가 만일 여태껏 알려지지 않았던 '새 사실', '새 문서'를 발견하게 되면 그때마다 당초 세웠던 '가정'에다 맞추어 보고 가정의 수정이 불가피하다고 생각되면 지도교수의 도움을 얻어 수정해가야 한다. 만일 필요하다면 연구주제의 변경까지도 불사하여야 한다.

주제선정에 있어 또 하나 유의할 점은 자신이 잡은 테마와 똑같은 테마의 연구가 이전에 있었는가를 살펴보아야 한다. 연구 도중이나 연구가 끝난 뒤 뜻밖에 똑같은 테마의 연구가 발견되었다고 하면 크게 당황하지 않을 수 없다.

이 같은 연구의 중복을 피하기 위해 연구자는 우선 《논문목록집》을 훑어 보고 똑같은 제목이나 비슷한 제목의 논문이 있는가 없는가를 알아보아야 한다. 그러나 목록집의 열람만으로는 불완전하다. 왜냐하면 이 목록은 목록 발간 이후에 나온 논문을 수록하지 못하기 때문에 해를 거듭할수록 낡은 것이 되고 만다. 더욱이 각종 학위청구논문 같은 것은 여기에 수록되지 않는 경우가 허다하다. 그러므로 연구자는 늘 역사관계 연구발표와 학회지에 주의를 기울여 경계태세를 게을리 해서는 안 될 것이다.

이렇게 세심한 주의를 기울였는데도 불구하고 자기의 연구제목과 같은 논문을 준비하고 있는 연구자가 있다고 할 때는 어떻게 하느냐? 이때는 상대방에게 솔직한 토의와 자료교환을 제의하는 것이 최선책이란 걸 잊어서는 안 된다. 구두 또는 서신으로 먼저 자기가 도울 수 있고, 반대로 도움을 청할 수 있는 점이 무엇인가를 알아보도록 하자. 서로 테마는 다르지만 같은 문헌을 읽게 되었다고 할 때도 마찬가지다. 연구자들은 흔히 이 같은 협조를 의식적으로 회피하는 경향이 있다. 자기의 '발견'을 비장해 두었다가 발표하는 예가 많다. 그러나 이 같은 옹졸한 태도는 역사 연구의 본질에 대한 투철한 이해가 없는데서 비롯되는 것이라 할 수 있으므로 하루 빨리 시정되어야 한다. 역사 연구란 결코 너 죽고 나 살자는 식의 살벌한 경쟁이 아니란 것을 명심하여야 한다.

'테마의 중복'이란 어느 의미에서는 불가피한 것이다. 남의 발끝을 밟아서 기분 상하게 한 예도 있는가 하면 남이 자기 발끝을 밟는 수도 있다. 한참 연구하고 있는데 다른 사람이 자기 연구와 아주 근사한 테마를 연구해 올 때가 있다. 이럴 때 결코 실망하거나 번의를 결심하는 일이 있어서는 안 된다. 아무리 제목이 비슷하다고 하더라도 그 목적과 방법이 똑같을 수 없다는 걸 잊어서는 안 된다. 설혹 같다하더라도 학문연구에 주제의 독점권이란 누구에게도 없는 법이다.

3. 필요한 준비[11]

연구의 목적이 설정되고 연구제목까지 선정되면 다음에는 실제 연구에 필

11) G.K. Clark, *op. cit.*, pp. 15~21.

요한 준비를 갖추어야 한다. 이 준비는 제목에 대한 1차적 사료를 읽기 이전에 먼저 여러 가지 2차적인 사료를 보아야 한다는 뜻이다.[12]

첫째로, 자기가 선정한 제목이 어느 시대, 어느 분야에 속하느냐에 따라 그 시대의 역사적 배경을 철저하고도 폭넓게 연구하여야 한다. 이 준비작업은 연구제목에 대한 특수연구를 시작할 때 제목의 시대적 배경이나 분야주변에 대한 지식이 부정확하고 또 충분히 넓지 못하다 하여 연구에 지장을 준다고 할 때에 대비한 것이다. 이같이 특수연구에 들어가기 전에 거쳐야 할 일반연구(배경조사)는 2차적 자료를 읽는다, 또 관계되는 시대에 대한 강의를 듣는다는 등의 여러 가지 방법으로 달성할 수 있다.

그러나 여기서도 너무 오랫동안 2차적 자료와 씨름하는 일이 있어서는 안 된다. 어느 정도의 지식을 얻으면 그것으로 곧장 원 사료에 대한 연구로 들어가야 한다. 불완전한 지식은 뒤에 이를 보충할 기회가 있다. 그리고 누구나 그가 알아야 할 많은 것을 알지 못한 채 연구를 하고 있다는 사실에 일종의 위안을 느끼고 현명한 연구자는 늘 이 점을 의식하고 있었다는 사실도 잊어서는 안 된다.

둘째로, 준비하여야 할 것은 필요한 사료집과 선배학자들의 연구논문들을 훑어보는 일이다. 선배학자들이 해 온 연구에 대해서는 의당 맹종적인 입장에서가 아니라 비판적인 입장에서 읽어야 한다. 선학들의 연구도 일종의 사료니까 사료에 대한 비판적 연구와 똑같은 의문을 제기하여야 한다. 즉, 어떤 목적에서 서술되었나? 필자가 이용한 사료는 무엇이며 그것을 정확히 이용했는가? 논문의 일반적 구상 또는 가설은 무엇인가? 등을 따져야 한다.

그러나 이처럼 선학의 연구를 비판하는데 조심해야 할 것은 경의를 잊어서는 안 된다는 점이다. 선학들이 세운 어느 개념이 오류다. 또는 어느 사료 인용과 해석이 적절하지 못 했다는 등 잘못이라 믿어지는 부분을 냉철하게 비판하라. 그러나 기왕에 받아들여졌던 정설에 대한 불필요한 공격충동에 사로잡혀서는 안 된다. 이 같은 공격은 특히 젊은 연구자를 매혹한다. 이것은 그들의 허영심을 만족시켜 줄 뿐 "이미 고인이 된 선학들은 아무 대답도 하지 않는다."는 점을 잊어서는 안 된다.

역사 연구는 건설적이어야지 파괴적이어서는 안 된다. 논문에서는 되도록 남의 잘못을 말하느니보다 자기의 생각하는 바를 말하는 게 더 중요하다.

---

12) 이 책의 pp. 306~313 참조.

본시 선학의 연구들 두들겨 부수는 데만 힘쓴 파괴적 논문 치고 위대한 연구가 없었다. 더욱이 선배의 연구에서 공격할 점에만 혈안이 되면 그로부터 마땅히 배워야 할 바를 배우지 못하게 된다는 점을 잊어서는 안 된다.

이 밖에도 특수연구에 들어가기 전에 갖추어야 할 것은 경제사면 경제학, 법제사면 법률학, 사상사면 철학 등에 관한 예비지식이 필요하다는 것이다. 각기 그 분야에 따라 전문용어가 있기 마련인데 그 용어의 뜻을 알고 사용하도록 해야 한다. 고대나 중세를 연구하는 경우에는 보다 많은 보조학이 필요하다. 가령, 고전학(numismatics)이라든지, 언어학(philology), 서지학(bibliography)과 같은 전통적인 보조학의 도움이 필요한 때가 많다. 물론 이 모든 지식을 가지라는 것은 아니다. 자기가 연구하는 분야와 관련되는 것만 갖추면 되는 것이다.

4. 사료의 평가[13]

필요한 사료를 얻어 보기 위해서는 도서관을 이용하여야 한다. 각 도서관은 소장 도서목록을 비치하고 있으므로 먼저 목록을 보고 불필요한 시간낭비가 없도록 조심하여야 한다. 사료가 개인소장인 경우가 있다. 그럴 때는 소장주의 호의를 빌어 얻어 볼 수밖에 없다.

어느 경우이든 사료를 이용할 때는 파손하지 않도록 특히 조심하여야 한다. 사료에다 잉크는 물론 연필로 표기하는 따위의 행위도 삼가 하여야 한다. 필사본의 경우는 그 순서를 바꾸어 놓아서도 안 된다. 본시 있던 그대로 복원해서 반납하여야 한다. 원 사료를 편집하여 인쇄한 경우에는 편자의 주관적 취사선택 아래 편집된 것이므로 원 사료와 연구자간에 개입된 편집자를 의식하여야 한다.

사료의 평가란 첫째, 문서가 진짜인가, 가짜인가를 묻고 —대개의 경우 문서의 진위는 이미 밝혀져 있다— 둘째, 문서의 사료가치를 평가하여야 한다. 사료가치를 평가하는 데에는 역사가의 표준적인 질문을 되풀이하면 된다. 즉, ① 문서작성자의 편견은 없는가? ② 그가 어떤 상황에서 썼으며 어떤 동기와 관심에서 썼는가? ③ 그의 학력과 교양은 어느 정도인가? ④ 그의 비판적 관찰력은 어느 정도며 속은 것은 없는가? ⑤ 그의 사상구조는 어떤 것

13) G.K. Clark, *op. cit.*, pp. 21~29.

이며 그가 사용한 단어들의 근대적 의미는 무엇인가?

이 같은 사료평가를 자칫하면 잊어버리기 쉽다. 그래서 뜻하지 않은 실수로 연구의 기본취지가 허공에 뜨는 사례가 많다.

5. 사료의 제시[14]

사료의 비판이 끝나면 사료는 독자에게 제시되어야 한다. 말하자면 어떤 증거로 이 같은 역사 해석이 나왔는가를 명시하여야 한다. 보통 사료는 본문 하단의 주에 제시되지만 따로 권말에 참고문헌 목록이나 각주, 부록에다 자기가 이용한 사료를 열거하기도 한다.

사료의 제시에는 첫째 어디서 이 사료를 입수했나, 둘째 사료의 비판에서 문제점이 있었다면 어떤 점이냐를 밝혀야 한다. 참고문헌 목록을 제시할 때는 출판년도와 출판장소를 명시하여야 한다. 특히 주의해야 할 점은 연구자가 읽지 못한 책을 읽은 것처럼 열거함으로써 자기 연구를 실제보다 더 과장하는 일이 있어서는 안 된다는 것이다.

각주와 부록은 본문을 써나가다가 도중에 본문의 서술과 논의를 중단시키거나 단절을 가져올 위험이 있는 삽화, 어구 또는 강조점을 따로 설명하기 위해서도 이용된다. 그러나 역사 논문에서 각주를 다는 기본목적은 논문의 근거, 즉 사료를 제시하는 데 있다는 점을 잊어서는 안 된다.

참고문헌 목록, 부록 그리고 각주는 단순한 자기 '공부의 과시'가 아니다. 블록이 말했듯이 각주는 지성의 모랄의 초보적 규율이다. 그러므로 연구주제와 관계가 없거나 거리가 먼 문헌을 열거하는 일은 삼가 하여야 한다. 처음 논문을 쓰는 사람에게 가장 괴로운 것은 자기가 그렇게 어려움을 무릅쓰고 발견한 것이 알고 보니 별로 중요하지 않은 문헌이라 결국 폐기해 버려야 할 처지에 놓였을 때다. 그때는 눈을 딱 감고 버려라.

논문초안이 완성되면 지도교수에게 의례 3분의 1은 삭제당하는 것으로 각오하면 된다. 삭제당하는 부분은 보통 논지와 무관한 설명이거나 논지와 관련이 있는 설명이라도 그 설명 없이도 논지가 서는 경우이거나 둘 중에 하나일 것이다.

만일 한 사료의 모든 내용이 연구주제와 관련된다고 판단될 때는 그것을

---

14) G.K. Clark, *op. cit.*, pp. 29~36.

본문에다 모두 실을 것이 아니라 일부 가장 긴요한 구절만 인용하고 전문은 따로 부록에다 수록하도록 하라.

마땅히 본문에 들어가야 할 핵심적 부분을 부록이나 각주에 잘못 열거한 때가 있다. "초심자는 본문을 반드시 경제적으로 기술하라," "문장 작성에 낭비를 없애라", "문장의 템포가 빠르고 부드러워야 한다."는 원칙에 얽매여 정작 문제의 핵심에 관련되는 부분을 본문에서 제외하는 경우가 있는 것이다. 본문은 부록이나 각주를 빼고서도 그 자체로 완결된 글이란 점을 잊어서는 안 된다. 따라서 '각주'가 길다고 해서 반드시 좋은 것은 아니다. 장황한 논쟁을 각주에다 늘어 놓을 때 특히 본문에 가야 할 것이 각주에 내려와 주객이 전도되는 경우가 있으니 조심하여야 한다.

본문 하단의 '각주'는 주와 관련되는 본문, 구절 끝에다 '숫자' —예를 들어 ①, ② 따위—로 표시하여 그 관계를 나타낸다. 본문에 주가 자주 나오게 되면 독자가 읽기에 피로를 느낀다. 그러나 일반 서적과 달라서 연구논문은 독자에게 기쁨을 주기 위한 우아한 문장보다 정확한 사료의 제시가 더 중요하다는 것을 잊어서는 안 된다.

'주'에서 흔히 쓰이는 약어로 다음과 같은 것이 있다.

① op. cit. [opere citato, 앞의 책(또는 논문)에서]와 loc. cit.(loco citato 앞의 인용문에서); 이 약어는 앞에서 한번 인용한 책명이나 논문 그리고 인용문을 다음에 재삼 열거하는 번잡을 피하기 위한 앞의 책을 말한다. 그러나 이 약어를 너무 남용하여 독자가 전게서가 어디에 들어 있었는지 또 앞의 인용문이 어느 것인지 찾기가 어려울 정도가 되어서는 안 된다. 처음 인용한 서명이 너무 떨어져서 독자가 이것을 찾기 번거롭다고 믿어지면 똑같은 서명을 다시 들어주는 것이 좋다.

② ibid. (ibidem, 위의 책); 같은 책을 계속해서 인용할 때 쓰는 약어로 위의 책이란 뜻이다. 중간에 다른 책들을 인용하고 다시 같은 책을 인용할 때는 앞서 든 앞의 책 op. cit.(앞의 책)란 약어를 쓴다. ibid.을 쓸 때도 앞에 나온 서명과 간격이 너무 떨어져 있어 독자가 책명을 기억하기 어렵다고 할 때가 있다. 그런 때에는 책명을 다시 들어 주는 게 편리하다.

주에서 인용의 순서는 ① 저자 또는 편자명, ② 저서 또는 사료명, ③ 권수, ④ 발행 장소와 년도, ⑤ 페이지 수, 마지막으로 인용문이다. 만일 사료를 인용할 때 그것이 이미 인쇄 또는 출판되어 있는 경우는 필사 원본을 피하여 인쇄본을 인용하라. 사료가 '서신'인 경우는 ① 송신자, ② 수신자, ③

일자의 순으로 인용 표기한다.

만일 지금껏 발표되지 않았거나 도서목록에 등록되어 있지 않은 사료를 인용할 때에는 사료의 출처, 필자, 면수, 지질 등 자세한 설명을 추가하여야 한다.

'인용문'은 정확하여야 한다. 따라서 인용문에 관한 한 반드시 한번 이상 원본을 대조해 보고 틀림없는가를 체크해 보도록 한다. 뜻밖의 오기가 있는 것을 보고 놀랄 때가 있다.

'인용처'도 분명히 밝혀야 한다. 어디서 어떻게 인용했는가를 솔직하게 고백하듯 인용하여야 한다. 남이 인용한 것을 재인용하는 경우에는 '재인용'(recit)임을 명기하여야 한다. 남의 인용문을 훔치는 것 역시 일종의 표절(plagiarism)이다. '표절'은 학문에 있어서 가장 큰 범죄다. 아주 부득이한 경우가 아니면 '재인용'을 피하여야 한다. 왜냐하면 '원본'을 보지 않는 경우와 보는 경우는 마치 남의 말만 듣고 장가드는 경우와 직접 보고 가는 경우에 비유할 수 있다. 남이 원문의 한 토막을 잘라서 인용한 일부 문장에서 받는 인상과 원본의 전체문안에서 받는 인상은 아주 판이하다는 사실을 알아야 한다.

제 2 절
사 료 학

수원지(水源池 : Quellen, 원 사료)까지 거슬러 올라가는데 타고 갈 거룻배를 얻기가 얼마나 어려운 일인가.

— Goethe[1)]

Ⅰ. 사료의 개념

1. 직접관찰 = 목격

역사가는 이미 지나가 버리고 없는 과거를 인식하려 한다. 고대 이집트왕 람세스의 얼굴을 직접 눈으로 본 사람은 없다. 나폴레옹 전쟁 때 직접 그 포성을 들어 본 사람도 없다. 그러면 그런 역사적 사실을 어떻게 알 수 있는가? 두말할 것도 없이 역사가는 그 당시의 어떤 목격자가 남긴 보고를 통해서 안다. 다시 말하면 과거에 대한 역사가의 인식은 '직접적'이 아니라 간접적이다. 그래서 역사가에게는 사료(역사적 자료)라는 역사 인식의 수단이 매우 중요한 의미를 갖게 된다. 사료는 곧 정보이다.

그러나 우리가 주의하여야 할 점은 역사가만 정보(목격자의 보고=사료)를 거쳐 간접적으로 인식하는 것이 아니라는 사실이다. 왜냐하면 사회학자나 정치학자가 모두 직접적 인식에 의존하는가 하면 반드시 그렇지 않기 때문이다. 그들도 역시 대부분의 사실을 간접인식에 의존하지 않을 수 없는 것이다.

콘스탄티누스 기진장(寄進狀)은 중세 로마 교황청의 우위를 위증한 가짜 문서였다. 이 위서(僞書)를 쓴 사람이 이시오도루스인데 그는 당대 일급의 학자였다. 그가 전술한 백과전서 《어원》(*Etymologia*)(제1권)에 보면 '역사'의 어원을

---

1) M. Bloch, *Apologie pour l'histoire ou metier d'historien* (1948), 일역, 《역사를 위한 변명》, p. 31, 이하 '辨明'.

> 그리스어로 '히스토리아'란 '본다' 또는 '인식한다'에서 온 말이다 …… 우리는 귀로 듣는 것보다 눈으로 봄으로써 보다 더 잘 이해하는 것이다. 역사의 종류에 세 가지가 있다. 즉, 하루의 일(역사)을 '디아리움'(diarium)이라 한다. 매달 일어난 일(역사)을 칼렌다리아(calendaria)라 부른다. 아날레스(annales)는 매년 일어난 일(역사)이다. 히스토리아(historia)는 오랜 세월에 걸쳐 일어난 일이다. 그런데 히스토리아는 우리들이 보는 시대에 관한 역사며 아날레스는 우리들의 시대가 모르는 연대의 일이다. 역사와 논증(argumentum)과 설화(fable)는 다르다. 역사는 행해진바 진실이다. 논증은 행해지지 않았더라도 행해질 수 있는 것이다. 설화는 행해지지 않은 것이며 행해질 수도 없는 것이다.

라고 설명해 주고 있다.[2] 여기서 우리는 히스토리아가 '직접 목격할 수 있는 현대사'란 뜻임을 알 수 있고, 히스토리아를 굳이 아날레스(연대기)와 구별한 이유는 가장 확실한 것은 "목격자의 보고뿐이다."라는 점을 강조하기 위해서였다. 아무튼 이렇게 백과전서에서 역사를 잘 설명한 사람이 문서를 위조한 것이다.

역사가는 지금도 직접 목격한 일을 가장 확실한 것으로 믿는다. 그러기 때문에 그들은 도서관연구(library research)도 소중하게 여기지만 못지 않게 현지조사(field work)와 유물의 직접관찰도 소중하게 생각한다.[3] 육당 최남선은 그의 《巡禮記》에서

> 조선의 국토는 산하 그대로 조선의 역사며 정신입니다. 곰팡내 나는 서적만이 이미 내 지견의 웅덩이가 아니며 한 조각 책상만이 내 마음의 밭일 수 없이 되었습니다. 도리어 서적과 책상에서 병신된 내 소견을 진여(眞如)한 상태에 있는 활 문자의 큰 궤짝(大机) 안에 교정 받고 보양 얻지 아니치 못할 것을 통절히 느꼈습니다.

라고 말하고 있다.[4]

듀이는 "통찰의 결여는 항상 경멸이 아니면 주책없는 칭찬으로 시종한다."고 말했다.[5] 한 인간을 두고 평할 때에도 남의 말을 듣는 경우와 직접 만나

---

2) T.F. Tout, *The Study of Medieval Chronicles*, The Collected Papers of T.F. Tout, Vol. Ⅲ (1934).

3) Jacques Barzun, *Modern Researcher*, p. 60.

4) 崔南善, 〈巡禮記〉 卷頭, '論選', pp. 49~50.

보는 경우가 크게 다르다.

신문에 사실을 숨긴 기사, 사실을 과장한 기사가 실렸다고 가정하자. 웬만한 지식인이라면 활자와 활자의 '행간'(行間)을 읽고 필자의 진의를 파악한다. 그러나 가장 확실한 인식은 안락의자에만 앉아서 얻을 수 없다. 직접 '탐방'(legwork)하는 길밖에 없는 것이다.[6] "플라톤의 철학은 서재에서 만들어져 나왔으나 볼테르의 그것은 현장에서 만들어졌다."고 할 때 어느 편이 더 진실에 가까운지 말하지 않아도 명백하다.

뒤에 다시 설명하게 되겠지만 역사가의 자료, 즉 사료에는 문자로 쓰인 사료만이 아니라 문자 없는 단순한 물질적 사료도 포함된다. 후자의 경우 역사가는 직접관찰이 가능하다. 예를 들어 기원전 수천년 전에 건축된 시리아의 어느 성벽 가운데서 한 밀폐된 토기가 나왔는데 그 속에는 하얀 어린이의 뼈들이 가득 들어 있었다. 이 뼈들은 이 성벽을 지을 때 종교의식으로 어린아이를 죽여 희생물로 바친 가엾은 생명에 대한 우리의 직접관찰을 가능하게 하는 것이다.[7]

그러나 아무리 직접관찰이 간접관찰보다 정확하다고 하더라도 의외로 부정확할 때가 있다. 가령 헤로도투스는 《역사》를 쓰기 위해 직접 오리엔트를 여행했다. 말하자면 현지를 '탐방'하고 '답사'한 것인데 그는 동방의 언어를 몰라서 모두 통역을 통해서 들은 바를 적을 수밖에 없었다. 그래서 간혹 상대나 통역이 거짓말을 한 경우가 있었는데도 헤로도투스는 그걸 그대로 믿을 수밖에 없었던 것이다.[8]

17세기 영국의 로올리(Raleigh)경은 창 밖에서 방금 벌어진 한 사소한 사건에 대한 자신의 목격이 다른 사람의 그것과 다르다고 해서 그렇게도 애써 서술한 자신의 세계사 원고를 모두 찢어버리고 말았다. 이 이야기는 직접관찰의 부정확성을 잘 보여주는 실례이다.

직접관찰에는 또 관찰자의 교육정도나 직업에 따라 그 관심의 방향이 다르며 그가 정치인이라면 당파적인 선입견이 작용한다. 또 관찰자가 과거의 경험을 회상할 때 그의 기억력 여하에 따라 생략도가 달라진다. 사진기 발명 이후의 역사에 대해서는 사진(회화와 다르다), 슬라이드 등을 활용할 수

---

5) John Dewey, 《人間性과 行爲》, p. 7.
6) Jacques Barzun, *op. cit.*, p. 89.
7) M. Bloch, 앞의 '辨明', p. 31.
8) 原隨園, 《그리스史 硏究》, p. 117.

있고, 오늘날에는 레코드나 녹음테이프를 곧잘 이용, 직접관찰을 시도하고 있다.

직접관찰을 가로막는 또 하나의 장애는 비밀주의다. 현대 사회에는 이른바 '극비사항'이니 '일급비밀'이니 하는 것이 많다. 그래서 역사가들은 현대사 연구를 단념하고 불신한다. 블록은 현대의 비밀주의를

> 현대사에 대해서는 친구들의 귓속말을 통해 소위 비밀사항을 들을 수 있으나, 그것이 단순한 소문인지 사실인지는 확인할 길이 없다. 옛날 기록은 분실(소멸) 때문에 못 보고 요즘의 기록은 이른바 외교상 비밀, 사업상 비밀, 사생활의 비밀 하는 식의 비밀애호 때문에 볼 수가 없다. 만일 이 부르조아적 미덕으로서의 은폐주의가 없어지는 날에는 아마 문명의 거대한 진보를 보게 될 것이다.

라고 논평하였다.[9]

비밀주의는 비단 현대 사회에만 있는 일이 아니지만 현대 사회에 특히 심하다. 그래서 오늘날 현대사 서술이 특별히 어려워진 것이다. 더욱이 역사의 시야가 시간적으로나 공간적으로 넓어져서 세계사적 안목이 요청되고 있어 목격자의 증언 또는 인문 기사만으로는 현대사를 도저히 펴낼 수 없게 된 것이다. 이리하여 자료와 전거가 극히 제한되어 콜링우드가 말한 것과 같이 최악의 '가위와 풀의 역사'가 시작된 것이다.[10]

2. 역사적 관찰 = 사료

역사가가 직접 관찰할 수 있는 범위는 한정되어 있다. 그래서 역사가는 사료에 의거하여 과거를 간접적으로 관찰한다. 사료란 과거가 남긴 '흔적' 아니 과거의 인간들이 남긴 흔적이다.

수사관이 범죄의 자국(증거)에 따라 범인을 추적하듯이 역사가는 과거의 인간들이 남긴 자국(traces)을 따라 역사적 사실을 추적한다. 그러므로 사료의 유무는 역사가에게 사활문제라 해도 과언이 아니다.

랑글로아 · 세뇨보는 사료가 역사가에 대해 갖는 의미를

9) M. Bloch, 앞의 '辨明', p. 55.

10) Collingwood, *The Idea of History*, 이상현 역, 《歷史學의 理想》, pp. 56~59.

> 역사가는 사료와 함께 활동한다. 사료란 이전의 사람들의 사상과 행동이 남긴 흔적이다. 그러나 이들 사상과 행동 가운데 가시적 흔적(visible traces)을 남긴 것은 아주 적다 …… 우연한 사고로 사료가 없어지면 그 사상과 행동은 아주 일어나지도 않았던 것이 된다. …… (그러므로) 사료 없이 역사 없다(No document, no history).

라고 말하고 있다.[11)]

독일어로 사료를 Quelle, 즉 샘이라고 한다. 이 말에는 역사적 사고의 수원지가 역사가의 마음이 아니라 그 연구대상인 사료이어야 한다는 함의가 숨어 있다.[12)] 샘은 사료 쪽보다 역사가의 마음이라는 관념론적 입장에 선다면 사료란 말을 다른 말로 바꿀 수도 있다. 예를 들어 블록은 사료란 말을 '역사적 관찰'이란 말로 바꾸어 표현하고 있다. 그 진의는 역사적 관찰의 대상인 사료를 강조하는 종래의 역사방법론의 견해를 비판하고 사료보다도 사료를 읽고 분석하는 역사가의 주관을 강조하려 한 때문이다.[13)]

그는 사료와 역사가의 관계에 대해

> 역사가는 과거에 대해 종속적이며 수동적이기만 한가? 사료에 대해 좀더 적극적인 자세를 취할 수 없는 것일까? 폭군적인 '과거'에 대하여 역사가의 지적 복수는 불가능한 일인가?

하는 의문을 제기하고 있다. "태초에 기록이 있다."고 했다. 이 말은 역사가가 먼저 기록을 수집하고 읽고 그 확실성과 진실성 여부를 평가하고 그리고 나서 비로소 기록을 이용한다는 말을 표현한 격언이다.[14)]

지난 1세기 동안에 역사학이 밝혀 논 인류사에 대한 방대한 영역은 베일에 쌓였던 많은 역사적 사실들을 햇빛 속으로 끌어냈다. 이집트, 메소포타미아의 고대도시 유적에서부터 근대사의 수많은 사실들에 이르기까지 우리의 역사 지식은 한없이 확대될 희망을 안겨 주고 있다.

그러나 이 같은 희망은 결코 무한한 것이 아니다. 왜냐하면 사료의 유무라는 장벽이 우리를 가로 막고 있는 것이다. 이를테면 메로빙 왕조시대의

---

11) Langlois · Seignobos, *Introduction to the Study of History*, p. 17.
12) M. Bloch, 앞의 '辨明', pp. 31ff.
13) M. Bloch, 앞의 '辨明', p. 31.
14) *Ibid.*, p. 45.

물가통계를 작성하려 해도 사료가 없는 한 꼼짝달싹할 수 없는 것이다. 역사가에게 "과거는 폭군이다."하는 개탄도 나올 법하다. 그러나 사료의 빈혈상태가 역사학의 치명적인 결함으로만 여길 것은 아니다. "사료가 없어서 나는 모릅니다. 도저히 할 재간이 없습니다."하고 체념하기에 앞서서 역사가는 '필사의 추리구'를 시도할 의무가 있는 것이다.[15]

3. 사료의 발견

프롬이 말했듯이 "모든 과학은 발견(finding)에의 흥미에 기반을 두고 있다. 자연을 지배하는 것, 병을 고치는 약을 발견하는 일, 가난을 극복하는 방법을 연구하는 일, 모두가 발견에의 흥미에서 비롯된다."[16] 역사학은 그 본질에 있어서 역사적 사실의 발견에의 흥미에 그 기초를 두고 있다. 그러므로 사료의 발견은 한 역사가의 역사 연구의 전부다. 왜냐하면 '설명'은 발견으로 시작되기 때문이다.[17]

한 가지 예를 들어보기로 하자.

> 산스크리트어와 그 문자의 발견은 마치 자연과학의 코페르니쿠스적 혁명을 의미했다. 왜냐하면 코페르니쿠스가 지구를 다시는 우주의 중심이 되지 못하게 했듯이 '산스크리트의 발견은 그리스·로마의 고전 문화를 다시는 인류 문화의 유일한 중심이 되지 못하게 만들었던 것이다.[18]

이처럼 역사가는 먼저 사료를 발견하여야 한다. 사료의 발견을 독일어로 간단히 Heuristik라 부른다. 그러나 이 Heuristik는 역사가에게 무엇보다도 중요한 조건이다. 왜냐하면 아무리 잘 쓴 역사도 불충분한 사료에 의거한 것이면 무가치한 연구가 되기 때문이다.[19]

그러면 역사가는 사료를 어떻게 발견하는가? '사료의 발견'이란 아직 한번도 세상에 알려지지 않은 새 사료의 발견에서부터 기왕에 알려진 사료의 재

---

15) *Ibid.*, pp. 40~41.
16) R. Evans, *Dialogue with Erich Fromm* (1970), 일역, 《對話》, p. 110.
17) Newsweek (Sept. I, 1957), p. 40.
18) E. Cassirer, *The Myth of the State* (1946), 최명관 역, 《國家의 神話》, p. 17.
19) *Ibid.*, p. 18.

발견에 이르기까지의 모든 발견행위를 포함한 뜻이다. 지금은 대다수의 사료가 각종 도서관과 박물관에 잘 분류·보존되어 있다.

그러므로 오늘날 역사학도는 현지답사보다 도서관 연구에 보다 많은 시간을 보낸다. 도서관에 가면 누구나 먼저 카탈로그 카드를 찾기 마련이다. 카드는 흔히 저자 명(author entry)과 제목 명(title entry)별로 분류되어 있다. 도서관 도서는 해마다 늘어가고 있다. 가령 예일대학 도서관 장서는 2040년에 2억 권에 이를 것이라 하며 그 카탈로그 방만 하더라도 8에이커에 달할 것이라고 예상하고 있다. 18세기에 창설된 이 도서관은 지금까지 매 18년마다 배로 늘어났다는 통계이다.[20]

어떻든 아직은 우리네 대학도서관이 빈약하지만 언젠가는 예일대학처럼 즐거운 비명을 올릴 날이 있을 것이다. 또한 도서관의 장서가 많을수록 각종 참고도서가 필요하게 된다. 역사 연구에 이용되는 참고서를 들어 보면 다음과 같다.[21]

참고도서의 유형

① 백과사전 : 예컨대 *Encyclopedia of the Social Sciences*.
② 인명사전 : 예컨대 *Who's Who, D.N.B.* (*Dictionary of National Biography* 《영국인명사전》), 또는 그것을 모방한 D.A.B.(*Dictionary of American Biography*) 등등
③ 학술잡지 색인(indices to periodicals) : 예컨대 《학술총람》(학술원간행).
④ 인용문 사전(Dictionaries of Quotations)과 용어색인 : 예컨대 《성서용어색인》.
⑤ 역사지도와 지리사전.
⑥ 연표: 예컨대 《한국사연대편람》.
⑦ 사전(Language Dictionaries).
⑧ 사료 집 : 예컨대 *English Historical Documents*, 《고려사》, 《조선왕조실록》 등등.
⑨ 도서목록

유명한 영국헌정사가 메이트랜드(Frederic Maitland)는 '문서창고의 먼지

20) Jacques Barzun, *op. cit.*, p. 62.
21) *Ibid.*, p. 74.

를 황금으로 바꿔 논 사람'이라고 일컬어졌다. 반드시 새 사료만 찾아야 한다는 법은 없다. 한 때 역사가들에게 버림받은 사료가 새로운 문제의식을 가진 젊은 역사가에 의해 황금으로 그 빛이 바뀔 때가 있다. "쓰레기를 뒤져라."라는 말이 나올 법도 하다.[22]

만일 도서관도 없고 아무런 사료색인서도 없는 상태에서 사료를 찾는다고 가정하자. 보통 어려운 일이 아니다. 옛날에는 사료발견을 위한 '행'(iter)(가령 이탈리아 행[iter Italicum], 독일 행[iter Germanicum]), 즉 사료탐방 여행이 유행하였다고 한다. 19세기의 미국사가 밴크로프트(G. Bancroft, 1809~1891)는 인쇄가 된 것이건 필사본이건 일일이 사료의 소유자와 흥정해서 사들이거나 베꼈으며 그것을 자기 집과 전용 기록보관소에다 쌓아 분류했다고 한다.[23]

사료는 본시 역사가가 직접 수집하지 않고 사료수집가들에게 일임되어 있었다. 그러나 사료의 분산과 사장될 우려 때문에 유럽 여러 나라에서는 일찍부터 국가가 직접 사료수집을 전담하기 시작했다. 예를 들면 프랑스에서는 이미 프랑스 혁명 이전부터 역대왕이 '프랑스 고문서진열소'(Cabinet des Manuscrits de France)를 만들어 약 200년간 개인이 수집한 가장 좋은 문헌들을 한데 모아 왔다.

프랑스 혁명은 사료의 중앙 집중화에 큰 계기가 되었다. 혁명정부는 국가의 이익을 위하여 모든 개인 소장사료를 몰수했던 것이다. 즉, 1790년 국민의회는 이전에 흩어져 버린 많은 사료를 모아 보존했다.[24] 더욱이 나폴레옹은 전 유럽의 기록보관소의 파리 집중화란 공상적 계획을 세웠으며, 실제로 바티칸, 신성 로마제국 등의 기록을 파리로 옮겨 나중에 다시 돌려주는 촌극을 빚기도 했다.[25]

그러나 혁명기의 사료몰수는 이전의 사료수집과 같이 매우 생산적이었던 반면에 심대한 손실을 가져 왔다. 왜냐하면 수집가란 본시 야만인이다. 수장품을 늘릴 기회만 엿보이면 고문서를 찢어 내는 야만인이었기 때문이다. 이 같은 사료의 반달리즘(Vandalism)이 이미 혁명전에 수없이 되풀이되었는데 혁명기 불법사태는 단순한 파괴를 위한 파괴일 뿐 아니라 이른바 문서의 '소

---

22) H.S. Commager, *The Study of History* (New York, 1965), p. 9.

23) 사료란 그러므로 Das Material, woraus unsere Wissenschaft ihre Erkentnis schöft다.

24) H.S. Commager, *op. cit.*, p. 24.

25) *Ibid.*, p. 26.

꾸기' 작업으로 인한 파괴가 자행되었다. 문서의 소꾸기 작업이란 흥미 있고 유익한 사료만 남기고 나머지는 모조리 없애야 한다는 극히 위험한 사고로부터 비롯되었다.

이리하여 개인의 수집과 정부의 '소꾸기' 작업으로 인하여 돌이킬 수 없는 사료의 황폐화가 일어났다. 사료의 보존과 이용의 최선의 방법은 사료의 집중과 사료보관소의 공개에 있다 할 것이다. 대부분의 중요 문서는 오늘날 기록보관소(archives), 도서관 그리고 박물관에 집중되어 있으나 아직도 개인이 비장하거나 개인간에 거래되고 있는 사료가 너무나 많다. 이것들의 대다수가 도난품임은 두말할 나위도 없다.[26]

오늘날 역사적 자료의 과반수는 공공시설에 보존되어 있다. 그리고 목록, 색인이 있어 이용하는데 불편이 없도록 만들어져 있다. 그래서 르낭(J.E. Renan)은 "적어도 과학적 연구의 절반을 책상 위에서 해낼 수 있다."고 말했다. 역사 연구도 그 절반은 사택이나 연구실에서 이루어지고 있다. 그러나 아주 제한된 사료로 이루어지고 있을 뿐이다. 나머지 절반은 역시 도서관을 찾아 사료목록과 색인을 뒤적거려야 하는 것이다. 뿐만 아니라 도서관에 잘 분류 등록된 사료 외에도 찾아나서야 할 것이 얼마든지 있는 것이다.[27]

4. 사료의 종류

사료를 프랑스어로 documents(문서)라 한다. 그러나 사료는 비단 문서에 국한되지 않는다. 사료 하면 문서를 연상하는 이유는 중세 이후의 오랜 문서숭배에서 유래하는 것이다. 중세에는 동서양을 막론하고 책을 그 내용과 관계없이 금은보석처럼 소중하게 생각했는데 그것은 책의 희귀성 때문이기도 하였지만 보다 근원적으로는 책은 본시 신의 말씀을 전하는 성서였기 때문이다. 이 문서숭배사상은 인쇄술의 발명 이후에도 계속되었으나 전자 미디어의 발전으로 인쇄문화의 위기가 다가오면서부터 차츰 격하되어 가고 있는 것이다.

(가) 벙어리 사료와 말하는 사료

사료는 크게 '벙어리 사료'(mute evidence)와 '말하는 사료'(verbal evidence)

26) *Ibid.*, p. 24.

27) *Ibid.*, pp. 24~25; Bernheim, *Einleitung*, 《史學槪論》, p. 138 이하; Langlois · Seignobos, *op. cit.*, p. 65.

로 나눌 수 있다. 베른하임은 이를 유물(벙어리 사료)과 보고 또는 전승이라 명명했고, 랑글로아·세뇨보는 물질적 형적(벙어리)과 심리적 형적(말하는 사료)으로 명명했다.28)

벙어리 사료는 건물, 주거지, 도구, 토기, 동전 등 역사적 사건의 직접적인 결과이자 단편이지만 그 자체 말이 없는 것이 특색이다. 이에 반하여 '말하는 사료'는 문자, 그림 또는 구전으로 전달되는 역사의 증거이다. 베른하임은 두 사료를 다시 세분하여 다음과 같이 분류하고 있다.29)

(a) 유물(Überrest ; 벙어리 사료)

(i) 좁은 뜻의 유물(Überrest im engeren Sinne): ① 두개골, 골편(Körperlich Reste) 기타, ② 언어(Sprache) 그 자체, ③ 현존하는 모든 상태(Zustände), 제도(Institutionen), ④ 과학적·예술적인 모든 소산(Produkte), ⑤ 사무상의 문서류(Geschaftliche Akten u.s.w.)

(ii) 기념물(Denkmäler):

① 금석문(Inschriften)과 기념물(Monumente), ② 고문서(Urkunden)

(b) 보고(Berichte) 또는 전승(Tradition ; 말하는 사료)

(i) 회화(bildliche)(지도, 설계도, 그림, 조각 등)

(ii) 구전(mündliche)(설화, 전설, 일화, 격언, 시가)

(iii) 필전(Schriftliche)(족보, 칼렌다, 연대기, 자서전, 메모 등)

(b)의 '말하는 사료'는 구전사료(oral evidence)와 필사사료(written evidence)로 세분할 수 있는데 구전사료는 특히 문자발명 이전의 선사시대를 연구하는 데 중요한 사료가 된다. 그러나 역사시대에 관해서는 민요, 시가 등의 형태로 내려오는 구전사료가 많다. 이들 사료는 직접 현지답사를 하여 테이프 레코드에 소중하게 녹음하여 역사 연구의 자료로 보존된다. 녹음기, 라디오, T.V. 컴퓨터 등 전자 미디어 시대의 도래로 말이암아 앞으로의 역사 연구에는 구전사료가 중요한 구실을 할 것이 명백하다.

벙어리 사료인 토기나 동전에 명문이 새겨져 있으면 이것은 동시에 '말하

28) 사료 documents의 두 종류
1. 물질적 형적(material traces, Langlois·Seignobos) 또는 유물(Überreste, Bernheim) = 석비, 도구
2. 심리적 형적(psychological traces, Langlois·Seignobos) 또는 보고(전승)(Berichte, od. tradition, Bernheim)

29) Bernheim, *op. cit.*, p. 144 이하 참조.

는 사료'가 된다.

필사사료는 그것이 어떤 형태로 보존되고 있는가에 따라 필사체(manuscript)와 인쇄체(printed matter)로 구분되며, 또 문서의 성질에 따라 사문서와 공문서로도 구분된다.[30] 예를 들면 베를린 회의의사록의 하나는 러시아 전권대사 고르샤코프(Gortchakoff)가 병 때문에 회의에 불참한 것으로 기록하고 있는데 한 목격자의 일기에 보면 고르샤코프가 그때 호텔 발코니에 앉아서 양딸기를 먹고 있었다고 기록하였다. 이처럼 공문서와 사문서의 기록이 다를 수 있다. 조선왕조실록과 야사의 기록도 서로 어긋나는 경우가 많다.

(나) 사서와 문서

역사 연구의 실제에 직접 관련이 있는 필사사료는 '고의적인 기록'과 '비고의적 기록'으로 구분된다. 앞의 것은 헤로도투스의 《역사》처럼 의도적으로 후대의 사람에게 증언하기 위한 사료, 즉 사서(史書)다. 연대기, 전기, 자서전, 족보가 이에 속한다. 뒤의 것은 고대 이집트인이 그들의 묘 속에 남긴 내세의 여행안내서, 즉 '사자의 책'처럼 자기의 의사에 반하여 증거를 남기고 만 경우다. 15세기 플로렌스 은행가가 남긴 회계장부, 파피루스(papyrus)에 적은 2세기 이집트 노예판매의 영수증 등이 모두 문서(文書)에 속한다. 고의적인 기록을 '사서(史書)'(histories)라 한다면 비고의적인 기록을 '문서'(documents) 또는 '기록'(record)이라 할 수 있다.

역사가들은 처음 '사서'만을 사료로 이용했으나 뒤에 '문서'도 사료란 사실을 깨닫게 되었다. 19세기의 독일 역사가 니이부르(Niebuhr)가 쓴 유명한 《로마사》는 주로 리비우스(Titus Livius), 스네토니우스(Snetonius) 등의 '사서'를 사료로 이용하였으나 최근의 로마사 연구는 모두 '문서'를 사료로 이용하고 있다. 그러므로 '사서'는 '제1의 사료'요, '문서'는 '제2의 사료'다.[31] 연대기 역시 '사서'다. 《삼국사기》나 《삼국유사》는 모두 후대를 의식하면서 쓴 《사서》다.

이처럼 우리는 인간이 고의로 남긴 증거, 즉 '사서'밖에 읽지 못한 시대를 벗어나 인간이 어쩌다 남기고 흘린 증거를 모조리 찾아 분석하는 시대에 와 있는 것이다. 가령 오늘날의 종교사가는 <성서>나 <성가집>만 읽고 만족하지 않는다. 성전의 벽화나 조각, 묘의 설비나 형태까지 샅샅이 조사하여

30) Jacques Barzun, *op. cit.*, p. 133

31) M. Bloch, 앞의 '辨明', p. 43.

비로소 종교사를 서술한다. 또 현대사를 서술하는 데 의회의 토론이나 각의의 결의만 읽으면 다 된다고 생각하는 사람이 있을까?[32] 조선시대를 연구하는데 단지 《조선왕조실록》만 읽는 역사가가 있을까?

연대기나 사서의 저자는 역사적 사건과 인물을 그대로 묘사하기보다 사건과 인물에 대한 자신의 주관적 평가를 곁들이기 쉽다. 우선 사실의 선정부터가 주관적이다. 서양의 중세 수도사나 신부가 쓴 사서는 국가에 관한 기사보다 교회에 관한 기사를 많이 싣고 있다. 중세의 모든 문필활동이 '성직자 독점'이었다는 사실과 교회와 국가가 서로 앙숙이었다는 사실을 생각하면 우리는 성직자적 편견(clearical bids)에 조심하지 않을 수 없다.

중세의 제왕 가운데 악왕으로 이름난 영국의 윌리암 홍안왕(William Rufus, 1087~1100), 존 왕(King John, 1199~1216) 그리고 독일의 프레데릭 2세(Frederic Ⅱ, 1220~1250)에 관한 기록은 모두 성직자들이 쓴 사서와 연대기에 나온다. 그러므로 좋게 썼을리 만무하고 제왕의 참 인격을 알기란 매우 힘든 일이다.

이 같은 사서의 편견은 비단 중세에 국한된 것이 아니다. 17세기 영국 혁명기의 역사 사실에 원두당(the Roundhead)과 기사당(the Cavalier), 그리고 19세기 헌장운동에 관한 견해 대립에도 편견이 나타나 있다. 실로 영국 근대사 서술에는 진보적인 휘그파 역사관과 보수적인 토리파 역사관이라는 2대 산맥이 줄곧 맞서 달리고 있는 것이다.

이처럼 1세기 전만 하더라도 '기록'과 '문서'는 사서나 연대기가 없을 때 사서 대신 사료로 이용하고 있었다. 근대 역사학의 발전과 더불어 '문서'의 사료로서의 비중이 크게 향상되었다. 정부는 물론 지방관서, 기업체, 학교 그리고 개인까지도 모종의 문서(증거)를 남긴다.

이들 개인이나 단체가 남긴 문서는 미래, 즉 후세에 대한 배려 없이 씌었다는 점에 사료로서의 강점이 있다. 19세기 유럽 여러 나라는 전술한 사료 집중화의 계획에 따라 국립기록보관국(예컨대 영국의 공문서 보관서 Public Record Office, 1838년 창설) 같은 기구를 세워 작자의 편견이 비교적 적은 '문서' 사료를 수집·보관하고 이를 또 활자화하였던 것이다.[33]

(다) 원사료와 2차 사료

사료는 또 그 증거능력의 강약에 따라 1차 사료와 2차 사료로 구분된다.

---

32) *Ibid.*, p. 47.
33) Galbraith, *Introduction to the Study of History* (Oxford, 1964), pp. 11~12.

한 역사 연구가 어느 만치 학술적이며 신빙성 있는 연구인가를 알려면 무엇보다도 먼저 어느 정도로 1차 사료 또는 원 사료에 근거를 둔 연구인가 하는 것을 밝혀야 한다.

1차 사료에 의거하여 쓴 역사가의 연구는 그 자체가 2차 사료가 된다. 그러나 1차 사료와 2차 사료의 구별은 사서와 문서의 구별과 반드시 일치하지 않는다. 왜냐하면 1차 사료 속에 후세를 위해 '의도적으로 쓴 기록'(즉 사서)도 끼어 있고, 또 무의식적으로 남긴 증언(즉 문서)도 들어 있기 때문이다.[34]

역사가는 원 사료만 읽지 않는다. 2차 사료까지도 읽고 역사 서술을 시도하여야 한다. 보통 저널리스트나 아마추어 역사가는 1차 사료를 볼 시간이 없다든지 또 1차 사료까지 참조할 필요가 없다는 이유로 2차·3차 사료만을 근거로 역사를 서술한다. 역사가가 만들어낸 2차 사료는 전혀 무질서한 1차 사료를 정리·분류해서 체계화한 것이므로, 복잡한 원 사료를 보는 것보다 앞서 누군가에 의해 잘 다듬어진 2차 사료를 보고 참고하는 편이 훨씬 편리하고 경제적이다. 버리(Bury)에 따르면 헤로도투스는 오리엔트를 여행할 때 늘 한 참고서(2차 사료)를 겨드랑이에 끼고 다녔다고 한다. 그것은 헤카타이우스(Hecataeus of Miletus)의 《세계지도》(*Map of the World*)란 책이었는데 이 책에는 오리엔트의 지리뿐 아니라 역사, 민속이 소개되고 있었다. 헤로도투스는 헤카타이우스의 《세계지도》를 보고 《역사》를 저술했음에도 불구하고 그를 인용하지 않았다. 그것은 직접 그를 비판할 때가 아니면 인용하지 않는다는 당시의 풍습에 따른 것이라 한다.[35]

역사가는 아니지만 아리스토텔레스의 정치사 연구는 듀키니데스의 《펠로폰네소스 전쟁사》를 자료로 삼고 썼다고 한다.

《로마쇠망사》의 저자 기본(Gibbon) 역시 2차 사료를 참고하고 있다.

첫째 15세기 중엽에 저술된 것으로 보이는 빈도(Favio Bindo)의 《로마제국쇠망사》(*Historarum ab Inclinatione Romanorum Imperii Decades*)와 이탈리아인 문학자 시고니우스(Sigonius)의 《서 로마 제국사》(*History of the Western Empire from Diocletan to the Death of Justinian*) 그리고 《이탈리아사》(*History of Italy from 565 to 1286*) 등 세 권이다.[36]

---

34) A. Marwick, *The Nature of History* (New York, A Delta Book, 1970), pp. 170~171.

35) Bury, *Ancient Greek Historian*, pp. 49~50.

36) Ch. Dawson, *Dynamics of World History*, 앞의 역서 《歷史의 原動力》(下), pp. 319ff.

이처럼 역사가는 반드시 선배 역사가가 남긴 모든 업적을 참조하기 마련이다. 그러나 원 사료를 보지 않고 2차 사료만 가지고 역사 해석을 시도한 논문이 있다면 아무래도 원 사료를 마스터한 연구논문보다 학문적인 가치가 적은 것으로 평가된다.[37] 왜냐하면 기본이나 랑케를 직접 읽는 편이 기본이나 랑케의 책에 대한 책을 읽는 것보다 훨씬 정확한 지식을 얻기 때문이다. 전자는 일차적 지식을 얻는 길이고 후자는 단지 이차적 지식을 숟갈로 떠먹는데 지나지 않기 때문이다.[38]

우리나라의 외국사 연구 특히 서양사연구가 아직 미숙하다고 평가되는 이유 중의 하나가 원 사료에의 접근이 부족하다는데 있다. 직접 원사료를 대하고 나면 웨지우드(Veronica Wedgwood)의

> 필경 역사가는 이 세상에서 가장 천한 인간이다. 하루에도 열두 번이나 자신의 무지를 원망한다. 어쩌면 사료를 해석하는 데 그렇게도 무능한지 굴욕감까지 느낀다. 역사가는 '사료의 노예'인 것이다.

라는 말처럼 사료의 해석이 얼마나 어려운가를 통절히 느끼게 되는 것이다.[39] 1차 사료를 읽을 때와 2차 사료를 읽을 때는 그 분위기가 다르다.

그러나 여기서 유의하여야 할 것은 맹목적인 원 사료 숭배사상에 사로 잡혀서는 안 된다는 것이다. 문서도 사서 못지 않게 편견이 개입될 요소가 많기 때문이다.

그것은 '문서'가 순수한 원 사료가 아니고 우리가 알지 못하는 어떤 다른 원 사료로부터 옮겨 쓴 2차 사료인 경우가 있기 때문이다. 그래서 '기록'이나 '문서' 역시 문서의 액면가(face-value) 그대로 받아들일 수 없는 것이다.

예를 들어 보자. 영국 11세기의 전국 토지조사대장으로 알려지고 있는 《둠즈데이 북》(*Domesday Book,* 1066)은 '오리지날'이 아니다. 그것은 오류투성이의 반(半) 재판절차의 기록들을 요약하여 줄여 놓은 2차적 문서다. 마그나 카르타(Magna Carta, 1215)도 영국민에게 내린 자유헌장으로 발포된 것으로 알려지고 있으나, 실제에 있어서는 국왕과 대영주간의 협정에 지나지 않았다. 역시 영국중세의 상속세조서(Inquisitions post Mortem)와 의회

37) *Ibid.*, p. 170
38) Butterfield, *Man on the Past*, pp. 2~3.
39) H.S. Commager, *op. cit.*, p. 43.

기록(Rolls of Parliament) 역시 엉터리 부분이 많다. 1399년 리처드 2세(Richard II)가 폐위된 데 관한 의회기록은 그 후계자 헨리 4세(Henry IV)의 승계를 정당화하기 위하여 꾸며진 책이었다.[40] 우리나라의 《연산군일기》도 위작된 부분이 많다.

우리는 또 '문서'사료만으로 역사를 쓸 수 없다. 사서와 연대기에만 의존하는 것이 옳지 못하듯이 기록에만 의존한 역사 서술도 잘못이다. 얼핏 보아 서로 대립되는 듯한 두 자료는 역사가에 의해 잘 조화되어야 할 것이다.[41]

원 사료 숭배사상이 가져다주는 또 하나의 오류는 역사가가 '사료의 노예'라고 해서 원 사료의 나열과 시위로 끝나는 듯한 역사 서술을 하는 것이다. 이런 논문을 보면 장황한 원 사료를 그대로 오려서 붙여 놓고 그 사이 사이에 약간의 주석을 달아 놓는 이른바 '가위와 풀의 역사'인 것을 알 수 있다. 그런 논문이나 역사 서술의 필자에게는 투철한 사안을 찾을 길이 없다.[42]

(라) 제3의 사료

20세기 역사학의 가장 중요한 발전의 하나는 사료의 개념이 확대되었다는 데 있다. 새로운 사료란 다름 아닌 각종 통계자료다. 정부나 사기업이 작성한 통계자료는 날로 복잡해져 가고 있다. 구한말 정부의 예산서는 주판과 간단한 산수지식만으로 누구나 그 전모를 알 수 있으나 요즘의 정부예산서는 전문가가 아니고서는 도저히 알아낼 수 없다. 따라서 역사가도 통계학의 힘을 빈다든지 재정학의 전문지식을 이용한다든지 하여 현대사회는 물론 18·9세기의 사회경제를 분석하여야 할 것이다.[43]

중세·유럽 농경기술과 경지제도의 연구에 항공사진이 이용된 지는 이미 오랜 이야기가 되고 있다. 또, 산업혁명 이후의 근대사회를 연구하는 데 있어

40) Galbraith, *op. cit.*, p. 13.

41) Galbraith, *ibid.*, p. 14.

42) 2차 사료로 취급되는 역사가들의 연구논문은 그러므로 균일하지 않다. 그 정상에 '특수연구논문'(academic monograph)이 있고 아래로 내려가면 갖가지 '일반연구'가 있다. 그래서 학계가 2차 사료로 공인한 권위논문이 있는가 하면 그렇지 않은 '무시된 논문들'도 많다. 이것을 역사 논문의 위계서열이라 부르는데 이것을 모르고 마구 인용하는 경우가 있다.
1차 사료에도 2차 사료와 같은 귀천이 있는 것 같다. 가령 한 부밖에 없는 필사본(manuscript materials)이 여러 부 있는 인쇄문서(printed document)보다 귀하게 대접받는다. 이것은 비단 골동품적 가치로 보아 귀하다는 것 뿐 아니라 필자의 생생한 필사본에서 보다 직접적으로 역사적 현실에 접할 수 있기 때문이다.

43) 이 책의 제3장 제2절 참조.

사용되고 있는 새로운 방법의 하나로 이른바 산업고고학(industrial archeology)이 있다. 산업고고학은 초기 산업시대가 남긴 여러 가지 기계공장시설 등 유물·유적을 체계적으로 조사·연구하여 새로운 분야를 개척하고 있다.[44]

5. 사료의 보존상태

사료의 전달, 즉 사료가 현대까지 남아 내려오는 과정을 보면 순전히 우연이라 하지 않을 수 없다.

가령 유명한 이탈리아의 폼페이(Pompeii) 시는 서기 79년에 일어난 베수비우스 화산의 폭발이 있었기에 잘 보존될 수 있었고, 프랑스 봉건영주의 토지문서는 혁명으로 인한 토지몰수 덕에 잘 보존되었다. 또 타키투스의 《게르마니아》는 그 유일한 사본이 16세기의 헬스펠드 수도원에서 발견되어 오늘에 남아 내려오고 있다.[45]

그래서 사료는 항상 불완전하고 단편적이다. 인쇄술이 발명되기는 서양의 경우 15세기다. 그 이전의 기록은 모두 양피지에 쓴 수도사들의 필사본(manuscript, MS. MSS.)일 수밖에 없었다. 이런 필사본이 오늘날까지 남아오고, 안 오고하는 까닭은 위에서 말했듯이 대부분 우연이다. 알렉산드리아 도서관의 화재부터 제2차 세계대전 때의 폭격에 이르기까지 갖가지 뜻 밖의 사건으로 기록이 없어지고 있다. 그래서 폴리비오스의 《역사》(*Historiae*) 전 40권 중 단 5권만 남아 내려오게 된 까닭이나, 리비우스(Titus Livius, 59 B.C.~17A.D.)의 《로마 건국사》(*Ab urbe Condito Libri*) 142권 중 35권만 현존하게 된 까닭에 사료의 보존에 관한 무슨 법칙이나 유형이 있을 수 없는 것이다. 그것은 순전한 우연인 것이다.[46]

문서사료는 고대로 내려 갈수록 희소하다. 고대 로마시대의 영국사에 대해서는 읽기(reading)보다 땅파기(발굴, digging)하는 쪽이 훨씬 효과적이라는 말이 나오는 것도 그 때문이다. 앵글로 색슨 시대를 거쳐 노르만 왕조에 이르러도 문서자료의 희귀성은 여전하다.

이처럼 기록의 보존은 근대로 내려 올수록 풍부해지고 완벽해진다. 그러

44) A. Marwick, *op. cit.*, p. 171.
45) M. Bloch, 앞의 '辨明', p. 54.
46) Galbraith, *op. cit.*, p. 8.

나 아무리 완벽하게 보존된 자료라도 단편적이고 '공백'이 있고 파지가 있기 마련이다. 가령 제2차 세계대전에 관한 기록이 각국 정부공문서로 헤아릴 수 없이 보관되어 있다. 그러나 아무리 많아도 이 전쟁에 참전했거나 또 전쟁을 경험한 수천만 명의 기억과 기록은 보존될 수 없는 것이다.

또 한 가지 유의해야 할 것은 유럽에서는 문서 혁명(document revolution)이 16세기경에 일어났다는 사실이다. 이것은 라틴어를 공용어로 사용해 오다가 영어 또는 불어로 대신 사용하기에 이른 것을 가리켜 말하며, 한편 속어(vernacular)가 보급되어 개인의 서신류, 일기류 따위가 이 시기에 크게 늘어나고 있다. 죽은 글인 사어(死語) 라틴어(또는 한문)보다 영어와 같은 자국어(한글)는 사람들의 보다 생생한 사상을 표현할 수 있다. 그래서 영국 최초의 근대적 전기가 폴라드(Pollard)의 《헨리 8세》였다는 사실은 결코 우연이 아니다. 이리하여 18세기 이후부터 영국에서의 문서자료는 천문학적인 증가를 보이기 시작했다. 너무 많아져서 일일이 사료비판을 하기 어렵게 되었다. 17세기까지의 4세기에 걸친 영국 의회법령은 합해야 고작 수권의 책으로 엮어낼 수 있는 분량이었으나 18·9세기의 그것은 큰 방에 가득찰 정도의 방대한 양이 되었다.[47]

이처럼 문서자료는 고대로 내려갈수록 희소해지고 현대로 올라올수록 풍요해져서 가히 '정보의 홍수'를 이룬다. 그러므로 역사가는 아무리 문제가 중요하다고 인정되더라도 사료가 없거나 너무 적은 먼 과거라든지 반대로 사료가 홍수사태를 이룬 너무 가까운 현대에 대해서는 공히 다루기 어렵다는 모순에 빠진다.

또 하나 잊어서는 안 될 것은 오늘날 남아 내려오고 있는 대다수의 사료가 패자보다 승자의 증언이라는 점이다. 자고로 "패자는 말이 없다."는 말처럼 승자의 말만 역사가 될 위험이 많은 것이다. 역사의 패자는 할 말이 많았을 것이지만은 승자가 그들의 말을 가로막는다. 그래서 역사 기록은 패자보다 승자의 말을 실어주고 있는 것이다. 그 때문에 승자의 말이 곧 진실이요, 정의라는 뜻이 되는 것이다.

가령, 헤로도투스의 《역사》에서 묘사된 전투 광경은 적인 페르샤군의 작전 지휘·전투 모두가 웃음꺼리처럼 묘사되고 있다. 이 점은 나치 독일이나 일본군에 관한 연합군 측의 묘사도 마찬가지다. 패자는 말이 없는 것이다.

---

47) *Ibid.*, p. 9.

전후에 일본은 일본군의 용감했던 전투를 다시 쓰느라 애를 쓰고 있으나 한 번 추락한 역사는 재평가되기 어려운 것이다.

《삼국사기》의 기록은 신라 위주의 기록이다. 고구려와 백제에 대해서는 매우 불리하게 기록하고 있다. 심지어 당나라와 고구려가 싸운 여러 전투 특히 안시성 전투에 대해 성주 양만춘의 이름이 나오지 않는다하여 후대의 역사가들의 비난을 받았다. 아무리 고구려가 남긴 기록이 없다해도 당나라 기록을 가지고 전투 광경을 묘사하였다는 것도 기이하지만 안시성의 영웅 양만춘의 이름을 빠뜨리다니 욕먹어 싸다 할 것이다.

승자와 패자의 관계는 비단 전쟁에서 뿐 아니라 정치의 경우에도 마찬가지이다. 정치적 패자는 더욱 비참하다. 정치적 승자는 패자의 기록을 의도적으로 태워버린다. 이것을 분서(焚書)라 한다. 진시황의 분서갱유에서 나온 말이다. 우리나라에서도 조선 초기에 상고사 기록을 분서한 일이 있었으며, 그 일부가 《환단고기》 등으로 살아남았다. 갱유까지 나가지 않았으나 책을 숨긴 자는 사형에 처하였으니 갱유나 마찬가지였다.

일제가 우리나라 사서를 몰수하여 남산의 총독부 뒤뜰에서 분서한 사실은 너무도 유명하다. 보통 구왕조를 멸망시키고 신왕조가 들어섰을 때 신왕조는 정치적 패자인 구왕조의 역사를 왜곡하고 어둡게 칠해 놓는다. 고려시대에 씌어진 《삼국사기》, 조선시대에 기록된 《고려사》는 모두 이같이 전조의 역사를 밝게 그렸다기보다 어둡게 그린 것이다. 신채호는 이 점에 대해

> 후기(後起)한 왕조가 전조(前朝)를 미워하여 역사적으로 자랑할 만한 것은 무엇이든지 파괴하며 소탕하기로 위주(爲主)하므로 신라가 흥하매 고구려와 백제의 역사가 볼 것이 없게 되며, 고려가 일어남에 신라사가 볼 것이 없게 되며, 이조가 일어남에 고려사가 볼 것 없게 되어 매양 현재로서 과거를 계속하려 아니하고 말살하려 하였도다.

라고 말하고 있다.[48]

조선왕조사도 마찬가지다. 일제 식민사학자들이 쓴 《조선사》는 '전조에 대한 후조의 입장' 그것보다 훨씬 심하여 역사 자체를 말살하려 했었다.

지배자와 피지배자의 관계도 승자와 패자의 관계와 비슷하다. 조선왕조 초기에는 개인이 함부로 역사를 쓰지 못하게 하였으니 '역사의 사저(私著)

---

48) 申采浩, 《朝鮮史總論》, '論選', pp. 68~69.

금지'의 의도는 건국 초기의 불법적 행위가 폭로될까봐 겁이 나서 역사를 숨기려한데서 비롯된 것이다. 그러기에 단재 신채호는 말하기를

> 조선에서도 중엽 이전에는《동국통감》,《고려사》등 수종 관행본(官行本) 이외에는 사사(私史)를 금하였다. 현대 왕조의 득실을 기록하지 못하게 함은 타국에도 혹유(或有)하였으나, 왕고사(往古史)의 사저나 사화까지 금함은 아국(我國)에 독유(獨有)하였다.

라고 비난하고 있다. 이같이 조선왕조 초기에는 한 때 오로지 사관만이 역사를 기록할 수 있는 독점물이 되었던 것이다.[49]

이처럼 기록은 단편적이요, 선택적이요, 또 편향적이다. 아무리 단순한 사건의 기술이라도 기록한 자의 편견이 들어있다. 요즘의 TV 촬영을 보아도 너무나 편파적이다. 우리 팀 위주로 찍다 보니 우리 팀이 지고 있는 것이 아니라 이기고 있는 것으로 착각할 때가 있다. 집안의 부부 싸움에도 남편의 이야기 다르고 여편의 주장이 다른 법이다. 한말 의병에 대한 일본 경찰기록과 의병들의 《창의록》을 대조해 보면 같은 전투라도 얼마나 다른가 — 심지어 사상자의 수까지도 다르다—를 눈으로 볼 수 있다.

한 때 제1차 세계대전을 어느 편이 도발했는가에 대해 논쟁이 분분했다. 이름 하기를 제1차 세계대전 기원설인데 6.25 남침을 남측이 일으켰다는 어처구니없는 주장을 한 미국학자가 있었다. 브루스 커밍스라는 좌경학자가 바로 그 사람인데 최근에는 한국 현대사를 북한의 정치선전에 맞추어 기술하여 다시 한번 물의를 일으키고 있다.

Ⅱ. 사료의 비판

1. 비판의 개념

(가) 마비용 혁명

모든 사료는 발견 당시의 상태로 역사 서술에 이용될 수 없다. 따라서 모

49) 위의 책, p. 68.

든 사료는 일단 의심해 보아야 하며 어느 정도의 신빙성, 즉 증거능력이 있는가를 검토하여야 한다. 이것을 사료의 비판이라 한다.[50]

서구에서는 일찍부터 문서를 위조하고 개서하는 일이 많았다. 중세 수도사들은 문서위조의 명수들이었다. 그래서 11세기의 한 프랑스 시골 수도사는 잉크만 있으면 누구든지 또 무엇이든지 쓸 수 있다고 외쳤다.[51] 그래서 "문서는 거짓말장이며 모든 서술은 편견(parti-pris)이다."(Lawrence of Arabia)[52]는 말이 나오게 되었다. 15세기에 인쇄술이 발명되기 이전에는 모든 문서는 수사본(manuscript)이었다. 수사본의 감정은 주로 서체(hand-writing)를 식별함으로써 문서작성의 연대를 가늠했는데 약 50년 내외의 오차밖에 안 났다는 것이다. 또 서체는 지방에 따라 달랐기 때문에 문서의 출처를 알아낼 수도 있었다. 서체의 식별을 위하여 따로 고문서학(palaeography)이 발달할 정도였으니 문서감정이 갖는 의미는 매우 컸던 것을 알 수 있다. 문서감정 방법으로서 도장(또는 낙관, seals)을 감별하는 방법이 있다. 도장이란 문맹률이 높은 사회에 통용된 증명방법이었는데 이는 오늘날 동양사회에서도 그대로 애용되고 있다. 서구에서도 도장이 서명(signature)으로 바뀐 것이 그리 오래지 않았다. 그러므로 웬만한 문서는 거기에 찍힌 도장을 보고 어느 관서에서 발행한 문서인가를 가려낼 수 있다.

사람이란 본시 부정 아니면 긍정이라는 양극적 판단을 하는 습성이 있다. 블록에 의하면 제1차 세계대전 중에 한 정직한 수의(獸醫)를 알게 되었는데 그는 웬일인지 신문의 뉴스를 신용하기를 완강히 거부했다는 것이다. 그런데 하루는 어떤 친구가 그에게 당치도 않은 거짓말을 했는데 그걸 곧이 믿어버리더라는 이야기다.[53] 이런 습성은 누구에게나 있다.

범인의 말을 그대로 믿는 경찰관은 없다. 역사적 증상을 맹목적으로 승인하지 않게 된지도 오랬다. 그러나 위조문서 투성이인 중세의 여러 가지 기록을 의심하게 된 것은 17세기 후반의 일이었다. 몽테뉴만 하더라도 그의 《수상록》에서 역사가는 사료가 주는 대로 받아들일 것이지 그것을 평가하여서는 안 된다고 말하고 있다.

이러한 사료에 대한 맹신주의는 데카르트의 《방법서설》(1631)이 나옴으로

50) Jacques Barzun, *Modern Researcher*, p. 134.
51) M. Bloch, 앞의 '辨明', p. 59.
52) *Ibid.*, p. 49.
53) M. Bloch, 앞의 '辨明', p. 60.

써 "경솔하게 믿지 말고 몇 번이고 의심하라"는 역사의 회의설을 낳게 했다. 이 의심에서 참다운 검증의 필요가 우러나왔다. 그러나 덮어놓고 의심하고 수도원에 보존된 "모든 메로빙 왕조의 고문서는 위조다"하는 식의 단정은 결코 옳은 일이 아니다.[54]

1681년이라는 해야말로 인간정신사에 있어 획기적인 해였다. 바로 이 해에 마비용의 《고문서론》(*De Re Diplomatia*)이 나왔기 때문이다. 이 책이 나옴으로써 마비용은 사료비판의 아버지가 되었다. 마비용이 그 이전의 사람들과 구별되는 것은 사료를 덮어놓고 믿거나 반대로 덮어놓고 의심하고 '가짜'라 단정하지 않고 '진짜' 사료와 '가짜' 사료를 신중히 가려내고 식별한 데 있다. 이처럼 마비용은 진서와 위서를 가려내는 비판적 방법을 발명한 사람이다. 순전히 부정적인 정신태도인 '회의'에서 벗어나서 합리적인 회의로 인도한 사람이 곧 마비용이었던 것이다. 사료의 비판은 확실히 역사 연구의 발전에 있어 '거화(炬火)'적 존재였다. 카르테지언(데카르트)적 '과학'이 그랬듯이 역사적 증거에 대한 비판 역시 '신앙'을 일소하였다. 역사로부터 신앙을 추방함으로써 비판은 역사 지식에 확실성과 개연성을 부여하는 데 결정적 계기가 되었다.[55]

그러나 이 마비용의 발명품은 그 뒤 한 줌의 고증학자, 주석학자, 호사가들에 의해 계승되었을 뿐 대다수의 역사가들은 이를 외면하였다. 18세기의 계몽사상가들은 이 거치장스러운 고증의 번거로움을 회피하고 과장적인 역사 서술에만 열을 올리고 있었다. 그러나 19세기에 이르러 이 소중한 '방법'은 재인식되어 역사학의 기본적 도구로 복귀하였다.[56]

(나) 비판의 한계

사료에 대한 '합리적인 회의'라는 획기적인 마비용 혁명이 있은 뒤 역사 연구는 크게 발전할 수 있었다. 우선 고전고대와 중세의 연구에 비판적 방법이 도입되어 사학자들 간에 벌어졌던 의견대립의 폭이 좁혀졌으며 역사 연구는 더욱 더 객관화되었다.[57]

영국 혁명기에 해당하는 16·7세기에 관한 역사 연구에도 여러 사건을 균형 있게 판단하는 데 크게 기여하였다. 그러나 가령 헨리 8세, 스트라포드

54) *Ibid.*, p. 63.
55) *Ibid.*, p. 61.
56) *Ibid.*, p. 64.
57) Galbraith, *op. cit.*, p. 17.

(Straford) 그리고 크롬웰과 같은 역사적 인물의 정치와 인간됨에 관한 오늘의 논쟁은 사료비판보다 현대 독재자상의 발전과 증대되는 세속주의의 영향에서 온 결과로 보인다.

18세기 이후로 내려오면 어느 나라에서나 사료는 급격히 늘어난다. 회고록(memoirs), 팸플릿, 私信 그리고 특히 신문이 사료로 남게 되어 역사가에게는 이제 사료의 수집이 문제가 되기보다 사료의 취사선택이 두통거리가 된다.

또 하나 문제되는 것은 벌써 19세기의 여러 문제를 연구하는 데에도 사건과 역사가 사이의 일정한 시간적 거리가 주는 원근감이 상실되었다는 점이다. 이리하여 20세기사 연구에 이르게 되면 역사학은 분명 정치와 '이데올로기의 시녀'가 되고 만다.[58] 블록이 지적했듯이 독단과 신화에 감염된 현대인은 비평의 취미까지도 상실하고 있는 것이다.[59] 여기서 우리는 사료비판이 갖는 한계성을 인식하지 않을 수 없다. 사료비판은 어디까지나 하나의 수단에 불과하다. 도그마와 신화에 감염된 현대인을 치유할 힘은 사료비판에 없는 것이다. 그러므로 방법이 아무리 중요하다 하더라도 도구 이상은 아니다

(다) 위조문화

사료비판에는 외적 비판과 내적 비판이 있다. 먼저 외적 비판, 즉 문서 위조를 가려내야 한다. 문서 위조는 어느 나라를 막론하고 있지만 앞서 지적한 바와 같이 유럽에서 특히 심했다. 중국에서도 심했다. 그래서 중국사서는 정말 믿을 수 없는 것이다. 만일 이 위조문서가 없었다면 사료비판법이 그렇게 발달하지 않았을지 모른다.

위조는 오늘날 큰 범죄행위로 취급되지만 옛날 서유럽에서는 왕의 옥쇄와 화폐의 두 가지 위조만 처벌되고 그 밖의 것은 묵인되었다. 단순한 문서 위조는 성직자의 '경범죄'(pecadillo)에 불과했다. 11세기와 12세기는 가히 문서 위조의 전성기였다고 할 수 있다. 로마 교황의 옥쇄와 서신을 위조하여 영국의 캔터베리 대주교가 요크 대주교의 세력을 눌러 영국의 교회지배권을 장악한 것도 바로 이 무렵의 일이었다. 15세기에는 유명한 콘스탄티누스 기진서(寄進書)가 위조되었다. 이같이 문서 위조가 성행했기 때문에 마비용의 《고문서론》이 나왔는데 위조는 그 뒤에도 크게 유행하여 비단 공문서뿐

---

58) *Ibid*., p. 18.
59) M. Bloch, 앞의 '辨明', p. 67.

아니라 개인의 사신에 이르기까지 위작되었다. 글로젤 도자기(Glozel pottery)와 필트다운인(Piltdown Man ; Eoanthropus Dawsoni이란 학명까지 버젓이 붙었었다.)의 해골까지 위조하는 시대가 되었다.[60] 지금도 서구 유수의 박물관에 진열된 유물 가운데 얼마나 많은 위조품이 도사리고 있는지 아무도 모르고 있는 것이다.

이처럼 위조(forgery)가 많기 때문에 우선 사료가 진짜인가, 가짜인가를 가려내야 한다. 이 사료의 진위를 가려내는 작업을 사료의 외적 비판이라 하며 사료의 진위를 밝힌 뒤에는 사료의 내용, 즉 신빙성을 의심하게 되는데 이것을 내적 비판이라 한다.

사료의 진위를 가릴 때도 문서 전체가 가짜인 경우가 있고 그 일부가 가짜인 경우가 있다. 예컨대 앙뜨와넷의 서명이 든 편지가 모두 그녀에 의해 쓰인 것이 아니라 그 중에는 19세기에 날조된 것이 많다.[61]

표절, 개서, 부가 등도 예사로 행해져서 '허위는 허위를 낳는' 결과를 가져왔다. 이 같은 모든 위조가 모두 옛날이야기라고 생각하기 쉬우나 오늘날보다 큰 허위가 진실에 대한 우리의 눈을 가리고 있다. 제1차 세계대전 때 독일이 프랑스와 개전하기 위하여 한 프랑스 비행기를 그 구실로 삼았다. 제1차 세계대전이 일어나기 2·3일전 한 대의 프랑스 상업용 비행기가 뉴른베르그 상공을 날았다. 그런데 이 사실이 와전되어 프랑스 폭격기가 독일에 날아와서 여기저기에다 폭격을 가했다는 소문이 나 돌았다. 물론 폭탄은 단 한 개도 떨어지지 않았으나 독일 정부는 이 소문을 전쟁의 구실로 삼았던 것이다.[62]

19세기 프랑스의 한 장군(마르보, 1782~1854)은 그의 '비망록'을 남겨 많은 젊은이들의 피를 끓게 만들었다. 그런데 나폴레옹 전쟁 때의 무용담을 실은 이 '비망록'은 거짓말 투성이었다. 말하자면 남이 한 일까지도 마치 자기가 한 것처럼 꾸민 것이다. 이 마르보의 수법을 그대로 따서 똑같은 무용담을 되풀이한 두 장군이 있었다고 하니 더욱 가소로운 일이다.

---

60) Galbraith, *op. cit.*, p. 15.
61) M. Bloch, 앞의 '辨明', p. 69.
62) *Ibid.*, p. 78.

2. 문서의 외적 비판

사료를 관찰하여 ① 사료가 작성 당시와 같은 상태에 있는가? ② 훼손된 점은 없는가? 사료의 필적, 언어, 서체, 출처 따위를 조사해서 사료의 원형을 찾아보려는 노력이 사료의 외적 비판이다.[63] 외적 비판에는 원문비판과 전거비판이 있다.

(가) 원문비판[64]

대부분의 경우 고대 사료의 원본은 분실되어 사본(copies)만 남아 있으며, 그 사본마저도 '사본의 사본'(copies of copies)인 경우가 많다. 《삼국사기》가 바로 원본이 없어 조선초에 베껴 쓴 사본의 사본이다. 그러므로 이들 사본이 원본과 얼마나 다른가를 알 필요가 있다. 대개 중세의 필사생들(주로 수도사)은 원본과의 대조 없이 사본을 베꼈다고 하니 많은 오류를 예상할 수 있는 것이다. 원문비판의 방법으로 세 가지 경우를 생각할 수 있다.

(a) 저자가 자필한 '원본'이 있는 경우: 이 경우에는 '원본' 그대로를 믿을 수밖에 없으니 비판할 여지가 없다.

(b) '원본'은 없어지고 '사본'이 하나밖에 없을 때 : 이 경우에는 원본과의 대조도 불가능하고 다른 '사본'과의 비교도 할 수 없으니 과연 '사본'의 어느 부분에 필사생의 개절(改竄)이 있는지 알아내기 곤란하고 설혹 개절부분이 발견되어도 이를 어떻게 수정하여야 할지 감감하다. 이 경우에는 결국 추측 수정 또는 복원(conjectural emendation or restoration)이란 방법을 써서 그릇된 부분을 수정할 수밖에 없다.

사본에 나타나는 '개수'를 전승적 변형(traditional variant ; 즉, 사료의 전승과정에서 생기는 원문의 변형)이라고 한다. 그런데 이 변형 또는 개수가 필사자(copyist)의 고의적인 '속임수'(기만, fraud)로 인한 경우와 단순한 '과오'(error)로 인한 경우가 있다. 대부분의 경우가 고의로 원본을 개작하는 경우보다 '과오'로 그렇게 한 경우다.

그런데 이 과오에는 ① 판단의 과오(errors of judgment)가 있고, ② 우발적 과오(accidental error)가 있다. ①의 경우는 필사자가 교양부족으로 원본이 틀리지도 않았는데 틀렸다고 생각하여 원문과 달리 베껴놓는 경우이며,

---

63) Langlois · Seignobos, *op. cit.*, p. 66.
64) *Ibid.*, pp. 71~86.

②는 필사자의 순전한 오독 오기다.

필사자가 고의로 개작해 놓는 '속임수'의 경우는 도저히 사본의 잘못된 부분을 찾아내기 힘들다. 영원한 수수께끼로 남고 만다. 그러나 우발적 과오는 의미·문자·단어의 혼동, 단어·문자의 전위(자리 바꿈), 이중 필사(dittography; 예, literature를 literatuture라 적은 경우), 중음 탈자(haplography; 예, philology를 philogy라 적는 경우) 그 밖에 구독점의 오기 등이므로 알아내기가 쉽다.

(c) 원본은 없지만 '사본'이 여러 가지 있는 경우: 이 경우에는 사본과 사본을 비교할 수 있기 때문에 (b)의 경우보다도 정확히 원형을 찾아내기가 쉽다. 또 추측수정이라는 불확실한 방법을 쓰지 않고 실제로 여러 사본을 비교 검토할 수 있다.

(나) 전거(authorship)의 비판[65]

누구든지 문서를 대하면 먼저 묻는 질문이 ① 이 문서는 어디서 나왔는가? ② 누가 저자인가? ③ 언제 저술되었는가 등이다. 가령 저자, 장소 그리고 연대를 모르는 정체불명의 사료가 있다고 하자. 그것이 무슨 가치가 있겠는가? 현대의 문헌은 그것이 책이든 신문이든 공문서이든 일자와 서명이 붙어 있기 마련이지만 고대의 문서들은 익명에 일자도 출처도 밝히지 않은 것이 많다.

전거 비판의 첫째 수단은 문서의 내적 분석이다. 내적 분석의 첫 작업은 문서의 서체(書體)를 조사하는 일이다. 다음에는 어법을 조사하여야 한다. 언어는 시대와 장소에 따라 그 어법을 달리하는 법인데 대다수의 위조자는 그걸 모르고 중세문서에다 근대어를 써넣는다. 사료가 공문서인 때는 그 작성양식을 조사한다. 마지막으로 사료 속에 기술된 어떤 사실증명이 위조할 수 없는 다른 사료의 내용과 일치될 때 그 사료의 bona fides, 즉 신빙성이 확정된다.

그 밖에도 사료에는 첨가(additions),[66] 표절(plagiarism) 그리고 차용

---

65) *Ibid.*, pp. 87~91.

66) 한 사료의 저자는 보통 하나다. 그러나 의외의 제3자가 원문에다 가필 개서하는 경우가 있다. 이것을 첨가라 한다. 첨가에는 삽입(interpolation)과 추가(continuation)가 있다. 삽입은 원문에다 단어 또는 문장을 써넣는 것을 말한다. 삽입도 또한 우발적 삽입(accidental interpolation)이 있고, 고의적인 삽입(deliberate interpolation)이 있다. 추가는 한 저자의 저서가 끝난 데다가 다시 다른 저자가 추가해서 쓰는 것을 말한다. 중세 연대기작가들이 계속해서 한 연대기에다 추가 가필하면서 누가 어디서부터 쓰고 어디서 끝났는가를 표시하지 않았다. *Ibid.*, p. 92.

(borrowings)[67] 등의 허위가 있다.

전거의 비판은 역사 연구의 준비단계로서 매우 중요하다. 위조된 문서를 믿고 연구한 역사가는 마치 가짜 그림을 걸어 놓고 감상하는 거나 같다. 그러나 전거의 비판은 역사가에게 나쁜 문서를 쓰지 말라는 것을 가르쳐 줄 뿐이다. 소극적인 성과밖에 없다는 점을 잊어서는 안 된다. 또 전거의 극단적인 불신은 전거의 극단적인 경신(輕信)처럼 해롭다는 점도 잊어서는 안 된다. 지나친 의심으로 멀쩡한 사료를 가짜로 오인한 경우가 적지 않았기 때문이다.[68]

3. 문서의 내적 비판

사료의 저작자가 ① 무엇을 의도했는가? ② 자기 말을 확신하고 있는가? ③ 자기의 신념을 확신하고 있는가? 등 저자의 심리상태에 관한 비판을 내적비판이라 한다.[69] 다시 말하면 사료의 신빙성, 즉 증거능력을 비판하는 작업이다.

(가) 해석적 비판[70]

사료의 외적 비판이 끝나서 원문 저자가 확인되고 다시 분류까지 마치게 되면 사료의 내용, 즉 저자의 의도를 검토할 단계에 들어간다. 한 마디로 말해서 사료의 자구해석이다. 이 말은 과연 어떤 뜻으로 쓰여진 것인가를 확인하는 일이 곧 내적 비판이다. 사료의 저자가 가령 타키투스라고 하자. 그가 《게르마니아》(*Germania*)에서 'occupatio agrorum'이란 말을 썼는데 과연 여기서 occupare와 agri란 말은 어떤 뜻으로 사용했는가를 알아내는 일이 내적 비판이란 것이다.

이와 같이 사료의 내적 비판은 사료의 해석적 비판(interpretative criticism) 또는 해석학(hermeneutik)이다. 사료의 해석은 먼저 자의(the literal meaning)를 확정하고 다음에 저자의 진의(real meaning)를 알아낸다.

(a) 사료의 '자의'(字意)를 정확히 분석하여야 한다. 인간의 언어는 화학기호와 달라서 같은 단어가 시대, 지방, 저자에 따라 여러 가지 뜻으로 사용된

67) Longlois · Seignobos, *ibid.*, p. 93.
68) *Ibid.*, p. 99.
69) *Ibid.*, p. 66.
70) *Ibid.*, pp. 141~155.

다. 서양 중세의 사료, 가령 *Gregory of Tours*를 해석하는 데 라틴어의 일반적 용법만 가지고서는 충분한 해석이 불가능하다. *Gregory of Tours*에서만 사용된 특수 라틴어에 대한 지식이 더 필요한 것이다.

villani(villain)는 중세 영국의 일반농민을 가리키는 '촌민'이란 뜻이다. 이 '촌민'은 본시 자유민이었는데 '노르만 정복' 이후 모조리 '예속농민'으로 기재되기에 이르러 이 '촌민' 속에는 실제로 많은 부류의 자유, 반자유, 예속민이 포함되어 있었다. 또 Baron이란 단어는 영국에서의 사용법[왕의 직신(直臣)]과 프랑스에서의 사용법(일반 영주)이 다르다.

(b) 자의를 결정한 뒤에도 저자의 진의를 알기 어려울 때가 있다. 그것은 저자의 표현방식이 비유(allegory), 상징(symbolism), 익살(jests), 장난(hoax), 암유(allusion), 함축(implication)일 수 있고, 그 밖에도 과장(hyperbole), 반어법(litotes) 따위를 쓸 때도 있다.

예컨대 Behistum의 비문에는 "다리우스(Darius) 황제가 정복한 추장(酋長)을 발로 짓밟았다."는 말이 나온다. 이것은 하나의 비유다. 서양 중세의 그림에 왕관을 쓰고 자는 사람의 모습이 나온다. 이것은 실제로 잘 때 왕관을 썼다는 것이 아니다. 왕의 신분을 나타내기 위한 화가의 고육책이다.

이 같은 저자의 특수한 표현을 알아내는데 일반법칙이 있을 수는 없다. 단지 읽어내려 가다가 전후문맥이 통하지 않고 모순된다고 할 때는 일단 위와 같은 특수표현이 아닌가 의심해 볼 수 있다.

(나) 저자의 성실성과 정확성에 대한 부정적 비판[71)]

누구나 "사료는 우선 믿어야 한다."는 사고를 갖기 쉽다. 그러나 역사가는 "사료를 불신한다"는 전제하에 읽어 나아가야 한다. 사료에서 기술된 내용이 얼마나 진실에 가까운가를 측정하기란 여간 복잡한 것이 아니다.

사료의 저자는 그가 기술한 사건과 '동시대'(contemporary)인가?
그는 사건의 직접 '목격자'(witness)인가?
그는 '성실'(sincere)하고 '잘 알고 있었는가'(well-informed)?
그는 진실을 알고 있었으며 또 진실을 말하고자 했는가?
그는 전체 의문을 한 공식 속에 넣어 요약해 버리지 않았는가?
그는 신빙할만한가(trustworthy)?

사료의 기사 중 첫째, 증언(testimony)에 의한 것이라 하여 덮어놓고 믿을

71) *Ibid.*, pp. 155~169.

수 없다. 둘째, 한 사료를 '일괄적으로'(en bloc) 비판해서는 안 된다. 사료의 기사 하나 하나를 따로 분리해서 그 신빙성 여부를 결정하여야 한다.

사료의 내적 비판을 하는 데 있어서 첫째 그 사료의 내용이 저자가 직접 목격한 사실을 기술한 경우, 즉 직접사료(first-hand document)인 경우가 있고, 자기 자신의 직접적 관찰이 아니라 남에게 들은 것(전문)을 적은 간접사료(second-hand document)인 경우가 있다.

한 사료 속에 직접사료만 있으란 법은 없다. 또 반대로 간접사료만 있으란 법도 없다. 기사에 따라 다르다고 보아야 한다. 직접사료를 비판할 때 역사가는 그 자의 성실성을 의심하고, 다음에 그 정확성을 의심하여야 한다. 이리하여 저자의 성실성을 비판하기 위하여 역사가는 먼저

(a) 사료의 저자가 진실을 속이지 않고 진술했는가? 즉, 저자의 성실성(good faith)을 비판하라. 이 경우 다음과 같은 점에 유의하여야 한다.

(i) 저자의 이해관계로 진실을 속이는 경우: 저자가 독자를 속여 어떤 실제적 이익을 얻으려 하는 경우. 개인이란 본시 가족, 지방, 국가, 종교, 정당, 계급의 일원으로 각기 어떤 이해에 얽히거나 이데올로기에 감염되어 있기 마련이다.

(ii) 환경의 압력으로 왜곡되는 경우: 사료를 작성하는 데 일정한 규칙이나 관습이 있어서 거기에 따라야 할 때, 현실과 어긋나는 기술을 할 때가 있다. 공문서는 그 좋은 실례다.

(iii) 동정과 반감에 의한 왜곡: 저자의 정치, 경제, 사회, 철학의 입장에 따라 자기편에 유리하게 그리고 적대편에 불리하게 해석하는 경우가 있다.

(iv) 저자의 집단적 또는 개인적 허영심이 사실을 왜곡하게 하는 경우가 있다.

(v) 대중 여론에의 맹종에 의한 왜곡: 저자가 대중을 즐겁게 하거나 적어도 충격을 주지 않으려고 사실을 왜곡하는 경우가 있다. 제문, 식사, 포고문, 연설문 따위가 그 예다. 이들 문서는 사실성이 극히 희박하다.

(vi) 문학적 왜곡: 저자가 문학적 기교로 독자를 즐겁게 하려 들 때 사실은 왜곡된다. 이 문학적·수사적 왜곡은 작중인물의 행위, 감정 그리고 언어로 사실과 다르게 문학화 한다. 서구 중세의 연대기가 그 좋은 예다. 그 밖에도 서사시적 왜곡, 극적 왜곡, 서정시적 왜곡 등이 있다. 특히 극적 왜곡은 실제에는 여러 사람, 여러 시대, 여러 집단에 의해 이루어진 사실인데 극적 효과를 노려서 한 사람, 한 시대, 한 집단의 소행으로 꾸며 놓는 것으

로 가장 위험한 형식이다. 헤로도투스, 타키투스 등 문학적 사가에게서 볼 수 있다. 서정시적 왜곡은 작중인물의 감정태도를 미화하고 극렬화한다.

(b) 사료의 기사에 얼마나 정확성[72]이 있는가를 검토한다. 즉, 저자는 혹시 잘못 볼 상태에 있지 않았는가를 살펴야 한다.

(i) 저자가 착각, 환상 또는 편견으로 잘못 관찰하는 경우가 있다.

(ii) 부정확한 관찰의 위험은 늘 있다고 보아야 한다. 싸움터에서의 경험담은 긴박한 행동의 필요 때문에 주의력을 잃은 상태에 대한 것이므로 그 정확성을 의심하지 않을 수 없다. 사실의 이해에 필요한 특별한 경험과 지식이 없는 사람의 진술, 인상을 나쁘게 보았다든지, 별개의 사건을 혼동한 진술 등에 대해서도 살펴보아야 한다. 특히 기사의 사건과 그에 대한 기술 사이의 시간차를 살펴보는 것도 중요하다. 목격한 것을 당장 기록하는 것과 훨씬 뒤에 쓰인 회상록과는 정확성에 큰 차가 있다. 생애의 종말기에 쓴 회상록에 허다한 오류가 있을 수 있다는 사실을 기억해 두어야 한다.

(iii) 저자는 보통 자기가 관찰한 바를 적는 법이지만 그 진실 여부를 재확인하지는 않는다. 태만이나 무지로 단순한 추측, 상상 또는 허위 사실을 기록해 놓는 경우가 있다. 서양 중세의 연대기에 이런 부분이 많다.

저자가 직접 목격한 사실이 아니라 남에게 들은 이야기를 적어놓는 경우를 간접사료라 할 수 있다. 간접사료에는 이름을 밝힌 것도 있지만 대개의 경우 이름을 알 수 없는 익명사료가 많다. 이들 익명사료를 우리는 전승이라 하는데, 이 전승 가운데에는 고대로부터 구전되어 오는 전설이 있고 문자가 발명된 이후의 문명시대에 기록으로 남은 일화란 게 있다. 일화는 말하자면 '문명사회의 전설'이다.

전설이나 일화에 관해서는 따로 민속학이 있어 연구되고 있으나 역사학은 이러한 민속학적 연구의 성과를 충분히 받아들여 각 시대의 연구에 활용하여야 한다.

익명사료는 대체로 허위라고 전제하여야 하지만, 다음의 경우는 허위가 아니다.

① 저자가 자신의 이해관계나 허영심에 반대되는 사실을 들었다고 생각될 때, 가령 아테네 시민이 아테네를, 기독교도가 기독교를 비난했다고 할 때는 대체로 허위가 아닐 것이다.

---

72) *Ibid.*, pp. 170~178.

② 명백한 사실, 쉽사리 증명할 수 있는 사실인 경우는 허위가 아니다.

③ 저자의 이해와 전혀 무관한 사실을 기술하고 있는 경우는 허위가 개입할 여지가 없다고 볼 수 있다.

4. 소설 · 시 · 통계 자료의 비판

소설과 시도 사료가 된다. 소설과 시는 작가의 순수한 창작이다. 그러나 그 내용 어느 구석엔 가에 작가 자신이 살던 시대의 사회가 반영된다. 예를 들면, 셰익스피어의 유명한 희곡의 주인공 줄리엣은 14살에 로미오와 결혼했다. 그녀의 어머니는 그보다도 더 일찍이 결혼했다. 《템페스트》(*The Tempest*)의 미란다는 15세에 결혼하고 있다. 이로 미루어서 엘리자베드 시대의 평균 결혼연령은 14·5세였다는 걸 알 수 있다. 그러나 최근의 한 연구는 당시의 결혼연령이 22세란 사실을 증명해 내는 데 성공했다. 결국 14·15세는 당시의 귀족사회에서만 행해진 풍습이었던 것이 판명된 셈이다.

이처럼 소설이나 시는 그 시대의 사회습속을 알려 주며 계급, 신분에 대한 태도 등 시대의 분위기를 보여 준다. 한 역사시대를 '안으로부터'(from the inside) 이해하려면 그 시대의 예술, 문학에 몰두해야 한다. 영(G.M. Young)의 말처럼 역사가는 그를 향해 말하고 있는 시대의 소리(voice of the age)가 들릴 때까지 읽고 또 읽어야 한다. 예술과 문학은 '시대의 거울'이다. 이 거울을 통해 '시대의 풍토'를 알고 만일 있다면 시대정신(Zeitgeist) 같은 것도 파악할 수 있을 것이다. 이처럼 한 천재적 작가가 본 형안을 통해 우리는 그 시대의 중대한 일면을 파악할 수 있는 것이다.[73]

그러나 소설이나 시의 작가가 그린 세계가 그가 살던 시대에 대한 강한 거부와 반항인 경우가 있으므로, 그같은 작가세계의 특이성을 십분 이해한 뒤 시대와의 연관을 생각하여야 한다.

전술한 바와 같이 현대 역사학은 '제3의 사료'를 이용하기 시작했다. 그래서 역사가들은 점차 비문서 사료의 이용도가 높아지는 경향을 보이고 있다. 역사학의 계량화에 따라 국민총생산, 인구통계, 항공사진, 산업고고학(industrial archeology) 등 새로운 비전통적 자료가 이용되기 시작했다. 이 경우에도 역시 인간의 실수란 게 있는 법이기 때문에 자료의 진상과 신빙성

73) H.S. Commager, *op. cit.*, p. 30.

을 면밀히 검토한 뒤 분석에 임해야 한다. 또 대개의 경우 문서자료의 협조가 꼭 필요하기 때문에 양자의 대조·검토에 특히 신중해야 할 것이다.

일부 역사가는 비 문헌 자료에만 의거하는 역사 연구는 역사학이 아니라고 비난한다. 이 비난은 "문서 없이 역사 없다."라는 문서숭배사상에서 나온 말이다. 이 논리를 그대로 밀고 나가면 문서 없는 아프리카에 대해서는 역사 연구가 전혀 불가능하게 된다. 문서없는 역사는 확실히 내면이 없는 묘사적 서술로 끝난다. 그러나 문서는 역사 연구의 수단일 뿐이다. 따라서 수단이 목적을 우월할 수 없다. 오늘날 아프리카사 연구에 이용되고 있는 종족식물학(ethnobotany), 언어학, 혈통집단연구(serology) 그리고 민속학 등은 어느 나라의 역사 연구에도 활용되어야 할 방법인 것이다.[74]

이 밖에도 현대사는 과거사 연구보다 더 어려운 사료비판이 요구된다. 자료의 무한대, 선전의 세계적 영향, 현대 독재정부의 물량적 힘, 생존문제와 결부된 격정 등은 역사가에게 유례없는 책무를 요구하고 있다. 모순 되게도 우리는 과거의 시대보다 현대 세계에 대해 더 많은 것을 알고 있으나, 이를테면 100년 전의 역사에 대해서 보다 현대사는 객관적으로 연구하기 더 어려운 상황에 놓여 있다.[75]

5. 사료의 분류

필요한 사료를 수집하고 그 출처를 밝히고 원문을 비판하고 전거(典據)도 확인했다고 가정하자. 그 다음에 필요한 작업은 사료의 분류(classification of sources)다.[76]

사료를 읽으면 누구나 중요한 부분을 노트(taking note)해야 한다. 그 중요도에 따라서 사료를 혹은 '상세히'(in extenso), 혹은 '생략해서'(abridged) 노트하게 되는데 우리의 궁극적인 목적은 논문작성이다. 논문작성을 위해서는 반드시 노트한 사료들을 자기가 의도하는 순서로 다시 배열하여야 한다. 그러기 위해서는 사료의 각 부분을 그 성격과 내용에 따라 분리시켜 적어두어야 한다.

여기 사료 분류방법의 실례를 들어 보기로 한다.

---

74) Commager, *ibid.*, p. 32
75) Galbraith, *op. cit.*, p. 17.
76) 이하 Langlois · Seignobos, *op. cit.*, pp. 101ff.

(가) 노트북 체제(notebook system) : 사료를 보는 대로 노트에다 적어 놓는 방법인데 이것은 나중에 사료를 분류할 때 다시 베껴써야 하는 이중 삼중의 일거리를 남긴다.

(나) 원장체제(ledger system) : 원장(元帳)체제란 역시 노트를 이용하는데 미리 분류한 항목을 기준으로 사료의 각 부분을 다른 노트에다 따로 기입한다. 이 방법은 앞의 노트북 체제보다 약간 진보한 방법이지만 역시 불편한 데가 없지 않다. 가령 기왕 기입해 온 차례 속에다 새로운 사료를 삽입하려 할 때 불편하다.

(다) 기억체제(memory system) : 가장 원시적인 방법이다. 이 방법은 노트고 뭐고 할 것 없이 사료를 머리 속에 기억해 두는 방법인데 사람의 기억력이 얼마나 부정확한가를 아는 사람이면 누구나 이런 무모한 짓은 하지 않을 것이다.

(라) 카드 또는 슬립스 체제(card or slips system) : 가장 합리적이고 조직적이며 빈틈없는 방법이다. 사료의 각 부분을 마음대로 카드나 분리가능한 별지에다 적어 넣으면 추가, 삽입, 항목변경이 자유로워 편리하다. 한가지 사료가 여러 가지 관점에서 문제될 때 그것을 여러 카드에 기입하여 각기 다른 항목에다 분류할 수 있다. 이 방법에도 결점이 없는 것은 아니지만 요즘에는 컴퓨터를 이용하게 되어 있어 다음에 드는 구식방법들은 단지 참고로 기억해 둘 뿐이다.

첫째, 한 가지 사료가 각기 다른 관점에서 50개의 카드에 기입되어 분석되었다고 할 때 그 번잡성은 말할 수 없다. 이럴 때는 차라리 노트북 체제를 가미·공용하는 편이 낫다.

둘째, 카드나 슬립스는 한 장 한 장 분리가능한 것이기 때문에 서로 뒤섞인다든지 그 중 한 장이 분실된다든지 하게 되면 처음부터 온통 다시 찾아 정리해야 하는 번거로움이 있다.

이와 같은 사료의 분류가 '과학연구의 절반'을 차지한다 할 정도로 큰 비중을 차지하고 있으므로 이것을 잘 하느냐, 못 하느냐에 따라 완전히 그 연구의 속도가 결정되는 것이다.

요즘에는 노트 작성을 일일히 필사하는 번거로움을 제록스가 덜어주는 시대가 되었다. 말하자면 사진기, 복사기, 마이크로필름 따위로 기계화된 것이다. 그러나 우리는 아직도 손으로 베끼는 재래식 방법이 연구자에게 큰 도움이 된다는 사실을 잊어서는 안 된다. 그것은 사료의 중요 부분을 읽고 다

시 옮겨 쓸 때 사료의 뜻을 재음미할 수 있기 때문이다.[77]

이렇게 해서 사료의 기입이 끝나면 사료를 분류하게 되는데, 분류 역시 필자 자신의 독창적인 착상에 따라 해야 한다. 일반적으로는 사료의 연대순에 따라 분류되는 연대순 분류방법이 있고, 사료에 연대표시가 없는 경우에는 지리적 분류, 알파벳식 분류, 논리적 또는 주제별 분류 등이 있다.[78] 문제의 성질에 따라 이상 세 방법을 혼용하는 것이 보통이다.

Ⅲ. 보조과학

1. 일반적 보조과학

헤세는 "장차 당신은 조용한 시간을 내어서 예수의 비유(성경)와 괴테의 시구와 그리고 노자의 격언을 읽으시오."라고 권고한 바 있다. 역사가도 본시 문학하는 사람 못지 않게 넓은 식견을 필요로 하는 분야의 학자로 여겨왔다.

그래서 베른하임이나 랑글로아·세뇨보 이전에 역사학 개론을 쓴 바 있는 도누(Donou)는 그의 《역사 입문》(*Cours*, 1820)에서 아주 거창하게 역사가가 되기 위해 거쳐야 할 수련(apprenticeship)을 '문학과 철학 그리고 역사'라 했다. 그에 의하면 제일 먼저 읽어야 할 작품은 '서사시의 걸작'이요, 그리고 현대 소설이었다. 다음에는 철학서를 읽어야 하는데 아리스토텔레스, 시세로, 그로티우스, 마키아벨리, 보댕, 로크, 몽테스큐, 루소, 마블리 등을 읽으라는 것이었다.

다음, 마지막으로 역사서를 읽어야 하는데 헤로도투스(Herodotus), 듀키디데스(Thucydides), 크세노폰(Xenophon), 폴리비오스, 플루타크(Plutarch)(이상 그리스인), 시이저(Caesar), 살루스트(Sallust), 리비우스, 타키투스(Tacitus)(이상 로마인), 근대의 역사가로는 마키아벨리, 기찌아르디니, 기안노네(Giannone), 흄, 로버트슨(Robertson), 기본, 레츠(Cardinal de Retz), 베르토(Vertot), 볼테르, 레이날, 룰리에르(Rulhiére) 등의 저술을 읽으라고 권했다.[79]

---

77) H.S. Commager, *op. cit.*, pp. 27ff.
78) Langlois · Seignobos, *op. cit.*, p. 105.

도누는 또 이 같은 단계를 거쳐 역사가는 자기가 연구하고자 하는 제목에 관한 기발표의 논문을 마스터해야 한다고 말하고, "장래성 있는 역사가는 베스트 히스토리를 한번 읽어서는 부족하고 두번 읽어라. 그리고 그 모든 사실을 영구히 기억하라."는 매우 어려운 주문을 하고 있다. 이 밖에도 도누는 "역사가에게 수개 국어와 생리학 그리고 수학에 관한 지식이 필요할 때도 있다."고 말하면서, 그러나 이들에 대해서는 상식정도의 것이면 족하다고 덧붙였다.[80]

마블리(Mably)는 그의 저서 《역사연구개론》(*Traité de l'etitude de l'histoire*)에서 어느 역사가도 갖추어야 할 '예비지식'은 "자연법칙, 공법 및 도덕적·정치적 과학의 연구다."라고 색다른 주장을 하고 있다.[81] 19세기 영국사가로 역시 구식 역사학개론을 쓴 프리맨은

> 역사가는 철학, 법률, 재정학, 민속학, 지리학, 인류학, 자연과학 그 밖에 모든 것에 관해 알고 있어야 한다. 그렇지 않으면 역사가가 아니다.

라고 주장했다.[82] 프리맨은 또 '역사를 집필'하려고 앉기 전에 실제생활의 잡답(雜沓) 속에 섞여 보고 현대사를 형성하는 데 관여하는 일이 바람직하다고 말하고 있다. 이 주장은 19세기의 역사가들이 모두 역사를 쓰기만 한 것이 아니라 동시에 역사를 만드는 데까지 관여했기 때문에 나온 당시로서는 상식적인 주장이었다.[83] 무력하기 짝이 없는 현대 역사가와는 비교할 수 없는 자리에 있었던 것이다.

2. 기술적 보조과학

랑글로아·세뇨보가 말한 것처럼 이상과 같은 방대한 보조지식은 역사학이 과학화되고 전문화됨으로써 역사 연구에 직접적으로 필요한 학문이 아니라 다만 간접적으로 필요한 보조학이 되고 말았다. 즉, 도누가 지적한 역사가의 준비지식이란 문학적 역사가나 교훈적 역사가 또는 문필가적 역사가에게

---

79) Langlois · Seignobos, *op. cit.*, p. 42.
80) *Ibid.*, p. 45.
81) *Ibid.*, p. 43.
82) E.H. Freeman, *The Method of Historical Study* (London, 1885) 8 vol. 7, p. 45.
83) Langlois · Seignobos, *op. cit.*, p. 47.

필요한 것이지 과학적 역사가에게는 불필요한 것이 되고 말았다. 그러므로 우리에게는 이른바 기술적 수련 또는 도제라는 준비지식만 있으면 되게 되었다.[84]

기술적 수련이란 한 역사가가 사료를 해독하는 데 필요한 보조과학을 익히는 과정을 의미한다. 그리스・로마사를 연구하기 위해서는 비문을 해독할 줄 알아야 하고, 중세사 연구를 위해서는 필사본을 읽을 줄 알아야 한다. 그래서 고대사가는 금석학(비문학)(epigraphy), 중세사가는 서체학이란 어려운 학문을 터득하여야 한다. 이것은 이집트학을 하기 위해 상형문자학(hieroglyphics)을 공부하는 것과 같다. 이 밖에도 문헌학이니 고문서학, 인장학, 연대학에 대한 조예가 요청되는데 이들을 모두 합쳐서 사적학(史籍學)이라 이름 하기도 한다.[85] 또 고고학의 한 분과인 고전학(古錢學 ; numismatics)과 문장학(紋章學 ; heraldry)도 보조학에 포함된다.[86]

그러나 이같이 많은 보조학의 지식이 모든 역사가에게 필요한 것은 아니다. 가령 프랑스 혁명사를 연구하는 학생에게 고문서학의 지식은 전혀 불필요하다. 그러니까 자기 연구에 필요한 지식만 가지면 되는 것이다. 그러나 필요한 보조학의 지식은 철저하고 완벽해야 한다는 점을 잊어서는 안 된다. 근대로 올수록 역사가의 기술적 수련은 비교적 짧고 쉬우나 중세나 고대로 갈수록 어렵다.[87]

어학지식도 마찬가지다. 한문지식 없이 동양사나 한국사를 연구하기 어렵듯이 적어도 영・독・불의 3개 국어를 알지 못 하고서는 서양사를 전공할 수 없다는 게 전통적 상식이었다. 최근에는 가령 미국 학생들이 영어만 가지고 학위논문을 쓰려 든다고 비난하는 소리가 들려오고 있다.

이처럼 역사학의 기술적 보조학은 광범하게 걸쳐 있지만 역사학이 각 분야 사학(sub-history)으로 분화되고 전문화되었기 때문에 각기 자기 전공분야의 보조학을 마스터하면 되는 것이다. 서양 중세사를 할 때에 한해서 저개(엉터리) 라틴어(dog-Latin)라는 괴물의 자구해석법을 터득하여야 하며, 한국 고대사를 할 때에 한해서 삼국사기나 유사의 인색한 자구로부터 '마지막 물방울을 짜내는'(squeeze the last drop) 법을 알아내야 하는 것이다.[88]

---

84) *Ibid.*, p. 47.
85) *Ibid.*, p. 48.
86) *Ibid.*, p. 52.
87) *Ibid.*, pp. 55, 59.
88) A. Marwick, *op. cit.*, p. 170 ; M. Bloch, 앞의 '辨明', p. 49.

3. 새로운 보조과학

현대 역사학의 새로운 방향으로 인하여 과거 역사학의 보조과학 명단에 올랐던 것 이외에도 많은 학문이 추가되게 되었다. 앞에서도 잠시 언급하였지만, 연대기학, 금석학, 서체학, 고문서학, 인장학, 고전학, 언어학, 지리학, 고고학과 같은 소위 전통적 보조과학이 있고, 그 밖에 통계학, 심리학, 사회학, 경제학, 문화인류학과 같은 새로운 타이프의 보조과학이 추가되고 있다.[89] 최근에는 특히 후자가 더 필요한 보조학으로 각광을 받고 있다.

더욱이 이들 새 보조과학에서 이루어지고 있는 연구성과는 이론이나 방법상 역사 연구에 직접 관련되기 때문에 상당한 조예를 가져야 한다는 부담을 안겨 주고 있다. 프랑스에서는 오랫동안 지리학과 역사학의 유대가 강했고 바로 이 점이 프랑스 사학의 특색이다. 최근 미국에서는 사회과학과 역사학의 긴밀한 유대가 강조되고 있고 그것이 미국 사학의 특징처럼 인식되어 가고 있다. 이처럼 보조과학은 그 나라 역사학의 발전에 매우 중요한 도움을 주고 있는 것이다.[90]

제2차 세계대전 이후 새로운 이름의 과학이 발생하여 학제간 교류가 예사처럼 되어가고 전통적인 학문들이 신생학문의 침략위협 앞에 전율(?)하고 있다. 역사학 역시 늙은 학문의 하나로 똑같은 위기의식을 느끼고 있는 것이다. 그 가장 좋은 예가 고대사 연구에 있어서의 고고학연구와 문화인류학 연구의 침략이다. 이를테면 고고학에서는 유적·유물의 사회적 측면의 연구를 강조하는 신고고학(new archeology)이 나와서 눈길을 끌고 있다.

펜실베이니아 대학 박물관의 코오(William Coe)는 "우리는 대신전이나 궁전에만 국한하지 않는다. 우리는 그들 유적의 전체 인구와 경제에 관심을 갖는다."는 말을 하면서 왕이나 군주의 영광을 위한 예술작품을 추적하는데 골몰하지 않고 그 대신 고대사회 특히 일반 민중의 생활상을 묘사하는데 초점을 맞추는 고고학을 제창하고 있다.

이 같은 '신고고학'은 전자계산기, 핵 감식기 그리고 심지어 인공위성 카메라, 수중 전파 탐지기까지 동원하면서 이론과 방법을 사회학, 심리학 그리고 기타의 소위 사회과학에서 빌려 쓰기 시작하였다.[91]

---

89) Henri Berr, *Social Science Encyclopedia* 7, p. 363.
90) 본서, 제5장 제3절 참조.
91) Newsweek, (Sept. 1, 1975), p. 40.

기원전 1200년경에 침몰한 것으로 추정되는 한 선박에 대한 지중해 해저 탐사는 미국의 고고학자 바스(George Bass)에 의해 약 15년간이나 계속되었는데, 이때 해저의 배와 배의 짐이 아주 좋은 상태로 보존되어 있는 것이 발견되었다. 이로써 모든 유물은 지하보다 해저에서 더 잘 보존된다는 사실이 밝혀졌다.[92]

고대사 연구에 새 바람을 일으키고 있는 학문으로서는 문화인류학이 있다. 문화인류학의 효시로는 볼테르의 《제국민의 풍습 및 정신론》, 레이날(Renal)의 《인도인의 역사》(*History of the Indies*) 그리고 토크빌(Tocqueville)의 《미국에 있어서의 민주주의》(*Democracy in America*), 이 밖에도 모르간(Morgan)의 《고대 사회》(*Ancient Society*), 베블렌(Thorstein Veblen)의 《유한계급론》(Theory of the Leisure Class) 등을 들 수 있다.

문화인류학자들은 미국이나 영국같은 고도의 문명사회에다 원시사회의 연구를 위해 발전시킨 연구방법을 적용시키고 있다. 그들은 정치, 문학, 철학, 예술 따위의 전통적인 주제를 버리고 용변훈련(toilet training), 일부유형(日附類型; dating patterns), 어린이의 게임과 놀이(the play and games of children), 성교 방법(sexual practices), 식사 습관(eating habits), 위광 개념(prestige concepts), 성인들의 대 이민족 태도(racial attitudes of adults) 등을 연구한다.

문화인류학의 연구성과 가운데 중요한 것은 민족성(national character)의 연구다. 민족성의 개념은 당초 18·9세기에는 매우 중시된 개념이었는데 20세기에 이르러서는 민족주의의 악용과 폐해, 열강의 세계정책 때문에 아주 외면당하고 말았다. 그래서 인간이란 다른 점보다 닮은 점이 더 많으며, 민족적 특질은 선천적이라기 보다 우연적이라고 믿게 되었다.

그러나 문화인류학은 역사학이 버린 주제를 주어서 새로운 분야를 개척했다. 이리하여 국민성의 문제는 여론, 아동교육, 계급과 신분, 스포츠와 게임, 대중문화, 그리고 대중편견, 언어 등을 연구하는 학자들에 의해 통계학적으로 해명되기 시작했다.

문화인류학은 첫째 역사학의 연구대상을 로마의 교황 보다 교구신부, 장군보다 사병, 정치가보다 관리, 재벌보다 노동자로 끌어 내렸다. 또 문화인류학은 전쟁위기, 기근, 재난, 영웅적 행위, 범죄 같은 극적이고 선풍적이며 이

92) *Ibid.*, p. 42.

례적인 사건보다 가장 평범한 인물, 사건, 행위를 다루기 시작했다.

문화인류학은 또 역사학이 오로지 문헌사료(기록)에만 의존하고 연구하는 잘못에서 벗어났다. 기록이란 참으로 인류역사의 극소부분에만 관련되는 사료다. 그것은 소수의 상층사회가 특권적으로 남길 수 있었던 기록이다. 대다수의 민중이 어떻게 살았는가 하는 것은 각종 도구, 의복, 민속예술, 무용을 통해 알 수 있을 뿐이다. 굳이 기록에서 찾는다면 출생, 결혼, 사망, 군역에 관한 각종 대장, 재판문서, 세리의 통계 등이 민중의 생활상을 찾을 수 있는 자료다.[93] 이같은 문화인류학의 방법은 자료의 제약을 벗어나기 위한 노력의 일단인 것이다.

93) H.S. Commager, *op. cit.*, p. 22.

제 3 절
역사 서술의 방법

연구만 과학적이고 서술은 예술적일 수 없다. 그것은 모두 같은 사고과정의 연속이기 때문이다.

- Benedetto Croce

I. 역사적 술어

1. 언어의 다의성

아리스토텔레스는 "인간은 자연이 언어의 자질을 부여한 오직 하나의 동물이다."[1]고 했다. 인간은 언어를 가짐으로써 문화를 가질 수 있었다. 그러나 언어는 인간에게 유익하기만 한 것은 아니었다. 왜냐하면 언어는 '지혜의 학교'이자 동시에 '바보들의 학교'이기도 했기 때문이다.[2]

사실 우리는 우리들의 언어로 표현된 '사실'과 언어로 표현되기 이전의 객관적 사실이 같다고 믿고 있다. 그러나 유감스럽게도 그것은 다른 것이다. 왜냐하면 사람의 언어란 그 본성에 있어서 비유적이다. 그것은 비유와 유사로 가득차 있는 것이다. 원시인일수록 언어를 비유적인 뜻에서 이해하지 못한다. 그들은 마치 어린이들이 그러하듯 언어로 표현된 사실이 정말 실재하는 것으로 믿으며 또 그 언어적 의미의 원리에 따라 행동한다. 인간문화는 이처럼 언어가 만든 착각의 소산이란 일면을 지니고 있다.[3] 고대 그리스어로 언어(uθῦos)는 '이야기'요, '허구'란 뜻이었다.

역사가도 별 수 없이 이 언어라는 매체를 통해 역사를 서술한다. 따라서 역사가는 당초부터 서술하고자 하는 대상, 즉 역사적 사실을 있는 그대로 묘사할 수 없다는 사실을 승인하여야 한다. 헤로도투스가 말하기를

---

1) Aristoteles, *Politics*, 《政治學》, p. 21

2) Ernst Cassirer, *The Myth of State* (1946), 최명관 역, 《국가의 신화》, p. 19.

3) E. Cassirer, *ibid.*, p. 24.

> 이야기된 것을 말하는 것이 내 의무다. 그러나 그 이야기된 전부를 믿어 달라는 것은 아니다. 이(이야기된) 말(Eros)과 나의 역사(logos)는 구별되어야 한다.

고 했다.[4] 드레이는 현대 분석철학이 무엇 때문에 역사적 인식구조를 문제 삼고 있는지 그 이유를

> 역사가는 흔히 '사실'(facts)에 근거해서 역사를 서술한다고 주장한다. 그러나 그들의 역사 서술 속에 그들 자신의 관념(idea), 즉 주관이 들어있다는 사실을 알아야 한다. 바로 이 점이 비판적 역사 철학이 문제 삼고 있는 주제이다.

라고 말하고 있다.[5] 언어는 '말'로 표현되는 경우와 글로 표현되는 경우가 있다. 말은 살아 있는 객관적 사실을 생생하게 표현해 주지만 '글'로 표현되어 문장화되면 그 순간 생동감이 죽고 만다. 우리는 죽은 '글'보다 살아있는 '말'에 더 친근감을 느낀다. 왜냐하면 무릇 문장 속에는 필자가 '본시 의도한 뜻'이 있고 실제 '글로 표현된(또 하나의) 뜻'이 있기 때문이다.[6]

친필을 보는 경우와 그것이 활자화된 것을 보는 경우는 독자에게 주는 느낌이 다르다. 활자화로 친필의 생동감은 죽는데 사람에게는 '활자'를 덮어놓고 불신하는 버릇이 없지 않다. 따라서 활자화란 그 자체가 독자의 비판과 분석력을 마비시키는 야릇한 힘을 가지고 있는 것이다. 선전은 바로 이 점을 교묘히 이용하고 있다.

고대 역사가는 생생한 언어, 즉 '말'로써 역사를 설명했다. 그러나 지금은 모두 죽은 언어인 '활자'로 역사를 서술하고 있는 것이다. 그런데 언어는 일반적 명칭으로 성립되어 있다는 점을 잊어서는 안 된다. 다시 말해서 단어의 다의성과 동의성은 언어의 본질인 것이다. 언어가 지닌 일반성은 항상 그 애매성을 의미하는 것이기도 하다. 동의어는 고대어일수록 많다고 하며 동의어는 쓸수록 동음이의어가 많아진다고 한다.

우리에게 '아리랑'이라고 하는 다정다감한 단어가 있다. '아리랑'은 한민족의 역사적 비애를 담은 언어로 오해받았다. 일제의 모략으로 인한 것인데

---

4) Herodotus, *History*, Ⅶ, p. 152.

5) W.H. Dray, *Philosophy of History*, Englewood Cliff N.J. (1964), p. 59.

6) Jacques Barzun, *Modern Researcher*, p. 123.

영국의 웨일스(Wales) 지방에 사는 애수의 민족, 웨일스인들에게도 '히라이스'(hiraith)란 아리랑이 있다.

켈트족은 본시 유럽 본토에 살았던 용감한 켈트족의 후예였다. 그리고 고도의 문화민족이기도 하였다. 독일 뮌헨 박물관에서 필자가 그 옛날 켈트족의 왕이 탔던 철제 수레바퀴를 보고 놀랐다. 켈트족은 게르만족보다 훨씬 수준이 높은 문명인들이었다. 그런데 어느 해 야만인들이 쳐들어와서 땅을 빼앗기고 머나 먼 영국 땅 그것도 오지 웨일스까지 쫓겨 온 것이다. 비옥한 평지(영국본토)를 앵글로 색슨족에게 빼앗기고 오랜 세월을 산 속에서 살아온 비애의 민족 웨일스 그들에게

히라이스!

란 말은 우리의 아리랑과 같은 단어이다. 이제 그들에게 민족적 정열을 불태워 줄 지도자가 없다. 게바라도 없고 간디도 없는 것이다. 그래서 그들은 원수 영국인이 달래느라 준 '성경'에 매달리고 살고 있다. 영국인에게 순종하는 것이 곧 평화인 것이다. 그러나 성경은 그들에게 순종을 가르치는 노예의 책이다. 그들은 유태인처럼 그들만의 성서가 없다. 유태인처럼 신약성서를 배격하고 구약성서를 고집하는 용기가 없는 것이다. 거기다 그들은 고리대로 돈을 모아 침략자와 싸울 유태인의 태세마저 잃은 지 오래다.

히라이스! 이 한 마디 말은 단지 그들에게 잃어버린 시간과 땅을 그리는 향수(nostalgia)와 회향(homesickness)을 의미할 뿐이다. 그러나 '히라이스'는 역사를 잃은 서글픈 한 민족에게 얼마나 많은 것을 의미하는지 모른다. "히라이스!" 히라이스는 또 웨일스의 그 허다한 싸구려 시문 속에 너무나도 자주 쓰여 더럽혀지고 또 거칠어지기까지 한 '아리랑'인 것이다.[7)]

이처럼 모든 인간의 언어 속에는 인간이 이미 잊어버린 역사가 담겨 있다. 심지어 '역사'란 단어에도 언외의 뜻이 있다. 이를테면 '아무 역사도 없는' 민족이 '행복하다'고 할 때의 역사란 말 속에는 '사람들을 괴롭힌 파란만장한 사건들'이란 뜻이 포함되어 있는 것이다.[8)]

---

7) Goronny Rees, *Have the Welsh a Future*, Encounter XXII, 3, pp. 3~5.
8) W.H. Dray, *op. cit.*, p. 21.

2. 언어의 액면가

언어는 그것이 본래 가지고 있는 액면가(face-value)가 있고 그것을 사용하는 개개인의 숨은 뜻이 들어있다. 외교관이 되려면 첫째 이 같은 언어의 이중성을 잘 활용해야 한다고 한다.

탈레랑(Talleyrand)이 '외교술'을 정의하여 말하기를 "그 말은 나의 생각을 숨기기 위하여 그 사람에게 던진 술책이다."라고 했다. 말이란 사람의 속마음을 숨기기 위해 있는 것이라는 이 정의를 모르는 사람은 외교관 자격이 없는 것이다.[9] 이렇게 '말'을 의식적으로 악용하는 경우가 아니더라도 언어의 뒷면에는 늘 말하는 이의 무의식적인 격정이 숨어 있는 것이다.

내미어는 '사람 마음의 미스테리에 언급하면서 아무리 성실한 말이나 신앙이나 원리, 행동 속에도 그 안에는 반드시 사람의 무의식적인 '격정'이 숨어 있다고 했다. 따라서 이들 말이나 행동을 액면가대로 해석하는 것은 너무 어리석은 일이라는 것이다.[10]

많은 역사가들이 사료에 나타난 인간의 언어들을 액면가 그대로 해석하는 우를 범해 왔다. 역사가는 무엇보다도 먼저 이 인간의 언어에 속아 온 것이다. 언어에 속지 않기 위해서 우리는 여러 가지 언어의 속뜻, 즉 내면을 이해하여야 한다. 먼저 우리의 관념이 있고 다음에 현실이 있다. 관념과 현실의 중간에는 양자를 잇는 언어, 즉 이름(명칭)이 있다. 현실은 시간과 함께 사라지고 관념으로 남는다. 그런 뜻에서 관념은 현실보다 오래 남는다. 그러나 관념조차도 시간이 가면 그 알맹이가 빠져 달아나고 어느덧 '이름'만 남는 것이다. 그래서 내미어는 "관념(ideas)은 현실(reality)보다 오래 남는다. 하지만 이름(names)과 단어(words)는 현실과 관념보다 더 오래 남는다."고 한 것이다.[11] 그러나 그것은 현실과 관념의 뼈다귀일 뿐이다.

일찍이 테미스토클레스(Themistocles)가

> 사람의 말(언어)이란 마치 주단과 같아서 펴면 여러 가지 모양이 나타나지만 말면 감추어져 보이지 않는다.

---

9) E. Cassirer, *op. cit.*, p. 150.
10) Namier, *Human Nature, Varieties in History*, pp. 382~383.
11) Brooke, *Namier and Namierism*, p. 99.

고 말했다.12) 이러한 언어의 신비를 이해하는 데에는 무엇보다도 역사가 자신의 '생의 체험'이 필요하다. 그래서 크로체는

> 역사는 생을 익히 아는 식자에 의해 씌어져야지 단순한 박식가나 문헌학자에 의해 씌어져서는 안 된다. 왜냐하면 생명있는 역사는 결코 해부학의 도표나 기계학의 논문 같은 역사가 아니기 때문이며, 수학이나 물리학적 논문의 드라이 앤드 더스트(무미건조)가 아니기 때문이다.

라고 말했던 것이다.13)

3. 일상어의 사용

역사학에서 사용되고 있는 언어는 특별한 술어(technical term)라기보다 일상어다. 역사가의 설명방식 역시 일상생활에서 상용하는 그것이다. 일상생활에서는 사람들이 인간행동과 그 사회적 상관관계의 법칙들을 이미 아는 기지의 사실로 전제해 버린다. 사실 이들은 그 법칙이 무엇인지 모르고 있다. 그들은 "왜 그녀가 이혼했는가?", "왜 아무개 아들은 대학에 실패했으며 또 사업에는 성공했는가?"를 서슴없이 설명한다. 그들은 또 인종분쟁이나 산업전쟁 그리고 경기불황 따위의 원인을 아무런 제약 없이 열거한다. 그러나 이런 문제들이 그렇게 쉽게 설명될 수 없는 것이며 바로 이 문제들을 사회과학자나 역사가들이 연구대상으로 삼고 있다는 사실을 그들은 모르고 있다.14)

역사가의 설명은 상식적 차원을 넘어서야 하며 또 넘어선다. 그러므로 여기서 문제가 되는 것은 역사가의 용어다. 역사가가 사용하는 일상어는 숫자나 다른 기호와 달라서 '언외의 의미'와 '부대적 의미' 그리고 강한 암시력까지도 가지고 있다. 또 언어의 배열을 어떻게 하느냐에 따라 강조의 정도가 달라지기도 한다.15)

---

12) Plutarch II, p. 120.
13) Croce, *Theory and History*, 일역, 《歷史의 理論과 歷史》(岩波文庫), p. 216.
14) C.W.F. Holloway, *History and Sociology*: what is Ought to Be, in W.H. Burston and D. Thompson (eds.), *Studies in the Nature and Teaching of History* (1967), pp. 8~9.
15) Jacques Barzun, *Modern Researcher*, p. 119.

다음 셋은 각각 ① 수학, ② 화학, ③ 역사학에서 사용하는 문장들이다.[16]

① $(a+b)(a+b)=a^2+2ab+b^2$

② 물은 H_2O로 이루어지고 있다.

③ 그리스를 정복한 로마가 도리어 그리스 예술에 정복당했다는 말은 진부하면서도 옳은 관찰이다.

위의 세 예문 가운데 ①은 완전히 기호화된 일반적 술어로 이루어져 있고, 반대로 ③은 기본의《로마 쇠망사》에서 인용한 글인데 가장 애매한 일상어요, 특수를 가리키는 단어들로 구성되어 있다.

역사 서술에 언어 대신 화학 기호와 같은 상징어를 쓰자는 주장이 없는 것은 아니다. 그러나 역사학의 현황으로 보아 전통적 언어를 아주 버릴 수 없는 것이다.

"클레오파트라는 안토니우스를 사로잡았다"고 할 때의 '사로잡았다'란 말은 안토니우스의 마음을 사로잡았다는 뜻이다. 여기 "그리스의 예술에 정복당했다"란 말도 달리 얼마든지 표현할 수 있는 것이다.

이처럼 완전히 기술화된 화학 기호와 달라서 역사학에서 사용되는 언어는 오랫동안 사람들이 사용해 온 때묻은 어휘들이다. 따라서 전문가가 엄밀한 계획하에 만든 표현체계가 아니며 처음부터 그 뜻이 부정확한 말들이다.[17]

4. 역사의 학술어

역사 연구는 누누히 강조한 바와 같이 단순한 사실의 묘사로 끝나지 않는다. 따라서 설화 형식을 벗어나 분석적 설명을 시도할 때가 적지 않다. 그럴 때 우리는 숫자나 기호를 사용하지 않을 수 없고 기술적인 용어를 고안하거나 다른 학문의 그것을 차용하지 않을 수 없다.

그런데 자연과학에서 사용하는 술어와 달라서 사회과학에서 쓰이는 술어는 첫째 '목적'을 배제할 수 없다. 자연과학적 술어에 성공이니 실패, 졸렬 또는 교묘니 하는 언어가 있을 수 없지만 역사학에서는 흔히 쓰이는 단어

16) *Ibid.*, p. 120.

17) M. Bloch, *Apologie pour l'histoire ou metier d'historien* (1948), 일역, 《歷史를 위한 辨明》, 이하 '辨明', p. 131.

다. 역사학은 성질상 의식적으로 목적을 추구하는 존재, 즉 인간을 다루는 학문이고 자연과학은 그렇지 않기 때문이다. 그런데 여기서 우리는 한 인간의 실패나 졸렬(卒劣)을 놓고 그 원인을 이해하고 분석한다는 입장과 그것을 재판한다는 두 입장을 선택할 수 있다. 충분한 이해 없이 우리는 외국인이나 정적에 대해 덮어놓고 '악인'이란 판단을 내리는 경우가 많다. 이 경우의 인간사회란 단지 흑백으로 갈라 판정될 수밖에 없다는 것이다.[18] 그러나 역사가는 재판관이 아니며 도학자도 아니다.

그럼에도 불구하고 역사가는 가치판단에서 아주 배제될 수 없다는 모순을 경험한다. 우리의 언어는 서서히 가치판단으로부터 분리되어 왔고 또 분리되도록 지금도 노력하고 있다.[19] 그러나 가령 '천주교도의 박해'니 '당쟁'(faction), '제국주의'(imperialism)니 하는 표현은 그 속에 이미 도덕적 판단이 들어 있다. 그러므로 나쁘다, 좋다는 판단을 완전히 배제할 수 없는 것이다. 그러나 역사가 자신의 지나친 흥분 그리고 탄핵이 함축된 서술은 금물이다. 일제 침략사의 서술에는 흔히 심한 매도와 비난의 어구가 삽입되기 쉬운데 일제 침략에 대한 우리의 분노가 아직 사라지지 않았기 때문이다. 아마 오래 갈 것이다.

또 '사건', '정권', '시대'가 끝난 직후에 나오는 역사책들이 있다. 충분한 연구도 없이 쓴 이들 '즉흥 역사'(instant history)의 저자는 대개 대중사가(popular historian)들이다. 우리는 이런 저술들의 학문성이 의심받는 많은 이유를 알고 있는데, 특히 '사건'과 역사가 사이의 시간적 거리가 좁아서 사건에 대한 충분한 감정처리조차 되어 있지 않고, 사건에 대한 시야(지평선)가 없다는 데 그 치명적 결함이 있는 것이다.[20] 프리맨(I.H. Freeman)은 "역사란 조용한 마음과 부지런함만이 전부인 이른바 umbratiles다."고 했다. 그러므로 대 사건은 대 격정처럼 평온을 되찾은 뒤 조용히 회고되어야 한다. 그렇지 않으면 그 역사는 역사가 아니라 서정시가 되고 만다[21]는 것이다.

이리하여 사회과학자들 가운데에는 가치가 부여된 일반용어의 사용을 피하고 칭찬 또는 비난의 어느 뉘앙스도 없는 인공적 술어를 쓰자는 사람도 없는 것은 아니다. 그러나 그렇게 되면 역사가는 '외연만을 가진' 그리고 '뉘

---

18) M. Bloch, 앞의 '辨明', p. 117.
19) M. Bloch, 앞의 '辨明', p. 158.
20) W. Laqueur · George L. Mose (ed.), *The New History*, p. 208.
21) Galbraith, *Introduction to the Study of History* (Oxford, 1964), pp. 19~20.

앙스가 없는 발언'으로 시종하게 된다.[22)]

역사가도 사회과학자들이 고안해 내고 있는 '김빠진 맥주와 같은 술어'의 사용을 어느 정도까지는 받아들이지 않을 수 없다. 그러나 학술어의 무비판적 사용을 경계하여야 한다. 가령 역사가들이 흔히 쓰는 '혁명'이란 말은 본시 점성술적 용어로서 하늘에서는 늘 반복되는 규칙적인 운행이란 뜻이었다. 그런데 코페르니쿠스가 그의 혁명적인 책《천체의 운행에 관하여》에서 이 말을 사용한 뒤 돌발적인 사회변혁을 의미하는 말로 뒤바뀌고 말았다.[23)]

더욱이 코반(Alfred Cobban)이 지적했듯이 '혁명'이란 말 속에는 혁명으로 보다 나은 새 사회가 탄생한다는 일종의 정치적 메시아사상이 숨어 있는 것이다. 프랑스 혁명을 '부르조아 혁명'이라 규정한 것은 프랑스 왕정복고기에 만들어진 반동기의 창작물이란 사실을 잊어서는 안 된다.[24)] 그러니까 좋은 뜻으로 만들어진 말이 아니다.

포스탄은 '반동'(reaction)이란 용어를 '반발'(revulsion)이란 생소한 말로 바꿔 부르기를 제안하고 있는데, 그 이유는 '반동'이란 단어 속에 혁명을 찬미하고 수구를 미워하는 혐오감이 들어 있기 때문이란 것이다.[25)] 보수주의란 말도 똑같다. 혁명을 '불'(fire)에다 비유하는 사람이 많았다. 가령 트로츠키는

> 농민들이여! 러시아 전역에 한꺼번에 또 동시에 이 '불'을 태웁시다. 그러면 어떤 세력도 이 불을 끄지 못할 것입니다. 이 같은 전국적인 봉화를 혁명이라 부릅니다.

라고 말하고 있다. 3·1운동 때 봉화를 든 것도 혁명을 상징하였으나 요즘의 촛불시위는 가톨릭 성당 안에서 거행하는 기도의 일종을 민중의 항의시위에다 전용한 것이다.

내미어도 1848년의 혁명을 설명하는 데 있어서 "거기엔 흔들리는 빌딩 속에 수많은 가연물이 들어 있었다."는 비유를 쓰고 있다.[26)] 그러나 누구보다

---

22) D. Riesman, 《個人主義》, p. 20.
23) M. Bloch, 앞의 '辨明', p. 142.
24) Alfred Cobban, *The Social Interpretation of the French Revolution* (1964), pp. 8~11.
25) The Revolution from Thought in Cambridge Journal, vol. I, no. 7. (April, 1948).
26) M.J. Lasky, *The Prometheus,* Encounter, XXXI, 4, pp. 26~27. E. H. Carr, *Bakunin,* pp. 187~188.

도 혁명의 과일을 맛보는 데 성공한 사람은 나폴레옹이었다. 그는 외딴섬 세인트 헬레나에서 죽어 가면서도

> 혁명의 불꽃은 재가 되어 연기를 피운다. 그러나 언젠가는 다시 큰 불이 세차게 타오르고 온갖 장애물을 삼켜 버릴 것이다.

고 하면서 왕년에 자기를 황제로 만들어 준 프랑스 혁명의 불이 또 다시 타오를 것이라 헛소리하면서 눈을 감았다.[27] 그러나 불은 타오르지 않았다.

가장 말썽 많은 술어는 '혁명' 이외에도 '봉건제'(feodalite), '자본주의'(capitalisme), '프롤레타리아'(proletaire), '근대화', '산업화' 등의 단어다. 이들 단어는 학자에 따라 다양한 뜻으로 사용되고 있고 정치선전어로 가장 빈번히 애용되고 있다. 따라서 이들 술어는 환경과 시대에 따라 얼마든지 변하는 애매모호한 말들이다. 특히, '혁명'이라는 명분으로 얼마나 많은 정치배들이 그들의 쿠데타를 정당화하였는가를 기억하여야 한다.[28]

중세인을 크게 자유인과 부자유인의 둘로 갈라놓는 우리의 습성도 엄밀한 의미에서 옳지 않다. 왜냐하면 우리가 말하는 '자유'라는 근대적 개념을 중세에다 억지로 적용한다는 것은 과거를 왜곡하는 결과밖에 안 된다. 중세 농촌사회를 연구하는 사람은 누구나 중세 농민이 의외로 안정되고 자유로운 생활을 하고 있는 데 놀랄 것이다.[29]

참고로 '자유'란 말에 대한 사회심리학자의 말을 들어 보기로 하자. 프롬은 "나는 자유를 갖는다."는 말을 난센스라 했다. 왜냐하면 인간이란 "무엇무엇으로부터(부분적으로) 자유로울 수는 있어도 나는 '자유를 갖는다.'라는 말은 비현실적이라는 것이다." 우리가 가진 '자유'는 늘 시대에 따라 변화한다. 어느 시점에서는 '바른 행위를 할 자유'가 박탈된다. 그러기에 성 아우구스티누스는 어느 시점에서는 '그릇된 선택의 자유'가 없다고 말한 것이 아닌가? '자유'란 단순한 말, 즉 소외된 말에 불과하다는 것이다.[30]

---

27) M.J. Lasky, *The Prometheus*, Encounter, XXXI, 4, p. 26.
28) M. Bloch, 앞의 '辨明', pp. 142, 144.
29) *Ibid.*, p. 146.
30) R. Evans, *Dialogue with Erich Fromm* (1970), 일역, 《對話》, p. 127.

5. 당대어와 외래어

메이트랜드는 "우리는 언어로 말한다. 또 사상으로 생각한다. 우리는 현대인이다. 우리의 언어와 사상도 현대의 것이다."고 불평했다.[31] 역사가는 중세인이나 고대인이 쓴 용어를 그대로 쓸 수 없고 시이저나 잔 다르크의 마음속에 들어가 앉을 수도 없다. 결국 현대의 언어와 현대인의 사상을 가지고 그들의 생각을 생각하고 표현하는 것이다.

그러므로 역사 서술에서 조심해야 할 것은 시대착오(anachronism)다. 가령 현재에만 타당한 개념이나 범주를 자기가 연구하고 있는 시대에다 도입한다든지 또 서구 산업사회에만 있는 사회, 정치행동을 19세기 중국사회에다 잘못 도입한다든지 하는 일이 간혹 있다. 어떻게 보면 누구나 역사가는 조금씩 시대도착 상태에서 과거를 보고 해석하고 있는 것이다. 따라서 어느 정도의 아나크로니즘은 부득이하다. 그러나 이것을 최소한으로 줄여야 역사가의 자격을 얻을 것이다.[32]

이같이 시대도착을 피하기 위하여 역사가들은 되도록 당대어를 그대로 사용하고자 노력한다. 즉, 역사가는 사료에 나오는 술어를 그대로 사용하지 않을 수 없는 경우가 적지 않다. 그러면서도 역사가는 그 술어를 그 자신의 시대의 기본 개념과 감정에 따라서 그리고 그 자신의 시대의 언어로 생각하는 것이다.

가령 고대 로마의 '귀족'에 대해 말할 때는 동시대인이나 현대의 역사가나 같은 개념으로 이해할 수 있다. 그러나 로마 왕조의 '부르조아'라고 한다면 당대인이 전혀 이해할 수 없는 개념이며 현대의 역사가가 창안한 술어가 되고 만다.[33]

역사가가 연구의 대상으로 삼고 있는 당시대의 술어를 그대로 사용하는 것은 얼핏 보아 안전하다. 그러나 사물의 변화와 그 사물의 이름의 변화는 반드시 일치하지 않는다. 사물 자체가 변화했어도 그 명칭은 종종 그대로 변하지 않기 때문이다. 가령 고대 로마의 '노예'(servus)란 라틴어는 농민신분의 실체가 중세에 이르러 크게 변화했는데도 불구하고 농노를 그대로 노예라고 불렀다.[34] 홉스(Hobbes)가 살던 시대만 하더라도 소비(consumption)

---

31) F. Maitland, *Township and Borough*, recit, form Commager, *op. cit.*, p. 46.
32) A. Marwick, *The Nature of History* (New York, A Delta Book, 1970) p. 199.
33) M. Bloch, 앞의 '辨明', p. 131.

와 생산(production)이란 말이 없었다. 그 대신 소비를 영양섭취(nutrition)라 했고 생산을 출산(porcreation)이라 했다. 당대어와 현대어는 이렇게 큰 차이를 보이고 있는 것이다.

프랑스 혁명 당시의 성직자(clergy), 귀족(noblesse), 제3신분(third estate)이라는 법률적 분류는 이미 사회적 현실과 거리가 멀어졌다. 예를 들어 한 귀족은 관리요, 법관이요, 장교, 신부, 대지주, 소농일 수 있었기 때문이다. 따라서 부르조아, 농민, 귀족 등의 외연이 넓은 합승용어는 혁명 전의 구체제(ancient regime)하에서는 없는 용어였다.[35]

역사 서술과정에서는 외국어의 사용 또한 부득이하다. 외국의 간단한 일상용어는 자국어로 번역할 수 있다. 국어란 그 나라의 통화 같은 것으로서 액면 그대로 환전될 수 있다. 그러나 한 나라의 고유한 제도, 신앙, 습관을 나타내는 언어를 번역하다가는 그 원리를 그르칠 때가 많다. 그럴 때면 부득이 외국어 그대로를 사용하여야 할 것이다.[36] 그러므로 덮어놓고 학술어를 번역하려는 생각은 많은 학술적 희생을 무릅쓰게 된다는 것을 잊어서는 안 된다.

윌리암 정복왕이 명령해서 작성된 11세기 영국의 《둠즈데이 북》(*Domesday Book*)은 영국의 토지제도를 라틴어로 기술한 것인데, 이 토지대장의 작성자는 노르만의 성직자들이었으므로 그들은 영국의 제도를 프랑스어로 생각하고 번역했던 것이다.[37] 고려사나 조선사 연구에서 문제되는 구구한 자구 해석은 기본적으로 한문이 외국어인데다 당대어이었다는 2중의 성격을 지녔었기 때문에 나온 당연한 혼란이다.

6. 중세어의 이중구조

중세에는 많은 사회가 이른바 계급적인 2국어 병용주의를 행하고 있었다. 중세 유럽에서의 라틴어와 각 국어(속어), 우리나라 중세에서의 한문과 한글병용이 그것이다. 전자는 학자어요, 후자는 서민어였던 것이다. 그러므로 역사학도는 중세사를 연구할 때 이 같은 언어의 이중구조를 알아두어야 한다.

34) *Ibid.*, p. 132.
35) Alfred Cobban, *op. cit.*, p. 10.
36) M. Bloch, 앞의 '辨明', p. 135.
37) M. Bloch, 앞의 '辨明', p. 137.

중세 유럽의 언어세계는 라틴어와 버나큘러(속어)의 이중어의 세계였다. 라틴어는 성직자나 귀족사회의 언어였고 일반 대중은 버나큘러를 사용했다. 근대인은 언어를 사상표명의 도구로 사용하고 언어보다도 그것이 가리키는 사물을 더 중시했으나, 중세인은 반대로 언어가 사상내용을 규정하는 것으로 인식했다. 교회용어로서의 라틴어는 특별한 힘을 가지고 있었고 예수가 신이자 인간인 것처럼 라틴어는 신의 힘과 인간의 힘을 함께 가진 것으로 인식하였다.

이처럼 라틴어는 '성스러운 언어'(sakral Sprache)였으나 12세기에 이르러서는 정치와 종교의 투쟁으로 '언어 투쟁'(Wortstreit)의 시대를 맞게 되었다. 그 결과 르네상스기에 이르러서는 중세 라틴어를 부엌 라틴어(Küchen Latein), 종교개혁자들은 중놈 라틴어라 멸칭(蔑稱)하게 되었다.

이와 같이 중세 라틴어는 제1기, 민족 이동기에 로망스어와 혼재하던 시기에서 시작하여 제2기, 카롤링 르네상스로 중세 라틴어가 확립되는 시기, 그리고 제3기는 중세 성기의 버나큘러(속어)가 우세해지는 시기에 이른다. 이에 따라 중세 라틴어는 말기 라틴(Spät Latein), 교회라틴(Kitchen Latein), 통속라틴(Bürger Latein)의 결합으로 이루어져 있었던 것이다.

이리하여 중세 라틴어는 세계어와 보편어라 불리었고, 교회가 그 보편성을 유지하는 요소였으나 문법이 통일되어 있지 않아 저작자 마다 사전과 문법이 따로 있었다 해도 과언이 아니었다.

Ⅱ. 역사문장론

1. 정확과 공정

역사 서술의 문제는 역사학에만 특유한 문제가 아니다. 그것은 일종의 보고형식이다. 한말에 러시아 황제 대관식에 참석하기 위해 페트로그라트를 방문했던 민영환이 세계일주를 하고 돌아와서 고종에게 보고한 보고문이나 오늘의 신문기자들이 본사로 뉴스 기사를 보고하는 거나 모두 자기가 수집한 자료를 보고한다는 점에서 같은 것이다.

그러나 보고자는 제각기 자기의 처지가 있고 그 처지에 따라 표현형식이 다르다. 그러므로 표현에는 여러 가지 형식이 있는 법이다. 가령 전투 직전에 병사들에게 연설하는 장군의 표현(이건 매우 씩씩하다), 피정복자가 정복자 앞에 구명을 호소할 때의 표현(이 경우는 매우 굴욕적이다.), 그 밖에 그 처지에 따라 표현형식이 다른 것이다.[38]

본시 역사 서술에 특별한 비법이나 공식이 있었던 것은 아니다. 또 역사 서술에 특별한 기술이나 자격이 있었던 것도 아니다. 역사는 누구나 쓸 수 있다는 아마추어주의가 지배하고 있었기 때문이다. 듀키디데스, 리비우스, 타키투스, 플루타크는 물론 근대에도 볼테르, 흄, 머콜리, 밴크로프트, 기이조가 모두 아마추어였다.

그러나 19세기에 랑케 사학이 성립된 이후 역사학은 전문화되고 역사 서술은 대학인의 반 독점물로 변해 갔다. 역사는 역사가이어야만 쓸 수 있고 일정한 훈련을 받은 사람만이 역사가란 칭호를 받을 수 있게 되었다.[39]

이리하여 오늘날 역사가들은 자연과학자들이 쓰는 논문 형식인 이른바 모노그라프(monograph ; 특수연구논문)를 쓰고 있다. 그러므로 훌륭한 역사가는 항상 훌륭한 특수논문 작성자(monograph writer)여야 한다. 대학 수준의 리포트나 논문이 역사학에 기여하리라 기대할 수는 없다. 그러나 이 리포트 작성 연습을 통해서 연구발표의 기초 원리를 터득하게 되는 것이다. 학술논문의 생명은 무엇보다도 표현의 정확성에 있다. 사실을 과장하거나 묵살해서는 안 된다. 폴리비오스는 일찍이

> 역사가의 임무는 괴상한 사건을 말해서 독자에게 감동을 일으키는 데 있는 것도 아니고 이야기를 조작하는데 있는 것도 아니다. 다만 실제로 일어난 사건을 보고하는 데 있다.

고 말했다.[40]

역사가에겐 무엇보다도 사실을 직필한다는 것이 중요하다. 그것은 사실의 왜곡은 무엇보다도 역사가의 큰 범죄행위이기 때문이다. 이 같은 역사 서술의 윤리는 아무래도 역사학이 사실에 충실하고, 또 함부로 이론을 내세우지 않는다는 특성에서 나오는 것이다. 벨(Daniel Belll)은 이것을 "구체적인 것을 강조함으로써 추상적인 것에의 정열을 억제"하는 것이라 표현하고 있다.

---

38) Collingwood, *The Idea of History*, 이상현 역, 《歷史學의 思想》, p. 55.
39) H.S. Commager, *The Study of History* (New York, 1965), p. 37.
40) *Polybios* II, p. 567; 조의설, 《폴리비오스》, 人文科學(연대인문과학연구소) 참조.

역사가는 무엇보다도 먼저 정직한 사람이어야 한다고 블록은 거듭 강조하고 있는데,[41] 사실왜곡의 동기가 문학적인 기교에서 오는 경우도 있고,[42] 인종, 계급, 민족적 편견인 경우도 있다. 역사가는 모든 문제를 가능한 한 모든 관점에서 보려고 노력하여야 한다. 역사가는 신이 아니다. 그러므로 항상 최후의 판단을 의식하지 말아야 한다.[43]

이 '정확'을 잃지 않기 위해 역사가에게는 많은 것이 요구되고 있다. 이를테면 바잔(Jacques Barzun)은 역사가가 갖추어야 할 필수요건으로 ① 정확성(accuracy), ② 질서(order)[고요(calm)와 인내(patience), 집요(pertinacity)], ③ 논리(logic), ④ 정직(공정)(honesty), ⑤ 자각(self awareness), ⑥ 상상(imagination) 등 여섯 가지를 들고 있다.[44]

그 밖에도 중용이니 균형, 공정, 비판적 지성, 허심탄회, 관용 거기다 근면성까지 드는 사람도 있다. 유명한 몸젠(Mommsen)은 하루 평균 18시간을 연구했는데 자신의 결혼식 날 12시간밖에 공부 못했다고 투덜거렸다고 한다. 랑케는 85세에 《세계사》 집필에 착수하여 5년 걸려 여섯 권을 써내는 늦부지런을 떨었다. 부지런하다는 것은 늙을수록 매우 소중한 업적을 낸다.

2. 적절성

어떤 미국 잡지편집자는 미국에서 정확한 영어문장을 쓸 수 있는 사람의 수는 놀라우리만치 적다고 개탄하면서 그런데 역사가는 "웬 일인지 오늘날 학계에서 가장 문장이 좋다."고 칭찬하고 있다. 즉, 그에 의하면

> 정확한 영어문장을 쓸 수 있는 사람의 수는 이 나라(미국)에서 놀라우리만치 적다는 사실을 누구나 알고 있다. 그러나 최소한의 요건을

41) M. Bloch, 앞의 '辨明', p. 182.

42) "문장이 사람의 마음을 움직이는 힘을 갖기 위해서는 쓴 사람의 체험을 보는 입장에, 그리고 그 체험을 기록하는 방법에 특수한 것이 있어야 한다.…… 쓴다는 행위는 마치 사랑의 기교[愛戱]와 같은 것이다." Paul Engle, On Creative Writing (1964).

43) Commager, *op. cit.*, p. 10.

44) 역사가의 여섯째 자격요건인 상상력은 거의 선천적인 것이어서 후천적인 개발의 여지가 없다. 그러므로 상상력의 유무는 각자에게 거의 숙명적인 것이다. 만일 상상력을 갖지 못한 역사가라면 단순한 사실의 편집자로서 또 분석자로서의 자기 능력을 발휘할 수밖에 없다. 그리하여 '역사로의 미로'를 안내하는 역사가로 만족하라. Commager, *op. cit.*, p. 38.

> 넘어서 명석하고 낭비가 없고 통일성이 있고 우아한 서술을 찾을 때 경제학과 사회학 교수는 물론 본직인 저널리스트나 영어 교수 가운데에도 적당한 사람을 찾기 힘들다. (그러나 역사학 교수는 웬일인지 오늘날 학계에서 가장 문장이 좋은 것이다).

라는 것이다.[45] 이 같은 평판은 일본에서도 마찬가지다. 일본의 어느 국문학자가 비난하기를 "소위 국문학자란 사람이 문법에도 맞지 않고 칸트나 헤겔의 문장처럼 길고, 어느 단어가 주어인지도 분간할 수 없는 글을 쓰고 있다."고 한 말이 기억난다. 불행하게도 우리나라에도 이와 같은 불평을 하는 사람들이 의외로 많은 것이다. 어떻든 우리는 여기서 어느 나라를 막론하고 역사가는 '표현'과 서술에 신경을 쓰고 있다는 사실을 알 수 있다.

그러나 "인생은 그림 그리기지 셈하기가 아니다."는 말이 있다. 역사 서술도 그림 그리기지 사진 찍기는 결코 아니다. 역사 서술에는 반드시 사진 같은 정확성이 필요하다. 그러나 그것만으로는 부족하다. 그와 같이 통계숫자만 나열한다고 해서 역사가 되는 것은 아니다. 사진이나 숫자는 하나의 자료일 뿐이다.[46]

블록은 그의 유언에서

> 나는 평생, 표현과 사상의 성실을 위해 최선을 다해 왔다. 어떤 구실로 장식하던 간에 허언(虛言)에 만족하는 것은 인간 정신에 대한 가장 악질적인 천형병(天刑病)이라 생각한다.… 다음의 간단한 명을 나의 묘비에 새겨 주었으면 한다.
>
> Dilexit veritatem(그는 진리를 사랑했다).

라고 했다.[47] 얼핏 보기에 너무나 싱거운 글로 보이나 허언에 만족하는 정치가들에게는 매우 중요한 충고이다. 또한 이 충고는 역사가에게도 매우 심각한 사활 문제란 걸 잊어서는 안 될 것이다.

그러면 역사 서술에 있어서의 '정확', '공정'이란 무엇인가? 아리스토텔레스는 '소리'와 '언어'는 다르다고 하면서

---

45) Norman Podhoretz, *In defense fo Editing Harper's Magazine* (oct, 1965)
46) H.S. Commager, *op. cit.*, p. 8.
47) M. Bloch, 《기묘한 패배》, p. 214.

> 인간은 자연이 언어의 자질을 부여한 오직 하나의 동물이다. 소리를 그대로 내는 것은 즐거움과 고통을 나타내는 것이므로 동물도 갖고 있지만 언어의 능력은 바른 정(正)과 바르지 못한 부정을 명시하기 위한 것으로 인간만이 갖는다.

라고 말하고 있다.[48] 이 세상에는 얼마나 많은 사람들 특히 정치인들이 언어가 아닌 소리를 지르고 있는 것일까. 소름이 끼친다.

우리가 사용하고 있는 언어는 앞에서도 지적했듯이 성질상 자연과학적 엄밀성을 기할 수 없다. 그러나 정확성이 보장되지 않았다고 역사 서술이 자연과학보다 못한 것은 아니다. 왜냐하면 정확한 방정식이 아름답듯이 적절한 어구에도 아름다움이 있기 때문이다. 사실 인간의 행위는 본질적으로 섬세하기 때문에 그 대부분은 수학적 측정으로 포착하기 어렵다. 계산이 불능할 때는 암시가 꼭 필요하다.

자연계에 대한 표현과 인간계의 사실에 대한 표현은 마치 오늘의 기술공과 옛날의 가야금 제조공의 차이와 같다. 전자는 정밀기구를 사용하지만 후자는 귀와 손가락의 촉감으로 가야금을 만든다. 후자의 촉감이나 역사가의 언어의 민감성은 같은 성질의 것이다.[49] 오늘의 계량사학자들은 정밀기계공을 지향하고 있다. 그러나 아직 역사가는 그 본질에 있어서 수공업자인 것이다.

역사학은 또 독자와 역사가의 대화이어야 한다는 점에서 자연과학자와 본질적으로 다르다고 보아야 한다. 그러기 때문에 역사가는 어떤 특정한 청중을 의식하고 일정한 서술의 수준을 정하여 거기에 알 맞는 어휘와 은유의 조작을 선택하지 않을 수 없다.[50]

필자는 여기서 역사의 대중화를 강력히 주장하고 있는 미국사가 네빈스(Allen Nevins)를 분별없이 추종하려 하고 있는 것이 아니다. 네빈스는 다음과 같이 말했다.

> 세상은 과학적 엄밀성을 결여한 역사를 용서해도 문학적 매력이 없는 역사책은 용서하지 않는다.[51]

---

48) Aristoteles, 《政治學》, p. 21.
49) M. Bloch, 앞의 '辨明', pp. 9~10.
50) Riesman, 《個人主義의 再檢討》, pp. 15~16.
51) Allen Nevins, *The Gateway to History* (1962), p. 379.

그러나 "역사가에게 최선의 문장은 최소한 알기 쉬우면서 솔직하여야 할 것이다"(The best style is plain and straightforward).[52] 다시 말해서 문학적 매력이 있어야 하고 평이하여야 하고 직설적이어야 한다는 것이니 어려운 주문이다.

그러나 헤로도투스의 문체는 평이하고 유창했지만 듀키디데스의 문체는 거칠고 조잡했다고 한다.[53] 문체의 난이도는 역사적 진리의 차원에서 볼 때 문제가 되지 않는다. 그러나 굳이 어느 편을 택하여야 할 것인가 하고 묻는다면 앞서 말한 한 미국 편집자의 역사가 예찬론을 읽어 보라고 대답하고 싶다.

그렇다고 반드시 미문일 필요도 없고 논리적으로 빈틈없는 문장일 필요도 없다. 충분한 사료의 이해가 무엇보다도 긴요하다. 볼테르와 몽테스큐는 모두 1만권을 읽었다. 그러나 같은 1만권이지만 볼테르는 독서와 집필 사이의 시간적 간격이 너무 좁았다. 너무 조급하게 펜을 든 것이다. 그러므로 그는 자기가 읽은 책의 영양가의 일부분을 섭취한데 불과했던 것이다.[54]

3. 서술의 형식

우리는 특수 연구논문이나 그 밖의 단행본 규모의 역사 서술을 시도할 때 첫째 어떤 형식으로 서술하여야 할지 당혹한다.

역사 서술의 체제란 본시 문제의 성질과 설명의 방식 여하에 따라 다를 수 있고 또 달라야 한다. 그것은 연구자의 독창성에 달린 문제이기도 하다. 그러므로 여기서 예시하는 서술형식은 결코 강제규정은 아니다.

서술의 형식 문제 역시 의외로 까다롭다. 무엇보다도 역사가는 복잡다단한 역사적 사실들을 시한의 흐름에 따라 움직이는 운동으로 표현한다. 따라서 역사가는 설화와 분석, 연대기적 접근과 주제별 접근을 균형 있게 시도하여야 한다. 경우에 따라 순수기술만을 시도할 때도 없지 않다.

(가) 연대기적 서술

듀키디데스 같은 고대사가도 순수한 연대기적 서술만으로 역사를 쓰지 않았다. 그러나 이 방법은 가장 쉽고 안전한 서술방법으로 많이 애용되고 있

52) Cammager, *op. cit.*, p. 7.
53) Collingwood, *op. cit.*, p. 53.
54) Meinecke, 《歷史主義의 成立》, p. 115.

다. 특히 정치사와 외교사 서술에서 심하다. 가디너(S.R. Gardiner)는 그의 방대한 17세기사를 미련하게도 연대순으로 구술했다. 《삼국사기》 식의 연대기적 서술은 지적 우직성을 드러내 보이는 것에 지나지 않는다. 사건의 연대순 배열은 역사가의 가장 기본적인 첫 과제이면서 빠지기 쉬운 가장 위험한 함정이기도 하다. 바잔과 그라프(Graff)는 직선서술의 결함을

> 연대기적 서술은 크고 작은 사건들을 아무런 관련 없는 것으로 뒤섞어 놓으며 딱 한번 일어난 우연한 일들을 서툰 시문으로 엮어 놓는다.

라고 지적해 주고 있다. 연대기적 서술은 말하자면 역사 서술의 가장 초보적인 형식이다.

(나) 주제별 서술

이 형식은 가장 분석적이고 문제의식적인 서술방식이지만 한 시대의 한 문제, 이를테면 '헌법', '혁명' 등을 선정, 이것을 서로 비교하고 분석한다고 할 때 시대적 변화라는 기본적 사실을 자칫하면 무시하는 경향이 없지 않다. 분석적 연구가 생생한 객관적 역사 현실을 왜곡하기 쉬운 이유가 여기에 있다.

그래서 분석과 서술을 혼용하는 것이 현명하다. 이를테면 《옥스퍼드 영국사》(*Oxford English History*, 구판)의 서술이 바로 이 방법이다.

또 하나의 효과적인 방법은 한 시대(period)를 여러 '시기'(sub-period)로 세분하되 역사 발전의 논리(logic, 물론 역사가가 주관적으로 구상한)에 따라 구분하는 형식이다. 그러한 '시기'가 설정되면 각 시기에 해당하는 사료를 문제별로 나누어 분석한다. 이렇게 해 보면 시기에 따라 주요문제가 바뀌어져 가는 것을 알 수 있다. 힐(Christopher Hill)의 《혁명의 세기》(*The Century of Revolution*, 1961)는 이 방법을 가장 직선적으로 도입한 실례다. 그는 17세기를 다음과 같은 소시기로 구분하고 각 시기의 토픽을 열거한다.

시 기 (sub-period)	토 픽 (topic)
① 1603~40	경제
② 1640~60	정치와 헌법
③ 1660~88	종교이념
④ 1688~1714	종교이념

사실, '타고난 사회학자'나 '타고난 물리학자'가 있듯이 소수의 '타고난 역사가'가 있고 다수의 '타고나지 못한 역사가'가 있다. 흔히 기지 있는 표현력과 번득이는 개념 구성력을 역사가의 요건이라 생각하기 쉽지만 이것은 일종의 아마추어 전통이다. "25세 미만의 청소년은 아무도 역사를 공부해서는 안 된다"고 주장한 유명한 패어스(Richard Pares)는 역사가에게 '빛나는 착상'(bright idea)이 무엇보다도 필요하다고 강조했다. 이것은 사심 없고 편견 없는 마음에 예리한 통찰력이 곁들여져야 한다는 이야기다.

제 5 장
역사관의 여러 유형

제 1 절 역사관이란 무엇인가
제 2 절 기독교적 역사관
제 3 절 변증법적 역사관
제 4 절 순환론적 역사관

개 요

역사를 연구하게 되면 역사의 철학적 문제에 관심을 가지게 되고 자기 나름의 역사관을 갖게 된다. 그런데 역사철학이란 그렇게 만만한 학문이 아니다. 역사도 어렵지만 역사철학은 더욱 어려운 학문이다. 역사가에게는 역사철학 싫어하기라는 일종의 혐오감이 있다. 철학이 신학의 예속에서 벗어나 독립하였듯이 역사학도 철학의 예속에서 벗어나 독립한 학문이다. 그러기에 역사학자는 철학을 싫어한다. 그러나 역사를 연구한다는 사람이 역사철학을 전혀 모른다고 해서야 좀 부끄러운 일이 아닐 수 없다. 적과 싸우려면 적을 알아야 한다. 백만 대군인지 일개 소대병력인지 알아야 할 것이다. 적은 백만 대군인 것이다. 그러나 알고 보면 별 것도 아니다.

역사연구를 하는 사람으로 역사관을 모른다는 것은 큰 수치라고 할 것까지야 없겠지만 “난 그런 거 몰라!” 라고 할 수도 없을 것이다. 약간 어폐가 있을지 몰라도 아는 척이라도 해야 한다. 역사철학은 크게 둘로 구분된다. 하나는 실재적 역사철학으로서 이름 그대로 역사관이라는 것이다. 다른 하나는 형식적 역사철학인데 역사의 인식론이라는 것이 바로 그것이다. 인식론에 대해서는 제6장에서 상세히 설명할 것이고 여기서는 실재적 역사철학, 즉 역사관에 대해 설명할 것이다.

먼저 서양의 역사관 속에는 기독교사관이 깊이 숨어있다는 사실을 알아야 한다. 역사의 드라마는 인간이 주연배우이긴 하지만 시나리오는 신이 만든 것이다. 인간은 단지 그 꼭두각시에 지나지 않다는 것이 기독교사관의 골자이다. 기독교사관에는 특히 성 아우구스티누스의 《신국론》이 가장 큰 비중을 차지하고 있다. 로마는 왜 망했는가. 놀라지 말라. 로마는 지상국이기 때문에 망하게 되어 있다. 그러나 하느님의 나라 신국은 망하지 않는다. 신국은 하늘에만 있는 것이 아니라 지상에도 있다. 지상의 천국은 교회이다. 역사는 이 천국과 로마의 대립으로 진행되다가 결국은 로마가 패배하고 신국이 이긴다. 이 이론은 결국 이성(선)과 본능(악)의 대립이라는 헤겔의 변증법적 역사관으로 재구성된다.

정반합으로 진행되는 변증법적 역사 발전을 주장한 철학자가 바로 독일의 헤겔이었다. 헤겔의 유심사관을 뒤집어서 유물사관을 만들어낸 사람이 칼 마르크스였다. 이 두 사람은 전혀 다른 주장을 하고 있는 것 같이 보여도 성 아우구스티누스의 기독교 사관을 이어 받고 역사에 변증법적 발전이라는 골간을 집어놓았다는 점에 있어서는 조금도 다를 바가 없다. 동양을 무시하고 서양을 높이 쳐들어 예찬하였다는 점에서도 같다. 하늘의 해는 동방에서 뜨지만 지상의 문명이라는 해는 서쪽에서 떠서 동쪽으로 간다. 그리고 정(선)과 반(악)이 싸워서 새로운 합이 생겨나는데 역사는 정반합의 반복에 지나지 않다고 주장하였다.

이렇게 두 사람은 랑케와 같이 서양 중심의 직선적이며 단선적인 역사를 주장하였다. 역사는 꾸준히 한 궤도를 따라 발전하는 것이다. 결코 퇴보하지 않는다고 장담하였다. 이 같은 역사관은 좌익이건 우익이건 오늘의 서유럽사회가 앞으로 영원히 세계사를 이끌어갈 것이다 하는 낙관론을 심어주었다. 그러나 20세기에 이르러 그런 꿈은 헛된 것으로 밝혀지고 말았다. 제1차 세계대전의 비참한 꼴을 보라. 참호 속에서 죽어가는 것이 문명인가. 그래서 서유럽문명의 멸망을 예고하는 새로운 그러나 아주 불길한 역사철학이 나왔다. 이른바 순환론적 역사관이라는 것인데 러시아의 다닐렙스키, 독일의 쉬펭글러는 제1차 세계대전을 전후하여 서유럽문명의 멸망을 예고하였고, 토인비는 제2차 세계대전을 전후하여 또다시 서유럽의 몰락과 그 후의 세계를 예고하여 선풍적인 인기를 얻었다. 최근에는 후쿠야마라는 일본계 미국인이 역사의 종말 운운하여 다시 선풍을 일으킨 바 있다.

종말과 멸망을 말하지 않는 역사책은 팔리지 않는 시대가 20세기였다. 21세기는 어떨까. 아마도 마찬가지 일 것이다. 문제는 과학기술문명이 실재로 어떻게 망하느냐 하는데 있는 것이 아니라 인간역사는 더 이상 발전하는 것이 아니라 멸망하는 것이라 생각하게 되었다는 사실 그것이 문제인 것이다.

제 1 절
역사관이란 무엇인가

전체를 보는 눈을 가지지 못하고 또 하나의 전체가 있다는 것을 느끼지 못하면서 한 부분에서 기계적으로 일하는 사람〔직공〕이 있고, 전체를 알고 느끼는 사람〔예술가〕이 있다.

- Carlyle

Ⅰ. 두 개의 역사 철학

1. 철학과 역사

역사를 연구하려면 누구나 역사 철학이라는 거창한 관문을 통과하여야 한다. 역사학은 다른 학문보다 철학적 사고와 밀접한 관련을 맺어 왔다. 이 같은 역사학과 역사 철학은 서로 깊이 연관되어 왔지만 이 두 영역은 학문상 따로 분리되어 있다. 그래서 역사 철학은 철학자들이 다루는 것이 원칙이다. 그러나 같은 역사 문제를 하나는 철학적으로 다른 하나는 역사학적으로 다룬다고 해서 굳이 갈라질 필요가 없을 것같이도 느껴진다. 어떻든 같은 대상을 다룬다는 이유 때문에, 같은 강물을 마신다는 이유 때문에 철학과 역사학의 애증관계는 오랫동안 계속되어 왔다.

철학자들은 "역사 전체의 의미는 무엇인가?" 또 "역사학의 본질은 무엇인가?"하는 역사와 역사학의 기본문제에 관해 많은 문제를 제기하여 왔다. 그러나 역사가들은 그런 문제를 도외시하였다. 만일 역사가에게 역사의 발전법칙이나 역사학의 인식구조를 물어 보면 의례히 "그런 문제는 철학자와 의논하시오."라 대답할 것이다. 이것은 "소설이란 무엇인가"에 대해 묻는다고 할 때 소설가 그 사람보다 차라리 남의 소설을 읽고 이러고저러고 비판하는 문학평론가나 문학자들에게 가서 물어야 한다는 이치와 같은 이야기가 된다.

이와 같이 역사가는 실제로 역사를 연구하고 또 서술하면서도 역사나 역사학이 무엇인지에 대해 잘 모르고 있다. 이것을 조금도 수치스럽다거나 부끄럽게 생각하고 있지 않다. 영국의 현대 역사가 패어스(Richard Pares)는 이 문제에 대해서 아주 당연하다는 듯이,

> 역사가 무엇이냐 하는 따위의 문제는 역사가보다 철학자가 토의해야 할 문제다. 왜냐하면 철학자는 역사가 자신이 '내가 지금 무얼 하고 있습니다.'고 독백하는 것보다 훨씬 수월하게 '역사가 너희들은 이걸 해야 한다'고 말할 수 있기 때문이다.

라고 말하고 있다.[1] 물론 이 말 속에는 역사가 특유의 '철학 혐오증'이 숨어 있다. 그러나 그보다도 모든 철학적 문제가 그러하듯이 역사 철학의 문제 역시 풀릴 수 없는 불가사의의 문제라는 데 역사가들의 실망의 이유가 있는 것이다. 그러니까 역사가들은 차라리 그럴 바에야 철학문제는 처음부터 생각하지 않는 편이 현명하다는 것이다.

그러나 아무리 문제가 까다롭고 도깨비 같다고 하더라도 역사를 연구한다는 사람이 역사의 원리적인 문제를 외면할 수는 없다. 오늘날 역사를 근본적으로 생각하지 않고 역사를 연구하는 역사가는 없다. 그러므로 역사가들은 정도의 차는 있을지언정 철학자들이 무엇을 논의하고 있는가에 대해 조금씩은 귀를 기울이면서 그들의 역사연구를 계속하여야 하는 것이다.

2. 실재적 역사 철학

우리가 여기서 알고자 하는 것은 역사 철학 그 자체보다 그것이 현대 역사학에 어떤 영향을 끼치고 있는가 하는 문제다. 그러나 그에 앞서 생각할 것은 역사 철학이란 도대체 무엇인가 하는 문제이다.

제1장 제1절에서 이미 언급한 바와 같이 '역사'는 그 객관적 의미와 주관적인 의미라는 양면성을 갖는다. 역사 철학에도 역시 주와 객의 이중적 의미가 있는데 그 첫째가 객관적인 역사, 즉 역사적 사건의 실제과정을 다루는 철학이며, 다음이 주관적인 역사, 즉 역사 연구 또는 역사 인식의 본질문제를 다루는 철학이다. 앞의 철학을 실재적 역사 철학(material philosophy) 또는 좀 경멸적으로는 사변적 역사 철학(speculative philosophy)이라 부른다. 왜 사변적 역사 철학이라고 하느냐 하면 역사가가 실제로 볼

---

1) Richard Pares, *The Historian's Business, and Other Essays* (Oxford, 1961), p. 5.

수 있는 시야를 넘어서서 역사적 사건의 배후에 숨어 작용하는 힘, 또는 의미, 유형을 찾아내려 하기 때문이다. 말하자면 역사의 형이상학이다. 그래서 흔히 사변적 역사 철학을 형이상학적 역사학(meta-history)이라고도 부른다.

그러나 역사학의 본질문제를 따지는 뒤의 역사 철학을 형식적 역사 철학(formal philosophy) 또는 비판적 역사 철학(critical philosophy)이라고 부른다. 본시 역사 철학이란 말은 볼테르(F.M.A. Voltaire, 1694~1778)가 처음 사용한 조어(造語)였다. 역사 철학이란 새 조어를 처음으로 사용한《여러 국민의 풍습 및 정신론》(*Essai sur les moeurs et l'esprit des nations,* 1756)은 볼테르의 애인인 드 샤뜨레 공작부인을 위해 집필한 글이었다. 그래서 볼테르는 '향락'이란 무엇이냐에 대해 묘한 말을 하고 있다. 그에 의하면 인생의 향락은 살롱과 연극과 여자에 있으니 인생의 참다운 행복은 이 삶의 단 과자를 먹는 데 있다고 말한다. 그런데 바로 이 책에서 그가 '역사 철학'이란 신조어를 만들어냈으니 역사 철학이란 말은 마담 드 샤뜨레 때문에 생겨난 낭만적인 단어라 할 수 있다. 볼테르는,

> 그녀는 역사를 철학으로서 읽고 싶어했고 반드시 일어난 전부가 아니라 그 가운데 유익한 사실만을 읽고 싶어했다.[2]

고 말한다. 이처럼 로맨틱하게 탄생한 역사 철학이 이제는 어떻게나 사변화되었는지 가디너(Patrick Gardiner)란 철학자는 역사 철학이란 "이따금 나와서 예언한답시고 알쏭달쏭한 소리를 내고 사라져버리는 해저괴물"[3] 같다고 비꼬았으며, 역사가들은 역사 철학자를 '도깨비 역사가들'이라 조롱하였다.[4]

3. 형식적 역사 철학

이처럼 객관적 역사의 거대한 발전법칙을 찾는 형이상학적 역사학에 대한 인기하락으로 인하여 오늘날의 역사 철학은 역사 그 자체의 도식화나 체계화라는 무모한 시도보다 차라리 겸손하게 역사 인식의 문제, 즉 역사가들이 역사를 어떻게 인식하고 있는가를 비판하는 것으로 만족하기 시작하였다.

---

2) Meinecke, *Entstehung des Historismus* (일역)《역사주의의 성립》, p. 73.
3) W.H. Dray, *Philosophy of History,* Englewood Cliffs N.J. (1964), p. 67.
4) W.H. Dray, *The Nature of Historical Explanation* (London, 1965), p. ix.

이 문제에 대해 네이들(G.H. Nadel)은,

> 현대 역사 철학은 역사 지식에 관한 철학이지 역사 그 자체에 관한 철학이 아니다. 즉, 역사 철학의 기능은 세계사의 유형을 사변하고 인간조건을 형성하는 힘을 증명하고 역사의 의미를 끌어내는 데 있는 것이 아니다. 그것은 역사가들이 무엇을 하고 있는가? 그들이 사용하고 있는 방법, 기술, 서술 그리고 언어가 과연 의미 있는 것인가에 관한 것이다.

라고 하였다.[5] 또 드레이(William Dray)는 사변적 역사 철학이 어느 정도 유행에 뒤떨어졌다는 사실을

> 과학철학에서 자연 그 자체의 체계를 철학하는 우주론이 오늘날 시대에 뒤떨어진 학문이 되듯 역사 철학에서도 역사 그 자체의 사변적 체계를 세우려고 하는 철학이 어느 정도 유행에 뒤떨어졌다고 말할 수 있다.

라고 비꼬고 있다.[6]

Ⅱ. 사변철학의 의미

1. 역사 철학의 위험성

유의해야 할 것은 역사가들은 본시 사변철학에 깊은 적개심을 갖고 있었고 역사 인식을 문제 삼는 비판철학에 대해서도 처음에는 맹렬한 반대 성명을 발표하였다는 사실이다. 다시 말해서 역사가는 헤겔이나 마르크스, 그리고 쉬펭글러, 토인비 등의 사변적인 역사철학 체계를 거부할 뿐만 아니라, 코로체, 콜링우드, 딜타이 등의 인식론적 비판철학마저도 거부해 왔던 것이다. 특히 전자의 거부는 도오슨(Ch. Dawson)이 말했듯이 그것이 형이상학적이기 때문이 아니라 확증되지 않은 사실을 놓고 왈가왈부하는 철학적 태

5) G.H. Nadel (ed.), *Studies in the Philosophy of History* (New York, 1965), p. vi.
6) W.H. Dray, *The Philosophy of History*, p. 2.

도 때문이었다.[7] 따라서 불로크(Alan Bullock)란 현대 영국사가는 지금도 "역사학은 인류발전을 지배하는 일반법칙을 추구하는 학문이 아니라, 단지 무엇이 일어났는가를 알고자 할 뿐"이라고 단언하고 있는 것이다. 이것은 물론 매우 보수적인 견해다. 그러나 근대 역사학은 철학과의 결별을 선언한 뒤에도 줄곧 철학과의 전통적인 동맹관계를 유지하여 왔던 것이 사실이다. 독일이 가장 그 유대가 깊었고, 프랑스는 사회학, 영국과 미국은 자유주의라는 정치학과 관계를 맺어 오늘에 이르고 있다. 그런데 지나친 철학과의 밀착은 매양 역사학을 정치적으로 오용하는 과오를 범하였다. 이 문제가 바로 전후 독일 사학의 반성의 골자였다는 점을 생각할 때 역사와 철학, 특히 조잡한 19세기적 사변철학과의 안이한 밀애는 역사 연구에 중대한 해독을 끼치는 것이다. 코온(Hans Kohn)의 말대로 "오늘날 비 영미계(유럽) 여러 나라에 남아 있는 헤겔주의와 저개발 국가에 남아 있는 마르크스주의"의 사상적 역할은 매우 큰 것이며, 현대를 '신판' 중세로 만드는 데 중요한 구실을 하고 있는 것이다.[8]

2. 고증과 사변

중대한 위험성을 내포하고 있기는 하지만 역사가는 철학을 아주 외면할 수 없다. 경제학자 케인즈가

> 자신을 어느 철학으로부터 해방되어 있다고 상상하는 역사가는 반드시 어떤 작고한 철학자의 노예이기 쉽다.

라고 말한 적이 있다. 우리는 누구나가 무의식중에 어떤 철학체계에 비록 부분적이나마 감염되어 있다고 가정해도 틀림이 없다[9]는 뜻이다. 해방 직후 사회학자이자 역사가인 이상백은,

> 지금 우리 역사를 연구하는 학도에게 긴급한 초미의 과제는 역사의 철학을 확립하는 것과 역사의 과학을 실천하는 것이다. 역사의 철학을

---

7) C. Dawson, *The Dynamics of World History*, 민석홍·나종일 역《역사의 원동력》(하), (삼성문고) 참조.

8) Hans Kohn,《역사가와 세계혁명》참조.

9) C. Dawson, 앞의 역서,《역사의 원동력》(하), p. 297.

확립하는 것은 우리의 사관을 확립하는 길이요, 역사의 과학을 실천하는 것은 근대사학의 과학적 방법에 의한 연구를 의미하는 것이다.

라고 역사와 철학의 유대를 아주 천진난만하게 강조하여 주고 있다.[10]

《근대사관연구》(1948)의 저자 이능식은 더욱 실천적인 뜻에서

현 단계의 조선사학에 있어서 역사관의 문제가 근본적으로 논의되어야 될 두 개의 요인이 있다. 그 하나는 조선사가들에 있어서 역사관에 대한 진지한 고찰이 결여되어 역사 사실의 고증만으로써 역사가 성립된 것으로 생각하기 때문이다.

고 말하였다.[11] 헤겔이 일찍이 그의 《역사 철학》에서,

우리들은 높은 곳에 있을 때만 여러 가지 사건을 올바르게 내려다보고 그 하나하나에 눈을 멈출 수 있으나 낮은 곳에서 좁은 문틈을 통해서 볼 경우에는 그와 같은 것은 불가능하다.

라고 한 말을 우리는 잊을 수가 없다.[12]

칸트에 의하면 역사 연구에는 반드시 두 개의 조건이 필요하다. 그 하나는 역사적 지식이요, 다른 하나는 철학적 두뇌다. 단순한 지식만으로도 안 되고 단순한 철학만으로도 안 된다. 이러한 견해는 이미 뷔코(Giambattista Vico, 1668~1744)가 문헌학과 철학의 결합, 즉 세부적인 사실에 대한 박학과 원리에 대한 철학적 관심의 결합을 구한 바를 재강조한 것이다.[13]

물론 단순한 박식이 역사학일 수 없다. 사실과 사실간의 관련성을 추구하고 어떤 변화의 원리를 찾지 않는 역사학은, 다시 말해서 단순한 '고증'으로 끝나는 역사학은 이미 역사학이랄 수가 없다. 그러나 사실과 관념, 경험과 이론, 고증과 사변은 하나의 양극단이다. 이 양극을 결합하고, 이어주기란 그리 쉬운 것은 아니지만 역사가는 그것을 이어야 할 의무를 지고 있는 것이다.

10) 이상백, 《朝鮮文化史硏究論攷》 序.

11) 이능식, 《근대사관연구》 (동지사), p. 4.

12) Hegel (김종호 역), 《역사철학》 (1) (사상문고), p. 43.

13) Collingwood, *The Idea of History*, 이상현 역, 《역사학의 이상》, p. 106, *The New Science of Giambattista Vico*, trans by T.G. Bergin and M.H. Fish (Ithaca N.Y. 1948).

헤겔은 가장 비철학적인 역사로부터 가장 철학적인 역사에 이르는 데 3단계가 있다고 말하였다. 즉, 그에 의하면 가장 유치하고 소박한 역사는 자료적 역사(die urspringliche Geschichte)다. 헤로도투스나 듀키디데스, 그리고 15세기 문예부흥기의 이탈리아 사가 기찌아르디니(Guicciardini)[14]의 역사처럼 역사를 가장 감각적으로 보고 자신의 시대에 관해서만 쓰고 철학적 반성을 가하지 않은 자료 그대로의 역사가 이에 속한다. 크세노폰(Xenophon, 430~354, B.C.)의《일만인 퇴각기(一萬人退却記)》(*Anabasis*), 시이저(caesar 102~44 B.C.)의 《갈리아전기(戰記)》(*De Bello Gallico*), 중세 수도사들의 각종 연대기가 모두 이에 속한다.[15]

헤겔이 든 두 번째 역사는 반성적 역사(die reflektierte Geschichte)다. 이 역사는 자기가 사는 시대를 초월해서 역사 서술을 시도하지만 아직도 비철학적이다. 여기에는 ① 일반사, ② 실용적(교훈적) 역사, ③ 비판적 역사, ④ 전문적 역사가 포함되는데 이들 역사는 역사의 표피, 외적 질서만 보았지 그 배후에 흐르고 있는 지도정신을 인식하지 못한다는 것이다. 그래서 헤겔은 가장 탁월한 역사로서 세 번째의 철학적 역사, 즉 역사 철학을 들었다.

3. 헤겔과 랑케의 차이

헤겔의《역사 철학》을 읽어 본 사람은 누구나 생각했던 것보다 훨씬 사실적이라는 데 놀랄 것이다. 이것은 뒤에 헤겔이

> 우리들은 역사를 그것이 있는 그대로 받아들이지 않으면 안 된다. 우리들은 역사적(historich), 경험적으로 연구하지 않으면 안 된다.

라고 언급한 바와 같이 그의 역사 철학체계 속에는 사변적인 일면과 실증적인 일면이 있다는 것을 망각해서는 안 될 것이다.

물론 그 뒤에 단서는 붙어 있지만 이 말이 랑케의 말이 아니라 해겔의 말이란 사실을 잊어서는 안 된다. 구체적인 저술을 놓고 볼 때 그들의 표면상의 주장과는 달리 역사와 철학의 차는 그리 큰 것이 아니다. 그래서 겐스

14) Francesco Guicciardini (1483~1540), 주저《이탈리아史》*Istoria d'Itatia*(20권 1492~1530).

15) Hegel,《역사철학》(1) 앞의 역서, p. 39, 크세노폰에게는 이 밖에도《그리스史》가 있다.

(Edward Gens)는

> 헤겔은 역사의 로고스(logos)를 서술했다. 사건 그 자체를 '사랑 때문에' 사실과 다르게 왜곡하거나 변화를 가하지 않았다. 사실은 그것이 있는 그대로요, 이념은 이 사실의 설명자일 뿐 그 개혁자는 아니다. 그러므로 헤겔의 역사 철학은 외면적 현상의 단순한 내면적 이해라 할 수 있다.

라고 말하고 있다.[16]

이리하여 헤겔이라는 사상의 우물에서 역사가들이 얼마나 많은 개념들을 퍼왔는지는 실제로 그의 《역사 철학》을 읽어보지 않고서는 쉽게 알 수 없는 것이다.

그러나 역사의 사변화와 관념화는 역사가로서 항상 경계하여야 할 금족지역이다. 역사가에게는 역사의 순수성을 잃지 않도록 조심해야 한다는 오랜 '가훈'이 있다.

버터필드(Butterfield)가 지적했듯이 근대 역사학은 성립 당초부터 쇠퇴하는 종교를 대신하여 대중의 마음을 사로잡고 형성하여야 한다는 사명, '과도한 힘'을 부여받았다. 그 때문에 역사학에는 늘 역사적 과잉단순화라는 여지 또는 재량이 주어졌던 것이며 지금도 똑같은 위험에 조심하여야 하는 것이다.[17]

레프(Gordon Leff)는 순수 역사학은 자칫 잘못하면 형이상학적 역사학, 아니면 형식적 분석으로 변질되고 만다고 경고하고, 만일 그렇게 되면 그것은 '역사 아닌 무엇'이 되고 만다고 말하고 있다.[18] 그래서 그는 토인비와 쉬펭글러의 '역사의 체계'를 '역사의 악명 높은 오용'이라고 비난하고 있다. 역사학은 언제나 사변(추상)과 고증(구체)의 양극의 중간을 진동하여 왔고 지금도 여전히 같은 운동을 되풀이하고 있다. 우리는 이 양극의 어느 중간지점을 선택하여야 한다. 그러나 과연 어느 자리가 좋다는 것인지 모르고 있다.

---

16) Hegel, 《역사철학》 (1), 앞의 역서, p. 5.
17) Herbert Butterfield, *Man on His Past* (Beacon Press, 1960), pp. 30~31.
18) Gordon Leff, *History and Social Theory* (London, 1965), p. 1.

Ⅲ. 역사관의 정립

1. 퇴보 · 순환 · 진보

실재적 역사 철학에서는 반드시 역사 발전의 도식이 제시된다. 서양 최초의 역사 도식을 내세운 헤시오도스(Hesiodos)는 "세계사는 황금시대였다. 그런데 그 뒤 차츰 '은'시대가 되더니 '청동' 그리고 '철' 시대로 퇴보하였다"고 했다. 우리가 살고 있는 이 '쇠'의 역사 시대는 가장 고생스러운 시대다. 헤시오도스의 역사관은 일종의 퇴보사관이었다. 요순시대를 항상 이상사회로 아는 중국 전래의 상고주의(尙古主義) 내지는 복고주의사관[이를테면 맹자의 선왕사상(先王思想)][19]도 일종의 퇴보사관이며 인류역사를 보다 행복한 상태로부터 차츰 '타락'해가는 것으로 보는 기독교사관도 퇴보사관이다.

이와는 달리 플라톤과 아리스토텔레스는 그들 특유의 '정체교체'론을 제창하여 역사는 결국 퇴보하다가 다시 원위치에 되돌아 간다는 순환사관을 제창했다. 성 아우구스티누스는 역사를 "마치 개가 자기의 꼬리를 물고 빙빙 도는 모습과 같다"고 했다. 제자리걸음한다는 것이다. 중국에서도 오랫동안 일치일란설(一治一亂說)이나 오행설(五行說)과 같은 순환사관이 지배했고 우리나라에서도 그 영향을 받았다.[20] 동양의 일치일란설은 서양에서 말하는 역사의 간만조설이라는 것이다.

이처럼 고대와 중세에는 퇴보와 순환과정으로 보는 철학이 일반적이었다. 그러므로 18 · 19세기의 서구 사상계를 휩쓴 진보사관은 근대 공업화 사회에

---

19) 全海宗, 전게, 《중국인의 역사 의식과 역사서술》 참조.

20) 위의 책

그러나 중국에도 《춘추》 공양학(公羊學)처럼 역사는 쇠란의 상태로부터 정평(井平)의 상태로 그리고 다시 태평의 상태로 발전한다는 진보적 역사관이 없는 것은 아니다. 그러나 중국인의 역사 변천에 대한 견해는 발전보다 순환이라 보는 것이 주류를 이루고 있다. 역사는 되풀이되고 근본적인 변화 없이 부분적인 변개만 반복된다는 순환사관 중 맹자의 일치일란설이 가장 대표적이다. 맹자는 공자가 《춘추》를 지어 난세를 바로 잡고 일치를 지향한다고 생각한 것이나 요순에서 탕왕, 탕왕에서 문왕, 문왕에서 공자에 이르는 기간이 각기 500년씩이라 하며 500년을 주기로 하여 일치일란의 현상이 되풀이해서 나타난다는 설도 순환론이다.

일치일란설보다 더 복잡한 순환론이 오행설이다. 오행이란 인간의 일상생활에 필수적인 목 · 화 · 토 · 금 · 수의 다섯 요소가 자연의 만물 뿐만 아니라 인간의 역사에도 작용하여 오행의 상호작용으로 왕조가 교체된다는 것이다.

특이한 낙천적 역사관이었던 것이다. '사변적 역사 철학의 절정인 동시에 마지막'[21]이라 불리우는 헤겔의 역사 철학은 진보사관의 대표적 저술이었다.

그러나 20세기에 들어오자 《서구의 몰락》으로 유명한 쉬펭글러, 그리고 《역사의 연구》(*A Study of History*)로 너무나도 잘 알려진 토인비 두 사람이 순환론적 역사 도식을 또 다시 제시하기에 이르러 역사관 자체마저도 순환·반복되는 듯한 인상을 주고 있다.

드레이는 역사관을 그 유형에 따라 ① 직선론(linear theory), ② 순환론(cyclical theory), ③ 혼돈론(chaotic or chaos theory)으로 구분하고 있다. 그러나 이 같은 체계들은 순수하게 나타나기 보다는 서로 혼합되어 나타나는 경우가 많다. 가령 뷔코는 신과학(scienza nuova)에서 '나선형발전'(spiraling advance)을 말했는데 이것은 직선이론과 순환론의 혼합형이다. 헤겔도 인간 자유의 직선적 발전을 주장하면서도 이러한 발전을 촉진하는 여러 민족은 세 단계로 순환한다고 보았다. 토인비 역시 문명의 발생과 몰락이란 순환론을 말하면서도 이것이 인류의 정신적 발전에 누적적으로 기여한다고 설명했다.[22] 이처럼 순수한 직선론이나 순환론을 제창하는 사람은 보기 드물다.

그러면 역사 철학자들은 과연 역사에서 무엇을 찾고 있으며 어떤 문제를 제기하고 있는가? 어떤 점에서 역사가와 역사 철학자는 다른가? 이 문제는 얼핏 보아 쉽게 구분할 수 있을 것 같으면서도 매우 가리기 어려운 것이다.

2. 큰 문제와 작은 문제

실재적 역사 철학은 역사에 대한 다음과 같은 세 가지 큰 질문을 던지고 이에 대답하려 한다.

(가) 역사에 유형(Pattern)이 있는가?

역사가도 부분적으로 자기의 연구분야에서 역사의 유형을 찾지 않는 것은 아니다. 그러나 철학자는 부분이 아닌 전체로서의 역사에 어떤 패턴이 있는가? 또 테마(주제)가 있는가를 묻는다. 이 역사의 철학적 관조는 역사가들의 일상구호, 즉 "사건 또는 민족사를 세계사적 관점에서 보라"는 말과 밀접히 연관된다. 이렇게 역사가들이 입버릇처럼 말하는 '세계사적 관점'이란 무엇

---

21) W.H. Dray, *The Philosophy of History*, p. 61.
22) *Ibid.*, p. 61.

인가? 그것은 적어도 역사학적이고 구상적(具象的)인 개념이라기보다 철학적, 사변적 성격의 개념에 더 가깝다.

(나) 역사적 변화에 원리가 있는가?

즉, 역사의 메카니즘(구조)의 문제다. 이 문제에 대해 헤겔은 '역사의 진행'은 변증법적이고 논리적 질서에 따라 일어나는 '긴장과 해소'에 의해 이루어진다고 설명하였다. 그리고 토인비는 '도전과 응전'(challenge-and-response)이란 공식을 내어 걸었으며, 쉬펭글러 역시 '운명'(destiny)이란 개념을 제시함으로써 이를 설명했다.

(다) 역사에 어떤 '목적'이 있는가?

이 문제는 윤리학, 종교학 그리고 형이상학의 문제와 밀접한 관련을 갖고 있다.[23]

이처럼 역사 철학은 역사의 유형과 구조와 목적을 묻고 거기에 대한 해답을 얻어내려고 하는 거창한 작업이다. 그러나 역사가는 철학자와 달리 역사 전체의 의미가 무엇인가를 묻지 않는다. 그러나 적어도 역사의 부분적인 시대, 문제, 사건, 운동, 혁명에 대해서는 그 유형과 구조와 의미를 묻지 않을 수 없다. 말하자면 역사 철학자는 역사의 '큰 문제'를 해결하려 하는데 반하여 역사가는 그 '작은 문제'를 생각한다. 그러므로 역사 철학자를 예언자에 비유한다면 대 예언자요 대 역사가인데, 역사가는 소 예언자요 소 역사가이다.[24] 따라서 철학자가 그리는 역사의 화폭은 크지만 역사가의 그것은 아주 작은 것이다. 여기서 우리는 역사가의 화폭을 늘여야 할 필요를 절감한다.

그러나 역사와 철학자의 차는 그 화폭보다 기교, 즉 방법에도 있다. 역사 철학자는 역사 연구에 필요한 기술과 방법을 모르며 아예 그런 구차한 절차를 무시하고 역사의 유형과 구조와 목적에 관한 대담한 선을 그리고 원색적인 색채를 칠한다. 즉, "그들은 역사에서 그들의 이론을 끌어내느니보다 도리어 그들의 이론을 역사에다 적용하려 든다."[25] 따라서 그들은 귀납보다 연역으로 역사를 철학하는 것이다.

여기서 우리는 '미시' 역사학('micro'-history)과 '거시' 역사학('macro'-history)이 있다고 가정하자. 실제로 미시 사학이 신 사학의 일 분야로 등장하고 있다. 전자는 고유의 의미에 있어서의 역사학이요, 후자는 역사 철학에

---

23) W.H. Dray, *Ibid.*, p. 63.

24) C. Dawson, 앞의 역서, 《역사의 원동력》 (하), p. 304.

25) *Ibid.*, p. 309.

가까운 역사학이다. 이를테면 미시 사학은 비교적 작은 사건의 계기(繼起)에다 초점을 맞추어 그것을 이해하려 하는 역사학이고, 거시 사학은 반대로 장기에 걸친 '경향' 또는 흐름에 초점을 맞추어 이해하는 역사학이다. 이러한 역사학은 인간의 환경에 대한 폭 넓은 관계를 인식하려는 노력이라 할 수 있다. 그러나 이같이 지나치게 넓게 개념짓게 되면 역사 지식의 문제는 깊은 수수께끼가 될 가능성이 없지 않고 마침내는 형이상학이나 신념의 문제로 바뀌게 된다.

왜냐하면 미시 사학에서의 진리는 역사적 '설명'이 역사적 '사실'과 맞을 때 성립되지만 거시 사학에서의 '사실'이 설명에 맞느냐 안 맞느냐 하는 통일성(coherence) 여부에 따라 진리가 결정된다. 다시 말해서 거시 사학에서의 '설명'의 성립 여부는 사실과의 일치 여부보다 설명 그 자체의 내적 논리가 일관성을 가졌는가 안 가졌는가에 따라 판정된다. 즉, 광범위한 일반화의 레벨에서는 사실의 진부를 규정하기가 불가능하기 때문이다.[26]

이처럼 역사 철학에서는 사실과 설명간의 일치 여부보다 설명 그 자체의 '논리'(logic)가 중시된다. 따라서 역사 철학에서는 사실보다 원리나 법칙이 더 중시된다는 것이다. 예컨대 플라톤의 변증법에 따르면 역사는 유한(peras)과 무한한 것(apeiria)의 대립항쟁이다. 그런데 '무한한 것'이란 이를테면 권력에의 열망(의지)같은 것이다. 이 의지는 멈추게 할 수 없는 갈증(pleonexia)으로 마치 밑빠진 시루에 물 붓기다. 이 의지가 역사에 있어서 다른 모든 충동보다 강하면 필연적으로 역사는 타락하고 파멸한다. 이것은 개인 뿐만 아니라 국가도 마찬가지다. 더욱 더 가지려는 무한한 욕망을 억제하지 않고 영토확장, 군사력 증강, 경제성장 등을 추구하다가는 도리어 파멸을 초래하고 마는 것이다. 그것은 곧 종말의 시작이다. 왜냐하면 부와 행복은 다르다. 부는 악령(惡靈)이요, 행복은 선령(善靈)인데 인간은 그 중 하나만 선택할 자유가 있다. 따라서 물질적 번영에 도덕적인 밑받침이 없으면 국가의 힘은 그 자체 내재적 위험이 될 뿐이다.

이와 같은 변증법은 아우구스티누스의 《신국론》을 거쳐 헤겔의 《역사 철학》, 마르크스의 《자본론》에까지 계승되고 있는 사변적 역사 철학의 중요한 한 원리다. 그런데 역사가는 이같은 원리를 가장 싫어한다. 그것은 역사가의 기본입장이 예나 지금이나 실증과 개체에 집중되어 있기 때문이다.

---

26) H.S. Hughes, 《歷史家의 使命》(일역), p. 21.

그러나 도오슨이 말했듯이 역사가에게는 앞을 내다보는 전망, 즉 비전이 필요하다. 그것이 종교적 명상의 차원까지 가서는 안 되겠지만 역사 연구에 절대적으로 요청되는 연구의 '넓이'와 '깊이'를 갖기 위해서라도 조금은 역사를 '철학'하는 자세가 요청되는 것이다. 다시 말해서 언제, 어디서, 어떻게, 무엇이, 일어났는가를 묻는 것으로 끝내지 말고 역사와 미래를 회통하며 거시적으로 바라보고 초연히 정관하는 자세가 필요한 것이다.

콜링우드의 말을 빌리면 "역사의 메마른 골격에 불과한 역사적 사실에다 무미건조한 학구적 자세를 취하는 직업적 연구가, 즉 가능한 한 좁은 분야의 전문가가 되어, 보다 희귀한 것을 보다 많이 아는 것에 야심을 갖고 있는 사람"은 빵을 위해 학문하는 학자(Brotgelehrte)에 불과하다.[27] 아무리 명마라도 말이 콩깍지 맛을 알고 나면 쓸모없는 말로 변한다는 말이 있다. 우리들에게는 또 능소능대(能小能大)란 말이 있다. 역사가는 모름지기 작은 것과 큰 것을 볼 줄 아는 형안이 있어야 한다. 그런 뜻에서 우리는 역사 철학을 외면해서는 안 될 것이다.

---

27) Collingwood, 앞의 역서, p. 168.

제 2 절
기독교적 역사관

기독교도들은 신화나 성경 대신에 역사서를 가졌다. 성서는 하나의 장대한 역사서다. 인류의 타락과 최후심판 사이에 벌어지는 인류의 운명, 원죄와 속죄의 일대 드라마가 시간, 즉 역사 속에서 전개되고 있는 것이다.

— Marc Bloch

Ⅰ. 기독교 사관의 본질

1. 역사적 종교

서양의 역사 철학을 생각하는데 있어서 기독교를 빼어 놓을 수 없다. 기독교 사상은 서양 역사 철학의 근간을 이루어 오늘에 이르고 있기 때문에 현대 역사 철학과 역사학의 구석구석에 기독교적 역사관이 숨어 있다고 가정해도 무방하다.

왜냐하면 18세기의 독일 철학자 헤르더(Herder)가 "역사에는 오로지 수단 이외의 아무 것도 없다"고 말했는데 거기에는 인간이 '신의 하수인'이라는 기독교적 사고가 숨어 있는 것이며 현대 역사가 베라클라프(Barraclough)가 "우리의 역사외적 세계에서 역사의 목적을 찾아야 한다. 마치 역사가 신의 계시의 현현(顯現)으로 보였던 시대처럼"이라 했을 때에도 역시 그의 뇌리에는 '역사의 피안', 즉 역사의 물 건너라는 기독교적 개념이 번득이고 있는 것이다.

그러나 도오슨(Christopher Dawson)이 말했듯이 엄격한 의미의 기독교 역사 철학이란 없다. 그것은 그 근본에 있어서 철학이 아니라 신앙이기 때문이며 누구든지 기독교 신앙을 받아들일 때에야만 비로소 그것을 이해할 수 있기 때문이다. 설상가상으로 기독교적 역사관은 지난 1세기 반 동안 많은 철학자들, 헤겔, 콜링우드, 크로체 등에 의해 철학적 첨가가 가해져서 그 근원적 요소를 가려내기 어려워지고 있다.[1]

---

1) C. Dawson, *The Dynamics of World History*, 민석홍 · 나종일 역《歷史의 原動力》

그러나 기독교는 그 자체가 하나의 역사적 종교다. 기독교는 그 근본적 교의를 역사적 '사건'에 기초를 두고 있다는 점에서 다른 어느 종교와도 특이한 성격을 드러내 주고 있다. '사도신경'에 나오는 "나는 본시오 빌라도 치하에서 십자가에 못 박혀 죽으시고 사흘 날에 부활하신 예수 그리스도를 믿나이다."는 말을 들어 보라. 그 그리스도 자신이 하나의 역사적 인물이라는 것이다.[2)]

기독교에서는 또 그리스도의 탄생이 획기적인 대사건으로 취급되어 그 이전과 이후가 크게 둘로 구분된다. 즉, 그리스도 탄생(서기) 이전을 암흑시대, 탄생(서기) 이후를 '광명의 시대' 또는 '묵시록의 시대'로 보고 있는 것이다.[3)]

이처럼 기독교는 '사건'에 기반을 둔 역사적 종교이다. 그리스나 오리엔트의 종교들이 단순한 신통계보학이나 신화로 끝난 데 반하여 기독교는 처음부터 그 가르침의 기반을 신성역사(holy history) 위에 두고 있다는 것이다.[4)]

또 한 가지 강조해 두어야 할 것은 고대 그리스 철학은 그 본질에 있어 반역사적이었다는 사실이다. 고대 그리스 철학은 하나의 사회이론과 정치이론을 가질 수 있었으나 역사 철학을 갖지 못했다. 왜냐하면 고대 철학자들은 시간적이고 변화적인 것보다 항구적이고 불변적인 것에만 관심을 두었기 때문이다. 바로 여기에 서구의 역사 철학이 기독교 사상을 기반으로 하여 비로소 하나의 뚜렷한 체계를 이룰 수 있었던 이유가 발견되는 것이다.[5)]

2. 원죄와 구제

기독교 역사관의 기본개념은 원죄이다. 인간은 그가 하는 행위의 결과로 무엇이 올 것인가를 알지 못한 채 항상 어둠 속에서 행동하고 있다. 이 인간의 무능을 희랍어로 죄악(αμαρτι), 즉 목표의 상실이라 했고 기독교에서는 원죄라 한 것이다.

인간의 행위는 지성에 의하여 미리 계획한 목적에 따라 수행되는 것이 아니라 직접적이고 맹목적인 욕망을 동기로 해서 수행되는 것이다. 욕망이란

(下), (삼성문고), pp. 228~229.

2) M. Bloch, *Apologie*, 앞의 '辨明', p. 13.

3) Collingwood, *op. cit.*, p. 87.

4) C. Dawson, *op. cit.*,《歷史의 原動力》(하), pp. 308~309.

5) C. Dawson, *op. cit.*, p. 307.

플라톤이 말했듯이 '잘 길들여진 말[馬]'이 아니라, '고삐 풀린 말'이다. 그러므로 인간의 원죄란 우리가 고의적으로 선택해서 범하는 죄악이 아니라 선천적이고 원초적인 죄악인 것이다.

그런데 이러한 욕망의 충족으로서의 인간의 행위가 기독교에서는 곧 신의 목적을 실현하는 결과가 된다는 것이다. 인간의 원죄와 신의 은총 간에는 상관관계가 있다. 인간의 행위는 욕망에 따라 수행되지만 그것이 신의 궁극적인 목적에 의해 실현하는 결과밖에 안 된다. 왜냐하면 역사의 진행과정은 인간의 목적에 의해 만들어져 나오는 것이 아니라 신의 목적에 의해 만들어져 나오기 때문이다. 그러므로 인간은 전 역사를 통해 신의 계획을 수행하는 데 필요한 하수인에 불과한 것이다.

신 자체는 아무도 알 수 없는 불가지적 존재이다. 우리가 신에 관해서 알 수 있는 것은 오로지 그의 행위뿐이다. 즉, 신의 행위로서의 역사 뿐인 것이다.

이처럼 기독교 사관은 역사를 인간적 목적의 실현으로 보지 않고, 신의 의지에 따라 신의 목적을 구현해 가는 하나의 과정으로 본다. 이리하여 기독교 사관은 역사로부터 인간을 빼어 버리는 결과를 가져왔으나 역사를 하나의 질서로 보고 그 질서는 인간의 계획에 의해 결코 변경되는 것이 아니라는 것이다.

가령, 로마 원로원은 시이저를 암살함으로써 공화정의 종식을 막으려 했지만 도리어 시이저를 암살함으로써 공화정의 몰락을 촉진하는 결과를 초래하였다. 따라서 개인은 그 역사의 객관적 목적을 수행시켜 나아가기에 필요한 "의지 있는 도구"(willing instrument)에 불과하다. 설사 그것을 거부하려 들어도 인간은 신의 계획을 저지하거나 변경할 수 없다. 그 밖에 인간이 할 수 있는 일이란 그것을 비난하는 일밖에 없다. 그러나 그 비난은 자신에게 욕구불만을 가져다 줄 뿐이며 자기자신의 생활을 무용지물로 만들 뿐이다. 즉, 악마가 '세계에 대항하여 싸우는 것'과 같은 일이 되는 것이다.

역사에서 일반적인 계획을 찾아내려 애쓰고, 신의 계획을 찾기 위해 인간의 행동을 도외시하고, 실제로 발생한 것을 발견하는 데 무한한 노력을 경주하여야 한다는 임무를 무시한 중세 역사학은 사실의 정확성 이외에는 아무것도 염두에 두지 않는 근대 역사가의 눈으로 볼 때, 아주 불만족스러운 것이지만, 사실을 해석하는 데에 더욱 흥미를 가지고 있는 현대 역사가는 중세적 역사학을 보다 더 친근한 눈으로 볼 수 있다. 중세적 역사관으로 돌아가 볼 때 국가와 문명은 그 구성원인 인간의 목적과는 아무 관련이 없는 어떤 법칙에 따라서 흥망성쇠가 결정되는 것이라 생각된다. 그리고 여기서 역사는 대규모의 역사적 변천이 객관적인 일종의 변증법적인 작용에 기인하는 것이며 인간의 의지와는 관계가 없는 필연성에 의하여 움직이는 것이라 인식되는 것이다.

3. 기독교 사관의 영향

기독교 사관은 5세기 로마 제국의 한 교부, 성 아우구스티누스(St. augustinus of Hippo, 354~430)에 의하여 체계화되었다. 누군가가 말했듯이 서양 정신사 전체에 끼친 아우구스티누스의 영향을 생각하면 플라톤 이외에 누가 그만큼 큰 영향을 끼친 이가 있었을까.

공인된 기독교 사가(史家)나 철학자를 빼고 생각하더라도 가령 18세기 계몽사상가로서 자신을 '기독교 박멸운동의 기수'라고까지 공언한 볼테르는 기독교 사관 속에 숨어 있는 '천국과 지옥'의 이원론적 해석원리를 '이성과 비이성'의 대립으로 번안하여 세속화시키고 있다. 즉, 그는 말하기를 "이성은 금이요, 비이성은 구리이며, 역사는 이성(도덕)과 비이성(비도덕)의 투쟁사다"고 했다. 그러나 이 투쟁에서는 이성이 승리하여야 한다. 그러기 위해서 그는 또 다시 신을 설정하지 않을 수 없다. 이런 뜻에서 그는 "만일 신이 존재하지 않는다면 신을 만들어내야 한다"고 까지 말했던 것이다. 이 볼테르의 대용 신이야말로 다름아닌 초시대적인 보편적 이성(raison universelle)이었다. 그래서 크로체는 볼테르의 역사 철학을 세속신학이라 불렀던 것이다.[6)]

볼테르 뿐만 아니라 전술한 바와 같이 헤겔, 마르크스, 기본에 이르기 까지 성 아우구스티누스의 이원론적 역사 해석의 영향이 스며들지 않은 곳이 없다. 그러기에 헤겔이 기여한 공헌 중의 하나는 신학적 역사관을 세속화했다는 점인데 역사 철학 결론에서 보면 "신은 세계를 지배한다. 신의 통치의 내용, 신의 섭리의 실현이 곧 세계사다"는 말에 이어 "신은 이념이며, 세계정신이다"라는 말이 나오고 있다.

기독교에 있어서의 '사랑'과 '원죄'의 개념, 그리고 구제사(救濟史)의 개념은 서구 역사관에 깊이 뿌리를 내리고 있다. 우리나라도 이미 1930년대에 함석헌(咸錫憲)이 "역사를 산출하는 자가 '아가페'(사랑)라면 조선 역사도 그

---

6) Meinecke, 《歷史主義의 成立》, pp. 93, 73.

궁극적인 의미가 '아가페'에 있는 것은 틀림없는 일이다"고 하면서 한국사의 기독교적 해석을 시도하고 있다.[7]

Ⅱ. 聖 아우구스티누스의 《신국론》

1. 로마는 왜 망했는가?

앞에서 언급한 바와 같이 기독교 사관은 일찍이 로마 말기의 아프리카 교회의 한 주교에 의해 완성되었는데 성 아우구스티누스가 바로 그 사람이다. 나이 60세에 쓰기 시작해서 무려 14년이나 걸려 완성한 그의 《신국론(神國論)》(*De Civitate Dei*, 413~426) 전 22권은 로마제국의 멸망이라는 역사의 대사건을 목격하고 집필된 역사서요 동시에 역사 철학서였다. 《신국론》은 크게 두 편으로 구분되는 데 전반부가 '이교도에 대한 논박'(1~10권)과 후반부가 '기독교의 입장을 밝히는 호교론'(11~22권)이다.[8]

우리의 관심을 끄는 부분은 물론 후반부다. 《신국론》의 후반 12권은 ① 신의 나라와 지상의 나라의 기원을 논한 11~14권, ② 신의 나라와 지상의 나라의 역사 과정을 서술한 15~18권, ③ 역사의 종말을 다룬 19~22권으로 구분된다.

《신국론》의 집필은 서기 413년에 시작되었는데 바로 3년 전 로마제국이 게르만족의 침략으로 멸망하였다. '영원의 도시', '영원의 제국'을 구가하던 로마가 훈족의 한 추장 알라릭(Alaric)에 의해 함락되어 무참히 약탈당하자 이 비보를 듣고 로마의 지배층은 큰 충격을 받았다. 이때 아프리카의 로마 영토였던 힙포(Hippo)시에 주교로 있던 성 아우구스티누스는 "이 불안한 시대를 해명해 달라"는 한 친구의 요청을 받고 《신국론》을 집필하기 시작했던 것이다.

그러므로 이 책의 주제는 "로마는 왜 망했는가?"였다. 당시 이교도들은 로마가 망한 이유를 기독교 때문이라 탓하고 있었다. 그들은 로마가 기독교를

---

7) 咸錫憲, 《朝鮮史의 基調》(1930), 앞의 '論選', p. 110.
8) 聖 아우구스티누스의 《신국론》은 많은 번역본으로 나와 있으므로 일일이 인용하지 않는다.

국교로 공인한 후 멸망하였다고 비난하였다. 성 아우구스티누스는《신국론》의 전반부에서 우선 로마가 기독교 때문에 망하지 않았다고 논박하고 이어 후반부에서 기독교적 입장에서 본 역사 전반에 관한 관조(觀照)를 제시하였다.

당시의 상식으로는 로마제국의 멸망은 곧 기독교의 종말을 의미하는 것이었다. 그러나 아우구스티누스는 단호히 이 같은 해석을 배격하고 지상의 나라 로마제국과 하늘의 나라 신국은 결코 운명을 같이 할 수 없다는 설을 제기하였다. 그는 이렇게 말한다.

> 용기를 내시오. 로마는 기왕에 두 번이나 망했어! 한번은 갈리아인의 침략을 받아, 두 번째는 네로의 불장난으로(그는 그때 불타는 트로이 성을 보고 싶어 했다), 이번은 세 번째로 당한 것이다(밤낮 타는 로마인데 무얼 그렇게 놀라고 있느냐? 인간 역사란 그런 것이다).

이것이 로마제국이 망한 데 대한 다시 말하면 인간 역사의 일대격변에 대한 그의 차원 높은 해석이었다.

이처럼《신국론》은 "로마는 왜 망했는가?", "로마와 함께 기독교도 망해야 하는가?"하는 교회적 문제에 대답하기 위한 답변서를 썼던 것이다. 그러나 만일《신국론》이 단순한 호교론으로 끝났더라면 서구 최초의 역사 철학서가 될 수 없었고 성 아우구스티누스에게 '역사 철학의 창시자'란 자리를 주지 않았을 것이다.

2. 역사의 제6시대

성 아우구스티누스에 의하면 우리는 지금 '제6시대'에 살고 있다는 것이다. 서기 1년에 예수 그리스도가 탄생함으로써 세계사는 암흑시대로부터 광명의 시대로 바뀌었다. 암흑시대는 다섯 시대로 나뉘고 광명의 시대는 제6시대가 된다는 것이다. 성 아우구스티누스에 의하면 인류 역사는 다음과 같이 구분된다.

제1시대(아기시대) : 아담의 원죄로부터 '노아의 홍수'까지
제2시대(소년시대) : '노아의 홍수'부터 아브라함까지
제3시대(청년시대) : 아브라함으로부터 다빗(David)까지

제4시대(장년시대) : 다빗부터 바빌론 유수(幽囚)까지
제5시대(고년시대) : 바빌론 유수부터 그리스도 탄생까지
제6시대(노년시대) : 그리스도 탄생부터 최후심판까지
제7시대(천년복음시대) : 최후의 심판 이후 우리의 안식일
제8시대(주님의 날) : 영원의 날

위의 여러 시대 가운데 우리는 제6시대에 살고 있는데 이 제6시대가 언제 끝나리란 것은 장담할 수 없다. 그러나 이 시대는 반드시 끝나는데 최후심판으로 막을 닫는다. 그리고 그 날부터 제7의 시대가 기다린다. 이 천년복음시대를 아우구스티누스는 '우리의 안식일'(our Sabbath)이라 부르고 이어 마지막으로 제8시대인 '영원의 날', '주님의 날'이 온다고 설파했다.

3. 이원론적 역사관

베른하임이 말했듯이 성 아우구스티누스의 역사관은 역사의 전체과정을 신국과 지상국을 대립시켜 풀이하는 이원론적 신정사관이었다. 《신국론》 서문에 보면 "이 책에서 나는 영광스러운 신의 나라를 변호하려 한다"고 말한다. 그러나 신국은 어디 있는가? 아우구스티누스에 의하면 신국이란 초시간적인 피안에 있는 것이 아니라 시간 속에, 즉 역사 속에 있다고 한다. 그에 따르면

> "신국은 흘러가는 세속의 시간 속에 불경건한 자들 가운데서 순례의 길을 걸으며 믿음으로 살아가고 있다"

는 것이다. 여기서 우리는 아우구스티누스 특유의 역사 철학을 발견한다. 신국은 역사 밖에 있는 것이 아니라 역사 안에 살아 있다. 그런데 이 같은 역사 속의 "신국은 결국 영원한 집에서 편히 쉴 곳을 발견하게 되겠지만 지금은 정의가 심판으로 바뀔 때까지 참고 기다린다."는 것이다.

인류의 역사는 지금까지 악마의 세력에 의해 움직여 왔다. 아담과 이브의 타락 이후 악마의 나라는 신을 믿는 자들의 나라를 억압해 왔으니 로마제국 또한 악마의 나라였다. 이처럼 역사에서 악마가 강한 이유는 인간 자신이 그 근원에 있어 파손제품(massa damnata), 즉 불량품이기 때문에 항상 악

으로 타락할 위험을 안고 있다. 인간은 짐승의 몸과 마찬가지로 죽음을 면할 길이 없다. 그러나 짐승들보다 연약한 인간의 몸에는 위대한 창조자의 선함과 섭리가 담겨져 있다. 즉, 이성이 주어져 있는 것이다. 인간은 선을 택하지 않고 악을 택할 자유를 갖는다. 그러나 인간은 땅을 향해 굽혀 있지 않고 하늘을 향해 직립한 형상을 하고 있다. 이것은 곧 인간이 위에 있는 자(신)를 찾도록 권고하고 있음을 뜻한다. 인간은 항상 악의 유혹을 받고 있으나 그것을 뿌리치고 신에 귀의할 자유도 또한 갖고 있는 것이다.

악이란 "육체('肉; 본능)를 따라 산다."는 뜻인데 육체의 정욕을 억제하지 못하면 인간은 음행과 호색, 음주와 방탕에 빠지고 만다. 육체는 인간의 원죄로 말미암아 영혼을 거역하고 과도한 욕정을 갖기 시작했으며 이로 말미암아 인간에게 죽음의 근원이 생겨났다.

인간이여! 너는 흙이니 흙으로 돌아가라.

그러나 인간은 구제될 수 있는 존재다. 그것은 인간에게 '영혼을 따라 사는' 힘, 타락과 불복종 그리고 교만에서 벗어나 겸손해질 수 있는 힘이 주어져 있기 때문이다. 무엇이 사람으로 하여금 신을 믿게 하는가? 그것은 바로 이성이다. "모든 사람은 이성을 갖고 있고 이 이성이 인간을 신 앞에 서도록 만든다."

이처럼 현실적 인간은 창조주가 주신 이성에 따라 '신을 사랑'(amor Dei)하는 사람이 있고, 욕정에 따라 오로지 '자기를 사랑'(amor sui)하는 사람이 있다. 앞의 인간은 신국에 사는 사람이며 뒤의 인간은 지상국의 시민이다. 신국은 신이 만드신 참다운 참(veritas)의 세계이며, 지상국은 신을 경멸하는 자들(contermptor Dei)의 공허(vanitas)의 세계인 것이다.

아우구스티누스에 의하면 세계사는 신을 믿고 이성에 따라 성실히 사는 자와 믿지 않는 교만한 자와의 대립의 역사다. 믿는 자는 신국에 사는 자지만 믿지 않는 자는 지상국에 사는 이방인이다. 신국은 바로 믿는 자의 마음속에 있다. 성령은 바로 '자신에 있음'(Bei-sich-Sein)이다. 신국의 주체는 그러므로 교회도 아니요, 국가도 아닌 개인이다. 그것은 교회 안에 있으면서 (교회)밖에 있는 자가 있고 교회 밖에 있으면서도 안에 있는 자가 있기 때문이다. '신국'은 악한 자들 사이에 산다. 그러므로 고난을 받고 살아야 한다. 그러나 현세의 고난을 참고 견디면 마침내는 최후의 심판에서 악인과 갈라져서 평화와 안식을 얻게 되며 구제되는 것이다.

4. 로마는 강도단

성 아우구스티누스에 의하면 지상국이란 마치 강도단과 같은 집단에 불과하다. 지상국에서는 "가난한 빈자는 허기진 배를 채우기 위해 부자에게 종속되고, 부자는 이러한 빈자를 그 추종자로 삼아 교만의 종으로 만들고 있다." 백성은 그들에게 가장 좋은 충고를 하는 자에게 손뼉을 치는 것이 아니라 그들의 배를 채워주는 자에게 박수를 보낸다. 불편한 것은 명령하지 말 것이요, 안일한 것은 금하지 말 것이다. 임금은 착한 신하보다 굴종하는 신하를 다스리는 것을 좋아한다. 백성은 왕을 존경해서가 아니라 두려워서 복종할 뿐이다. 이 사실은 강도단이나 제국(帝國)이나 모두 똑같다. 만일 제국에 정의(正義)가 없다면 그것은 강도단이 아니고 무엇인가? 강도단도 또한 작은 왕국과 다름이 없다. 거기에도 또한 지도자와 굽실대는 인간의 무리가 있어 서로 결합되어 노획물을 나누어 먹는다. 이 악한들의 조직체가 커서 영토를 소유하고 백성들이 순종하게 되면 두말할 것도 없이 왕국이라는 이름을 얻게 되는 것이다.

> 알렉산더 대왕이 하루는 해적을 잡아다가 "넌 왜 바다를 어지럽히는가?"하고 호령했다. 그랬더니 해적이 대답하기를 "당신은 무슨 생각으로 지상 국가를 어지럽히십니까? 분명히 나는 한 척의 작은 배를 타고 약탈하니 강도라 불리지만 당신은 큰 함대를 이끌고 약탈하니까 황제라 불리는 것이 아닙니까?" 라고 하였다.

이처럼 지상국이란 강도단과 종이 한 장의 차다. 아우구스티누스에 의하면 지상국의 하나, '로마제국' 역시 이미 오래전부터 부패하여 '정의'를 잃었으며 망해 마땅한 나라로 타락하고 있었다. 카토(Cato)가 '국가의 빈곤은 가정의 부'라고 극언할 정도로 로마의 부패는 극에 달해 있었다. 로마는 또 인간 명예욕의 소산이었다. 그래서 시인 호라즈(Horaz)가 로마제국의 집권자들을 향해 "이 명예욕에 부푼 자여! 충고로 들어라. 이 책을 세 번만 읽으면 고쳐지리라"고 외쳤던 것이다.

로마의 영토욕은 무한하다고 말한 아우구스티누스는

> 너 야망에 불타는 영혼(로마제국)아! 먼 리비아 해안을 가디츠와 푸니엘로 잇게 하고 두 곳에서 너를 섬긴다 해도 너는 분명 더 넓은 왕국을 바라리라.

고 했다. 이토록 야욕에 눈 먼 놈들의 집단, 로마는 이미 공화정 말기의 삼두정치 때부터 나라 아닌 강도단으로 전락하고 있었다. 마리우스(Marius)와 술라(Sulla)의 싸움을 아우구스티누스는

> 그놈들은 사람이 손에 아무 것도 갖지 않고 사람을 찢어 조각을 내고 남의 눈을 빼고 사지를 끊고 고통을 더 주기 위하여 오래 있다 죽게 했다. 도시는 마치 별장 팔 듯 경매되고 전시민이 몰살당해 로마는 이미 국가가 아니었다.

라고 신랄하게 매도하고 있다.

스키피오(Scipio)는 그의 "《국가론》에서 음악가가 음악에서 조화(하모니)라 부르는 것이 국가에 있어서는 '단결'이다. 그러나 이 단결은 정의 없이 생각할 수 없다"고 했다. 로마에 정의가 없어진지 오래였던 것이다.

아우구스티누스가 이처럼 지상국을 매도한 것은 특기할만한 사실이다. 왜냐하면 플라톤 같은 철학자는 "개인은 죽어도 괜찮지만 국가는 망하면 온 세상이 몰락하고 무너진다."고까지 국가의 필요성을 강조하고 있다. 시세로는 "국가의 본질은 정의다"고 변호하였으나 아우구스티누스는 말하기를 만일 국가가 정의에 입각한 것이라면 로마는 이미 국가가 아니라고 반박하였다. 그에 의하면 참다운 정의는 지상국에서 발견할 수 없고 유일한 참다운 국가는 신국이다. 지상국이란 오로지 자신의 통치욕에 의하여 다스려지는 나라며, 권력을 좋아하는 놈들의 집단이다.

그러면 아우구스티누스는 왜 이토록 지상국을 매도하고 신국과의 대립 속에서 이해하려한 것일까? 도오슨에 의하면 아우구스티누스가 로마를 그토록 증오한 까닭은 오랫동안 로마제국의 속령으로 고생한 아프리카(민족)교회 그리고 혁신적인 도나투스(Donatus)파 운동의 영향을 받은 때문이란 것이다. 이러한 아우구스티누스의 반 로마정신은

> 불의로 가득 차고 무거운 세금으로 오랫동안 세상을 괴롭힌 제국이여! 멸망할지어다! 온 땅이 슬퍼하는데 로마, 너는 기뻐하였다. 그러나 마침내 그 마땅한 보상이 로마에 떨어졌다. 영원을 자랑한 로마는 영

> 원히 슬퍼하리라.

고 한 코모디안의 통쾌한 시구 속에 담겨져 있었던 것이다.

도오슨에 의하면 또 아우구스티누스의 이원론적 역사해석 그 자체가 아프리카 교회의 전통이었다는 것이다. 그래서 티코니우스(Tyconius)는

> 두 나라, 신의 나라와 악마의 나라를 보라. 그 중 하나는 현세를 섬기고자 하는데 다른 것은 그리스도를 섬기고자 한다. 하나는 이 세상에 군림하려 하고 다른 것은 이 세상에서 날아가려고 한다. 하나는 괴로워하고 다른 것은 기뻐한다. 하나는 때리고 다른 것은 맞는다. 하나는 베고 다른 것은 베인다. 그래서 하나는 저주를 받게 되고 다른 것은 구원을 받게 된다.

라고 했다. 아우구스티누스는 이 티코니우스의 이원론을 《신국론》의 주제로 차용하여

> 선은 악에 대립하고 생은 사에 대립하여 하나님을 믿는 자는 안 믿는 자와 대립한다. 그러므로 하나님이 해 놓으신 일들을 보라! 모두가 둘씩 짝을 지어(마치 여자와 남자처럼) 하나가 다른 것에 대립해 있지 않은가.

라고 철학화 시켰던 것이다. 이 세상에는 자신만을 위하여 살며 오직 물질적 행복과 일시적 평화만을 바라는 '본능적 인간'과 신을 위해서 사는 '정신적 인간'이 있어 둘의 대립 속에 역사가 이루어진다는 것이 아우구스티누스의 기본착상이다. 인간 역사란 악과 선의 대립의 역사다. 선과 악의 디코토미가 신국과 지상국의 대립론으로 발전하는 것이다. 이 반정립(Antithese)의 원리가 곧 아우구스티누스의 변증법적 역사 해석인 것이다.

5. 역사의 피안

흔히 《신국론》을 죽음과 삶, 피안(彼岸)과 차안(此岸)을 결합시킨 '불가능의 가능성'의 가능성을 제시한 책이라 말한다. 인간 역사의 완전한 설명은 역사의 피안을 가정할 때 비로소 가능하다. 여기서 우리는 아우구스티누스의 심오한 역사 이해가 지닌 매력을 잊을 수 없다.

성 아우구스티누스에 의하면 시간적 사건 안에 항상적으로 존재하는 초시간적인 존재가 있으니 그것이 곧 성령이다. 이 성령으로 말미암아 인간은 죽음과 심판을 자기 안에서 매시간 경험하는 것이다. 인간은 죽고 있을 때 살고 있는 것이며 '죽어버린' 한 더 이상 죽지 않는 법이다. 따라서 죽음을 두려워하지 말라고 하면서

> 이 세상은 고난의 바다다. 그처럼 혹독한 괴로움 …… 이것(현세)을 삶이라고 부른다면 차라리 죽음이라고 함이 좋을 것이고 그렇게 지독한 죽음인 데도 사람들은 이 죽음을 더구나 사랑하여 우리를 해방시켜 줄 죽음을 정작 두려워하는 꼴이라니!

라고 설파한다.

두 말할 나위 없이 죽음과 삶의 설명 속에 종교의 본질이 숨어 있다. 인간은 누구나 시시각각으로 다가오는 '죽음' 앞에서 당황한다. 죽음이라는 도저히 납득할 수 없는 현실 앞에 선 사람에게 그것은 죽음이 아니라 도리어 삶이라고 설명해 줄 때, 그리고 역사의 피안이 있다고 설명해 줄 때 종교는 그 자신의 존립근거를 얻는다. 인간이 만일 이 불의와 부정의 역사, 즉 고난의 차안만으로 끝난다고 믿는다면, 그것은 견딜 수 없이 괴로운 일이 아닐 수 없다. 역사의 고난 속에서 짓밟힐 대로 짓밟힌 한 인생에게 또 하나의 새 삶이 있다고 가정할 때 비로소 그는 그가 현세에 참고 견딘 보람을 느끼는 것이다. 따라서 아우구스티누스는 역사의 피안을 참고 기다리는 자는 모름지기 이 세상을 "죽은 것처럼 살고 존재하지 않은 것처럼 살 수 있다."고 설교한다.

이처럼 영혼의 참다운 고향은 하나님이요, 하늘이요, 역사의 피안이다. 지상적이고 육체적이고 시간적인 것은 곧 추방과 순례중의 일순간에 지나지 않는다. 하나님과 타락한 세상 그 교차점에 설 수 있는 자는 아무도 없다. 오로지 예수가 이 두 세계를 죽음으로써 화해시키셨으니 인간은 이를 본받아서 참고 견디어 "죽은 것처럼 살면서 세상으로부터 존재하지 않는 것처럼 세상 안에 살 수 있게 하라"는 것이었다.

덧붙여 말할 것이 있다. 유럽에서는 멸망사를 좋아한다. 로마 흥망사라고 할 때 흥의 역사보다 망의 역사를 더 좋아한다는 것이다. 이것은 좋은 소식보다 나쁜 소식을 좋아하는 습성과 통한다. 그래서 로마제국의 멸망은 지금

까지도 서구인들이 가장 궁금하게 생각하는 역사이고 수많은 역사서가 나왔어도 아직도 풀리지 않는 수수께끼로 남아있다.

우리나라에서는 고구려·백제·신라의 멸망원인에 대해 관심이 있는데 《삼국사기》를 쓴 김부식이 고구려는 도교 때문에 망하고 백제는 간신 때문에 망하고 신라는 불교 때문에 망한 것처럼 기술하고 있다. 5백년을 더 내려와서 고려가 망하는데 역시 불교 때문에 망한 것처럼 기술하고 있다. 이것은 모두 유학자들이 쓴 역사이기 때문에 이교인 불교를 탓한 것이다. 그러면 조선왕조는 무엇 때문에 망했을까. 한말의 개화파 지식인들은 유교 때문에 망했다고 주장한다.

이렇게 종교는 왕조 멸망의 책임자인 것처럼 되어 있는데 물론 이것은 잘못된 견해이다. 로마도 기독교 때문에 망한 것이 아니었다. 1989년에 동서냉전이 끝나고 소련제국이 멸망하였는데 이제 다음 차례는 미국이라고들 경고한다. 제국은 반드시 망하기 마련이다. 서구문명도 결국 망하지 않는다고 장담할 수 없는 것인데 역사에 있어서의 멸망은 최대의 관심사이지만 그 참 원인은 캐내기 어렵다.

성 아우구스투스의 역사 해석은 다음 변증법적 역사관으로 이어져 오늘의 마르크스주의 역사관으로 살아 숨쉬고 있다. 그러니 기독교 사관은 무서운 전파력을 가지고 있는 것을 알 수 있다.

제 3 절
변증법적 역사관

진보사관이란 과거를 명예롭고 필연적인 현재에로의 발전과정이라 보는 역사관이다. 이 사관은 특히 유대 그리스도교 문화에 강했다.

— William dray

Ⅰ. 헤겔의 발전사관

1. 역사의 원동력은 이성이다

헤겔의 역사 철학은 오늘날 역사가에게 "이렇게 대담하게 철학적 종합을 감행해서는 안 된다"는 좋은 본보기처럼 인용되고 있지만 사실 역사 철학으로서는 가장 화려하고 다산적인 도식이었다. 헤겔의 역사 철학이 역사 연구에 끼친 영향은 헤아릴 수 없을 정도로 크다. 따라서 여기서는 그의 철학의 골격을 되도록 상세하게 소개하기로 한다.

헤겔의 역사 철학은 1813년 그가 다섯 차례에 걸쳐 행한 베를린 대학에서의 강의 《역사철학강의》(*Vorlesung über die Philosophie der Geschichte*)에 집약되고 있다. 이 강의는 ① 서론, ② 세계사의 지리적 기초, ③ 세계사의 구분으로 나뉘어 있는데 헤겔 역사 철학의 골자는 역시 서론 제2절 '세계사의 이성관'에 잘 요약되어 있다.

성 아우구스티누스에 있어서 역사의 원동력은 성령이라 하였으나 헤겔은 역사를 움직이는 궁극적인 힘을 성령의 대용물격인 이성(Vernunft, reason)에서 찾았다. 이성은 정신이요 자유다. 이 같은 헤겔 역사 철학의 기본명제로부터 역사 발전의 여러 원리가 파생되고 있는 것이다.

첫째, 이성이 세계를 지배하므로 세계는 합리적으로 발전한다.[1)]

역사는 이성의 자기발전이기 때문에 역사적 과정은 논리적 과정이다. 말

1) Hegel, *Lectures on the Philosophy of History*, trans, J. Sibree N. Y. 1944.

하자면 역사의 변천은 시간적 척도 위에서 전개되고 있는 이론적 변천이다. 역사는 일종의 논리이므로 논리적 전후관계가 시간적 전후관계로 되어 있는 것이다. 뒤의 일은 앞의 일보다 풍부해지고 강화되는 것이다. 역사적 발전은 따라서 우연적이 아니라 필연적이다.

일찍이 고대 그리스의 에피쿠로스(Epikuros, 427~347 B.C.)는 "모든 사실은 우연이다."고 했다. 그러나 아낙사고라스(Anaxagoras, 500 ~426 B.C.)는 "이성이 세계를 지배한다."(Nous(reason) rules the world)고 말했다. 이 두 상반되는 주장 가운데 헤겔은 아낙사고라스의 말에 깊은 공감을 느꼈던 것이다. 아낙사고라스는 자연은 보편·불변의 법칙에 따라 움직인다고 말했다. 헤겔은 여기서 큰 암시를 받았다.[2] 자연을 움직이는 법칙이 있다면 역사에도 있을 것이 틀림없다. 자연 속의 이성을 찾는 것이 과학자의 임무라면 역사가는 역사 속에서 이성을 찾는 것이 임무일 것이다. 그런데 역사는 자연과 크게 다르다. 역사는 인간내면의 정신생활이기 때문에 자연을 지배하는 외적 인과율을 가지고서는 도저히 설명할 수가 없다. 정신에는 목적이 있고 계획이 있다. 이 목적의 실현이 곧 역사이기 때문이다.

그러면 자연과 역사는 어떻게 다른가? 자연은 주기적 순환과정이요 반복적이다. 매일 해가 뜨는 것, 매년 봄이 오는 것, 이것이 자연이다. "태양 아래서는 아무런 새로운 것이 없다"(구약 성서, 전도서 1장 9). 그러나 역사는 결코 반복하지 않는다. 역사의 운동은 순환적인 운동이 아니라 나선형적 운동이다. 얼핏 보아 반복적인 것처럼 보이지만 언제나 새로운 어떤 것을 획득해 감으로써 과거와 전혀 다른 국면을 형성해 가고 있는 것이다. 전쟁은 역사상 가끔 재연되는 듯하지만 먼저 전쟁과 뒤의 전쟁은 똑같은 전쟁의 되풀이가 아니다.

둘째로, 역사는 '이성의 간계'(List der Vernunft)에 의해 진행된다. 역사는 궁극적으로 인간 이성이 지배하고 움직이지만 역사의 실제적 표면을 보면 이성은 커녕 가장 추잡한 것들이 날뛰고 있다. 더러는 지적이고 윤리적 행동이 보이긴 하지만 역사의 넓은 화폭에서 보면 그것은 극히 미미하다. 그러기에 역사의 현실에는 그러기에 합리적이고 목적적인 과정은 전혀 보이지 않고 격정과 필요, 이기적 목적과 욕망만 보인다. 이같은 격정의 드라마에서 죄악이 생겨나고 가장 화려했던 제국이 몰락하는 비탄을 맛보고 양심의 격

2) Hegel, 김종호 역, 《歷史哲學 I》 (사상문고), p. 58.

노를 금할 길 없게 한다. 역사는 민족의 행복, 국가의 슬기, 개인의 덕이 대거 살육당하는 도살장이다.

그러면 이 무시무시한 희생이 도대체 무엇을 위한 것인가? 우리는 인간 역사의 현실 속에 악이 판을 치고 이성이 전혀 보이지 않는다고 해서 실망하기 쉽다. 그러나 역사의 내면에는 꼭 이성이 움직이고 있다. 그것이 보이지 않는 이유는 이성이 속임수를 쓰고 있기 때문이다. 이것이 이른바 '이성의 간계'인 것이다.

2. 감정은 이성의 하수인이다

인간 역사의 줄거리는 어디까지나 자유의 발전이다. 자유는 인간이성의 본질이다. 그런데 이성이 자기발전을 성취하기 위하여서는 감정이라는 도구가 필요하다. 인간에게는 이성과 감성이 병존한다. 인간의 역사는 그 자체 감정의 표현이다. 그러나 '이성의 간계'로 인하여 맹목적이고 감정적인 인간의 행동은 결국 이성의 하수인이 되며 이성이 의도하는 바에 따라가기 마련이다.

이처럼 인간행동(악)은 행위자 자신은 모르지만 보다 높은 목적을 위한 수단인 것이다. 다시 말하면 인간의 격정은 그 반대(이성)의 무의식적인 작용요인이다. 그러므로 우리는 격정으로 하여금 움직이도록 버려두는 이성의 간계를 알아야 한다. 이 간계는 개인·대중할 것 없이 움직이고 있다. 이것이 아리스토텔레스가 일찍이 "술 취한 사람 중에 끼어 있는 한 사람의 술에 안 취한 사람"이라 일컬은 아낙사고라스의 뜻이었다.

헤겔은 '이성의 하수인'으로 다섯 가지를 들었다.

첫째가 정열(Leidenschaft)이다.[3] 역사는 '정열의 연극'이다. 인간은 그 배우로서 다양한 성격(역할)을 맡고 나타난다.[4] 사람은 누구나 권태를 느끼게 하는 훈계보다는 강렬한 자연력에 더 유혹된다. 정열이란 이해와 이기적인 의도에서 우러나온 인간행동이다. 이 세상에서 어떤 큰 일도 이 정열 없이 이루어진 것이 없다.

둘째는 국가다.[5] 국가는 참다운 역사의 개체(단위)이다. 시민의 사적 관심과 국가의 일반목적이 일치될 때 국가는 강력하고 번영한다. 그러나 여기까

---

3) *Ibid.*, p. 78.
4) *Ibid.*, p. 130.
5) *Ibid.*, p. 79.

지 이르기 위해서는 오랜 오성(悟性)의 투쟁이 필요하다. 그러므로 국가는 단순한 정치개념이 아니라 도덕적 전체요, 자유의 실현이어야 하는 것이다. 참다운 자유는 국가에 의한 훈련으로 가능하다. 그러기 위해 국가는 법치국가이어야 한다. 국가는 법과 예술·도덕·종교·과학 생활의 기초요, 중심이다. cultus가 예배를 의미하는 것을 보아도 알 수 있듯이 특히 종교는 국가의 일반적 기초를 이룬다. 그것은 신의 개념이 한 국민의 성격과 일치하고 있기 때문이다.

셋째는 이념[6]이 그리고, 넷째는 세계사적 개인, 즉 영웅이[7] 역사를 움직이는 하수인이다. 헤겔은 시이저를 세계사적 인물의 일례로 들고 있다. 시이저는 독재하여 암살당했으나 헤겔에 의하면 그의 독재는 "동시에 로마사와 세계사에 있어서의 그 자체로서 필연적인 규정이었다."는 것이며 "그 의미에서 이 독재는 단지 그의 한 개인의 이익에 그치지 않고 오히려 그 시대의 필연적 요구를 채워 주고 실현한 무의식적인 충동이었다"는 것이다.[8]

영웅은 '시대의 요구와 시대의 대세'에 관한 민감한 통찰력을 가지고 있는데 이 대세야말로 그 시대의 태내(胎內) 속에서 꿈틀거리고 있는, 다가오는 새 시대이기 때문에 영웅의 사업은 그 세계의 필연적인 다음 단계를 미리 알아서 이것을 자기의 목적으로 삼아 이에 전력을 다하는 것이다. 이리하여 헤겔에 따르면 영웅의 행동, 영웅의 말은 그 시대에 있어서 가장 옳은 것이다.

그러나 이 혼(魂)의 지도자요 세계정신의 담당자에게는 요절(夭折)의 운명이 있다.[9] 그들의 전 생애는 악전고투요, 만신창이지만 그들의 목적이 이루어졌을 때에는 열매가 떨어져 나간 껍질처럼 시들어 떨어진다. 알렉산더는 요절하고, 시이저는 칼에 찔려 죽고, 나폴레옹은 성 헬레나 섬으로 유배되었다. 역사적 인물은 결코 행복하지 않다. 설혹, 그들의 사생활은 화려하고 행복할지 모르지만 이 무시무시한 (운명의 대가로 받는 행복의) 위안을 누가 감히 행복이라 하리요. 이 위안만을 필요로 하는 역사적 소인도 많을 것이다. 그러나 그것은 조금도 위대하지 않는 자의 참다운 위인에 대한 질투에 지나지 않다. 자유인은 위인의 역사적 행위를 훼방하느니보다 차라리 위인을 기꺼이 승인하고 그 존재를 중심으로 기뻐하라.

---

6) *Ibid.*, p. 82.
7) *Ibid.*, p. 87.
8) *Ibid.*, p. 88.
9) *Ibid.*, p. 89.

그런데 영웅도 인간이다. 그래서 그 역시 범인과 같이 감동하고 화내고 마신다. 따라서 "시종의 눈에는 영웅이 없다." 그러나 "그 영웅이 영웅이 아니기 때문이 아니고, 그 종이 종이기 때문이다." 종은 영웅의 장화를 벗기기도 하고 그의 잠자리를 돌봐주기도 한다. 또 그가 샴페인을 기꺼이 마신다는 것을 안다. 이리하여 영웅은 종에게 뜻 밖의 화를 입는다. 우리는 이 같은 영웅의 운명에 오히려 약간의 쾌감마저 느낀다.[10]

영웅은 이것 저것 생각하지 않고 한 목적을 향해 돌진한다. 그 때문에 신성하고 중대한 것까지도 경솔하게 다루는 경우가 있다. 그러나 그가 위인이기 때문에 "많은 죄 없는 꽃을 짓밟고 많은 것을 파괴한다는 것을 우리는 이해하여야 할 것이다."

다섯째로 헤겔은 "평범한 개인이라 하더라도 역시 이성의 하수인일 수 있다."고 말하고 "그도 아주 무가치한 것은 아니다"[11]고 말한다.

3. 변증법적 발전

세계사는 자연사와 달라서 인간정신의 역사다. 정신은 항상 불완전한 것으로부터 완전한 것으로 발전한다. 정신은 자기 안에 반대, 즉 완전한 것의 맹아를 갖고 있으므로 자기 자신에 대한 무한한 투쟁을 전개한다. 이 같은 자기소외로 말미암아 정신은 냉혹하고 자학적인 면을 갖지만 이것이 발전의 지도원리인 것이다.[12]

정신은 여기서 질서정연한 3단계의 발전을 전개한다. 정신은 당초에 불완전한 존재(定立, thesis)이기 때문에 자기 자신 안에 자기를 반대하는 또 하나의 존재(反定立, anti-thesis)를 갖는다. 따라서 그것은 하나의 모순이다. 그러나 이 모순은 정립과 반정립간의 긴장을 해소하는 '종합'(synthesis)이라는 제3단계에 의하여 지양된다. 이 '종합'은 반성을 통해 이루어지므로 새롭고 보다 높은 단계의 '정립'이 되어 발전한다. 그러니까 이 정반합의 3단계는 단순한 제자리 걸음이 아니다. 헤겔은 이러한 긴장(tension)과 해소(resolution)의 패턴을 이성의 메카니즘이라 표현하였다. 역사의 변증법적 이해는 역사의 단순한 인과론적 분석보다 더 '깊이' 역사의 운동을 이해시켜 준다고 그

---

10) *Ibid.*, p. 91.
11) *Ibid.*, p. 94.
12) *Ibid.*, p. 132.

는 주장한다. 예컨대 그리스와 로마는 정립과 반정립이다. 그러나 중세 게르만은 그리스와 로마의 종합이다.

후크(Sidney Hook)에 의하면 헤겔의 변증법적 역사 해석은 모든 역사적 사실의 필연성과 결정론적 해석에 심대한 영향을 끼쳤다고 평가한다. 가령 시이저의 집권, 페르샤의 패배, 알렉산더의 요절은 모두 필연적이며 결정론적이라 했다. 마르크스의 파트너 엥겔스는 역사적 위인의 대체가능성, 즉 역사적 조건이 성숙되어 있다면 시이저가 아니고서도 제2의 시이저가 나타나 역사의 과업을 해치울 수 있다고 시사하였다. 그러나 헤겔은 그것을 부정한다. 위인은 역사적 조건이 성숙되어야 나타나지만 그러나 위인들의 예측할 수 없는 개입으로 역사적 과정에 사실상의 차질을 초래하는 것으로 믿었다. 그래서 헤겔은 역사의 예언가능성을 부정하였던 것이다.

4. 세계사의 시대 구조와 전개

"세계사는 동방(Orient-oriri = 상승, 출현하다의 라틴어)에서 서방(Okcident - occidere = 떨어지다, 몰락하다의 라틴어)으로 진행된다. 유럽이야말로 세계사의 종결이요, 아시아는 그 단초이기 때문이다." 그러나 "자연의 태양은 동방에서 뜨나 정신적 태양은 서방에서 출현한다."[13] 여기서 우리는 헤겔이 서구 중심사관의 원흉인 것을 알 수 있는 것이다.

세계사는 다음과 같은 단계로 발전한다. 첫째, 동양의 세계는 오직 한 사람만이 자유롭다는 것을 알고 있었을 뿐이고, 또 지금도 여전히 그렇다(One is free = 전제정치, Despotismus). 둘째, 그리스·로마의 세계는 약간의 사람이 자유롭다는 것을 알고 있었다(Some are free = 民主政體, Demokratie와 귀족정체, Aristokratie). 셋째, 게르만의 세계는 모든 사람이 자유롭다는 것을 알았다(All men absolutely are free = 군주정체, Monarchie).

동양은 아직 역사의 유년기(Kindesalter)와 소년기(Knabensalter)였고, 그리스는 청년기(Junglingsalter), 로마는 장년기(Mannesalter), 게르만은 노년기(Greisensalter)에 해당한다.

헤겔은 동양의 특성을 "아직 세계사의 권외에 있었다고 평가하고 개개인의 주관은 하나의 중심, 즉 지배자를 돌며 움직인다", "지배자는 족장으로서

13) *Ibid.*, p. 72.

가장제에 의거하여 통치한다." 동양사의 특징은 혁명이 일어나도 "국가 그 자체가 변화하지 않고, 즉 그 국가의 근본이 변화하지 않고 서로 자리를 바꿀 뿐이다." 끊임없는 항쟁으로 나라가 차례로 성급히 몰락하지만 "그 역사는 단지 같은 것(태양)의 장엄한 몰락의 (매일 같은) 되풀이에 불과하다", "쉴새 없는 변화에도 불구하고 거기에는 어떤 진보도 이루어지지 않는다"[14]고 멸시했다.

동양의 정치는 신정적 전제정치(Theocratic despotism), 즉 신의 나라는 동시에 세속의 나라, 다시 말하면 초감성적인 신으로의 고양이 이루어져 있지 않은 상태에 머물러 있다는 것이다. 이러한 체제에서는 '시민으로서의 자유'가 없고 '아들로서의 자유'(즉, 군주는 국부다)가 있을 뿐이다. 중국의 문화에는 자발성과 자아의식이 없다고 말한다. 가령 중국의 법은 인간을 복종시키기 위한 '외적' 힘이지 인간이성의 표현이 아니다. 그래서 전제정치는 중국인민의 정신에 꼭 알맞은 정부형태라는 것이다. 그 속에서는 도저히 정신적 발전이 이루어질 수 없는 그런 정체성에 기반을 두고 있으므로 동양사회는 몇 천년이고 변화할 줄 모르고 본래의 그 모습을 그대로 유지한다. 헤겔에 의하면 중국보다 인도, 인도보다는 페르샤가 그 지리적 위치 때문에 세계정신에 접근해 있다고 하는데 서양과 가깝기 때문이라는 것이다.

그러나 그리스는 아름다운 자유의 나라요 개별성의 나라다. 로마는 로마제국을 건설한 보편성의 나라다. 게르만은 정신의 노년기에 해당하지만 그것은 노쇠가 아니라 완전한 성숙을 의미하는 것이다.

헤겔은 《동양의 세계》에서 중국사에 대하여 상세히 서술해 주고 있다. 그는 중국·인도사회의 정체성, 동양인의 자연적이며 식물적 생존영위를 강조하고 '밑으로부터 위로의 의무는 있지만 위로부터 밑으로의 의무가 없는 체제', 가족제도가 국가조직의 기초가 되어 황제는 동시에 가부장인 국가, 과거제도에 의한 중국 특유의 관료(mandarin)주의, 하천치수에 대한 깊은 관심 등 주목할 만한 암시를 줌으로써 후대의 동양사회에 대한 서구인의 편견에 영향을 주고 있다.

우리에게 너무나 잘 알려진 마르크스의 '아시아적 생산양식론', 웨버의 '가부장적 지배체제', 위트포겔(Wittfogel)의 '아시아적 정체성 이론' 내지는 '동양적 전제주의' 등의 여러 개념이 모두 그 원류가 헤겔에 있음을 알 필요가

14) *Ibid.*, p. 220.

있는 것이다. 실로 동양사에 관한 기존이론을 재검토하기 위해서는 모름지기 헤겔의 역사 철학을 먼저 알아야 하는 것이다.

5. 세계사의 지리적 기초

자연은 인간 자유의 출발점이기 때문에 자연의 조건은 인간 역사의 발전을 제약한다. 자연의 평가를 너무 과장해서도 안 되지만 너무 낮게 보아서도 안 된다. 온화한 이오니아의 하늘은 호머의 시가 나오게 된 필요조건이었다. 그러나 이오니아의 하늘만으로 호머가 탄생한 것이 아니다. 사실 그 후에 호머의 시는 안 나왔다. 터키의 지배하에서는 어떤 시인도 나올 수 없었다고 하면서 헤겔은 아시아를 경멸한다.[15]

세계사의 중심무대는 한대와 열대가 아니라 온대였다. 그것은 아리스토텔레스가 말했듯이 "절박한 필요성(추위나 주림)이 충족된 뒤에야 비로소 인간은 보편적인 것, 보다 높은 것에 눈을 돌리기 때문이라는 것이다."[16] 세계사의 참다운 무대는 기후가 따뜻한 지대 그것도 특히 북반구에 한정된다(세계지도를 펼쳐 보라). 지구는 북반구에 대륙을 이루어 그리스인이 말했듯이 '넓은 가슴'을 펴고 있다. 남반구는 남미, 인도, 아프리카 등 다리 모양의 반도로 나뉘어져 있다.

이같은 세계는 크게 구세계와 신세계로 구분된다. 먼저 아메리카와 오스트레일리아로 이루어진 미개의 나라, 신세계를 살펴보기로 하자.

(가) 신세계

이 신세계에는 본시 토착인의 구문명이 있었다. 즉, 멕시코와 페루에 잉카문명이 있었다. 그러나 이들 문화는 전연 자연적이다. 정신이 접근하자마자 즉시 소멸해 버리고 마는 그런 상태였다. 유럽인이 아메리카에 상륙한 이래 토착인은 멸망하고 말았다. 백인들이 총으로 그리고 블랜디 술로 토착인을 쓰러뜨렸다(연약한 인디안은 과음으로 죽은 자가 많았다). 남미의 인디언은 너무나 가혹한 사역으로 또 너무나 온순하고 무기력한 성품으로 인하여 백인에게 비굴하고 굽실거렸다.

그들은 열등했다. 몸의 크기도 그렇거니와 인간활동 전반의 추진력인 성

---

15) *Ibid.*, p. 175.
16) *Ibid.*, p. 176.

욕이 약해서 의도적으로 그것을 깨우쳐 주어야 할 정도였다. 초기의 예수회 신부들은 매일 새벽 4시에 교회 종을 쳐서 그들에게 부부간의 의무이행을 촉구하였다. 아시아에서도 신부들은 똑같은 짓을 했었다.

헤겔은 계속해서 말한다. 아메리칸 인디안은 너무 무력해서 아프리카로부터 흑인을 도입하여 노역시켜야 했다. 그들 토착인들은 국가건설에 없어서는 안 될 말[馬]과 쇠[鐵]를 갖지 못했다. 그들은 바로 그 말과 쇠로 정복당하고 말았던 것이다.[17] 이리하여 남미와 북미에 백인의 새 문명이 이식되었다.

그런데 놀라운 것은 어쩌면 남북 두 문명이 그렇게도 대조적인지 모르겠다는 것이다. 북미에는 산업이 융성하고 인구증가로 번영하고 시민적 질서가 확립된 자유에의 번영이 뚜렷하였으나, 남미에는 오로지 무력이 판을 쳐서 "그의 전 역사는 끊임없는 혁명의 역사였다." 그 이유는 북미가 프로테스탄트, 남미가 가톨릭이란 탓도 있지만 북미가 식민된 곳인데 반하여 남미는 점령당한 곳이었기 때문이다. 따라서 남미는 스페인이 정치적 요직과 경제적 착취를 그 목적으로 삼은 곳이다. 그러나 북미는 근면한 유럽인으로 노동을 하는 인간들이 식민한 곳이다.[18]

헤겔에 의하면 '개인 상호간의 신용, 타인의 심정에 대한 이해'는 프로테스탄트에서 생긴 것이다. 왜냐하면 프로테스탄트 교회에서는 생활 전체, 생활의 활동 전반이 종교적인 의무였기 때문이다. 이와 반대로 가톨릭에서는 이와 같은 의무감이 없었다.[19]

또 북미는 공화정체를 가져 '주관적 통일이 존재'한다. 그러나 개인의 이해중심적 사고방식 때문에 '정의감'이 결여되어 있어 "아메리카 상인은 법의 보호 밑에서 사기한다"는 좋지 않은 평판을 받고 있다.

유럽에도 오늘날까지 옛 게르마니아의 대삼림이 남아 있다면 아마도 프랑스 혁명이 일어나지 않고 지나갔을지도 모른다. 그러므로 아메리카가 제공하고 있는 저 끝없는 공지가 거의 파묻혀서 시민사회가 퇴각치 않으면 안 될 때에 비로소 이 나라는 유럽과 비교될 수 있는 것이다. 아메리카는 그러므로 미래의 나라다.[20] 아메리카는 낡은 유럽의 역사물로 된 병기고에 염증을 느끼고 있는 사람들에게는 동경의 나라다. 나폴레옹은 그래서 "이 낡아

17) *Ibid.*, p. 183.
18) *Ibid.*, p. 183.
19) *Ibid.*, p. 184.
20) *Ibid.*, p. 188.

빠진 유럽에는 싫증이 났어!"(cette vieille Europe niennie.)라고 말한 것이다.[21]

(나) 구세계

헤겔의 시대에는 이처럼 미국은 미래의 나라였다. 따라서 역사의 중심 무대는 지중해를 중심으로 한 3대 부분, 즉 유럽, 아프리카, 아시아였다. 이것이 헤겔의 이른바 구세계였다.

지중해는 결합의 역할을 하는 세계사의 구심점이었다. 역사상 광명의 초점이었던 그리스가 여기에 자리 잡고 있다. 시리아에는 유대교와 기독교의 중심인 예루살렘이 있고, 동남쪽에는 마호메트의 요람의 땅인 메카(Mecca)와 메디나(Medina)가 있다. 서쪽에는 델포이(Delphoi)와 아테네(Athenae)가 있고, 또 그 서쪽에는 로마가 있다. 알렉산드리아와 카르타고도 지중해연안에 있다. 그러므로 지중해는 구세계의 심장이다. 지중해를 빼고 세계사를 생각할 수 없다. 지중해가 없는 세계사란 흡사 포럼(forum = 시장) 없는 고대 로마나 아테네와 같다.

넓은 동방 아시아는 세계사 행정에서 멀리 떨어져 있어서 역사에 관여하지 못했다. 이와 마찬가지로 북유럽도 훨씬 뒤에 가서야 비로소 세계사에 관여한다. 그런 뜻에서 시이저의 '갈리아 원정'은 게르만인을 로마 제국에 연결시킨 획기적인 사건이었다. 세계사가 알프스를 넘은 것이다. 이런 의미에서 시이저 '장년의 사업'인 '갈리아 원정'은 꿈이 웅대했으나 한 조각 이상으로 허무하게 사라진 알렉산더 '청년의 사업'이었던 '아시아 원정' 보다 그 역사적 의의가 컸던 것이다.[22]

동방아시아와 북유럽은 지중해를 둘러싸고 움직이던 양극이었다. 그것은 세계사의 단초와 종말이요, 일출과 일몰이었다.

그런데 이 지구상의 모든 지역은 그 지리조건에 따라 다음 세 가지 중 어느 하나에 속한다.[23]

① 고지대 : 넓은 황무지와 들판으로 이루어진 물 없는 고지

② 하천(협곡)지대 : 큰 하천이 관류하고 관개의 편의가 있는 협곡지대, 즉 과도의 지대다.

③ 해안과 직접적인 관계를 갖는 연안지방

---

21) *Ibid.*, p. 188.
22) *Ibid.*, pp. 215~216.
23) *Ibid.*, p. 191.

①은 몽고·중앙아시아의 고지대, 아프리카의 사막지대며, ②는 이집트, 인도, 중국의 대하유역으로서 미개와 봉쇄적인 문화의 소산지다. 다시 말하면 아시아, 아프리카 문화의 고장이다. ③은 지중해의 그리스, 로마 문화가 꽃을 피운 지역이다.

고지대 : 가령 몽고 같은 사회는 족장생활(Patriarchalische Leben)을 하며 초원을 따라 유목생활을 영위한다. 따라서 경작지(토지)를 재산이라 여기지 않으므로 법률관계라는 게 없다. 그들에게는 손님의 환대(공짜로 주는 것)가 아니면 약탈(공짜로 빼앗는 것)의 양극밖에 없다. 몽고의 손님 대접은 아내까지 바치는 풍습으로 이름나 있다. 그러나 그들의 약탈은 문명국으로부터 갑작스레 어떤 자극을 받으면 외부로 향하여 운동을 개시하고 홍수처럼 밀려간다. 이 돌발적인 혁명으로 문명국에 파괴와 황폐를 초래한다. 징기스칸의 약탈을 보라.

하천지대 : 황하나 인더스·간디스강 유역처럼 대하가 관류하는 평야다. 그 풍요는 모두 그 벌판을 형성해 준 하천의 덕이다. 여기에 대왕국이 일어나 대국가의 건설이 시작된다. 농업과 토지소유 그리고 법률관계가 시작된다. 그러나 이 지역의 문화는 다음의 연해안 문화에 대한 과도기적 문화에 지나지 않는다.

연해안지대 : 하천은 사회를 분리하는 기능을 갖는데 바다는 그 이상의 분리원리로 작용한다. 그러나 바다는 무한을 느끼게 하고 무한에 대한 인간의 정복·약탈욕을 자극한다. 육지는 인간을 한 곳에 메어두지만 바다는 인간으로 하여금 울타리를 넘게 하여 준다. 바다는 인간의 용기와 현명[狡智]을 요구한다. 바다의 폭력에 대항하는 수단으로 인간이 손에 쥐고 있는 것은 겨우 한 조각의 목재가 있을 뿐 모든 것은 인간의 용기와 침착에 달려 있다. 인간은 판자 한 장을 믿고서 돌릴 곳 없는 망망한 대해로 나아간다. 이 대담성과 지혜가 아시아인에게 없었다. 아시아에서는 바다는 육지의 중단에 불과하였다. 아무런 바다에의 적극적 관계를 갖지 못한 것이다.

이처럼 고지대에는 목축에 족장제가 성립되고, 평야에는 농업적 주종관계가 성립되지만, 연해안에서는 상업·해운에 시민적 자유가 성립되는 경향이 있다.

구세계는 아프리카, 아시아 그리고 유럽의 셋으로 구분되는데 그 중의 아프리카는 야만상태의 표본이다. 아프리카는 그 지리적 여건이 사막지대에다 열대여서 고립성이 강하고 야만성을 그대로 유지하고 있다. 흑인은 전적으로 야만적이며 자연인 그대로다.[24] 그들을 정당하게 이해하려면 품위나 인륜이란 이름을 붙일 수 있는 것은 일체 버려야 한다. 아프리카인은 종교를 갖지 못하고 마법(주술)을 갖는다. 마법에서는 자연에서 인간이 최고의 힘이며 인간만이 자연에 대하여 명령할 수 있다.

그러나 인간이 최고의 존재가 되었다는 것에서 인간경멸이 나온다. 왜냐하면 자의가 절대적인 것으로 인식되고 직관적인 것이 전부라 인식되면 법이니 인륜이니 하는 보편성을 모르게 되기 때문이다. 아프리카에서는 국왕의 죽음에 즈음하여 몇 백 명이나 도살되고 인육은 시장에서 판매된다. 부모도 자식을 팔고 자식도 부모를 판다. 흑인들이 다처주의를 선호하는 것은 자식을 낳아 노예로 파는데 그 목적이 있다. 런던의 한 흑인이 탄식하여 말하기를 “자기는 자기의 근친자를 몽땅 팔아버려서 이젠 완전히 알거지가 되었다”는 것이었다.

모든 처녀는 국왕의 소유물이다. 그래서 장가 들 때에는 누구나 처녀를 국왕으로부터 구입하는 형식을 취한다. 그러나 백성이 왕을 불만족스럽게 생각하면 왕을 살해하였다. 다호메이(Dahomey)란 나라에서는 왕이 죽으면 3,333명이나 되는 왕비가 모조리 살해되었다고 한다. 그러나 이 나라 백성들이 왕을 불신임하는 날이면 왕에게 앵무새알을 보내어 백성들의 총의를 알렸다고 한다. 그렇지 않으면 대표가 왕에게 가서 “정치의 무거운 짐이 귀하를 괴롭혔을 터이니 당분간 조용히 쉬시는 게 좋겠습니다.”고 통고했다. 실망한 왕은 별실로 들어가서 부녀자에게 명하여 스스로 목매어 죽었다고 한다.[25]

아프리카에는 또 여인왕국이 있었다고 전한다. 여왕은 친자식을 절구통에 넣어 찌어 죽여 그 피를 자기 몸에 칠하고 자식의 피가 언제까지나 보존되게 했다. 여인국에서는 포로를 남편으로 삼고 사내 아이를 낳으면 모조리 죽이도록 명령했다. 또 사형집행인이 왕을 늘 수행했는데 왕이 의심스럽다고 생각하는 인물은 즉석에서 사형집행인을 시켜 죽였다. 그러나 대중이 왕의 죽음을 요구하면 왕 자신도 그의 손에 죽음을 당하였다.

이 나라의 전쟁은 외국과의 싸움이 아니라 자기 나라 수도를 습격하는 일이었다. 북소리가 울리면 무시무시한 살육이 자행되고 왕은 이 기회를 이용하여 미리부터 협의를 두고 있던 자들을 모두 살해하였다고 한다.

---

24) *Ibid.*, p. 197.
25) *Ibid.*, p. 206.

그런데 이 같은 흑인의 야만성은 계몽시킬 수도 없고 교화시킬 수도 없는 것이다. 아프리카의 고찰은 이것으로 그친다. 뒤에도 다시 언급하지 않을 것이다. 왜냐하면 아프리카는 아직도 자연인 정신의 영역을 탈피하지 않은 몰역사적이고 미개척적인 곳이기 때문이다.[26]

Ⅱ. 마르크스의 유물사관

1. 마르크스의 생애와 애증

흔히 마르크스(Karl Marx, 1818~1883)는 헤겔의 변증법적 유심사관을 거꾸로 세운 사람이라 일컬어진다. 1818년 라인강변의 트리에르라는 작은 읍에서 태어난 마르크스는 남달리 뛰어난 성적으로 고등학교를 마쳤고 그 후 본 대학과 베를린 대학에서 법률학과 신학 강의에 깊은 관심을 보였다. 법률가가 되라는 아버지의 희망을 저버린 마르크스는 베를린 대학에서 헤겔의 철학강의에 심취했으며, 유물론자 포이에르바하(Feuerbach)에게도 영향을 받았다. 졸업 후 <라인 신문>의 주필로 활약했으나 그의 신랄한 현실비판은 마침내 신문의 발행금지와 그의 파리행을 초래하였다. 이리하여 그의 관심은 정치와 경제로 집중되었으며, 변증법적 유물사관이라는 새로운 형태의 철학을 구상하기에 이르렀다. 파리에서도 추방당한 마르크스는 브뤼셀에서 1848년 혁명전야에 그의 놀랍고도 준엄한 역사 해설서《공산당선언》(*Das Kommunist Manifesto*)을 집필하였다. "지금까지의 모든 사회의 역사는 계급투쟁의 역사이다"란 유명한 구절로 시작되는 이 '선언'은 오늘까지도 가장 효과적이며 가장 영향력 있는 정치 팜플렛의 하나로 간주되고 있다.

브뤼셀에서도 추방된 마르크스는 독일에서 체포되어 심문을 받았으며 다시 프랑스로 떠났다. 이리하여 마침내 1849년 그는 당시 모든 정치망명객의 피난처가 되었던 런던으로 망명하였던 것이다. 빈곤과 기아의 망명생활에서 그는 매일 아침 10시부터 밤 7시까지 영국도서관에 처박혔으며 연구와 저술 그리고 정치활동에 여생을 바쳤다. 1859년의《경제학 비판》(*Zur Kritik der Politischen Ökonomie*) 서설과 단 5주일이면 끝나리라고 장담하다가

---

26) *Ibid.*, p. 207.

18년이나 걸린《자본론》(*Das Kapital*, 제1권 1865년 탈고)은 모두 엥겔스(Friedrich Engels, 1820~1895)의 도움을 얻어 망명처 런던에서 완성되었던 것이다.[27]

2,500면이란 방대한 양의《다스 카피탈》(1867~94)은 그 형식에 있어 경제학이지만 실질에 있어 하나의 역사 철학이요, 사회학체계요, 사회주의의 '경전'이었다. 그런 의미에서 마르크스의 사상을 단순한 사변철학으로 다루는 것은 심히 부당한 처사라 할 것이다.

> 당신은 당신 자신의 길을 가시오. 그리고 남들로 하여금 말(評)하게 하시오(Follow your own course, and let people talk).

이 말은 그가《자본론》서문 말미에 차용한 유명한 단테의 격언이지만 이것이 마르크스 자신의 강한 개성을 드러낸 말이기도 하다.[28] 유대인의 차남으로 태어난 마르크스는 18세 되던 해 4년 연상인 이웃집 처녀 제니와 결혼했다. 어머니의 사랑을 느끼지 못한 마르크스는 제니에게서 대용모를 찾았으며 제니의 아버지에게서 새로운 아버지를 발견했다. 그래서 그는 자신의 학위논문을 아버지 아닌 장인에게 바쳤다. 마르크스의 어머니는 죽기 전년인 1862년 아들 마르크스의 절망적인 경제생활에 1페니도 도와주려 하지 않았다. 그러면서도 그녀는 아들 카알(마르크스)의 신문을 '일대 실패작'(fiasco)이라 여겼으며 늘 입버릇처럼

> 카알이 카피탈(자본론) 대신 카피탈(자본, 즉 돈)을 벌었으면 얼마나 좋았겠나. …

하고 못내 아들을 원망하였다. 마르크스는 이렇듯 아들을 이해하지 못한 어머니를 나이 50이 되도록 불쾌하게 생각했다. 그래서 그는 어머니를 증오했고 차라리 그녀가 죽었으면 하고 바랐다. 심리학자들은 어머니의 사랑을 받지 못한 마르크스의 한이 그로 하여금 인간의 증오심이 곧 역사의 원동력이라 믿게 만들었다고 해석하였다.[29] 어머니에 대한 마르크스의 증오는 곧 유

---

27) C. Brinton,《현대사상의 형성》(최명관 역, 을유문고 69), p. 66. 이하. Sidney Hook,《마르크스와 마르크스 주의자들》(양호민 역, 사상문고 11), p. 16 이하, R.L. Heilbroner,《經濟思想史》(김영록 역, 사상문고 12), p. 171 이하 참조.

28) Feuer, *Kar Marx*, Encounter, XXX, (1968. 6.), p. 24.

29) *Ibid.*, pp. 24~25.

대인 전체에 대한 증오로 변했다. 어머니는 돈밖에 모르는 유태인이었다. 그래서 1843년 마르크스가 젊었을 때(25세) 쓴 〈유대인 문제〉 (1843)란 소론에서

> 유대교의 세속적 기반은 무엇인가?
> 그것은 실제적 필요요 이기심이다.
> 유대인의 세속적 숭배는 무엇인가?
> 그것은 행상이다.
> 유대인의 세속신은 무엇인가?
> 돈이다.

라 규탄했다. 이리하여 마르크스는 그가 증오해 마지 않았던 '부르조아의 원형'(proto-bourgeois)을 유대인 행상에게서 발견했던 것이다.[30]

이같은 마르크스의 내적 갈등은 "모든 역사는 투쟁이다"라는 그의 또 하나의 개념으로 승화되었다.

> 정말 나는 모든 신을 증오한다. 나는 결코 노예적 비굴보다 족쇄를 택할 것이다. 제우스신을 모시기보다는 차라리 바위에 묶여 있는 게 더 나을 것이다.

라고 외친 마르크스는 투쟁을 생존법칙이라 믿었다.[31] 1880년 그러니까 그가 죽기 3년 전 미국의 신문기자 쉰턴(John Swinton)이 그를 방문했다. 그는

> 마르크스 선생님 가장 궁극적인 문제는 무엇입니까?

라고 물었다. 노호하는 파도와 해안의 군중을 응시하던 마르크스는 심각한 어조로 대답했다.

> 투쟁입니다.[32]

---

30) *Ibid.*, p. 25.
31) Marx. Engels, *On Religion* (Moscow, 1957), p. 15, recit, from *ibid.,* p. 15.
32) Feuer, *ibid.*, p. 16.

2. 생산력이 역사의 원동력

마르크스의 유물사관을 받치고 있는 두 개의 기본명제가 있다. 첫째 명제는 물질생활에 있어서의 생산양식이 모든 인간생활의 사회적 · 정치적 · 정신적 과정의 일반적 성격을 결정한다는 것이다. 이 명제는 마르크스의 《경제학비판》 서설(1858)에 잘 요약되어 있다. 그의 둘째 명제는 "모든 역사는 계급투쟁의 역사다"라는 것인데 이 이론을 물질적 환경의 여러 조건은 특수한 제도적 · 이데올로기적 형태를 발생시킨다는 첫째 이론에 접목시켰던 것이다. 먼저 그의 첫 명제를 살펴보기로 한다.

"내가 도달한 지침의 일반적 결론은 다음과 같이 공식화할 수 있다"고 한 마르크스는 그가 41세 때 허기와 싸구려 담배 연기 속에서 쓴 《경제학비판》 서설에서 그의 유물사관의 첫째 테제를

> 인간은 자기의 생활의 사회적 생산에 있어서 그들의 의지와 관계없는 일정한 필연적 여러 관계에, 즉 그들의 물질적 생산력의 일정한 발전단계에 대응하는 생산관계에 들어선다. 이런 생산관계의 총체가 사회의 경제적 구조를, 즉 현실적 기초를 구성하고 있는데 이 위에 하나의 법률적 정치적 상부구조가 성립하며 그리고 여기에 일정한 사회적 의식의 제형태가 대응하게 되는 것이다. 물질적 생활의 생산양식은 사회적 정치적 정신적 생활과정의 일반을 제약(bedingt)한다. 인간의 의식이 그들의 존재를 결정(bestimmt)하는 것이 아니라 반대로 그들의 사회적 존재가 그들의 의식을 결정하는 것이다.

라고 요약해 주고 있다.[33]

마르크스는 우선 생산관계라고 하는 물질적 기초가 모든 사회의 하부구조를 이루며 그 위에 법률 · 정치제도라는 상부구조가 올라 앉게 되며 또 거기에 알맞은 의식형태가 형성(대응)된다고 주장한다. 따라서 일정한 역사적 발전단계로서의 사회적 · 정치적 · 정신적 생활구조는 반드시 사회의 물질적 생활의 생산양식에 의해 제약되고 결정된다는 것이다. 이 하부구조와 상부구

---

33) 여기서 인용한 《經濟學批判》 서설(1859)은 역시 Sidney Hook (양호민 역), 《마르크스와 마르크스主義者들》, pp. 213~216(문헌발췌 2) 所收 참조.

조의 대응관계를 도식화하면 위의 도표와 같이 된다.

그러면 이 같은 사회구조는 어떻게 해서 변동하게 되며 발전하게 되는가? 마르크스는 계속해서

> 사회의 물질적 생산력은 그 발전의 어느 특정한 단계에 이르면 그것이 종래 그 내부에서 발전하여 온 현존하는 생산관계 또는 그 법률적 표현에 지나지 않는 소유관계와 모순되게 된다. 이 관계는 생산력의 발전형태로부터 질곡(桎梏)으로 변해 버린다. 그때가 되면 하나의 사회혁명의 시대가 시작된다. 이리하여 경제적 기초의 변화와 더불어 거대한 모든 상부구조가 때로는 서서히 때로는 급속히 변혁된다.

고 주장한다. 마르크스에 의하면 생산관계는 그 자체 일정한 생산력의 발전단계에 대응하는 것이므로 생산력이 한층 더 발전하면 생산관계의 변동이 필연적으로 일어나 생산력과 생산관계의 모순으로 인하여 사회혁명이 일어난다는 것이다. 그러므로 사회혁명은 생산력과 생산관계의 모순이라는 물질적 변혁에서 고찰되어야지 상부구조인 사회의식의 변동에서 고찰되어서는 안 된다는 것이다. 즉, 마르크스에 따르면

> 그와 같은 변혁을 고려함에 있어서 경제적인 생산조건에 있어서의 물질적인… 변혁과 그리고 인간의 이데올로기적 형태, 즉 인간이 이 충돌을 의식하고 이를 극복하는 그러한 법률적·종교적·예술적 또는 철학적인 이데올로기적 형태와는 구별 짓지 않으면 안 된다.(그러므로) 이러한 변혁의 시대를 그 시대의 의식에서 판단할 수 없는 것이며 오히려 이 의식을 물질적 생활의 모순에서 사회적 생산력과 생산관계와의 사이에 현존하는 충돌에서 설명하여야 한다.

는 것이다. 그러나 사회발전과 그 구조적 변혁을 생산관계와 생산력의 모순에서 고찰한다고 하더라도 생산력의 발전이 더 이상 나아갈 여지가 없어질 때까지 충분히 발전하지 않으면 결코 하나의 사회구조체가 몰락하지 않는다는 사실을 잊어서는 안 된다. 마르크스는 이러한 사회변혁의 조건형성을 마치 병아리가 알에서 충분히 성숙되지 않는 한 달걀 껍질을 깨뜨리고 부화되어 나올 수 없는 거나 마찬가지라 비유하고 있다.

> 하나의 사회구조는 모든 생산력에 있어서 발전의 여지가 없어질 때

> 까지 결코 몰락하는 것이 아니며 또한 새로운 보다 높은 생산관계는 그 물질적인 실존조건이 구(舊)사회 자체의 태내에서 부화할 때까지는 결코 종래의 그것과 바뀌지 않는다.

그러니까 마르크스에 의하면 아무리 사람들이 혁명을 바란다 하더라도 혁명의 '물질적인 실존조건'이 성숙되지 않으면 헛수고라는 것이다. 여기 한 일화가 있다. 19세기 초 밀(John Stuart Mill, 1806~1873)이 아직 젊었을 때의 이야기인데 하루는 런던에서 큰 노동자시위가 벌어져 출동한 경찰과 군중이 충돌 직전에 있었다. 이때 밀이 달려나가 군중의 지도자를 붙들고

> 잠깐만 기다리시오. 섣불리 행동하기 전에 내 충고를 들으시오. 혁명이란 아무 때나 하는게 아니오. 혁명하는 데는 두 선행조건이 갖추어져야 합니다. 하나는 사태의 형세가 혁명을 바랄만한 단계에 다다랐느냐 하는 객관적 조건, 다른 하나는 당신들 자신이 혁명을 완수할 만한 자신이 있느냐 하는 주관적 조건이오.

라고 말했다. 이 소리를 들은 군중은 한동안 옥신각신 토의하다가 마침내 해산하고 말았다.[34] 이 거짓말 같은 일화를 통해 우리는 19세기 사상가들이 가지고 있던 소박한 혁명사상의 일단을 엿볼 수 있는 것이다. 마르크스는 이와 똑같은 논리에서 1852년 나폴레옹이 쿠데타에 성공한 것을 보고

> 그러나 그는 자기가 원하는 대로 창조하는 것이 아니고 그가 선택한 환경하에서 그것을 창조하는 것이 아니라 다만 직접 발견한 주어진 그리고 과거로부터 계승한 환경하에서 창조하는 것이다.

고 설명하였다. 그러므로 마르크스가 《경제학비판》 서설에서

> 그러므로 인간은 항상 스스로가 해결할 수 있는 과제만을 자기에게 제기한다. 왜냐하면 보다 정확하게 이를 고찰하면 문제 그 자체는 그 해결의 물질적 조건이 이미 현존해 있든지 그렇지 않으면 적어도 그 생성의 과정에 있든지 하는 경우에만 비로소 발생한다는 것을 알 수 있기 때문이다.

---

34) M.J. Lasky, *The Sweet Dream*, Encounter, 33~4, p. 14.

라 한 말도 같은 뜻으로 해석된다.

이와 같이 역사 발전과 사회혁명의 유물론적 원리를 설명한 마르크스는 세계사 발전의 여러 단계를 크게 아시아적, 고대적, 봉건적, 근대 부르조아적인 네 시대로 구분하고 근대 부르조아적 생산관계를 사회적 생산과정의 마지막 적대적 형태라 주장하였다.

> 광범하게 세계사의 윤곽을 말하면 아시아적,[35] 고대적, 봉건적, 근대 부르조아적 생산양식(asiatische, antike, feudale und modern bürgerliche Produktionsweisen)을 경제사회구성에 있어서 전진하는 여러 시대(progressive epochen der ökonomischen Gesellschaftsformation)라고 할 수 있다. 부르조아적 생산관계는 사회적 생산과정의 최후의 적대적 형태이다. 여기서 적대관계라 함은 개인적 적대의 의미가 아니라 개인의 사회적 생산조건에 생기는 적대를 의미한다. 그러나 부르조아 사회의 태내에서 발전하고 있는 생산력은 동시에 그 적대의 해결을 위한 물질적 조건을 만들어낸다. 고로 인간사회의 전사(前史)는 이 사회구성과 더불어 종말을 고하는 것이다.

3. 계급투쟁론

"지금까지의 모든 사회의 역사는 계급투쟁이다"라는 마르크스의 공산당선언은 얼핏 보아《경제학비판》서설에서 밝힌 유물사관의 제1원리와 모순된다. 그러나 그가 인간은 항상 스스로가 해결할 수 있는 과제만을 자기에게 제기한다는 말로써 암시한 바와 같이 인간은 일정한 물질적 조건이 성숙되면 효과적인 계급투쟁으로 그에게 찾아온 혁명의 기회를 포착하게 되며 또 포착하여야 한다는 것이다.

마르크스에 의하면 지금까지의 인류사회는 계급사회였고 부단히 계급과

---

35) 아시아적 생산양식의 문제처럼 시끄러웠던 논쟁은 없다. 1929년 Moscow 국제산업경제연구소 동양부장 L. Madiyar가《중국산업경제론》(1929)을 발표한 이후, K.A. Wittfogel의 *Wirtschaft und Gesellschaft* (1931) : *Theorie der orientalischen Gesellschaft* (1937) 그리고 전후에 발표한 *Oriental Despotism* 등 동양사회의 치수·관개사업을 쟁점으로 한 이 논쟁은 마르크스의 아시아적 생산양식론이 과연 고전고대에 선행하는 하나의 역사발전의 단계란 뜻인가 아니면 동양사회의 정체성을 지적한 말인가를 두고 심심치 않게 계속되었다. 그러나 1953년 마르크스 자신의 유고《資本主義的 生産에 先行하는 諸形態》가 발표됨으로써 일단락된 느낌을 주고 있다. 丁海東, Asiatische Produktionsweise에 대한 문헌과 고찰, (중앙대학교 논문집 4), pp. 333~347.

계급간의 대립투쟁의 역사였다. 이 투쟁은 항상 전사회의 혁명적 변혁으로 끝나거나 상쟁하는 계급의 공동멸망으로 끝났다.[36]

> 과거의 여러 시대의 사회는 여러 가지 신분으로 완전히 구분되었고 사회적 지위는 여러 가지 계층으로 분할되었다. 고대 로마에는 귀족과 기사와 평민과 노예가 있었고, 중세에는 봉건영주, 가신, 길드의 장인, 직인, 농노가 있었고 더욱 그 위에 이들 계급에는 특수한 여러 계층이 있었다. 봉건사회의 몰락에서 발생한 근대 부르조아 사회는 계급대립을 폐지하지 않았다. 다만 새로운 계급, 새로운 억압조건, 새로운 투쟁형태를 낡은 것들과 바꿔 놓은 데 지나지 않았다.

이처럼 지금까지의 모든 사회는 복잡한 계급지배체제를 바탕으로 성립되었으며 근대 부르조아 사회 역시 계급제도를 폐지하지 않았다. 폐지하지 않았을 뿐만 아니라 계급대립의 원리를 단순화시키고 더욱 격화시켰다.

> 부르조아 시대의 특징은 계급대립을 단순하게 한 데 있다. 모든 전사회는 더욱 더 적대하는 2대 진영으로, 직접으로 상호대립하는 2대 계급으로 분열되고 있다. 즉, 부르조아지와 프롤레타리아트로 ……

근대 부르조아 사회는 "봉건적·가부장적 목가적인 모든 관계를 파괴"하고 거기다 "노골적인 이해와 무정한 현금계산"이라는 새로운 유대를 대체시켰으며, "종교적 열광, 기사적인 정열, 세속적 애수의 신성한 감격을 이기적인 타산의 냉수 속에 침익(浸溺)시켰다." 부르조아는 또 "인격의 존엄을 교환가치에 해소시켰고 무수한 자유를 단 하나의 양심도 없는 상업의 자유로 바꾸어버렸다." 그들은 또 "종교적·정치적 환영으로 은폐되었던 착취를 공공연한, 철면피한, 직접적이며, 노골적인 착취로 바꿔버렸다." "부르조아지는 지금까지 거룩한 것이라고 하여 황송하게 우러러 보던 모든 직업으로부터 그 후광을 없애 버렸다." "부르조아지는 의사를, 법률가를, 승려를, 시인을, 자기네 임금노동자로 만들어 버렸다. 부르조아지는 가족관계로부터 감상적인 베일을 벗기고 그것을 단순한 금전관계로 환원시켜 버렸다."

그러나 마르크스는

> 부르조아지는 100년도 못된 계급지배를 통해 과거의 모든 시대를 합

---

36) 앞의 양호민 역, 《마르크스와 마르크스主義者들》, 所收 '共産黨宣言' 참조.

> 친 것보다도 훨씬 거대한, 훨씬 대규모의 생산력을 만들어냈다. 자연력의 정복, 기계의 사용, 공업과 농공업에의 화학의 응용, 기선의 항행, 철도, 전신, 세계의 모든 지역의 개척, 하천항로의 개항, 주문을 외워 지하에서 불러낸 것 같은 엄청난 인구 — 이만한 생산력이 사회적 노동의 태내에서 잠들어 있었다는 것을 과거의 어느 세계가 예상했겠는가?

라고 근대 부르조아 사회가 이룩해 논 놀라운 외형적 공헌을 자인하고 있다. 근대 부르조아지는 중세 봉건사회의 태내에서 탄생했다. 그러나 이제 그들이 만든 계급사회는 "자기에게 죽음을 안겨다 줄 무기"로 만들었으며, 이 무기를 휘두를 사람까지 만들어 냈으니 그가 곧 근대적 노동자계급, 프롤레타리아트다.

> 공업의 발전과 더불어 프롤레타리아트의 수가 증가할 뿐 아니라 그들은 보다 큰 집단으로 결집되어 그 힘을 강조하고 그리하여 더욱 더 자기의 실력을 자각한다.…… 노동자는 부르조아지에 대항하기 위해 단결하기 시작한다.… 그들의 투쟁은 폭동으로 폭발한다.

이같이 최후의 계급투쟁이 결전기에 도달하면 지배계급의 내부에 분해작용이 격화되며 그들의 일부분은 이탈하여 프롤레타리아트로 전신한다. 이것은 마치 한 때 봉건귀족의 일부가 부르조아지로 전향한 것과 같은 것이다.

> 지금까지의 모든 역사적 운동은 소수자의 운동이요, 소수자의 이익을 위한 운동이었다. (그러나) 프롤레타리아트의 운동은 압도적 다수자의 이익을 위한, 압도적 다수자의 자주적인 운동이다. 현사회의 최하층인 프롤레타리아트는 공적 사회의 상층부 전체를 폭파하지 않고서는 움직일 수 없고 일어설 수도 없다.

더욱이 근대적 노동자는 산업의 발전과 더불어 향상하기는커녕 자기 자신의 계급의 생존조건 이하로 더욱 더 침체해 가고 있다. 노동자는 빈민이 되고 빈곤은 인구와 부보다도 급속히 증대되고 있는 것이다.

이처럼 마르크스는 계급투쟁의 불가피성을 설파하였으나 그 철학적 기조는 그가 직접 배운 헤겔의 변증법적 역사 해석이었다. 봉건사회가 하나의 테제(These = 정립)였다면 부르조아 사회는 그 안티 테제(Antithese = 반정립)

이었던 것이다. 부르조아지와 봉건귀족의 패잔병들이 합쳐서 진테제(Synthese)를 이루자 그것은 그 자체 새로운 테제가 되어 또 하나의 안티 테제, 프롤레타리아트를 잉태하고 말았다. "사람들은 누구나 적과 맞서 싸울 때 뭉치지만 일단 승리하여 전리품을 차지하게 되면 또 다시 갈라져 싸운다"는 지극히 간단한 해석에서 출발한 이 플라톤적 사고를 마르크스는 스승인 헤겔에서 물려받아 또 하나의 거창한 역사 발전도식으로 개조했던 것이다.

4. 마르크시즘 비판

마르크스가 죽고(1883) 또 그의 협력자 엥겔스까지 죽고 나자(1895) 마르크스주의 예찬론자와 반대론자들 간에 착잡한 반향을 일으켰다.

이상의 설명을 통해서 짐작할 수 있듯이 마르크스에게는 두 가지 모순된 얼굴이 있었다. 그 하나는 '과학적' 사회사상가로서의 마르크스요, 다른 하나는 성공적인 정치운동의 선동가로서의 마르크스다. 물론 마르크스 자신의 주장에 따르면 이론은 행동에서 우러나오며, 행동은 이론에서 우러나오는 것이므로 '부르조아 사회과학의 가장된 객관성'은 일종의 특수한 협잡에 지나지 않았다.[37]

그러나 마르크스의 역사 해석 속에 숨은 이같은 과학적 측면과 이데올로기적 측면은 그가 죽은 뒤 곧 폭로되어 심각한 논쟁을 불러 일으키고 말았다. 1890년대의 마르크스 비평가들은 마르크스 이론의 중심에 묵시록적 선언이 들어 있는 것을 간파하고 사회사상가로서의 마르크스와 정치적 선동가로서의 마르크스 간에 심한 모순이 있다는 것을 발견하였다.[38] 그들은 또 마르크스의 글을 축조주석함으로써 그의 변증법적 역사 해석과 헤겔, 리카르도, 유토피아와의 혼합이 구체적 사실해석에 무력하다는 사실도 발견하였다.[39]

현대 사회학의 창시자로 추서되는 뒤르켐(Emile Durkheim)은

> 사회주의란 미래지향적이어서 사실적 대상에 향하고 있지 않다. 따

---

37) H.S. Hughes, *Consciousness and Society, The Reorientation of European Social Thought* (1890~1930), pp. 67~68.

38) *Ibid.*, p. 74.

39) *Ibid.*, p. 69.

> 라서 참다운 과학적 성격을 결여하고 있는 것이다. 사회주의는 사실상 하나의 이상이다.

고 갈파하였다. 이 점은 마르크스도 예외가 아니었다. 그래서 뒤르켐은 마르크스의 《자본론》은 '격정' 그 자체이다. "그것은 과학이 아니다"라고 비판하였다.[40)]

파레토(Vilfred Pareto)는 마르크스 이론 속에 숨어 있는 기본개념인 '계급투쟁론'을 진실과 허구가 뒤섞인 함정으로 보았다. 그는 사회주의의 성서 《자본론》이 성공한 이유가 다른 모든 경전이 그러하듯 모호와 난해성 때문이었다는 점을 지적하고 《자본론》을

> 속인과 식자의 이해를 만족시키도록 계산된 격정과 이성의 교묘한 혼합이다.

라고 비판하였다.[41)] 파레토는 또 그의 마르크스 비판서인 《사회주의의 체계》(*Les Systémes Socialistes*, 1902)에서 부르조아와 프롤레타리아트의 투쟁이란 구도는 너무 단순한 가설이라 비판하고

> 역사적으로 볼 때 소위 대중지도자란 권력에서 소외되어 심술난 초능력의 소유자이며 혁명이란 또 하나의 새로운 사회 엘리트가 낡은 엘리트의 자리를 빼앗으려는 투쟁에 불과했다. 이 경우 인민은 그들의 초라한 졸개로 봉사할 뿐이다. 대중은 그들 자신이 정의와 자유와 인류를 위해 싸우고 있다고 확신하지만 그들의 지도자들은 마치 그러기나 한 것처럼 겉으론 성실히 그것을 상상할 뿐이다. 그러므로 실제에 있어서는 새 엘리트가 그들 자신의 계급적·개인적 이익을 도모하는 데 지나지 않는 것이다.

라고 파레토 특유의 엘리트 이론을 곁들여 설명하고 있다. 그러나 "대중은 혁명이나 내란에서 하나의 수동적 도구에 불과하다"는 파레토의 주장은 뒷날 현대의 보수적 독재주의를 합리화하는 이론으로 찬양되고 말았다.

크로체는 19세기 이탈리아 유일의 공산주의 이론가 라브리올라(Antonio Labriola)에게 배웠으나 스승에 대해 강한 반발을 보여 마르크스를

---

40) *Ibid.*, p. 77.
41) *Ibid.*, p. 81.

> 그의 이론은 한정된 사회현상을 설명하기 위한 필요에서 나왔다. 그것은 그것을 창안한 혁명가와 정치가의 감정과 밀접히 관련되고 있다. 마르크스가 저지른 과오는 자신의 역사적 지식을 사실적 차원을 훨씬 넘어서서 확대시키려 한 데 있다. 그렇게 함으로써 그는 어떤 기지의 사회와는 아무런 관련도 없는 이상이며 도식적인 개념에 도달하였다.

고 비판하였다.[42] 소렐(Georges Sorel)은

> 마르크스의 언어는 자주 정확성을 잃고 있는데 이유는 그가 단 한마디로 역사 운동의 전체를 포괄하려 했기 때문이며, 그것을 그 모든 복잡성에서 생각하려 들었기 때문이다. 인간의 지식은 결코 그같은 종합을 표현할 수단을 갖지 못한다.

라고 하여 마르크시즘을 '사회시(社會詩)'(social poetry)라 비난했다.

소렐에 있어 과학적 진술이란 하나의 근사치를 표현하는데 지나지 않았다. 그러므로 마르크스의 이론은 하나의 상식의 영역에 속하지 과학의 영역에 속할 문제가 아니었고 그것은 사회시일 뿐이라는 것이다.[43]

이처럼 마르크시즘 비판은 19세기 말 20세기 초의 서구 사상계를 뒤흔들었다. 이것은 마르크스 주의의 충실한 후계자들 간에도 마찬가지였다. 즉, 그들 역시 예언자요, 동시에 사회과학자라는 두 마르크스를 어떻게 이해하느냐 하는 딜레마에 부딪쳐 수정주의와 혁명주의, 사회주의와 공산주의의 두 진영으로 갈라지고 말았다.

문제의 제기자인 베른슈타인(Bernstein, 독일사회민주당)은 마르크스의 예언이 사실과 달랐다는 점을 지적하였다. 그에 의하면 마르크스의 말과는 달리 20세기에

> 농민은 영락하지 않고 중산층은 없어지지 않았다. 통곡은 커지지 않았으며 비애와 예속은 증대되지 않았다.

는 것이었다. 그는 이러한 현실적 상황에서 유럽 사회주의자의 유일한 합리적 전략은 의회활동을 통한 점진적 개혁이라 주장했다. 이같은 내외의 비판과 분렬로 19세기 말의 사회주의자들은 심한 '교의위기'(doctrinal crisis)를

---

42) *Ibid.*, p. 88.
43) *Ibid.*, pp. 93~94.

겪기에 이르렀다.[44]

그러나 마르크시즘이 현대 역사학에 끼치고 있는 영향은 누구나 부정할 수 없는 현실이다. 마르크시즘이 오늘날 민족주의나 자유주의와 같은 하나의 정치적 이데올로기로 존재하든, 또 그것이 세속종교(secular religion)의 모습으로 존속하든 우리가 알 바 아니다. 단지 교의로서가 아니라 하나의 학문적 의미에서 우리에게 접근할 때 그것은 포퍼의 말처럼

> 우리들 인간이 저지른 많은 과오 중의 하나다. 그러므로 마르크시즘은 그러한 과오의 삽화일 따름이다.[45]

라고 대답할 것인지, 아니면 마르크스의 완전한 수도승(Marxian fakir)은 아니더라도, 르페브르가 한 말처럼

> 마르크시즘은 내게 이론적 기초를 주었을 뿐 아니라 결론도 주었다.[46]

고 고백할 것인지가 문제인 것이다. 그러나 마르크스의 예언자적 얼굴과 과학적 얼굴을 떼어 생각하기란 지극히 어려운 것이다.

---

44) *Ibid.*, p. 71.
45) Karl Popper, *Open Society and its Enemies*, preface.
46) A. Cobban, *The Social Interpretation of the French Revolution* (Camb. Univ. Press, London, 1964), p. 11

제 4 절
순환론적 역사관

현대의 지적 유목민의 가장 큰 충동은 대도시로의 동경과 향수다. 그는 자기 고향땅으로 돌아가느니 보다 차라리 포장된 대로상에서 죽기를 원한다.

— Oswald Spengler

Ⅰ. 미학적 역사관

1. 쇠퇴위기의 역사관

어느 시대를 막론하고 각기 자기가 살고 있는 시대를 위기로 보는 경향이 있다. 그러나 객관적으로 보아서 위기나 파국 그리고 전환기에 있다고 생각되는 시기에 위대한 역사 철학이 나오기 마련이었다. 성 아우구스티누스의 《신국론》이 그랬고 헤겔의 《역사철학》이 그랬다. 그러나 쉬펭글러와 토인비의 연구는 위기를 직접 그 주제로 삼고 있다는 데 큰 특색이 있다.[1] '위기'를 설명하는 데에는 진보적이건 퇴보적이건 단일 직선적인 역사 해석을 가지고서는 부족하다. 사실 직선적 역사관은 역사적 현실과 부합되지 않는 많은 국면을 갖고 있다. 즉, 문명이 어떤 시기와 지역에서 발생하여 재차 발전하려면 일시 몰락하거나 아주 소멸해 버리는 경우가 많기 때문이다.

쉬펭글러와 토인비의 역사 철학은 현대 서구문명의 위기를 주제로 한 전형적인 순환사관이다. 순환사관의 시조를 흔히 뷔코(Giambattista Vico)가 제창한 '역사의 복귀'이론에 두지만 사실 그 기원은 너무나 오랜 것이다. 뷔코는 역사를 '감각의 야만시대', 즉 영웅시대로부터 문명시대로 발전한다고 말하고 문명시대가 끝나면 '반성의 야만시대'라 할 타락과 지성의 시대로 후퇴한다고 했다. 역사는 이런 과정을 되풀이하지만 결코 원위치로 복귀하는 것은 아니다. 새로운 문화가치가 첨가되어 발전하면서 순환하기 때문에 역

1) Petirim A. Sorokin, *Modern Historical and Social Philosophies* (New York, 1963), p. 4.

사는 일종의 나선형적 발전을 거듭한다는 것이었다.

그러나 20세기에 들어오면 토인비, 쉬펭글러 말고도 순환론적으로 설명하는 역사 철학자가 많이 나온다. 예컨대 영국의 페트리(sir Flinders Petrie) 경, 독일의 리게티(Paul Ligeti) 같은 이는 미학적 역사 해석을 주장한다.[2] 이들은 역사에 있어서의 예술현상의 변천·발전, 그리고 순환을 사회·문화의 진보일반에다 관련시켜 둘 사이에 어떤 규칙성을 발견하려 하였다. 이미 람프레히트가 예술현상의 중요성을 강조하 바 있다.[3] 그러면 이 미학적 역사 해석이라는 특이한 사관을 먼저 소개하고 다닐렙스키와 쉬펭글러의 역사관을 살펴보기로 하자.

2. 예술사관의 등장

페트리는《문명의 혁명》(*The Revolutions of Civilizations*, London, 1912)에서 모든 예술은 ① 고졸단계로부터, ② 자유단계로 발전한다고 말하고 예술의 각 분야 이를테면 조각, 미술, 음악 등은 모두 동시적으로 고졸에서 자유단계로 넘어가는 것이 아니라, 조각이 먼저 그리고 미술, 문학, 음악의 순서로 넘어간다고 주장하였다. 그에 의하면 유럽 예술의 각 분야는 다음과 같은 단계로 고졸기에서 자유기로 넘어갔다는 것이다.

조각(sculpture)	1240 A.D.
미술(painting)	1400 A.D.
문학(literature)	1600 A.D.
음악(music)	1790 A.D.
기계(mechanics)	1890 A.D.
과학(science)	1910 이후
부(wealth)	1910 이후

이같이 조각이 먼저 절정에 달하여 고졸기에서 자유기로 넘어가면 이어 100여년 내지는 200년의 간격을 두고 미술, 문학, 음악, 기계, 과학이 차례로

2) *Ibid.*, p. 11.

3) K. Lamprecht, *Einführung in das historische Denken*, 1912 (일역),《歷史的 思考入門》

발전하여 마지막으로 경제적 부가 절정에 달한다는 것이다. 또 이같은 현상은 비단 유럽 뿐만 아니라 다른 문화에서도 나타난다고 보았다.

이와 같은 페트리의 견해와는 달리 리게티는 그의《카오스로부터의 길》(*Der Weg aus dem Chaos munid*, 1931)이란 저서에서 모든 문화에 있어 건축이 제일 먼저 꽃을 피우고 다음에 조각이 개화한다고 말하고, 이어 문화가 쇠퇴하기 시작하면 미술이 고조에 이른다고 주장했다. 예를 든다면 유럽 문화의 경우 중세에 건축이 크게 발전하였으나 조각이나 미술은 원시적이었다. 문예부흥기에 이르면 건축과 미술의 종합으로서 조각이 발전한다. 끝으로 현대는 조각이나 건축에 있어 이렇다 할 발전을 보이지 못하고 있지만 미술이 높은 수준에 이르고 있다.

이와 유사하게 그리스 예술의 첫 시대는 건축이, 이어 페리클레스의 그리스 전성시대에는 조각이 각각 발전하고, 390 B.C. 이후의 문명쇠퇴기에는 '미술'의 시대를 이루었다. 또 고대 이집트에서도 고왕국의 예술은 건축, 중왕국의 예술은 조각, 신왕국은 미술이 성행하였다. 이 밖에 중국, 일본 등 다른 나라의 역사에 있어서도 같은 순서를 보여주고 있다. 따라서 리게티는

> 이들 예술의 리듬 뒤에는 법칙이 있다. 즉, 모든 문화는 건축시대로 시작해서 미술시대로 끝난다.

고 말한다.[4] 그는 이 법칙을 더욱 확대시켜 이 문화·예술발전의 '3단계법칙'이 비단 각 문화의 단기적 현상에만 적용되는 것이 아니라 모든 인류문화의 장기현상에도 적용될 수 있다고 말한다. 이를테면 이집트 같은 위대한 고대문화는 건축의 문화요, 그리스·로마와 같은 다음 문화는 조각의 문화요, 유럽과 같은 근대문화는 '미술의 문화'라는 것이다.[5]

3. 상징·고전·낭만

이들 페트리와 리게티의 역사 해석이 헤겔의 미학이론에 크게 영향을 받고 있다는 사실을 잊어서는 안 된다. 헤겔에 의하면 예술의 진화란 관념(idea)과 정신(spirit)의 표현이나 다름없다. 이 표현의 과정은 크게 세 단계

---

4) W.H. Dray, *Philosophy of History*, Englewood Cliff N.J.(1954), p. 34.
5) P.A. Sorokin, *op. cit.*, p. 14.

를 거친다. 그 각 단계는 제각기 그 표현의 특징을 갖고 있는데 그것은 상징적 단계, 고전적 단계, 낭만적 단계이다.6)

첫 번째의 상징적 단계란 관념이 참다운 예술적 표현을 이루지 못한 단계로서 아직 감각적 형태의 표현의 단계다. 두 번째의 고전적 단계는 관념과 그 표현이 충분히 조화를 이루는 단계이다. 그러나 세 번째의 낭만적 단계에서는 관념과 그 구현과의 완전한 종합이 다시 무너진다. '정신은 관념의 무한정한 주관화'이기 때문에 관념은 어떤 감각적인 일정한 형식에 얽매일 수 없다. 이리하여 외적 형식은 부차적인 것이 되고 만다.

헤겔은 그가 세운 예술발전의 3단계를 구체적으로 건축(상징), 조각(고전), 미술과 음악·시(낭만)의 세 단계라 말했다. 그런데 이같은 건축, 조각, 미술이 발전할 때도 각기 그 나름대로 상징, 고전, 낭만의 세 단계를 거쳐 발전한다는 것이다.7) 헤겔에 의하면 오리엔트 예술은 상징적이요, 그리스·로마는 고전적 단계요, 낭만적 단계까지 도달한 예술은 오로지 유럽, 그것도 근대 유럽 예술뿐이라는 것이다.8) 따라서 '현재를 즐기라'(Carpe diem), '술·여자·그리고 노래', '재즈'와 '유행가' 등 순간성이 지배하는 현대는 분명 헤겔이 말한 예술의 마지막 단계, '미술시대'에 해당하는 것이다.9)

이와는 달리 플라톤이 "지상의 모든 것은 시작이 있고 끝이 있다."고 했듯이 예술도 유년기, 소년기, 성년기 그리고 노년기(decadence)가 있다는 식으로 생각하는 사람이 많다. 예를 들면 데온나(Waldeman Deonna)는 주로 조각과 미술사를 연구하여 예술사는 크게 ① 구석기예술, ② 신석기예술, ③ 그리스·로마 예술, ④ 기독교 예술 등과 같이 네 시기로 구분된다고 주장하였다.

그리고 이 네 예술은 제각기 ① 고졸기에서 ② 고전기로 발전하며, 다시 ③ 쇠퇴기로 접어든다고 주장하였다. 이 같은 예술사관은 다닐렙스키와 쉬펭글러 그리고 토인비의 순환사관으로 발전하는 것이다.10)

---

6) *Ibid.*, p. 18.
7) *Ibid.*, p. 19.
8) *Ibid.*, p. 20.
9) *Ibid.*, p. 27.
10) *Ibid.*, p. 28.

Ⅱ. 다닐렙스키의 순환사관

1. 러시아와 서유럽

쉬펭글러와 토인비의 순환사관에 가장 직접적인 영향을 끼친 사람은 러시아의 다닐렙스키(Nikolai Yakovlevich Danilevsky, 1822~1885)로 알려지고 있다. 다닐렙스키는 1849년 성 페테르부르그 대학에서 식물학 석사학위를 취득했으나 정치범의 협의를 받아 러시아의 바스티유 감옥으로 알려진 페트로파블로브스카야(Petropablovskaya)성에 100일간 수감된 바 있고 석방된 뒤에는 지방관리로 임명되어 주로 농림부와 수산청 부문에서 종사하였다.

저서로는 수산부문에 관한 연구 이외에 다윈의 진화론에 관한 두 책, 그리고 경제(《러시아 루불의 평가절하》), 정치(《러시아의 동방문제》(1879) 등), 역사(《마갸르족의 진로》), 언어(《대러시아어 사전》) 등 광범위한 분야에 걸친 연구업적을 남겼다. 이같은 박식을 바탕으로 그의 유명한《러시아와 유럽》(*Rossiai Evropa; Russia and Europe, Zaria,* 1871)이 나왔다. 이 책의 초판과 재판이 팔리는데 무려 17년이나 걸렸다. 그러나 1888년에 나온 3판은 수개월만에 매진되어 이듬해 4판이 나왔다. 그의 《러시아와 유럽》이 나오자 러시아의 자유주의자들은 크게 흥분하여 다닐렙스키를 비난했으나, 보수주의자와 슬랍 민족주의자들은 반대로 그를 극구 찬양했다.

그런데 다닐렙스키의 큰 주제는 "유럽은 왜 오랫동안 러시아를 적대시하여 왔는가?"라는 매우 간단한 의문이었다. 이 간단한 의문에서 그의 혁신적 역사 철학이 나왔으니 예상밖의 일이었다.

다닐렙스키는

> 유럽은 러시아를 유럽의 일부라 생각하지 않는다.…… 유럽은 러시아와 슬라브 민족 속에서 이방인을 발견하였고 또 적대세력을 발견하였다.

라고 말한 후

> 우리가 성실하고 사심 없이 어떤 유럽식 입장을 받아들이면 받아들

일수록 유럽은 우리를 더욱 깊이 증오한다.

고 강조했다. 그러면 이같은 증오와 적대심의 뿌리는 무엇인가?

유럽은 지리적 단위가 아니다(지리적으로 보면 유럽은 아시아 대륙의 서쪽 반도에 지나지 않는다). 그것은 일종의 문화·역사적 단위, 즉 게르만·로마 문명의 일부다. 그런데 게르만·로마 문명으로서의 유럽은 인류문명의 전체가 아니다. 그것은 많은 문명중의 하나다. 그리스·로마 문명마저도 지중해 문명이지 유럽 문명은 아니지 않은가. 그리스·로마 문명은 유럽, 아시아, 아프리카에 걸쳐 있다. 호머는 소아시아(지금의 터키)에서 태어났다. 시, 철학(탈레스), 역사(헤로도투스), 의학(히포크라테스) 그리고 그리스의 조각이 모두 소아시아에서 시작되었다. 소아시아는 유럽인이 말하는 아시아다. 그리스 문화는 소아시아에서 에게해를 건너 그리스에 이식되었다. 아테네가 그 중심지가 되더니 그 곳에서 다시 알렉산더로 확대되었다. 그러므로 고대 그리스 문화는 유럽의 독점물이 아니다. 그것은 유럽에서 비롯된 것도 아니요 유럽에서 끝맺어진 것도 아니다.

러시아는 불행인지 다행인지 모르나 유럽에 속하지도 않았고, 그리스·로마 문명에 속하지도 않았다. 러시아는 그래서 봉건제도를 몰랐고 시민적 자유니 정치적 자유니 하는 것도 몰랐으며, 가톨릭도 프로테스탄티즘도 받아들이지 않았다. 러시아는 스콜라 철학의 억압을 경험하지 않았고 근대 과학을 창조해 낸 사상의 자유도 알지 못했다. 한 마디로 말해서 러시아는 유럽의 좋은 것(European good)도 나쁜 것(European evil)도 함께한 일이 없었던 것이다. 이 매서운 슬라브 주의가 새로운 순환사관을 만들어냈던 것이다.

2. 서유럽 중심사관의 비판

종래의 역사관 가운데 두 가지 중대한 넌센스가 있다. 그 첫째는 직선적 진보사관이다. 이것은 유럽 문명이 세계사에 있어 가장 보편적인 문명이라는 그릇된 사고에서 비롯된 것이며, 둘째는 고대, 중세, 근대 유럽 문명만이 진보적이며 다른 문명은 모두 정체적이고 비창조적이라는 유럽 중심적 역사관이다. 흔히 고대는 로마제국의 멸망으로 끝나며, 중세는 '신대륙의 발견'으로 끝나 근대로 이어진다. 이 시대구분법을 모든 인류 역사과정에다 적용하려 드는 것은 논리적으로나 사실적으로 완전히 넌센스다. 이 3분법은 사람의 일생을 "내가 태어나기 전에(고대), 내가 학교를 졸업할 무렵(중세), 내가 결혼한 뒤(근대)"로 구분하는 방법을 약간 개량한 데 불과하다. 로마제국의 멸망이 중국이나 인도 그리고 아랍 민족의 역사와 무슨 상관이 있단 말인가. 로마가 망한 476 A.D., 즉 5세기 말에 세계사 전반에 무슨 큰 변동이 일어났었단 말인가.

결국 한 가지 사건이 전인류의 문명을 갈라놓을 수는 없다. 가령 기독교의 발생이 중요하다면 그것은 로마사가 기독교 이후시대와 기독교 이전시대로 나뉠 근거는 될망정 그 이외의 아무런 뜻도 없다. 그나마, 후 기독교와 전 기독교 시대는 실제에 있어 분리시킬 수 없는 연속이다. 로마제국 멸망 이전에 생존했었다고만 해서 그리스인, 로마인, 중국인을 모조리 고대인이라 부른다면 그것은 마치 버섯과 고사리를 단지 꽃이 없다는 이유만으로 같은 식물류로 분류하는 린네식 식물분류법과 다를 바 없다. 이리하여 이 무의미한 시대구분의 덕으로 로마의 카토(Cato)와 콘스탄티누스 대제, 오리엔트의 솔로몬, 람세스(Ramses), 그리스의 페리클레스(Pericles)가 한 집단, 한 시대에 소속되게 된다. 그러나 네 발이 없다고 해도 바다의 굴과 까마귀는 서로 같지 않다. 그러므로 엄격히 말해서 로마, 그리스, 인도, 이집트 그리고 모든 민족이 그들 나름의 고대와 중세와 근대를 가진 것이다. 그것은 마치 어느 유기체와도 같이 제 나름의 발전단계를 거치는 것이므로 반드시 3단계여야 한다는 법도 없는 것이다.

3. 10대 문명

다닐렙스키는 세계사에 등장한 주된 문화와 역사를 달리하는 10대 문명을 연대순으로 나누었다. 즉, ① 이집트, ② 중국, ③ 앗시리아 · 바빌로니아 · 페니키아 · 칼데아 또는 고대 셈, ④ 힌두, ⑤ 이란, ⑥ 헤브류, ⑦ 그리스, ⑧ 로마, ⑨ 新 셈(Neo-Semitic) 또는 아랍, ⑩ 게르만 · 로마 또는 유럽이 그것이다. 여기에다 다닐렙스키는 미국인의 폭력으로 인하여 사멸해버린 아메리카와 멕시코 · 페루의 잉카문명을 추가할 수 있다고 덧붙였다.

그런데 이들 현존 10개 문명은 제각기 자기의 정신적 특성과 환경에 따라 이루어진 것인데 그 중 하나는 그 문명 자체로 끝나버린 단생적(單生的) 문명군(文明群)이고, 다른 하나는 한 문명이 다음 문명의 밑거름이 되어 계승된 전달적 문명군이다. 후자, 즉 전달적 문명으로 ① 이집트, ② 앗시리아 · 바빌로니아 · 페니키아, ③ 그리스, ④ 로마, ⑤ 헤브류, ⑥ 게르만 · 로마(유럽) 등 여섯을 들 수 있고, 전자, 즉 단생적 문명은 중국과 인도문명을 들었다. 그렇다고 해서 이 두 문명이 열등문명이라고 속단해서는 안 된다. 단생적 문명은 참다운 진보를 촉진하는 창조적 인간정신을 형성하는 데 크게 기여하였다고 변명한다. 그러나 다닐렙스키도 별 수 없이 아시아를 멸시하고 있다.

다닐렙스키는 또 모든 민족의 역사적 사명수행 형태에 따라 세 가지 유형으로 구분한다.

첫째, 긍정적(창조적) 문명으로 ① 이집트, ② 앗시리아 · 바빌로니아 · 페니키아 · 칼데아 또는 고대 셈, ③ 중국, ④ 힌두, ⑤ 이란, ⑥ 헤브류, ⑦ 그리스, ⑧ 로마, ⑨ 新 셈 또는 아랍, ⑩ 게르만 · 로마(유럽)(여기에다 멕시코와 페루의 두 사멸문명을 추가할 수 있다.) 등이 있다.

둘째, 부정적(파괴적) 민족으로는 노쇠하고 죽어가는 문명에 최후의 일격(coup de grace)을 가한 민족인데, ① 몽고족, ② 훈족, ③ 터키족 등이 그것이다.

셋째, 민족학적 자료로 끝난 민족으로 문명의 수준까지 이르지 못한 여러 민족들을 들고 있다.

이상의 세 문명과 민족들은 마치 태양계의 행성처럼 나타났다가는 사라지고 또 서로 충돌하기도 한다는 것이다.

Ⅲ. 쉬펭글러의 순환사관

1. 서유럽은 몰락한다

쉬펭글러(Oswald Spengler, 1880~1936) 역시 할레(Halle) · 뮌헨 · 베를린 등 여러 대학에서 수학 · 박물학 · 역사 그리고 예술 등 다방면에 걸쳐 수학한 박학자였으며, 이 박식을 바탕으로 유명한 그의 《서구의 몰락》(*Der Untergang des Abendlandes*)을 저술하였다. 《서구의 몰락》은 사실 1911년에 붓을 들어 시작해서 14년까지 3년 걸려 탈고한 것이다. 그런데 바로 그 해에 제1차 세계대전이 터져서 출판사가 출판을 거부하여 쉬펭글러는 출판사에서 원고를 찾아와서 다시 3년 더 추고를 거듭한 끝에 대전이 끝난

1918년 7월에 출판에 성공했다. 난산 끝에 햇빛을 보게 된 《서구의 몰락》(1922년 수정판) 서문에서 그는 "괴테가 내게 방법을 제공하고 니체가 내게 문제의식을 주었다"고 하면서 기고만장하였다.[11]

누구나 쉬펭글러의 《서구의 몰락》을 읽어 보면 난해하기 짝이 없다는 것을 안다. 이런 책이 어떻게 해서 팔렸을까 할 정도다. 더욱이 출판 당시 쉬펭글러는 잘 알려지지않은 고등학교 교사였다. 그런 무명인의 이단 철학이 그렇게도 선풍적인 인기를 얻으리라고는 상상도 못했던 일이다. 몇 해 안 되어 독일에서만 9만부가 팔린 《서구의 몰락》은 곧이어 여러 나라로 번역 출판되어 20세기 최대의 논쟁과 반향을 일으켰던 것이다. 따라서 무명의 고교교사 쉬펭글러는 이 한 권으로 하루 아침에 일약 세기의 사상가로 뜨고 말았다.

비록 쉬펭글러의 사고와 저술형태 그리고 《서구의 몰락》의 전체성격이 다닐렙스키의 저서와 매우 다른 점이 있다고 하더라도 두 역사관의 골격은 같다고 보아야 하며 그 기본착상이 너무나도 흡사하여 모방 또는 표절에 가까울 정도였다.[12] 그러나 쉬펭글러는 비열하게도 단 한번도 다닐렙스키의 책을 인용하지 않았다.

그러나 1921년 쉬펭글러를 방문한 바 있는 모스크바 대학의 스페트(Spet) 교수는 쉬펭글러의 서재를 찾아가서 다닐렙스키의 저서가 서가에 꽂혀 있는 걸 목격했다. 이로 미루어 그가 다닐렙스키의 책을 자세히 읽었는지 아닌지는 알 길이 없으나 적어도 대강은 훑어 보았을 것이고 그 윤곽은 알고 있었음에 틀림없다.[13]

쉬펭글러도 다닐렙스키처럼 "역사를 서유럽문화의 관점에서 보고 이를 덮어 놓고 고대·중세·근대로 구분하는 서구중심사관은 전혀 무의미하고 불모의 도식이다."고 비난하였다. 서구중심의 역사를 코페르니쿠스 이전의 천동설적 역사 체계라 꼬집은 쉬펭글러는

---

11) *The Decline of the West*, trans, C. F. Atkinson, 2 Vols, New York, 1947. 쉬펭글러의 그 밖의 저서로는 *Preussentum und Sozialismus* (1920), *Pessimismus* (1921), *Politische Pflichten der Deutschen Jugend* (1924), *Neubau des Deutschen Reighes* (1924), *Der Mensch und die Technik* (1931) 등이 있지만 모두 범타, 즉 팔리지 않는 책으로 끝나고 말았다.

12) P.A. Sorokin, *Modern Historical and Social Philosophies*, p. 72.

13) *Ibid.*, p. 329.

> 19세기는 기원전 19세기보다 훨씬 중요하게 보인다. 그러나 달도 우리 눈에는 목성이나 토성보다 훨씬 크게 보인다. 자연과학자는 벌써 옛날에 이 원근의 환각에서 해방되었다. 그러나 역사가는 아직도 그 피해자인 것이다.

라고 말한다.[14)]

그러면 쉬펭글러의 이른바 '코페르니쿠스적 역사 체계'란 어떤 것인가? 그는 우선 모든 존재를 '자연으로서의 세계'와 '역사로서의 세계'로 나눈다. 즉, '제1의 우주'(first cosmos)인 자연은 인과율(causality)이 지배하고, '제2의 우주'인 역사는 운명(destiny)이 지배한다고 말한다.[15)] 따라서 역사 세계에 대해서는 역사 관상학이 성립되고, 자연 세계에 대해서는 자연주의적 분류학이 성립된다.

이렇게 파격적으로 역사를 정리한 쉬펭글러는 "역사는 예술이다"고 선언한다. 역사는 예술이므로 과학에서처럼 진실(true)이냐, 허위(false)냐를 따질 것이 아니라 '깊은가'(deep), '얕은가'(shallow)를 따져야 한다.

존 재	
역사로서의 세계	자연으로서의 세계
운명이 지배한다. 시간의 논리에 따른다. 개체, 율동, 인상적, 일회적 사실을 갖는다. 운명인(destiny-men)	인과율이 지배한다. 공간의 논리에 따른다. 계량적, 무시간적, 기계적, 보편성 그리고 일반법칙을 갖는다. 인과율인(causality-men)

2. 생물학적 문명관

쉬펭글러에 의하면 문명은 생물체이다. 일정한 과정을 밟고 나면 필연적으로 노쇠하여 수명을 다한다는 것이다.

'인류'는 목적도 없고 이념도 없고 계획도 없다.… 그것은 한 생물학적 표현이요 공허한 '말'이다…… "나는 하나의 직선적 역사의 허구 대신 수많은 힘찬 문화의 드라마를 본다. 문화는 제각기 자신의 이념, 감정, 생명, 의지와

14) *Ibid.*, p. 73.
15) *Ibid.*, p. 74.

죽음을 갖는다. 문화는 자라고 늙어도 인류는 늙지 않는다."[16]

"문화는 꽃이 자라듯 아무런 목적없이 자라난다." "문화는 유기체다. 세계사는 그러니까 생물학이다." 문화는 출생, 성장, 그리고 그들의 운명을 밟고 죽는다. "모든 문화는 소년, 청년, 장년, 노년기를 갖는다." 문화의 영혼 속에 타고 있는 불이 꺼지면 그 문화는 마지막 단계인 문명단계에 이른다. "모든 문화는 그 자신의 문명을 갖는다. 문명은 문화의 피할 수 없는 운명이기 때문이다."[17]

문화의 쇠퇴기가 곧 문명인데 문명기의 특징은 다음과 같다.[18]

① 세계주의와 대도시가 민족, 혈족집단 그리고 조국에 대립한다.

② 과학적 무종교 또는 추상적인 죽은 형이상학이 종교를 대신한다.

③ 냉혹한 사실주의가 권위 및 전통숭배와 대립한다.

④ 국제사회(즉 세계)가 '내 나라', '내 국가'를 대신한다.

⑤ 돈과 추상가치가 땅과 실질가치보다 높이 평가된다.

⑥ 민족 대신 대중(mass)이, 그리고 모성애보다 이성애(sex)가 높이 평가된다.

⑦ 제국주의와 도시화 현상이 일어난다.

⑧ '문명'인의 외향적 정력소모가 문화인의 내향적 정력소모에 대신한다.

⑨ 대형(bigness) 숭배가 유행한다.

⑩ 여러 학설의 혼합주의(syncretism)가 지배한다.

⑪ 권력추구가 격렬해진다.

⑫ 통합보다 계급투쟁이 격화된다.

그런데 문명단계는 그렇게 화석화된 상태로도 수백 년 아니 수천 년 동안이나 계속되는 수가 있다. 그 실례를 우리는 중국, 인도, 이슬람 세계에서 목격한다. 이 단계에서 일부 문명은 지루한 인도의 여름(Indian summer)을 맞는다. 사라져가는 그들의 창조력은 다시 한번 소생하여 모든 쇠퇴하는 문화에 공통적인 고전주의를 낳는다.

문명은 결국 시들어서 어둠 속으로, 어머니의 자궁으로, 땅속으로 들어가고 마는데 그러기 전에 '제2의 종교광 시대'(the spell of second religiosity), 즉 로마 말기의 기독교와 같은 새로운 종교운동이 일어난다. 여기서 새로운

---

16) *Ibid.*, p. 78.

17) *Ibid.*, p. 76.

18) *Ibid.*, p. 77.

문화의 탄생이 가능해진다. 이것이 쉬펭글러가 말하는 문화의 '생의 순환'(life-cycle)이다. 이 '생의 순환' 배후에는 신비스러운 '우주의 정력'이 움직이고 있어서 문화가 활력을 되찾는다고 한다.[19]

쉬펭글러에 의하면 오늘날 서구의 예술은 문명단계에 이르렀다. "극장에 가나 음악회에 가나 또 전시회에 가나 시장에 팔기 위해 만드는 수리공의 작품밖에 찾아볼 수 없다." 모조리 모조품뿐이다. 아씨리아, 이집트, 중국, 멕시코 등의 양식을 도용해 온 이들 위(僞) 예술(pseudo-art)이 바로 문명기, 즉 쇠퇴기 예술의 특징인 것이다. 이같은 현상은 윤리와 자연관에도 똑같이 나타난다.[20]

3. 문화발전의 4계절

쉬펭글러는 세계사에 나타났다가 사멸됐거나 아직 살아남아 있는 8대 문화로, ① 이집트, ② 바빌로니아, ③ 인도, ④ 중국, ⑤ 그리스·로마(고전 또는 아폴로, Apollian), ⑥ 아리바아(또는 마기, Magian), ⑦ 멕시코, ⑧ 서구(또는 파우스트, Faustian) 등을 들었다.[21]

그런데 이들 8대 문화는 제각기 자신의 전제 또는 상징을 갖는다. 예컨대, 중국문화의 상징은 길(道敎 tao)이요, 이집트의 그것은 돌이다. 이 상징여하에 따라 그 문화가 갖는 과학, 철학, 예술, 신앙 그리고 사고, 생활, 행동양식 등이 달라진다.[22]

쉬펭글러의 사회형태의 동태학에 의하면 모든 문화는 ① 문화 이전의 단계, ② 초기 문화의 단계, ③ 후기 문화의 단계, 그리고 ④ 문명의 단계의 4단계를 거쳐 간다.

(가) 문화 이전의 단계(봄)

유목단계에서 농경단계에 이르면 원시인은 농민, 즉 인간이 식물이 되어 정착하고 땅에 뿌리를 박는다. 자연을 증오하던 인간은 농경을 알고 난 뒤부터 자연을 어머니로 섬기게 된다. 그러나 농민은 무 역사(historyless)적인

---

19) *Ibid.*, p. 79.

20) *Ibid.*, p. 87.

21) *Ibid.*, p. 79.

22) P.A. Sorokin, *ibid.*, pp. 90~95. 도표의 연도표시는 각 시대의 전성기를 가리킴.

쉬펭글러의 문화발전단계

	인도 Indian 1500 B.C. 부터	지중해 Classical 1100 B.C. 부터	아 랍 Arabic 0 A.D. 부터	서유럽 Western 900 A.D. 부터
봄 (Spring) 신화의 탄생과 그 전성	1500～1200B.C. Veda 신화	1100～800B.C. Homer의 시 Hesiodos의 시	0～300 원시기독교복음 Mani, Talmud	900～1200 게르만 가톨릭 Siegfried Nieberungen Thomas Aquinas의 Scholasticism 1200～1330
여 름 (Summer) 종교개혁과 과학의 탄생	전 9세기 Brahman과 Upanishads	전 7～6세기 Dionysos 신앙 Pythagoras	6～7세기 Byzantine Mohamed	16～17세기 Galileo Bacon Descartes Pascal Newton Puritanism (영국) Jansenism(프랑스)
가 을 (autumn) 계몽주의 이성 숫자의 전성	Buddha Yoga	Sophist Socrates Platon Aristoteles	Mutazilites sufism Alkindi(c.830) Alfarabi(d'950) Avicenna (d.c. 1000)	Lock 백과전서파 Voltaire Rousseau Goethe Kant Hegel
겨 울 (Winter) 유물론적 세계관	Sankhya, Tscharvoka, Lokoyato 인도불교	견유학파 Cynics Hellenism Epicurus stoicism	Alchwarismi (800) Ibn Kurra (850) Alkarchi	Comte Darwin Marx Schopenhauer Nietjche Anarchism Socialism

존재가 된다. 그러므로 농촌은 세계사의 일부가 아니다. 농민은 영원인(eternal man)으로 문화와 전혀 무관하다. 도시적인 모든 것을 불신하고 도시생활을 냉담하게 바라보면서 종교에서 최신도구에 이르기까지 모든 도시가 만든 물건을 받아쓴다. 농민의 경건성은 기독교 신앙 이전이다. 그의 윤

리와 형이상학은 모든 종교적·정신적 역사의 영역 밖에 놓여 있어 사실상 그들은 역사를 전혀 갖지 못한다.

이 시대에는 또 정치도 없고 계급, 대중, 국가도 없다. 있다면 추장을 가진 혈연적 부족이 있을 것이다. 외인에게 단지 민속학적 자료로 참고가 될 것이다. 이 단계에 해당하는 각 문화의 시기는 다음과 같다.[23]

이집트	3,400~3,000B.C. 메네스(Menes)의 통일 이전
지중해	1,600~1,100B.C. 미케내(Mycenae)시대
중 국	1,700~1,300B.C. 商시대
서유럽	500~900A.D. 프랑크 왕국시대

(나) 초기문화의 단계(여름)

초기문화는 봉건제도와 귀족주의 국가의 두 단계로 구분된다.[24]

(a) **봉건제도**: 두 개의 획기적 현상으로 문화시대가 도래한다. 도시의 출현이 그 하나요, 귀족과 성직자 계급의 출현이 다른 하나다. 도시와 귀족·신관계급의 출현으로 문화 이전기의 부족들이 봉건국가로 조직화되기 시작한다. 성곽, 신전 또는 사원이 전원사회에 우뚝 솟는다. 도시와 신관이 나타나자 종교적·기사적 관념, 관념론, 가치 따위의 형태로 지식이 나타난다. 그러나 모든 조직은 아직 봉건적이요, 농경적인 채로 있다. 도시는 시장일 따름이요, 군사적 요새요, 종교의 중심지이다.

초기 문화의 단계

	봉건제도기	귀족주의국가기
이집트	문화 고왕국 (2,800~2,400 B.C.) 제1~5왕조	6~8왕조
지중해	도리아시대 (1,100~650 B.C.) 호머 시대	도시집주와 과두정치의 성립
중국	초기 주왕국 (1,300~800)	934~904
서유럽	고딕시대 (900~1,500)	영방군주국, 문예부흥기의 도시, 장미전쟁

23) *Ibid.*, p. 96.
24) *Ibid.*, pp. 97~98.

(b) **귀족주의 국가의 출현**: 봉건정치, 경제, 가치가 위기를 맞아 붕괴된다. 거기에 대신하여 귀족이 지배하는 국가가 성립된다. 도시와 지식인의 역할이 증대된다. 각 문화의 초기문화기는 다음과 같다.

(다) 후기문화의 단계(가을)

이 시대가 되면 국가와 정부라는 개념이 완전한 형태로 실현된다.[25] 제3단계 —부르조아지— 가 출현하고 성장한다. 도시는 질·양 양면으로 발전하고 농촌을 정치·경제·기술·지식 모든 면에서 지배한다. 도시적 가치가 농촌적 가치에 대신한다. 돈은 토지에 승리한다. 도시가 농촌을 착취하고 부르조아지가 지배적 지위에 오른다.

후기문화는 다시 ① 국가형태의 구체화, ② 국가절대주의의 절정, ③ 혁명과 나폴레옹 주의로 인한 시민의 승리 등과 같이 3단계로 구분된다.

후기문화의 단계

	1 기	2 기	3 기
이집트	이집트 중왕국 (2,150~1,800B.C)	12왕조 중앙집권 관료제의 확립	12왕조 혁명과 군사정권 (1,788~1,680B.C)
지중해	이오니아 시대 (650~300B.C) 제1참주정치 도시국가	순수 폴리스 데모스의 독재 테미스토클레스 페리클레스시대	4세기 사회혁명과 제2참주 알렉산더 대왕
중국	後周時代 (800~500B.C)	춘추시대 (590~480B.C)	전국시대 (480~441B.C)
서유럽	바로크시대 (1,500~800)	앙샹 레짐 로코코·루이 14세	미국·프랑스 혁명, 나폴레옹

(라) 마지막 문명의 단계(겨울)

이 문화의 마지막 단계에서 인간집단은 무정형의 대중(mass)으로 화한다. 국가, 민족, 사회신분은 분해하기 시작한다. 그리고 도시는 병리학적 대도시(patho- logical megalopolis)로 변하고 '제4계급'(fourth estate)인 '대중'이 대두한다.

혁명과 무정부상태 속에서 시이저주의(Caesarism)가 나타나고 전제적 독재정치가 나온다. 문화말기에 돈이 신분의무(noblesse oblige) 정책을 이겼

25) *Ibid.*, pp. 99~100.

듯이 이제 문명기에는 포악한 힘의 압제정치(force-politics)가 돈과 정치(부르조아를 포함)를 이긴다.[26]

문명기 역시 3단계로 구분된다.[27]

마지막 문명기

	돈(즉, 민주주의)의 지배 : 경제력이 정치형태와 권위를 지배한다.	제국주의의 성립 : 힘의 돈에 대한 승리, 정치형태의 원시화, 민족의 쇠퇴와 무정형의 대중화, 전제정치의 잔인화	시이저의 사적, 가족적 정치 : 약탈물로서의 세계, 화석화된 이집트주의, 관료주의, 비잔틴주의, 야만족과 신흥민족이 문명민족을 침략, 문명생활의 원시화
이집트	힉소스 시대 (1680~1580B.C)	18왕조 (1580~1350B.C)	19왕조 (1350~1205B.C)
지중해	정치적 헬레니즘, 알렉산더로부터 스키피오(Scipio) (300~100B.C)	술라부터 시이저, 티베리우스 (100B.C~100A.D)	트라야누스부터 아우렐리아누스 (100~300)
중국	(480~230B.C) 전국시대의 끝남 시황제	(250B.C~26) 서한왕조	(25~220) 동한왕조
서유럽	(1800~2000) 나폴레옹부터 세계대전, 열강체제, 전멸전쟁(annihilation), 제국주의, 시골뜨기 독재자	(2000~2200)	(2200 이후)

4. 세계도시의 출현

문명단계에 '세계도시'(megalopolis)가 출현한다.[28] 고대도시, 즉 바빌론, 테베, 알렉산드리아, 로마, 콘스탄티노플, 근대도시, 즉 파리, 런던, 뉴욕, 베를린 등이 그것이다. 그런데 이 세계도시는 문화의 생명을 자승자박으로 죽

26) *Ibid.*, p. 99.
27) *Ibid.*, p. 101.
28) *Ibid.*, p. 102.

여버린다. 소수의 세계도시가 농촌(속주)을 지배하고 착취하여 고갈시킨다.

각 문명의 최종기에 나타나는 세계도시, 그 속에 죽음을 간직한 아름다움과 매력의 꽃을 피우는 저 찬란하지만 화석화해가는 괴물 세계도시를 쉬펭글러처럼 생생하게 묘사한 사람은 없다. 세계도시는 세계사가 죽어가는 마지막 발버둥의 중심이다. 몇 개의 거대한 지점(세계도시)이 모국의 전지역을 '지방'이라 멸시적으로 부르고 차별하고 착취한다.

이리하여 문명기의 인간유형은 첫째, 지적 유목민이다. '문명'인은 마치 원시시대의 사냥꾼마냥 셋집과 아파트를 옮겨 다니는 방랑하는 지적 유목민으로 화한다. 거대한 도시들이 지방과 농촌을 한 방울의 피도 남김없이 빨아들이고 나면 이럴 때 도시로부터의 탈출이 시작된다. 그러나 그들의 뇌리에는 대도시에의 향수가 뿌리 깊게 박혀 있어서 고향 땅으로 돌아가느니보다 포장된 대로상에서 죽기를 원한다.

둘째, 창조력을 상실한다. 생활이 상업화되어 많은 시간과 금전이 투자되지만 창조적인 전진이 없다. 거대한 양식(고딕과 르네상스), 철학(스토아와 쾌락), 정치(과두제와 참주제), 경제(사회주의와 자본주의)의 대립이 없어지고 단순한 원시적인 권력투쟁, 동물적인 투쟁만 남는다. 창조력을 잃은 현대 예술은 무기력과 허위가 그 특징이다. 극장에 가 보라. 그저 시장에 갖다 팔 수 있는 것뿐이지 않은가.[29]

셋째, 예술가와 철학자 그리고 시인은 불필요하게 생각된다. 필요한 것은 오직 '로마인처럼 냉정한'(Roman hardness) 기술자와 금융가, 그리고 세실로드(Cecil Rhodes)형의 조직자뿐이다. 서정시 대신 기술이, 인식론 대신에 정치로 향하는 시대가 바로 문명 최후의 시대적 특징이다.[30]

세계의 영주인 '대도시인들은 가계의 노예가 된다. 세계의 기계화는 초 긴장상태를 초래하고 모든 유기체는 이 대도시의 기계조직에 사로잡혀 죽어간다. 기계는 또 그 자체의 목적을 잃는다. 자동차는 그 양적 증대로 가치를 상실하고 차라리 걸어가는 편이 빠르게 된다. '돌과 강철로 만든 우리' 속에 갇힌 파우스트적 인간(Faustian man)은 기계와 문명에 병들기 시작하고 자연에 가까운 보다 단순한 생활로 돌아간다. 신비주의, 영혼주의, 힌두 철학이 다시 나타나 '제2의 종교광'이 시작된다. 피 착취 농민의 도시 백인에 대

29) 뷰스 (민석홍 역), 《서양의 미래》 참조.
30) C. Dawson, *Dynamics of World History*, 민석홍 · 나종일 역, 《역사의 원동력》 (하), (삼성문고) 참조.

한 반란이 일어나고 기계가 기계를 파괴한다. 이리하여 철도와 선박이 옛날 '로마의 길'이나 중국의 만리장성처럼 버려질 날이 올 것이다. 기계는 '안으로부터' 먹혀 없어질 것이다. 그러나 "언제? 어떻게? 그건 모른다."

"돈과 민주주의도 마찬가지로 '안으로부터' 먹혀 없어질 것이다."

민주주의는 자의적 전제로 변할 것이다. 주도권이 이상주의적 지식인으로부터 약삭빠른 돈벌이군, 즉 부르조아로 넘어가면 그들은 투표와 투표자를 통제한다. 강력한 선전무기인 신문이 그 도구로 사용된다. 신문과 대중잡지에 의한 민주정치는 대중의 정신생활로부터 책을 추방한다. 대중교육이요, 대중선전인 신문을 통하여 민중이 되도록 그들 스스로를 덜 생각하고 신문과 라디어, 텔레비전이 주는 것을 더욱 많이 받아들이도록 유도한다. 개인에게 선택과 비판의 여러 가지 입장을 가르쳐 주는 책도 몇몇 소수인의 소유물이 되도록 반독점 된다. 민중은 한 가지 신문을 읽는다. 이 신문은 아침부터 밤까지 같은 말을 되풀이하면서 주문을 외운다. 진지한 책은 망각의 세계로 보내고 지배자가 필요로 하는 책을 추천하고 그들이 싫어하는 책은 살육한다.

민주주의하에서는 무엇이 진실인가? 그것은 신문이 원하는 바로 그것이다. 대중교육은 대중을 신문의 세력영역 안으로 몰고 갔다. 물론 민주주의하에서는 언론의 자유가 있다. 그러나 신문은 '시민'이 말한 것을 보도할 수도 있고 안할 수도 있다. 신문은 단지 '침묵' 하나로 진실에 사형을 선고할 수 있다. "칼과 몽동이 대신에 위대한 침묵이 있다."

이 같은 신문이, 이 같은 대중교육이 시이저로의 길을 닦아 준다. 지도자들은 그들의 추종대중을 육체적 채찍이나 군복무보다 훨씬 더 효과적인 활자, 영상, 음향을 가지고 그 정신에다 채찍질을 가한다. 그러면 대중이 먼저 무기를 달라고 외치게 되고, 지도자들에게는 대중 스스로가 "독재권을 쥐시오"라고 외치게 된다. 이것이 민주주의의 종말이다.

다수의 영주들이 신문과 기타의 수단을 통해 대중의 마음과 행동을 정당의 철칙 밑에 얽매이게 한다. 의회와 선거는 대중의 자발적 결정이란 미명하에 연출되는 연극이다. 그러므로 시이저주의는 문명의 마지막 정치국면인 것이다.[31] 실로 쉬펭글러는 히틀러의 출현을 예언하고 있었던 것이다.

31) P.A. Sorokin, *op. cit.*, p. 104.

Ⅳ. 토인비의 순환사관

1. 역사의 연구

300만 단어를 12권의 책에다 밀어 넣은 대저《역사의 연구》(*A Study of History* Vols. Ⅰ~Ⅲ 1934, Vols. Ⅳ~Ⅵ 1939, Vols., Ⅶ~Ⅹ 1954, Vols. Ⅺ~Ⅻ Reconsideration, 1961)의 저자 토인비(Arnold Toynbee, 1889~1975)는 결국 "역사란 신의 피조물에 비치는 움직이는 피사체"에 불과하다고 결론지었다. 토인비는 어느 한 종교에만 의지하지 않고 기독교와 불교를 깊이 믿었던 자신을 불가지론자라 자칭했다. 토인비에 의하면 신이란 인간정신의 심연에서 우러나오는 한 느낌(feeling)이다. 이 신비로운 힘과의 교섭에 관해 토인비는 그가 꾼 꿈속의 라틴어, "매달려라, 그리고 기다려라"(Amplexus expecta)는 말을 곧잘 인용했다.[32]

토인비는 1889년 한 사회사업가(어머니는 영국에서 대학학위를 받은 최초의 여성 중의 한 사람이었다.)의 아들로 태어나 옥스포드의 밸리올 칼리지(Balliol College)에서 고전을 연구했다. 1914년 제1차 세계대전 발발로 동대학의 듀키디데스 강의를 맡았는데 이때 갑자기

> 지금 우리들이 경험하고 있는 것은 이미 듀키디데스가 그 시대에 경험한 것이 아닌가.

라는 영감을 얻었다고 한다.[33] 토인비의 전공분야는 고대 그리스의 문학과 역사였다. 대전중에 외무성에 근무하면서 중동에 파견된 바 있는 토인비는 1919년부터 24년까지 8년 동안 런던 대학의 비잔틴과 근대 그리스문학 및 역사학 교수로 재직했다. 그 뒤 30년간 런던의 왕립국제문제연구소(Royal Institute of International Affairs) 소장으로 있으면서 동연구소의 연보《국제문제연구》(*Survey of Internatioal Affairs*)를 간행하였다.

토인비의《역사의 연구》는 1934년 첫 권이 나오기 전 그가 이집트의 알렉산드리아에서 니슈(Nish)로 가는 열차 안에서 구상하였다고 하는데 그는

32) Time (Nov. 3, 1975), p. 49.
33) A. Marwick, *The Nature of History*, p. 105.

그때를 회고하면서

> 나는 골똘히 나의 계획을 생각했다. 나는 열차의 차창 밖을 내다보면서 하루를 보냈다. 그날 늦게 나의 구상의 윤곽을 모두 적었을 때 절로 완성된 듯한 기분이 났다.

고 말하고 있다.[34)]

토인비는 첫째 미국의 철학자 테가트(F.J. Tegart)로부터 역사의 비교연구에의 첩경을 현존사회의 제 문화에 나타나 있는 지역차를 판독하는데 있다는 발상을 얻었으며, 둘째 괴테의 파우스트에 나오는 신과 악마의 조우로부터 도전과 응전이라는 개념을 얻었다.

> 부싯돌과 쇠가 부딪침으로써 불꽃이 타오르는 것이 아닌가.

이것이 토인비의 이른바 도전과 응전(challenge and response)의 원리인 것이다.[35)]

제2차 세계대전의 발발로 그의 《역사의 연구》 출판은 중단되어 처음의 여섯 권과 뒤의 네 권 사이에 긴 공백이 생겼다. 그러나 1947년 제7권이 나오자 갑자기 인기가 폭발하여 유명해졌고 미처 팔리지 않았던 전전(戰前)의 여섯권이 25만부(단권축소판)나 팔려나갔다. 이리하여 그도 하룻밤 사이에 일어나보니 아인쉬타인, 쉬바이쩌, 러셀과 어깨를 겨루는 국제적 철인이 되어 있었다. 그러나 개인적으로는 1940년 33년에 걸친 초혼에 실패하고 오랜 연구조교 볼터(Beronica Boulter)양과 재혼하는 곡절을 겪었다.[36)]

제2차 세계대전을 고비로 한 토인비의 《역사의 연구》의 전반과 후반 사이에는 이 같은 불행이 끼어 있었기 때문에 그 내용에 약간의 변화가 나타나고 있다. 즉, 전후에 출판된 후반부에는 전반에서 찾아볼 수 없었던 일종의 메시아적 부활사상이 고개를 들고 있는 것이다. 이것은 확실히 그가 되풀이 강조하고 있던 자신의 경험적·연역적 방법에 대한 회의를 불러일으킨 결과였다.[37)]

---

34) *Ibid.*, p. 106.
35) *Ibid.*, p. 107.
36) Time, *op. cit.*
37) A. Marwick, *op. cit.*, p. 107.

2. 문명의 순환운동

토인비는 제국주의와 민족주의가 세계대전이란 일대 인간 도살극으로 바뀐 시대에 역사를 연구한 사람이었다. 그리하여 그는 그의 조국 영국이 서구 기독교 문명의 작은 일부에 지나지 않았다는 사실을 목격했다. 그러나 서구 기독문명이 세계 5대 문명 중의 작은 일부란 사실도 알게 되었다.[38]

토인비가 인류 역사의 곳곳에서 발견한 문명은 모두 30개에 달했다. 그러나 그 중 충분히 성장할 수 있었던 문명이 21개, 성장 도중에 정체된 문명이 5개, 태어나기도 전에 죽어버린 유산문명이 4개나 되었다.

충분히 성장한 문명이라 하더라도 이미 사망한 문명 14개(이집트, 미노아, 슈멜, 마야, 유카텍, 멕시코, 헬레네 등등)를 빼고 나면 생존 문명은 일곱이었다. 즉, 인도, 이슬람, 극동, 비잔틴, 동남 유럽, 그리스 정교, 서구 등의 문명이 그것이다.[39]

이들 문명(완전 성숙된 21개)은 모두 성장과 노쇠의 똑같은 유형의 과정을 밟았으며, 그것은 도전과 응전, 재거와 패주, 후퇴과 복귀의 원리에 따라 흥망했다. 한 문명이 발전하기 위해서는 문명의 생존을 위협하는 도전에 성공적으로 응전하여 극복할 때 비로소 가능하다. 만일 응전에 실패할 때 그 문명은 사멸한다. 그런데 문명의 성장기에는 도전이 응전보다 약하고 문명의 해체기에는 반대로 도전이 응전보다 강하다.[40]

이처럼 어느 문명이나 도전과 응전의 원리에 따라 탄생, 성장, 붕괴, 해체의 4단계를 걷게 된다. 이것은 일종의 문명의 순환운동이다.

(가) 문명의 탄생[41]

흔히 한 문명이 발생하는 데 가혹한 자연조건보다 좋은 자연조건이 구비되어 있었던 것으로 상상했다. 그러나 토인비에 따르며 도리어 가혹한 악조건이 문명발생의 조건이었다는 것이다. 왜냐하면 자연의 환경조건은 문명에 대한 일종의 도전이므로 인간사회는 이러한 자연의 도전에 성공적으로 응전하게 되며 자신의 생존과 발전을 위해 그것을 극복하고 정복하려 든다.

---

38) Time, *op. cit.*
39) Arnold Toynbee, *A Study of History,* by D.C. Somervell, Abridgement of Volumes Ⅰ～Ⅳ (1947), pp. 12ff.
40) *Ibid.*, p. 48ff.
41) *Ibid.*, p. 140ff.

가령 고대 이집트 문명이나 슈메르 문명을 볼 때 나일강 유역과 메소포타미아 지방이라는 번영에 부적합한 곳에서 일어났다. 고대 중국문명은 왜 하필이면 비옥한 양자강유역보다 홍수가 빈번한 황하유역에서 일어났는가? 그러나 이러한 자연의 도전에 성공적으로 응전하려면 그 민족의 창조력이 요구된다. 창조력을 갖지 못한 민족은 문명탄생에 실패하고 만다.

(나) 문명의 성공42)

탄생한 문명이 성장에 성공하는 데에도 도전에 대한 응전에 성공하여야 한다. 왜냐하면 문명의 성장은 단순한 생물학적 성장처럼 저절로 이루어지는 것이 아니기 때문이다. 만일 응전에 실패하는 경우 그 문명은 정체되고 만다.

그러나 문명의 성장을 영토의 확장이나 경제적·기술적 발전으로 오해해서는 안 된다. 그것은 도리어 문명붕괴의 증거다. 왜냐하면 기술의 발전은 인간이 기술의 주인으로부터 그 노예로 전락하기 때문이며, 그렇게 되면 문명을 죽이는 결과를 자초한다. 그러므로 성장의 특징은 '승화'(etherealization)다. 승화란 한 언어, 의복, 기술, 과학의 단순화로 인하여 물질적 생활에의 정력소모가 줄고 정신활동에 정력을 집중할 수 있는 상태를 가리킨다.

그러나 승화는 다른 한편 사회내부의 물질적 환경으로부터 오는 도전의 감소로 정신적·사회적 갈등이라는 내적 도전을 유발한다. 이리하여 성장의 도정은 자기결단, 자기천명의 과정이 된다. 이 과정에서 이른바 '후퇴와 복귀'(withdrawal and return) 운동이 큰 구실을 하게 된다. 예를 들어 이탈리아는 13~4세기에 봉건사회로부터 후퇴하였다. 그러나 복귀운동으로써 농업사회를 상공업사회로 전환시키는데 성공하였다. 또 영국은 15~18세기에 유럽 국제사회로부터 고립되었다. 그러나 이때 영국은 의회제도와 근대 산업사회의 기초를 확립함으로써 '복귀'운동에 성공하였다.

'복귀'운동을 하는 데 있어 일부 창조적 소수자가 큰 역할을 담당한다. 이때 대중은 이 창조적 소수자의 견해와 태도를 받아들여 그를 모방한다. 토인비는 이를 '흉내'(mimesis)라 표현하고 있다. 그러나 지도적인 소수자가 창조적인 지도력을 발휘하지 못하고 대중의 매력을 잃게 되는 경우가 있다. 이때 그들이 대중에게 맹목적인 복종과 충성심을 강요함으로써 지배권을 지속시키려 드는데 그러면 해체기를 맞는다. 이 점 토인비와 쉬펭글러의 견해

---

42) *Ibid.*, p. 164ff.

가 다르다. 왜냐하면 쉬펭글러는 대중의 맹목적인 복종을 건전한 문명의 상징으로 보았고, 그 상실을 문명몰락의 상징이라 주장했기 때문이다.

(다) 문명의 붕괴[43]

문명의 붕괴란 기술의 저하나 지역적·환경적 지배력의 축소가 아니라 특수한 도전에 대한 응전의 실패다. 실패는 자발적 대중의 '흉내'가 기계적 모방이나 강제적 훈련으로 변화했을 때 일어난다. 이 같은 사태는 창조적 지도자가 도전에 응전하는 데 충분한 힘을 발휘하지 못함으로써 대중에 대한 호소력과 매력을 상실하고 압제적 소수자로 변함으로써 일어난다.

대중은 지도자에 대해 무관심하거나 적대적 태도를 취하게 되는데 이를 토인비는 '내적 프롤레타리아트'(inner proletariat)라 부르고 있다. 결국 정치적 분열이 격화되고 사회적 통일성이 파괴되는 것이다.

(라) 문명의 해체[44]

문명의 붕괴는 문명의 해체로 끝나지만 해체 아닌 성장의 화석기(化石期)를 초래하는 경우도 있다. 즉, 붕괴기의 문명이 강력한 '재거'(Rally)를 시도하면 몰락의 진행은 중지되어 이집트나 동양문명처럼 정체(화석화)하고 만다. 해체기는 문명의 최종단계이다.

3. 문명 최종단계의 특징

토인비는 문명의 최종단계의 특징으로 다음과 같은 점을 들고 있다.

(가) 사회의 분열[45]

붕괴기에 발생한 내적 프롤레타리아트는 해체기에 이르러 더욱 소외된다. 그들은 스스로 사회 밖에 있다고 느끼며 정치, 경제, 사회적으로 억압되어 있다고 생각함으로써 더욱 더 사회와 적대적인 관계에 서게 된다.

해체기에는 내적 프롤레타리아트 이외에도 밖으로부터 외적 프롤레타리아트의 도전을 받게 된다. 이른바 '방사 작용'(radiation)으로 이들의 도전을 일시 감화로 달래는데 성공하고 위기를 모면하지만 일단 붕괴현상이 일어나는 날이면 수평적 분열과 수직적 분열이 일어나 해체과정이 촉진되고 만다.

---

43) *Ibid.*, p. 244ff.

44) *Ibid.*, p. 360ff.

45) Schism in the Body Social, *Ibid.*, pp. 371ff.

(나) 영혼의 분열[46]

문명의 해체기에는 창조성이 자포자기나 자기억제로 변하여 '모방'은 보이코트나 순교로 변한다. 왜냐하면 창조적인 비약은 불안이며 죄악시되기 때문이다. 해체기의 예술은 양식감각 대신 혼란감과 감각의 균일성이 지배한다. 분화작용은 문명성장의 표식이지만 표준화 작용은 반대로 해체의 증후이다. 해체기에는 또 여러 가지 '도피주의'가 나타난다. 과거로의 복고주의, 미래로의 미래주의, 석가의 설교처럼 현세로부터 은퇴하려는 초월주의가 나타난다. 그리스도의 설교도 현세를 초월한 곳에 유토피아를 발견하려는 변용(transfiguration)사상의 발로이다. 이리하여 문명해체기에는 '구세주'가 출현한다. 해체기의 '구세주'는 ① 창조적 천재, ② '칼 든 구세주'(세계국가의 창조자 및 그 유지자), ③ 타임머신을 가진 구세주(과거 또는 미래를 약속하는 자), ④ 왕의 탈을 쓴 철학자(플라톤 같은), ⑤ 인간으로 화신한 신 등 여러 가지 형태로 나타난다.

(다) 고난의 시기[47]

문명해체기에는 또 강국과 강국, 사상체계간의 대 전쟁이 일어난다. 이 대전은 적의 섬멸을 목표로 하는 전쟁이며 이 싸움 끝에 기진맥진한 대중은 세계국가의 수립과 평화를 갈구하게 된다.

(라) 세계국가와 세계교회[48]

문명해체기에 나타나는 세계국가란 이미 대중의 매력을 상실한 지배적 소수자의 지배강요 수단에 지나지 않는다. 즉, 내적 프롤레타리아트와 외적 프롤레타리아트로부터의 도전에 응전하기 위한 방어수단에 지나지 않는 것이다. 프롤레타리아트는 이에 대항하여 스스로의 사상체계나 종교를 발전시켜 세계교회를 발전시킨다. 그러므로 세계교회란 프롤레타리아트측의 응전의 산물이다. 세계국가는 문명을 더욱 화석화시키며 세계교회는 세계국가나 문명을 무너뜨리는 경향을 가지고 있으나 결코 해체과정을 전환시킬 수는 없다.

(마) 만족의 군국

이리하여 세계국가[49]는 밖으로 끊임없는 야만족의 침략과 안으로 세계교

---

46) Schism in the Soul, *ibid.*, pp. 420ff.

47) Arnold Toynbee, *A Study of History* (London, Oxford Univ. Press, 1955) vols. 7~8.

48) *Ibid.*

49) *Ibid.*

회의 침해에 못 견디어 마침내 무릎을 꿇고 만다.

(바) 공위, 민족이동, 영웅시대[50]

문명의 몰락과 새로운 문명의 동이 틀 때까지 사회는 원시단계로 돌아가는데 이 기나긴 밤을 토인비는 '공위시대'라 부르고 있다. 이 공위시대에는 민족이동과 세계제국민의 대중운동이 끊임없이 되풀이된다. 그러므로 이 시대는 또한 민족이동과 영웅의 시대인 것이다. 이러한 공위시대의 혼란 속에서 새 문명의 광명이 솟아오른다.

4. 토인비 비판

새삼 토인비를 비판한다는 것은 시대착오적이라 할 정도이다. 왜냐하면 제2차 세계대전 후에 그가 대중적 명성으로 각광을 받았을 때 그는 역사학계의 맹렬한 공격목표가 되었으며, 그때 이미 토인비는 역사가가 아닌 한 사람의 역사 철학자로 낙인 찍혀 있었다. 그것은 그가 제시한 역사가 하나의 선험 체계로 낙인찍혀 있었기 때문이다.[51] 게일(Pieter Geyl)을 비롯한 전문역사가들의 의견에 의하면 토인비가 완강히 자신의 실증성을 주장하려 하였으나, 그가 이미 역사학계에서 사변철학자로 이적해 간지 오래였다고 따돌리고 말았다는 것이다.[52]

쉬펭글러는 단순한 아마추어 역사가에 지나지 않았지만 토인비는 어엿한 전문 역사가였다. 그러나 1975년 10월 토인비가 요크시의 한 병원에서 서거했을 때 가디안(Guardian)지는

> 그의 가장 야심적인 연구가 현세대에 널리 보급되기에는 그의 세계사의 도식이 너무나 절대적이었고 그의 무한대한 박식마저도 너무 취약했다.

고 평했으며 하버드의 몬슨(Samnel Eliot Monson)은 "역사의 넓은 평야를 감히 한꺼번에 쓰려고 한 소수의 사람 가운데 하나"라고 토인비를 평했다.[53]

거대한 세계 역사의 흐름을 도전과 응전이란 단순개념으로 설명하려 든 토

---

50) *Ibid.*, vol. 9.

51) A. Marwick, *op. cit.*, p. 109.

52) P. Geyl, *Debates with Historians*, New York, 1958.

53) Time, *op. cit.*

인비의 대담하고도 무모한 시도는 정·반·합의 변증법적 논리 못지 않게 사변적 역사 체계였던 것이다. 그가 말년에 남발한 예언자적 발언을 논외로 돌리더라도 마위크(Arthur Marwick)와 함께 토인비를 너그럽게 역사가의 아파트에 살도록 허가해야 할 것이다.

> 토인비는 아마도 한 위대한 시인일지 몰라도 위대한 역사가는 아닐 것이다. 그러나 역사학의 맨션에는 많은 방들이 있다. 카알라일이 역사가이듯 토인비도 넓은 의미의 역사가, 그 이상도 그 이하도 아니라 할 것이다.[54]

54) A. Marwick, *op. cit.*, p. 110.

제 6 장
역사의 인식구조

제 1 절 역사학은 특수한 과학이다

제 2 절 역사의 객관성과 역사가의 주관

제 3 절 역사의 법칙성

제 4 절 역사와 인과관계

제 5 절 역사적 가치판단과 윤리관

제 6 절 역사적 예언은 가능한가?

제 7 절 역사적 교훈은 유효한가?

➢➢➢➢➢➢➢➢➢➢➢➢➢➢➢➢➢➢➢➢➢➢ 개 요 ➢➢➢➢➢➢➢➢➢➢➢➢➢➢➢➢➢➢➢➢➢➢

역사는 과학과 허구의 혼합물이다. 그런데 역사에 대한 역사가의 인식은 과연 정확한 것인가 아닌가에 대해서는 아무도 의문을 제기하는 사람이 없었다. 랑케 이전에는 역사연구의 방법이 서툴러서 역사지식에 믿을 수 없는 부분이 적지 않다고 생각하였으나, 랑케 이후에는 역사연구의 방법이 과학화됨으로서 역사 연구와 그 결과물에 아무 이상이 없다고 확신하게 되었다. 역사학은 분명 과학이라 믿었기 때문이다. 이 점에 대해 아무도 이의를 제기하지 않았었다. 아니 누구의 안전이라고 감히 이의를 제기할 수 있었을까.

그러나 20세기에 들어서면서 랑케 사학에 대한 비판이 일기 시작하면서 일부 철학자들은 역사학이 과학이 아니라고 헐뜯기 시작하였다. 역사인식에 문제가 있다는 것이다. 처음에는 역사가들이 이런 소리를 무시해 버렸었는데 가만히 듣고 보니 아주 무시해 버릴 소리가 아니라는 사실을 깨달았다. 그 결과는 엄청난 파장을 몰고 왔다. 한때 역사학은 초상난 집과도 같이 어찌 할 줄을 몰랐다. 그러나 철학자들의 비판을 받아들인 일부 학자들은 역사학의 개혁운동을 벌이기 시작하였으니 소위 새로운 역사학이 그것이었다.

알고 보니 철학자들이 제기한 문제는 심각한 것이었다. 첫째 역사적 사실 속에는 역사가의 주관이 들어가게 마련이어서 역사의 객관성을 확보하기 어렵다는 것이 드러났다. 역사적 사실이라고 하면 그냥 사실과 다르다. 그냥 사실이라 했을 때는 역사적으로 중요하지 않은 사실이란 뜻이다. 그러므로 사실이 역사적 사실로 승격되기 위해서는 역사가의 선택이 필요하다. 여기서 벌써 역사가의 결정, 즉 주관이 작용하는 것이다. 사실 그 자체가 그 중요성 여부를 결정하는 것이 아니다. 중요하다 중요하지 않다 하는 것은 역사학자 쪽에서 결정하게 되어 있다. 그러니까 역사 쪽에는 아무런 결정권이 없는 것이다. 여기서 벌써 역사적 사실은 객관성이 보장되지 않는다는 사실을 알게 된다.

또한 역사적 사실에 일반적 법칙성 같은 것은 있을 수 없다. 진보사관이니 순환사관이니 하는 철학이 내세우는 법칙은 객관적 역사와는 무관한 것이다. 역사에 법칙이 있다는 소리를 하는데 그것은 말짱 거짓말이다. 역사 그 자체에 법칙이란 없다. 법칙이란 역시 역사가가 만들어낸 것이다. 그러기에 법칙이란 것은 한갓 역사를 설명하는데 필요한 도구일 뿐이다. 봉건제·노예제·자본제와 같은 개념도 역사적 사실 그 자체와 아무 관련이 없는 역사가의 설명도구에 지나지 않는 것이다.

거기다 또 앞에 일어난 사실과 뒤에 일어난 사실 사이에 인과관계가 성립되기 어려울 때가 많다. 역사는 필연이 아니라 우연일 때가 많다. 역사는 자유의 영역이어서 인간은 위기를 당하였을 때 각기 하기 나름인 것이다. 사람마다 달리 행동한다. 또 뒤에 일어나야 할 사건이 앞에 일어나기도 하고 그 반대의 경우도 있다. 역사는 간혹 단절되기도 한다. 현대는 단절의 시대라 현대와 과거의 역사와는 연속성이 없는 것처럼 보인다. 역사는 인과관계로 설명할 수 없으므로 역사는 운명이라고 주장하는 편이 옳을지 모른다.

역사를 아무 가치판단 없이 연구할 수 없다. 잘잘못을 가려서 선악을 구분하지 않을 수 없는 것이다. 역사는 인간의 생각과 행동인데 아무런 윤리관도 없이 기술할 수 없는 것이다. 역사적 사실을 비판할 때 역사가는 공정하게 판단할 수 있을까. 역사가는 흑인·백인·황색인 어느 쪽의 하나에 소속되며 또 한국이면 한국인, 일본이면 일본인, 어느 나라 어느 민족에 속하기 마련이다. 그러므로 완전히 무색투명한 판단을 내리기란 불가능한 것이다.

그러나 역사만 그런 것이 아니고 보니 역사적 판단을 덮어놓고 믿을 수 없다고 단정할 수 없을 것이다. 심지어 자연과학에도 선악의 구분이 있게 마련이다.

그밖에도 역사가 교훈이 된다던지 역사적 예언을 시도한다던지 하는 문제가 있다. 이런 문제들을 생각하면 역사란 매우 난해한 것을 알 수 있다. 그러나 어렵다고 해서 역사 연구를 포기할 수 없다. 나는 늘 진시황을 생각한다. 13살에 등극해서 병약해서 서복을 시켜 불로초를 찾게 하나 돌아오지 않고 50여세에 태산으로 가는 가마 안에서 죽는다. 사후에 한 간신이 권력을 농단하니 그것은 비극이요 후세에 남긴 교훈거리이기도 한 것이었다.

제 1 절
역사학은 특수한 과학이다

역사가는 화학자가 화학물질을 다루듯 인간행동을 다루지 않으면 안 된다. 덕은 소금이요, 악은 사랑이다. 그러므로 우리는 이것을 냉정하고 초탈한 과학정신으로 다루어야 한다.

– Hippolyte Taine

Ⅰ. 실증주의의 입장

1. 역사학은 科學인가

역사학의 본질문제를 다루는 철학을 형식적 역사 철학 또는 비판적 역사 철학이라고 부른다는 것은 앞서 제1장에서 언급한 바와 같다. 그런데 이것을 일명 인식론적 역사 철학이라고도 한다. 좀 어렵게 말하자면 역사적 설명의 논리구조에 관한 문제를 다루는 철학이란 뜻이며, 쉽게 말하면 역사학은 과학인가 아닌가 하는 문제에 대한 철학이다. 그러므로 이 문제는 역사학이 물리학이나 화학처럼 과학적인 학문이라면 애당초 성립될 수도 없는 철학이다. 이처럼 비판적 역사 철학은 당초부터 역사학의 과학성을 의심하는 데에서 시작되고 있다는 사실을 잊어서는 안 된다.[1)]

역사학은 자연과학과 다른 점이 많다. 이 차이점을 특히 강조하는 학파를 관념론자(idealist)라 부르고, 역사학이나 자연과학이나 다를 데가 별로 없다고 보는 학파를 실증주의자(positivist)라 한다. 이 문제의 기원을 따지자면 플라톤까지 거슬러 올라가야 하지만 비근한 예를 든다면 17세기 초의 베이컨 그리고 데카르트가 역사학 내지는 역사 인식에 대해 깊은 회의를 제기한 데에서 비롯되었다.

베이컨은 인간의 정신을 상상과 기억력과 이해력으로 구분하고 이 세 정신기능에 따라 각각 시와 역사학과 철학의 세 영역으로 갈라진다고 주장하였다. 이러한 베이컨의 주장에 따르면 역사학은 과거에 일어났던 사실을 실

---

1) W.H. Dray, *Philosophy of History*, Englewood Cliffs N.J. (1964), p. 2.

제로 발생했던 그대로 기억하고 기록하는 데 그 목적이 있다. 따라서 베이컨의 관심은 사실 그 자체에 있었던 것이다. 이러한 역사학은 신은 계획이라 생각했던 중세 사학으로부터의 해방선언이기도 했지만, 지금의 입장에서 볼 때 "역사는 시보다 못하다"는 플라톤의 말을 약간 달리 표현한 데 지나지 않았던 것이다.[2]

데카르트도 베이컨처럼 지식을 시, 역사, 철학 그리고 신학의 네 영역으로 나누었다. 시는 선천적 재질로, 신학은 계시에 대한 신앙으로, 역사학은 흥미와 교육을 통해 이루어지는 지식으로 보고 인간생활에 실제적 효용이 있다고 보았다. 그러나 역사학은 진리를 주장할 수 없는 것이다. 왜냐하면 역사에서 기술되는 사건은 기술된 것처럼 일어난 것이 아니기 때문이라는 것이다.[3]

데카르트에 의하면 역사가는 어떤 사건을 삭제·생략하기도 하고 또 어떤 사건을 가미하기도 하기 때문에 역사는 역사가가 기술한대로 일어난 것이 아니란 것이다. 그래서 어떤 역사적 사실을 모범 삼아서 위대한 행동을 시도하는 것은 어리석다는 것이다.[4]

이리하여 데카르트는 마침내 역사적 인식을 참다운 지식이 될 수 없는, 말하자면 준지식(準知識)에 지나지 않다고 폄하하였다. 즉, 역사학을 통해 얻을 수 있는 지식은 참다운 지식이 아니라 겨우 준(準)지식에 지나지 않다는 것인데 데카르트의 이 같은 주장은 역사학의 과학성을 의심한 최초의 발언으로서 매우 중대한 의미를 갖는다. 역사는 과학인가 아닌가 하는 문제는 오늘에 이르기까지 계속 논의되고 있는 장기 논쟁거리이다. 왜 이 문제가 여태껏 해결되지 않고 있는가 하는 의문은 무엇보다도 역사학 자체의 성격에서 비롯되는 당연한 결과였다. 왜냐하면 헤겔은 이미 역사 인식 속에 잠재하는 두 계기를 발견하고 그 난해성을 지적해 주고 있다. 즉, 그 하나는 실증주의적 계기요, 다른 하나는 관념론적 계기였다.

전자는 역사에 있어서의 법칙적 규칙성의 중요성을 강조하고 역사학과 자연과학의 논리적 동일성을 주장한 것으로 흄(Hume), 꽁트(Comte), 밀(Mill)을 잇는 사상계보를 말한다. 후자는 역사 연구에 있어서의 가치판단(value judgment)의 역할을 강조하고 역사학과 과학의 차이를 강조한 것으로 이는 딜타이(Dilthey), 크로체(Benedetto Croce), 콜링우드(Collingwood)의 계보를

2) Collingwood, *The Idea of History*, 이상현 역, 《歷史學의 理想》, p. 99.
3) *Ibid.*, p. 100.
4) *Ibid.*, p. 102.

말한다.[5]

이처럼 데카르트가 "역사는 과학이 아니다"라고 선언하고, 헤겔이 "역사에는 실증과 관념의 두 측면이 있다"라고 말한 뒤 많은 사람들이 이 문제에 언급했고 그 주장도 여러 가지였다. 버얼린(Isaiah Berlin)은 그 유파를 넷으로 나누고 있지만 우리는 여기서 크게 실증주의자와 관념론자로 분류하기로 한다.

2. 실증주의의 입장

실증주의란 솔직히 말해서 역사학을 자연과학으로 만들고 싶어 한 학자들의 주장이다. 물론 역사학뿐만 아니라 모든 인간사회에 관한 지식을 자연과학으로 개조하려 한 철학체계다. 자연과학은 첫째, 사실을 확인한다. 그리고 둘째, 확인된 사실에 의거하여 법칙을 세운다는 두 과정을 밟는다. 사실은 감각적인 지각에 의하여 직접 확인할 수 있고, 법칙은 귀납법에 의하여 사실을 일반화함으로써 세울 수 있으므로 인간과학도 자연과학이 될 수 있다는 것이다.

비록 인간행동에 대한 대규모의 실험은 불가능하다 하더라도, 역사학은 관찰에 의거하여 연구하는 학문이다. 실험이 불가능하다고 해서 천문학이나 지질학이 과학으로서 성립되지 말란 법은 없듯이 인간행동에 대한 연구도 수학적인 방법을 도입하여 계산해 보면 신화니 정신이니 자유니 하는 문제를 충분히 해결할 수 있다. 마치 꿀벌의 사회를 연구하듯(Condorcet) 인간사회도 연구할 수 있고 인간행동의 미래도 예언할 수 있지 않을까. 만일 그렇다면 "예견하기 위하여 본다. 그리고 대비하기 위하여 예견한다."(Voir pour prévoir, prévorir pour pourvoir)라는 실증주의의 기본명제는 어김없이 인간사회에도 적용될 수 있는 것이 아닌가. 이 같은 기계론적 방법개념은 19세기 사상계를 풍미하였다. 즉, 꽁트에 의하면 사회과학은 사회과정의 자연과학이며 사회적 현실에 작용하는 제요소의 합법칙성을 추구하는 학문이라는 것이다.

그러나 실제에 있어서 19세기의 실증주의 역사학은 실증주의의 절반만을 가져왔다. 즉, 역사적 사실의 확인만 할 뿐 법칙정립이라는 후반은 포기하고 말았다. 다시 말해서 역사가가 해야 할 일은 비판적 방법을 써서 사실을 확

5) Morton White, *Foundation of Historical Knowledge*, p. 4.

인하는 것이며 제2단계라 할 법칙의 발견은 하지 않아야 한다는 것이다. 역사가는 랑케의 유명한 말 '본래 그것이 있었던 그대로'를 진술하는 것으로 만족해야 한다.[6] 이리하여 19세기 역사가들은 사료를 수집하여 정리하는 작업, 즉 사실의 확인에 몰두하기 시작하였다.

그들은 수집한 사료를 비판하는 새로운 방법을 개발하였다. 그 결과 역사 지식은 미증유의 확대와 증가를 보여 역사학은 전례 없이 풍요한 사료를 얻기에 이르렀고, 또 대부분의 역사가는 새로운 사실을 확인하는 데 만족했다. 이처럼 사실에 대한 무한한 탐구에 치우친 나머지 보편사에 대한 이상, 즉 법칙의 정립은 도외시되었다. 그것은 새로운 사실을 발견할 수 있는 분야는 무진장이며, 그것을 탐색하는 것만 하더라도 벅차다고 생각하였기 때문이다.[7] 그래서 콜링우드는 말하기를 실증주의가 현대 역사 서술에 남겨 놓은 유산을 "소규모의 문제를 다루는 데 있어 전무후무의 강점을 보였으며, 대규모의 문제를 다루는 데 있어 일찍이 보지 못할 정도의 약점을 보인 데 있다"고 말했다.[8]

이 같은 약점이 결국은 사회학의 출현을 초래하고 역사학 자체에 대한 대중의 실망감을 안겨 주는 결과를 가져 왔다. '사회학의 아버지' 꽁트는 사실의 확인에서 한 발짝 더 나아가 사실의 인과관계를 발견해야 한다고 주장하고 사회학이라는 새로운 과학이 생겨나야 한다고 주장했다. 사회학은 역사가가 단지 경험적 사고만을 가지고 생각한 사실에다 과학적 사고를 가미함으로써 역사를 과학의 영역으로 끌어 올렸던 것이다.[9]

다시 한번 강조할 일은 실증주의자들이 역사 과정과 자연 과정을 동일시했다는 점이다. 즉, 자연과 역사의 체질적 차이를 부정한 것이다.

그래서 테느는

> 인간의 덕과 악은 마치 사탕이나 염산과 다를 바 없는 하나의 산물이며, 천재도 민족과 환경의 소산이요, 시대의 아들이다. 자연과 역사는 단지 세계의 필요의 전개다.

라고 말했다.[10]

---

6) Collingwood, 앞의 역서, p. 201.
7) *Ibid.*
8) *Ibid.*, p. 208.
9) *Ibid.*, p. 202.

이처럼 자연과 역사를 동일시하는 경향은 다윈의 진화론이 나온 뒤 더욱 강화되었다. 《종의 기원》이 발표됨으로써 자연을 정지된 체계로 본 종래의 자연관이 무너지고 자연도 역사를 갖는다, 진보한다는 새 원리가 정립되었다. 이리하여 자연과 역사는 동일한 진보란 원리하에 움직이며 자연과학과 역사학은 방법상 같을 수 있다는 사고가 나타났던 것이다.[11]

이 같은 실증주의는 18세기의 콩디약(E.B. de Condillac), 콩도르세(A.N. de Condorcet)를 비롯하여 19세기에는 꽁트, 버클(Buckle), 스펜서(Spencer), 테느 그리고 현대의 행동주의자와 실증주의자에 이르기까지 그 기나긴 인맥을 이루게 되었던 것이다.

Ⅱ. 관념론과 역사

1. 인간의 정신세계

관념론이란 '역사의 세계'와 '자연의 세계'는 그 본질에 있어서 다르다.[12] 그러므로 인문·사회과학과 자연과학은 같은 방법으로 연구할 수 없다는 주장이다. 뷔코(G. Vico)는 일찍이 자연은 신의 작품이지만 역사는 인간의 작품이라 했다. 자연과학은 단순한 현상적 세계를 다루지만 역사학을 포함한 인문·사회과학은 인간의 정신세계를 다룬다. 그러므로 이 두 세계는 엄연히 구분되어야 한다.

이 문제는 1894년에 독일 철학자 빈델반트(Wilhelm Windelband)가 '실증주의에 대한 선전포고'를 한 뒤 많은 철학자들에 의해 거론되기 시작했다. 그 중 가장 대표적인 사람이 크로체와 딜타이였다. 이들 반실증주의자들은 네오 칸트학파라고도 불리는데 그 이유는 칸트가 이미 문화과학과 자연과학을 구분했기 때문이다.[13]

네오 칸트파 철학자들은 자연과학과 인문·사회과학의 차를 그 방법에서 찾

---

10) H.S. Hughes, *Consciousness and Society, The Reorientation of European Social Thought* (1890~1930), p. 40.
11) Collingwood, 앞의 역서, p. 203.
12) Hughes, *op. cit.*, p. 186.
13) *Ibid.*, p. 188.

았다. 전자는 '일반법칙의 정립'을 목적으로 연구하지만 후자는 '특수하고 개별적인 사건'의 이해가 그 목적이다. '이해'(Verstehen)란 인간정신의 내적 이해(inner understanding)를 의미한다.

역사는 여러 시대, 여러 곳에서 벌어지는 개인들의 여러 가지 행동으로 이루어지고 있다. 이들 행동(doings)은 단지 시간적으로 과거에 속한다는 점에서만 공통된다. 왜냐하면 이들 행동은 갈가리 찢어져 서로 이어지지 않은 사실들이기 때문이다. 이런 우연의 집합체 같은 인간행동을 이해하기 위하여서는 그것들을 어떤 개념적 틀 속에 집어넣을 수밖에 없다. 그러면 같은 범주 속에 든 행동들은 서로 관련 있는 사람처럼 보인다. 단지 보일 뿐이지만 보이게 하는 주체는 역사가다. 역사가는 역사를 시대구분하고 여러 사건들을 혁명, 전쟁, 제국, 제도, 운동 따위의 범주에다 넣어 성격지음으로써 이해 가능한 것으로 만들어 준다. 그러므로 역사 그 자체는 아무런 '경험적 실재'가 아니다. 따라서 역사는 자연현상처럼 계량적인 것이 아니라, 정성적(qualitiative)이며, 인격적인 개념이다.

가령 물리법칙에 따르면 물이 끓는 비등점은 어떤 특정한 물에만 국한된 현상이 아니고 모든 물이 한결같이 같은 온도에서 끓는다. 그러나 혁명이나 제도 따위의 역사적 복합체는 특정한 때와 장소에서 일어난 사건에만 의미가 있다. 역사가들이 세운 역사적 개념이나 범주는 특정한 행위자 그리고 가치, 그것이 일어난 상황에만 관련된다. 역사가는 단순한 사실, 즉 X라는 사건이 Y라는 시기에 일어났다(예컨대 시이저는 3월 15일에 죽었다)는 사실을 연구한다고 할 때 그 역사적 의미, 즉 복잡한 이해관계와 정치이념 그리고 사건의 얽힘, 인간이 그에 따라 행동하는 규범 등을 함께 이해하여야 한다. 따라서 역사학과 사회과학은 딜타이와 베버가 말했듯이 자연과학의 그것과 다른 '차원'을 다루어야 하는 것이다.

2. 철학자의 문제

이처럼 자연의 세계와 인간정신의 문화세계가 아주 다른 차원에서 인식되고 연구되어야 한다면 많은 의문점이 쏟아져 나오게 된다. 즉, 역사의 법칙 문제, 역사가의 주관과 가치판단은 어떻게 보아야 하는가? 역사가들의 소위 인과관계라는 것의 정체는 무엇인가 하는 문제, 개인과 사회와의 관련성 문제 등 매우 까다로운 문제들이 서로 얽히고 설키면서 대두된다.

한 역사가에게 관념론이냐, 아니면 실증주의냐 하는 양자택일을 강요할 수 없다. 왜냐하면 이들 철학자들의 논의를 액면 그대로 정직하게 받아들여서 우리도 함께 논쟁하는 것은 오늘날 이미 시대착오적인 일이 되고 말았기 때문이다. 물론 그렇다고 해서 이 논쟁이 역사가에게 전혀 무의미하다는 뜻은 아니다. 그러나 이 문제의 궁극적인 해결은 역시 역사가보다 철학자들에게 일임해 두는 것이 현명한 것이다.

이 문제에 대한 논의는 오늘날 분석철학자라 불리는 일단의 철학자들에 의해서 계속 불을 품고 있다. 그들의 논의를 종합해 보아도 의연 실증이냐 관념이냐 하는 양론을 벗어나지 못하고 있다.[14] 물론 이런 분석철학자들의 집안싸움을 역사가는 강 건너 불 보듯 관전하고 있으면 그것으로 족하다. 오늘날 이 논쟁에 직접 참전하려 드는 역사가는 없고 그것을 거울삼아서 역사 연구의 실제에 어떻게 하면 기여할 수 있는가를 생각할 뿐이다.

그러므로 역사학은 지난 60년 동안 두 차례 철학으로부터의 큰 도전을 받은 셈이다. 20세기 초에는 네오 칸트, 네오 헤겔의 (관념론적) 공격을 받았고 이어 20세기 중엽에는 분석철학자들의 맹공격을 받았다. 그러나 그때마다 역사가들은 혹은 점잖게 혹은 맹렬히 반격에 나섰다.

이 도전과 응전의 되풀이 속에서 역사가들은 처음에는 관념론자들의 '말씀'이 무엇을 뜻하는지를 몰랐다. 그러다가 아프리카 토인들의 주문 소리로

---

14) W.H. Dray (ed.), *Philosophical Analysis and History*, intr. p. I.
역사학의 인식론적 문제는 크게 나누어 네 가지 주제로 구분할 수 있다. 즉,
첫째로 역사에 있어서 일반적 법칙, 다시 말해서 역사적 설명의 논리적 구조의 문제다.
둘째로 역사에 있어서 가치판단의 문제, 즉 역사적 제결론이 어느 정도 객관성을 가졌느냐 하는 문제다.
셋째로 역사가들이 흔히 '원인'과 단순한 '조건'적 사건을 구분하는 것과 같은 역사에 있어서 인과분석의 성격이 문제된다.
넷째로 개인의 행동과 국가, 계급, 운동, 제도와의 관련성의 문제, 즉 역사적 개체의 문제가 있다.
이 밖에도 역사 서술의 구조문제라든지 용어의 개방적 성격(open texture) 문제 등이 있다.
네 가지 문제에 대한 현대 분석철학자들의 견해는 각기 다르다. 예컨대 헴펠(C.G. Hempel)을 위시한 분석철학자들은 역사적 설명의 과학지향적인 포괄법칙(covering law)성을 강조하는데 반하여 도나간(Alan Donagan) 같은 학자는 이에 비판적이며 이른바 동기적 설명을 내세운다.
두 번째 문제인 역사적 객관성 문제에 대해서는 패스모아(J.A. Passmore)와 같은 객관론자가 있는가 하면 월쉬(W.H. Walsh)와 같이 역사가의 주관적 입장과 가치판단을 강조하는 주관론자도 있다.
세 번째 문제인 인과관계에 관하여서도 오크쇼트(Michael Oakeshott)처럼 역사에 있어서의 인과론 판단을 전면 부정하는 사람이 있는가 하면 그렇지 않은 사람도 있다.

만 들리던 것이 차츰 "아하! 그 소리구나" 하면서 무릎을 치기에 이르렀다. 역사가의 이 철늦은 깨달음에도 불구하고 역사 연구의 실제에 그리 큰 변화를 일으키지 못한 것은 오히려 이상할 정도였다.

3. 역사가의 대답

이상의 논의를 요약하면 다음과 같다.[15] 뷰리는 "역사는 과학이다. 그 이상도 이하도 아니다"고 했지만 오늘날 역사가 꼭 과학이라 믿고 있는 역사가는 거의 없다. 역사가 과학인가, 아닌가 하는 문제는 오히려 과학의 개념을 어떻게 세우느냐에 달려 있는 것이다.

첫째, 과학의 개념이 달라지고 있다는 점에 유의해야 할 것이다. 오늘날 과학은 19세기에 있어서처럼 절대적인 확실성보다 개연성(probability)을 다루고 있다는 사실이다. 아인쉬타인(Albert Einstein)의 이른바 상대성 혁명(relativity revolution)으로 뉴턴적 절대성이 퇴위했다. 즉, 양자의 발견은 미적분의 연속성의 개념을 부정했고 돌연변이의 이론은 비약을 통한 변화의 사실을 가르쳐 주었다. 따라서 과학의 제법칙도 마찬가지로 크게 수정되고 있는 것이다. 1968년 호일은 물리학의 법칙이 근본적으로 변경되어야 한다고 말하고 그렇게 하여야만 우주에서 일어나고 있는 이변적인 일들을 알 수 있다고 주장하였다. 그러니까 아주 평범한 수준의 일이 아니라면 자연과학에서도 절대성이란 없는 것이다. 그러기 때문에 역사가가 역사적 사건에 관한 결정적 증명에 실패했다고 해서 반드시 자기가 비과학적이라 생각할 필요가 없는 것이다.

둘째로, 객관성의 문제가 있다. 과학자는 실험할 수 있다. 따라서 그 객관성을 보존할 수도 있다. 그러나 역사가는 그렇지 못하다. 그러나 물리학의 경우에도 인간적인 따라서 주관적 요소가 전혀 배제될 수 없는 것이다. 자주 지적되듯이 한 특정한 실험을 위한 도구를 효과적으로 장치한 사람은 그 실험의 일부분이 되기 때문이다.

셋째로, 예언의 문제다. 과학자는 예언하지만 역사가는 예언할 수 없다. 후술하는 바와 같이 역사가의 예언은 크게 제한적이다.

---

15) 이하 Marwick, *The Nature of History*, pp. 123~131 참조.

제 2 절
역사의 객관성과 역사가의 주관

소박한 실증주의를 싫어한다고 자기변명을 하는 태도가 바로 제대로 인식된 실증주의에 대한 자신의 호감을 나타내는 것이다.

– M.M. Postan

Ⅰ. 역사적 객관성

1. '있는 그대로' 쓰라

역사적 사실을 '있는 그대로' 적는다는 것은 별로 어려운 일이 아닌 것처럼 느껴진다. 그러나 역사가에게 그것은 무엇보다도 어려운 난제인 것이다.

소설가와 역사가는 아주 대조적인 입장에서 글을 쓰고 있다. 소설가는 '허구의 세계'를 그리지만 역사가는 '현실의 세계'를 묘사하여야 한다. 따라서 역사가는 편견 없이 공정하고 정확하게 객관적 사실을 서술하여야 한다. 그러나 소설가는 "자기 자신이 갖고 있는 편견 앞에서는 매우 무력하다. 선택하는 주제, 그려내는 작중인물, 작중인물에 대한 태도, 이 모든 것이 소설가의 편견에 의해서 결정된다. 무엇을 쓰든 모두 그것은 작자 자신의 심성의 표현이며 작자 고유의 소질·감정·경험의 표출이다. 아무리 객관적이 되려고 노력하여도 자기가 갖고 있는 특질의 속박으로부터 벗어날 수가 없다. 아무리 공정하려고 노력하여도 결국은 어느 한 쪽에 편들지 않을 수 없게 된다. 그가 던진 주사위 속에는 이미 어느 한 쪽이 담겨져 있는 것이다."[1)]

이처럼 소설이나 시는 모두 작가 자신의 주관에서 우러나온 창작이다. 괴테는 "그러므로 지금까지 알려진 내 모든 작품은 하나의 큰 고백의 단편일 따름이다."고 고백했던 것이다.[2)]

만일 역사가가 자기의 역사 연구를 '나의 고백일 따름'이라고 했다면 큰

---

1) S. 모음 (홍사중 역), 《세계 10대소설과 작가》 上 (삼성문고), p. 23.

2) Goethe, *Dichtung und Wahrheit*, 《詩와 眞實》 참조.

웃음거리가 될 것이다. 고대 그리스 시대부터 역사가들은 되도록 공정하고 정확한 사실보고를 하려고 애써 왔으며, 바로 이 점이 소설가와 다른 점이었다. 헤로도투스는 몸소 여행하고 목격자와 대질하여 단순한 의견과 억측을 구별하여 기록하였다. 듀키디데스도 같은 사실에 대한 여러 가지 관점이 있는 것을 알고 일일이 문서를 인용 증명하였다. 폴리비오스는 "역사를 참고서만으로 쓰기란 쉽다. 그러나 참다운 역사는 정치·군사 등에 관한 실천적 경험을 필요로 하며 또 토지와 민족에 관한 직접적 지식을 필요로 한다"고 말했다.[3]

그러나 "역사가는 정치적 후각을 버리기 어렵다"(Luciano). 고대에 이미 역사는 정치적 당파나 오락을 위한 실용적 도구로 타락해서는 안 되며 무엇보다도 역사는 '진리에의 노력'이어야 한다고 알려져 있었다. 즉, "감히 허위를 말하지 않으며 진실을 묵살하지 않는다"는 것이었다. 그 결과 조국에 대한 애국심까지도 죄악으로 간주되었다. 그래서 '역사 속에 거짓 그리스를 말하는 자'까지도 비난을 받았던 것이다.

고대사가들은 이미 "어떤 사실이 몇 년에 일어났는가?"를 기록하는 데 그치는 단순한 연대기는 역사가 아니라고 생각하였다. 그래서 로마의 역사가 아셀리오(Asellio)는 참다운 역사는 "어떤 계획(의도)하에 어떤 이유로 사건이 일어났는가"를 이해하는 것이어야 한다고 말했다.

듀키디데스는 "역사가 시처럼 낭독의 경기에서 상을 타기 위해 씌어지거나 대중의 환심을 사기 위해 기담(奇譚)으로 장식돼서는 안 된다"고 말했다. 폴리비오스 역시 "감상적인 장면을 강조하고 머리를 풀며 통곡하는 여인을 묘사하는 등 마치 비극을 창작하듯 역사는 꾸며서는 안 된다"고 비난했다.[4] "시인은 항상 과장한다."라고 듀키디데스는 말했다. 그러나 역사가에게 과장은 금물인 것이다.

중국이나 우리나라의 '사관(史官)'들도 그들이 듣고 본 그대로 직필하는 것을 의무로 알았었다. 사관은 본시 '있는 그대로의 사실을 적어' 절대로 사실을 곡필하거나 왜곡하지 말아야 했다. 그래서 '실록'이란 말이 나왔다. 사관은 군주의 좌우에서 신하와의 사이에 오가는 말을 그대로 기록하여야 했다. 이렇게 속기한 글을 사초(史草)라 했는데 만일 사관 자신의 견해를 적어

---

3) Benedetto Croce, *Theory and History*, 일역《歷史의 理論과 歷史》(岩波文庫), 이하 '理論', p. 206.

4) Collingwood, *The Idea of History*, 이상현 역,《역사학의 이상》, p. 61.

야 할 때에는 반드시 사찬(史贊) 또는 졸기(卒記)라 하여 따로 항목을 정해 기록해야 하였다. 이처럼 사실의 객관성과 사관의 주관성은 뚜렷이 구별하여 기술하여야 했던 것이다.[5)]

사관을 천거할 때에는 하늘에 분향하면서 서약했다고도 하며 "군주가 두려워할 바는 오로지 하늘과 사필(史筆)뿐이라" 했다. 조선 태종 이방원이 자신의 행적을 적은 사초를 보려 하자 사관이 이를 완강히 거절한 고사는 유명하다.[6)]

2. 정확하고 초연하라

19세기에 이르러 역사학이 과학이라 자부하게 되자 객관성의 문제는 더욱 엄밀히 추구하게 되었다. 그 대표적인 인물이 랑케(Leopold von Ranke, 1795~1886)였다. 그는 《라틴・게르만 민족사》에서

> 우리는 역사학에 과거를 재판하고 장래에 유익하도록 인류를 선도한다는 따위의 기능을 기대하여 왔다. 이 글은 그런 허황한 기능을 시도하는 것이 아니라 단지 그것이 원래 어떻게 있었는가를 보이려 할 뿐이다…… 아무리 제약이 많고 아름답지 못한 사실이라도 그것을 정확히 제시한다는 것이 최상의 원리임은 의심할 바 없는 것이다.

고 한 유명한 말이다.[7)] 랑케의 이 유명한 공식, "그것이 본래 어떻게 있었는가?"는 마치 역사가의 주문처럼 암송되어 역사가는 모름지기 피도 없고 감정도 없는 사람이어야 한다고 확신하게 되었다. 역사가가 있는 그대로를 말할 수 있고 또 말하여야 한다는 확신은 19세기 역사가들에게 아무 의심도 없이 받아들여졌다. 랑케적 영향을 받은 19세기 영국사가 액튼 경(Lord Acton)도 이렇게 말했다.

> 나는 우리의 연구가 거의 무목적인 것에 가까운 것이 되어야 한다고 생각한다. 역사 연구는 수학처럼 순결한 정신으로 추구되기를 원한다.

---

5) 孫寶基, 《君主와 史官》 史學會誌 (연세대사학회, 1964) 6, p. 1.
6) 상게서, p. 2.
7) Ranke, *Gesch, der röm, und germ,* Völker, p. vii.

그러나 그것은 불가능한 일이다.8)

액튼은 랑케의 《근대사의 제시대》(*Über die Epochen der neueren Geschichte*)를 "랑케 자신의 감정과 확신을 말살하고 마침내는 자기 자신도 말살한, 말하자면 무색 중립을 고수한 역작"이라 찬양하면서,

> 1870년의 프러시아·프랑스 전쟁처럼 비근한 사건에 대해서도 우리가 알고 있는 많은 것들이 지난 6개월 동안에 흩어지고 또 날아가 없어지고 말았다…… 물론 역사의 효용성은 우리가 얻은 풍부한 정보 그 자체보다도 그 확실성에서 얻는 것이다. 확실성의 문제보다 더 중요한 것은 초연성의 문제다. 초연성은 우리의 가장 신성하고 사심 없는, 속세의 혼잡과 소란을 초월한 조용한 대기 속에서 얻어지는 것이다.

역사가가 지켜야 할 두 가지 필수조건을 정확성(certainty)과 초연성(detachment)이라 했던 것이다.9)

프랑스의 유명한 고대사가 꾸울랑즈(Fustel de Coulange)도 서슴없이

> 역사를 기록하는 것은 내가 아니라 역사 그 자체이다. 나를 통해 역사가 역사를 쓰는 것이다.

라 장담하였다.10)

이처럼 역사가는 자기를 죽이고 역사적 사실 그대로를 재현할 수 있다고 믿었다. 그러므로 역사가는 무엇보다도 먼저 정확하여야 한다는 것이었다. 정직한 역사가만이 진실을 이야기할 수 있다11)고 믿었던 것이다. 그래서 신채호는

> 크롬웰은 화사(畵師)가 자기의 상을 그릴 때에 그 좌목상의 '혹'을 뺌을 불허하여 가로되 '나를 그리려면 나의 본면 그대로 그리라' 하였으니 이 말은 곧 자기의 진상을 잃을까 함이어늘 조선사를 지은 기왕의

---

8) Hofstadter, *Anti-intellectualism in American Life*, p. 31에서 재인용.

9) Lord Acton, *Historical Essays and Studies*, ed. J. Figgis, (London, 1997), pp. 42~48.

10) A. Cobban, *The Social Interpretation of the French Revolution* (Camb. Univ. Press London, 1964), p. 1.

11) F.S. Fussner, *The Historical Revolution, English Historical Writing and Thought* 1580~1630, (London, 1962) intr, p. 17.

조선의 사가들은 매양 조선의 '혹'을 버리고 조선사를 지으려 하였다.

고 하여 얼굴에 '혹'이 있으면 있는 그대로 그려야 참다운 화사이듯이 역사가도 '혹'이 있는 그대로 역사의 진상을 기술하라는 것이었다.[12)]

이처럼 "역사는 역사 그 자체를 넘어서는 어떤 것과도 관련시켜 연구"되어서는 안 된다.[13)] 그러므로 역사를 위하여 역사를 지으란 것이지 역사 이외의 무슨 딴 목적을 위하여 지으란 것이 아니니다.[14)]

이른바 역사의 객관성은 '성실하고 진지한 역사가'(the bona fide historian)의 순결성(chastity)에 의하여 달성될 수 있다. 따라서 "이념이란 종교나 정치에 있어서는 진리지만 역사에 있어서는 폭력이다", 즉 역사에 있어서는 오로지 사료만이 진리인 것이다. 역사는 사료에 의거해야지 여론에 의지해서는 안 된다. 그래서 역사가는 늘 사료를 찾아 헤맨다. 그는 사료 없이 아무 말도 못하기 때문이다.[15)]

앞서 말한 영국사가 액튼은 생전에 누구보다도 많은 사료를 섭렵하였으나 죽어서 남긴 것은 단지 그가 그렇게도 알뜰하게 가꾼 카드의 산더미뿐이었고 이 카드는 지금도 케임브리지 도서관에 보관되어 있다. 액튼은 필생의 역저 《자유의 역사》(*The History of Liberty*)를 계획했었다. 그러나 결국 카드만 남기고 세상을 떠나고 만 것이다. 그가 계획한 《자유의 역사》는 제임스(Henry James)의 소설 《미래의 마돈나》(*The Madonna of the Future*)와 같은 미완성의 대작으로 끝난 것이다. 이 소설의 주인공은 단 한 폭의 그림을 그리기 위해 평생을 화실에 집거하였다. 그러나 그가 죽어서 남긴 것은 캔버스의 흰 화지뿐이었다는 것이다. 액튼도 이 소설 속의 주인공처럼 아무것도 남기지 못했다. 그 원인은 무엇인가 하면 그가 무엇을 쓰기에는 너무나 많은 것을 알고 있기 때문이다. "그는 절대 불완전한 사료를 쓰지 않았고 사료는 그에게 늘 불완전하였다는 것이다."[16)]

---

12) 申采浩, 《朝鮮史總論》, '論選', p. 66.
13) Pollard, *Factors in Modern History*, p. 226.
14) 申采浩, 전게서, p. 63.
15) Lord Acton, *Essays on Freedom and Power*, ed. G. Himmelfarb, 1948, pp. 4~42.
16) *Ibid.*, pp. 18, 21, "He knew too much to write. He would not write imperfect materials and to him the materials were always imperfect."

Ⅱ. 역사가의 내면

1. 베이컨의 '4대 우상'

역사적 객관성에 대한 이러한 19세기적 확신은 너무나 천진난만한 생각이었으며 사람의 주관을 과소평가한 사고였다. 19세기 말부터 전술한 크로체(Croce), 딜타이(Dilthey), 콜링우드(Collingwood), 베카(Carl Becker), 비어드(Charles Beard) 등 일련의 철학자와 역사가들은 사료 자체에 숨은 편견과 그것을 보는 역사가의 주관이 매우 중요하다는 사실을 강조하기 시작한 것이다.

본시 사람의 주관이란 "정문에서 쫓아버리면 슬며시 옆문으로 다시 들어오는 것"이다.[17] 헤로도투스는 그의 《역사》를 "있는 그대로를 이야기한다"는 입장에서 썼다고 장담했다. 그러나 풀루타크(Plutarch)의 작으로 알려지고 있는 《헤로도투스의 악의에 대하여》(*Perites Herodotou Kakoetheias*)에 의하면 헤로도투스의 《역사》는 악의로 타인을 중상하려는 정신이 가득 차 있다고 비난하고 있다.[18]

여기서 우리는 잠시 베이컨이 이미 17세기에 말한 인간의 4대 우상을 살펴보기로 하자. 그는 인간의 편견을 우상이라 불렀다.

베이컨은 그의 유명한 인간의 4대 우상(idola)을 《신기관(新機關)》(*Novum organum,* 1620) 1권에서 예시하고 있는데,[19] 그 첫째는 종족우상(idola tribus)이다. 즉, 인간의 본성 자체인 우리의 감각기관과 우리의 정신 속에 그 기원을 가지고 있는 오류다. 둘째는 동굴우상(idola specus)이다. 우리들 자신의 개성에 의해 형성되는 오류, 즉 흔히 말하는 '편견'으로서 이 험악한 세상에서 우리가 우리들 자신을 위하여 파놓은 조그마한 동굴이다. 셋째는 시장우상(idola fori)으로서 선전 광고의 여러 가지 왜곡이다. 즉, 사람이 군중 속에서 함께 모임으로써 범하는 오류들이다. 마지막으로 극장우상(idola theatri)이 있다. 이 오류는 지식인이 범하는 오류로서 이론·체계·법칙 따

---

17) H.S. Commager, *The Study of History* (New York, 1965), p. 11
18) 原隋園, 《그리스史研究》, p. 79.
19) C. Brinton (최명관 역), 《現代思想의 形成》, pp. 60~62; Cassirer, *Myth,* 《神話》, p. 370.

위를 세우다가 범하는 오류다. 이것을 왜 극장우상이라 했는가? 베이컨의 말을 직접 들어 보자.

> 마지막으로 여러 철학의 각가지 독단으로부터, 그리고 또 여러 그릇된 논증법칙으로 인하여 사람들의 마음속으로 옮아 들어가는 우상이 있다. 이것을 나는 극장우상이라 부른다. 왜냐하면 내 판단으로는 세상에서 받아들여지고 있는 모든 체계는 무대극일 따름이요, 비현실적으로 또 극적으로 자신의 창작의 세계를 나타내고 있기 때문이다.

즉, 창작의 우상이었기 때문에 극장우상이라 했다는 것이다. 이들 우상 중에 정치적 우상, 즉 시장우상이 인간에게 가장 위험하고 영속적임은 물론이다.

2. 뷔코의 '5대 편견'

뷔코도 《신과학》에서 역사가가 범하고 있는 다섯 가지 편견을 들고 있다.[20]

첫째, 역사가가 연구하고 있는 시대의 부강, 세력, 화려 등을 과장하는 편견, 어느 역사가나 자기가 연구하려는 시대, 인물, 사건 등을 실재보다 더 크고 훌륭하고 중요한 것으로 믿고 싶어 한다.

둘째, 자기 민족의 역사에 대해서는 누구나 가장 좋아하는 색깔로 채색하려 하는 편견을 가지고 있다. 영국민에 의해서 또 영국민을 위해서 씌어진 영국사는 영국의 군사적 실패를 크게 쓰려고 하지 않는다. 이것은 개인의 경우도 마찬가지이다.

셋째, 역사가도 학자인 만큼 자기가 연구하고 있는 역사적 인물을 지성 있는 학자적 인간으로 가상한다. 역사상 가장 영향력 있는 사람들은 최소한의 학문적인 정신을 지니고 다니는 자이긴 해도 역사적인 위대성과 깊은 지성과 연결된 예는 드문 것이다. 역사가 자신의 생활을 지배하는 가치기준은 역사가가 취급하고 있는 역사적 인물의 생활을 지배하고 있는 가치기준과 매우 다르다.

넷째, 두 민족이 유사한 사상, 제도를 가지고 있을 때, 자기들이 먼저 만든

20) G. Vico, *The New Science of Giambattista Vico*, by T.G. Bergin and M.H. Figgis (N.Y. 1948).

것을 남에게 주었다고 서로 주장하는데 이것은 인간정신의 원초적인 창조력을 부정한 데 기인하는 편견이다. 중국인이 일본인을, 그리스인이 로마인을 가르쳐 주고, 로마인이 다시 갈리리아인을 가르쳐 주었다는 사실이 설혹 확실한 일이었다 하더라도 배운 쪽에서 가르쳐 준 것을 아무런 변경도 가함이 없이 받아들이는 것은 아니다. 그 민족의 역사적 발전과정을 위해 필요한 것만을 배운다는 사실을 잊어서는 안 된다.

다섯째, 역사가 기억에 의존하고 있다는 편견 때문에 사건과의 시간적 거리가 가까울수록 그 사건에 대한 지식이 정확하다고 생각한다. 그러나 실제에 있어서는 그런 등식이 성립되는 것이 아니다. 먼 과거에 대한 기억이라고 해도 정확할 수 있기 때문이다.

이처럼 인간의 편견은 불가피적이다. 그것은 역사가도 인간인 이상 편견없는 눈을 갖기란 거의 불가능한 것이다. 따라서 랑케 자신도 이러한 사실을 시인하고 있다.

> 진짜 사료[眞史料]를 비판적으로 연구하여 편견없는 사안(史眼)을 가지고 사실 그대로를 표현하는 것이 우리의 목적이다. 그러나 나는 여기서 한 이상을 제시하고 있는 것이다. 이상은 도저히 실현 불가능한 일이란 말을 들을 것이다. 그렇지만 한번 생각해 봅시다. 이념이란 무한하고 그 실현은 제한되어 있는 것이다. 그러니까 옳은 길을 택해서 더 한층의 연구와 비판을 낳을 수 있는 성과를 얻는 길밖에 없는 것이다.

역사의 객관적 서술이란 하나의 이상을 제시한 데 지나지 않다고 랑케 자신이 고백한 것이다.[21]

3. 불만과 오류

크로체가 말했듯이 본시 인간이란 만족에서 불만을 거쳐 만족으로 가는 것이 아니라, 불만에서 불만으로 그리고 오류에서 오류로 가는 것이 인간인 것이다.[22] 그래서 어느 의미에서 인간은 항상 술에 취한 상태에서 살고 있는 것이다. 권력을 잡은 자들은 항상 신들린 상태에 있다고 했지만 평범한

21) Ranke, *History of England*, V. p. 428.
22) B. Croce, *op. cit.*, p. 216.

야인의 정상성 역시 상대적이다. 역사가의 목소리는 '돌'같이 차고 고요하다고 했다. 그러나 우리는 우리의 가슴 속에 시대에 대한 그리고 사회와 인간에 대한 북받쳐 오르는 분노를 안고 있는 것이다. 그래서 역사가는 머리(brain)로 역사를 쓰기도 하지만 또한 '가슴'(hearts)으로도 쓰고 있는 것이다.

베버는 절망의 조국 독일과 카이잘(독일 황제)을 증오하고 자기를 학대한 애인과 아버지(어머니를 학대한)를 증오했다. 너무나 뜻밖이다. 그러나 사실이다.[23] 더욱이 몸젠이 그토록 사무친 정치적 불만을 가졌으리라고는 믿어지지 않는다. 그러나 그는 증오했다.

몸젠은 한 미발표 원고 뭉치를 남기고 별세했는데 그의 유지에 따라 원고는 30년간 보관해 두었다가 1948년에야 발표되었다. 그 속에

> 나는 정치적 지위나 영향력을 갖지 않았으며 또 바라지도 않았다.
> 그러나 나의 깊은 내면에는, 즉 누구 못지 않게 내 맘 속에서 나는 항상 한 사람의 '정치동물'이었다. 아니 선량한 시민이기를 바랐다. (그러나) 그것은 이 나라 (독일)에서는 불가능했다.

라는 글이 들어 있었다.[24]

어느 의미에서 인간은 20년간이란 오랜 공교육과정을 통해 이미 정치적 불만이라는 내면의 불씨를 태우지 못하도록 길들여져 있다고 할 수 있다.

그러기에 헤세(H. Hesse)는 "당신의 귀와 눈은 벌써 오래전부터 현실의 여러 가지 실태가 보이지 않도록 당신 자신을 기만하도록 길들여져 왔다."라고 했던 것이다.[25]

4. 정치적 소신

역사 서술 속에 숨어 있는 저자 자신의 주관 또는 편견은 쉽게 말해서 그가 환경과 자연과 인간성의 희생자 또는 포로이기 때문에 나오는 불가피한 현상이다.

역사가가 지닌 편견 가운데 가장 경계하여야 할 것은 정치적·종교적 소

---

23) Wright Mills, (tr) *From Max Weber: Essays in Sociology*, pref. (Oxford, 1953), p. 34.
24) Mommsen, *History of Rome*, intr. p. 10.
25) Herman Hesse, 《방황하는 현대》, p. 33.

신이다. 가령 히틀러 시대의 나치 어용사가가 쓴 역사서를 읽어보면 아리안 민족의 우월성을 비롯한 나치 특유의 정치선전을 드러내고 있다. 그러나 처칠의 《세계위기》를 읽어보면 과연 어느 부분이 그가 가진 정치적 소신에서 우러나온 '선전'인지를 가려내기 힘들다. 그것은 우리들 자신의 정치적 소신이 처칠의 그것과 너무나도 흡사하기 때문이다.[26]

민족주의라면 서유럽 특히 영, 불 독 3국이 발명하여 200년간이나 번창한 이데올로기의 하나다. 역사학도 이미 세계 공통어인 라틴어를 버리고 각국어로 역사를 쓰기 시작한 때부터 민족주의의 영향을 받았다. 그러나 18세기 계몽사상가들의 민족주의는 합리주의와 세계시민사상에 크게 연화되어 있었다. 따라서 민족주의 역사학은 19세기에 이르러 국민적 이해와 감정 그리고 편견에 사로잡히기 시작하여 나타났다. 즉, 미슐레(Michelet)의 《프랑스사》, 트라이치케(H. von Treitschke)의 《독일사》, 밴크로프트(George Bancroft)의 《미국사》가 모두 그 대표적인 사례이다.[27]

어느 나라를 막론하고 '국정 이데올로기'(official idelolgie)란게 있고 국민의 대다수는 거기서 벗어나기 어려운 포로이다. 그런 뜻에서 랑케 자신도 예외가 아니었다. 랑케는 《역사정치평론》(Historisch-Politische Zeitschrift)지를 편집했는데 처음에 그는 프랑스의 입헌주의와 프러시아의 보수주의, 두 극단의 중도적 입장을 고수하기로 다짐하였다. 그러나 실제에 있어서는 그렇지 못했다. 이를테면 1830년에 7월 혁명이 터지자 프러시아에서는 자유주의적인 정치신문과 정치문학을 탄압하는 한 법령이 제정되었다. 랑케는 이 언론 탄압법에 찬성했다. 1848년 3월 혁명 때에도 그는 민주헌법을 요구하는 대중을 저버리고 프러시아 국왕에 편들었다. 그는 공정무사한 역사 서술을 주장하면서도 실제생활은 프러시아 군국주의를 지지하고 있었던 것이다.[28] 우리는 역사에 대한 소신과 정치에 대한 소신이 다른 사람을 정당하게도 경멸하고 있다.[29] 랑케도 그런 경멸의 대상이 아니라 할 수 없는 것이다.

---

26) H.S. Commager, *op. cit.*, p. 55.
27) H.S. Commager, *ibid.*, p. 56.
28) Charles Beard, *That Noble Dream*, Amer. Hist. Rev. vol. 41, No. 1, p. 78.
29) Lord Acton, *Historical Essays and Studies*, p. 26.

Ⅲ. 사료와 역사가의 대화

1. 풍요와 빈곤

18세기의 역사가 기본은 일찍이 “모든 역사는 재미있지만 흐릿한 학문이다”고 말한 일이 있다. 그 이유를 들어 보면 역사가는 복잡한 사료를 정리해서 ‘일관성있는 그럴듯한 서술’을 시도한다. 말이야 쉽다. 그러나 이 작업을 직접 해보지 않은 사람에게는 왜 그것이 그리 어려운가를 알 길이 없다. 그래서 코매거는

> 얼마나 말하기 쉬운가! (그러나) 얼마나 해내기 어려운가! 나는 때때로 “우리 모두가 일대 신용사기를 하고 있는 것이 아닌가 느껴진다.”고 하는 동료 역사가들에게 많은 동정이 가곤 한다. 역사가가 해야 할 일이 무한하다는 것만 생각해도 그런 의심이 아니 날 수 없는 것이다. 토니가 한때 수사본(手寫本)이 꽉 들어찬 고문서 창고를 처음 보는 사람은 “50개의 걸레자루를 든 50명의 하녀만 있다면” 한다고 말한 일이 생각난다. 그러나 역사가가 든 걸레자루는 단 한 자루이다.

라고 말하고 있다.[30]

우리는 오랫동안 역사가를 단순히 ‘사실의 편집자’(the compilers of facts)[31]로 생각해 왔고, 이른바 ‘가위와 풀의 역사’, ‘사실로 하여금 말하게 하라’식의 역사를 서술하는 것으로 만족해 왔다. 그러나 “우리는 인간의 성질과 역사의 무한한 복잡성, 모든 인간지식의 어찌할 수 없는 한계성, 인간조건의 불확실성 그리고 역사가가 지난 1세기 동안의 역사 연구의 발달로 수중에 쌓이게 된 방대한 사실을 선택하고 평가함에 있어서 필연적으로 거쳐야 되는 주관의 역할을 18세기의 계몽사상가들보다 훨씬 더 잘 이해하게 되었다.”[32]

19세기 중엽에 이탈리아의 타바리니(Tabarrini)라는 역사가가 고증적 역사지식이 쌓이고 쌓여서 이루어진 산더미에 대해

---

30) H.S. Commager, *op. cit.*, p. 33.
31) Knight, *Objective Society*, p. 23.
32) Hans Kohn, 《歷史家와 世界革命》, p. 28.

> 만일 사료의 풍요가 도리어 우리를 가난하게 하는 것을 바라지 않고, 이 고문서의 산더미가 건잡을 수 없는 혼돈(chaos)이 되기를 바라지 않는다면 역사 연구의 고증적 또는 주석적인 부분의 발전과 아울러 독창적인 역사 서술이 발전되지 않으면 안 될 것이다.

라고 논평한 바가 있다.

2. 주제의 선정

포퍼(Popper)가 말했듯이 역사는 우리에게 사실을 들이대지만 "사실 그 자체는 아무런 의미도 없다. 사실은 인간의 결정에 의해서만 의미를 갖는 법이다."[33] 바꾸어 말하면 역사가의 주관이 여러 가지 사실 가운데서 중요한 것을 골라잡는 것이다. 우선 사실(史實)의 선택과 주제의 선정부터 매우 자기중심적이다. 학생들이 졸업논문을 쓸 때 무엇보다도 먼저 고심하는 것이 테마의 선정이다. 이 문제에 대해서 호이징하는 진주를 캐듯이 사실을 캐라고 했다.

> 마음 내키는 대로 과거의 어느 한 시점을 하나의 현재로 생각하고 그것을 깊은 바다 속에서 한 알의 진주를 건져내듯이 지나간 영원의 흐름 속에서 떠올리시오. 이것이야말로 참다운 역사적 고찰의 본질입니다. 하나의 시점을, 여러분이 사랑하는 한 시점을 선택하십시오. 태양이 우리들의 불행하고 가엾은 세기보다도 보다 많은 황금빛 햇살로 세계를 비쳤을 것으로 보이는 한 시점을 선택하십시오. 그리하여 물어 보시오. 이 지나간 현재는 그 역사에 의해 어떻게 규정되었는가 라고.[34]

'동기의 빈약'이란 말을 자주 듣는다. 역사 연구의 동기는 곧 그의 주제선택에 나타난다. 누누이 지적한 바와 같이 역사 연구의 목적은 사실의 발견으로 끝나지 않는다. 왜냐하면 아무리 많은 사실이 발견된다 하더라도 그것으로 과거(역사)의 전체성(totality)이 얻어지지 않기 때문이다. "역사는 사건의 추적이 아니다."(Fustel de Coulange). "사실 속에는 역사의 전체국면에

---

33) Iggers, Am. Hist. Rev. 71, 1, pp. 9~10.

34) J. Huizinga, *die Wege*, 《역사에의 길》, p. 175.

서 보아 중요치 않은 것이 있다”(Langlois · Seignobos). 여기서 우리의 연구가 무용한 반복을 피하고 본질적인 핵심문제를 향해 가도록 유도되는 것이다.[35] 역사가는 역사에 대한 어떤 설명을 시도한다. 설명이란 문제해결적이다. 역사가는 늘 어떤 문제를 제기하고 해결하려 하고 있는 것이다.[36]

물론 어떤 경우에도 주제선정에 독창성이 기대된다. 그러나 우리는 기왕에 선배 역사가들이 제기한 문제를 되풀이 제기하고 있는 경우가 적지 않다. 가령 고대 그리스 · 로마의 역사가들이 제기한 문제와 주제가 오늘날 까지도 그대로 역사가들의 주제가 되고 있는 데 놀라지 않을 수 없다.

전쟁(페르샤, 펠로폰네소스포에니 전쟁)은 왜 일어났는가? 로마는 어떻게 해서 세계제국으로 발전하였는가? 아테네, 스파르타, 로마의 정치제도(조직)는 어떻게 이루어졌는가? 어떤 사회운동 이를테면 아테네의 데모스(demos, 평민)와 로마의 플렙스(plebs, 평민)는 무엇을 바라고서 귀족과 투쟁했는가? 서로 싸움해 마지 않은 여러 고대 민족(아테네, 페르샤, 마케도니아, 로마, 게르마니아 등)의 덕성, 소질, 사상, 즉 민족성은 무엇인가? 민족의 운명을 인도한 위인들 이를테면 테미스토클레스, 페리클레스, 알렉산더, 한니발, 스키피오 등의 성격은 어떤 것이었나? 등이 그것이다.

즉, 고대 역사가들이 제기한 문제는 전쟁, 정치제도, 사회(계급)투쟁, 민족성, 위인 등이었다. 이들 주제는 아프로디테와 헬라신의 싸움이 아니라 인간의 싸움을 다룬, 말하자면 인간의 역사였다. 여기서 주목할 일은 이 고대인의 역사 주제가 그대로 근대 역사가들의 주제가 되고 있다는 사실이다. 이 점에서 자기의 저술이 ‘영원한 재산’으로 남기를 바란 듀키디데스의 소망이 그대로 이루어진 셈이라 할 수 있다.[37]

Ⅳ. 주관의 위험성

1. ‘생의 관심’의 의미

역사가의 주관은 불가피적인 것이지만 그렇다고 해서 주관이 내포한 위험

35) Henri Berr, Social Science. Encyclopedia, 7, pp. 358~359.
36) H.S. Commager, *op. cit.*, p. 9.
37) B. Croce, *op. cit.*, p. 204.

성이 아주 해제되는 것이 아니다. 티틀러(A.F. Tytler)는 번역의 3원칙이라 하여 외국어문을 번역하는 데에는 반드시 ① 원의(original idea)의 완전한 전달을 기하라, ② 원저자(original author)의 문체(styles)를 닮아라, ③ 원문(original text)의 평이함(ease)을 보존하라고 했다.[38] 과연 역사가는 역사가 지닌 세 가지 오리지널, 즉 오리지널 아이디어와 스타일과 ease를 재현할 수 있단 말인가? 어려운 일이다.

흔히 역사가들은 사실을 해석하는 데 있어서 '세계사적 관점' 또는 '역사적 맥락'에서 본다는 따위의 말들을 한다. 이 세계사적 맥락이란 무엇인가? 그것이 과연 역사적 사실 그 자체의 객관적인 '틀'인가, 아니면 역사가 자신의 주관적 '틀'에 지나지 않는가?

"모든 역사는 현대사다" 모든 "역사적 판단은 실제적 요구에서 나온다." "아무리 먼 시대의 사건이라도 현재적 필요와 현재적 상황과 관련된다. 즉, 역사가는 과거를 현재의 안목에서 보고 현재의 문제에서 본다." 크로체의 이 매혹적인 명제들을 받아들이는데 있어 경계하여야 할 것은 '생'과 '필요'의 개념이다. 크로체는 "모든 역사는 현대사다"라고 했을 때의 현대사를

> 왜냐하면 현재의 생의 관심만이 사람으로 하여금 과거의 사실을 알려고 하게 하기 때문이다. 따라서 이 과거의 사실은 그것이 현재의 생의 관심과 일치 결합하는 한 과거의 관심이 아니라 현재의 관심에 대답하는 것이다.

라고 해설한 바 있다.[39] 이 '학의 일성'이 블록으로 하여금 "현재를 염두에 두지 않고 과거를 이해할 수 없다고 믿게 되었다."[40]고 고백케 하고, 내미어도

> 역사는 필연적으로 주관적이며 개별적이다. 그것은 역사가의 관심과 전망에 의해 제약된다. 그러나 그의 관심은 골똘하고 성실하며 설득력이 있어야 한다.

라고 말하였다.[41] 또 이 한 마디가 19세기의 트라이치케가 '냉엄한 객관성'의 가능성을 주장한데 대하여 현대 미국사가 비어드가 '신념의 행위로서의

---

38) Wright Mills, *op. cit.*, pref.
39) B. Croce, *op. cit.*, p. 17.
40) M. Bloch, 《奇妙한 敗北》, pp. 17~20.
41) L.B. Namier, *Avenues of History* (London, 1952), p. 8.

역사'(history as an act of faith)란 말로 응수케 하였던 것이다.[42]

그러나 주관을 앞세우며 객관성을 단순한 19세기의 골동품 취미적인 부르조아의 편견이라고 선언하게 된 배후에는 윤리(ethics)와 이성(logos)의 패배, 그리고 잔혹한 '생'의 의지의 승리가 숨어 있는 것이다. 쇼오펜하우어가 이성보다 맹목적인 의지가 세계를 지배한다고 선언했을 때 그것은 인간의 살려는 욕망은 다른 모든 것을 용서한다는 뜻이 되고 말았던 것이다.

2. 사실을 가장한 소설

현대의 대중은 개인의 사색이라는 까다로운 훈련에 지쳐 있다. 그들은 대중 속에 끼여서 전진하고 대중의 우애를 받기를 갈구한다. 그들은 증대되는 세계의 복잡성 앞에서 받는 고독과 소외를 극복하려는 욕망에 가득차 있다. 객관성의 존엄성이 무너지고 오직 구체적인 사실과 변증법적인 필연성이 우선하게되자 과학마저도 계급과 과학자의 혈연관계 여하에 따라 다르다고 생각하기 시작하였다. 계급과 피 그리고 집단의 이해관계가 이성보다 더 강하다고 느끼게 된 것이다.

이리하여 우리는 역사에서 이성을 빼고 객관을 뺀 나머지, 즉 뼈다귀만을 보고 역사를 생각하고 있는 것이다. 존 듀이는

> 지성, 즉 이성을 너무 강조한 나를 주지주의적이고 냉혈적이라 비판한다. 즉, 욕구, 사랑, 희망, 찬미와 같은 정감(affection)을 무시한다는 것이다. 지능은 비판적이요 비생산적이지만 욕구는 생산적이다. 지능은 분석적이어서 사물을 갈갈이 쪼개어 놓는다. 즉, 그 도구는 메스와 시험관이다. 그러나 정감은 종합적이요 통일적이다.

라고 호소한다. 지성은 곧 이성이다. "목적은 수단을 합리화 한다"는 말이 있다. 수단을 위해 내세우는 '목적'은 듀이가 말했듯이 '지성의 고의적인 악용'에 지나지 않는 것이다.[43]

우리는 나치 사학을 아직도 생생하게 기억하고 있다. 1935년 나치 사학이 출범(Reichsinstitut für Geschichte des neuen Deutschlands)할 당시의 취지

42) H.S. Commager, *op. cit.*, p. 53.
43) Dewey (신일철 역), 《人間性과 行爲》 (사상문고), p. 285.

서는 역사 서술의 '특별한 민족적 사명'을 강조하여 사료간행 따위는 '무미건조'하고 갑갑한 관(棺)이라 규정하고 역사 서술은 창조적인 역사 구성이 되어야 한다고 주장하였다. 역사가는 (마치 예술가처럼) 그의 소재를 이용하여 새로 만들어 내야 한다. 실로 예술의 본질은 형식이 아니며, 학문의 그것은 사실이 아니다. 이리하여 프랑크(Walter Frank, 나치 사학의 지도자)가 독일 역사가들에게 내린 명령은 '사격'이었다. "준비! 쏘아!" (Achtung! Feuer!)였다. "포화는 과연 파괴적이다. 그러나 그것이 적절히 사용될 때 1,000배나 건설적이다"[44]라고 프랑크는 말했다.

나이트가 지적했듯이 역사가는 역사적 '행위'를 정당화하고 합리화한다. 역사학은 격정의 행위이다.[45] 따라서 역사가는 과거 그 어느 때보다도 '사실을 가장한 소신'으로 타락할 위험에 처해 있는 것이다. 왜냐하면 객관적 역사의 명증성이 의심받고, 단지 '시간과 장소만의 이유로 무엇이든지 용서받는 상대주의'로 타락하여 역사가의 가슴 속에는 그 어느 때보다도 '돌격!'의 함성을 외칠 가능성이 커지고 있는 것이다. 누군가가 말했듯이 근대 정치사는 "만인에게 물질적인 낙을 가장 많이 줄 수 있는 정당이 어느 정당이며 또 어느 제도인가를 결정짓기 위해 서로 죽이고 죽은 역사"였다. 이 슬픈 '눈물의 골짜기'에서 역사가만 홀로 미치지 않고 냉정하기를 바라는가? 무릇 사람이라면 누구나 꼭 미치는 버릇이 있다. 그러나 설혹 그렇더라도 역사가는 객관의 실재성을 의심하지 않아야 한다. 그래서 어느 의미에서는 모든 역사가가 실증주의자, 즉 신실증주의자라 할 수 있는 것이다.

---

44) W. Frank, *Guild and History*, Varieties of History, p. 342.
45) Knight, *Objective Society*, p. 10.

제 3 절
역사의 법칙성

다른 모든 사고형식과 같이 과학도 어떤 사고의 틀을 제공해 주는 가설에 기반을 두고 있다. 이 가설에 의거하여 모든 사실을 관찰하고 체계화하는 것이다.

– Albert Einstein

Ⅰ. 일반화와 법칙

1. 역사적 설명의 당위성

역사가는 먼저 사실의 진위를 확인하고 이어 확인된 사실을 설명한다. 그러므로 역사가의 할 일은 첫째 사실의 확립, 둘째 사실의 설명이다. 사실의 확립 가운데에는 사실의 발견과 발굴이 포함되어 있다. 여태껏 세상에 알려져 있지 않았던 새 사실의 발견은 트로이의 유적을 발견하여 그 유물을 파헤친 슐리만(Schlieman)의 흥분을 느끼게 한다. 그래서 역사학의 가장 매력적인 부분이 바로 '발견'과 '발굴'이다.

발견과 설명의 어느 부분에 더 흥미를 갖느냐 하는 것은 역사가 개개인의 자질과 관심에 달린 문제이다. 이 문제는 답사를 좋아하는 활동파 학생이 있는가 하면 도서관과 연구실에 집거하기를 좋아하는 은둔파 학생이 있는 거나 마찬가지 이치이다. 전자를 사판, 후자를 이판이라 한다. 이판사판 어느 쪽도 아닌 사람은 없다. 어떻든 역사가는 사실을 발견하고 확립하는 작업만으로 끝나지 않는다. 확립된 사실의 설명은 불가피적이다. 사실의 설명에는 반드시 먼저 '일반화', 즉 가설을 세워야 한다. 그러나 여기 강력한 이설이 있다.

관념론자 오크쇼트(Michael Oakeshott)는

> 자연과학자는 개별적 사실보다 보편적 법칙이나 이론에 더 많은 관심을 갖는다. 가령 물리학에서 '사과가 떨어진다.'는 사실보다 그 기본

> 원리 '중력의 법칙'에 더 큰 관심을 갖는 것이다. 생물학자의 경우도 한 생물표본이 어떤 한 '류'에 속한다고 할 때 관심을 표현한다. 그러나 역사가의 경우는 다르다.
>
> 가령 프랑스 혁명을 연구한다고 할 때 역사가의 관심은 프랑스 혁명이 다른 혁명에 비해, 갖고 있는 특수성이나 독자성에 있지 다른 혁명도 갖고 있는 공통성에 있지 않다. 만일 역사적 사건을 어떤 '류'(kind)에다가 포괄시켜 해석한다면 그것은 '역사의 완전한 파괴'가 된다. 그러므로 역사가의 가장 이상적인 설명이란 역사적 사실을 완벽하게 '빈틈'(lacuna) 없이 서술하는 것이다. 역사가는 일반화(법칙)에 의해 설명하기보다 사건의 완벽한 기술(complete detail)에 의해 설명하여야 한다.

라고 주장한다. 그러나 전혀 아무런 설명도 시도하지 않는 역사가는 없다. 사건의 서술만으로 만족해버리는 역사가는 없는 것이다. 싫든 좋든 역사가는 역사적 사실을 설명하려 들며 설명을 시도하는 이상 어떤 일반개념을 사용하지 않을 수 없는 것이다.[1]

베라크라프는 역사가가 역사 해석을 포기한다면 그것은 하나의 "지식인의 모반(trahision des clerce)이요, 전문가로서의 자기사명을 저버리는 것이다"라고 경고한 바 있지만 오늘날 이것은 너무나도 자명한 일이 되고 있다.

2. 개별 기술과 법칙정립

"역사는 사건의 총화(a sum of events), 즉 모듬이 아니다", 그러므로 역사가는 사건 'X'가 언제 'Y' 일어났는가 하는 단순한 'XY'(사실[개별] 기술)로 끝나지 않고 다시 역사적 의미 'Z'를 구한다.

"시이저는 3월 15일 원로원에서 칼에 맞아 죽었다."

이 문장은 단순한 'XY기술'이다. 역사가는 'XY'로 만족하지 않는다. 사실, 즉 XY의 의미 'Z'를 찾는 것이다.

그러나 역사학은 오랫동안 Z없는 XY학으로 인식되어 왔다. "역사학은 법칙정립적(nomothetic) 학문이 아니라, 개별기술적(ideographic) 학문이다."라고 한 말도 바로 역사학은 사실기술로 끝나야지 더 이상 나아가면 안 된다는 전통적 금기를 나타낸 말이다. 리케르트(H. Rickert)는 보다 적절하게 역사학은 법칙과학이 아니라 사건과학(Ereigniswissenschaft)이라 말했다.

---

1) W.H. Dray, *The Philosophy of History,* Englewood Cliff N.J. (1964), p. 8.

왜 역사학이 사건과학이어야 했는가? 두 말할 나위도 없이 랑케 사학의 영향 때문이었다. 근대 역사학을 주도한 랑케 사학은 개별화를 선호하는 낭만주의적 풍토에서 확립되었다. 낭만주의는 18세기의 일반원리 숭배사상에 대한 하나의 반동으로 나타났었다. 그리하여 개별과 특수의 강조는 근대 역사학의 주요 속성으로 계승되어 왔던 것이다.[2)]

사실의 발생・경위・결과를 확정하는 일은 역사가에게 무엇보다도 중요한 작업이다. 그러나 그 이상의 '설명'은 역사가가 해야 할 업무가 아니라고 생각해왔다. 그것은 사회과학하는 사람들이나 철학하는 사람들에게 일임하라. 역사가는 그네들을 위해 '사실이라는 원자료'('factual' material)를 제공해 주면 된다. 그 이상의 일은 할 수도 없고 해서도 안 되는 것이다.

그러나 랑케 자신은 이론이나 일반화를 아주 거부한 것이 아니었다. 가령 《강국론》에서 그는 "참다운 이론은 사실의 인식이다"고 하면서

> 역사에 있어서는 개개의 순간을 그 직관에 있어서 직시하고 특수한 발전 그 자체를 관찰해가는 것도 헤아릴 수 없는 큰 가치를 지니고 있다. 특수는 보편을 자기 속에 지니고 있기 때문이다. 그러므로 자유로운 입장에서 전체를 관찰할 필요를 부정할 수는 없는 것이다.

라고 말하고 있다.[3)]

3. 일반화의 4단계

역사가는 반드시 사실진술만으로 그 작업을 멈추지 않는다. 그들의 문장 속에는 반드시 설명적이고 일반화된 구절이 나오게 마련이다. 거창하게 말하면 일반화란 역사의 일반법칙을 찾는 일이지만, 적게는 "둘 이상의 사실에 공통되는 속성 또는 특징을 지적해주는 명제"(Loui Gottschalk)이다. 그러므로 일반화는 '경향'(trend)이나 '가설'(hypothesis), '분류'(classification)란 말과 형식상 구분될 수 있으나 결국 같은 뜻이다. 굳이 이들을 구별해 보았댔자 역사 연구의 실제에 아무런 도움이 되지 않는 이를테면 '일인복싱'이다.[4)]

---

2) H. Stuart Hughes, *The Historian and the Social Scientist,* A.H.R. 66, (Oct., 1960), No. 1, p. 23.

3) Ranke, *Die grossen Mächte, Fragment historischer Ansichten.*

사회학자 리스맨(David Riesman)은 특정한 사실진술로 끝나는 연구를 낭만적 연구(romantic approach), 법칙적 설명을 시도하는 연구를 '고전적' 연구(classic approach)라고 불렀는데[5] 사실 이 둘은 정도의 차에 불과하다. 사실과 이론이란 두 선을 그어 놓고 본다면 역사가의 진술은 사실의 선에 밀착되어 나아가고 사회과학자들의 진술은 이론이라는 선에 가깝게 붙어서 가는 경향이 있다는 정도의 차이다.

일반화에는 '규칙성' 일반화('regularity' generation)가 있고 '분류성' 일반화('labeling' or 'classificatory' generation)가 있다. 전자는 무문제(nonproblem)적인 것이므로 보통 역사 서술에서 제외된다. 보통 일반화라 하면 후자를 가리킨다. 즉, '혁명', '전쟁', '중산층', '자유주의' 등의 개념이 바로 그것이다. 이러한 개념은 새로운 사실발견의 결과 세워지는 경우도 있지만 그 반대인 경우도 많다.

예컨대 맥켄지(MacKenzie)와 실버(Silver)가 영국 도시 노동자계급의 보수주의적 투표형태를 연구한 바에 따르면 자신의 개인적 이해에 대한 실용적 평가에 따라 투표하는 세속형 투표자(secular voter)가 있고 상층에서 많이 볼 수 있는 '신념에 따라 행동하는' 복종형 투표자(deference voter)가 있다. 젊은 층은 복종형이라기 보다 세속형 투표자가 되는 경향이 있다. 여기서 현대 젊은이의 신념상실 경향을 발견한다. 우리나라에서는 아직 신념에 따라 투표하는 젊은이가 너무 많다.

일반화에는 또 여러 가지 수준의 것이 있다. 거의 형이상학적인 역사학에 가까울 정도로 역사의 일반도식(general scheme)을 노리는 고수준의 일반화(high-level generalization)가 있는가 하면 아주 낮은 것도 있다. 휴즈(H.S. Hughes)는 일반화의 정도를 넷으로 나누어 보고 있다.[6]

첫째는, 어의적 일반화로서 가장 단순하고 낮은 수준의 일반화다. 이 정도의 일반화는 누구나 사용하기 마련이다. 예를 들어 '혁명화하다'(revolutionize)라는 동사나 '국가'(nation)라는 명사가 그것이다.

둘째는, 진술 집단(groupings of statements)인데 역사 논문의 서문이나 결론 부문에 흔히 나오는 추상적 표현이 이에 해당한다. 예컨대 프랑스 교과서의

4) H.S. Hughes, *op. cit.*, p. 24.
5) W.O. Aydelotte, *Quantification in History* (1971).
6) H.S. Hughes, *op. cit.*, p. 30.

> 루이 14세는 국민의 신망을 잃고 서거했다. 그는 선임재상의 외교정책으로 얻은 프랑스의 막강한 국제적 지위를 잃고 죽었던 것이다.

라는 문장 속에는 17세기 말 18세기 초 프랑스의 국제외교 그리고 국민여론에 대한 필자의 일반화가 숨어 있다. 그러나 이상의 두 일반화는 어느 역사가라도 흔히 하고 있는 것이다.

셋째는, 도식화(schematization)다. 이것이 아마 우리가 기대하는 일반화의 전형일 것이다. 역사적 사실의 단편들을 과정(process)이나 구조(structure)와 같은 도식 속에 뜯어 맞추는 일이 곧 도식화다. 과정이란 예컨대 '산업화'(industrialization), '도시화'(urbanization)와 같은 역사적 변화를 일반화한 개념이 과정의 도식화이며, 구조의 도식화란 이를테면 봉건제도(feudalism), 자본주의(capitalism)와 같은 사회구조에 관한 도식화이다.

넷째는, 형이상학적 역사(meta-history)다. 쉬펭글러, 토인비가 시도한 전포용적 체계로서 일반 역사가로서는 결코 시도하지 않는 일반화다. 메타 히스토리는 사료로부터 너무 떨어져 해석되고 가정과 변수가 너무 많이 사용된다. 그러나 이들 역사 철학은 역사가에게 유익한 상상과 암시를 주기도 한다.

Ⅱ. 이상형의 개념

1. 설명의 도구

역사가는 네 일반화, 즉 ① 어외적 일반화와 ② 진술집단, ③ 도식화 그리고 ④ 형이상학적 역사 가운데 어느 것을 시도하여야 하는가? 첫째와 둘째는 역사가들이 무의식적이나마 기왕에 상용하고 있는 일반화이고 네 번째 것은 역사 철학적 차원에 속하는 것이므로 아직은 역사학과 무관하다. 그렇다면 결국 셋째의 도식화를 시도해야 한다는 결론이 나온다.

휴즈는 도식화를 '중간수준'의 일반화('middle level' generalization)라 이름하고[7] 머튼(Robert K. Merton)은 '중거리' 이론(theory of the 'middle

---

7) H.S. Hughes, *op. cit.*, p. 44.

range')이라 명명하고 있다. 머튼에 의하면 역사가가 일상적 연구에서 쓰고 있는 소형의 가설(minor working hypothesis)과 역사 철학적인 전 포괄적 사변체계와를 매개해 주는 중간형 가설이 곧 중거리 이론이라는 것이다.[8]

뷔코는 "역사가 시간을 따라 변화하지만 그 시간을 초월하여 항상 타당한 법칙이라는 게 있다"고 말하고 이것을 '영원한 이상적 역사'라고 했다. 이 같은 뷔코의 법칙은 오늘날 역사학에서 바라기 힘든 꿈이다. '법칙'이라는 실증주의적 용어보다 차라리 '경향'이란 겸손한 용어로 대체하기를 간절히 바라는 현대 역사가들은 그것을 자연과학적 '법칙'으로 보기보다 하나의 설명적 도구로 생각하고 있다. '일반화'나 '이론'은 본시 자연과학자들의 법칙적 세계(lawful universe)에서만 타당한 기본가정을 차용한 것이다. 법칙적 세계의 반대는 역사적 세계이다.

그러나 웨버도 솔직히 시인했듯이 역사적 세계에는 그 명증성(validity)이 약하기 때문에 하나의 설명적 장치로서 '이상형'(ideal type)이란 도구를 이용하여 역사가는 방대한 복합 자료집단에다 하나의 체계를 부여해 본다는데 지나지 않는 것이다. 그러므로 사회과학이나 역사학에서 법칙이란 완벽한 인과설명이 아니요, 일반법칙도 아니다. 그것은 단지 '이상형'이라는 '설명력'(explanatory power), 즉 도구일 뿐이다.[9]

로퍼(H.R. Trevor Roper)는 역사학에서 말하는 법칙의 취약성을

> 역사학은 하나의 인간연구이다. 그러므로 인문학의 연구는 과학적 연구와 다른 방법이 요구된다. 인간 역사의 학이 언젠가는 엄밀과학이 될지도 모른다. 그러나 지금은, 비록 과학적 제법칙이 역사에 관련되고 또 역사의 진행과정을 조건짓더라도 이들 법칙은 다른 과학, 즉 경제학이나 지리학이나 통계학의 법칙이지 역사학의 법칙은 아닌 것이다.

라고 말하고 있다.[10]

---

8) W.O. Aydelotte, *op. cit.*, p. 82.
9) H.S. Hughes, *op. cit.*, p. 27.
10) H.R. Trevor-Roper, *History, Professional and History* (An Inaugural Lecture Delivered before the University of Oxford on 12, Nov. 1967), p. 13.

2. 제한적 법칙

역사가들은 이리하여 역사학의 이른바 '법칙'은 매우 제한된 의미의 법칙이라는 사실을 시인하기에 이르렀다. 스크리븐(Michael Scriven)은 '법칙'을 세 가지로 나누어 반드시 엄격한 과학적 의미의 법칙만 법칙이 아니라고 주장한다. 첫째 보편적 법칙(universal law), 둘째 통계적 법칙(statistical law), 셋째 상식적 법칙(normal law)이 그것이다.[11)]

첫째 보편적 법칙은 모든 경우에 맞는 법칙으로 자연과학에서 볼 수 있는 법칙이다.

둘째 통계학적 법칙은 모든 경우에 대해서가 아니라 일정한 비율의 경우에 대해서만 맞는 법칙이다. 예를 들어 이러한 경제적 상황에 놓이게 되면 혁명이 일어난다고 통계학적 수치를 들어 설명할 때 그것은 이러한 경제상황에서는 이런 비율로 이런 확률로 혁명이 일어난다는 것뿐이다.

셋째 상식적 법칙은, 이를테면 정상적인 상황이면 의례히 일어나는 일을 정식화한 것으로 우리의 상식에 호소한 법칙이다. 예컨대 "자기 영토를 제대로 다스리지 못하는 통치자는 보통 이웃 나라를 공격하지 않는 법이다." 이 법칙은 윌리암 1세가 영국을 정복한 뒤 스코틀랜드를 마저 병탄하지 못한 이유를 설명해 준 것이다.[12)]

레셔(Nicholas Rescher)와 헬머(Olaf Helmer)는 제한적 또는 한정적(limited or restricted) 법칙이란 말을 사용한다. 이 법칙은 시간적으로나 공간적으로 제한된 법칙으로서 어떤 시대 어떤 나라에서만 타당한 법칙을 의미한다. 예컨대 "프랑스 혁명 전의 프랑스 해군장교는 귀족신분에서 임명되었다", "조선시대의 관리는 양반신분에서 선발되었다"는 따위다.

역사가의 설명은 "왜 이런 일이 일어났는가?" 즉, "무엇이 이 일을 일어나게 '만들었는가?'"를 묻기보다 "어떻게 이런 일이 일어날 수 있었는가?"를 묻는 경향이 있다. 그래서 갤리(W.B. Gallie)는 역사가의 이런 발생학적 설명은 사건의 '필요조건'(necessary condition)을 말하는 것이지 그 '충분조건'(sufficient condition)에 대한 설명이 아니라고 말했다.[13)]

---

11) M. Scriven, *Causes, Connections and Conditions in History, in Philosophical Analysis and History* (ed.), W.H. Dray, pp. 238~264 ; W.H. Dray, *Philosophy of History,* p. 16.

12) 그러나 이 경우 자국민의 관심을 밖으로 돌려 내란이나 국민적 불만을 미연에 방지하기 위한 방편으로 침략전쟁 또는 가상전쟁을 시도하는 때가 있다. Dray, *ibid.*, p. 16.

3. 헴펠의 포괄법칙

현대 분석철학에서 거론되고 있는 공식의 하나를 예시하여 역사 '법칙'의 문제성을 지적하기로 하자.

역사 학자의 인과설명이 과연 자연과학자의 그것과 다른가 같은가? 현대 분석철학자들은 다르다(관념주의), 같다(실증주의)의 두 견해로 갈라지고 있다.[14]

같다고 보는 실증주의 이론의 대표적인 사례가 미국의 헴펠(Carl Hempel)의 소위 헴펠 이론(Hempel theory)이다. 헴펠은 1942년에 발표한 논문 〈역사에 있어서의 일반법칙의 기능〉(*The Function of General Laws in History*, Journal of Philosophy, XXXIX, 1942)에서 역사적 설명의 과학성을 강조하고 '포괄법칙'(covering law)이란 공식을 내세웠다.[15] 지금은 이미 고전적 이론이 되고 있는 헴펠 이론에 따르면 모든 과학적 설명은 E(사건), C(선행조건) 그리고 L(법칙)의 모델에 따라 이루어진다는 것이다. 즉, 어떤 사건(E)이 일어났다고 할 때 반드시 사건의 선행조건(C)이 있고 또 그런 조건 하에서는 반드시 어떤 사건이 일어난다는 법칙(L)이 있다.

예를 들어 설명하면 "풍선이 폭발했다"는 사건(E)이 일어났다고 가정하자. 폭발한 원인은 "풍선에다 불을 댔다"는 선행조건 때문이다. 그러면 왜 풍선에다 불을 대면 꼭 폭발하는가? 그것은 "수소에 인화하면 폭발한다"는 법칙(L) 때문이다. 그런데 사건이 과거에 일어난 것이라면 삭언(溯言; retrodiction)이 되고 미래에 일어날 일이라면 그 설명은 예언(prediction)이 되는 것이다. 이것을 도시하면 다음과 같다.

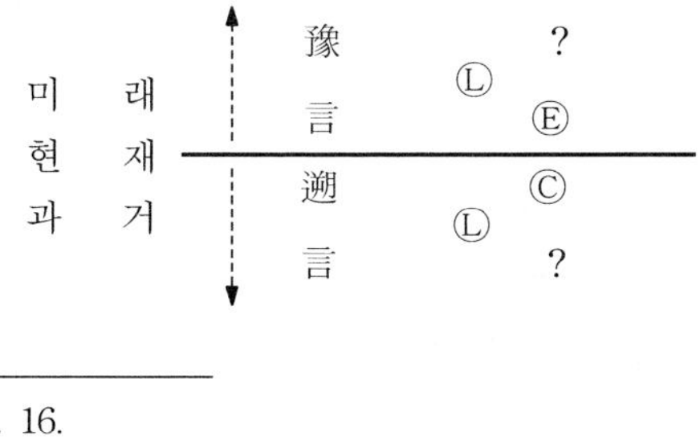

---

13) W.H. Dray, *ibid.*, p. 16.

14) 분석철학의 최근 논의에 대해서는 W.H. Dray (ed.), *Philosophical Analysis and History* (Harper & Row, New York, 1966) 참조.

15) C.G. Hempel, *Explanation in Science and in History*: Alan Donagan, *Popper Hempel Theory Reconsidered*, in *Philosophical Analysis and History*, pp. 95~164.

즉, 그것이 어제 일어난 과거의 사건이었다면 우리는 그 사건의 내용(E 풍선이 터졌다)과 법칙(L 수소에 인화하면 터진다)을 알 수 있지만, 사건의 선행조건(C 누가 불을 댔는가?)를 모른다. 그러나 이 사건이 내일 일어날지도 모를 미래의 사건이라고 가정하면 우리는 법칙(L 수소에 인화하면 반드시 터진다)과 선행조건(L 누가 불을 대면)을 미리 알 수 있고 다만 사건의 내용(E 풍선이 폭발한다)을 모를 뿐이다. 그러므로 풍선이 폭발한다는 사건은 그것이 어제 이미 일어난 사실이건 내일 일어날 사건이건 그 원리는 같다. 단지 우리가 어제 일어난 경우 C(조건)를 모르고, 내일 일어날 사건인 경우 E(사건)를 모를 뿐이다.

이처럼 C와 L에서 미지의 E를 도출하는 경우나 E와 L에서 미지의 C를 도출할 때나 모두 그 설명은 L에서 나오는 것이므로 E와 C는 L 속에 포괄되어 있다. 모든 설명은 법칙에 포괄되어 있다는 뜻에서 이 설을 포괄법칙이라 부르는 것이다. 헴펠은 과학적 설명과 역사적 설명이 같다는 전제하에 이 같은 포괄법칙을 거론했으나 역사학의 경우는 이 L(법칙)을 C(선행조건)와 잘 분리시킬 수 없다. 가령 "프랑스 혁명이 일어났다", "동학난이 일어났다"(E)고 할 때 그 선행조건을 "부르봉 왕조의 재정파탄"과 "조선왕조의 부정부패"(C)라 가정하자. 그러나 이 선행조건만 가지고서는 '혁명'이나 '난'이 반드시 일어난다는 법칙 설명(L)이 될 수가 없다. 왜냐하면 "재정파탄만 일어나면 혁명은 온다.", "부정부패가 성행하면 난이 일어난다."는 법칙이 성립될 수 없기 때문이다. 보통 역사가가 사건설명에 사용하고 있는 '법칙'은 단순한 선행조건인 경우가 많고, 법칙은 차라리 다른 과학의 것을 차용해 오고 있다. 그래서 조인트(C.B. Joynt)나 레셔와 같은 이는 "역사가는 일반법칙의 생산자가 아니라 일반법칙의 소비자다"라고 말한다. 흔히 역사가가 사건을 설명할 때 그 원인(즉 선행조건)만을 들고 법칙은 말하지 않기 때문이다.[16]

Ⅲ. 역사 법칙의 악용

1. 법칙의 이데올로기적 요소

비어드(Charles Beard)가 말했듯이 인간이 만일 역사법칙을 완전히 알아

16) W.H. Dray, *op. cit.*, p. 6.

버린다면 그날부터 과거, 현재 그리고 미래가 고정되어서 인간의 선택권도 없어지고 인간의 의지 또한 무력해지고 만다. 그래서 인간은 장래에 대한 희망을 잃고 마치 하늘의 별이 미리 주어진 궤도를 돌 듯이 운명에 매어 살게 될 것이다.[17]

그러나 다행히 우리는 역사의 법칙을 불완전하게 그것도 아주 불완전하게 알 뿐이다. 너무 불완전하여서 그런 법칙을 무엇에다 쓰겠느냐 할 정도다. 이렇게 흐릿한 법칙은 비단 역사 법칙뿐만 아니라 사회·경제·정치 이론의 경우에도 마찬가지로 있다. 그러므로 역사학이나 사회학, 경제학에서는 자신의 법칙을 설명적 도구로 생각해야 한다. 그러나 역사와 사회의 법칙이 불완전하기 때문에 그만큼 정치·종교 그 밖의 비과학적인 목적에 '오용'될 위험이 큰 것이다.

제일 먼저 조심하여야 할 것은 역사 법칙 속에 잠복해 있는 이데올로기적 요소다. 인간은 먼저 생각한다. 그리고 경험이나 감각 데이터와 비교하여 그 일치 또는 불일치에서 자기 생각의 옳고 그름을 판별한다. 포퍼(Karl Popper)는 이것을 '유형 배합'(pattern matching)이라 했다.[18]

이처럼 인간의 사고과정을 보면 아주 생생한 사실 그대로의 경험이 있고 경험한 사실을 토대로 개념화한 추상적 관념이 있다. 인간은 늘 경험과 관념의 중간에 존재하려 한다(Erich Fromm). 심리학적으로 볼 때 인간은 경험에다 자신을 완전히 내맡기는 것을 두려워한다. 그래서 인간경험의 개념적 표현으로서의 관념에 의지하려 드는 것이다. 예를 들어 "나는 입학시험에 실패했다"는 경험을 있는 그대로 생각하기를 두려워한다. 잊어야 한다. 그러나 쉽게 잊을 수가 없다. 이럴 때 사람은 여러 가지 관념과 법칙에 자기를 맡겨버린다. 다시 말하면 도피한다. "운이 나빴다", "액땜이다", "누구나 실패를 하는 법이다", "실패는 성공의 어머니" 등의 관념을 들어 생생한 자기경험을 추상화시킨다.

일반화의 목적은 어디까지나 특수한 역사적 상황(situation)을 이해하는데 도움을 주는 통찰력(insight)을 제공하는데 있다. 그러나 경험적 사실을 이해하는데 하나의 지침으로 역할하는 개념 속에는 불변적인 '사실의 핵'이 있고 가변적인 '관념의 외연'이 있다. 이리하여 개념과 경험은 스스로 다른

---

17) Charles Beard, *The Open Door at Home* (New York), p. 14; Commager, *op. cit.*, p. 48.

18) K. Lorenz (김종호 역), 《現代의 大罪》, pp. 6~8.

실재가 되고 일단 경험에서 떠난 개념은 그 자신의 생명을 갖는다. 역사란 그러므로 구체적이고도 현실적인 사람들의 역사가 아니고 관념을 생산하는 사람들에 의하여 만들어진 역사다. 만일 관념이 살아 생동하는 인간의 심층을 뒤집고 이데올로기로 화한다면 역사 또한 이데올로기가 만들어 내는 '현장으로서의 역사'가 되고 만다. 아리스토텔레스는 일찍이 "신중은 가장 큰 실제적 미덕이지만 이론적 미덕은 아니다"고 했다. 이론화에는 흔히 신중성을 잃기 마련인 것이다.

포퍼는 자연과학에서의 일반화 가능성은 자연(현상)의 일반적 정칙성(general uniformity), 즉 같은 조건에서는 반드시 같은 사실이 일어난다는 가정에 의거하고 있다. 그러나 인간사회에서는 그 같은 정칙성이 없기 때문에 이것을 무시한 사회이론은 오류요, 위험하다. 굳이 이것을 무시하고 세운 이론이 있다면 속에는 이데올로기적 요소가 숨어 있다. 예컨대 마르크스는

> 철학자들은 세계를 여러 가지 방법으로 단지 해석할 뿐이다. 그러나 문제는 세계를 변혁하는 데 있다.[19]

라는 말을 했다. 세계를 변혁하겠다는 것은 이데올로기이다. 프롬은 또

> 하나님이란 말은 족장이나 왕이 지상의 권력을 가지고 있는 사회구조 속에서 발생하였다. 지상(至上)의 가치는 어느 사회 안에 존재하는 지상의 권력에 의해 개념화 되는 것이다.

라고 말했다. 인간이 '하나님'을 갖게 된 까닭은 지상의 현실적 인간사회가 '하나님과 같은 권력을 필요로 하는 상황'때문이라는 것이다. 이처럼 인간사회에 관한 우리의 관념과 일반화는 쉽사리 이데올로기화될 소지를 갖고 있다.

로렌츠(K. Lorenz)는 인간지식을 객관적 진리에 대한 단순한 근사치에 불과하다고 강조하고 인간은 반대로 절대성을 좋아한다고 했다. 인간지식은 절대적인데 인간은 늘 절대적인 것을 요구하기 때문에 여기서 '가설'이 신앙으로 둔갑될 소지가 생긴다는 것이다.

우리의 지식은 객관적 진리의 근사치에 불과하다. 즉, 우리의 지식이란 객관적 진리에 대한 지각이 주는 어떤 것, 즉 존재 자체가 아니라 그것을 단순

---

19) K. Popper, *Poverty of Historicism* (London, 1967), pp. 6~8.

화하고 근사화한 데 불과한 것이다.

그러나 인간은 지식의 절대성을 확신하려 든다. 확언(소신)은 신앙이 된다. 가설을 사랑하고 가설에 애착함으로써 학파가 생기고 도그마[教義]가 형성되는 것이다. 제자는 사도가 되고 학파는 교회가 되어 신앙이 된다. 이처럼 교의형성의 결정적 요인은 선생 자신보다 제자에 의해 응결됨으로써 이루어지는 것이다.

현대는 또 매스 미디어가 온갖 학설을 전달하기 때문에 아직 실증이 채 되지도 않은 가설단계의 것이 일반에게 과학적 지식으로 인식되고 세론화(世論化)까지 되어 버리는 것이다. 이리하여 의견이 일치하지 않는 자는 이단의 낙인이 찍히어 중상 당한다. 서로 대립되는 교의를 가진 인간이 마주치면 어느 쪽이나 강한 증오감을 갖는다. 여기서 소위 '신성전쟁'이 일어난다. 대중을 교사하고 선전하는 기술이 고도로 발전한 현대사회에서는 과거 그 어느 때보다도 인간교화가 용이하다. 인간은 본시 백지상태에서 태어나서 그가 생각하고 느끼고 알고 믿는 모든 것은 후천적인 교화, 즉 조건화(conditioning)의 결과이다. 이 같은 행동주의 이론에 따른다면 오늘의 인간들은 누구나 교육과 선전으로 얼마든지 변화시킬 수 있다. 누구나 쉽게 세뇌 당한다는 이야기다.[20]

2. 검증 불가능성

역사 법칙의 취약성과 그로 인한 법칙의 이데올로기화 또는 교화의 수단화는 또 다른 면에서 생각해 볼 수 있다. 한 마디로 말해서 역사 법칙의 증명 불가능성의 문제이다.

역사가가 어떤 역사적 사실을 일반화시켜 하나의 '가설'에 도달했다고 하자, 그때 그의 '가설', '이론', '법칙'은 과연 충분히 검증된 것인가를 생각해 보아야 한다. 어떤 진술에도 검증된 진술이 있고 검증되지 않는 진술이 있다. 만일 '검증된 진술'에 의한 역사서술을 경험적 역사라고 하면 검증 안된 진술만으로 된 역사는 순수한 교조적 역사라 할 수 있다. 물론 실제에 있어서는 순수 교조적 역사도 없거니와 순수 경험적 역사도 없다. 단지 정도의 차가 있을 뿐이다.[21]

---

20) K. Lorenz, 앞의 역서, p. 9.

포스탄(M.M. Postan)이란 유명한 현대 영국 경제사가는 오늘날 경제학이 자꾸만 추상적 개념화하는 경향을 보이고 있다고 개탄하고, 이전에는 경제학이 가능한 한 최소한의 지식으로 가능한 한 최대한의 문제를 해결하려고 노력했는데 지금은 그 반대라는 것이다. 그런데 이들 경제이론은 사실 그 대부분이 검증할 수 없는 것에서 유래했거나 증명을 필요로 하지 않게 이루어져 있다는 것이다.[22)]

이처럼 우리의 이론이 분명히 경험적 사실에 의거하여 실증된 것이라 확신하는 경우에도 엄밀히 따져 보면 그 실증성이 크게 의심되는 경우가 많다. 그래서 브래들리(A.C. Bradley)는 말하기를 "조사는 고되지만 쉽다. 그러나 상상(일반화)은 즐겁지만 어렵다"라고 했다. 실증은 육체노동적이다. 그러나 이론은 정신노동적인 것이다.[23)]

네빈스(A. Nevins)란 미국사가는 역사가가 갖추어야 할 네 요건이라 하여 ① 가능한 가장 완벽한 조사[research], ② 사실의 오류를 피하기 위한 엄밀한 조심[accuracy], ③ 최선의 통찰력[insight]과 판단력 그리고 마지막에는 ④ 상상력[imagination]의 적절한 이용을 들고 있다.[24)] 역사가는 흔히 앞의 두 과정, 즉 육체노동적 부분에는 강한데 뒤의 두 과정, 즉 정신노동적 부분에는 약하다. 포스탄의 말을 빌리면 역사가는 자기 연구주제에다 경험주의적 '약'을 대량 투입하는 데 강하다. 그러나 그렇게 투입된 '약'들을 종합하여 하나의 큰 개념을 만드는 데는 약한 것이다. 역사주의의 편리한 구실(실증하되 종합하지 않는다)을 방패삼아 역사가들이 '이론화'를 기피하지만 사실은 그것이 어렵기 때문에 힘에 벅차서 하지 못하고 있는 것이다.

3. 법칙의 설교적 요소

역사적 '이론'은 이처럼 그 궁극적 증명이 불가능하다. 거기다 역사 이론 속에는 역사가의 '주관'이 혼입되어 있다. 로우엔버그(Bert J. Loewenberg)가 말했듯이 모든 지적 노력은 그것을 수행하는 당자의 심리학과 그것이 이

---

21) Erich Fromm, *You Shall Be as Gods* (New York, 1967), 김상일 역,《挑戰받는 絶對者》, p. 28.
22) W.O. Aydelotte, *op. cit.*, p. 82
23) W.O. Aydelotte, *ibid.*, p. 86.
24) Allen Nevins, *Not Capulets, Not Montagus,* A.H.R. Vol. 65, (Jan, 1960), p. 262.

루어지는 여러 조건에 관한 사회학에 의하여 제한되기 마련인 것이다.[25]

역사적 일반화의 이 같은 상대성의 시인은 자칫하면 대중적 욕구에의 부응이라는 학문외적 동기에 사로잡힐 우려가 있다. 토인비의 《역사 연구》가 나왔을 때의 뜨거운 대중적 환호와 학계의 차가운 반응은 무엇을 의미하는가? 대중이 역사가에게 바라고 있는 것은 그가 설교목사로서 또 예언자(messiah)로서 대중 앞에 나타나 주는 것이다. 그리하여 대담한 '필요의 실천과학'을 설파해 주기를 갈구한다. 역사가 너희들은 어째서 학문의 수도사(academic monk)로서 높은 성벽으로 둘러싸인 중세적 수도원에 은거하기를 바라는가? 역사가 너희들은 왜 옛날의 '정관적 과학을 이상으로 생각하여 행동을 외면하는가?' 이렇게 대중은 외치고 있는 것이다.

쉬펭글러와 토인비의 역사 도식이 나오자 대중은 그 비 역사가적(non-historian) 태도에 환호를 올리고 '불멸의 걸작', '현대의 최대작', '유례없는 역사 연구'라 격찬하였다. 그러나 수도사인 '역사가'들은 토인비를 맹공격하여 "역사를 사변하고 역사 법칙을 좋아하다가는 이 꼴이 된다."는 본보기라 비난하였다.[26]

그러면 이 같은 상반된 평가는 과연 어디서 오는 것이며 무엇을 의미하는 것인가? 대중은 거창한 우주 철학이나 역사 철학을 단순히 '안이한 공식'이라는 이유로 무비판적으로 수용한다. 이것은 앞서도 지적한 바와 같이 일상적 생활경제의 혼란과 잡도 속에서 늘 쉽게 통일된 유형을 요구하는 대중의 심성에서 우러나온 것이다. 그러나 이러한 일반도식에 대한 대중적 열성이 역사적 판단이 될 수 없다. 이것은 어떤 경우 종교적이고 미신적 형태로 나타나기도 한다. 그래서 "대중은 마치 로마의 점쟁이들(angurs)이 새의 비상을 보고 점쳤듯이 토인비의 책을 읽고 점쳐주기를 바라고 있는 것이다"(Perez Zagorin). 이렇게 되면 역사 도식은 그것이 크던 적던 또는 세련된 것이건 조잡한 것이건 대중의 욕구 충족적 환상을 위한 도구가 될 위험을 안게 되는 것이다.[27]

역사적 일반화가 오용될 또 하나의 위험은 그것이 국가적 또는 정치적 필요를 충족시켜 주는 도구가 되기 쉽다는 것이다. 지식인은 모름지기 대

---

25) W.O. Aydelotte, *op. cit.*, p. 77.

26) 토인비와 피터 게일의 유명한 논쟁은 Pieter Geyl, *Debates with Historians* (New York, 1958) Chap. v~vii. Toynbee's answer, *Mededelinger der Koninkliche Nederlands Akademie von Wettenschapen*, Letterkunde XXIV (1961), pp. 181~204.

27) W.O. Aydelotte, *op. cit.*, p. 76.

중 속에서 자기를 발견하지 않으면 권력자 앞에서 무릎을 꿇은 자신을 발견한다. 여기 라자스펠드(Paul F. Lazarsfeld)의

> 눈앞의 불치의 질병을 위한 철학자의 직석치유를 바라는 왕은 반드시 허풍(charlatanism)을 발전시키지만 그 나라에 진정한 학문을 발전시키지 못한다.

고 하는 경구가 있다.[28] 잘 새겨서 들어야 할 것이다.

---

28) W.O. Aydelotte, *ibid.*, p. 82.

제 4 절
역사와 인과관계

꽃을 알아야 씨앗을 바로 이해할 수 있다. 즉, 처음 생긴 것은 항상 나중에 생긴 것에 따라 해석된다.

— *Erich Fromm*

Ⅰ. 인과관계의 불신

1. 역사는 자유의 영역

역사에서 말하는 '원인'(cause)이란 무엇인가? 무엇보다도 먼저 '원인'이란 단어 속에 함축된 뜻을 알아야 한다. 지금은 이미 역사가들이 '원인'이란 말보다도 '요인'(factor)이라는 약간 신식의 용어를 대용함으로써 원인이란 말이 풍겨 주고 있는 (시골뜨기) '냄새'를 덜어 보려고 애쓰고 있다.

'원인'이란 원래 인간의 행동을 자연의 영역에서처럼 합법칙적이란 가정 위에서 나온 말이다. 그러므로 인간세계의 사건을 인과관계(causation), 즉 원인과 결과의 연쇄로 설명할 수 있다는 것인데 이것은 하나의 실증주의적 가정이다. 자연현상을 설명하는데 사용된 수단이 그대로 인간사회의 현상을 설명하는 데 이용될 수 있는가? 이 의문은 두 영역이 이질적 세계라는 점을 시인한 이상, 선뜻 받아들이기 어려운 것이다. 이리하여 역사학의 영역에서 인과관계의 위기가 다가온다.

대부분의 역사가는 인간행위를 자유의 영역(realm of freedom)으로서 자연계의 특징인 필연의 영역(realm of necessity)과 구분하여 생각하고 있다. "자연은 비약하지 않는다."(Natura non facit soltum)라는 격언이 있다. 그러나 인간 역사의 영역에는 베르크송이 말했듯이 '삶의 비약'(elan vital)이 있는 것이다. 비약이란 창조력을 말한다. 창조력은 맹목적이며 자주 파괴력으로 둔갑한다. 역사에는 인간의 자유의지가 있는가 없는가 하는 큰 논쟁거리가 있어 왔다. 인간은 정말 자유의지를 갖는 것일까? 아니면 조금도 선택의 자유를 갖지 못한 '환경의 포로'인가? 이 무서운 질문에 두 가지 답이 있다. 그 하나는 인간이 무한한 선택의 자유를 갖는다는 아리스토텔레스식 사고양식이요, 둘째는 인간은 조금도 선택의 자유가 없다는 갈릴레오식 사고양식이다. 물론 어느 학자도 이 양극을 택하지는 않을 것이다. 인간에게는 최소한 제한된, 둘 또는 셋의, 이를테면 헤겔의 '현실적 가능성' 가운데에서의 선택의 자유가 있다. 프롬은 이것을 '제3의 선택'이라 불렀다.

즉, 제1의 선택이란 한 혁명적 사태에 있어서 "모든 것을 부셔라" (Destroy everyting)의 선택이며, 제2의 선택은 반대로 "모든 것을 받아들이자"(Accept everthing)의 선택이다. 제3의 선택은 따라서 모든 것을 부수지도 받아들이지도 않는 선택이다. 스피노자가 말했듯이 인간이란 "내가 작용하고 있는 가지가지 힘을 깨달음으로써 비로소 인간 최고의 자유에 도달하게 되는 것이다. 반대로 내가 나를 쫓고 있는 힘에 아무런 자각이 없는 이상 나는 무책임하고 나의 배후에 작용하고 있는 힘에 따라 이리저리로 밀려다니게 된다. (그러면서도 인간은) 나는 내가 내 운명을 결정하는 존재라는 환상을 갖고 산다." 이처럼 "인간이란 불행히도 그들의 원망을 알고 있으면서 그 원망의 배후에 깔린 동기를 깨닫지 못한 채 살고 있는 존재다."

그러나 인간은 환경의 완전한 노예만은 아닐 것이다. 가령 열 사람을 똑같은 조건에 놓고 그 조건에 대한 반응을 실험했다고 가정할 때 아마 열 사람 모두 같은 반응을 보이지 않을 것이다. 왜냐하면 "인간은 모두 예외이기 때문이다."(키에르케고르). 2억 개에 달하는 인간의 뇌세포의 조건반사가 같을 수 있을까? 하물며 한 민족 한 국가의 반응이 다른 민족, 국가의 그것과 같을 수 있단 말인가? 더욱이 역사적 조건 그 자체가 일회적이며 개별적이지 않은가?

2. 역사는 운명의 장난인가

인간사는 자연사와 달라서 어떤 이론적 합리성에 의하여서는 설명 불가능한 현상이 많은 것이다. 설혹 모든 것이 그렇다고는 할 수 없어도 인간이 의도하고 계획한 그대로가 이루어지는 일이란 극히 드물다. 그래서 나폴레옹마저도 "계획처럼 안 되는 일은 드물다"고 했다. 여기서 역사적 사건의 본성 속에 역사의 코스를 비틀어 놓는 무엇이 있다는 의문, 즉 인간이 결코 바라지 않았던 방향으로 움직여 가는 불가항력의 무엇이 숨어 있다 (Butterfield)는 의문이 나온다. 인간은 역사에 대한 무력감을 어찌할 수 없이 갖는다. 그래서 사람들은 인과관계보다 먼저 '운명'이란 말로 역사의 행정(行程)을 설명하려 들었다.

로마의 역사가 폴리비오스는 "우리의 시대는 기적의 시대이다"라고 말하면서 "운명은 세계의 모든 사건을 하나의 목적을 위하여 집중시키고 있다"고 말했다. 그런가 하면 매스 미디어 연구로 유명한 맥루한은 '현대는 도박의 시대'라고 말하고 있다. 도박이란 무엇인가? 그것은 '운'이다

르네상스기의 마키아벨리는 '운명'(fortuna)을 범람하는 강물에 비유하였다. 첫째, 강물은 우연한 기회에 범람한다. 운명도 우연한 기회에 궤도를 이탈하여 큰 재난을 초래한다. 둘째, 홍수를 사전에 예방하여야 하듯 운명도 버려두면 재발한다. 셋째, 운명은 행운과 불운의 두 기회를 준다.

이같은 운명을 마키아벨리는 인간의 신념, 의지, 용기 따위의 정신력(미덕, Virtù)으로 극복할 수 있다고 믿었다.[1] 그래서 그는 "운명은 여자와 같으니 그 앞에서 수줍어하지 말고 기사처럼 대담하라"고 했다.

괴테는 보다 수준 높은 운명관을 제시하였다.

> 인간을 신으로 만드는 것은 운명을 인식하는 것이다. 자기네들의 운명을 인식하는 자는 극소수이며 자기네들의 삶을 사는 자도 얼마 안 된다. 그러니까 그대들의 삶을 살도록 노력하라! 그대들의 운명을 인식하도록 수양하라!
>
> 잘 참는다는 것은 완전하게 살고 있는 것과 마찬가지다. 이 세상에 태어나서 자라난다는 것 자체가 참는 것이다. 씨는 흙을, 뿌리는 비를, 그리고 싹은 벌어지는 것을 각각 허용한다. 나의 벗들이여! 이와 같이 인간은 운명을 참는다. 운명은 흙이요, 비요, 자라는 것이다. 운명은 슬프다.

이리하여 대중은 비학(秘學; occult), 즉 마술 또는 점(占)에 모여든다. 지식인은 이것을 경멸하고 비웃는다. 그러나 그들 역시 얼마나 비학에 의존하고 있는지를 깨닫게 되면 그 웃음은 울음으로 변하고 말 것이다.[2]

동양에도 우리는 경학(經學)에 대한 위학(緯學) 또는 위술(緯術)이란 것이 있어 운명의 불가사의를 점쳐 보려고 애썼고 또 애쓰고 있다.[3]

---

1) 申聖旭, 《마키아벨리의 Fortuna · Virtú 問題小考》, 사학회지 2, pp. 8~12.
2) 듀이 (신일철 역), 《人間性과 行爲》 (사상문고), p. 18.
3) 黃元九, 《中國思想의 源流》 (연대출판부, 1976), pp. 54ff.

누누이 인용한 블록의 《역사를 위한 변명》에는 '발전'이란 단어를 단 한 번도 안 썼다. 그러나 '운명'이란 말은 두 번이나 쓰고 있다. 즉, 서문에 '운명의 과실'이란 말을 쓰고 있고 본문에서는 '부당한 운명'이란 표현을 쓰고 있다.

> 우리들은 부당한 운명에 의하여 일시적으로 패배한 것입니다.(블록 《변명》 르페브르에의 獻辭)

블록은 불행히도 한 생애에 두 차례나 세계대전을 체험하고 그로 인하여 목숨까지 잃고 만 슬픈 역사가였다. 제1차 세계대전 때에는 육군 대위로 종군했고 제2차 세계대전 때에는 다시 53세의 노교수로 종군, 프랑스가 항복한 1940년 이후에는 레지스땅 운동원으로 활약했다. 그러나 1944년 6월 마침내 독일군에 체포되어 리용 북방 50킬로 지점 한 들판에서 집단 처형되고 만 것이다.

처형시 블록 옆에는 16세 난 한 소년이 독일군의 총구 앞에 떨고 서 있었다. 소년은 옆에서 함께 죽을 블록에게

> "아저씨 저것 아프지요"

라고 물었다. 회색 머리의 블록은 소년의 손을 꼭 쥐어 주면서

> "그럴 리가 없어, 아프지 않아!"

라고 말해 주었다는 유명한 일화가 있다. 이것은 이 처형장에서 요행히 살아남은 목격자가 전한 말이다.

'역사를 한다.'는 역사가가 역사에 배신당하고 죽음까지 당하는 비운을 우리는 20세기 최대의 역사가 블록에서 목격하는 것이다.

일제강점기에 함석헌은 숙명론을 '노예의 철학'이라 매도했으나, 20세기 최대의 역사가 블록은 '운명'이 있다는 것을 시인한 것이다. 일본군의 총을 맞아보지 못한 함석헌은 그것을 모르고 함부로 말한 것이다.

현대 사상가로서 '운명'을 시인한 대표적 인물은 쉬펭글러였다. '제1의 우주' 자연에는 인과율이 지배하지만 '제2의 우주' 역사에는 운명이 지배하므로 역사학은 다름 아니라 역사 관상학이라는 것이었다. 인과론에 대한 현대

의 불신이 운명관의 재생을 초래한 것이다. 그러므로 우리는 현대 운명관이 인간역사를 과학적·합리적으로 설명하는 것이 불가능하다는 것을 강조하고 있는 것이다.

Ⅱ. 원인과 결과의 사이

1. 선후관계와 인과관계

육당 최남선은 역사는 인과관계라고 말했다.

> 역사는 사실의 쓰레기통이 아니며 연대의 실꾸리가 아니며 번뇌한 고증과 쇄잡한 언행록이 아니다. 일국의 역사는 그 민족·사회·문화의 성립·발전을 가장 간단하고 요령 있게 인과적으로 표현한 것이라야 할 것이다.[4)]

오늘날 전문 역사가로서 "이것은 이것 뒤에 일어났다"(This came after this). 즉, 사건의 전후순서만 진술하여 주는 사람은 없다. 그들은 "이것은 이것 때문에 일어났다"(This was because of this). 즉, 사건의 인과관계를 규명한다. 헤로도투스는 "왜"를 묻는 것이 역사의 목적이라 했다.

> 나는 이 책에서 나의 역사 연구의 성과로서 두 가지를 바란다. 하나는 우리들 자신과 아시아인의 놀라운 업적을 기록에 남김으로써 과거의 기억을 보존하고, 둘째는 특히 두 민족이 '왜' 투쟁하게 되었는가를 밝히는 일이다.

라고 헤로도토스는 '역사'를 쓴 두 가지 동기를 말했다. 본시 학문이란 여러 현상 상호간에 설명적인 관련을 확립하는 데 그 목적이 있다. 그렇지 않은 경우 그것은 단순한 박식(polynathie)이 된다. 박식은 마치 골동품 수집가처럼 기분전환이나 '광'(mania)의 형태로 나타나지만 그것은 지성의 훌륭한 작품이라 평가하지 않는다. 박식이란 관련 없는 무제한의 단순한 열거에 불과

4) 崔南善, 〈朝鮮歷史小考〉,《論選》, p. 88.

하기 때문이다.[5]

역사학도 사실과 사실의 관련성을 찾는 것이 그 목적이다. 그러면 어떻게 관련짓는가? 역사적 사건은 서로 종과 횡(즉 經과 緯)의 두 선으로 관련지을 수 있다. 잠시 헥스터(J.H. Hexter)의 말을 들어 보기로 하자.[6] 그는 역사학에 횡적 역사학(rank history)과 종적 역사학(file history)이 있다고 주장한다. 즉, 모든 역사가는 누구나 역사 서술을 함에 있어서 횡적으로 쓰느냐, 종적으로 쓰느냐 하는 이른바 종횡 딜레마(rank-or-file dilemma)에 빠진다고 한다. 종적 역사란 쉬펭글러가 '사건의 연속'['nacheinanderung' (after-one-anotherness) of event]이라고 한 것으로서 역사적 사건을 시제적 차례를 따라 그 전후관계를 서술하는 역사다. 영국 정치사, 독일 법제사 따위가 그 대표적인 사례이다.

횡적 역사란 역사를 적건 많건 같은 시기에 일어난 동시적 사건들의 관계를 다루며 이들 사건을 그 시대의 표현 또는 문화의 유형으로 간주한다. 쉬펭글러는 이를 '사건의 비교'('nebeneinanderung' of events)라 했다. 르네상스니 계몽시대니 하는 시대사(era history)가 바로 이에 속한다.

역사의 종적 관계나 횡적 관계는 어느 것을 막론하고 중요하다. 그러나 역사가는 사건의 시간적 연쇄, 즉 종적 역사를 추적하는 데 더 골몰한다. 이리하여 사건의 종적 관계를 설명하는 수단으로서 원인과 결과라는 개념이 이용되는 것이다.

사건의 세부를 낱낱이 목격한 장본인이라도 사건의 원인을 모르는 경우가 없지 않다. 사건의 원인을 알지 못하고서는 진정 그 사건을 알고 있다고 말할 수 없다. 이처럼 사건을 이해하는데 있어 중요한 관건을 쥐고 있는 것이 바로 '원인'이다. 그러나 인과관계와 전후관계는 다르다.

2. 태초 · 기원 · 동기 · 시작과 원인

원인이란 개념부터가 매우 애매하다. 영국의 유명한 19세기 헌정사가 스탑스(Bishop Stubbs)는 "현재는 과거에 깊숙히 뿌리박고 있다"고 말했다. 현재의 뿌리가 그렇게 깊숙히 과거란 토양에 박혀 있다는 것인데 얼마나 깊

---

5) M. Bloch, *Apologie pour l' histoire ou metier d'historien* (1948), 일역, 《歷史를 위한 辨明》, p. xi, 이하 '변명'

6) J.H. Hexter, *Reappraisals*, p. 22.

이 박혀 있단 말인가?[7)]

시제상 가장 오랜 표현으로서 '태초'(archē)란 말이 있다. "태초에 로고스(말씀)가 있었다."고 할 때의 '태초'는 인과관계라는 공식으로 도저히 풀이할 수 없는 개념이다. 그러나 인과관계의 손이 닿지 않는다고 해서 전혀 '태초'와 '현재'의 관련을 인정할 수 없다고 말할 수 있을까?

'태초'와 같은 먼 과거를 가리키지 않더라도 '시작', '기회', '동기' 같은 말들이 있고 이들이 원인과 어떻게 다른가 하는 것도 문제다. 이미 고대사가 듀키디데스가 원인과 기회를 구별하고 폴리비오스 역시 기원, 원인, 그리고 기회(αρχη αιτια, προφασιζ)를 구분하고 원인과 구실은 다르다고 말했다. 예를 들면 알렉산더 대왕의 아시아 침입은 전쟁의 '시작'이지 그 원인은 아니라는 것이었다. 동기와 원인에 대해서는 뒤에 언급하겠으나 가장 애매한 것은 '기원'이란 말이다.[8)]

헤로도투스는 페르샤 전쟁의 기원을

> 싸움은 이렇게 시작되었다. 페니키아상인이 배를 타고 와서 그리스의 아르고스(Argos)에서 물건을 팔고 있을 때, 그곳 왕녀 이오(Io)가 갑자기 그들이 타고 온 배의 선장의 침실로 뛰어 들어갔다. 그래서 데리고 갔는데 뒷날 그리스인이 그 보복으로 아시아의 티이르(Tyre)시에 가서 왕녀 에우로파(Europa)를 납치하여 왔다……

라고 말하면서 전쟁이 멀리 아시아와 유럽인간의 오랜 적개심에서 유래한 것으로 보고 이 적개심은 서로 몇 차례나 주고받은 여자납치사건 때문이었다고 설명한 것이다.[9)] 다시 말해서 이오의 바람으로 일어난 전쟁이 페르샤 전쟁이었던 것이다.

이처럼 그리스와 페르샤는 서로 부녀약탈을 교환해 놓고서도 서로 상대를 비난하기를 "부녀약탈이란 부인 자신의 동의 없이는 전혀 불가능하다"고 그 책임을 상대편에 전가하였다. 헤로도투스에 의하면 이런 일련의 사건들이 페르샤 전쟁의 '원인'이었다는 것이다.

그러나 이것은 '원인'인지 기원인지 분간하기 어렵다. '기원'은 19세기 역사

---

7) Galbraith, *Introduction to the Study of History* (Oxford, 1964), p. 6.

8) Bury, *The Ancient Greek Historians*, p. 200 ; B. Croce, *Theory and History*, 일역, 《歷史의 理論과 歷史》(岩波文庫).

9) Bury, *ibid.*, p. 52.

가들이 즐겨 사용하던 말인데 그 개념은 매우 애매한 것이다. 그래서 블록은 자기 스승을 두고 비난하기를

> 역사가에게 하나의 우상이 있었다. 그것은 기원(origin)우상이다. '시작'(commencements)의 뜻도 아니요, '원인'(causes)이란 뜻도 아닌 이 '기원'이란 개념은 19세기 말 20세기 초에 많은 학자들에 의해 거론되었다. 그 대표적인 예가 '중세 봉건제의 기원' 쟁점이다. 로마 학파와 게르만 학파로 갈라진 이 논쟁의 맹점은 유럽 봉건제도가 그 어떤 초기(즉 중세초기)의 단계에서 조성된 사회의 전체적 상황으로 인하여 형성되었다는 사실을 간과한 데 있다.
>
> 세뇨보가 "18세기의 혁명사상은 …… 17세기의 영국 사상에서 유래되었다."고 말했을 때 그는 사상의 전파만 이야기했지 왜 일정한 시기에 그것이 프랑스로 전파되었는가? 즉, 받아들이는 쪽의 사정에 대해서는 아무런 설명도 가하지 않았다. "인간은 그들의 아버지를 닮기보다도 그들의 시대에 더 많이 닮는다."는 아라비아 격언에 유의할 것이다.

라고 말했다.[10]

3. 조건과 원인

기원이란 말 못지않게 '원인' 또한 애매하다. '원인'을 부정한 최초의 학자가 18세기의 흄(David Hume)이었다. 그는,

> 역사적인 사건과 사건 사이에는 사실상 아무런 관계도 있을 수 없다. 그것은 모두 갈가리 찢어진 조각들이다. 그러므로 원인, 결과란 사람의 마음 속에서 자라난 '환상'이다.

라고 말했다. 사실 예나 지금이나 인간은 왜 당구공(사건)이 다른 한 당구공(다른 사건)을 쳐서 예기치 않은 방향으로 달아나 버리게 하는지를 알지 못하고 있다. 그러므로 인과관계란 단지 그 공이 가버린 뒤에 그 '원인'을 사후 설명할 뿐이다. 엄격히 말하면 확실히 알지도 못하는 일을 아는 척 '인과관계'란 이름을 빌어 설명하는 데 지나지 않다는 것이다. 그러므로 이 설명은 자칫 하면 역사적 사건을 예측할 수 있다는 '미신'을 고무해 주는 '가정'

10) M. Bloch, 앞의 '辨明', pp. 12~17.

이 되고 만다(G.J. Renier). 극언하면 원인이란 사건설명을 얼버무리는 데 필요한 단순한 '말솜씨'로 전락할 수도 있다는 것이다.

'원인'의 정체를 알기 위하여 먼저 한 '사건'의 '선행사건'과 '원인', 즉 한 '사건'이 일어나기까지 그보다 앞서 일어난 여러 가지 선행사건(antecedent) 또는 조건들을 찾아보기로 하자.

가령 한 사람이 산길을 걸어가다가 발을 헛디뎌서 절벽에서 떨어졌다고 가정하자.

이 사고가 일어나기까지에는 여러 가지 요소가 모여 이루어졌다. 먼저 지구의 중력이 있었고, 지질학적 변동의 결과인 산지의 기복, 이 산길이 생겨났던 유래 등이 있었다. 이것들은 하나의 조건이다. 그러면 추락의 원인은 무엇인가? 그것은 발을 헛디딘 데 있다.

엄밀히 따질 때 이상의 모든 사건은 다 같은 선행사건인데 그 중 가장 뒤에 일어난, 즉 이 사고가 밀착해서 일어난 사건을 원인으로 생각한다. 더욱이 발을 헛디뎠다는 사건은 보통 때 일어나지 않는 예외적인 사건, 즉 사고[accident(우연)]이다.[11]

이처럼 한 사건의 선행사건은 무한히 연결된다. 그 중 어느 사건까지를 원인이나 조건으로 삼고 나머지는 버리느냐 하는 문제는 사건이 복잡할수록 더욱 어려워진다. 만일 사건이 단순한 개인적 사고가 아니라 '역사적 사고' 이를테면 제2차 세계대전이나 남북전쟁이라면 그 원인을 찾아내기가 간단하지 않다. 역사가들은 이보다 더 복잡한 문제도 제기한다. 가령, "고대세계의 여왕(로마제국)은 왜 강대하였는가?" 말하자면, 로마 강대의 원인이란 수수께끼다. 이 물음에 대한 역사가들의 대답은 가지가지 형태로 나타난다. 정치법제다, 기후다, 민족기질이다, 군대다 등 그 대답은 한이 없다.[12]

4. 원인의 복합성

단일인과설명(monocausal explanation)이나 전후인과관계(after this therefore because of it) 식의 설명, 그리고 여러 인과요인의 무차별적 나열로 만족하는 역사가는 이미 없다. 그러나 위에서 언급한 바와 같이 인과론적 설명에

---

11) M. Bloch, 앞의 '辨明', pp. 160~161.

12) Collingwood, *The Idea of History*, 이상현 역, 《歷史學의 理想》, p. 217.

대한 강한 반동이 일어나 가령 한 가지 행동, 이를테면 영국의 종교개혁이 일어나기 전 수 십년 내지는 수백 년 사이에 그와 비슷한 행동, 이를테면 위클리프(Wycliffe)의 복음운동이 일어났다면 다른 특별한 설명 없이도 자동적으로 원인으로 간주된다는 식의 인과론이 비판받기 시작하였다. 위클리프는 대개의 교과서에서 영국 종교개혁의 비조로 취급되고 있다. 한 혁명이 일어나기 수 백년 전에 이처럼 유사한 혁명적 행동·사상이 있었다고 해서 인과관계라는 편리한 줄을 그어 연결시킬 수는 없는 것이다.

특히 사상사에서는 아직도 "아무개가 그걸 처음 말했다. 그러므로 그것은 틀림없이 중요하다"라는 식의 설명을 하고 있다. 이러한 종류의 실뭉치 역사는 가장 쓰기 쉬운 역사다. 페브르는 역사적 원인의 다양성을 뜻밖의 사고, 즉 우연, 필요 그리고 착상의 셋으로 나누었다.

패어스는 기후, 전쟁, 종교, 기술과 과학 그리고 생산조건 등 다섯 가지 원인을 들어 각기 독립된 요인이라 보았다. 정신적 요인과 물질적 요인의 2분법을 쓰는 사람도 적지 않다. 물론 섬세한 차이가 있긴 하나 이 2분법은 한문에 '혼백(魂魄)', 즉 정신적이고 양성적인 '혼'에 육체적이고 음성적인 '백'을 대치시는 것과 흡사하다. 역사가들은 오늘날 사건의 직접적 발단(近因)과 보다 깊이 역사에 뿌리박은 배경적인 원인을 구분하고 역사적 원인을 전자보다 후자에서 찾고 있다. 여기서 그 한 예를 들어 보기로 하자.

1848년 2월 25일 프랑스 외무성 청사 앞에서 울린 총성이 군대가 발포한 것인지 경찰이 발포한 것인지는 영원한 수수께끼로 남아 있다. 그러나 이 발포로 2월 혁명이 일어났다. 이 사건의 발단을 흔히 근인이라 불러 왔고 이 근인은 우연한 사건인 경우가 많다. 그러나 위의 2월 혁명의 경우를 보더라도 혁명은 이미 오랫동안 준비되어 온 것이며 토크빌 같은 역사가는 벌써 이전에 예견하고 있던 일이다. 광장의 총격은 이러한 오랜 혁명의 준비과정의 마지막 조그마한 불꽃 이상의 아무 것도 아니었다.

다시 말해서 지극히 우발적이라 할 근인들이 역사발전의 보다 큰 원인의 연쇄(連鎖)와 조우했을 때에만 대사건의 발발을 초래한다. 이들 원인의 연쇄에는 인간운명의 심오한 원동력, 정신상태 또는 감수성, 기술이나 사회, 경제구조 등의 변동이 포함된다.

여기서 역사의 우연적 근인(발단)은 일시적 착오로 정확히 증언할 수 없지만 보다 깊은 원인의 연쇄들에 대하여서는 착오가 있을 수 없다. 볼테르는 일찍이 "역사에 있어서 가장 깊이 있는 것은 또한 가장 확실한 것이다"라고

했다. 그러나 한《미국사》교과서는 1차 세계대전이 가져온 미국사회의 변화를

> 전쟁에 대해 말한다면 그것은 공장노동자들의 생활수준을 높여 주었고, 강력한 노동운동을 일으켰다. 전쟁은 인구의 대이동을 일으켜 여러 가지 긴장을 초래하였다. 전쟁은 농민에게 일시적인 노다지를 안겨 주었고 농경의 기계화를 촉진하였다. 그래서 수만 에이커에 달하는 초원이 밭으로 바뀌었다.
>
> 전쟁은 또한 복장과 유행을 변화시켰으며 새로운 소비자 수요를 유발하였다. 남자들이 손목시계를 차고 여자들이 짧은 스커트를 입고 또 남녀가 모두 담배를 즐기기 시작했다는 따위의 적은 일부터 경제의 기조적 변동을 가져왔다는 큰일에 이르기까지 전쟁은 대다수의 미국인의 생활유형을 변화시키고 있었다.

라고 설명하고 있다.

이 예문이 과연 설명이라고 할 수 있는가? 아니면 서술적 묘사(description)인가? 아니면 가장된 설화(disguised narration)인가? 매우 애매하다. 설명한 것도 같고 서술한 것도 같은 이런 문장을 우리는 많이 목격한다. 제1차 세계대전 기에 일어난 미국사회의 변화를 아주 잘 요약해 논 글이지만 왜 전쟁으로 그런 변화가 일어났는가에 대해 조금도 설명한 바가 없다. 단지 사건들의 표면적 흐름을 훑아 놓은 데 불과한 일종의 위장된 설화다.

5. 원인의 상대적 성격

역사적 사건의 경우에는 그 원인 또는 조건이 한 두 가지가 아니다. 무수한 원인을 꼽을 수 있는데 역사가들은 그 중 몇 가지만 골라 원인이라고 규정한다. 이때 그들이 어느 사건에는 원인이란 라벨을 붙여 주고 어느 사건에는 붙여 주지 않기로 결심하게 되는데 그 기준은 무엇인가? 바꾸어 말해서 여러 가지 조건 가운데 어느 것이 원인적 조건이 되며, 어느 것이 비 원인적 조건(non-causal condition)이 되는가 하는 문제이다.

여기서 우리는 역사가의 소위 '원인'이라는 것이 순수한 객관적 개념이 아니라는 사실을 알기 위하여 콜링우드가 말한 '원인의 상대성'에 귀를 기울이지 않을 수 없다. 그에 따르면 같은 사건이라도 그 사건에 대한 역사가의

관심 여하에 따라 그 인과관계가 다르게 판단된다는 것이다.13)

만일 A라는 사람이 나쁜 소식(파산선고)을 받아 16일 새벽 5시 23분에 자살했다고 하자. 그 자살원인은 무엇인가? 사람들이 생각하기에는 "사건이 그에게 너무 컸다", "인간의 생명력은 새벽에 제일 약하다"는 등, 사람의 심리적·육체적 요인 아니면 그를 둘러싼 상황환경들을 들어 왈가왈부한다. 그러나 그의 몸에 박힌 총탄에 대해서는 검시관만 관심을 가질 뿐이다.14)

이처럼 한 사건을 가지고도 보는 이의 관심 또는 관계에 따라 그 인과판단이 달라지므로 콜링우드는 판단을 내리는 쪽의 관심을 빼고서는 원인이란 개념이 전혀 무의미하다고 했다. 또 단순한 방관자에게는 어떤 원인도 있을 수 없다고 주장하였다. 블록도

> 조건과 원인은 단지 편의상의 구분이다. 왜냐하면 의사에게 전염병의 원인은 세균의 번식이지만 그 조건은 빈곤이 낳은 비위생 그리고 불건강이다. 그러나 사회학자에게 그것은 빈곤이 원인이요, 생물학적 요소는 조건일 뿐이다.

라고 말하고 있다.15)

여기서 우리는 드레이가 들고 있는 역사적 실례 '남북전쟁'의 원인을 생각해 보기로 하자. 한 가지 역사 사건에 대한 해석이 시간이 지남에 따라 이토록 달라지는 까닭을 생각해야 할 것이다.

남북전쟁의 원인에 대한 논쟁은 1세기에 걸쳐 계속되었다. 그 동안에 세 가지 설이 나왔다.16)

첫째, 전쟁 직후에 나온 음모설(conspiracy theory): 이 설에 의하면 남북전쟁은 북부의 노예폐지론자들이 꾸며낸 전쟁(남부 역사가), 아니면 노예제 농장주와 그 동맹자들의 음모(북부 역사가)로 규정된다. 양설은 모두 아직 남북의 증오가 가시지 않은 상태에서의 전쟁책임전가였다.

둘째, 1890~1930년대에 나타난 (이해)충돌설: 어느덧 세월이 흘러 서로의 감정이 사그라졌다. 이 설에 따르면 싸움의 쌍방은 공평하게 취급하여야 한다. 남북전쟁은 어느 한 쪽의 음모로 이루어진 전쟁이 아니라 서로 타협

---

13) W.H. Dray, *Philosophy of History*, Englewood Cliff N.J. (1964), p. 45.
14) Jacques Barzun, *The Modern Researcher*, p. 149.
15) M. Bloch, 앞의 '辨明', p. 162.
16) W.H. Dray, *op. cit.*, p. 47.

할 수 없는 이해관계의 충돌 때문에 일어난 전쟁이다.[17]

셋째, 1930년대 중기 이후부터 오늘에 이르는 수정설: 이 설에 의하면 남북의 이해충돌은 피할 수 없는 충분조건으로 보고 전쟁의 필연성을 승인한다. 이들은 사회경제적 조건에 원인을 찾고 있다. 비어드는 남북전쟁은 '농업에 대한 공업의 승리'요, 남북의 경제적 충돌이 전쟁의 필연적 원인이었다고 말하고 있다.

이 수정설은 1930년대 후반에 나타나 오늘에 이르고 있는 설로서 다음 두 가지 점을 강조한다.[18] ① 전쟁의 원인은 노예제도나 경제적 불만, 주권(州權), 다양한 문명에 있는 것이 아니라 쌍방의 광신, 오해, 오전, 정치에 있었다. ② 전쟁은 '억제할 수 없는 충돌'(irrepressible conflict)이 아니었다. 그것은 충분히 '피할 수 있는'(avoidable) 것이었다. 그러므로 회피할 수 있는 '조직적인 살인행위'(organized murder), 즉 전쟁을 피하지 않은 책임자를 가려내야 한다는 것이었다.

그러나 수정설에는 많은 문제점이 있다. 충돌설의 대표적 사가 게일(Pieter Geyl)이 말했듯이 인간을 '분별 있는 존재'(sensible being)라 믿는 사람은 없다. 어떤 상황에서는 전쟁이 불가피했을 수도 있지 않겠는가? 또 노예제도의 문제를 남북전쟁의 원인에서 아주 빼어버리는 것은 명백한 현실을 부인하는 거나 다름없다.

"1세기에 걸친 엄청난 노력에도 불구하고 왜 아직 이 논쟁은 결말을 보지 못했는가?" 그 이유는 아무래도 인과관계라는 개념에서 찾아야 할 것 같다. 즉, 원인이란 말이 필연성을 수반하는 충분조건이 아닌 인과판단에 역사가의 가치판단이 개입하고 있는 것이며, 그러므로 당연히 원인으로 열거해야 할 많은 조건이 제외되고 있는 것이며 그 때문에 과오가 생기는 것이다.[19]

17) W.H. Dray, *ibid.*, p. 50.
18) W.H. Dray, *ibid.*, p. 53.
19) W.H. Dray, *ibid.*, p. 55.

Ⅲ. 역사적 우연과 필연

1. 클레오파트라의 코

인과론은 그 자체 역사의 필연성과 합리성을 전제로 한 논의이다. 만일 역사의 발전이 필연적이 아니고 또 비논리적인 것이라면 굳이 인과관계를 따지는 일은 헛수고이다. 여기서 우리는 역사에서 우연을 인정하느냐, 않으냐 하는 문제에 부닥친다. 일찍이 헤겔이 역사에는 '필연성의 왕국과 우연성의 왕국'이 있다고 했다.[20] 과연 현대 역사가는 우연을 인정하는가?

현대 영국사가 버터필드는 "인과관계의 통상적인 논의는 그 자체로서 이야기의 다음 단계, 즉 사건의 다음 전환을 설명하기에 결코 충분하지 않다."고 했다.[21] 인과관계만 따진다고 해서 사건의 역사적 전개를 충분히 설명할 수 없다는 한 역사가의 솔직한 고백이다. 역사가는 누구나 역사를 합리적으로 설명하려 노력한다. 그러나 그러다가 종종 어떤 불합리한 '구멍'(slot)을 발견한다. 그러면 그 구멍을 메우는 데 '요인'이란 상투수단을 쓰기 마련이다(Hexter).[22] 그렇다고 해서 키에르케고르의 "역사는 결과만 다루어라"하는 말을 시인할 수 없지만[23] "근대사학은 너무나 인과관계에 집착해 왔다"는 베라클라프의 논평을 경청하여야 한다.

'우연'이라면 곧 '클레오파트라의 코'를 연상한다. 유명한 파스칼의 "클레오파트라의 코가 조금만 낮았더라면 세계사가 바뀌었을 것이다"라는 말은 한 개인의 조그만한 용모가 거대한 역사의 흐름을 바꿀 수도 있다는 사실을 강조한 말이다. 물론 클레오파트라의 코 하나가 악티움 해전에서의 안토니우스의 패전원인이란 말은 아니었다. 기껏해야 그녀의 코는 그 선행조건의 아주 말석을 차지하고 있는데 지나지 않다. 그러나 "가장 큰 결과가 가장 사소한 원인에서 생겨난다."는 '우연'의 뜻을 그것이 단순히 비합리적이라는 이유만으로 묵살할 수 없다. 콜링우드는 파스칼의 '우연'론을 '역사적 방법론에 대한 무형의 파산'이라고까지 선언하고 있지만 반드시 그런 것만은 아니다.

---

20) Hegel (김종호 역), 《歷史哲學》(Ⅰ)(思想文庫), p. 94.
21) H. Butterfield, *An Introduction to Contemporary History*, p. 11.
22) A. Marwick, *The Nature of History* (New York, 1965), p. 233.
23) W. Laqueur & George L. Mose (ed.), *The New History*, p. 208.

우리는 오랫동안 역사를 우연의 집합체로 보는 이른바 우연사관을 들어왔다. 가령, "콜럼버스의 배가 난파하였더라도 신세계의 발견은 불가피적이었다"(아메리고 베스푸치가 재발견했으니까)라는 설명은 마치 "마르크스가 없었더라도 엥겔스가 있었다."는 식의 역사적 필연론과 같은 것이지만, "만일 그날 밤 링컨이 감기로 집에 누워 있지 않았다면 암살은 모면했을 것이고 다음 역사는 달라졌을 것이다."는 설명은 우연론이다.

여기 몇 가지 재미있는 일화를 소개하고 이 사건을 어떻게 설명해야 할지를 생각해 보기로 하자.[24] 프랑스 혁명 때 루이 16세는 마침내 붙잡혀 길로틴에서 처형당하고 말았지만 사실 그가 망명에 성공했더라도 그 뒤의 프랑스 혁명사는 적지 않게 변화하였을 것이 틀림없다. 루이 16세가 붙잡힌 것은 그가 남 몰래 빠리를 탈출하다가 도중에 바렌느디 다리 근처에 아치형문이 있는데 마침 그곳을 우차를 끌고 지나가던 드루에(Drouet)란 한 시민에 발각되고 말았다. 만일 이 우차가 진흙에라도 빠졌더라면 루이 왕은 탈출해 성공했을 것이다. 그러나 "만사를 그르친 것은 드루에의 우차였다." 그 바람에 왕정은 몰락하고 혁명은 성공하여 근대 세계의 발전이 가능했던 것이다.

또 나폴레옹이 도버 해협을 건너 영국을 침공하려 했을 때 증기선을 발명한 푸울톤(Foulton)이 나폴레옹에게 "본인은 당신의 적을 보호해 주고 있는 폭풍을 제거할 수 있으며 적함대가 있더라도 몇 시간 안에 어느 때 어느 곳이던지 적국에 군대를 수송할 수 있습니다. 푸울톤 올림"이란 편지를 올렸었다. 그러나 나폴레옹은 1804년 7월 21일 내무대신에게 이렇게 지시하고 있다. "짐은 지금 막 푸울톤 기사의 제안을 읽었다. 그런데 귀관은 내게 너무 늦게 그 편지를 전해 주었다. 그의 제안은 세계를 일변시킬 가능성을 가지고 있다. 즉시 특별위원회를 열어 검토하라"고. 만일 이 푸울톤의 편지가 좀 일찍이 나폴레옹에게 전달되었더라도 그의 숙원사업인 영국침공에 성공하여 근대사를 바꿔놨을지 모른다.

이같이 아슬아슬한 사례는 여기 일일이 매거(枚擧)할 수 없을 정도로 많다. 하나만 더 추가하기로 한다. 제2차 세계대전 말의 히틀러 암살사건으로 유명한 슈타우펜베르그(Stauffenberg) 사건에 관한 이야기다.[25]

---

24) Sidney Hook, *The Hero in History*, 민석홍 역, 《歷史와 英雄》 (을유문화사, 1959).

25) G.S. Gaber, *Stauffenberg, Ballantin's Illustrated History of the Violent Century* (New York, 1973).

1944년 7월 20일 슈타우펜베르그 대령은 시한폭탄이 든 가방을 들고 소위 '여우의 굴집'이라 불리던 히틀러의 임시 참모본부로 들어갔다. 연합군의 공습을 피해 마련된 이 비밀본부는 울창한 수풀 속에 자리 잡은 오두막집이었으나 이중의 엄중한 경계망으로 둘러싸여 있었다. 19일 뒤에 나치 독일의 국방장관으로 내정되어 있던 슈타우펜베르그 대령은 이날의 막료회의에서 히틀러에게 모종 보고사항이 있다는 데 기회를 타서 폭탄이 든 가방을 들고 들어갔다. 회의는 지도실로 쓰였던 조그만 오두막집에서 열렸다. 회의실의 긴 탁자에 열석할 인물들은 히틀러를 위시한 나치 독일 최고 참모진이었다. 계획대로 보고를 끝내고 탁자 밑 한 구석에다 가방을 두고 그는 재빨리 '여우의 굴집'을 빠져나와 차를 집어타고 두 개의 검문소를 통과하였다. 시한폭탄은 제시간에 맹렬한 폭음을 내며 터졌고 지도실 내부는 산산 조각이 났다.

그런데 이상하게도 히틀러는 죽지 않았다. 별로 중요치도 않은 참모 몇만 죽고 히틀러는 약간의 경상을 입는 데 지나지 않았다. 폭탄은 실내에 있던 전 인원을 죽이는 데 충분한 것이었다. 그런데 히틀러와 그 일행은 한 명도 죽지 않은 것이다. 이유는 첫째 이 건물이 목조건물이라 폭파효과가 격감하였다는 것, 둘째 분명 대령이 가방을 놓은 곳은 탁자 밑 두꺼운 판자 다리 밖이었는데 누군가가 그 옆에 앉으면서 발로 가방을 밀어 넣었기 때문에 히틀러와 폭탄 사이에는 두꺼운 탁자다리가 끼게 되었던 것이다.

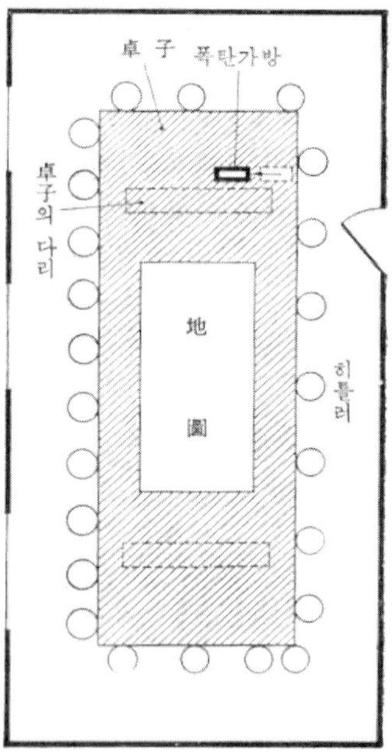

만일 이 가방이 제 자리에 놓여 있었더라면 그리고 폭탄이 터졌더라면 히틀러는 1944년 7월 20일에 죽었을 것이고 제2차 세계대전은 그날 아니면 며칠 뒤 끝났을 것이다. 그러나 우연히 폭탄 가방의 위치가 바뀌어 히틀러는 죽지 않았던 것이다.

2. 필요조건과 충분조건

이미 일어난 과거지사와 아직 일어나지 않은 미래의 일은 칸트가 말했듯이 본질적으로 다른 것이다.[26] 왜냐하면 과거는 이미 결정된 필연적인 것이며 미래만이 우연적이다. 한 역사적 사건의 확률을 새삼 따져 본다는 일은 따라서 넌센스가 아닐 수 없다. 주사위는 던져지기 전에 각면은 6분의 1이란 확률을 갖는다. 그러나 한번 던져지는 날이면 문제는 소멸된다. 만일 역사가가 한 사건의 확률을 따진다고 가정할 때 그는 그의 자리를 바로 그 사건이 일어나기 직전에다 두어야 할 것이며, 나폴레옹이 태어날 확률과 1914년 졸병 히틀러가 프랑스의 탄환을 맞지 않았을 확률을 따져야 할 것이다.[27]

그러므로 엄밀한 의미에서는 과거적 사건에 우연이란 있을 수 없다. 있다면 그것은 한 인과관계와 다른 한 인과관계의 '충돌'뿐이다. 역사적 사건의 무수한 인과적 연쇄를 추적할 수 있다고 생각하는 사람은 아무도 없다. 만일 그 같은 추적이 가능하다면 인간행동의 완전하고 절대적인 설명을 제공하는 법칙에 도달할 수 있을 것이다. 그러나 웨버가 말했듯이 인간계와 자연계의 근본적인 차로 인하여 절대적인 설명이 불가능한 것이다. 그렇다고 해서 역사가의 인과판단은 모두 거짓이냐 하면 그런 것은 아니다. 왜냐하면 인간계나 자연계나 불문하고 만물의 운동이 어떤 절대적 의미에서 합법칙적이냐 아니냐 하는 문제는 하나의 형이상학적인 문제이기 때문이다. 자연과학자들은 그토록 애매한(?) 근본문제를 일단 보류해 놓고 어떤 실증적 입장 때문에 그것이 인과적이라는 가정을 세워 설명하고 있는 것이다. 이렇게 생각한다면 자연과학이나 사회과학은 같은 것이다. 단지 정도의 차가 있을 뿐이다. 다시 말해서 절대적 설명을 할 수 없다는 점에서 같고, 그 정도가 다를 뿐이다.[28]

결국 역사에 있어서의 인과설명의 가장 만족스러운 형태는 단지 그것이 없으면 사건의 주어진 연쇄에 결정적 변화를 가져오는 요인, 즉 필요조건을 발견하는 데 있을 뿐이다. 말하자면 이것은 원인과 결과의 '짜 맞추기'와 같은 작업인 것이다. 그러므로 이 작업에는 많은 결함이 있다. 그러나 만일 엄밀히만 찾아낸다면 보다 정확한 원인을 찾아낼 수도 있는 것이다. 원인이란 개념 역시 하나의 설명도구(이상형)에 불과하다는 사실을 잊어서는 안 될 것이다.

---

26) Collingwood, *op. cit.*, p. 152.
27) M. Bloch, 앞의 '辨明', p. 101.
28) H.S. Hughes, *The Historian and the Social Scientist*, p. 24.

앞서도 말했듯이 어느 요인을 결정적이라고 보느냐 하는 것은 역사가의 주관에 달린 문제다. 한 역사가가 결정적이라 보더라도 다른 역사가는 그것을 비결정적 요인으로 볼 수 있다. 또한 문제설정의 규모가 얼마나 큰가에 따라서 그 원인도 무한히 많아진다는 사실을 알아두어야 한다. 도무지 단 한 가지 원인으로 이루어진 사건이라곤 있을 수 없다. 여러 가지 요인 가운데에는 그 중요도에 따라 요인의 서열을 매길 수 있을 수 있고 또 몇 개의 복수적 기본원인을 가려낼 수도 있는 것이다.

Ⅳ. 인과론적 합리화

1. 패자는 말이 없다

우리는 역사가가 다루고 있는 대상이 기왕에 일어난 사실, 즉 기정사실(fait accompli)이라는 데 다시 한번 유의하여야 할 것이다. 역사는 미리 예정된 것은 아니다. 인생이란(따라서 인간 역사란) '홍정과 싸움의 소란'의 결과이다. 역사가에게 가장 불행한 일의 하나가 바로 그가 이미 결과를 알고 역사를 서술한다는 사실이다.[29]

"로마는 카르타고에 이기고 공화정에서 제정으로 바뀐다.", "회교도는 결국 서유럽에서 물러간다.", "워싱턴은 누더기 군대를 이끌고 요크타운 전쟁에 이긴다." 등, 역사가는 역사적 사실의 결과까지도 미리 알고 연구하기 때문에 끝장이 어떻게 된다는 것을 알고 소설을 쓰는 거나 다름이 없다. 그러므로 자연 역사가는 '승자의 종군기자'가 될 수밖에 없다(David Donald).[30] 그러기에 "패자는 말이 없다"는 격언이 나온 것이다. 역사에 있어서 악이 승리하고 선과 정의가 패배를 했다고 가정하자. 역사가는 단지 그것을 인과관계로 엮어서 설명해 줄 뿐이다. 그것은 사실상 악인에 대한 역사가의 사후 서임행위인 것이다. 역사에 있어서는 승리 그 자체가 합리화·정당화의 기능을 발휘하고 있다. 역사적 사실이 투쟁의 결과라고 할 때 투쟁에서 승리한 자는 자기가 관여해서 이긴 바로 그 사건, 즉 이미 역사화된 사실을 승

29) H.S. Commager, *The Study of History* (New York, 1965), p. 48.
30) H.S. Commager, *ibid.*, p. 47.

자 자신을 위해 설명하고 선전할 특권을 갖는다. 기정사실을 말한 바로 이 같은 승리의 결과인 역사적 사실을 말한다. 그런 역사적 사실에다 인과율을 적용하고 필연성을 인정한다는 것이 과연 어리석다고 생각되지 않는가? 임금 앞에 구부리고 앉아서 사초를 적던 사관이 가엾게도 권력자, 임금의 '위장된 정치언동'을 합리화해 주었듯이 현대의 역사가 역시 모름지기 그 '인과적 합리화'로 승자를 축복해 주고 있는 것이 아닌가? 크로체는

> 현대는 무엇을 할 것인가에 대해 역사로부터 아무런 교훈도 기대하지 않는다. 도리어 현대는 이미 자신이 저지른 바를 정당화시켜 줄 것을 역사 속에서 찾을 뿐이다.

라고 말했다.[31)]

대중은 정치적 승자 앞에 굴복한다. 그러나 역사가는 모름지기 대중적 비굴을 조소하고 또 그것을 넘어서는 용기를 가져야 한다. 여기에서 역사적 책임의 문제가 대두된다. 그러나 책임과 원인은 다르다.

2. 책임과 원인

콜링우드에 의하면 '원인'(causa)의 어원은 죄(guilt), 책망(blame) 또는 고발(accusation)이다. 그러나 원인을 상황(situation)과 행위자(actors)로 구분해 볼 때 역사가는 흔히 행위자보다 상황 자체에다 원인을 귀속시킨다.[32)] 이 점에서 재판관과 역사가는 다르다. 재판관은 모든 죄책을 행위자의 '동기'에다 묻고 그 책임을 그 행위자에게 뒤집어씌운다. 그러나 역사가는 행위자의 심리적 동기와 그 상황, 즉 원인을 구별하고 너그럽게도 동기보다 원인으로서의 상황을 중시한다. 그러니까 상황이 행위자의 알리바이를 세워주는 셈이다. 물론 재판관의 책임자 추궁은 역사에 단 하나의 원인이 있다는 미신에서 나온 과오요, '가치판단의 교활한 형식'에 불과하다.[33)] 그러나 상황에 집착하고 행위의 당사자인 인간의 동기에 대한 설명이 없는 역사가의 인과론은 과연 정당한가? 어느 역사책에서나 독자는 한 사람의 철학자가

---

31) Alfred Stern, *Philosophy of History*, p. 51.
32) W.H. Dray, *op. cit.*, p. 46.
33) M. Bloch, 앞의 '辨明', p. 163.

엮어 내듯 역사가 이론정연하게 전개되기를 바란다. 얼핏 보아 앞뒤의 논리가 맞지 않고 횡설수설하는 듯한 역사서나 논문을 볼 때 누구나 저자의 설명력 부족을 책망한다. 그러나 역사란 그 과정 자체가 인간의 비논리적인 행동의 결과라는 점을 잊어서는 안 된다. 역사가는 그것이 사료상의 이유였던 사실상의 이유였던 그것이 왜 그렇게 되었는가를 완전히 설명할 능력을 갖지 못하는 것이였다. 그러나 그럴수록 역사가는 완전한 설명을 위한 기도를 계속하여야 할 이유를 갖는 것이다.

제 5 절
역사적 가치판단과 윤리관

인간은 누구나 평등하게 성장할 권리가 있다는데 의심할 여지가 없다. 그러나 그것은 마땅히 그래야 한다는 윤리적 진리일 뿐이다. 이 진리는 인간이 근본적으로 동등하다는 것으로 왜곡되기 쉽다.

— *Konrad Lorenz*[1)]

Ⅰ. 역사가와 재판관

1. 가치 판단은 불가피하다

대부분의 역사가는 영국의 역사가 노울즈(David Knowles)가 말한 "역사가는 재판관이 아니고 교수형을 좋아하는 가혹한 재판관은 더더욱 아니다"란 말에 동의한다. 그러나 역사가도 인간인 이상 그도 한 때 인간이었던 역사적 인물에 대해 완벽하게 도덕적 중립성을 지키기가 어렵다.[2)]

그러기에 사회학자 리스맨(David Riesman)은,

> 인간이란 가치 없이 살 수 없다. 무엇을 취하고 무엇을 버리는 선택을 하지 않고서는 살 수 없다. 바꾸어 말하면 우리는 스스로 배우기도 하고 또 가르치기도 하는 동기의 어휘 없이는 살아갈 수 없는 것이다. 가치의 상실을 개탄하는 자는 실로 자기자신의 가치상실을 개탄하고 있는데 지나지 않는 것이다.

라고 말하고 있는 것이다.[3)]

무릇 역사가는 암암리에 어떤 섬세한 인과응보에 대한 기쁨까지도 말살할

---

1) K. Lorenz, *Die Acht Todsünden der Zivilisierten Menschenheit* (1973), 《現代의 大罪》(삼성문고), p. 112.
2) Arthur Marwick, *The Nature of History* (New York, A. Delta Book, 1970), p. 129.
3) David Riesman, *Reappraisal of Individualism*, 일역, 《個人主義의 再檢討》, p. 31.

수 없다. 비록 겉으로는 역사적 사실을 그대로 말한다고 하면서 객관적 서술형식을 취하더라도 "그것 봐! 그 따위 짓을 하니 죽어 마땅해!"라는 소리를 가슴 속에서 외치지 않는 사람이 없는 것이다. 더욱이 역사가는 아무 거리낌 없이 죽은 사람을 비난할 특권을 누리고 있다. 지금 고려시대의 최충헌을 매도하고 만적을 예찬한들 어느 누가 무어라 하겠는가. 그러나 만일 그가 최충헌 시대에 살았더라면 당장 처형될 것이 분명하다. 블록은 프랑스 혁명기의 그 무시무시한 자코뱅 집권기의 공과 죄를 논하는 현대 역사가가 있다면 차라리 당시의 민중이 국유화를 어떻게 생각하고 있었는가를 연구하는 편이 역사가에게 훨씬 가치있는 일이 될 것이라 말하고 있다. 즉, 그에 의하면

> 프랑스 혁명기에 국민공회가 단행한 사유재산의 국유화를 맹렬히 비난하는 한 역사가가 있다고 하자. 그가 만일 프랑스 혁명기에 태어나 국민공회에서 지금과 똑같은 논조로 국유화를 반대했다면 아마 당장 단두대행이었을 것이다. 우리들 역사가는 항상 단두대로부터 멀리 떨어져서 조금도 위험하지 않은 자리에 있기 때문에 마음놓고 죽은 사람을 비난할 즐거움을 누리고 있다.

라는 충고를 잊지 않았다.4)

한편 브린튼(Crane Brinton)은 그의 《근대사상사》 서문에서 자신의 역사서술의 기본입장을 밝히기를

> 나는 여러 문제에 대하여 임상의(臨床医)와 같은 태도를 취하고저 한다. 즉, 다루고자 하는 문제에 대해서 불경(不敬)이 아니라 무경(無敬, 즉 존경하고 안하고가 문제되지 않는)의 태도를 취하고자 한다.

라고 주장하고 있다.5) 물론 미국인으로서 유럽의 철학자들을 중립적인 입장에서 기술하기는 쉽다. 그러나 오늘날 한국의 역사가로서 일제 침략의 괴수 이등박문과 의병장 유인석을 똑같이 무경의 입장에서 돌이켜 볼 수는 없는 것이다. 물론 그럴 수 있어야 한다. 그러나 '있어야 한다'(ought to be)는 문

---

4) Marc Bloch, *Apologie pour l'histoire ou metier d'historien* (1948), 일역, 《歷史를 위한 辨明》, p. 116, 이하 '辨明'

5) Crane Brinton (최명관 역), 《現代思想의 形成》, p. 18.

제와 '있다'(is)의 문제는 다르다.

그래서 트렐치는 "우리는 우리의 역사로부터 우리의 윤리를 얻고 우리의 윤리로 우리의 역사를 판단한다."고 말했던 것이다.[6]

2. 윤리도 상대적이다

그러면 윤리란 무엇인가? 윤리란 어떤 특정한 사회의 기능에 적합한 규범체계에 지나지 않는다. 그것은 상대적이다. 가령 살인사회가 있다고 할 때 거기에서는 살인이 최상의 윤리요, 가치다. 또 거기서는 적을 죽이고 그 목을 베는 것이 윤리적인 행위가 된다. 그러나 평화로운 마을에서는 반드시 서로 힘을 합하여 폭력행위를 막는 것이 윤리적이다. 또 윤리는 시대에 따라 변화하는 규범체계다. 근대 사회에서는 강한 개성의 소유자가 윤리적이었지만, 현대 사회에서는 개인이 집단이나 조직 속에 편입되어 너무 강한 개성을 갖지 않는 게 윤리적이다.[7]

우리의 학문체계도 어떤 가치와 윤리에 그 기초를 두고 있다. 가령 의학은 생을 죽음보다 귀하다는 원리에 기반을 두고 있으나, 만일 죽음이 삶보다 귀하다는 전제 아래 하나의 정리된 과학을 만들 수 있다면 의학자들은 어떻게 하면 사람을 살리느냐 하는 문제 보다도 어떻게 하면 사람을 더 많이 죽이느냐를 연구하는 학문이 될 것이다.[8] 이처럼 삶의 의학이 있고, 죽음의 의학이 있듯이 삶의 역사와 죽음의 역사가 있을 수 있는 것이다. 과거 나치나 일제의 죽음의 역사학이 있었는가 하면 오늘날의 삶의 역사학도 있는 것이다.

우리는 일상생활에서 '무사공평'이란 말을 자주 듣는다. 그러나 그것 역시 상대적이다. 블록에 의하면 무사공평에는 두 가지 경우가 있다고 한다. 하나는 학자의 무사공평이요, 둘째는 재판관의 그것이다.[9] 즉, 학자는 그가 신봉하는 학설을 뒤집어엎는 일이 나타나도 그것을 인정하는 양심을 가져야 하고, 또 좋은 재판관은 마음 속에 무슨 원한이 있더라도 있는 그대로의 사실을 알기 위해 증인을 신문하여야 한다. 그러나 학자는 관찰하고 설명하는

---

6) F.S. Fussner, *The Historical Revolution, English Historical Writing and Thought, 1580~1630* (Lond., 1962), intr., p. 12.
7) R. Evans, *Dialogue with Erich Fromm*, 일역, 《對話》 (1970), p. 134.
8) R. Evans, *Ibid.*, p. 110.
9) M. Bloch, 앞의 '辨明', p. 114.

것으로써 그의 임무를 다하지만 재판관은 한발짝 더 나아가 판결까지 내려야 한다.

역사가는 오랫동안 죽은 영웅들에게 찬사를 보내거나 비난을 퍼붓는 지옥의 재판관이란 말을 들어 왔다. 그러나 파스칼이 말했듯이 누구나 그런 판단을 내릴 때는 신의 입장에 서야 하는데, 누가 신이 될 수 있는가? 인간의 가치판단이란 상대적이기 때문이다. 더욱이 우리는 우리의 조상들을 정당한 인간과 지옥에 떨어질 인간으로 나눌 정도로 우리들 자신과 우리들 시대에 자신을 가질 수 있을까? 판단 자체가 집단의식이나 개인의 변덕스러운 마음의 변화에 따라 달라지기 때문이다. 그러므로 우리의 판단은 특정 인물이나 특정 사건에 대한 내용 없는 '고발'일 수 있고 그것이 뒤바뀌면 역시 공허한 '명예회복'이 될 뿐이다. 이러한 '판단' 때문에 역사학은 가장 불확실한 학문이란 의혹을 받아 온 것이다.[10]

더욱이 사람은 누구나 타인을 비난함으로써 자신의 책임을 피하고 알리바이를 세우려 든다는 사실을 잊어서는 안 될 것이다.[11]

Ⅱ. 가치판단의 기준

1. 역사 속의 객관적 가치

역사가의 결론이나 판단은 반드시 '객관적 진리'라 할 수 없다. 다시 말하면 역사 연구는 몰가치적(value free)일 수 없는 것이다. 답은 두 가지다. 첫째는 역사가는 랑케의 말처럼 "과거를 있는 그대로 재구성한다"고 보는 실증주의자 내지는 객관주의자의 입장이 있고, 둘째는 있는 그대로 재현할 수 없다고 보는 상대주의자의 입장이 있는 것이다.[12] 상대주의의 대표적 역사가 비어드(Charles Beard)는 역사가의 판단이 객관적일 수 없다고 주장하면서 그 이유 일곱 가지를 들고 있다.

① 역사가는 역사적 사실을 상식적 관점에서 받아들인다.

---

10) M. Bloch, *Ibid.*, p. 115.
11) R. Evans, *op. cit.*, p. 78.
12) W.H. Dray, *Philosophy of History,* Englewood Cliff N.J. (1964), p. 21.

② 역사가는 그 연구대상을 화학자가 실험관을 들여다보듯 객관적으로 관찰할 수 없다.

③ 역사가는 아주 단편적인 기록을 통해 역사적 사실을 알고, 그나마도 그것들을 선택하여야 한다.

④ 역사가는 단편적인 기록을 가지고 설명에 적합하도록 꾸며야 한다.

⑤ 역사가가 역사 연구에 어떤 일반개념을 사용할 때 과거에다 어떤 비실재적 '구조'를 부여하게 된다.

⑥ 역사가는 반드시 '윤리적·미학적 고려'하에 역사적 사실을 보게 된다.

⑦ 역사가는 '중립적 마음'(neutral mind)을 고수할 수 없다.

이처럼 비어드는 역사가의 주관성을 중시하고 있는데 가치판단의 문제는 실상 두 가지 면에서 고찰할 수 있다는 것이다. 첫째, 역사 연구의 대상인 '사실·행위' 그 자체가 가치적이라는 것이요, 둘째, 역사가가 역사적 사실을 자신의 가치판단에 따라 선택하고 연구한다는 것이다.

역사 연구의 대상인 인간행위 그 자체가 단순한 물리적 현상이 아니라 어떤 목적과 가치를 추구하는 행동이다. 이처럼 인간행위는 '목적과 동기를 가진 존재'에 의한 행동일 뿐만 아니라 역사가도 그것을 '단순한 물리적 기술'의 차원까지 낮추어 기술할 수 없다는 것이다. 가령 어떤 살인행위를 마치 물리학자가 자연현상을 기술하듯 냉담하게 설명할 수 없는 것이다. 역사가는 역사적 인물에 대한 재판관이 아니지만 아주 도덕적인 평가를 회피해 버리기란 어려운 것이다. 그러므로 콜링우드는

> 역사적 행위는 단순한 사건이 아니다. 이 행위에는 내면(inside)이 있고 사상적 측면(thought side)이 있다. 역사가는 이 행위자의 사상을 이해하여야 한다.

고 말했다.[13] 사상을 이해하기 위해서는 행위자의 사상을 '재사고'(re-think)하고 '재현'(re-enact)하여야 한다. 재사고하기 위해서는 역사가가 행위자와 똑같은 관점에 서서 행위자가 한 일의 불가피성을 이해하여야 한다. 즉, 그 사람이 생각하고 있는 바를 알아야 한다. 그러나 로마사 연구가가 테오도시우스 법전을 연구한다고 할 때, 또 한국 고대사가가 김유신을 연구한다고

---

13) W.H. Dray, *ibid.*, p. 10.

할 때 역사가 자신이 로마 황제나 김유신이 부딪친 상황 속에 들어가 가능한 대책이 무엇이며, 여러 가지 대책 중에 하필 왜 이 대책을 선택했는가를 알아내야 한다. 따라서 황제나 김유신이 생각했던 것을 역사가도 같이 생각하여야 된다는 것이다.[14]

이같은 콜링우드의 주장에는 여러 가지 어려움이 있다. 첫째, 역사적 행위자의 마음 속에 품은 것은 의식적 이유만이 아니라 무의식적인 이유도 있을 것이고, 아주 추적하기 어려운 불합리한 사고방식이 포함된 경우도 있다. 둘째, 집단적 현상을 설명하는 데 있어 일일이 개인의 행동으로 환원시켜 설명해야 한다는 난점이 있다. 셋째, 가장 어려운 문제점은 자기 자신을 로마 황제의 입장에 놓는 이른바 감정이입식(emphatic) 또는 자기투영식(projective) 해석이 과연 어느 정도로 가능한가 하는 것이다.[15]

2. 역사가의 주관적 가치

역사적 사실 그 자체에 함축된 가치의 문제도 중요하지만 다른 한편 역사가 자신의 마음속에 숨어 있는 가치판단 역시 큰 문제이다.

중요하든 않든 인간이 하는 모든 행동이 '역사가 된다'고는 할 수 없다. 가령 조금도 특이하지 않은 일상적인 생활만 되풀이하다가 죽어간 한 개인, 즉 헤겔이 공허한 인간, 뿌리 빠진 인간이라 말한 인간의 삶이 있다고 하자. 그 사람을 '역사를 만든' 사람이라 할 수 없다. 어떤 의미에서는 '인간의 과거 전체'를 역사라 해야 할 것이다. 그러나 아무 것도 안 한 무위적 행위자는 역사에서 제외되기 마련이다.

따라서 역사가는 역사적 사건과 인물의 중요도를 판단하여 그 사건이나 인물의 취합선택을 결정하여야 하며 또 하게 된다. 단재 신채호는

> 만일 시어미의 역정과 며느리의 푸닥거리 종류에 지나지 않는 일에 일일이 재판관을 불러 그 곡직을 판결하려 하는 이는 스펜서의 이른바 이웃집 고양이가 새끼 낳았다는 보고까지 역사가가 일일이 서술하는 것과 다름이 없다.

---

14) W.H. Dray, *ibid.*, p. 11.
15) W.H. Dray, *ibid.*, pp. 12~13.

고 말하였다.[16)]

어떤 의미에서는 모든 과학이 선택적이다. 어떤 과학자도 자기 분야의 모든 것을 연구할 수는 없다. 과학자는 어떤 측면 또는 문제를 선택하여야 하고 이와 같이 함으로써 과학자는 역사가와 마찬가지로 그의 흥미에 따르고 자신의 가치판단을 은연중에 드러내는 것이다. 그러므로 모든 학문이 선택적이라는 것에 반론의 여지가 없다.[17)]

또한 역사에 있어서 "무엇이 중요하며 중요치 않은가"를 결정하는 데 있어 기준이 되는 것은 무엇인가 하는 문제가 있다. 이러한 문제를 객관주의자의 설명에 따르면 어떤 한 사건(가령 동학난)이 중요한 까닭은 그 사건이 '다른 사건에 비해' 중요하기 때문이며 어떤 다른 사건을 선도하기 때문이라 대답할 것이다. 그래서 화이트(White)는 사건의 중요성은 그 '인과관계론적 산출력' 여하에 달려 있다고 말했다. 그러나 관념론자들은 사건의 중요성을 순전히 역사가 자신의 주관적인 가치에 따라 결정된다고 주장할 것이다.[18)]

3. 과거적 가치와 현재적 가치

독일의 로마사가로 유명한 몸젠이 국회의원으로 재직하고 있을 때 당시의 수상 비스마르크가 제출한 한 법안을 맹렬히 반대했다. 화가 난 비스마르크는 "나는 2천년 역사에 대한 이 학자님의 깊은 연구가 오늘(현대)의 햇빛을 못 보는 장님으로 만들어 버렸다고 밖에 생각할 수 없다"고 몸젠을 조롱했다(뒷날 비스마르크는 정부모독이란 죄명으로 몸젠을 재판에 회부했다).

비스마르크가 비난했듯이 몸젠이 과연 그렇게 현재 지향적이 아니라 과거 지향적이었는지 모르겠지만 몸젠의 역사적 가치판단의 기준은 그가 살고 있는 시대의 가치기준보다 그가 연구하고 있는 시대의 가치기준에 따라 판단하려 노력했던 것이다. 그러나 그렇다고 해서 몸젠은 그의 현재적 가치로부터 완전히 도피할 수 있었을까?

이처럼 역사 연구에 있어서 만일 가치판단이 부득이하다고 한다면 그 가치는 역사가 자신의 현재적 가치(present value)냐, 아니면 역사가가 연구의 대상으로 삼고 있는 시대의 과거적 가치(past value)냐 하는 문제가 있는 것

---

16) 申采浩, 《朝鮮史總論》, '論選', p. 71.
17) W.H. Dray, *op. cit.*, p. 29.
18) W.H. Dray, *ibid.*, p. 32.

이다. 이 문제를 흔히 눙 프로 퉁(nunc pro tunc = the present for the past)의 문제라 한다.[19]

이 문제에 대하여 실용주의 철학자 듀이는 "모든 역사는 필연적으로 현재의 관점에서 씌어진다"고 했다. 즉, "모든 역사는 현재에 있어 중요하다고 판단되는 것의 역사"라는 것이다. 이 견해에 따르면 역사는 현재의 이론적 문제의 해결 또는 현재의 행동계획에 따라 결정되는 것이다.

듀이는 "산업생산과 소비에서 우러나오는 절박한 사회문제가 역사를 경제적 관점에서 보도록 만들어 주고 있다."고 말하고 19세기에 있어서처럼 "현재의 문제가 현저하게 정치적일 때에만 역사의 정치적 국면이 최우위로 다루어진다."는 것이다. 이같은 사회개혁자의 견해를 그대로 역사가의 견해라 생각할 수는 없다. 러브조이(Lovejoy)는 이른바 역사가의 '역사적 마음가짐'이란 "현재의 한계와 선입견을 넘어서려는 자기초탈의 노력이다."고 말하면서 우리의 조상들은 그들 나름의 목적을 갖고 있었기 때문에 그것을 후손들의 목적에 완전히 해소시켜 버릴 수 없는 것이다고 주장했다.[20]

베라클라프(Geofferey Barraclough)도 《전환기의 역사》(*History in a Changing World*)에서 역사를

> 우리의 기준에 의해서가 아니라 그들 자신의 기준에 따라 판단하여야 하고 그 당시에 중요했던 것에 중요성을 부여하여야 한다.

고 주장했다.

그러나 만일 12세기 영국을 서술하는 데 그 당시의 사람들의 가치대로 판단한다고 할 때 나타나는 결과에 놀라지 않을 수 없을 것이다. 그들은 기적을 믿고 그 밖의 경이를 확신하고 있었다. 그걸 그대로 인정할 수는 없는 것이다. 그래서 그는 결론짓기를 역사가는 그냥 "중요했던 것이 아니라, '우리가 생각하기에' 중요했던 것과 관련시켜야 한다"고 덧붙였던 것이다.

또 하나의 문제는 과거적 가치를 중시한다고 할 때 '누구의' 가치가 그 시대의 가치를 대표한단 말인가? 일제의 한국침략사를 서술한다고 할 때 침략자 일본의 입장에 서서 쓸 때와 피해자 한국인의 입장에 서서 쓰는 상반된 두 개의 기준이 있을 수 있고, 또 종교개혁사를 쓰는 경우에는 가톨릭의 기

---

19) H.S. Commager, *The Study of History* (New York, 1965), p. 56.
20) W.H. Dray, *op. cit.*, pp. 35~36.

준과 프로테스탄트의 기준 중에 어느 것을 택하는가 하는 문제가 있다.

결국 우리는 이같은 딜레마에서 벗어나기 어렵다. 그래서 우리는 제일 먼저 과거의 시대를 되도록 그 시대의 "관련 속에서 이해하려 노력하지만 제2단계에서는 '현재에 있어' 타당하다고 믿어지는 기준을 채택하지 않을 수 없다"고 말한 드레이의 절충안에 동의하는 것이다.[21]

이와 같은 현재적 가치를 승인할 때 역사가는 그 자신의 시대에 대한 원망을 배제할 수 없다. 왜냐하면 아무도 자기가 산 시대를 두고 참 좋았던 시대, 훌륭한 시대라고 자신있게 말할 수 없는 것이다. 카토가 말한 것처럼 우리가 산 시대는 "모든 진리에 대하여 눈을 딱 감은 시대요, 완전하고 무제한한 방탕의 시대요, 완성된 죄악의 상태"였다 라고까지 극언하지는 않더라도 누구나 역사가는 현재에 만족하지 않는 법이다.

21) W.H. Dray, *ibid.*, p. 37.

제 6 절
역사적 예언은 가능한가?

멀지 않아 그 날이 올 것일세.
트로이와 프리암왕의 통치가 심판받는 날이,
그리고 프리암과 그 백성이 소멸할 날이.

— *Polybios*[1)]

Ⅰ. 예언의 두 유형

1. 예언의 적중도

최근 한 미국 고고학자가 "우리가 만일 과거를 (완벽하게) 설명할 수 있다면 미래도 예언할 수 있다."고 말했다. 이처럼 "역사는 미래를 포함한 모든 것을 가르쳐 준다."고 한 것은 결코 틀린 말이 아니다.[2)] 그러나 대부분의 역사가들은 결코 자기가 예언자가 아니라고 간곡히 변명할 것이다. 그것은 역사가가 실제로 과거를 얼마나 완벽하게 설명할 수 있느냐를 최대의 문제로 알고 있기 때문이다. 1943년 10월 9명의 미국인 역사가들은 미 국방성으로부터 다음과 같은 조사를 의뢰받았다.

> 기왕에 일어났던 사실을 토대로 해서 독일군과 독일국민이 앞으로 얼마나 연합군의 압력을 버티어 나아갈 수 있는가를 예측해 주시오.

9명의 미국 사학자들은 비밀문서를 읽고 관계자들의 증언을 들은 뒤 3개월 만에 한 보고서를 작성하여 국방성에 제출했다. 과연 이들의 '예측'이 얼마나 적중했을까? 후일 이를 평가한 당국자의 말에 의하면 '아주 정확한 예측'이었다는 것이다.[3)]

---

1) ἔσσεται ἦμαρ ὅταν ποτ' ὀλώλῃ Ἴλιος ἱρὴ
폴리비오스는 크라쿠스 형제의 혁명을 보고 로마도 장차 어느 땐가 망해버리리라 예언한 것이다. Bury, *Greek Historians*, pp. 207~208.

2) Newsweek (Sept., 1, 1975), p. 40.

이러한 예언은 그보다 100년 전인 1843년에 카알라일에 의해 시도되었는데 그는 산업혁명 이후의 영국사회에 새로운 산업귀족이 출현하리라는 사실을 예언하였던 것이다.[4] 앞의 것은 예측이며 뒤의 것은 예언이었다.

그러나 둘다 보기 드문 예외다. 지금까지 역사적 예언을 시도한 대부분의 학자들은 역사가가 아닌 사회학자나 경제학자들이었다. 예컨대 최후의 영주요, 최초의 사회주의자라 일컬어진 상 시몽(Saint Simon, 1760~1825)은 19세기 초 산업혁명기의 프랑스 사회를 보고 '산업사회'가 올 것이라 예언했다. 그에 의하면 산업사회란 부가 약탈과 전쟁에 의하여 '탈취'되는 사회가 아니라 생산과 기계에 의해 '생산'되는 사회라는 것이었다. 또 과거의 사회는 군사사회요, 귀족과 군인, 승려가 지도자가 된 사회였지만 새 사회에서는 산업기술자가 지도자가 된다고 예언했다. 과거의 지도자는 백성을 무력으로 지배하거나 종교적 신화로 조종하였지만 새 사회에서는 산업지도자들의 지배하에 국민 각자가 그 기능과 능력에 따라 사회가 잘 정돈될 것이라 내다보았던 것이다.

또한 19세기 영국 경제학자 마샬(Marshall)은 육체노동과 비숙련노동의 감소와 소멸을 예언하고 그 대신 지식(정신)노동자가 증가하리라 예언했다. 그는 또 '모방'의 시대와 '공업사회'의 시대가 오리라 예언했는데 사회의 기본가치는 산업기구에 집중되며 산업계에 최대의 보수가 지급될 것이라고 예언했던 것이다. 이것 역시 적중했다.

2. 낙관적 예언

이들 예언자들은 대체로 미래를 낙관하지 않으면 비관하는 두 타이프의 예언을 하고 있었다. 이 버릇은 현대의 이른바 미래학자들에게도 마찬가지로 반복되고 있는 것이다.

일찍이 19세기 사상가 콩도르세(Condorcet, 1743~1794)는 노예제의 소멸을 예언하고 문맹의 퇴치, 남녀불평등의 감소, 형무소법의 개혁 그리고 빈곤의 퇴치를 예언했다.[5] 그러나 말더스(Malthus)는 반대로 미래를 비관했다. 그러므로 콩도르세와 말더스는 서로 대조적인 입장에서 인류의 미래를 내다 보

3) New York Times (June, 8, 1946), Jacques Berzun, *Modern Researcher*, pp. 51~52.
4) Time weekly (Sept. 15, 1975), p. 38.
5) Iggers, A.H.R. 71, 1, p. 14.

왔던 것이다. 즉, 콩도르세는 과학의 생산적 힘을 믿고 인류에 풍요의 시대가 다가오리라 낙관하고, 역사의 행진을 진보와 발전의 행진으로 믿어 의심하지 않았다. 그런데 말더스는 기술 진보의 가능성보다도 앞을 못 보는 남녀의 왕성한 생식능력에 보다 강한 인상을 받았다. 그는 이러한 자연의 함정 즉, 생식(生殖)을 피하는 유일한 길을 금욕주의적인 '도덕적 억제'와 사회적 장치의 발명이라 생각했으나, 이마저 거의 비관적이라 믿어졌다. 그에 의하면 사람은 늦게 결혼해서 열심히 일하여 절제생활을 하거나, 아니면 전쟁이나 질병이 어린 생명을 앗아가는 비극을 당하거나 둘 중 하나를 선택할 수밖에 없다고 생각하였다. 그런데 이상하게도 밝은 청색미래를 예언한 콩도르세는 가난한 사람이었고, 회색미래를 내다본 말더스는 비교적 부유한 생활을 누리고 있었으니 사람은 가난하다고 해서 반드시 미래를 어둡게만 본다고 할 수 없는 것이다.[6]

현대의 미래학자들 역시 미래를 각각 청색 내지 회색으로 칠함으로써 말더스와 콩도르세의 전철을 밟고 있다. 가령 몇 차례나 내한해서 '속 없이' 청색미래를 뇌까리고 간 허만 카안 같은 사람이 있는가 하면, 1970년대 중반에 내한하여 매우 신중한 척 하면서 자신의 소신을 털어놓고 간 조건부 낙관론자 볼딩(Keneth Bolding) 같은 사람도 있다. 볼딩의 미래관을 소개하면 5천년 전 인류는 농업을 알고 잉여농산물을 얻어 그것으로 도시를 건설했다. 그 때부터 오늘까지가 문명시대고, 그 이전은 문명 이전의 시대라는 것이다. 그러나 지금으로부터는 탈 문명시대(post civilization period)로 접어들어 노예제, 빈곤, 착취, 불평등, 전쟁, 질병 등 문명시대의 유물이 없어지므로 새 시대는 곧 유토피아의 시대가 될 것이다. 그러나 그러기 위해서는 전쟁, 인구폭발, 살인적인 기술발달이라는 변수를 피해 나아가야만 가능하다고 했다. 역시 엉터리 예언이었다.

3. 진보사관과 낙관적 미래

누군가가 말했듯이 역사가도 별수 없이 '과거를 향한 예언자'일지 모른다.[7] 만일 그렇다면 미래와 과거는 그 본질에 있어 다를 바 없다. 왜냐하면

6) Riesman, *Reappraisal of Individualism*, 일역, 《個人主義의 再檢討》, pp. 33~34.
7) 李敏鎬, 《現代史學의 課題》 探究新書 (1976) 참조.

한 사람의 미래관은 대체로 그의 과거관과 일치하기 마련이기 때문이다. 그런데 역사적 비관론자는 미래를 낙관하기보다 비관하고 역사적 낙관론자는 반대로 청색미래를 내다본다. 그러므로 역사적 낙관론을 흔히 진보사관 또는 발전사라 불러 왔다.

진보사관은 17세기의 베이컨(Francis Bacon, 1561~1626)과 데카르트(Rene Descartes, 1596~1650)에 의하여 과학의 힘이 결국 인류사회의 진보를 영원히 약속한다는 확신에서 비롯된 것이다. 이 확신에 따라 데카르트의 제자 퐁뜨넬(bernard de Fontenelle, 1657~1757)은 최초의 진보론을 편 인물이 되었다. 그는 생물학적으로 볼 때 고대인과 현대인은 같지만 물질문화의 영역에서는 발전이 누적되어 놀라운 진보를 이룩했다. 그러나 문학과 예술부문에 있어서는 진보란 없고 고대나 현대나 다름이 없다고도 평가했다.[8]

18세기에 이르면 튜르고(A.R.J. Turgot, 1727~1781), 콩도르세와 같은 계몽사상가들이 인간이성의 확신에서 진보사관을 당연한 역사의 논리라 믿게 된다. 특히 후자는 인류 역사 발전에 9단계를 설정하여 유명하다. 19세기 낭만주의에 이르러 일시 진보를 부정하는 듯 했지만 상 시몽[9], 꽁트(A. Comte, 1798~1857)와 같은 인물은 모두 사회발전법칙을 제창하여 오히려 진보관에 긍정적이었다.[10]

이리하여 19세기 후반에는 다윈의 진화론에 영향을 받은 사회진화론이 나와 진보사관은 절정에 이르게 되었다. 가령, 영국의 휘그파 역사관(Whig interpretation)은 전형적인 19세기 진보사관이었다.[11] 최후의 근대인이라 불리는 웨버 역시 약간 회색빛이 나지만 고대동방의 문명이 시작된 이후 역사는 생활의 지성화와 합리화의 부단한 발전과정이라 생각했다. 칼러(Kahler)도 인간생존의 착실한 세속화, 합리화, 과학화 그리고 기술화를 들면서 역사 발전의 원리를 확신하였다.[12]

---

8) Elmer Barnes, *An Intellectual and Cultural History of Western World,* II, p. 828.

9) 상 시몽은 역사과정을 통해 인간의 경제관계가 부단히 확대되었다는 점에 착안하여 '가족'사회로부터 도시사회, 국가사회, 교회사회 그리고 마지막에 세계국가(world-state)로 발전한다고 보았다. G.G. Iggers (tr), *The Doctrine of Saint-Simon : An Exposition, First Year*, 1828~1829, pp. 60~61.

10) Elmer Barnes, *op. cit.*, p. 175.

11) Max Beloff, *On Thinking about the Past,* Encounter, 33,4, (1969), p. 50.

12) G.G. Iggers, A.H.R. 71. 7, pp. 2~13. 칼러는 역사에 있어서의 인간생존영역(existential scope)의 확대과정을 중시하여 역사는 부족(tribe)으로부터 도시(city)와 시민국가(city-state), 봉건제후국(feudal principality), 영방국가(territorial state), 왕조 또는 국민국

이 같은 진보사관은 한말 개화론자들에게 받아들여졌다. 가령 유길준의 《서유견문》 1편에 보면 그의 유명한 개화등급론이 나온다. 그는 개화란 "인간의 천사만물이 지선 극미한 경역에 이름을 말한다."고 주장하고 개화에는 개화와 반개화·미개화의 3등급이 있다고 했다. 이것은 개화에 대한 대응형식일 뿐 아니라 일종의 역사관이기도 했다. 즉, 미 개화(야만)에서 반(半) 개화 그리고 개화로 발전하는 역사발전의 일반법칙을 제시한 것이다. 그러나 그런 개화란 말의 뜻은 일본어에서 온 것이라 하여 유생들의 혹독한 반박을 받았다.

4. 비관적 예언

역사적 낙관론은 20세기에 이르러 무참히도 무너지기 시작했다. 호이징하(Huizinga)는 "이 20세기는 사실 그렇게 감명깊은 드라마가 아니다. 이 세기는 그 중엽 가까이에 이르도록 기술적 과학진보 이외는 아직 단하나 본질적인 것을 낳지 못했고 그 기술적 진보가 현저하다 하더라도 단지 그것뿐이다"고 '불안의 세기' 20세기를 고발하고 있다.[13]

따라서 19세기 사상가들이 예상했던 물질적 발전의 결과는 예상 외로 현대인의 정신적 불안을 낳았으며 사회적 붕괴와 질병을 얻고 말았던 것이다.

현대는 사회를 원자화하고 그 성원들로부터 공동체의식과 소속감을 박탈했다. 이러한 상황은 근대화에 수반하는 심각한 사회적 붕괴에 그 원인이 있었던 것이다. 즉, 전통적 규범과 가치의 붕괴로부터 여러 가지 형태의 병리상황이 나왔는데 이것이야말로 오늘의 서구화 사회의 특성이자 일대 결함이 되어 있는 것이다. 따라서 모든 사회적 붕괴의 범주 — 범죄, 청소년의 비행, 이혼, 자살, 마약 그리고 정신병 — 는 사회가 서구화 내지 근대화함에 따라 더욱 더 그 빈도를 높여주고 있는 것이다.

그러므로 서구화 사회에 있어서의 폭력범죄의 증가는 마치 아메리칸 인디안 사회에 백인들이 성병 등 각종 질병을 옮겨준 일들과 일맥상통한 사건이라 할 것이다. 다음의 숫자가 이를 잘 입증해 주고 있다.

가(dynastic and nation state)로 진화하고 대중국가(popular nation)는 문명적이고 이데올로기적인 세력권(power bloc)으로 진화한다고 예언하였다. Kahler, *Meaning of History*, pp. 195~196.

13) J. Huizinga, 일역, 《歷史에의 길》, p. 174.

1820~1949년까지의 집단 폭력사건으로 인한 인명상실은 무려 290만 명에 달했고, 살인사건으로 인한 것이 970만 명, 세계 대전으로 인한 사망자 수가 무려 4,680만 명에 이른 것이다. 이처럼 폭력에 의한 사망자 수가 현대에 와서 급격히 증가한 것은 불행이지만 그것이 세계 인구의 증가를 초과하지 않았다는 사실에 다소의 위로를 받는다고 하면 어떨지.[14)]

우리는 19세기 사상가들이 인류 역사의 미래를 너무나 안이하게 내다보았다는 사실을 늦게나마 뉘우치고 있다. 일찍이 아리스토텔레스는 물질적 생활의 필요를 충족한 뒤 시작되는 자유로운 지적 활동은 인간에게 가장 소중한 행운이라 말했다. 겉으로는 20세기 후반기가 바로 그런 시대에 해당되는 것처럼 보이나 그 실상은 반대인 것이다.

마르크스도 《자본론》 48장에서 '자유의 나라'는 실제로 궁핍이 없어진 뒤 시작된다고 했다. 그러나 그것은 성질상 물질적 생산의 영역의 밖, 즉 피안에 있다고 말했고, 《단절의 시대》 (*The Age of Discontinuity*)로 유명한 드래커는 현대를 이미 '빈곤'(poverty)이 사회개혁의 주제가 아닌 풍요의 사회가 되었다고 외쳤다. 그러나 빈곤이 추방되어 모든 사람이 호화 주택에 살게 된다고 하더라도 인간이 아파트에 산다고 해서 인간이 착해지고 또 누구나 다 행복해진다고 할 수 있을까? 복지사회일수록 자살자가 많은 것은 왜 그럴까.

여기서 우리는 아파트의 슬럼(빈민굴)화란 새로운 비극을 목격하게 되는 것이다. 물질적 발전과 정신적 발전은 반비례하거나 전혀 무관한 것임을 알 수 있다. 이미 18세기에 콩도르세는 《정신적 진보의 역사적 전망을 묘사함》(1794)에서 인간이 도달하여야 할 두 가지 목표를 첫째 '빈곤의 극복'과 둘째 '행복의 획득'이라 했다. 현대 탈산업사회는 전자에 가까워지고 있다. 그러나 행복의 획득에는 아직 요원하거나 더욱 더 멀어지고 있는 것이다.

지난 100년 동안의 물질적 성장은 놀라우리만치 컸다. 가령 19세기 중엽의 유럽 대도시의 인구를 20세기 중엽의 도시인구와 비교하면 엄청나게 증가하였다. 19세기에 유럽에서 100만명을 넘는 대도시는 단 둘, 런던(236만 명)과 파리(105만 명)뿐이었다. 비엔나와 베를린 그리고 나폴리가 겨우 40만 명, 영국의 리버풀, 글라스고, 맨체스터 등이 겨우 30만 명에 지나지 않았다. 그 밖의 도시들은 모두 인구 20~10만명 정도의 소도시였다. 그뿐 아니다.

14) Black, *Dynamics of Modernization*, p. 50.

19세기의 파리에서 집안에 목욕탕이 있는 주택은 불과 손꼽아 헤아릴 정도였다.[15] 그러나 오늘날 우리 모두가 목욕탕이 있는 주택에 살고 있다. 그렇다고 21세기에 살고 있는 우리는 옛날보다 훨씬 행복하다고 말할 수 있을까? 누군가가 말했듯이 우리가 누리고 있는 행복이란 '행복한 인간 매나즈리(동물원)'(une menagerie d'hommes heureux)에 지나지 않는 것이다.[16]

현대 문화를 10세 문화라 말한 이가 있다. 열 살짜리가 사는 사회란 뜻이다. 불교의 경전에 보면 '열 살 사내들의 시대'란 말이 나온다. "겨우 열 살 된 사내 아이와 다섯 살 난 여자 사이에 아이를 갖고 그리고 서로 증오하는 그런 사회"가 바로 열 살 문화의 사회라고 한다. 리터(Ritter)가 말했듯이 경제적 복지와 GNP에 대한 관심만 증대되는 것이 곧 현대 야만주의의 정체인 것이다.[17]

약 150년 전에 람네 수도원장이 쓴 한 책에 보면 이런 예언이 나온다.

> 이성은 사람의 눈앞에서 시들어 갈 것이다. 가장 단순한 진리들이 신기해 보이고 뛰어나 보일 것이다. 그러나 그것은 좀처럼 오래 지속되지 못할 것이다.

이 예언이 신기하게도 적중하고 있다. 수도원이나 절에서 살아 본 성직자나 수도사들이어야 인간 사회의 추악함이 보인다. 정년퇴직하여 할일없어 산에 올라가면, 쉴새없이 달리는 차 그리고 인간들의 가엾은 생활을 내려다보며 새삼 부질없는 인간의 삶의 비극성을 수도원장이 말한 것이며 현대사회의 질환, 즉 "가장 단순한 진리가 신기해 보인다"는 질병을 150년 전에 예언한 것이다.[18]

키에르케고르, 가세트(Ortegay Gasset) 같은 20세기의 문화적 비관론자들은 19세기 사상가들이 생각했던 '일반사회법칙'이라는 것들이 모두 역사의 표면에 나타난 가시적 경향만을 보고 정립한 것이라는 사실을 간파하였다.

---

15) Namier, *1848, The Revolution of the Intellectuals*, (Lond. Oxford Univ. Press, 1957).

16) 절대왕권은, 왕을 국민의 목자요, 국민을 양떼라고 생각했다. 그래서 왕은 양떼를 목장으로 몰고가서 지키고 번식시키고 비바람과 이리로부터 보호해 주어야 한다고 생각했다. 그래서 루이 13세의 재상 시시류는 실제로 국민을 '나귀'(mulet)라 불렀고, 루이 15세의 재상 다르자르송도 프랑스를 '행복한 인간 매나즈리(동물원)'(une menagerie d'hommes heureux)로 만들어야 한다고 믿었다. Croce, *History of Europe in the Nineteenth Century*, p. 27.

17) Iggers, A.H.R. 71, 1, p. 15.

18) Woodward, *Some Consideration*, p. 314.

그들은 가시적 '경향'에만 눈이 팔려서 인간의 정신적 변화를 보지 못한 채 '인간의 인간에 대한 가장 조직적인 전제(專制)'가 지금 바로 자행되고 있다는 사실을 보지 못한 것이다. 이거스가 말했듯이 오늘과 같은 전면전쟁과 전체주의의 시대에 어찌 정신적·윤리적 의미의 진보가 있을 수 있단 말인가?[19]

Ⅱ. 예측과 예언

1. 단기예측

역사적 예언에 대해서는 "가능한가, 불가능한가?"하는 설문과 "어느 정도는 예언할 수 있지 않는가, 아닌가?"하는 예언의 정도를 묻는 설문방법이 있다. 포퍼는 그의 《역사주의의 빈곤》(*The Poverty of Historicism*, 1957)에서,

> 나는 1919~20년 겨울부터 역사적 운명에 대한 믿음이 완전한 미신이라는 것, 그리고 어떤 과학적 또는 합리적 방법으로서도 인류 역사의 과정을 예언할 수 없다는 것을 믿어 왔다.

고 말하고[20] 역사의 미래를 예언하려는 모든 노력을 '역사주의'라 명명하고 있다. 포퍼에 의하면 역사적 예언을 목적으로 사회과학을 연구하는 사람, 또 역사적 진화의 밑바닥에 잠재하는 '율동', '유형', '법칙' 또는 '경향' 따위를 발견함으로써 역사적 예언을 시도하려는 모든 사람을 '역사주의자'라고 했다.[21]

그에 의하면 완벽한 역사적 예언은 과학적 방법의 적용영역을 완전히 넘어서서 있는 것이다. "미래는 오로지 우리들 자신에게 달려 있으며 어떤 역사적 필연성에도 우리는 매여 있지 않다"는 것이었다. 사실 어떻게 보면 모든 사람이 다가오는 사태를 예견하려고 머리를 싸매고 있는 것이다.

---

19) Iggers, *op. cit.*, p. 15.
20) Karl R. Popper, *The Poverty of Historicism* (London, 1967), p. vii.
21) *Ibid.*, p. 3.

왜냐하면 어떤 전술가라도 전투의 결과(승리)를 예견하려고 하고 있다. 그는 승리를 확신하며 만일 그가 유능한 전술가라면 그의 예견이 대부분 적중한다. 상인이나 사장 족들까지도 마찬가지다. 그러나 이 같은 예견은 단기(short-term) 예측이다. 그러나 사회과학자들이 시도하고 있는 예언은 장기 역사 예언(long-term historical prophecies)인 것이다. 사실 양자간의 구획은 유동적이어서 구별하기가 매우 어렵다.[22]

얼마 전에 《타임》지에 재미있는 그림이 실려 있는 것을 보고 장기예언이란 과연 어렵구나 하고 느꼈다. 아마 처음 비행선이 발명되었을 때의 미래 사회 상상도였던 것으로 기억되는데 그림에 보면 50년 뒤 대도시의 거리에는 단 한 사람도 걸어 다니는 사람이 없고 거리의 상공에는 새까맣게 비행선만 날아다니게 될 것이라는 상상도였다. 그러나 비행선 시대는 오지 않았고 자동차 시대가 왔다.

오늘의 예언자들은 50년 전의 예언자들보다 훨씬 세련되고 과학적인 방법으로 미래사회를 예언하고 있다. 그 대표적인 예가 〈로마 클럽 보고서〉였다.[23] 그들은 불원 인류가 자원 고갈로 위기를 맞을 것이라는 불길한 예언을 했었다. 그러나 20세기 말기 기름이 떨어진다는 예측이 맞지 않았다. 이 점에 대해 포퍼는 지금의 거의 모든 정치가는 자신을 예언자처럼 선전하고 있지만 모두가 돌팔이들이라 비웃어 주고 있다.

> 우리의 지적 지도자들에게 널리 퍼져 있는 위험스러운 역사적 예언의 습관은 여러 가지 기능을 발휘하고 있다. [예언]의 비전을 받은 자라는 사실은 항상 기쁠 것이고 또 역사 과정을 예언하는 비상한 힘을 갖고 있다는 것도 기쁜 일일 것이다. 또 지적 지도자에게는 그런 힘을 갖고 있고 그런 능력을 갖지 않는 자는 지도자의 자질을 상실하는 것이라는 인습적 사고가 있다. 그러나 그들이 모두 예언자로서는 돌팔이들(charlatans)이면서도 전혀 (아닌 것처럼) 복면을 쓰고 나타나고 있다. 그러기 때문에 그들은 불완전한 예언을 마다하지 않는데 그럴 때 예언과 점과의 차는 아주 불명확하게 되는 것이다.[24]

우리는 일기예보란 것을 매일 듣고 있고 또 금주의 증권시세와 새 해의

---

22) Karl R. Popper, *Open Society and its Enemies*, p. 3.
23) 로마 클럽 (김승한 역),《人類의 危機》, 삼성문고 참조.
24) Karl R. Popper, *op. cit.*, p. 4..

경기전망에 대해서도 많이 듣고 있다. 이러한 각종 단기예언이 얼마나 맞느냐 하는 적중도를 계산해 본 사람은 없겠지만 그들이 어떤 과학적 자료에 의거하여 예언을 시도하고 있는 것만은 틀림없다. 그러나 어떤 곳에서는 기상대의 일기예보가 항상 한 사람의 노련한 어부의 일기예측보다 못하다는 사실을 알아야 할 것이다.

2. 장기예언

역사적 장기예보에 있어서 점쟁이보다 역사가가 얼마나 낫다고 주장할 수 있을까. 우리는 정부가 경제학자들의 힘을 빌어서 해마다 발표하는 경기예측과 그리고 연말에 하는 경제회고가 과연 어느 만치 적중하고 있는지 의심스럽다. 하물며 이 같은 단기예언과 차원을 달리하는 역사가의 장기예언에 이르러서는 천문학자나 지질학자들의 '지구의 미래'에 대한 예언 이상으로 불확실하고 불안하지 않을 수 없는 것이다. 가장 믿을 수 없는 것이 천문학자들의 예언이다.

마르크스처럼 대담하게 미래를 예언한 사람은 없고 그 예언으로 역사가 얼마나 달라졌는지 모른다. 그는 말년에 한 기자에게 세계 혁명이 다가오고 있다고 예언하였다. 저 수평선 위에 다가 오는 먹구름처럼 세계혁명의 날이 가까워지고 있다는 것이었다. 그러나 마르크스가 예언한 세계 혁명의 날은 아직도 오지 않고 있다. 아니 오기는 왔는데 러시아 혁명이라는 잘못된 형태로 왔고 결국은 1989년의 베를린장벽의 붕괴로 실패로 끝나고 말았다. 그러면 왜 그는 예언에 실패하였을까?

두말할 것 없이 누구나 예언자에게는 '이렇게 되어 주었으면' 하는 '원망'과 현실을 혼동하는 버릇이 있기 때문이다. 아무리 과학적인 자료처리를 거친다고 하더라도 거기에는 반드시 '역사의 함정'(pitfall)이라는 변수가 방해하기 마련이다.[25] 우리는 앞에서인용한 완벽한 역사 예언의 불가능성을 강조한 포퍼의 말에 동의하지 않을 수 없다. 그리고 또

> 요컨대 결과를 예견하는 목적은 미래를 예언하려는 것이 아니다. 그것은 현재의 활동의 의미를 재확인하려는 것이다.

---

25) Namier, *Human Nature*, Varieties of History, p. 378.

라고 말한 듀이와[26)]

> 누구든지 시대의 본질을 파악하는 능력이 있다고 평가되면 그것이 곧 시대를 앞서가는 기술이다.

고 한 맥루한의 말에 귀를 기울여야 할 것이다.[27)]

그러나 장기예언에 대한 이 같은 비관론에도 불구하고 현대 역사학은 단기예언의 가능성을 모색하고 있다. 단기예언에 대한 역사가의 가느다란 희망은 결코 허황한 것은 아니지만 많은 함정이 기다리고 있다는 사실에 유의하여야 할 것이다. 예언이 아니라면 무엇인가. 교훈에 지나지 않는 것이다.

---

26) 존 듀이 (신일철 역), 《人間性과 行爲》 사상문고, p. 239.
27) McLuhan, *Understanding Mass Media,* 《매스미디어의 理解》, p. 97.

제 7 절
역사적 교훈은 유효한가?

듣자옵건대 새 도끼자루는 헌 도끼자루를 보고 본으로 삼으며, 뒤 수레는 앞 수레를 거울삼아 경계하는 것이니, 대개 과거의 흥망은 실로 장래의 권계(교훈)가 되옵니다.

— *進高麗史箋*[1]

Ⅰ. 역사적 실용주의

1. 동양의 감계주의

역사는 과연 '행동의 지침'이 될 수 있는가, 아니면 단순한 정관(명상)의 대상인가? 이 문제야말로 오랫동안 역사가들을 괴롭혀 온 신의 물음이었다.

과거 많은 역사가들이 역사를 교훈으로 인식하여 왔다. 로마의 역사가 폴리비오스는 교훈적 역사의 아버지라 일컬어지며, 중국 송대의 사마광 역시 역사적 교훈주의와 감계주의의 표본으로 알려지고 있다. 사마광은 19년이란 세월에 걸쳐 편찬한 자신의 《자치통감(資治通鑑)》을 국가의 성쇠, 백성의 안부에 관한 일과 본받아야 할 선한 일, 경계하여야 할 악한 일을 다루는 사서(史書)라고 자칭했고, 역대의 사관들 역시 이 감계주의에 따라 군주의 언행을 직필했던 것이다.[2] 중국에서 또 경학(經學, 즉 정치학)과 사학, 즉 경사(經史)가 불가분의 학문이라 생각되어 모든 학인은 이 둘을 아울러 공부해야 하는 것으로 인식하였다.[3] 이같은 교훈주의는 우리나라 역사서술에도 영향을 끼쳐 많은 '통감'류의 사서가 편술되었던 것이다.[4] 그런데 이같은 역사의 교훈적 개념은 일제 강점기의 한국 사학에도 계승되고 있다. 가령 '역사는 감홍과 교훈의 보고'라 한 최남선은 역사를 병의 역사로 알고 역사를 보건양생의 자료로 삼아야 한다고 주장하였다.

---

1) 李基白, 《高麗史解題》, 《韓國의 歷史認識》(上), p. 255.
2) 全海宗, 앞의 《中國人의 歷史意識과 歷史敍述》 참조.
3) 黃元九, 《中國思想의 源流》 참조.
4) 李萬烈, 《17·8세기의 史書와 古代史認識》, 《韓國의 歷史認識》(下), p. 315 이하 참조.

> 과거는 언제든지 미래의 준비과정으로만 가치가 있을 것이다. 그러므로 과거는 회고할 것이 아니라 감계할 것이요, 과거 속에서 자랑거리를 찾으려 할 것이 아니라 경성될 일을 찾으려 해야 할 것이다. 반만년도 무궁한 장래에서는 일순간일 따름이요, 실패도 신운명의 비료로는 도리어 간절한 것이니 조선 금래의 역사가 실착의 연속임을 정직하게 승인함이 결코 우리의 새 용기와 무궁한 희망을 방해하는 것이 아니리라. 엄정한 사실에 기초한 진지한 자각만이 역사를 창조하는 진원의 기력일 수 있을 것이다. 과거의 역사를 병록(病錄)으로 하여 보건양생의 정도, 실리를 발견함이 우리 당면의 요무(要務)일 것이다.[5]

한편 동양 못지 않게 서양에서도 역사적 교훈주의가 깊게 뿌리를 박고 있다. 흔히 서양에서는 폴리비오스를 교훈적 역사의 창시자처럼 말하고 있다. 그에 따르면

> 참다운 역사의 연구에서 얻은 지식은 실제생활을 위한 가장 좋은 교훈이라 생각하지 않을 수 없다. 왜냐하면 역사는 우리가 실제 위험에 부닥치지 않더라도 우리의 판단을 가능하게 하고 옳은 견해를 갖도록 해 주기 때문이다. 아니 역사만이 그렇게 할 수 있다.

라는 것이다.[6] 이러한 교훈주의는 비단 폴리비오스에 국한된 것이 아니었다. 그것은 실로 고대 역사가들 일반의 통념이었던 것이다.[7]

2. 서양 고대의 교훈주의

헤로도투스의 《역사》를 읽어 가노라면 아테네의 현인 솔론과 동방(소아시아, 지금의 터키)의 우인(愚人) 리디아왕 크로이수스(Croesus)의 재미있는 대화가 나온다. 이 이야기는 분명 헤로도투스가 교훈적 동기에서 쓴 일화이다.

> 리디아왕 크로이수스는 당시 세계 제일의 부를 자랑하는 임금이었다. 그가 부왕으로부터 왕위를 물려받을 때 그의 즉위를 반대하는 사람이 많았다. 그러나 그가 즉위하자 반대파는 모조리 잡아다가 맷돌에

5) 崔南善,《歷史를 통하여 보는 朝鮮人》, 앞의 '論選', p. 106.
6) Polybios, Bk, I, ch. XXXV.
7) B. Croce, *Theory and History*, 일역,《歷史의 理論과 歷史》(岩波文庫), p. 222.

갈아 버렸다는 지독한 인물이다.

그러나 솔론의 명성을 들은 크로이수스는 사신을 보내 그를 자기 궁전으로 모셔오게 했다. 3일 동안 극진히 대접한 뒤 나흘째 되던 날 왕은 솔론에게 그의 보물창고를 구경하도록 했다. 창고에는 동서의 금은 보석이 가득 차 있었다.

솔론이 보석을 모두 구경하자 왕은 그에게 자랑스럽게 물었다.

"아테네 친구여, 당신의 지식이라든지 또 지식을 얻기 위한 많은 여행을 하신 일이라든지에 대해 잘 알고 있소. 그래서 짐은 당신한테 이 세상에서 누가 제일 행복한지를 묻고 싶소."

크로이수스왕은 물론 자기를 가장 행복하다고 대답해 주리라 믿고 있었다. 그런데 솔론은 엉뚱하게도 이런 대답을 했다.

"이 세상에서 가장 행복한 사람은 텔루스(Tellus)라는 아테네 시민입니다."

크로이수스는 의외라는 표정을 지으면서 "왜 그가 제일 행복하다고 생각하는가?"라고 되물었다.

"두 가지 이유가 있습니다. 첫째 그는 번영한 나라에 훌륭한 아들을 가졌고 이들이 모두 아이를 낳고 길러서 성장하는 것을 보았습니다. 둘째 훌륭한 죽음을 했습니다. 아테네를 위해 전사하고 아테네 시민이 그에게 시민장의 영예까지 베풀었습니다."

"그래요? 그러면 그 다음에 행복한 사람은 누구요?"

크로이수스는 그 다음에야말로 자기 차례라 생각했다. 그러나 솔론은 시치미를 떼고 "클레오비스와 비톤입니다."라고 대답했다. 화가 난 크로이수스는

"좋습니다. 일언이폐지하고 그러면 짐의 행복은 지금 당신이 말하는 아테네 평민들만 못하다는 겁니까?"

"임금님! 저는 신이 인간의 행복을 매우 시기하여 우리를 괴롭히기를 좋아하는 것으로 알고 있습니다. 사람은 70세까지 삽니다. 날짜로 환산하면 2만 6천 250일이 됩니다. 단 하루도 똑같은 날이 없습니다. 인생이란 어떻게 될지 모를 일입니다. 당신은 지금 부자요, 만백성의 임금이십니다. 그러나 당신이 죽을 때 과연 행복하게 죽을지 모르는 이상 지금의 당신 물음에 대답할 수 없습니다. 아무리 큰 부자라도 끝까지 부를 누릴 수 있는 행운을 갖지 않는 한 평범한 사람들보다 행복하다고 단정할 수 없습니다. 사람이란 잘 살아야 하는 것처럼 잘 죽어야 합니다. 신은 인간을 잠시 행복하게 해놓고 그를 완전히 파멸시키고 마니까요."

크로이수스는 아주 불유쾌했고 현재의 행복을 무시하고 매사의 끝만

> 중요시하는 솔론을 정신 나간 놈으로 생각하고 차갑게 돌려 보냈다.
> 그러나 크로이수스는 그 뒤 페르시아 제국과의 전쟁에 지고 화형을 받게 되었다. 그때 장작더미 위에 매달려 점화되려는 찰라 솔론의 말이 생각났다. 그래서 그는 외쳤다.
> '솔론! 솔론! 솔론!'

이 극적인 일화에서 헤로도투스는 "돈이 사람을 만든다."(Alkaios), "명예는 부에 따른다."(Hesiodos)는 고대 그리스의 황금만능사상을 통박하고 있다. 또 "무한한 번영은 반드시 신의 질투를 산다."느니, "사람들은 들을 줄도 모르고 말할 줄도 모른다.", "소처럼 무엇이든지 배가 터져라고 먹는다."(Heracletus) 등의 그리스 격언을 실례를 들어 증명해 주고 있다. "누구나 자기 행복을 남에게 과시하지 말 것이며 크게 성공하면 반드시 크게 망한다."는 고대 그리스인들의 행복관, "싸움에 이겨 당당히 개선한 여왕(로마)이 이웃고 하녀(로마 시민)의 능욕을 참아야 한다"는 로마인들의 성쇠관이 모두 헤로도투스의 이 일화 속에 담겨져 있는 것이다. 듀키디데스는

> 과거의 사건은 반복되지 않으나, 인간생활이 진행하는 가운데 반드시 유사한 일이 일어난다.

라고 말하고 있는데, 이 말은 인간성이 변하지 않는 이상 똑같은 일이 아니더라도 비슷한 일은 반드시 일어난다는 역사적 교훈인 것이다.

3. 근대 서구의 교훈주의

고대의 교훈주의는 그대로 근대에 계승되었다. 《군주론》으로 유명한 마키아벨리는 역사를 실물교육이라 주장하고 "인간본성은 불변적이며 어느 시대에도 동질적이다. 한 시대를 알면 모든 시대를 안다. 그러므로 군주에게 있어 역사를 경시하는 것처럼 위험한 일은 없다"고 말했다.

그는 역사의 특수한 면에 관심을 두지 않고 거듭 일어나는 면을 추구하여 현재와 과거를 비교할 수 있다고 생각했다. 그러므로 모든 역사적 사건은 서로 교환될 수 있다는 것이다. 왜냐하면 물리적으로 이들 사건은 공간과 시간에 있어 일정한 자리를 가지고 있으나, 그 의미와 성격은 언제나 변함이 없기 때문이다. 그에게는 모든 역사적 인물과 시대가 늘 동일선상에 놓

여 있었다. 그러기에 알렉산더 대왕과 마로(Lodovico il Maro)에 관해 그는 똑같은 어조로 말하고 있는 것이다.8)

엘리자베드 시대의 영국격언에는 "사람은 역사로부터 그가 행동하고 충고하는 데 있어서 취해야 할 최선의 진로를 배운다."는 말이 있다.9)

보슈에(Jacques Bénigne Bossuet, 1627~1704)가 그의 《세계사론》(1679)에서 "설혹 다른 사람에게 역사는 무익하다 하더라도 왕후는 꼭 역사를 배워야 한다"고 한 유명한 말이 기억된다.

기본의 《로마 쇠망사(衰亡史)》는 그 전체가 하나의 교훈이라 말해도 과언이 아니다. 《쇠망사》 1권에 보면 아티쿠스 부자에 관한 이야기가 나온다. 이 역시 하나의 교훈적 일화이다.

> 로마 제국시대의 희랍에 아티쿠스(Atticus) 부자가 살고 있었다. 어느 날 조상으로부터 물려받은 고가의 막대한 보물이 파묻혀 있던 것을 발견하였다. 하루아침에 두 사람은 벼락부자가 된 것이다.
>
> 로마법에 따르면 이런 개인의 횡재에 대해서는 황제도 나누어 가질 권리가 있었기 때문에 반드시 정부에 알려야 했다. 밀고자가 있는 날이면 모조리 몰수당한다. 아티쿠스는 하는 수 없이 로마 황제 네르바(Nerva, A.D. 96~98)에게 자진 신고하였다. 그런데 뜻 밖에도 황제는 아티쿠스에게
>
> "그 보물은 너의 행운이니 염려 말고 쓰라."
>
> 고 말하는 것이 아닌가. 아티쿠스는 황송스러워서
>
> "그렇지만 너무 많아서 한 신민으로서 쓰기에 벅찹니다."
>
> 고 아뢰었다. 황제는 다시
>
> "그렇다면 그걸 낭비하라."
>
> 고 분부했다.
>
> 아티쿠스부자는 이리하여 그 많은 돈을 경기장, 음악당, 극장, 공중목욕탕, 수도 등 공공시설을 짓는데 '낭비'했다. 그가 세운 아네테 경기장은 길이 180미터의 흰색 대리석 건물로 아테네 전시민이 들어갈 수 있는 큰 시설이었으며, 4년 걸려 완공했다고 한다. 두 사람은 아시아에까지도 은혜를 베풀어 그곳 사람까지도 모두 아티쿠스 부자를 보호자로 존경했다는 것이다.10)

---

8) *Discourses on the First Decade of Titus Livy*, Bk I, chap. I, p. iii, x.
9) F.S. Fussner, *Historical Revolution*, intr. p. xvii.
10) Gibbon, *Decline*, BK I, p. 82.

이 이야기는 특히 우리나라 재벌들에게 큰 교훈이 되는 이야기다. 아울러 우리나라 삼국사기나 삼국유사에도 좋은 교훈이 많이 실려 있으니 읽어보라고 권고하고 싶다. 혹시 이미 읽었다고 하는 사람이 있으면 축하의 뜻을 전한다.

역사의 교훈적 성격은 19세기에 이르러 더욱 강화되었다. 독일, 프러시아 학파의 트라이치케(Heinrich von Treitschke)는 역사가였다기보다 차라리 애국적 설교자였다. 그는 《우국지사의 설교》나 《독일통일을 위한 전투장》 같은 씩씩한 독일사를 서술했다. 결국 히틀러에게 이용당하고 말았지만. 프랑스의 미슐레(Jules Michelet) 역시 애국사가였다.[11]

> 이 책은 책 이상의 것입니다. 이 책은 내 자신입니다. 그리고 나는 감히 단언합니다. 이 책은 바로 여러분의 것이라고. 모든 우리들의 책은 같은 생존 근거에서 우러나왔습니다. 프랑스의 정신, 조국의 이념에서 우러나온 것입니다.[12]

일제침략에 저항한 우리의 민족사가들의 역사 서술에도 또한 같은 교훈이 들어있다.

> 저들(일본)은 일찍이 우리를 스승으로 삼아 왔는데 지금은 이를 노예로·삼는가, 고국을 바라보니 구름과 연기처럼 아득하다. 아름다운 산천이며, 우리 조상이 여기에 살았고, 무성한 삼림이여 우리의 조상이 이를 심었고, 기름지고 넓은 땅은 우리 조상이 이를 갈았노라. 어찌하여 하루아침에 타민족에 찬탈당하여 사방에서 겨우 호구(糊口)하며 그 고통을 견디지 못하고 또한 절명의 환난에 빠지려 하는가.[13]

1910년 나라가 망하자 박은식이 압록강을 건너 조국산천을 돌아다보며 쓴 감개어린 망국의 비가이다.

한편 19세기 영미제국의 역사가들은 민주주의의 교도자로 변신하였다. 영국을 보라. 민주주의를 외치면서도 황실은 그대로 두고 있다. 그런 나라에 살면서 역사가들이 자국의 민주주의를 노래하였으니 부끄러운 일이다. 민주

---

11) E.R. Beck, *On Teaching History*, p. 6.
12) J. Michelet, *The People* (1945), recit, from The Varieties of History, p. 109.
13) 朴殷植, 《韓國痛史》 緖言, '論選', pp. 7~9.

주의가 별 것이 아니란 사실을 깨닫는데 얼마나 많은 시간이 필요하단 말인가. 그렇게 말하는 20세기의 역사가들은 또 무엇에 홀리고 있는지 묻고 싶다.

19세기의 역사가로서 미국의 프레스코트(Prescott), 영국의 머콜리(Macaulay)는 대표적인 휘그파(Whigs) 역사가요, 민주주의라는 정치 이데올로기의 선전원이었다. 요사이 우리나라에 민주주의를 구가하는 역사가가 너무 많다. 그러나 그 민주주의가 좌파인지 우파인지 조심할 필요가 있다. 버터필드가 말했듯이 역사가의 사회적 발언이 매우 위험한 결과를 가져올 때가 있다. 분명 역사가는 조국의 전통을 진맥하는 데 협조한다. 그러나 그는 당대인이 이미 내린 결단에 힘을 주고 확신을 갖게 하는 데 지나지 않으니 너무 흥분할 필요가 없는 것이다.

19세기 독일의 지식사회는 어느 다른 서구사회 보다도 아카데미 사상의 주도권에 굴종하고 전문적 지식 앞에 미리를 숙였었다. 그래서 독일의 지식대중은 독일 아카데미 역사가가 제시한 역사상을 더없이 믿고 따랐다.

> 보십시오! 이것이 여러분의 전통입니다. 이것이 역사가 여러분의 추종을 요구하는 노선인 것입니다.

그러나 오늘날 독일 국민은 지난 날 그들의 역사가가 내린 진단이 터무니없이 모두 엉터리였다는 사실을 알고 뉘우치고 있다. 그러나 때는 이미 늦었다.[14]

이리하여 오늘날 역사가들은 과연 역사가 어느 정도까지 교훈적이어야 하는가에 대해 매우 심각한 번민에 빠지고 있는 것이다. 예를 들면 1930년 1월의 18차 영국교육협회연례회의 주제는 '시민정신의 훈련으로서의 역사'란 문제였다. 이 토론에서

> 아이들에게 마치 읽기나 쓰기나 철자법을 가르치듯 시민정신을 가르칠 수는 없다. 하물며 역사(교육)를 통해 가르치기란 더욱 어렵다. 왜냐하면 역사를 체계적으로 가르치면 반드시 교의에 빠지고 독단이 되기 쉽기 때문이다.

라고 하는 의미심장한 말이 나왔던 것이다.[15] 시민단체도 많고 시민운동도

14) Butterfield, *Man on His Past*, pp. 26~27.
15) A.F. Pollard, *Factors in Modern History*, p. 217.

많다. 이렇게 많은 운동은 과연 필요한 것인지 의문이 갈 때가 있다. 시민정신이란 무엇인가. 한 번 되씹어 보기를 바란다.

Ⅱ. 역사적 교훈의 본질

1. 훈시와 역사

역사적 교훈의 본래의 의미는 무엇인가? 영어로 교훈적 역사를 exemplar history라 한다. 그러므로 교훈적 역사란 '예(example)를 들어 가르치는 철학'(philosophy teaching by example)이란 뜻이다. 교회에서 목사들이 설교하는 것을 들어보면 이름 그대로 예를 들어 가르치는 철학을 하고 있다.

흔히 교훈적 역사라고 할 때 우리는 "선이 반드시 악을 이긴다."느니 "감정을 억제하라"느니 또 "선은 악에서 나온다."(가령 위대한 예술은 극심한 역경에서 나온다), "악을 다스리되 악으로 갚지 말라", "서두르면 불행을 자초한다." 등의 고대 그리스의 격언과 유명한 액튼 경의 "권력은 부패하기 쉽고 절대 권력은 절대 부패한다."(Absolute power corrupts absolutely) 등의 격언을 연상한다. 그러나 교훈적 역사가 단순한 경구나 격언과 동일시되어서는 안 된다.

'사례'란 말은 라틴어로 exemplum, 그리스어로 paradoigma라는 말에서 유래하였다고 하는데 바로 이 어휘가 교훈적 역사의 본질적 의미를 내포하고 있는 것이다. 고대 로마의 젊은이들은 철학자들의 윤리학을 통해 배우기보다 소년시절에 아버지로부터 실제로 경험한 사례를 듣고 어떻게 하면 위험을 피하며 어떻게 하면 훌륭한 일을 하는가를 배웠다는 것이다.[16]

"실행(example)은 훈시(precept)보다 낫다."는 격언이 있듯이 단순한 훈시는 구체적인 사례보다 훨씬 못한 것이다. 그래서 스토아학파의 세네카(Seneca)는

> 훈시를 따르면 길이 멀고 사례를 따르면 가깝고 효과적이다.
> (Longum iter est per praecepta, breve et efficax per exempla)

---

16) Horace, Sat. I, 4, pp. 105~128, recit. form George H. Nadel, *Philosophy of History*, pp. 54~55.

라고 말했다.[17]

훈시는 귀로 '들을 수' 있으나 사례는 눈으로 '볼 수' 있다. 그러므로 교육의 가장 확실한 방법은 '사례'라는 것이다.[18] 고대 그리스인은 훈시와 철학에 강했지만 반대로 로마인은 '사례'에 더 강했다.[19] 이같은 '사례 역사'의 전통을 근대로 전승한 사람이 바로 플루타르크(Plutarch)였다.[20] 왜냐하면 그의 《영웅전》은 인쇄술의 발명과 동시에 나온 베스트셀러였기 때문이다.[21]

2. 사례 역사

폴리비오스의 《역사》는 가장 방법의식적 서술이면서도 '사례 역사'의 선구였다. 플라톤은 일찍이 철학자가 왕이 되거나 아니면 왕이 철학을 공부하거나 둘 중에 하나를 택하여야 한다고 주장했었다. 그러나 폴리비오스는 반대로 정치인이 역사를 쓰거나 역사를 쓰기 위해 정치실습을 쌓거나 할 때 뛰어난 '역사'가 나온다고 주장했다.[22]

역사가는 언제 일어날지도 모를 위험에 어떻게 대처하여야 하는가를 가르쳐 준다.[23] 이리하여 우리는 훈시로 배우기보다 경험으로부터 그 원인을 알아서 배운다. 이것이 바로 역사의 실제적이며 실용적 기능이다. 이같은 기능을 발휘하기 위해서는 첫째 진실을 말해야 한다. 진실 없는 역사는 눈 없는 육체다.[24] 둘째로 명백한 설명이 필수적이다. 그러나 이것은 철학가의 논증을 의미하지 않는다.[25]

그러면 역사가의 '명백한 설명'이란 무엇인가? 그것은 사실을 인용하고 사건의 원인을 밝히는 것이다. 만일 역사로부터 원인, 원리 그리고 동기에 관한 모든 설명을 빼고 나면 남는 것은 아무 교훈적 의미도 없는 구경거리일 뿐이다. 그러므로 비록 그것이 잠시동안 우리를 즐겁게 하지만 영구적인 가치는 없는 것이다.[26]

---

17) G.H. Nadel (ed.), *Studies in the Philosophy of History* (New York, 1965).
18) Pling, Ep. 8, 14, pp. 4ff, Nadel, *ibid.*
19) Quantilian, XII, ii, p. 30.
20) Nadel, *op. cit.*, p. 56.
21) E.H. Carr, *What is History?*
22) Polybios, XII, 28, pp. 1~5 ; Nadel, *op. cit.*, p. 56.
23) Polybios, IX, 2, p. 5.
24) *Ibid.*, XII, 12, pp. 1~3.
25) *Ibid.*, II. 37, p. 3. cf. IV, 40, pp. 1~3.

폴리비오스뿐만 아니라 시세로도 "역사는 과거의 증인이요, 진실을 밝혀 주는 빛이요, 기억을 되살려 주는 활명력이요, 생활의 지침(magistra vitae)이요, 옛 시대의 전달자다"고 함으로써 역사의 실증성과 교훈성을 동시에 강조하고 있다. 그러므로 시세로에 의하면

> 역사학의 제1원리는 역사가가 어떤 거짓도 말해서는 안 된다. 둘째 진실을 말하는 데 또한 대담하여야 한다. 그리고 역사 서술에 어떤 편견이나 적의의 흔적도 있어서는 안 된다.

는 것이었다.[27]

이처럼 교훈적 역사의 본질은 '사례 역사'라는 점에 있다. 교훈적 역사는 베른하임에 의해 비과학적 역사의 하나로 격하된 이래 오랫동안 경멸의 대상이 되어왔으나 그 본래의 의미에서 재조명될 때 그것이 지닌 역사적 의의가 뚜렷히 부각되는 것이다.[28]

---

26) *Ibid.*, Ⅱ, XXI.

27) De Orat, Ⅱ, XIV, p. 62.

28) 베른하임 (조기춘 역), 《史學槪論》, p. 12 이하 참조.

찾아보기

ㄱ

가디너(Patrick Gardiner) 90, 111, 352, 360
가부장적 전제국가 175
가부장제 175
가세트(Ortegay Gasset) 512
가위와 풀의 역사 108, 301
가정적 연역 모델 242
가족복원법 199
가치관 178
가톨릭 392
간만조설 366
간접계량화 241
갈릴레오 478
갈브레이드 112
갈트 113
강국론 464
강도귀족 57
개성 45
개인의 몰락 50
갤리(W.B. Gallie) 468
거시사학(macro-history) 167
거시적 연구 189
게르만 민족이동 137
게이 118
게일(Pieter Geyl) 433, 489
겐스(Edward Gens) 365
경성과학(hard science) 30
경제사 223, 226, 238, 239, 474
경제성장 194
경제성장 이론 240
경제인 39
경제학 30, 238
경제학 비판 396, 399
경제학비판서설 402
경학(經學) 479
경험적 역사 473
계급 106
계급투쟁 176, 396, 402, 404
계급투쟁설 212
계량사학 224, 242
계몽사상가 250
계몽주의 209
계측기법 255
고고학 6
고독 460
고독한 군중 183
고등 교육 204
고등실업자 209
고딕 양식 253
고려사 315
고르샤코프 308
고문서론 318
고문서학 317
고전학(numismatics) 294, 332
공립학교 207
공산당선언 396
공자 54
공포 정치 231, 254
과거제도 180
과학교육 211
관념론 438
관료제 172, 175
관료주의 176
광고사 273
괴테 4, 110, 428, 479
괴팅겐 학파 86
교권 253
교사(校史) 202
교육 253
교육사 202
교육제도 204
교의(教義) 178, 221
교조적 역사 473
교조주의 219

교훈 71, 517
구경거리 247
구약성서 218
구약시대 134
구츠맨 189
구치 87
구트맨 척도 255
국가(state) 251
국가사 249
국민 총생산 240
국민적 영웅 153
국민전쟁 157
국정 이데올로기 455
군자 54
군주론 78, 520
권력(power) 251
귀족 230
그라프 353
그람스키 154
그레고리우스 투르 75
그리스 390
그리어 231, 254, 259
그린 90, 124
그린발드 153
극장우상(idola theatri) 451
근대(modern) 137
근대인 176
근대주의 143
근대화 185, 186, 189, 194, 197, 205, 207, 212, 344
근현대사 147
글로젤 도자기 320
금욕주의 179
金容燮 234
기계적 소인 176
기독교사관 134
기록 302, 308
기본 71, 83, 111, 310, 330, 341, 456, 521
기사당 309
기술결정론 181
기안노네(Giannone) 330
기원 484
기이조 138, 348
기조 87
기찌아르디니 78, 146, 330, 364
기후 248
길로틴 491
꽁트(A. Comte) 29, 172, 439, 440, 441, 509
꾸울랑즈 17, 449

ㄴ

나의 투쟁 19
나이트 461
나치 사학 460
나폴레옹 53, 54, 56, 344, 387, 392, 478, 491
낙관 317
날짜와 사실의 역사 269
남북전쟁 232, 243, 488
낭만주의 143
내미어 112, 120, 121, 122, 220, 221, 226, 253, 268, 339, 343, 459
네빈스(A. Nevins) 351, 474
네오 칸트학파 442
네이들(G.H. Nadel) 361
노동사 272
노동자 208
노동자 독재 176
노동자계급 208
노드 244
노예 양식업 233
노예(servus) 345
노예제 243
노예제도 232
노올즈(David Knowles) 497
노이만(S. Neumann) 64
농노제도 176
농촌사 272
누마(Numa)왕 247
뉴 레프트 14
니이부르(Niebuhr) 86, 308
니이버(Reinhold Niebuhr) 43

니이체 15
니이츠 96
니일 122

| ㄷ |

다닐렙스키(Nikolai Yakovlevich Danilevsky) 410, 413
다비드(Paul David) 233
다윈 122, 442
다호메이(Dahomey) 395
단일인과설명(monocausal explanation) 485
단절 12, 14
단절설 147
단절의 시대 511
당대어 345
대국주의 역사관 140
대량사료(mass source) 224, 229
대비슨 227
대응 사실적 조건 242
대중(mass) 65, 106, 178, 423, 460, 475
대중 교육 208, 426
대중사가(popular historian) 342
대중선전 426
대통령 중심적 서술 225
대학 206
대학 혁명 213
대학사 211
데스틀러 270
데온나 412
데이오케스 170
데카르트(Rene Descartes) 221, 317, 439, 509
도나투스(Donatus)파 운동 380
도누 330
도마르 196
도서관연구 299, 304
도스토예프스키 221
도시사 200, 272
도식화(schematization) 466
도아 210
도오슨 361, 370, 371, 380, 381
도장 317
도전과 응전 428
도쿠가와 막부(德川幕府) 210
독립운동 157
돕슈 97, 192
동국통감 316
동굴우상(idola specus) 451
동양 390
동양사 140
동의어 337
둠즈데이 북 13, 311, 346
둠즈데이 북 연구 91
뒤르켐 28, 103, 172, 233, 405
뒤이링 92
듀이 41, 299, 460, 504, 516
듀키디데스 72, 111, 146, 215, 310, 330, 348, 364, 427, 447, 483, 520
드래커 511
드레이(William Dray) 337, 361, 488, 505
드로이젠 89, 92
디아코누스 75
디케아르고스 40
딜타이(Dilthey) 25, 47, 219, 261, 439

| ㄹ |

라듀리 196
라메스 2세 53
라브리올라(Antonio Labriola) 406
라이샤워 185
라자스펠드(Paul F. Lazarsfeld) 476
라코치 2세 153
라틴어 347
람세스 298
람프레히트 50, 92, 96, 410
랑글로아·세뇨보 17, 21, 32, 35, 98, 288, 301, 307, 330
랑케 70, 86, 128, 250, 349, 448, 455
랑케 사학 143, 264
래슬레트 199
랭거 215
러브조이(Lovejoy) 504

러셀 112
러시아 414
러시아 혁명 129
런시맨 112, 144
레들리치 242
레바이 152
레셔(Nicholas Rescher) 468
레오나르도 다 빈치 221
레츠 330
레프(Gordon Leff) 365
로니 224
로드블라트 211
로렌츠(K. Lorenz) 92, 222, 472
로마 쇠망사(衰亡史) 521
로마의 길 426
로마제국쇠망사 83
로버트슨 330
로빈슨 110, 167, 261
로셔 96
로스토 189
로스토프체프 192
로올리(Raleigh)경 78, 300
로우엔버그(Bert J. Loewenberg) 474
로저스 96
로퍼(H.R. Trevor Roper) 118, 260, 467
루소 60, 79, 248
루즈벨트 115
루터 16, 179
르낭(J.E. Renan) 306
르네상스 144
르시앙 페브르 32
르페브르 98, 408
리게티(Paul Ligeti) 410, 411
리비우스 73, 86, 111, 247, 308, 348
리스맨(David Riesman) 48, 139, 183, 185, 236, 465, 497
리카르도 405
리케르트(H. Rickert) 463
리터(Ritter) 120, 512
리프튼(R.J. Lifton) 45
린드(Linds) 173
립슨 100

| ㅁ |

마그나 카르타 13, 311
마로(Lodovico il Maro) 521
마르보 320
마르코폴로 140
마르크스(Karl Marx) 40, 96, 129, 176, 181, 193, 250, 369, 390, 396, 472, 491, 511, 515,
마르크스 사관 154
마르크스주의 160, 362
마르크잘리 152
마블리 331
마비용 24, 142, 318, 79, 83
마비용 혁명 316
마샬(Marshall) 507
마아살 99
마위크(Arthur Marwick) 434
마이네케 109, 118, 120, 141, 261
마즘다 157
마크젭스키 240
마키아벨리 21, 78, 81, 146, 330, 479, 520
마티우 77
만조니 113
말더스 198, 200, 507
말편자 182
망드루 220
망뚜 244
망명 귀족 227
매국노 153
매코미크 233
맥루한 57, 181, 479, 516
맥켄지(MacKenzie) 465
맥클랜드 210
머콜리 71, 83, 111, 113, 114, 249, 348, 523
머튼(Robert K. Merton) 190, 466
메이어 232
메이트랜드 90, 238, 304, 345
모노그라프 348

모르간 334
몬슨(Samnel Eliot Monson) 433
몸젠 52, 73, 83, 89, 349, 454, 503
몽테뉴 317
몽테스퀴에 80
무니에 128
무솔리니 60
문맹노동자 208
문법학교 206
문서 308
문서 위조 319
문서 혁명 314
문서숭배 306
문장학 332
문체 352
문학 249
문헌사료 128
문화 218
문화사 80, 81, 250
문화인류학 334
문화혁명 161
뮐러 85
뮌히 249
뮬러 249
미래의 마돈나(The Madonna of the Future) 450
미술시대 412
미슐레(Jules Michelet) 93, 138, 249, 250, 455, 522
미시사학 166
미시적 연구 189
미트라 156
민속학 326, 331
민영환 347
민족 153, 216, 251
민족사 249
민족성 334
민족심리(Volk psyche) 216
민족주의 22, 154, 156, 455
민족주의 역사학 455
민주주의 426
민중사관 209
밀(John Stuart Mill) 177, 401, 439
밀러 82
밀즈(Wright Mills) 57

ㅂ

바다 394
바론 118
바르토세크 154
바비도 247
바스 334
바아카 90
바잔 349, 353
박식 128
박은식 146, 522
반 과학주의 30
반다카 156
반동(reaction) 343
반란 197
반문화(counterculture) 15
반성적 역사 364
반역사주의 14, 15
발견 303
발라 78
발레리(Paul Valéri) 31
발전 71
백남운 193
밴크로프트(George Bancroft) 92, 305, 348, 455
버나큘러(속어) 347
버리 73, 91, 94, 116
버클 256
버터필드(Butterfield) 71, 94, 122, 365, 490, 523
번역의 3원칙 459
법의 정신 80
베라클라프(Barraclough) 118, 119, 147, 371, 463, 504
베르크송 477
베르토 330
베른슈타인 407
베른하임 25, 31, 71, 288, 307, 330
베버 443, 454

베블렌 334
베이컨(Francis Bacon) 78, 438, 451, 509
베카(Carl Becker) 30, 110
벤슨 231, 254, 256
벨 103, 348
변증법 369
변화 12
병적심리 215
보고(Berichte) 307
보수주의 237
보슈에(Bossuet, 1627~1704) 22, 79, 80, 521
보통학교 207
複數家系分析 257
복종형 투표자 465
볼딩(Keneth Bolding) 508
볼랑드 142
볼테르(F.M.A. Voltaire, 1694~1778) 51, 80, 81, 111, 138, 140, 142, 146, 168, 248, 250, 300, 330, 334, 352, 360, 374
봉건제(feodalite) 175, 344
부르조아 398
부르조아 혁명 343
부르조아계급 230
부르조아지 403
부르크하르트 56, 93, 120
부패 22
분서(焚書) 315
분서갱유 315
분야사(field history) 132
불랑드(bolland) 24
불로크 215, 362
뷔노그라도프 91
뷔코(G. Vico) 216, 367, 409, 442, 452, 467
브래들리(A.C. Bradley) 474
브로간 123
브로델 146
브룬슈비츠(Leon Brunschvicz) 47
브르크하르트 250
브리그스 201
브린튼(Crane brinton) 230, 254, 262, 498
블랑 79
블래크 186
블록 5, 18, 32, 36, 70, 103, 131, 144, 166, 172, 251, 252, 301, 302, 317, 319, 350, 459, 480, 488, 498
비드(Bede) 135
비밀주의 301
비스마르크 110, 503
비어드(Charles Beard) 101, 231, 459, 470, 500
비학(秘學 ; occult) 479
빈델반트(Wilhelm Windelband) 442
빈도 310
빌아두앙 76

ㅅ

사건(res gestae) 3, 485
사고 485
사관(史官) 447
사기 7
사례사(case history) 132
사료 7, 298, 301, 302
사마광 517
사마천 7
사머벨 262
사본 321
사상 계보학 130
사상사 262, 486
사서(史書) 308
4세계 제국(帝國)설 134
사실 발견(finding) 227
사어 314
사우서언 37
사자의 책 308
사적학(史籍學) 332
사학사 70
사회 48
사회경제사 81, 193
사회경제사 연보 104
사회계약론 79

사회과학 24, 29, 30
사회사 169, 171, 191, 192, 193, 194
사회서 90
사회시(社會詩) 407
사회주의 176, 406
사회진화론 509
사회학 29, 128, 172, 173, 251
사후판단(事後判斷, hindsight) 145
산스크리트 303
산업고고학 313, 327
산업화 197, 344
삼국사기 9, 308, 315, 321, 353
삼국유사 308
삼국지 51
상 시몽(Saint Simon) 507, 509
상고주의(尙古主義) 366
상대성 혁명(relativity revolution) 445
상부구조 177
상형문자학 332
새로운 경제사 240
새로운 경제사학 193
새로운 문화사 272
새로운 사학(new history) 110
새로운 사회사 272
생산관계 399, 400
생산력 399, 400
생산양식 402
생태사 273
생활수준 논쟁 100, 241
샤르마뉴(Charlemagne) 56, 252
서구문명 31
서구의 몰락 416
서유견문 510
서유럽 140
서지학(bibliography) 294
서체(hand-writing) 317
서체학 332
선사시대 6
선왕사상(先王思想) 366
선전(propaganda) 22
선전어 344
선전의상 66
선행사건(antecedent) 485
설화(fable) 6, 71, 299
성 아우구스티누스(St. augustinus of Hippo, 354~430) 74, 344, 374, 375, 409
성경 338
성과 죽음(eros and death) 221
성권 253
성의 억압 218
성인 54
성장 경제학 194
성적 억제 218
세계 연대기(aetas mundi) 134, 135
세계교회 432
세계국가 432
세계도시(megalopolis) 424
세계사 78, 81, 134, 135, 139, 301, 391, 393
세계사론 79
세기(century) 132
세네카(Seneca) 524
세미나(seminar) 88
세속형 투표자 465
세실 로드 425
세포이의 반란 157
세익스피어 53, 327
소가족제도 200
소렐(Georges Sorel) 407
소명(Beruf, 직업) 179
소설 327
소설가 446
소아시아 414
소외(Entfremdung) 217, 218
소크라테스 54
소포크레스 73
속어 314
솔론 246, 518
宋俊浩 235
쇼펜하우어 217, 460
수도사 74
수리경제사 241
수사본(manuscript) 317

순 구두(oral) 182
순환사관 366
숫자혁명 226
쉬타인 87
쉬펭글러(Oswald Spengler) 55, 59, 365, 367, 368, 409, 410, 416, 480, 482
쉴러 85
쉴스 209
슈람 252
슈몰라 96
슈미트 88
슈타우펜베르그(Stauffenberg) 사건 491
슐레진저 102
슐리만(Schlieman) 462
슘페터 233
스네토니우스 308
스멜서 227
스체크퓌 153
스콜라 철학 134
스크리븐(Michael Scriven) 468
스키피오(Scipio) 380
스탑스 88, 90, 91, 93, 482
스텐톤 91
스톤 196
스튜던트 파워 211
스트라포드 318
스페컬람 144
스펜서(Henry Spencer) 26, 59
스푸트닉 쇽크 203
스피노자 478
시간 11
시고니우스 310
시대 182
시대구분 131
시대구분법 414
시대사(era history) 482
시대정신 261, 327
시대착오(anachronism) 345
시세로(Cicero) 20, 44, 52, 330, 345, 364, 373, 387, 389, 393, 463, 526
시이저(caesar 102~44 B.C.) 364
시인 447
시일리 91, 249
시장우상(idola fori) 451
시쿨루스 139
신 실증주의 30
신 휴머니즘 30
신경제사 241
신경질환 218
신고고학 333
신국론(神國論) (De Civitate Dei, 413~426) 375
신문 426
신분집단 173
신사학 128
신사학파 118
신성역사(holy history) 372
신성학문(sacred science) 22
신약시대 134
신은 56
신채호 14, 48, 61, 64, 125, 315, 449
신통계보학 372
신통기(神統紀 ; theogonia) 72, 133
실버(Silver) 465
실업지식인 209
실증주의 264, 438
심리학(psychology) 214
심성사 196
심스 113
10개년 계획 133
17세기 일반 위기설 128

ㅣ ㅇ ㅣ

아낙사고라스(Anaxagoras, 500~426 B.C.) 385
아낙사고타스 386
아날레스(연대기) 74
아날레스(연보) 134
아날르 학파 121
아담 스미스 82, 238
아담과 이브 137
아담스 88, 249
아도르노 237
아롱(Raymon Aron) 49

아리랑 337
아리스토텔레스 40, 43, 49, 246, 310, 336, 350, 366, 472, 478
아만과 나반 137
아메리칸 인디안 392
아셀리오(Asellio) 447
아시아 393, 394, 414
아시아적 생산양식 402
아시아적 생산양식론 390
아시아적 정체성 이론 390
아우구스티누스 369, 381
아이히만 44
아인슈타인 53
아카데미 전쟁 26
아티쿠스(Atticus) 521
아프리카 128, 328, 395, 396
안드레스키 189
안시성 전투 315
안토니우스 490
안확(安廓) 138
알라릭 73
알렉산더 54, 255, 379, 393
앙뜨와네 320
앙리 199
애국주의 22, 249
애사적 219
애슐리(Mawrice Ashley) 20
accident(우연) 485
액튼 88, 91, 266, 449, 450
액튼 경(Lord Acton) 25, 265, 448
앵글로 색슨 연대기 10
양만춘 315
어원(Etymologia) 298
어제 15
언어 336
언어학(philology) 294, 328
언윈 100
에릭슨 221
에머슨 182
에우리피데스 73
에이들로트 256, 271
에피쿠로스(Epikuros, 427~347 B.C.) 385
엘리오트(T.S. Eliot) 268
엘리트주의 219
엘톤 118, 123, 124, 125
M.G.H.(Monumenta Germania Historia) 87
엥겔스 389, 397, 491
여론 232
여인왕국 395
여장부'(virago) 62
역사 299
역사 교육 169
역사 신학 134
역사시대 6
역사신학 134
역사심리학 105, 215
역사인구학 272
역사의 연구 427
역사정치평론 455
역사주의 513
역할 이론 188
연대기 447
연대학 332
연보학파 102, 166, 172, 193, 226, 250
연속성 12
영국 혁명 129
영국사 82
영국사평론 144
영국신사(gentleman) 26
영양사 223
영웅 50, 387
영웅시대 50
영웅의 사회결정론 59
영웅정치(heroarchy) 51
예수 54
예언 178
예지(foresight) 145
옌슈(Erich Jaensh) 47
오스구드 102
오크쇼트(Michael Oakeshott) 462
와그너 235
王國 65

왕권 253
왕녀 에우로파(Europa) 483
왕조중심의 시대 구분법 135
외적 비판 321
요인(factor) 477
우드 59
우드맨 243
우드워드 171
우상 218, 451
운명 169, 479
운명관 133
원두당 309
원문비판 321
원인 477, 484, 495
원죄 372
월시 21
웨버(Max Weber) 24, 56, 62, 99, 171, 174, 175, 176, 177, 178, 228, 233, 236, 467, 493, 509
웨스트 213
웨지우드 311
웰즈 56
위사학(pseudo-history) 108
위서 298
위술(緯術) 479
위인 55, 389
위조(forgery) 320
위클리프(Wycliffe) 486
위트포겔(Wittfogel) 390
위학(緯學) 479
윌리암 홍안왕 309
유고 113
유길준 510
유대인 398
유럽중심사 129
유럽중심사관 140
유목민 425
유물 307
유스티니아누스 황제 63
유심사관 396
유태 자본주의 180
유태교 율법 179
유태인 128
유형 배합 471
윤리적 과학(moral science) 30
음모설(conspiracy theory) 488
음악 교육 181
의화단사건 140
이거맨 243
이거스 513
이념 178
이능식 363
이데올로기 237
이벤트 247
이상백 362
이상형 172, 175, 236, 467
이성 378
____의 간계 385
이스턴 237, 256
이승만 60
이시오도루스 298
20세기 143
2월 혁명 486
이익(李瀷) 61
이해사회학 175
인간 38, 39, 219, 378, 478
인간관 43
인간본성 41
인간불평등기원론 40
인간성 41, 43
인간악 43
인구사 198
인도 국립 고문서 보관소 156
인도 독립 백년제 157
인도 역사기록 위원회 156
인도학 155
인류학 6, 128, 251
인문학 24
인장학 332
일기 45
일반화 464, 465
일상어 340
일치일란설(一治一亂說) 366
일화 326

잉게만 113
English Historical Documents 304
잉카문명 391

| ㅈ |

자료적 역사 364
자본론 397, 406
자본주의 정신 178
자본주의(capitalisme) 176, 178, 344
자아 159
자연 9
자연과학 30
자유 344
____의 역사 450
자유의지 477
자유인 344
자유주의 175
자치통감 517
자코뱅 230, 254
잔 다르크 345
잠재의식 217
잡사학 223
재석수 분석 255
적색교수학원 160
傳記 연구 214
전설 326, 72
전승 307
전자 미디어(electronic media) 시대 182
전자계산기 227
전쟁 169, 221, 222
전쟁신경질(war-neurosis) 215
전환기 사회 197
정보 4
정복자(conquistadors) 57
정성분석 224
정신병리학 217
정신사 262
정치 174, 248
정치사 81, 169, 171, 249
정치신학 252
정치인 39
정치학 249
제2차 세계대전의 기원 125
제3의 선택 478
제5장 역사관의 제유형 71
제국주의 342
제국통치(ex-imperial rule)의 의의 158
젠트리(gentry) 99, 260
젠트리 논쟁 128
조건 485
조선사(朝鮮史) 191
조선학 155
조옴 56
조인트 470
조직인 48, 65
조직인간 48
존 왕 309
좀바르트 97, 179
종교 248
종교 개혁 179
종교인 39
종족식물학 328
종족우상(idola tribus) 451
주제 선택 288
준 역사(quasi-history) 72
준거 집단 188
중국 문인(1iterati) 180
중국 문화 180
중국 철학 180
중국사 390
중산층 205, 207
중산층 이론 205
중상관기법 255
중세 138
중세 왕권 252
중세인 220
중세주의 143
중화사관 139
즉흥 역사 342
지도자 56
지리사학 103
지방주의(sectionalism) 101
지빈 244
지성사 261, 262

지이벨 89
지중해 393
직접관찰 300
직선적 역사 269
진보사관 509
집단적 문제 225
집단전기 257
징기스칸 54, 62

| ㅊ |

차토파디아야 157
찬두리 157
참여역사학 23
처칠 112, 146, 455
천민 자본가 179
체네 102
초기하분포 241, 242
초기화분석 226
최남선 299, 481, 517
최소자승분석 255
최충헌 498
측천무후 63
7년 전쟁 137
7제국 135

| ㅋ |

카더린(Catharine) 여제 63
카로링-아날레스(Caroling Annales) 74
카롤리 153
카르테지언 318
카리스마 52, 56, 62, 173,
카리스마적 지도자 178
카시러(Ernst Cassirer) 22, 85
카아 31, 50, 123
카알라일 26, 51, 53, 55, 62, 111, 114, 507
카토(Cato) 61, 379, 415
칸타노비치 252
칸트 20, 350, 363, 492
칼러(Kahler) 509
칼빈 179
캄덴 78
캄플라주하 177
캐틀 53
캔터베리의 이야기 113
커밍스 145
케인즈 233, 240, 362
케인즈 경제이론 240
켈라리우스 138
켈트족 338
코매거 456
코반(Alfred Cobban) 29, 343
코스민스키 161, 162
코오 333
코온(Hans Kohn) 18, 362
코트 239
코페르니쿠스 343
콘라드 232
콘스탄티노플 140
콘스탄티누스 기진서(寄進書) 319
콘스탄티누스 기진장 78, 298
콜럼버스 491
콜링우드 25, 70, 106, 107, 108, 109, 166, 370, 439, 487, 490, 495, 501
콩도르세 85, 169, 442, 507, 511
콩디악(E.B. de Condillac) 442
쿠우퍼 113
크레이븐 101
크로니카(편년사) 74
크로이수스(Croesus) 518
크로체(Benedetto Croce) 5, 25, 70, 105, 166, 340, 406, 439, 459
크롬웰 62, 124, 319
크세노폰(Xenophon, 430~354, B.C.) 364
클라렌든 71, 146
클라이브(Clive) 140
클라크 123, 124, 227, 288
클래팜 99, 240
클레오파트라 63, 490
클리오(Clio) 24
키에르케고르 44, 217, 512
키플링 112

ㅌ

타바리니(Tabarrini) 456
타키투스 41, 73, 111, 313, 326, 330, 348
탈레랑 339
탈무드(Talmud) 179
탈보트 213
터너 100
테가트 428
테느 441
테민 245
테오도라 63
테이트 91
테일러 125, 145
텔레비전 426
템페스트 327
토리파 역사 122
토리파 역사가 125, 226
토리파 역사관 309
토오니 98, 128, 205
토인비 96, 244, 267, 367, 409, 475
톨스토이 12, 113, 268
톰슨(Samuel Thomson) 286
톰프손 130
톰프슨 87, 192, 196, 208
퇴니스 25, 190, 237
퇴보사관 366
투입산출분석 226, 241, 242
튜르고(A.R.J. Turgot) 85, 509
트라이치케(H. von Treitschke) 455, 459, 522
트레벨리안 91, 112, 113, 116, 123, 125, 191, 192
트로츠키 343
티이리 18, 87, 93
티코니우스 381
티틀러(A.F. Tytler) 459
틸르몽 83

ㅍ

파레토(Vilfred Pareto) 406
파스칼 490
파슨스 255
파우스트적 인간 425
파커 244
파피루스(papyrus) 308
팔머 227
패어스 17, 122, 354, 359, 486
퍼그슨 81
퍼듀세미나 245
퍼스(Charles Firth) 62
페르샤 5, 389
페르샤 전쟁의 기원 483
페리 제독 140
페브르 103, 105, 166, 172, 219, 220
페스탈로치 202
페인(Thomas Paine) 58, 247
페트로파블로브스카야(Petropablovskaya)성 413
페트롭스키 161
페트리(sir Flinders Petrie)경 410
편년사(編年史) 28
평등 207
포겔 245
포괄법칙 469, 470
포스탄(M.M. Postan) 343, 474
포에니전쟁(220 B.C.) 73
포위크 112, 189
포이에르바하(Feuerbach) 396
포크롭스키 160
포퍼 52, 408, 457, 471, 472, 513, 514, 515
폴라드 124, 314
폴리비오스 73, 313, 330, 348, 447, 479, 517, 518, 525, 526
폼페이 313
퐁뜨넬(bernard de Fontenelle) 509
퐁파두르 63
푸울톤(Foulton) 491
풀루타크(Plutarch) 451

풍속사 192
퓨드나(Pydna) 전투 73
퓨리타니즘 209
퓨에터 79
프라이징 77, 135
프라토노프 사건 160
프랑스 126
프랑스 혁명 129, 137, 230, 254, 305, 343, 463, 491
프랑코 54
프랑크(Walter Frank) 461
프랑크사 75
프러시아 군국주의 455
프런티어(frontier) 100
프레데릭 2세 252, 309
프레스코트(Prescott) 523
프로아사르 77
프로이드 43, 48, 52, 62, 143, 214, 217, 218, 233, 237
프로이드 이후의 심리학 214
프로테스탄트 392
프로테스탄트 윤리 48, 179
프로테스탄티즘 178
프롤레타리아(proletaire) 344
프롤레타리아트 403
프롬 44, 218, 219, 269, 472, 478
프리맨 90, 249, 331, 342
플라톤 15, 22, 30, 133, 300, 366, 369, 372, 412, 525
플럼 123
플로렌스사 78
플루타크 51, 53, 63, 73, 216, 246, 330, 348, 525
피렌느 97, 105, 192
피오레 요아킴 134
필사(script) 시대 182
필트다운인 320
핏셔 144

ㅎ

하밀튼 256
하부구조 177
하스너 136
하스킨스 144
하이드 백 79
하이엑(Hayek) 31
하틀리 12
한니발 232
한자 180
함석헌 480
합리성(rationality) 175
합리화(rationalization) 175, 177
항문애적 성격(anality) 222
해저탐사 334
핸들린 201, 270
행동과학 237
행동주의사가 254
행동주의혁명 237
향토사 201
허만 카안 508
허어트 214
허트 208
헉슬리(Thomas Huxley) 26
헌정사 90
헌트 241
헤겔 3, 58, 59, 87, 216, 350, 363, 364, 365, 368, 369, 384, 387, 388, 392, 405, 439, 502
헤겔주의 362
헤레로 151
헤로도투스 4, 5, 51, 72, 111, 146, 168, 170, 171, 215, 300, 308, 310, 326, 330, 336, 352, 364, 447, 451, 481, 483, 518, 520
헤르더 4, 51, 81, 85, 216, 371
헤세(H. Hesse) 23, 46, 49, 330, 454
헤시오도스(Hesiodos) 40, 72, 133, 366
헤이몬드 부처 98
헤이스 255
헤일 122
헤카타이우스 310
헥스터 95, 190, 205, 206, 235, 482
헨리 8세 318
헬머(Olaf Helmer) 468

헴펠 469
혁명 153, 178, 197, 208, 209, 219, 221, 401
혁명 이데올로기 209
현대사 144, 146, 299, 301, 459
현대인 185
현재주의 15
현지답사 299
혈통집단연구 328
형이상학적 역사 466
형이상학적 역사학 267, 365
호라즈(Horaz) 379
호만 152
호머 72, 391, 414
호이세르 89
호이징하(Huizinga) 62, 95, 144, 220, 250, 457, 510
호프스테터 238
홉스 345
홉스보옴 130
화이트 65, 88
화이트 2세 182
환경사 273
환단고기 315
환웅 135
환인 135
활자 337
활자(print) 시대 182
황국사관 139
회귀분석 241, 242
후크(Sidney Hook) 54, 389
휘그파 역사가 90
휘그파 역사관 207, 227, 309, 509
휘그파 역사해석 62
휘그파 해석 211
휘츠 137
휘트니 242
휴즈 167, 235, 465, 466
흄(David Hume) 484
흄(Hume) 330, 439, 484
흑인 394, 396
흡스보옴 128, 193, 196
히라이스(hiraith) 338
히로인(heroin) 62
히스토리아(역사) 74
히틀러 19, 43, 54, 59, 126, 144, 215, 218
히포크라테스 47, 215

❙ 저자를 소개합니다 ❙

전북 무주 출생 (1931년)
서울대학교 사범대학 역사과 졸업
고려대학교 대학원 졸업
성균관대학교 문과대 부교수
국사편찬위원회 편사실장
한국정신문화연구원 교수
한국민족문화대백과사전 편찬부장
한국학중앙연구원 명예교수 (현)
국제평화대학원대학교 총장 (현 명예총장)
사단법인 민족사연구원 원장 (현)

국민훈장 목련장 (1986)
국민훈장 동백장 (1993)
毅菴 大賞 학술부문 (2004)

❙ 저자가 펴낸 책들 ❙

1) 『한국독립운동사 1』 (국사편찬위원회, 1965)
2) 『역사학개론』 (삼영사, 1977)
3) 『문화사 개론』 (법문사, 1978)
4) 『의식과 사회』 S.H. 휴즈 <번역> (삼영사, 1978)
5) 『독립운동사 연구』 (창작과 비평, 1980)
6) 『역사이해와 비판의식』 (종로서적, 1980)
7) 『한국근대사』 (동아학연, 1982)
8) 『일본역사교과서와 한국사 왜곡』 (민지사, 1982)
9) 『역사란 무엇인가』 E.H. 카아 <번역> (민지사, 1983)
10) 『민족사의 맥을 찾아서』 (집현전, 1985)
11) 『서양 현대사』 S.H. 휴즈 <번역> (종로서적, 1986)
12) 『새로운 한국사』 <공저> (삼광사, 1989)
13) 『한국독립운동사 -남과 북의 시각- 』 (삼광사, 1989)
14) 『현대사 속의 국군』 (전쟁기념관, 1990)
15) 『한국독립운동사적 -중국편-』 (국가보훈처, 1992)
16) 『국군의 맥』 상, 하 (서울신문사, 1993)
17) 『저상일월』 (서울신문사, 1993)
18) 『창조적 전통문화의 재발견』 <공저> (한국정신문화연구원, 1995)
19) 『韓國獨立運動史論』 (한국정신문화연구원, 1996)
20) 『이야기 독립운동사』 (교문사, 1996)
21) 『韓國, 檀君神話와 英彦山開山傳承』 (일문 공저) (海鳥社, 1997)
22) 『百濟王族傳說의 수수께끼』 (일문 공저) (三一書房, 1998)
23) 『조선의 부정부패 그 멸망에 이른 역사』 (규장각, 1999)
24) 『단군문화기행』 (서원, 2000)
25) 『정인보의 조선사 연구』 (서원, 2000)
26) 『민족정기』 (보훈교육연구원, 2001)

27)『독립운동의 아버지 홍암 나 철』(북 캠프, 2002)
28)『저상일월(渚上日月)』-117년에 걸친 한국근대생활사- (민속원, 2003)
29)『New History of Korea』(Jimmundang, 2005)
30)『새로운 한국사』<공저> (교문사, 2005)
31)『새로운 역사학』(삼영사, 2005)
32)『의암집』(경인출판사, 1985)
33)『염제야록』(금강서원, 1990)
34)『한국독립운동사 자료집 의병 편』 (한국정신문화연구원, 1993)
35)『한국독립운동사 자료집 좌우합작 편』(한국정신문화연구원, 1993)
36)『한국독립운동사 자료집 홍범도 편』 (한국정신문화연구원, 1993)
37)『치제일기』 한국학자료총서 4 (한국정신문화연구원, 1994)
38)『한국독립운동사 자료집 이석용 편』 (한국정신문화연구원, 1995)
39)『한국독립운동사 자료집 조소앙 편』1, 2, 3, 4
(한국정신문화연구원, 1996)
40)『萬國史記』 한국학 자료총서 9 (한국정신문화연구원, 1996)
41)『한국독립운동사의 인식』- 백산 박성수교수 화갑논총- (삼화출판사, 1991)
42)『청계사학』13호 -백산 박성수교수 정년기념특집호- (청계사학, 1997)

새로운 역사학

2006년 1월 10일 1판 인쇄
2006년 1월 20일 1판 발행

저 자 박 성 수
발행인 조 양 희
조 판 은 종 기 획

110-102
발행처 서울특별시 종로구 평동 19번지의 1호
도서출판 三 英 社
등 록 1972년 4월 27일 제1-202호(윤)
전 화 737-1052·734-8979 FAX 739-2386

정가 25,000 원

ISBN 89-445-9003-6-93910